वेलि क्रिसन रुकमणी री

राठौड़ महाराज पृथ्वीराजजी कृत

(राजस्थानी (डिंगल) का विश्वख्यात काव्य)

भाग-1

वेलि क्रिसन रुकमणी री

राठौड़ महाराज पृथ्वीराजजी कृत

(राजस्थानी (डिंगल) का विश्वख्यात काव्य)

भाग–1

संशोधक तथा संपादक

प्रो. त्रिभुवननाथ शुक्ल डी.लिट्.
आचार्य एवं अध्यक्ष, हिंदी एवं भाषाविज्ञान विभाग
रानी दुर्गावती विश्वविद्यालय, जबलपुर (म.प्र.)

वाणी प्रकाशन

वाणी प्रकाशन
4695, 21-ए, दरियागंज, नयी दिल्ली 110 002

फ़ोन : +911123273167 फ़ैक्स : +911123275710

शाखाएँ

अशोक राजपथ, पटना 800 004, बिहार

कॉफ़ी हाउस कैम्पस, महात्मा गांधी मार्ग, इलाहाबाद 211 001, उत्तर प्रदेश

महात्मा गांधी अन्तरराष्ट्रीय हिन्दी विश्वविद्यालय, वर्धा 442 001, महाराष्ट्र

सुल्तानिया रोड, मोतिया पार्क, भोपाल 462 001, मध्य प्रदेश

www.vaniprakashan.in

marketing@vaniprakashan.in

sales@vaniprakashan.in

VELI KRISAN RUKMANI RI-1
Edited by Prof. Tribhuvannath Shukla

ISBN : 978-93-88684-85-9
Poetry/Criticism/History

प्रथम संस्करण 2019
आवृत्ति 2019

प्रत्येक भाग मूल्य : ₹ 450
तीनों भागों का मूल्य : ₹ 1350

सिटी प्रेस, दिल्ली-110 095 में मुद्रित

वाणी प्रकाशन का लोगो मक़बूल फ़िदा हुसेन की कूची से

समर्पण

जिनके स्नेह सुधारस से ग्रंथ हुआ तैयार।
भामिनि विद्या शुक्ल को देत ग्रंथ उपहार ॥
इनकी वेलि से लसित सुरुचि सुरभि वेदांत।
सीमा और अनामिका बनी आज चूणांत ॥

प्रस्तावना

'वेलि क्रिसन रुकमणी री' पर अनेक प्राचीन एवं नवीन टीकाएँ प्राप्त हैं। इन टीकाओं में भाषांतर और पाठभेद की बहुलता है। सभी टीकाओं के अवलोकनोपरांत ठाकुर रामसिंह एवं पं. सूर्यनारायण पारीक का पाठ (प्रयाग, हिंदुस्तानी एकेडेमी, उत्तर प्रदेश, सन् 1931 ईसवी) मुझे अधिक प्रामाणिक लगा। मूलतः इसी पाठ के आधार पर और अन्य पाठों को भी देखते हुए यह कार्य संपादित किया गया है। कैसा बन पड़ा, यह विद्वान पाठकों पर छोड़ता हूँ।

मुझे इस पर कार्य करने के लिए सर्वप्रथम भाई हरिमोहन मालवीय (पूर्व अध्यक्ष, हिंदुस्तानी ऐकेडेमी प्रयाग) ने प्रेरित किया था। मैं उनके प्रति अपनी कृतज्ञता ज्ञापित करता हूँ।

यथासमय विमर्श के लिए प्रियभाई प्रो. नन्दकिशोर पाण्डेय (आगरा), प्रो. नरेश मिश्र (रोहतक), प्रो. कृष्णमुरारी मिश्र (अलीगढ़), प्रो. हरिशंकर मिश्र (लखनऊ), प्रो. रामकिशोर शर्मा (इलाहाबाद), प्रो. उदय प्रताप सिंह (वाराणसी), प्रो. चितरंजन कर (रायपुर) एवं डॉ. सुरुचि मिश्र (विलासपुर) मेरे विशेषतः साधुवादार्ह हैं।

मैं इस कार्य में वित्तीय अनुदान हेतु केंद्रीय हिंदी निदेशालय का कृतज्ञ हूँ।

प्रस्तुत ग्रन्थ में प्रत्येक भाग के प्रारम्भ में पाठकों की जानकारी के लिए सम्पूर्ण तीनों भागों का अनुक्रम यथावत दिया गया है।

वाणी प्रकाशन के प्रबंध निदेशक प्रिय बंधु अरुण माहेश्वरी को प्रकाशन की तत्परता के लिए साधुवाद।

–प्रो. त्रिभुवननाथ शुक्ल

अनुक्रम

भाग–1

भाग–2

भाग–3

भूमिका

महाराज पृथ्वीराज

स्वनामधन्य महाराज पृथ्वीराज के उज्ज्वल यशस्वी नाम से कौन भारतीय परिचित नहीं है? जिस समय मुगल-साम्राज्य के आतंक ने हिंदू-सूर्य महाराणा प्रताप के अटल पराक्रम और निस्सीम धैर्य को भी विचलित करने में कुछ बाकी न रखा था, और जिस समय अकबर जैसे अतुल बलधारी और विचक्षण सम्राट् से विरोध करने के परिणाम में महाराणा को अपने प्राण की रक्षा के लिए निस्सहाय वन-वन में भूखे-प्यासे रह कर भटकना पड़ा था और इस असह्य दुःख से पीड़ित होकर जब वे अकबर की अधीनता स्वीकार करने को विवश हो गये थे, उस समय यदि किसी महापुरुष की अंतरात्मा ने अखंड ज्योतिर्मय ओज का प्रकाश करते हुए, महाराणा के हृदय की आत्मग्लानि एवं आंतरिक म्लानता और दैन्य के आवरणरूपी अंधकार को हटाने का प्रयत्न किया तो वह श्रेय महाराज पृथ्वीराज के उस इतिहास एवं साहित्य-प्रसिद्ध्ध पत्र को ही है कि जिसके एक-एक अक्षर को पढ़ कर आज भी भारतवासी अपने हृदय में आशा, स्फूर्ति, उत्साह, स्वदेश-गौरव और आत्म-बल का दीपक जला सकते हैं। यह बात ध्यान में रखने योग्य है कि महाराज पृथ्वीराज का दैन्य उस समय महाराणा प्रताप की अपेक्षाकृत समुन्नत एवं स्वच्छंद दशा से कहीं विशेष बढ़ा-चढ़ा था। न कोई इनके निज की सैन्य थी और न कोई प्रबल सहायक ही ऐसा था कि जिस पर विश्वास करके ये स्वतंत्रता के लिए प्रयत्न कर सकते थे। ऐसी दशा में रहते हुए भी भारतीय स्वतंत्रता का निशिदिन जाप करने वाले इन वीर-शिरोमणि क्षत्रियपुत्र के हृदय में भारतीय स्वतंत्रता

का ध्वज सम्हालने वाले एकमात्र अग्रेसर महाराणा प्रताप के धर्म-हठ के प्रति निस्सीम श्रद्धा और सहानुभूति थी, जो उनके द्वारा लिखे हुए उक्त पत्र से प्रत्यक्ष प्रमाणित होती है। इन्हीं वीर महापुरुष महाराज पृथ्वीराज के काव्यात्मक व्यक्तित्व का स्वरूप निदर्शन करने एवं उनकी एक मुख्य काव्य-रचना का परिचयात्मक विवेचन कर रसिकों का हृदय तृप्त करने के हेतु हमारा यह विनम्र प्रयास है।

महाराजपृथ्वीराज और हिंदी साहित्य

महाराज पृथ्वीराज एक श्रेष्ठ के कवि थे। उन्होंने पिंगल और डिंगल, दोनों भाषाओं में काव्य-रचना की और अनेक ग्रंथ रचे, परंतु 'वेलि' कई एक डिंगल गीत तथा कुछ फुटकर डिंगल और पिंगल कविताओं को छोड़ कर अन्य ग्रंथों के नाम केवल सुने जाते हैं; वे देखने में नहीं आए। अब तक हिंदी-जगत् में महाराज पृथ्वीराज का नाम केवल अपनी फुटकर हिंदी कविता के लिए ही प्रसिद्ध है, परंतु वास्तव में देखा जाये तो डिंगल में लिखे काव्य की अपेक्षा हिंदी-भाषा में उनकी प्रतिभा का सहस्त्रांश भी प्रतिफलित नहीं हो पाया है। यही कारण है कि ज्ञान के अभाव में हिंदी-काव्य के ज्ञाता, रसिक एवं मर्मज्ञ अब तक उनको साधारण कोटि के कवियों की श्रेणी में गिनते हैं। अब यदि ऐतिहासिक दृष्टि से देखा जाए तो राजस्थानी डिंगल भाषा भी शैशवकालीन हिंदी का एक ऐसा ही पृथक् रूप है जैसा कि व्रजभाषा, मागधी, अवधी इत्यादि अन्यान्य प्रांतीय रूप। सूर, विद्यापति, तुलसी, चन्द और जायसी को हिंदी के कवियों की श्रेणी और एक शृंखला में गिनना यह प्रमाणित करता है कि कविवर पृथ्वीराज को केवल अपनी हिंदी-कविता के लिए ही नहीं, वरन् डिंगल काव्य के लिए भी हिंदी-साहित्य के इतिहास में यथायोग्य स्थान मिलना चाहिए। परंतु हमें यह जान कर अत्यंत खेद होता है कि जहाँ 'पृथ्वीराजरासो' के प्रणेता हिंदी के आदि कवि चन्दबरदाई के विषय में हिंदी के विद्वानों में अपेक्षाकृत अच्छी जानकारी है, वहाँ महाराज पृथ्वीराज के विषय में, जो हमारी समझ में महाकवि चन्द की अपेक्षा काव्य-शक्ति में किसी प्रकार न्यूनतर नहीं कहे जा सकते, हिंदी-भाषा के साहित्यज्ञों का ज्ञान अत्यंत सीमित एवं नहीं के तुल्य है।

यहाँ तक कि हिंदी-साहित्य के प्रसिद्ध वर्तमान इतिहासकार मिश्र बंधुओं ने अपने 'मिश्रबन्धुविनोद' भाग-1 पृष्ठ-307 में महाराज पृथ्वीराज के संबंध में अत्यंत संकुचित विवरण लिख कर अपना उत्तरदायित्व पूरा करना चाहा है और इनको 'साधारण श्रेणी' के कवियों में गिनाया है। हमारा विश्वास है कि उक्त विवेचनात्मक विवरण लिख कर मिश्र बंधुओं ने इस कवि के संबंध में केवल अपने तत्संबंधी ज्ञान के अभाव का परिचय दिया है। उचित होता यदि ऐसी विवश अवस्था में, जब इतिहासकार को अपने विषय पर पूरा अधिकार न हो, तो वह केवल अपने पूर्वाधिकारियों का आश्रय लेकर अथवा अपनी अक्षमता को स्पष्टतः प्रकट करता हुआ केवल अपने साधारण ज्ञान का परिचय देता। इसके विपरीत किसी कवि का पूर्णतः ज्ञान न रखते हुए उसके काव्य-गुण-दोष के संबंध में अपनी आलोचनात्मक सम्मति प्रकट कर देना केवल अनाधिकार चेष्टा कही जा सकती है। हमारा तो विचार है कि महाराज पृथ्वीराज की 'वेलि क्रिसन रुकमणी री' ग्रंथ का परिचय रखते हुए भी यदि कोई आलोचक उन्हें साधारण श्रेणी का कवि कहे तो उसकी वह आलोचना यही आशय रखेगी जो आशय ज्योतिर्मय सूर्य को अंधकारमय कहने से प्रकट होता है।

महाराज पृथ्वीराज उत्कृष्ट श्रेणी के कवि थे। उनकी प्रतिभा सर्वतोन्मुखी (versatile genius) थी। जिस प्रकार संस्कृत-साहित्य में महाकवि भवभूति ने वीर, शृंगार और करुण, तीन पृथक्-पृथक् रसों और शैलियों में महावीर-चरित, मालती-माधव और उत्तर-रामचरित जैसे उत्तम दृश्य-काव्यों की रचना करके अपनी प्रखर प्रतिभा का परिचय दिया; और जिस प्रकार हिंदी-साहित्य के वर्तमान काल की प्रगतियों के विधायक और आचार्य भारतेन्दु बाबू हरिश्चन्द्र ने साहित्य के सब अंगों को भरे-पूरे करके साहित्य में अमर यश कमाया, उसी प्रकार महाराज पृथ्वीराज ने भी पृथक्-पृथक् शैलियों, विषयों और रसों में काव्य-रचना करके राजस्थानी और हिंदी-साहित्य का मुख उज्ज्वल किया। इस दृष्टि से देखने पर और काव्य-साहित्य की उत्तमता की कसौटी पर कसने पर हम इन कविवर को राजस्थानी के किसी भी कवि से किसी प्रकार न्यून नहीं, बल्कि बहुत से काव्य-गुणों में अधिक ही पाते हैं। हमारी यह निजी धारणा है कि राजस्थानी भाषा के काव्य-क्षेत्र में ये कवि-सम्राट् हैं और अपनी बराबरी नहीं रखते।

राजस्थान

वर्तमान काल में चाहे इसकी कितनी ही अधोगति क्यों न हो गयी हो, यह राजस्थान देश पूर्वकाल में भारतीय गौरव की अतीत स्मृतियों का ख़ज़ाना रहा है। जिनके हृदय में सच्ची वीरता के उच्च आदर्श के प्रति, सत्य-संकल्प की दृढ़ता के प्रति, अदम्य उत्साहपूर्ण ओजस्वी जीवन के प्रति और साथ ही सभ्यतापूर्ण विनम्रता और सच्ची धार्मिकता के प्रति श्रद्धा और प्रेम है, उनके लिए आज भी यह राजस्थान की पुण्यभूमि तीर्थस्थल है। इसकी वीरता के आदर्श का डंका संसार भर में बज चुका है; इसके राजर्षियों का गुणगान आज भी संसार मुक्त कण्ठ से करता है। एक समय था जब इस पवित्र भूमि के गाँव-गाँव में स्पार्टा थी, और इसके पर्वतों की घाटी-घाटी में थर्मापायली। सच्ची सहृदयता, परमार्थपूर्ण शौर्य (chivalry) और सभ्यता के जो भक्त हैं, उन यूरोपीय विद्वानों और सहृदयों ने भी इस भूमि के गुणगान किये हैं और इस पुण्य-भूमि के एक ओर से दूसरे छोर तक परिभ्रमण करके, इसके प्रत्येक धूलिकण को मस्तक पर चढ़ाया है, इसका आदर किया है। जब बाहरी जगत् को इस भूमि पर गर्व है, तो भारतीय जनता के हृदय में तो इसके प्रति निस्सीम भक्तिभाव होना ही चाहिए।

जिस राजस्थान ने वीरता, सत्यव्रत पालन, सभ्याचरण और धार्मिक वृत्ति में भारतीय सभ्यता का सदियों तक झण्डा फहराया है, उसके समुज्ज्वल इतिहास में साहित्योन्नति का पृष्ठ कोरा नहीं, वरन् सुवर्णाक्षरों में लिखा हुआ है। जिस देश का इतिहास उज्ज्वल और गौरवपूर्ण घटनाओं से भरा-पूरा हो, उसका साहित्य-कोश रिक्त हो, ऐसा होना संभव नहीं है, परंतु खेद तो इस बात का है कि राजस्थान निवासी जनता की निश्चेष्टता और अज्ञान के कारण इस ओर पिछले कुछ समय से बहुत कम प्रकाश डाला गया है। यह जागृति का युग है। प्रबोध और विवेकरूपी सूर्योदय की प्रखर किरणें राजस्थानी सभ्यता, संस्कृति और साहित्य के घने अंधकारमय जंगल में भी भेदन कर चुकी हैं। आशा की जा सकती है कि न केवल राजनीतिक परिस्थिति की दृष्टि से, बल्कि साहित्यिक दृष्टि से भी बहुत शीघ्र, राजस्थान में युग परिवर्तन होने वाला है।

राजस्थानी भाषा और साहित्य

'राजस्थानी' यह नाम प्राचीन नहीं, आधुनिक है। भाषा-विज्ञान में सुविधा के लिए भाषा-शास्त्रियों ने यह नाम रखा है। इसमें राजपूताने में बोली जाने वाली तमाम बोलियाँ शामिल हैं। राजपूतानी, डिंगल, मारवाड़ी आदि इस भाषा के अन्य नाम हैं। राजस्थान प्रांत का ही दूसरा नाम राजपूताना है, जिससे यह राजपूतानी कहलाती है। राजपूताने का एक बड़ा भाग मरुस्थल होने के कारण मारवाड़ कहलाता है और बोलचाल में यह शब्द तमाम राजपूताने के अर्थ में भी आता है। इस कारण समस्त राजपूताने की भाषा भी मारवाड़ी के नाम से पुकारी जाती है। 'डिंगल' यह अपेक्षाकृत प्राचीन नाम है। जब व्रज-भाषा का आविर्भाव हुआ और उसमें भी कविता होने लगी तो राजस्थानी और व्रज में फर्क बताने के लिए व्रज को पिंगल और उसके नाम-साम्य पर राजस्थानी को 'डिंगल' कहने लगे। अतः डिंगल का मतलब प्राचीन काल की या उसके ढंग पर लिखी हुई साहित्यिक राजस्थानी से है। आजकल की साहित्यिक राजस्थानी को डिंगल नहीं कहेंगे। चारण, भाट वग़ैरह लोग आजकल भी डिंगल में कविता किया करते हैं। डिंगल का प्रसिद्ध उदाहरण चन्द का 'पृथ्वीराजरासो' है। आधुनिक काल में बूँदी के चारण कवि मिश्रण सूर्यमल ने 'वंशभास्कर' नाम का एक महाकाव्य इसी डिंगल में लिखा है। जनसाधारण में डिंगल का आदर कम रहता था परंतु राजदरबारों में इसे ख़ूब आदर मिलता था। डिंगल-कविता में काव्य-सम्मत विशेष शब्द ही प्रयुक्त किए जाते हैं और छंद सुविधा के अनुसार तोड़-मरोड़ लिए जाते है। इस प्रकार डिंगल प्राचीन राजस्थानी का साहित्यिक रूप है जो बाद में चल कर स्थिर (stereotyped) हो गया। पिछले कई वर्षों से डिंगल बोल-चाल की भाषा से एवं साहित्यिक भाषा से अधिकाधिक दूर पड़ने लगी और आजकल तो संस्कृत एवं प्राकृत की भाँति कृत्रिम एवं मृत-भाषा मात्र रह गई है।

यहाँ पर राजस्थानी की उत्पत्ति एवं आरंभ के विषय का कुछ थोड़ा-सा उल्लेख कर देना उचित होगा। प्राचीन आर्यों की भाषा वैदिक संस्कृत थी। उससे धीरे-धीरे संस्कृत निकली। भाषा में परिवर्तन होना एक प्राकृतिक

नियम है। धीरे-धीरे संस्कृत में भी परिवर्तन होने लगा। यास्क एवं पाणिनि को संस्कृत से कात्यायन की संस्कृत अधिक विकसित जान पड़ती है एवं कात्यायन की संस्कृत से पतंजलि की संस्कृत और भी अधिक विकास कर चुकी थी। इसके अतिरिक्त साधारण लोग शिक्षितों की भाँति भाषा की शुद्धता का विशेष ध्यान नहीं रखते जिससे धीरे-धीरे उनका उच्चारण शिष्टों के उच्चारण से दूर पड़ता जाता है। संस्कृत का धीरे-धीरे एक दूसरा रूप हो गया जिसे जनसाधारण बोलता था। दोनों भेदों को जुदा-जुदा बताने के लिए एक का नाम 'संस्कृत' और दूसरे का 'प्राकृत' पड़ गया। इनका संबंध उस काल में संभवतः वही था जो आजकल हिंदी और उसकी बोलियों का है। पढ़े-लिखे लोग हिंदी बोलते हैं परंतु जनसाधारण, यद्यपि हिंदी समझ सकते हैं, अपनी प्रांतीय बोली ही बोलते हैं। पाली सबसे पुरानी प्राकृत है। बौद्ध-धर्म की पुस्तकें इसी पाली भाषा में लिखी गई हैं। अशोक के ज़माने तक जनसाधारण में यही भाषा प्रचलित थी। पाली के बाद प्राकृतों का विकास हुआ। धीरे-धीरे प्राकृतों में साहित्य-रचना होने लगी और वे शिष्ट लोगों के बोलने की भाषाएँ बन गईं। उनका व्याकरण बना और शुद्ध प्रयोगों का ध्यान रखा जाने लगा, पर जनसाधारण की भाषा बदलती गयी और प्राकृतें अब उस रूप को पहुँचीं जो आजकल अपभ्रंश कहलाता है। अपभ्रंशों में भी नागर और आवंती अपभ्रंश ने धीरे-धीरे साहित्य में पैर दिया और इसमें संदेह नहीं कि उनमें अच्छा साहित्य वर्तमान था। प्रसिद्ध वैयाकरण हेमचन्द्र ने अपभ्रंश के अनेक प्रचलित गीतों का संग्रह अपने प्राकृत व्याकरण में किया है। जब अपभ्रंश भी व्याकरण के नियमों से जकड़ दी गई तो जनसाधारण की भाषा ने विकास करते हुए आधुनिक देशी भाषाओं का रूप धारण किया। राजस्थानी का विकास सबसे पहले नागर एवं आवंती अपभ्रंशों से हुआ।

उन दिनों समस्त पश्चिमोत्तर भारत एक विचित्र उथल-पुथल की दशा में था। राजपूत लोगों की कार्यशीलता वहाँ अचानक जाग उठी। बड़े-बड़े साम्राज्य कायम हुए। साहित्य-धारा में वीररस की बाढ़ आई। काव्य-सरिता बह चली और राजस्थानी में भी ख़ूब काव्य लिखे गए। इस प्रकार अपने जन्मकाल के थोड़े ही दिनों बाद राजस्थानी एक साहित्यिक भाषा हो गई।

तत्कालीन राजस्थानी का अपभ्रंश से पूरी तरह पिंड नहीं छूटा था और अपभ्रंश मिश्रित साहित्यिक राजस्थानी बाद में जाकर डिंगल कहलाने लगी। डिंगल भाषा वीररस के लिए बड़ी उपयुक्त थी। इसलिए राज-दरबारों में इसे ख़ूब आश्रय मिला। यहाँ तक कि राज-दरबारों में बहुत काल पीछे तक भी, जब कि डिंगल बोल-चाल की भाषा नहीं रह गई और बोधगम्य भी अपेक्षाकृत कम होने लगी थी, इसका दौरदौरा रहा और चारण-भाट आदि इस समय भी डिंगल में कविता किया करते हैं। राज्याश्रय न रहने से अब धीरे-धीरे यह लुप्त हो रही है। जनसाधारण में तो यह पहले ही बोधगम्य नहीं रह गयी थी और फिर आजकल हिंदी का प्रचार बढ़ जाने से हम डिंगल की प्राचीन पद्धति (traditions) को भूलते जा रहे हैं जिससे उसका समझना और भी कठिन हो गया है।

भाषा-विज्ञान के अनुसार, राजस्थानी संस्कृतोत्पन्न आर्य भाषाओं के वर्ग में आती है। राजस्थानी पश्चिमी हिंदी का सबसे बड़ा विभाग है। व्रज एवं गुजराती इसकी सगी बहनें है जिनसे यह बहुत मिलती है। डॉक्टर ग्रियर्सन ने इसको अंतरंग शाखा में सम्मिलित किया है पर लिखा है कि बहिरंग भाषाओं का प्रभाव भी इस पर बहुत पड़ा है। डॉक्टर साहब का उक्त बहिरंग एवं अंतरंग वर्गीकरण सर्वसम्मत नहीं है। कुछ विद्वान भाषाओं के संयोगात्मक एवं विच्छेदात्मक (synthetic and analytic) दो भेद करके राजस्थानी को विच्छेदात्मक भाषाओं की श्रेणी में रखते हैं। सच पूछा जाए तो दोनों विभागों में विभेद दर्शक विशेषताएँ कोई हैं ही नहीं।

राजस्थानी भाषा का जन्म विक्रम की दसवीं शताब्दी के आसपास हुआ है। उसका विकास-काल तीन कालों में बाँटा जा सकता है—

1. प्राचीन राजस्थानी—विक्रमीय 16वीं शताब्दी पर्यंत।
2. माध्यमिक राजस्थानी—विक्रमीय 19वीं शताब्दी तक।
3. आधुनिक राजस्थानी—विक्रमीय 19वीं शताब्दी से अब तक।

राजपूतों के उत्थान के साथ ही राजस्थानी का विकास प्रारंभ हुआ। चारण लोगों ने इसकी ख़ूब उन्नति की। इसी समय हिंदी की दो और शाखाएँ हाथ-पाँव चलाने लगीं। मुसलमानों ने खड़ी बोली को अपनाया और साधु, महात्मा, कृष्णभक्त वैष्णवों ने व्रज भाषा को। खड़ी बोली तो उस समय

विशेष उन्नति नहीं कर सकी, पर कृष्णभक्ति ने व्रज को शीघ्र ही उन्नति के चरम शिखर पर पहुँचा दिया। राजस्थानी कवियों ने भी व्रज में लिखना शुरू किया। डिंगल का भी ख़ूब ज़ोर रहा, यद्यपि वह बोली जानेवाली भाषा से धीरे-धीरे दूर पड़ने लग गई थी। इस काल के अंत में भाषाविज्ञान की दृष्टि से राजस्थानी में कई एक परिवर्तन हुए जो मुख्यतया वर्ण-संबंधी परिवर्तन थे। इस काल में गुजराती राजस्थानी से जुदा हुई। माध्यमिक काल में बोलचाल की राजस्थानी ने पर्याप्त उन्नति की। बहुत से गद्य-पद्यात्मक ग्रंथ इस काल में लिखे गये।

राजस्थानी की शाखाएँ

राजस्थानी भाषा की चार मुख्य शाखाएँ हैं—

1. मालवी—यह दक्षिण राजस्थान एवं मालवा प्रांत की बोली है। इस बोली में साहित्य नहीं के बराबर है।

2. मेवाती—दक्षिणी हिसार, भिवानी आदि ज़िलों में बोली जाती है। इसमें साहित्य बिल्कुल नहीं लिखा गया है। बांगड़ू की भाँति यह बड़ी कर्णकटु एवं कर्कश भाषा है।

3. ढूँढाड़ी या जयपुरी—जयपुर, अलवर, हाड़ोती आदि में बोली जाती है। इसमें अच्छा साहित्य है एवं वर्तमान राजस्थानी का गद्य-साहित्य तो सर्वथा इसी में है।

4. मारवाड़ी—राजस्थानी की सबसे बड़ी शाखा है। समस्त पश्चिमोत्तर, दक्षिण तथा मध्य राजस्थान में यह बोली जाती है। इसे ही हम standard राजस्थानी कह सकते हैं। इसमें बहुत विस्तृत साहित्य विद्यमान है। इसमें मेवाड़ी, थली आदि अनेक उपशाखाएँ हैं जो सब साहित्यसम्पन्न हैं। ख़ास मारवाड़ी अर्थात् जोधपुरी बड़ी मधुर तथा उदात्त बोली है।

लिपियाँ—मुख्यतया तीन लिपियों में राजस्थानी लिखी जाती है—

1. बाणीका, बाणियावाटी या महाजनी—इसे व्यापारी काम में लाते हैं। इसमें मात्राएँ नहीं लगतीं एवं यह (short-hand) सूक्ष्म लिपि का काम देती है।

2. कामदारी—यह राजकीय दफ़्तरों आदि में प्रयुक्त होती है।

3. शास्त्री—देवनागरी लिपि का राजस्थानी रूप है। साहित्य में यह प्रयोग की जाती है। आजकल देवनागरी अक्षर भी ख़ूब प्रचलित हो गये हैं और ज़्यादातर उन्हीं का उपयोग किया जाता है।

राजस्थानी हिंदी एवं गुजराती के मध्य की भाषा है, पर वह हिंदी की अपेक्षा गुजराती से विशेष सादृश्य रखती है। वाक्य-विन्यास, रचना, संगठन, शब्दावली आदि में गुजराती से बहुत अधिक मिलती है। 'वेलि' में यह मेल बहुतायत से प्रकट होता है। फिर भी, राजस्थान में गुजराती की अपेक्षा हिंदी अधिक समझी जाती है। कारण यह है कि राजस्थान का दिल्ली से प्राचीन काल से संबंध रहा है और इसके अलावा कुछ वर्ष पहले तक यहाँ की अधिकांश रियासतों की राजभाषा फ़ारसी थी। इस समय भी राजस्थान की रियासतों में राजभाषा उर्दू या हिंदी ही है।

राजस्थानी साहित्य

राजस्थानी का साहित्य बहुत प्राचीन है और साथ-ही-साथ विस्तृत भी है। आरंभ में राजस्थानी का राजपूत राजाओं से घनिष्ठ संबंध रहा और वह उनके यहाँ पली तथा फली-फूली। जब भारत की अन्य देश भाषाएँ अभी गर्भ में ही थीं, राजस्थानी में एक फलता-फूलता साहित्य विद्यमान था। केवल वीर-काव्य ही नहीं, छोटे-छोटे गीत यानी lyrics भी वर्तमान थे। गीत-साहित्य (ballad literature) राजस्थानी को अपभ्रंश से बपौती के रूप में मिला था। ये गीत बड़े लोकप्रिय होते हैं और साधारण जनता के हृदयों को आकर्षित करने की बड़ी शक्ति रखते हैं।

राजस्थानी कविता हमेशा जनप्रचलित रही है। वह पढ़े जाने के लिए नहीं, गाए जाने के लिए लिखी जाती थी। अनेकों कविताएँ जनसाधारण की ज़बान पर रहती थीं और प्रायः उन्हीं के जीवन व्यापारों से संबंध रखती थीं। वीररसात्मक कविताएँ प्रायः राज आदि से संबंध रखती थीं, जो जनसाधारण के सर्वप्रिय वीर (heores) हुआ करते थे। ऐसी कविताओं से राजस्थान का प्रत्येक घर परिचित रहता था। लोग पढ़े-लिखे नहीं होते थे, तो भी वे इनके सुनने, याद करने एवं गाने के बड़े प्रेमी हुआ करते थे।

पद्य-साहित्य ही नहीं, गद्य-साहित्य भी राजस्थानी में आरंभ से लिखा

जाता रहा है। माध्यमिक काल में तो गद्य ने बड़ी भारी उन्नति की। यहाँ तक कि हिंदी के प्राचीनतम गद्य के उदाहरण राजस्थानी के ही हैं। प्रत्येक रियासत अपनी ख्यात बराबर लिखाती रहती थी और ये ख्यातें गद्य में हुआ करती थीं। प्रत्येक बात का विस्तृत वर्णन उनमें रहता था। राजस्थानी की एक प्रसिद्‌ध ख्यात मूता नैणसी नाम के एक व्यक्ति की लिखी हुई है। इसमें समस्त राजस्थान का इतिहास दिया गया है। राजस्थानी की ये ख्यातें मध्यकालीन भारतवर्ष के इतिहास के लिखने में अमूल्य सहायता देंगी और अनेक अंधकाराच्छन्न बातों पर प्रकाश डालेंगी, इसमें कोई शक़ नहीं है। इनके अलावा राजस्थान का कथा-साहित्य भी बहुत विस्तृत है। हज़ारों कहानियों की पुस्तकें राजस्थानी में पायी जाएँगी जो बृहत्कथासंग्रह की कहानियों से किसी कदर कम रोचक न होंगी।

राजस्थानी का एक बहुत बड़ा महाकाव्य 'पृथ्वीराजरासो' है। यह महाकवि चन्द का बनाया हुआ है, परंतु बाद में इसमें बहुत कुछ घटाया-बढ़ाया गया है। यह महाकाव्य हिंदी-साहित्य में अद्‌वितीय है। विक्रम की सत्रहवीं सदी में बीकानेर के महाराज पृथ्वीराज ने राजस्थानी में एक अमर काव्य लिख कर श्रीकृष्ण का यशोगान किया। इसका नाम 'वेलि क्रिसन रुकमणी री' है। डिंगल राजस्थानी में एक महाकाव्य कुछ वर्षों पूर्व बूँदी के चारण मिश्रण सूर्यमल ने लिखा है, जिसका नाम 'वंश-भास्कर' है।

अब हम डिंगल को छोड़ कर बोलचाल की राजस्थानी की तरफ आते हैं। इसमें अनेक गीत समय-समय पर बने और बहुत से नष्ट हो गए पर यदि इस समय भी उनका संग्रह किया जाए तो कई जिल्दें भर जाएँ। राजस्थानी का सन्त साहित्य भी बड़ा विस्तृत है। महात्मा रैदास, मीराबाई, दादूदयाल, बाबा दयालजी, हरिदास, चन्द्रसखी आदि अनेक संत कवियों ने राजस्थानी में अमर कविता की हैं। आज इनकी कविताओं का घर-घर प्रचार है। महात्मा कबीर, सूर, तुलसी, नानक आदि के पद भी अनूदित होकर राजस्थानी साहित्य के अंग बन गए हैं। इन सबमें अमर कवयित्री मीरा का नाम विशेष उल्लेखनीय है। इन्होंने राजस्थानी, व्रज एवं गुजराती, तीनों भाषाओं में बड़ी ही सुमधुर कविता की है। राजस्थान के घर-घर में इनकी कविता सुबह-शाम गाई जाती है। स्त्रियों में इसका विशेष रूप से

प्रचार है। चन्द्रसखी एवं बखतावर नाम के दो बड़े ही भावुक कवि इसी ज़माने में हुए। चन्द्रसखी ने शिशु व बाल्य जीवन को चित्रित करने में कमाल किया है। सूरदास ने बालक-जीवन को चित्रित किया है, तो इन्होंने बालिका-जीवन को। छोटी बालिका के मनोभावों का वर्णन करने में इन्हें बड़ी सफलता मिली है।

इस काल के दो और प्रसिद्ध काव्यों का उल्लेख करना अत्यावश्यक है। पद्मभक्त नाम के कवि ने 'रुकमणी-मंगल' नाम का एक बड़ा महाकाव्य बनाया, जिसमें रुकमणी-हरण का वर्णन है। उसकी शैली बड़ी सरल और सुंदर है। सभी वर्णन सजीव हैं। साधारण जन-समाज में आज भी इसका बहुत प्रचार है और जनता रात्रि को इकट्ठी होकर इसकी पवित्र कथा का आस्वादन करती है। दूसरा काव्य एक लकड़हारे का बनाया हुआ है। इसका नाम है—'नरसी रो माहेरा'। 'रुक्मिणी-मंगल' की भाँति इसका भी ख़ूब प्रचार है और लोग रात को इकट्ठे होकर इसको सुनते और प्रसन्नता लाभ करते हैं। इसी ज़माने में राजिया, भैरिया, किशनिया, बाँजरा, नाथिया, जेठवा, नागजी आदि के दोहे बने, जिनका राजस्थान में ख़ूब प्रचार है।

राजस्थान के समस्त राजा एवं रानियाँ कविता से बड़ा भारी प्रेम रखते आये हैं और बहुतों ने स्वयं कविता भी की है। महाराणी मीराबाई का नाम ऊपर आ चुका है।

अब हम आधुनिक राजस्थानी की ओर आते हैं। राजस्थानी का वर्तमान साहित्य बड़ी ही हीनावस्था में है। हिंदी-प्रचार के कारण राजस्थानी को लोग बिल्कुल भूल गये हैं। इस समय के सबसे बड़े लेखक श्रीयुत शिवचन्द्र भरतिया हैं। आपने राजस्थानी गद्य-पद्य में अनेक उपयोगी एवं अच्छी पुस्तकें लिखी हैं। आपने राजस्थानी में नाटक का सूत्रपात किया और आधुनिक भावों को साहित्य में भरने का ख़ूब प्रयत्न किया।

इसके अतिरिक्त राजस्थानी में इस काल में और भी कई लेखक हुए हैं जो चुपचाप अपना कार्य कर रहे हैं। इनमें क्रोड़ीमल मालू तथा पंचराज संपादक श्रीकलन्त्रीजी के नाम विशेष रूप से उल्लेखनीय हैं। राजस्थानी में कई पत्र भी निकले थे, पर दुर्भाग्यवश कोई चल न सका। 'पंचराज' का स्थान इन सबमें अच्छा है।

राजस्थान के इतिहास-साहित्य में खोज करने और प्रामाणिक इतिहास लिखने में रायबहादुर, श्री गौरीशंकर, हीराचंद ओझा तथा श्री विश्वेश्वरनाथ रेऊ का नाम विशेष उल्लेखनीय है। इन्होंनें राजस्थान-साहित्य की महत्त्वपूर्ण सेवा की है। जोधपुर निवासी श्री रामकरणजी की सेवाएँ भी सराहनीय हैं। बीकानेर में 'प्रेमाश्रम' साहित्य-संस्था के अंतर्गत राजस्थानी विद्वानों की एक मंडली पिछले कई वर्षों से राजस्थानी साहित्य का पुनरुद्धार करने के लिए पर्याप्त परिश्रम कर रही है। आशा की जाती है, इनके परिश्रम के फल से राजस्थानी का साहित्य-भंडार सुसज्जित होगा।

चरित्रनायक का चरित्र

महाराज पृथ्वीराजजी का जन्म मिती मार्गशीर्ष कृष्णा 1 सम्वत् 1606 को हुआ। ये महाराज रायसिंहजी बीकानेर-नरेश के छोटे भाई तथा राव कल्याणमलजी के पुत्र **थे**। ये बालपन से ही विद्याव्यसनी, शूरवीर एवं धर्मनिष्ठ थे। इनके वैयक्तिक चरित्र के विषय में विवेचन करते हुए हमें अंग्रेज़ कवि शेक्सपियर के वैयक्तिक चरित्रोन्नति के आदर्श का स्मरण होता है। महाराज पृथ्वीराज के लक्षणों और जीवन-चरित्र को दृष्टिगत करते हुए हम हैमलेट की भाँति उन्हें 'courtier, soldier and scholar' इस गुणवाचक समस्त पद से निस्संकोच विभूषित कर सकते हैं। उनके अद्वितीय शूरवीर और स्वाभिमानी होने में किसी को भी संदेह नहीं हो सकता। जो व्यक्ति समस्त भारत की शक्तियों को नतमस्तक करने वाले मुगल साम्राज्य की शक्ति के अधिकृत रहते हुए भी अपनी और अपने देश की स्वतंत्रता की कल्पना कर सके, उसके शौर्य के आदर्श में किसी प्रकार का संदेह नहीं हो सकता। महाराज पृथ्वीराज उच्च कोटि के विद्वान थे, इस बात का प्रमाण उनकी कविता के गंभीर भावों से मिलता है। उनकी 'वेलि' की सविस्तार समीक्षा करते हुए हम आगे चल कर बताएँगे कि उन्हें संस्कृत-साहित्य और काव्य, भारतीय दर्शनशास्त्र, ज्योतिष, छंद, संगीतशास्त्र, कला इत्यादि अनेक भारतीय शास्त्रों का अच्छा ज्ञान था। वे उत्कृष्ट भक्तों की श्रेणी में गिने जाते थे। नाभाजी की भक्तमाल में इनके भक्ति-पूर्ण काव्य के विषय में लिखा है—

सवैया, गीत, श्लोक वेलि दोहा गुण नवरस।
पिंगल काव्यप्रमाण विविध विध गायो हरिजस।।

परि दुख विदुप सश्लाध्य वचन रसना जु उचारै।
अर्थ विचित्रन मोल सबै सागर उद्धारै।।

रुक्मिणी लता वर्णन अनुप वागीश वदन कल्याण सुव।
नरदेव उभय भाषा निपुण पृथ्वीराज कविराज हुव।।

इसी प्रकार कर्नल टाड ने इनके व्यक्तित्व के विषय में लिखा है–

"Prithviraj was one of the most gallant chieftains of the age and like the Tronbadour princes of the West, could grace a cause with the soul-inspiring effusion of the Muse, as well as aid it with his sword–nay, in the assembly of the Bards of Rajasthan the palm of merit was unanimously awarded to the Rathore Cavalier."

अर्थात् पृथ्वीराज अपने समय के क्षत्रियों में एक श्रेष्ठ वीर थे। वे पाश्चात्य ट्रूबेडोर वीर कवियों की तरह, अपनी ओजस्विनी कविता से मनुष्यों के हृदय को स्फूर्त और प्रोत्साहित कर सकते थे तथा आवश्यकता पड़ने पर हाथ में तलवार लेकर उत्साह और उत्तेजनापूर्वक रणक्षेत्र में डट सकते थे। बहुत कहना व्यर्थ है। राजस्थान के भट्टकवियों के समुदाय में काव्य गुणोत्कर्ष के सर्वोच्च पुरस्कार के भागी उस समय के कवियों द्वारा यही राठौर वीर श्रेष्ठ समझे जाते थे।

इनकी उत्साह-प्रदायिनी, ओजस्विनी और बलवती कविता की तुलनात्मक आलोचना करते हुए कर्नल टॉड उसमें दस सहस्त्र घोड़ों का बल बताते हैं। कर्नल टॉड के इस वाक्य को प्रमाणित करने के लिए साहित्य-प्रेमियों को 'वेलि' ग्रंथान्तर्गत 113-137 छंदों के भावों की उत्तेजक शक्ति एवं ओजगुण गौरव को अथवा उनके द्वारा लिखे प्रताप के प्रति पत्र के दोहों को देखना चाहिए।

प्रसिद्ध टीकाकार तथा गवेषक डॉक्टर एल.पी. टैसीटरी ने महाराज पृथ्वीराज के काव्यगुणोत्कर्ष का विवेचन करते हुए उनको 'Horace in

Dingal' डिंगल काव्य के होरेस कवि के सदृश कहा है। काव्य में उत्साह, अदम्य ओजगुण और स्फूर्ति-प्रवाह के लिए लैटिन में होरेस कवि प्रख्यात हैं।

महाराज पृथ्वीराज के व्यक्तित्व का पूर्णरूपेण निदर्शन करना हमारे लिए कठिन कार्य है। हम यहाँ पर उनके व्यक्तित्व की विलक्षण समष्टि में प्रधान रूप से विद्यमान कई एक विशेष गुणों का विवेचन करेंगे। उनकी चरित्र गाथाओं को दृष्टिगत रखते हुए हमारे दृष्टिकोण में सर्वप्रथम 1. उनका अदम्य, स्वाभिमानपूर्ण स्वदेश-प्रेम, 2. स्वतंत्रता के भावों से परिपूर्ण उनकी आदर्श-वीरता, 3. ईश्वर के प्रति उनकी अटल और अनन्य भक्ति, 4. गंभीर विद्वता, 5. सांसारिक प्रेम के आडंबर से घिरे रहते हुए भी उच्च आदर्श प्रेम के प्रति श्रद्धा तथा उस आदर्श प्रेम से प्रेरित उच्च श्रेणी की काव्यमयी भावनाएँ ये गुण आते हैं। हम संक्षेप में इन गुणों का कुछ विवरण 'वेलि' के पाठकों के सामने रखते हैं।

स्वदेश-प्रेम और वीरता

इतिहास से पता लगता है कि महाराज पृथ्वीराज अकबर बादशाह के बड़े कृपापात्र थे और सदा उन्हीं के पास रहा करते थे। परंतु 'अकबरनामे' में इनका नाम केवल दो-तीन बार से ज़्यादा नहीं आया है। इससे तथा अन्य कई एक कारणों से प्रकट होता है कि उस कुटिल नीतिज्ञ बादशाह का इनको कृपापात्र बनाना केवल एक राजनीतिक बहाना था। हृदय में तो वह इन जैसे स्वाभिमानी, स्वतंत्रताप्रिय, वीर क्षत्रिय से अवश्य डरता रहा होगा। यही कारण हो सकता है कि या तो वह इनको सर्वदा अपने पास रखता था अथवा बड़ी-बड़ी लड़ाइयों में नियुक्त किए रखता था। भला ऐसे स्वाभिमानी, स्वदेश-प्रेमी क्षत्रिय को यदि अवकाश और स्वच्छंदता मिल जाए तो एक के बदले दो प्रताप मुगल-साम्राज्य का ध्वंस करने को न तैयार हो जाएँ। जब बादशाह ने सन् 1638 में अपने विद्रोही भाई मिर्ज़ा हकीम से लड़ने के लिए काबुल पर धावा किया, उस समय पृथ्वीराज सेना के अग्रभाग में विद्यमान थे। इस युद्ध में विशेष शूरवीरता का परिचय देने के लिए पुरस्कारस्वरूप इनको पूर्वीय राजस्थान में गौगराना प्रांत की जागीर प्रदान की गयी थी। इसके पश्चात् सन् 1653 में अहमदनगर की लड़ाई में भी ये

सेना के प्रधान पद पर नियुक्त होकर गये थे। ये तो सब मुगल-इतिहास के उदाहरण हैं। हमारी समझ में पृथ्वीराज की वीरता को ये दृष्टांत इतना ज्वलंत रूप से प्रमाणित नहीं करते जितना कि उनकी प्रताप के प्रति लिखी हुई प्रसिद्ध पत्रिका के भाव, जो हम पाठकों के अनुशीलनार्थ संक्षेपतः नीचे उद्धृत करते हैं—

इस बात को सुन कर कि महाराणा प्रताप सिंह जैसे अटल स्वाभिमानी, धर्मव्रत, स्वेदशभक्त क्षत्रिय ने अत्यंत दुखित होकर अकबर जैसे महाशक्तिशाली कूटनीतिज्ञ सम्राट के प्रति असामर्थ्य और दीनावस्था को प्रकट करते हुए संधि-पत्र प्रेषित करने का विचार किया है, पृथ्वीराज को विश्वास न हुआ। अपने अविश्वास को उन्होंने अकबर के समक्ष प्रकट किया और परिणामतः बादशाह से इस विषय में सत्यासत्य निर्णय करने की आज्ञा प्राप्त की और यह अपूर्व उत्साहित और ओजस्वी पत्र लिखा—

घर बाँकी दिन पाधरा, मरद न मूकै माण।
घणां नरिन्दा घेरियो, रहे गिरदा राण।।1।।

माई एहड़ा पूत जण, जेहड़ा राण प्रताप।
अकबर सूतो ओझकै, जाण सिराणैं साँप।।2।।

अकबर समद अथाह, सूरापण भरिये सजल।
मेवाड़ो तिण माँह, पोयण फूल प्रतापसी।।3।।

अकबर एकण बार, दागल की सारी दुनी।
अणदागल असवार, रहियो राण प्रतापसी।।4।।

अकबर घोर अँधार, ऊँघारणा हिन्दु अबर।
जागै जगदाधार, पोहरै राण प्रतापसी।।5।।

हिन्दूपति परताप, पत राखौ हिन्दुवाण री।
सहे विपति सन्ताप, सत्य शपथ करि आपणी।।6।।

चौथौ चीतोड़ाह, बाँटो बाजन्तीतणू।
दीसै मेवाड़ाह, तो सिर राण प्रतापसी।।7।।

चम्पो चीतोड़ाह, पौरष तणो प्रतापसी।
सौरभ अकबरशाह, अडियल आभिड़या नही।।8।।

पातल खाग प्रमाण, साँची सांगाहरतणी।
रही सदा लग राण, अकबरसूँ ऊभी अणी।।9।।

अइरे अकबरिया, तेज तिहाला तुरकड़ा।
नम नम नीसरिया, राण बिना सह राजवी।।10।।

सह गावड़िये साथ, एकण बाडै बाड़िया।
राण न मानी नाथ, ताँडै साँड़ प्रतापसी।।11।।

पातल जो पतशाह, बोलै मुख हूँता वयण।
सिहर पछमदिश माँह, ऊगै कासपरावसुत।।12।।

पटकूँ मूछां पाण, कै पटकूँ निज तन कराँ।
दीजै लिख दीवाण, इण दो महली बात इक।।13।।

इस पत्र का प्रभाव प्रताप के हृदय पर इतना गंभीर हुआ कि उन्होंने तत्क्षण अपने संकल्प को पलट दिया और यह उत्तर लिख कर पृथ्वीराज को भेज दिया—

तुरक कहासी मुख पतो, इण तन सूँ इकलिङ्ग।
ऊगै जाँही ऊगसी प्राची बीच पतङ्ग।।1।।

खुशी हूँत पीथल कमघ, पटको मूछाँ पाण।
पछटण है जेतै पतो, कमला सिर केवाण।।2।।

साँग मूँड़ सहसी सको, सम जस सहर सवाद।
भड़ पीथळ जीतां भलां, वैण तुरक सूँ वाद।।3।।

समय ऐसी क्रूर शक्ति है, जो किसी का आधिपत्य नहीं स्वीकार करती। हमें विश्वास है, यदि पृथ्वीराज को उसी परिस्थिति को स्वतंत्रता का अनुभव करने का मौका होता, जैसा कि प्रताप को उस समय था, तो वे अवश्य अपनी सहज, क्षत्रियोचित सच्ची वीरता का परिचय देते और भारतीय स्वतंत्रता के संग्राम के इतिहास में सदा के लिए महाराणा की तरह एक समुज्ज्वल उदाहरण छोड़ जाते। महाराज पृथ्वीराज जैसे वीर थे वैसे ही वीर क्षत्राणी उनकी धर्मपत्नी थीं। एक कथा प्रचलित है कि अकबर बादशाह के राज्य में वर्ष में एक बार, राजधानी में नौरोज़ नाम का वीभत्स मेला हुआ करता था। साम्राज्य की राजनीतिक परिस्थिति को जानने के लिए यह मेला एक साधन-मात्र कहा जा सकता है। इस मेले में सब प्रकार के यात्री और साम्राज्य के लोग एकत्रित होते थे और उनकी बातचीत, हलचल, ढंग, विचारों आदि का गुप्त रूप से निरीक्षण कर बादशाह राज्य की सच्ची परिस्थिति जानने की चेष्टा किया करता था। इसी मेले के अंतर्गत एक महिलाओं का मेला भी होता था जिसमें बड़े-बड़े हिंदू घरानों, राजा, रईसों और उमराओं की स्त्रियाँ राजाज्ञा द्वारा सम्मिलित होती थीं। बादशाह गुप्तवेश में मेले में जाता था और अपनी रूप-सौंदर्य देखने की वासना को तृप्त किया करता था। महाराज पृथ्वीराज की पत्नी अत्यंत सुंदरी थी। बादशाह ने उसे कुदृष्टि से देखा। तदुपरांत पापाचार का एकांत में प्रस्ताव करने पर बादशाह की जो दशा उस वीर क्षत्राणी ने की थी, वह सब को विदित है। बीकानेर की ख्यात में लिखा है कि इस समय रानी के धर्म को बचाने के लिए राजबाई नामक चारणकन्या सहायता के लिए उपस्थित हुई थी जो स्वयं दैविक शक्ति रखती थी और जिसने महाराज पृथ्वीराज की सौजन्य और वीरता पर प्रसन्न होकर दुःख पड़ने पर उनको सहायता देने का वरदान दिया था।

भक्ति

महाराज पृथ्वीराज एक उच्च कोटि के वैष्णव भक्त थे। इनका नाम भक्तमाल में श्रेष्ठ भक्तों की गणना में आता है। भारतवर्ष के तत्कालीन इतिहास से

पता लगता है कि उस समय वैष्णव संप्रदाय के विभिन्न मतों के गुरुओं ने भक्ति-गाथा का चक्र चला कर मुगल साम्राज्य रूपी कराल काल के गाल में कवलित होते हुए हिंदू-धर्म को बचाने तथा उसके संगठन एवं एकीकरण का जो प्रयास किया, वह समस्त भारत के छिन्न-भिन्न वीरात्माओं की शस्त्र-शक्ति द्वारा स्वतंत्र होने के प्रयास से कहीं ज़्यादा उपादेय तथा देशहित संरक्षक सिद्ध हुआ। आरंभ ही से इस भक्ति-स्रोत की प्रबल धारा ने समस्त उत्तरी भारत को व्याप्त कर लिया। पूर्व में मैथिल भक्त कवि विद्यापति ठाकुर, पश्चिम की ओर राजस्थान में मीराबाई तथा गुजरात में प्रसिद्ध भक्त कवि नरसी मेहता ने कृष्ण-भक्ति के संदेश को सुना कर जनता के हृदय में आस्तिकता, धर्माभिमान और आत्मबल का गौरव उत्पादित कर दिया था। इस भक्ति की निर्मल धारा ने न केवल जड़प्राय धर्म में नूतन शक्ति और स्फूर्ति का संचार किया और ब्राह्मणों के सत्वहीन धर्म के ढोंग को हटा कर भक्ति की निर्मल शक्ति से हिंदू-धर्म को जीवनमय किया, परंतु साथ ही अपने भक्तिमय हृदय के उद्‌गारों को विशेषतः हिंदी-भाषा में प्रकट कर इस भक्ति-प्रवाह के नेताओं ने हिंदी-साहित्य के स्थायी कोश को अखंड संपत्ति से समायुक्त कर दिया। बहुत शीघ्र इस भक्ति-स्रोत की तीन प्रमुख शाखाएँ उत्तर भारत में विस्तृत हो गईं। पन्द्रहवीं शताब्दी के मध्य के लगभग गुरु रामानन्दजी ने मर्यादा पुरुषोत्तम रामचन्द्रजी की भक्ति-गाथा को गाकर भारतीय जीवन में नवीन जागृति का बीज-वपन कर दिया था। हिंदी के परम सौभाग्य से इन गुरुवर तथा इनके शिष्यों ने अपने भक्तिपूर्ण उद्‌गार मुख्यतः हिंदी भाषा में ही प्रकट किए। आगे चल कर, तुलसीदासादि भक्त कवि इन्हीं के संप्रदाय में हुए। भक्ति की दूसरी शाखा कृष्णभक्ति के रूप में प्रकट हुई। इस ओर महात्मा वल्लभाचार्य ने सन् 1479 के लगभग कृष्णभक्ति का प्रचार किया। यद्यपि वल्लभाचार्यजी ने अपने उत्तम ग्रंथ संस्कृत भाषा में रचे, परंतु उनके शिष्यों में प्रायः सभी ने हिंदी में भक्ति-रस को बड़ी उच्च श्रेणी की काव्य-रचना की। इनके पुत्र विट्ठलनाथजी ने अपने पिता के भक्ति-संदेश का ख़ूब प्रचार किया और हिंदी कवियों और भक्तों की 'अष्टछाप' बनाई जो हिंदी के भक्ति काव्य साहित्य में लब्धप्रतिष्ठ है और जिनके नाम ये हैं—सूरदास, कृष्णदास पयाहारी, परमानन्ददास, कुम्भनदास,

चतुर्भुजदास, छीतस्वामी, नन्ददास और गोविन्ददास। इन्हीं कृष्ण-भक्तों की श्रेणी में महाराज पृथ्वीराज भी हैं। धार्मिक स्रोत की तीसरी शाखा अद्वैतवादी कवियों और दार्शनिकों के मत के रूप में प्रकट हुई। इस शाखा के प्रधान कवि कबीर प्रसिद्ध हुए जिन्होंने किसी एक धार्मिक मत के बन्धन में न रह कर सब धर्मों के श्रेष्ठ तत्त्वों को आदर की दृष्टि से देखने का मत प्रचार किया। इस मत के कवियों और प्रचारकों ने सोई हुई हिंदू जाति में जातीयता और आत्माभिमान का भाव उत्पन्न किया। इसी के फलस्वरूप गुरुनानक की अध्यक्षता में सिक्ख धर्म का उत्थान हुआ, जिसने बढ़ते हुए मुसलमान धर्म के आक्रमणकारी प्रवाह को रोक दिया और कुछ समय के लिए हिंदू जातीयता की रक्षा की। भक्ति के इस अनर्गल प्रवाह में लवलीन भारत ने कुछ समय के लिए पराधीनता के दुःख को भुला दिया और ख़ूब जी खोल कर स्वच्छंद भक्ति का संगीत गान किया। इस प्रबल प्रवाह की शक्ति के आगे मुगल साम्राज्य को भी सिर झुकाना पड़ा। मुगल साम्राज्य में हिंदी का आदर होने लगा। इस काल के बहुत से मुसलमान कवि हिंदी में अच्छी कविता करने लगे और कई एक तो इस भक्ति-प्रवाह में इतने गहरे डूबे कि कृष्ण और राम के भक्त ही हो गये—यथा रहीम।

इस समुज्ज्वल भक्तिरस पूर्ण समय में भक्त श्रेष्ठ महाराज पृथ्वीराज ने 'वेलि क्रिसन रुकमणि री' नामक ग्रंथ रच कर भगवान कृष्ण के प्रति अपनी अनन्य भक्ति प्रदर्शित की। ये किस प्रकार के भक्त थे, इस बात के प्रमाण में हम कई एक उदाहरण देंगे।

चरमसीमा की विलासप्रियता तथा उच्च कोटि की भयानक, विस्मयोत्पादिनी वीरता—ये दो गुण स्वभावतः ही विरुद्धधर्मी होने के कारण एकत्र स्थाई नहीं पाए जाते। राजपूत राजाओं में भी विरले ही ऐसे होंगे जिनमें ये दोनों गुण एकत्र और समरूप में पाये जाते हों, परंतु महाराज पृथ्वीराज की जीवनी को ध्यानपूर्वक देखने से ये दोनों गुण अपने विरोध दोषों को छोड़ कर एकत्र हो गए प्रतीत होते हैं। यही नहीं, इन गुणों के साथ ही उनमें विद्यानुराग भी उत्कृष्ट श्रेणी का था जो प्रायः विलासिता का विरुद्धधर्मी होता है। एक राजपूत नरेश के पुत्र होने के कारण वे स्वभाव से ही विलासिता के आवरण में पले हुए थे, परंतु विलासिता ने उनके

संस्कारों को बिगाड़ा नहीं, प्रत्युत उनके हृदय में सांसारिक प्रेम और सौंदर्य के प्रति वह अनुराग का अंकुर जमा दिया जो ज्ञान और विवेक के प्रकाश में प्रस्फुटित होकर अंत में विशुद्ध कृष्ण-भक्ति के प्रफुल्ल पादप के रूप में प्रकट हुआ। शृंगार काव्य रचना में अद्भुत सफलता प्राप्त करने का मुख्य कारण उनका यह सांसारिक सौंदर्य प्रेम की उपासना और अनुभव ही है, जिसका अनुशीलन इस जीवन में उन्होंने अपर्याप्त परिमाण में किया था। उनकी अनन्य भक्ति की विशुद्धता का यह प्रमाण है कि उन्होंने जीवनकाल में अपने इष्टदेव भगवान कृष्ण का सायुज्य साक्षात्कार प्राप्त किया। वे एक उत्कृष्ट रहस्यवादी और द्रष्टा भी प्रसिद्ध थे, जिसके कई उदाहरण राजस्थान की जनता में किंवदंती के रूप में प्रचलित हैं और जिनमें से कुछ का आगे चल कर हम उल्लेख करेंगे। महाराज पृथ्वीराज की भक्ति के विषय में हमको यह बात विशेषतः याद रखनी चाहिए कि ये केवल एक भक्त, उच्चात्मा अथवा कवि ही नहीं थे, वरन् अपने सहज क्षात्रधर्म को पूर्णरूपेण निर्बाहने वाले कर्मयोगी, राजर्षि भी थे। यह कहना अत्युक्ति न होगा कि महाराज पृथ्वीराज ने अपने इष्टदेव के गीतानुमत त्रिविध योगमार्ग के किसी एकांगी उपदेश को ग्रहण नहीं किया, वरन् मोक्ष के साधनभूत तीनों मार्गों का सिद्धांत रूप में एकत्रीकरण करके, योग-शक्ति द्वारा संसार को भोगते हुए कर्मयोग, ज्ञानयोग एवं भक्तियोग का अपने व्यक्तित्व में अविच्छि' समावेश किया और अपने इष्टदेव से सायुज्य प्राप्त करते हुए जीवन-मुक्ति का लाभ किया। उन्होंने गीता के उपदेश का जीता-जागता ज्वलंत उदाहरण प्रदर्शित किया। उनके कर्मयोग के विषय में डॉ. टैसीटरी लिखते हैं–

"He was an admirer of courage and unbending dignity and a sworn enemy of degradation and cringing servility. With the same frankness with which he could compose a song in praise of an act of gallantry or of determination performed by a friend or a foe; he would condemn in verses his own brother, the Raja of Bikaner, or even the all-powerful Akbar, for any act of weakness or of injustice committed by them."

अर्थात् "ये महाराज पराक्रम और अदम्य स्वाभिमान को श्रद्धा और सम्मान की दृष्टि से देखते थे और दीनता, गुलामी और चारित्रिक पतन

के पक्के वैरी थे। जिस स्वाभाविक उदारता के साथ ये किसी शत्रु अथवा मित्र की, उसकी वीरता अथवा कठोर प्रतिज्ञा को पूर्ण करने की शक्ति के लिए कविताबद्ध प्रशंसा कर सकते थे, उसी स्पष्टता एवं उदारता के साथ वे कविता में अपने भाई बीकानेर के राजा—यही नहीं—सर्वशक्ति सम्पन्न सम्राट् अकबर तक की भी, उनके किसी अत्याचार अथवा निकृष्ट कार्य के लिए निंदा कर सकते थे।"

इस विषय में, आत्मगौरव को सदा के लिए तिलांजलि देने के लिए विवश महाराणा प्रताप के प्रति जो पत्र लिखा गया था, उसके निर्भीक, शक्तिशाली छंदों को एक बार पुनः पढ़ कर पाठक स्वयं निर्णय कर लें कि स्वाभिमानी और निर्भीक महाराज पृथ्वीराज को अपने देश और जाति की स्वतंत्रता और मान रक्षा का कितना ख़याल था और यदि वांछित स्वतंत्रता प्राप्त होती तो उन ओजस्वी शब्दों को, अपनी स्वार्थहानि की परवाह न करके लिखने वाला कर्मयोगी कहाँ तक चरितार्थ कर दिखाता?

इनकी भक्ति के दृष्टांतों में से हम यहाँ एक प्रचलित किंवदंती उद्धृत करते हैं। महाराज को तीर्थाटन करने में बड़ी श्रद्धा थी। जब ये 'वेलि' को लिख कर समाप्त कर चुके तो यह विचार हुआ कि इस 'पत्रं पुष्पं फलं तोयं' स्वरूप भेंट को ले चल कर श्रीद्वारिकानाथ कृष्णचन्द्र भगवान् के चरणारविंद में प्रस्तुत की जाये। अतएव वे रनिवाससहित नौकर-चाकरों को साथ लेकर द्वारिका की ओर विदा हुए। उन दिनों रेलगाड़ी अथवा आजकल के शीघ्रगामी वायुयान यात्रा के लिए उपलब्ध न थे। स्थान-स्थान पर विश्राम करते और डेरा डालते हुए चले। एक दिन संध्या समय महाराज ने एक वन के प्रांत भाग पर ख़ेमा डाला। थोड़ी ही देर बार एक व्यापारी वैश्य ने, जो उसी दिशा को व्यापार के निमित्त यात्रा कर रहा था, वहीं आकर महाराज के ख़ेमे के पास ही उनकी आज्ञा से तंबू लगाया। भोजनादि से निवृत्त होकर महाराज विहार और प्रकृति-निरीक्षण के निमित्त ख़ेमे के नज़दीक ही घूमने निकले। उसी समय वैश्य ने बाहर आकर महाराज का अभिवादन कर बातचीत प्रारंभ की। थोड़ी ही देर की बातचीत के अनंतर दोनों मित्र हो गए। तदनंतर महाराज वापिस अपने ख़ेमे में और वैश्य अपने तंबू में चले गए। महाराज को रात्रि में देर से नींद लगने का स्वभाव था। उन्होंने यह

सोचा कि यह वैश्य सज्जन मालूम होता है, हरिभक्त भी है; चलें, उसी के यहाँ चल कर 'वेलि' की गाथा सुनावें और कुछ समय पवित्र हरिकीर्तन में बितावें। यह सोच कर वैश्य के तंबू में पहुँचे। अर्धरात्रि का समय हो गया था। अकस्मात् स्वयं महाराज को अपने निवास स्थान में आए देख कर वैश्य और उसकी स्त्री को विस्मय हुआ और उन्होंने अपना धन्य भाग्य समझा। वैश्य ने महाराज से 'वेलि' सुनने की इच्छा प्रकट की और महाराज ने श्रद्धा और रुचिपूर्वक वैश्य दंपति को आद्योपांत अर्थ-सहित 'वेलि' का श्रवण कराया। इसके बाद अपने तंबू में आकर सो रहे। प्रातःकाल चार बजे के तड़के ही नियमानुसार डेरा उठा कर यात्रा प्रारंभ करने की महाराज ने आज्ञा दे दी। कुछ कोस चल कर महाराज को स्मरण हुआ कि रात्रि को उक्त वैश्य को 'वेलि' सुनाकर पुस्तक को वहीं छोड़ आए थे। अतएव, सवार को दौड़ाया कि वह जाकर वैश्य के यहाँ से पुस्तक ले आवे अथवा यदि वैश्य चल दिया हो तो इर्द-गिर्द दो चार-कोस में खोज कर उससे 'वेलि' माँग लावे। सवार ने रात्रि के पड़ाव के स्थान पर जाकर क्या अद्भुत दृश्य देखा कि उस जगह केवल महाराज के ख़ेमों के स्थान पर तो आदमी, पशु और तंबुओं के खूँटों के चिह्न थे, परंतु आस-पास देखने पर वैश्य के तंबू की जगह किसी प्रकार का कोई चिह्न भूमि पर न देखा। इस अलौकिक घटना को नौकर ने, जाकर महाराज को सुनाया, तो महाराज ने नौकर का विश्वास न कर स्वयं जाने का निश्चय किया, परंतु उन्होंने भी वही दृश्य पाया। आश्चर्य और खेद की सीमा न रही। इतने में ही उनकी दृष्टि पास ही एक छोटे-से वृक्ष के पौधे पर पड़ी। 'वेलि' पुस्तक सुरक्षित रूप में एक तुलसी वृक्ष के ऊपर पड़ी हुई दिखाई दी। महाराज को आंतरिक बोध हुआ और उन्होंने मन-ही-मन अपने इष्टदेव को नमस्कार कर अपने भाग्य को धन्य माना, कि जिनकी यात्रा को सफल करने के लिए, एवं निज भक्त जन की श्रद्धाजलि को स्वीकार करने के लिए स्वयं श्रीद्वारिकानाथ ने पधार कर इतना कष्ट उठाया।

महाराज पृथ्वीराज को श्रीलक्ष्मीनाथजी का इष्ट था। जहाँ कहीं भी होते, वे नियमानुसार अपने इष्टदेव की मानसी पूजा किया करते थे। कहते है कि एक बार आगरे में पूजा करते समय इन्होंने यह बता दिया था कि अमुक

समय इष्टदेव की सवारी नगर कीर्तन के लिए बीकानेर नगर में निकल रही थी। जाँच करने पर यह बात सत्य निकली। पृथ्वीराज की भक्ति के विषय में यह भी प्रसिद्ध है कि ये त्रिकालज्ञ थे एवं योगबल और दिव्य-दृष्टि-सम्पन्न थे। एक बार अकबर ने इनसे पूछा, "तुम्हारे कोई पीर वश में अवश्य है। अच्छा, तो बताओ, तुम्हारी मृत्यु कहाँ और कब होगी?" महाराज ने कुछ विचार कर उत्तर दिया, "मथुरा के विश्रान्तघाट पर और उस समय एक सफेद कौआ प्रकट होगा।" बादशाह को विश्वास न हुआ और आजमाइश की तौर पर इस होनी को अनहोनी सिद्ध करने के लिए उन्होंने पृथ्वीराज को अटक के पार राज्यकार्य पर नियत करके भेज दिया। इस वृतांत के पाँच महीने बाद एक दिन अकस्मात् ऐसा मौका आया कि एक अलौकिक चकवा-चकवी के जोड़े को, जिसको एक भील बाज़ार में बेचने के लिए पकड़ लाया था, आश्चर्ययुक्त मानवभाषा में बोलते देखकर बादशाह ने मँगवा भेजा। इस प्रसंग में नवाब खानखाना ने, सज्जन वारूँ कोड़धा या दुर्जन की भेंट यह चरण रचा और आगे चुप रहे। बादशाह ने कवि को दूसरा चरण भी बनाने को कहा, परंतु न कहा गया। तब महाराज पृथ्वीराज को एकदम बुलाने का हुक्म हुआ। पृथ्वीराज आते हुए मथुरा होते आए और रास्ते में ही इष्टदेव के दर्शन करने की इच्छा से वहाँ ठहर गए, परंतु मृत्यु को निकट आयी देख, "रजनी का मेला किया बेह का अच्छर मेट' यह दूसरा चरण लिख कर आदमी के हाथ बादशाह को भिजवा दिया और आपने दान-पुण्य कर विश्रांतघाट पर इष्ट का स्मरण करते हुए सदा के लिए विश्रांति-लाभ किया। उस समय एक सफेद कौआ प्रकट हुआ और बादशाह के आदमियों ने सब हाल जा सुनाया। यह बात संवत् 1657 की है।

विद्वता

महाराज पृथ्वीराज की विद्वता, अनुभवदक्षता और विशेषतः संस्कृत-साहित्य-विषयक ज्ञान की गंभीरता के विद्वता प्रमाण 'वेलि' के अंतर्गत अनेकानेक विशद श्रृंगार एवं इतर रसों के भावुक और स्वाभाविक वर्णनों से, कालिदासादि महाकवियों की काव्य पद्धति के अनुकरण और समानताओं से, काव्य प्रयुक्त रस, अलङ्कार भावविशिष्टता, अर्थगौरव, छंदशास्त्र के नियम

और भाषा-सौष्ठव की रीतियों के सम्यक् पालन इत्यादि से भली भाँति प्रदर्शित होते हैं। स्वयं कवि ने 'वेलि' के उपसंहार में कई एक छंदों में बिल्कुल सत्य लिखा है कि 'वेलि' का अर्थज्ञान प्राप्त करने के लिए पाठक को विविध शास्त्रों के मर्म का ज्ञाता होना अत्यंत आवश्यक है। कवि के इस कथन में किसी प्रकार की मिथ्या आत्मश्लाधा अथवा अतिश्योक्ति की शंका नहीं करना चाहिए। 'वेलि' का पूर्ण रसास्वादन करने के लिए पाठक में इन गुणों की आवश्यकता कवि ने बताई है–

ज्योतिषी, वैद, पौराणिक जोगी, संगीती, तारकिक, सहि।
चारण, भाट, सुकवि भाषा चित्रकारी एकठा तो अर्थ कहि।।299।।

हम ऊपर कह आए है कि महाराज पृथ्वीराज ने डिंगल और पिंगल, दोनों भाषाओं में काव्य रचना की है। पिंगल में उनके अनेक फुटकर दोहे, सोरठे, छप्पय इत्यादि बताये जाते हैं, परंतु इनमें बहुत से ऐसे भी कहे जाते हैं जिनको हम प्रामाणिक नहीं कह सकते। उनकी हिंदी कविता के नमूने के तौर पर हम नीचे एक छंद उद्धृत करते हैं जो उन्हीं का रचा हुआ बताया जाता है।

अकबर से विरोध करने और महाराणा से पक्षपात करने का संवाद जब पृथ्वीराज की धर्मपत्नी चम्पादे को मिला तो उनको बड़ी चिंता हुई। चम्पादे ने यह दोहा लिख कर भेजा–

पति जिद की पतशाह सूँ यहै सुणी मैं आज।
कहँ पातल अकबर कहाँ, करियो बड़ो अकाज।।

पृथ्वीराज ने यह कवित्त लिखकर उत्तर दिया–

जब ते सुने है बैन, तब तें न मोको चैन।
पाती पढ़ि नेक सो बिलम्ब न लगावेगो।।

लैके जमदूत से समत्त्थ राजपूत आज।
आगरे में आठों याम ऊधम मचावेगो।।

कहै पृथीराज प्रिया नेकु उर धीर धरो।
चिरजीवी राना सो मलेच्छन भगावेगो।।

मन को मरद्द मानी, प्रवल प्रतापसिंह।
बब्बर ज्यों तड़प, अकब्बर पै आवेगो।।

महाराज पृथ्वीराज की फुटकर डिंगल कविता के उदाहरणस्वरूप कई दोहे, सोरठे, छप्पय, गीत इत्यादि छंद राजस्थान के कवियों और चारणों में प्रख्यात हैं। इनमें भी बहुत ऐसे हैं जिनका पृथ्वीराज की रचना होने में संदेह है। बहुत से गीत अथवा इतर स्फुट छंद तो ऐसे पाए जाते हैं जो 'साखरा गीत' अथवा प्रसंगात्मक कविता कही जा सकती है, जो समय-समय पर कवि ने प्रतिभान्वित होकर राजस्थान के प्रमुख, ख्यातनाम वीर, स्वाभिमानी राजपूत सरदारों और नरेन्द्रों की प्रशंसा में लिखे हैं। इस 'साखरा गीत' में से एक प्रसिद्ध गीत महाराणा प्रताप के अलौकिक साहस, धर्मव्रत, क्षात्रधर्म प्रतिष्ठा तथा अदम्य तेजस्विता की प्रशंसा में लिखा है जो नीचे उद्धृत करते हैं–

नर तेथ निमाणा निलजी नारी अकबर गाहक वट अबट।
चौहटे तिण जायर चीतोड़ो बेचे किम रजपूत बट।।

रोजायताँ तणैं नवरोजै जेथ मुसाणा जणो जण।
हिन्दूनाथ दिलीचे हाटे पतो न खरचै क्षत्री पण।।

परपंच लाज दीठ नह व्यापण, खोटो लाभ अलाभ खरो।
रज बेचवा न आवै राणो, हाटे मीर हमीर हरो।।

पेखे आप तणां पुरुषोत्तम, रह अणियाल तणैं बल राण।
खत्र बेचिया अनेक खत्रियाँ, खत्रवट थिर राखी खूमाण।।

जासी हाट बात रहसी जग अकबर ठग जासी एकार।
रह राखियो खत्री भ्रम राणैं, साराले बरतो संसार।।

इसी प्रकार वीरवर कल्ला रायमलोत तथा अपने कनिष्ठ भ्राता रामसिंह की प्रकृष्ट वीरता के संबंध में इन्होंने गीत लिखे। वीरवर कल्याणसिंह रायमलोत राजस्थान के एक सुप्रसिद्ध क्षत्रिय वीर हो गए हैं। इस गीत के

14 छंद हमारे देखने में आए हैं और उनमें प्रत्येक 4 चरणों का है। यह गीत इस प्रकार प्रारंभ होता है—

बल चढ़ बोलियो पतशाह बदी तो
मंड़ोवर रुख माण मदीतो
जो जमवार लगे जस जीतो
कलो भलो रजपूत कही तो।।1।।

पुलिया दल पाधर पतशाही
सिध नरियण सूँ बीड़ो शाही
बकिया बैण तिका निर्बाही
गढ़ सुमियाण कला पिड़गाही।।2।।

पृथ्वीराज के कनिष्ठ भ्राता, अकबर के प्रत्यक्ष विरोधी होने के कारण अपने पैतृक राज्य से निर्वासित हो चुके थे और प्रताप की तरह अकबर का सामना करने की तैयारी कर रहे थे। अकबर के प्रसिद्ध सेनापति हमज़ो का, बड़ी मुगल-सेना के साथ सामना करते हुए ये बड़ी वीरता के साथ युद्ध में काम आये थे। इनकी वीरता का पृथ्वीराज को गर्व होना अत्यंत स्वाभाविक ही है।

वीरता-विषयक इन गीतों के अतिरिक्त पृथ्वीराज ने अपने जीवन के उत्तर काल में अनेक अच्छे-अच्छे भक्ति-काव्य के पदों, दोहों, सोरठों तथा गीतों की रचना की थी जो मुख्यतः रामकृष्णादि अवतारों तथा गंगा के स्रोतों के रूप में यत्र-तत्र अब भी उपलब्ध होते हैं। पृथ्वीराज का यह भक्ति-विषयक प्रकीर्णक काव्य राजस्थान के भक्तों की स्मृति में अत्यंत प्रसिद्ध एवं सुरक्षित है और इसमें उनकी पवित्र प्रतिभा, उच्च कोटि की भक्ति तथा शांतरस के काव्य का चमत्कार पूर्णरूपेण प्रदर्शित होते हैं।

1. 'दशरथरावउत' श्रीरामचन्द्रजी की स्तुति के दोहे पुस्तकाकार में हमको उपलब्ध हैं। इनकी संख्या 50 के लगभग हैं। उदाहरण के लिए उनमें से कुछ हम नीचे उद्धृत करेंगे।

2. इसी प्रकार 'बसदेरावउत' श्रीकृष्णचन्द्र भगवान की स्तुति एवं गुणानुवाद के दोहे भी पुस्तकाकार में उपलब्ध होते हैं। इस प्रकार के दोहों

की संख्या 165 है। इस संबंध में ध्यान में रहना चाहिए कि सब देवताओं में भक्ति रखते हुए भी कवि को कृष्ण की भक्ति विशेषतः इष्ट थी। यह बात दोहों की अपेक्षाकृत अधिकता से भी प्रमाणित होती है। हम क्रमशः इन दोहों का उदाहरण भी पाठकों के समक्ष रखेंगे।

3. महाराज पृथ्वीराज की 'गंगा-लहरी' के दोहे, जो 'भागीरथी', 'जाह्नवी' अथवा 'मंदाकिनी' उपनाम से युक्त हैं, समस्त राजस्थान में अत्यंत प्रख्यात हैं। इस विषय के सब दोहों का मिलना तो कठिन है। बहुत से दोहे तो राजस्थान की जनता में भक्तों के गंगा-स्तुति पाठ के रूप में प्रचलित हो चुके हैं, परंतु उनमें भी अनेकानेक पाठांतर मिलते हैं, जिससे यह निश्चित करना कठिन हो जाता है कि कौन-कौन से दोहे कवि की प्रामाणिक कृति हैं और कौन-कौन से इतर कवि-कल्पित हैं। हमको अप्रकाशित पुस्तकाकार में 'गंगा-लहरी' के कुल दोहों में से 48 'भागीरथी' उपनाम से समायुक्त और लगभग 30 'जाह्नवी' और 'मंदाकिनी' के नाम से संयुक्त, उपलब्ध हुए हैं। इन 78 दोहों के संबंध में हम सप्रमाण कह सकते हैं कि ये महाराज पृथ्वीराज की प्रामाणिक कृति हैं। ये दोहे सन् 1679 में संकलित करके बुरहानपुर में लिखे गए थे और 'वेलि' की ढूँढाड़ी टीकावाली प्रति में सम्मिलित कर दिए गए थे। कहते हैं, महाराजा श्री सूरज सिंह जी बीकानेर नरेश के स्तुति-पाठ के निमित्त ये एकत्रित किए गये थे। जनस्मृति में अन्यान्य 'भागीरथी' के जो दोहे प्रचलित है, अथवा जो उनके पाठांतर सुनने में आते हैं, उनके प्रमाण के विषय में हमको संदेह है।

अब हम क्रमशः रामस्तुति, कृष्णस्तुति तथा गंगास्तुति की कविता का थोड़ा-थोड़ा नमूना सहृदयों के आस्वादनार्थ नीचे उद्धृत करते हैं–

1. अथ रामस्तुति

सुंदर श्याम शरीर, अम्ब कौशल्या आँगणैं।
बाधण लागौ वीर, दिन दिन दशरथरावउत।।1।।

शिला परसि पग श्याम, अज आणन्दघण ऊघरी।
रिष गोतमची वाम, दैता दशरथरावउत।।2।।

सिल ऊधरती सारि, नाठौ झइवर नाव लै।
महिमा चलण मुरारि, देखै दशरथरावउत।।3।।

माहरी बेड़ी माँहि, हरि ज शिलावाली हुई।
कुटुंब क्षुधा दुख काहि, दाखों दशरथरावउत।।4।।

आइयो महिमा आण, ताहरि रघुकुल का तिलक।
पोत थयो पाखाण, दीखै दशरथरावउत।।5।।

करि अम्बहरि करागि, घर रावण भीतर घटा।
खिंची तुम्हाँ री खाग, दामिणि दशरथरावउत।।6।।

प्रभु ताईं थिया प्रवीत, जाइ समरपिया संखधर।
गाह, कवित्त, छंद गीत, दूहा दशरथरावउत।।7।।

(1) और (2) दोहों का अर्थ स्पष्ट है। निर्जीव शिला को सजीव करने की महिमा को सुन कर धीवर अपनी नाव लेकर भागने को तैयार हुआ। भगवान् की जड़ पदार्थों को भी चलायमान होने की शक्ति दे देने वाली महिमा को देख कर गरीब धीवर घबरा गया और बोला—हे दशरथरावसुत, भगवान्, यदि मेरी छोटी-सी नैया में भी शिलावाली घटना हुई तो मैं ग़रीब अपने कुटुंब के क्षुधाजन्य दुःख को किसे दिखाऊँगा? (4) पृथ्वीराज कहते हैं कि हे भगवान्! आपकी इच्छा से समुद्र पर जड़ पत्थर भी नाव बन कर तैर गये। ऐसी आपकी महिमा पर विश्वास कर, मैं आपकी शरण आया हूँ। आप मुझे अज्ञानी (जड़मति) को भी भवसागर से अवश्य पर उतारेंगे।।5।। हे दशरथरावसुत, दुष्ट रावणरूपी आकाश की पापरूपी घनी घटाओं में आपकी तलवार (खाग) दामिनी के रूप में चमकी थी (खिंवी)।।6।। हे संखधर प्रभु! जो कुछ, गाथाएँ, कवित्त, छंद, गीत, दूहा इत्यादि मैंने कहे हैं, वे सब आपको समर्पित कर दिये। अतएव वे पवित्र हो गये।।7।।

2. अथ कृष्णस्तुति

रथ बणियौं पंखराव, वामै अंग राधा वणी।
बीच ताहरो बणाव, बणियौ बसदेरावत।।1।।

आणन्द घण उर आण, आणन्द, आणन्दिया नहीं।
तै दीखै दीवाण, विलखा बसदेरावउत।।2।।

जपियो ज्यां जगदीश, जगदीसर जपियो नहीं।
बधिया घटिया बीस, बिसवा बसदेरावउत।।3।।

श्रीवर सूँ बिन साँच, जेहो मणि मानव जनम।
केशव थियो सु काँच, विनसै बसदेरावउत।।4।।

महारी थई मुरारि, गोविन्द तूँ लागी गुणां।
सुकियारथी संसार, वाणी बसदेरावउत।।5।।

नायक जग तुव नाम, लिखमीवर थिया लागताँ।
सुजु फलदायक श्याम, वायक वसदेरावउत।।6।।

पूज तम्हीणां पाग, करतां सुणतां कीरतन।
लागी लेखे लाग, बेला बसदेरावउत।।7।।

गोविन्द बिन तुव गाथ, जाहि जके जगदीश वर।
निशा सरीखा नाथ, बासर बसदेरावउत।।8।।

किरि कूटियै कपाल, त्रीकम तूँ विमुखाँ तणाँ।
घड़ी-घड़ी घड़ियाल, बाजै बसदेरावउत।।9।।

जाप तम्हीणां जेज, परमेशर करतां पड़ी।
तै भांजे तो भांज, बेथी बसदेरावउत।।10।।

अवतरियो अवतार, तो मेटण भगतां तणो।
भगवत टालण भार, बसुधा बसदेरावउत।।11।।

माहव तैं मुख माँह, जननी दाखविया जगत्।
कन्ह भखण मृद काह, ब्याजै बसदेरावउत।।12।।

अर्थात्, हे वासुदेव, खगपति गरुड़ आपके रथ बन कर शोभायमान हैं और वाम अंग में राधाजी शोभायमान हैं। बीच में आपकी अद्भुत छवि ख़ूब बनी है।।1।।

जो आनंदधन को हृदय में धारण कर उनके दर्शनानंद के आनंद से आनंदित नहीं हुए, वे पुरुष चाहे समस्त सांसारिक सम्पदा के ही मालिक क्यों न हों, विलखे अर्थात् व्याकुल प्रतीत होते हैं।।2।।

जिन्होंने एक जगदीश अर्थात् इष्टदेव का जप किया परंतु समस्त संसार के स्वामी को नहीं जपा, वे क्रमशः निश्चय करके, समृद्धि और नाश को प्राप्त हुए।।3।।

लक्ष्मीनाथ के साथ मनसा, वाचा, कर्मणा, असत्यता का व्यवहार करने के कारण, अमूल्य मणि जैसा मानव-जन्म अकिंचन काँच के मूल्य की तरह तुच्छ होकर विनष्ट हो गया।।4।।

हे वासुदेव, हे मुरारि, हे गोविन्द! तुम्हारे गुणानुवाद में लग कर मेरी वाणी संसार में रहते हुए भी सुफल हो गयी।।5।।

हे वासुदेव, जगनायक, लक्ष्मीवर, श्याम! तुम्हारे नाम का जाप कर मेरी वाणी फलदायिनी (धर्मार्थ काममोक्षदायिनी) बन गयी है।।6।।

हे वासुदेव, तुम्हारे चरण-कमलों का पूजन कर, तुम्हारा ही कीर्तन करते और सुनते हुए मेरे जीवन की बेला (समय) सत्यपथ पर लग गयी, अर्थात् व्यर्थ न गयी।।7।।

हे वासुदेव, जगदीश्वर, गोविन्द! तुम्हारी गाथा (संकीर्तन) के बिना मेरे जो दिन व्यतीत होते हैं, वे रात्रि के बराबर हैं।।8।।

हे वासुदेव, हे त्रिविक्रम! तुमसे विमुख होकर चलने वाले जीवों का कपाल कूट-कूट कर प्रत्येक घड़ी, यह घड़ियाल (घड़ी) बजकर उनकी चेतावनी देता रहता है।।9।।

हे वासुदेव, हे परमेश्वर! तुम्हारा जाप करने में विक्षेप (जेज) पड़ गयी है। इस विक्षेप से तुम्हारे और मेरे बीच में जो बेथी (अंतर, दूरी) पड़ गयी है, उसे नष्ट करना हो तो नष्ट कर, अन्यथा मैं तो नष्ट हो चुका।।10।।

हे वासुदेव भगवान्! आपने अपने भक्तों का उद्‌धार करने और वसुधा का भार उतारने के लिए अवतार लिया है।।11।।

हे वासुदेव, हे माधव, हे कान्ह! आपने मिट्टी खाने के मिस से बाल-लीला करते हुए माता यशोदा को जगत् का रहस्य दिखला दिया था। आपके लिए मेरा उद्‌धार करना कठिन नहीं है। मुझे भी पञ्ञा-चक्षु दीजिए।।12।।

3. अथ गङ्गास्तुति

काया लागौ काठ, सिकल़ीगर सुधरै नहीं।
निरमल हुवै निराट, भेट्यां सूँ भागीरथी।।1।।

गंगा ऊजल गात, सिर सोहै शंकर तणी।
मुकुट जटा में मात, भल़ंकै तूँ भागीरथी।।2।।

गंगाजल़ गुटकीह, निरणै ही लीधौ नहीं।
भव भव में भटकीह, भूत हुआ भागीरथी।।3।।

गंगा अरु गीताह, श्रवण सुणी अरु साँभल़ी।
जुग नर वह जीताह, वेद कहै भागीरथी।।4।।

मौड़ो आयो मात, तैं बेगो ही तारियो।
पड़ियो रहसूँ पाँय, भाठो हुय भागीरथी।।5।।

जाऴया पुत्र जकेह, साठ सहस सागर तणा।
तैं तारिया तकेह, भेऴा ही भागीरथी।।6।।

लाखाँ देवाँ लोय, मात न है भजतां मुगत।
हाडाँ पड़ियाँ होय, भीतर तोय भागीरथी।।7।।

हरि गंगा हेकार, कहे जकै मंजण करे।
भूंडाँ ही क्रम भार, भव न हुवे भागीरथी।।8।।

कीया पाप जकेह, जनम जनम में जूजुवा।
तैं भाँजिया तकेह, भेऴा हीं भागीरथी।।9।।

सुरसरि दीपै सात, नवखँडै चहवै निगम।
तूँ मानीजै मात, भवनै ही भागीरथी।।10।।

देवी तूँ देवेह, जननी करि सारी जगति।
मानी मानवियेह, भमगैही भागीरथी।।11।।

सुरसरि वांछै श्रेव, थाहरे तट कीटहि-थयो।
देवन वाँछू देवि, भूपति हुय भागीरथी।।12।।

नित नित नवाँ नवाँ, मंजण करताँ मानव्याँ।
भव टाऴियै भवाँह, भव कीजै भागीरथी।।13।।

तूझ सिनानाँ तोय, माता ह्याँ लाभइ मुगति।
हरि अधिकारी होय, तइ भजताँ भागीरथी।।14।।

अनि तीरथे अघात, अनि देवते न आपियइ।
मात मुगति तिलमात, तो भाये भागीरथी।।15।।

लागी साँकल़ ल़ोय, छूटै छाँट तुहायल़ी।
तणी करम्माँ तोय, भौल़े ही भागीरथी।।16।।

जव तिल जितरो जाय, हेक कणूँकौ हाडरो।
मुवाँ पछे ही माय, भेलै गत भागीरथी।।17।।

पुलियै मग पुलि़याह, हुवै दरस अदरस हुवा।
जल़ पैठाँ जलि़याह, मंदाक्रम मंदाकिनी।।18।।

अर्थात्, इस पंचभौतिक काया में लगा हुआ माया का जंक (काठ) किसी मामूली सिकलीगर अर्थात् शास्त्रास्त्रों, यथा तलवारादि का जंक मिटाकार शाण पर तेज करने वाले लोहकार के मिटाये नहीं मिट सकता। यह कलिमलकलेंक तो, हे भागीरथी! तेरे भेंटने से ही अर्थात् गंगा-स्नान से ही धुल सकता है।।1।।

उज्ज्वलधारवाली गंगा महादेव के मस्तक पर शोभा देती है। हे माता! तू हर की जटा में मुकुट की तरह दैदीप्यमान हो रही है।।2।।

जिसने प्रातःकाल उठते ही गंगाजल की गुटकी नियमपूर्वक नहीं ली अर्थात् आचमन नहीं किया, वह जन्म-जन्मान्तर में भूत हुआ भटकता रहा।।3।।

जिसने नियमपूर्वक गंगाजल का नित्य प्रति आचमन किया और गीता का नियमपूर्वक श्रवण किया, बुद्धिमान मनुष्य और धर्मशास्त्र उसी को 'जीता है' इस पद से समायुक्त समझते हैं। इनके सेवन बिना संसार में मनुष्य, स्वसन्नपि न जीवति।।4।।

हे माता! मैं बहुत ज़िन्दगी बीतने पर सँभला और अब देर से तेरी शरण में आया हूँ, परंतु तूने तो मुझे आते ही तार दिया। अतएव, अब मैं संसार से पूर्णतया विरक्त हो गया हूँ और तेरे चरणों में अर्थात् स्रोत में कंकड़ (भाठो) होकर सदा के लिए पड़ा रहूँगा—यह मेरी इच्छा है।।5।।

ऋषि कपिल ने सगर के जिन साठ हज़ार पुत्रों को भस्म कर दिया था, उन सबको एक साथ ही तूने पुनर्जीवित कर दिया, ऐसा तेरा यश है।।6।।

संसार के जीव जीते जी लाखों देवों से लौ लगा कर उनकी भक्ति करते

हैं, परंतु उनको भजते हुए मुक्ति नहीं पाते, परंतु मरने पर उनके हाड़ भी यदि तेरे वक्ष में गिर जाएँ, तो उनकी भूत योनि से मुक्ति हो जाती है।।7।।

जो मनुष्य अपने जीवन में एक बार भी सच्चे मन से हरि का स्मरण कर लें अथवा एक बार ही शुद्ध अंतःकरण से तेरे जल में स्नान कर लें तो उनके पापकर्मों का समस्त भार धुल जाये और वे पुनर्जन्म से मुक्त हो जायें।।8।।

हे भागीरथी! मैंने अनेकानेक (जूजुवा=जुदा-जुदा) जन्म में जो-जो पाप किये, उन सबको तूने एकबारगी (भेळा) ही नष्ट कर दिया।।9।।

हे सुरसरि भागीरथी! सात द्वीप, नवखण्ड और चौदह भुवन तथा निगम अर्थात् शास्त्रों में तू मानी गयी है।।10।।

हे देवि भागीरथी! तुझको न केवल मानवों ने वरन् देवताओं तथा निम्न सृष्टि के कीट पतंगादि ने (भमगै) भी माता मान कर श्रद्धा और भक्तिपूर्वक सम्मान किया है।।11।।

हे सुरसरि! मेरी ऐसी श्रद्धा होती है कि मैं तेरे तट पर एक तुच्छ कीट बन कर निश्रेयस् प्राप्ति की इच्छा करता रहूँ परंतु मैं भूपति बन कर के भी अन्य देवता से निश्रेयस् प्राप्ति की आशा नहीं करूँगा क्योंकि उनसे मुझे कोई आशा नहीं है।।12।।

हे भागीरथी! तेरे निर्मल जल में प्रतिदिन सज्जन करते हुए अनेकानेक मनुष्यों के जन्मान्तर का आवागमन तूने टाल दिया। अतएव मेरा भी अब कल्याण (भव) कर।।13।।

हे माता! तेरे जल में स्नान करते हुए और तुझे भजते हुए मनुष्य की जीवन्मुक्ति हो जाती है और वह हरि का अधिकारी हो जाता है।।14।।

जो मुक्ति अन्य तीर्थों का स्नान करने से अथवा अन्य देवताओं का भजन करने से नहीं प्राप्त होती, तेरे लिए अपने भक्त को वह मुक्ति देना तिलमात्र की तरह है अर्थात् सहज है।।15।।

कर्म-बंधनों से बँध कर तनी हुई यह लौह शृंखला जो प्राणियों को संसार से बाँधती है, वह सहज ही में तेरे पावन जल की एक छींट से ही छूट जाती है।।16।।

अगर मरने के पश्चात् एक जव अथवा तिलकण जितना हाड़ का टुकड़ा (कणूँका) भी तेरे पावन जल में पड़ जाएगा, तो निश्चय ही मेरी गति हो जाएगी।।17।।

हे मंदाकिनी, जब मैं प्रतिज्ञा करके भक्तिपूर्वक तेरी ओर चला, तो मेरे (मन्दाक्रम) मंद कर्मों (पाप कर्मों) का भार भी चलायमान हुआ (पुलिया); जब तेरा दर्शन हुआ तो मेरे मंदे कर्म भदृष्ट होकर नष्ट होने लगे; अंत में जब मैं तेरी पतितअ पावनी जल-धार सें पैठा—प्रविष्ट हुआ, तब तो मेरे पापकर्म एकदम जलकर भस्म हो गए।।18।।

उपर्युक्त क्रमबद्ध ईशस्तवनात्मक काव्यों के अतिरिक्त पृथ्वीराज के अन्य प्रकीर्णक दोहे, सोरठे, पद इत्यादि भी यत्र-तत्र उपलब्ध होते हैं। इनके कुछ प्रस्तावनात्मक, वैराग्य, नीति एवं अन्य गंभीर विषयों के दोहे हम नीचे उद्धृत करते हैं। इन दोहों में से किन्हीं-किन्हीं में इतनी उच्च कोटि का काव्य-चमत्कार भरा है कि रसज्ञों के आस्वादन करते ही बनता है। प्रशंसा अथवा अन्य कवि से तुलना करना वृथा होगा। उदाहरणत—

मैं हरि तजि गुण मानव्यां, जोड़े किया जतन्न।
जाणि चितःभ्रम बांधिया, गलि गाधाह रतन्न।।1।।

प्रिथु जु मैं अवरापणे, गुण छडै गोपाल।
मणि गूँथै मोताहलाँ, मड़गळ घाती माल़।।2।।

हरि परिहरि करि अंबर सूँ, जास विलूँबी बाण।
तरु छंडै लागी लता, पत्त्थर के गल़ जाण।।3।।

तूंबी ही तारण समथ, जल़ ऊपर पाखाण।
ताइ तारिये, जागतारण, तह केहा बाखाण।।4।।

खिण बसताँ ऊजड़ करै, खिण ऊजड़ खिण बास।
यह जग अरहट की घड़ी, देख डरयो पृथुदास।।5।।

प्रिथु प्रभु पंथी प्रेम को, नयने दीय दिखाय।
मो मन लगर तुरंग ज्यौं, ज्यौं खंचै तिम जाय।।6।।

जात वलै नहिं दीहड़ा, जिम गिर निरझरणाइ।
उठ रे आतम धरम कर, सुवै निचिंता काइ।।7।।

अर्थात्—मैंने हरि के गुणों को छोड़ कर साधारण मानवों के गुणों में यत्नपूर्वक प्रीति जोड़ी मानो पागल (चित्तभ्रम) ने अन्य उपयुक्त पात्रों को छोड़ कर गदहे के गले में अमूल्य रत्न को बाँध दिया।।1।।

पृथ्वीराज कहते हैं, मैंने अज्ञानवश गोपाल के गुणों को छोड़ दिया और अन्य सांसारिक गुणों का सेवन किया मानो मणियुक्त मुक्तामाला को मृतक शरीर के गले में डाल दिया।।2।।

हरि के गुणों को छोड़ कर जिसकी वाणी अन्यत्र मायालिप्त (बिलूँबी) हो गई, तो मानो, लता तरु के आधार को छोड़ कर पत्थर के गले लग गई है।।3।।

जब तूँबी जैसी तुच्छ वस्तु ही पत्थर को पानी के ऊपर तैराने की सामर्थ्य रखती है, तब तो समस्त संसार के स्वामी यदि पाप के भार से बोझल पापियों को भवसागर से पार उतार दें, तो इसमें क्या आश्चर्य है।।4।।

यह काल का चक्र विचित्र है। क्षणेक में तो यह अच्छी तरह से व्यवस्थित जीवों और पदार्थों को ऊजड़ कर देता है और क्षणेक में ऊजड़ को बसा देता है। अरहट (ग्रामीण कुओं में से पानी निकालने का यंत्र, जिसमें मिट्टी के पात्रों की बनी एक श्रृंखला होती है) की श्रृंखला की तरह, कि जिसका पात्र अक्षणेक में भर जाता है और क्षणेक में रिक्त हो जाता है, इस काल परिवर्तन-चक्र को देख कर पृथु डरता है।।5।।

हे प्रभु, यह पृथ्वीराज, आपका दास आपके प्रेम-पथ का पथिक है। इसे प्रज्ञाचक्षु दीजिए जिससे यह सत्य प्रेम-पथ पर विचलित न हो, अन्यथा मेरा मन तो चपल तुरंग की तरह चंचल हो रहा है और ज्यों ज्यों मैं उसको खैंचता हूँ अर्थात् योगस्थित करना चाहता हूँ, त्यों-त्यों वह कुमार्ग पर जाता है।।6।।

दिन एक बार जाकर वापिस नहीं लौटते, जिस प्रकार पर्वत के झरने पर्वत से निकल कर वापिस नहीं लौटते, अतएव, हे संसारी जीव, अपनी मोह-निद्रा से उठ, अपना कर्त्तव्य कर; निश्चिन्त होकर क्यों सो रहा है।।7।।

इसी प्रकार पृथ्वीराज का एक भक्तिरसपूर्ण डिंगल पद भी सुनने में आया है, जो नीचे उद्धृत है—

हरि जेम हलाड़ो[1] जिम हालीजै; काँय धणियाँ[2] सूँ जोर कृपाल।
मौली[3] दिवो दिवो छत्र माथै, देवो सो लेऊँ स दयाल।
रीस करो भावै रलियावत[4], गज भावै खर चाढ़ गुलाम।
माहरै सदा ताहरी माहव, रज़ा[5] सजा सिर ऊपर राम।
मूझ उमेद बड़ी महमैंहण[6], सिन्धुर पाषै केम सरै।
चीतारो[7] खर सीस चित्र दै, किसूँ पूतलियाँ[8] पाँण करै।
तू स्वामी पृथुराज ताहरो, बलि बीजाँ[9] को करै विलाग[10]।
रूड़ो[11] जिको प्रताप रावलो[12] भूंड़ो[13] जिको हमीणो भाग।।

पृथ्वीराजकृत राधाकृष्ण के नख-शिख शृंगारवर्णन के हिंदी में कुछ छप्पय भी हमारे देखने-सुनने में आए हैं, परंतु उनकी प्रामाणिकता के विषय में हमें संदेह है। ये छप्पय सूरदासजी के कई प्रसिद्ध कूट पदों के ढंग के हैं और इनका अर्थ समझना बड़ा कठिन है। अतएव इनको उद्धृत करना यहाँ अनावश्यक है। इस प्रकार छप्पयों की अंतिम पंक्ति इस प्रकार है—

"इँह सरूप पृथिराज कह, मिलो कृष्ण राधारमन।"

पृथ्वीराज के कई एक उत्कृष्ट डिंगल गीत भी राजस्थान में सुप्रसिद्ध हैं और चाव के साथ रसज्ञ समाज में पढ़े-सुने जाते हैं। इनमें से बहुतों के विषय में प्रामाणिक होने का हमारे पास विशेष प्रमाण न होते हुए भी जनश्रुति के आधार पर और काव्य की उत्कृष्टता और भाषा-सौष्ठव को देखते हुए हमें उनके पृथ्वीराज के होने में संदेह नहीं है। हम नीचे वैराग्य विषयक एक उत्कृष्ट गीत उद्धृत करते हैं, जो कलिकालग्रसित ('कलिया') मायालिप्त, विषय-वासना-संवलित एवं सौख्य-समृद्ध हरि-विमुख साधारण जन के लिए उपयुक्त हो सकता है। कई लोग इस गीत को किसी व्यक्ति विशेष पर किए हुए आक्षेप के रूप में देखते हैं, परंतु हमको ऐसा नहीं प्रतीत होता। हमारी समझ में 'कलिया' शब्द से कलियुगी जीव का अर्थ स्पष्ट निकलता है और इस अर्थ का समर्थन गीत के आशय से भली-भाँति हो जाता है। गीत यह है—

---

1. चलावो। 2. स्वामी। 3. सूत्रबन्धन। 4. लाड़ करो। 5. कृपा। 6. सहतोऽपि महन्तम्। 7. चित्रकार। 8 काष्ट-प्रतिमा। 9 फिर, दूसरा। 10 विच्छेद, वियोग। 11 भला। 12 आपका। 13 खराब।

सुख-राश रमन्तां पास सहेली, दास खवास[1] मोकला[2] दाम।
न लिया नाम पखै नारायण[3] 'कलिया'[4] उठ चलिया बेकाम।।1।।

माया पास रही मुलकन्ती[5], सजि सुँदरी कीधाँ[6] सिणगार।
बहु परिवार कुटुम्ब चौबाधौ[7], हरि बिन गयो जमारो[8] हार।।2।।

हास हसंता रह्या धौळहर[9], सुख में रासत ज्यों संसार।
लाखां घणी[10] प्रयाणै[11] लाम्बै, जाताँ नह भेजिया जुहार[12]।।13।।

भाई बन्ध कडूँबो भेलो[13], पिंड[14] न राखो हेक पुल।
चापरि[15] करै अंग सिर चाढ़ो, काढ़ो काढ़ो कहै कुळ।।4।।

असिया[16] रह्य पग्ग आफळता[17], मदझर खलहलता मैंमन्त[18]।
बाळो[19] घणी सिंगासणवाळो, पाळो[20] होय हालियो[21] पंथ।।5।।

देहळी[22] लग सहळी[23] पिण दौड़ी, फळसा लग[24] मा बहण फिरी।
मड़हट[25] लागो कुटुँब चौमेलो, किणियन[26] सुखदुख बात करी।।6।।

कोमल अंग न सहतो कळियाँ, ताती झलियाँ[27] सहै तप।
धढ़ी धढ़ी कर तड़ी ध्रीवियो[28], बड़ बड़ी बाळियो[29] बप।।7।।

केसर चनण चरचतो काया, भणहणता[30] ऊपर भ्रमर।
रजियो[31] राखत णै पूगरणे, घणां मुसाणा[32] बीच घर।।8।।

खाटी सो दाटी घर खोदे, साथ न चाली हेक सिळी[33]।
पवन ज जाय पवन बिप पैठो, माटी माटी माँहि मिळी।।9।।

---

1 मरजीदान। 2 पर्याप्त। 3 नारायण के पक्ष का। 4 कलिमन ग्रस्तजीव। 5 मुसकराती हुई। 6 किये हुए। 7 की वृद्धि। 8 मनुष्यजन्म। 9 महल प्रसाद। 10 लाखों मनुष्यों का स्वामी। 11 यात्रा। 12 अभिवादन। 13 एकत्र कुटुंब। 14 शरीर। 15 शीघ्रता। 16 अश्व, घोड़े। 17 खुरों से पृथ्वी को खेदते हुए। 18 खलबलाते हुए मदमस्त हाथी। 19 सवारी के अन्यासवाला। 20 पैदल। 21 चला। 22 द्वार की देहली। 23 स्त्री। 24 बाहरी दरवाजे तक। 25 मरघट। 26 किसी ने भी नहीं। 27 अग्नि की लपटें। 28 बांस से ठोंक ठोंक कर वृत से कपालक्रिय की। 29 सूक्ष्म से सूक्ष्म अंश तक शव को जलायश। 30 भनभनाते। 31 अनुरक्त। 32 शमशान। 33 शलाका, सूई तक।

अर्थ स्पष्ट है—शब्द सौष्ठव एवं अर्थ-गौरव के लिए वैराग्य एवं शांतरस का दूसरा इसके जोड-तोड़ का गीत डिंगल में मिलना कठिन है। 'वेलि' में उच्च श्रेणी के शृंगार का निर्वाह करने वाले एवं अन्यत्र वीररस-संबंधी उत्कृष्ट कविता की रचना करने वाले पृथ्वीराज का यह शांत-वैराग्य-रस प्रधान गीत पढ़ कर पाठकों को उनकी प्रतिभा की व्यापकता का विचक्षण प्रमाण मिलेगा।

निस्संदेह, महाराज पृथ्वीराज की काव्यमयी प्रतिभा की सर्वोत्कृष्ट कृति 'वेलि, क्रिसन रुकमणी री' है। यह पुस्तक संवत् 1637 में लिखी गयी थी, जैसा कि उक्त पुस्तक के अंतिम दोहे में प्रकट किया गया है। वेलि बहुत समय तक अमुद्रित रही, परंतु अपने निर्माण-काल से आज तक समस्त राजस्थान में इस काव्य ग्रंथ की ख्याति सुचारुरूपेण विस्तृत रही है। इसी प्रमाण से सिद्‌ध होता है कि राजस्थान के विद्‌वानों, कवियों और भक्तों को इस पुस्तक के काव्य-गुण भली भाँति विदित थे। वेलि की परंपरागत प्रशंसा के कई छंद उपलब्ध होते हैं, जिनमें से एक में आढ़ाजी दुरसा नामक सम-सामयिक चारण कवि इसे 'पंचम वेद' की उपमा देते है यथा—

रुकमणि गुण लखण रूप गुण रचावण।
'वेलि' तासु कण करै बखाण।
पाँचमौ वेद भाख्यौ पीथल।
पुणियौ उगणीसवों पुराण।

एक अन्य राजस्थानी कवि की वेलि को प्रशंसा में निम्नलिखित रूपक उपलब्ध होता है—

वेद बीज जल़ विमल, सकति जिण रोपी सद्धर।
पत्र दोहा गुण पुहप, वास लोभी लखमीवर।।
पसरी दीप प्रदीप, अधिक गहरी आडम्बर।
जिके शुद्‌ध मन जपै, तेउ फल पामैं अम्मर।।
विस्तार कीध जुगजुग विमल़, धन्य कृष्ण कहणार धन।
अमृत वेलि पीथल़ अचल, तैं रोपी कल्याण तन।।

राजस्थान में, चारण जाति में वंश-परंपरा से कविता होती आई है। इस उत्कृष्ट गुण का उन्हें बड़ा अभिमान होना स्वाभाविक ही है। बड़े-बड़े

प्रतिभाशाली कवि इस जाति में हो गए हैं। कहा जाता है कि पृथ्वीराज के इस ग्रंथ की ख्याति सुन कर सामयिक कई चारणों का विचार हुआ कि इतनी ऊँचे दरजे की कविता सिवाय चारण के अन्य कवि के लिए रचना असम्भाव्य है; अतएव, 'वेलि' पृथ्वीराज की बनाई हुई नहीं है। इस पर पृथ्वीराज ने मारवाड़ के प्रसिद्‌ध चारण कवि माधोदास दधवाड़िया, केशव गाडण, माला साँदू और दुरसा आढा को बुला कर ग्रंथ सुनाया। ग्रंथ सुन कर माधव और केशव को तो महाराज़ की भगवद् भक्ति के कारण उनके ग्रंथ रचयिता होने में संदेह जाता रहा, परंतु माला और दुरसा का संदेह दूर न हुआ। पृथ्वीराज ने माधो और केशव की गुणग्राहकता और उदार-हृदयता की प्रशंसा करते हुए एक-एक दोहा लिखा तथा माला और दुरसा के वृथाभिमान और हठ का वर्णन करते हुए एक दोहे में उनके गर्व का युक्तिपूर्ण खण्डन किया, यथा–

माधो के लिए–

चूंडे चत्रभुज सेवियो ततफल लागो तास।
चारण जीवो चार जुग मरो न माधोदास।।

केशव के लिए–

केशो गोरखनाथ कवि, चेलो कियो चकार।
सिधरूपी रहता शबद, गाडण गुणा भंडार।।

माला और दुरसा के लिए–

बाई बारे खालि़याँ काई कही न जाय।
ऊदे मालो ऊपनों मेहे दुरसा थाय।।

परंतु दुरसा आढा के संबंध की गई यह कल्पना उसकी लिखी हुई 'पाँचमो वेद' वाली उक्ति का विरोध करती है अथवा दुरसा ने बाद में वेलि के काव्य गुणों से संतुष्ट होकर, संदेह को दूर कर अपना मत बदल दिया हो, यह भी संभव है।

और भी, कहते हैं कि साँइयाँ जाति के झूला चारण ने, 'रुक्मिणिहरण' नामक ग्रंथ उसी समय बनाया था। यह और 'वेलि', दोनों ग्रंथ एक साथ बादशाह अकबर को निरीक्षणार्थ भेजे गए। बादशाह ने पहले 'वेलि' को सुनकर 'हरण' को सुना। अंत में, 'हरण' की रचना को श्रेष्ठतर निर्णीत

करके श्लेष और व्यंग्य में पृथ्वीराज से कहा, 'पृथ्वीराज, तुम्हारी वेलि को चारण बाबा की हरिणियाँ चर गयीं।' इस प्रकार 'रुक्मिणिहरण' की तारीफ की, परंतु ये सब किंवदंतियाँ-मात्र हैं। इनसे तात्पर्य यही होता है कि 'वेलि' की ख्याति को सुन कर अनेक नामधारी कवि ईर्ष्यान्वित होते थे और स्पर्धा करने का प्रयत्न करते थे। यह स्वाभाविक ही है।

इस प्रकार प्रशंसा की परंपरा श्रेणी पर आरूढ़ 'वेलि' की सन् 1917 के लगभग डॉक्टर एल. पी. टैसीटरी ने तीन उपलब्ध प्राचीन टीकाओं तथा कई एक चरण कवियों और विद्वानों की सहायता से एक संक्षिप्त भूमिका लिखी, जो मूल कविता तथा संक्षिप्त अँगरेज़ी नोटों के सहित एशियाटिक सोसायटी ऑफ बंगाल से प्रकाशित हुई। इस संस्करण में 'वेलि' के विषय में डॉक्टर टैसीटरी लिखते हैं–

"The Veli of Krishna and Rukmini by Rathora Prithi Raja of Bikaner............... is one of the most fulgent gems in the rich mine of the Rajasthani literature. Composed in the luminous days of Akbar, this masterpiece of the Rajput Muse has been awarded the palu by the consenus of all the bards who have sat in the tribunal of critic from those times to this day, ... is one of the most perfect productions of the Dingala literature, a marvel of poetical ingenuity, in which like in the Taj of Agra, elaborateness of detail is combined with simplicity of conception, and exquisiteness of feeling is glorified in immaculateness of form."

अर्थात् 'राठौड़ पृथ्वीराज, बीकानेर द्वारा रचित 'वेलि क्रिसन रुकमणी री' राजस्थानी साहित्यरूपी रत्नगर्भा खान के अत्यंत देदीप्यमान रत्नों में एक श्रेष्ठ रत्न है। अकबर बादशाह के चमत्कार पूर्ण ज़माने में निर्मित हुई राजस्थानी कविता-क्षेत्र की इस सर्वोत्कृष्ट रचना को उस समय से अब तक के साहित्य के समालोचकों और निर्णायकों ने सर्वसम्मति से काव्य में सर्वोत्कृष्ट स्थान प्रदान किया है। डिंगल-साहित्य की यह सर्वांग संपूर्ण कृति है। काव्य-कला की दक्षता का एक विचक्षण नमूना है, जिसमें आगरे के ताजमहल की तरह, भाव की एकाग्र सहजता के साथ अनेकानेक काव्य-गुण-विस्तार का सुखद सम्मिश्रण हुआ है और जिसमें रस और भाव

का सर्वोत्कृष्ट सौंदर्य और काव्य के बाह्य आकार की निष्कलंक शुद्धता को जाज्वल्यमान स्वरूप में प्रदर्शित किया गया है।”

वेलि की प्राचीन टीकाएँ

‘वेलि’ की भाषा साहित्यिक डिंगल है जो क्लिष्ट होने के कारण न केवल हिंदी भाषा जानने वालों के लिए वरन् राजस्थानवासियों के लिए भी सरल बोधगम्य नहीं है। भाषा-शास्त्र का यह साधारण नियम है कि साहित्य की भाषा बोल-चाल की भाषा से भिन्न और उसकी अपेक्षा अधिक कठिन होती है। यही अंतर वेलि में प्रयुक्त साहित्यिक डिंगल भाषा और राजस्थान की बोलचाल की भाषा में है। वेलि में प्रयुक्त भाषा चारण कवियों की वह परंपरागत काव्यप्रयुक्त भाषा है जिसका वे पुरातन काल से छंदोबद्ध कविता में उपयोग करते आए हैं और जो प्रत्येक काल में उस काल कर स्थानीय बोलचाल की भाषा से भिन्न रही है। पुस्तक की इस क्लिष्टता का निवारण करने के साधन-स्वरूप अब तक वेलि की कई टीकाएँ हो चुकी हैं, जिनमें मुख्यतः तीन टीकाएँ सुप्रसिद्ध हैं और जिनके आधार पर डॉ. टैसीटरी ने भी पुस्तक-संबंधी अपना प्राथमिक संपादन-कार्य किया था। इनमें से दो तो राजस्थान की तत्सामयिक बोलचाल की भाषाओं में लिखी हुई हैं, और तीसरी उन्हीं दोनों के आधार पर संस्कृत भाषा में लिखी गयी है। इन टीकाओं में सबसे पुरानी टीका ढूँढाड़ प्रांतीय प्राचीन पूर्व राजस्थानी भाषा में लिखी हुई है जो कवि के जीवित काल में निर्मित हुई प्रतीत होती है। दूसरी, पश्चिमी राजस्थान की प्राचीन बोलचाल की मारवाड़ी भाषा में लिखी हुई है। यह टीका ढूँढाड़ी टीका से उत्तरकाल में निर्मित प्रतीत होती है। तीसरी, संस्कृत टीका वाचक सारंग पाल्हणपुर-निवासी की संन् 1678 की बनाई हुई है। डॉ. टैसीटरी को इस टीका की सन् 1781 में ऊदासर में लिखी हुई प्रति मिली थी, जिसका उन्होंने अपने संपादन-कार्य में अधिक प्रयोग किया है, परंतु खोज करने पर हमें उसी टीका की सन् 1683 में लिखी हुई—अतएव डॉ. टैसीटरी की प्रति से लगभग सौ वर्ष पूर्व की प्रति मिली है। दोनों में यह ज़्यादा प्रामाणिक है, इसमें कोई संदेह नहीं है; क्योंकि मौलिक टीका के पाँच ही वर्ष बाद में यह प्रति लिखी गई थी। पहली दोनों

राजस्थानी टीकाओं के लेखकों के नाम अब तक विदित नहीं हैं, परंतु इसमें संदेह नहीं है कि वे दोनों किसी चारण विद्‌वान की रचना प्रतीत होती हैं। हमारी समझ में सबसे प्राचीन टीका ही मूलार्थ के विषय में प्रामाणिक कही जा सकती हैं, क्योंकि समसामयिक होने के कारण स्वभावतः ही वह 'वेलि' के भावों को ज़्यादा स्पष्टतः समझा सकने में समर्थ होनी चाहिए। अतएव प्रकृत ग्रंथ के भावार्थों को बोधगम्य कराने के लिए अधिकतर ढूँढाड़ी टीका को ही आधार रखा गया है। डॉ. टैसीटरी के मतानुसार, ये सब टीकाएँ मूल ग्रंथ के लिखे जाने के बाद 50 वर्ष की अवधि के अंदर-अंदर लिखी जा चुकी थीं। यह भी संभव है कि ढूँढाड़ी और मारवाड़ी दोनों टीकाएँ कवि के जीवन काल में ही बन गई हो, परंतु वे हैं दोनों अवश्य स्वतंत्र और उन दोनों में भी ढूँढाड़ी टीका अपेक्षाकृत पूर्वकालीन और ज़्यादा प्रामाणिक जँचती हैं। संस्कृत टीका विशेषतः मारवाड़ी टीका के आधार पर बनी है, यह बात दोनों के मिलाने से स्पष्ट हो जाती है।

वेलि का प्रकाशन : उसकी आवश्यकता

हिंदी-साहित्य के लिए अत्यंत सौभाग्य की बात है कि 'वेलि' जैसी उच्च श्रेणी के काव्य की प्रख्याति को विस्तृत करने वाली एवं उसके काव्य रसामृत को भाषा-रसिकों के सामने प्रकट करने वाली ये प्राचीन टीकाएँ प्राप्य हैं। प्रायः देखा जाता है कि साहित्यज्ञों को इस प्रकार के पुराने ग्रंथों को काव्य-रसिकों के समक्ष रखते हुए, उनके काव्य रस चमत्कार को पूर्णरूप से व्यक्त करने में आंशिक सफलता ही प्राप्त होती है। इस न्यूनता को बहुत अंश में ये टीकाएँ सहायक बन कर अवश्य दूर करती हैं, और साहित्य-प्रेमी का कार्य बहुत कुछ हल्का कर देती हैं, परंतु इन टीकाओं के होते हुए भी अब तक हिंदी-साहित्यज्ञों को इस उत्कृष्ट काव्य-ग्रंथ के विषय में बहुत कम जानकारी है। इसके कई कारण हैं। हमको स्वर्गीय डॉ. टैसीटरी का धन्यवाद करना चाहिए कि जिन्होंने पहले-पहल सन् 1917 में 'वेलि' काव्य की महत्ता का परिचय कराते हुए मूल ग्रंथ का प्रकाशन किया और एक सारगर्भित भूमिका लिखी। उन्होंने हिंदी में इस ग्रंथ का नूतन जन्म होने की सूचना दी, परंतु डॉ. टैसीटरी ने डिंगल-भाषा-शास्त्र-संबंधी कुछ अपर्याप्त नोटों के सहित केवल

भूमिका-मात्र लिख कर न केवल साहित्य-प्रेमियों की उत्कण्ठा को बढ़ा दिया, वरन् उनके हृदय में यह आशंका पैदा कर दी कि शायद उक्त काव्य को और ज़्यादा सरल और बोधगम्य करना असाध्य हो। अतएव यह आवश्यकता हुई कि कोई राजस्थानी विद्‌वान ही अपने स्वदेश-प्रेम से प्रेरित होकर एवं उक्त टीकाओं का पूर्ण उपयोग कर, भली-भाँति से वेलि के लोकोत्तर आनंददायी काव्यरसामृत का आस्वादन समस्त हिंदी-जगत् को शीघ्र ही कराता।

प्रकृत टीका और इसकी विशेषताएँ

हमें यह प्रकट करते हुए अत्यंत प्रसन्नता होती है कि इस पवित्र और साहित्योपकारी कार्य को, अपने प्रतापी पूर्वजों के उज्ज्वल गौरव से गौरवान्वित होकर उन्हीं कविवर महाराज पृथ्वीराज के वंशज श्री महाराज जगमालसिंहजी महोदय ने, संपादित करवा के न केवल अपने पुण्यश्लोक पूर्वजों के पितृ-ऋण को चुकाया है, वरन् राजस्थानी-साहित्य का सदा के लिए मुख उज्ज्वल किया है। इस उत्कृष्ट साहित्योपकार के लिए वे हमारे हार्दिक धन्यवाद के पात्र हैं। हमारा दृढ़ विश्वास है कि यह टीका पूर्व टीकाओं की सब त्रुटियों और बाधाओं को हटा कर पुस्तक के उच्च भावों को सरल और सर्वप्रिय बनाने में अत्यंत सहायक होगी। फिर, आजकल कई एक विश्वविद्यालयों तथा हिंदी-साहित्य-संस्थाओं की उच्च कक्षाओं की हिंदी-परीक्षा में यह काव्य कोर्स के रूप में निर्दिष्ट है। बंगाल एशियाटिक सोसायटी में प्रकाशित हो जाने के अनंतर इस पुस्तक के मूल को विद्यार्थी प्राप्त तो अवश्य कर लेते हैं, परंतु हिंदी जानने वाले क्या विद्यार्थी, क्या अध्यापक, क्या साधारण काव्य-रसिक सभी के लिए इसके मूल के गर्भ में छिपे हुए भावों को समझना कठिन ही नहीं, असंभव होता है। हमें विश्वास है कि जिस प्रकार 'पृथ्वीराजरासो' अथवा 'बीसलदेवरासो' जैसे प्राचीन काव्यों का भावार्थ समझने में विद्यार्थियों और रसिकों को जो-जो कठिनाइयाँ होती हैं, वे इस ग्रंथ के संबंध में अब से न रहेंगी। फिर, अब तक तो हिंदी में महाराज पृथ्वीराज केवल फुटकर, दोहा, सोरठा, कवित्त, छप्पय इत्यादि लिखने वाले अकबर के दरबार में एक 'साधारण श्रेणी' के कवि माने जाते थे, परंतु आशा की जाती है कि इस प्रयास के फलस्वरूप, इस काव्य के श्रेष्ठ गुण जब काव्यमर्मज्ञों के हृदय

में घर कर लेंगे, तो अवश्य उनको कवि के काव्य की सच्ची उत्कृष्टता का पता लगेगा और हिंदी-कवियों की श्रेणी में कवि को अपना यथोचित आसन प्राप्त होगा।

वेलि का आधार

जिस पुराण ग्रंथ में से और जहाँ से कथा का बीजरूप आश्रय ग्रहण कर ग्रंथ-निर्माण किया गया है; जिस प्रकार उस सूक्ष्म बीज के आधार पर कथा का विस्तार किया गया है तथा मौलिक बीज-रूप कथानक में और कवि के प्रकृत काव्यांतर्गत कथानंक में, उन दोनों की शैली और काव्य संपादन के ढंग में जो-जो अंतर है, उनके गुण-दोषों का यहाँ विवेचन करना आवश्यक है।

श्रीमद्भागवतपुरपण और वेलि

श्रीमद्भागवत पुराण, दशमस्कंद के अंतर्गत अध्याय 52-53-54-55 में से वेलि की आशंका का बीजरूप आश्रय उद्धृत किया हुआ है। यह बात स्वयं कवि ने ग्रंथांतर्गत छंद 291 में बड़े सुचारु रूपक के ढंग में वर्णन करते हुए स्वीकृत की है—

वल्ली तसु बीज भागवत वायौ,
महि थाणौं पृथुदास मुख।
मूल ताल जड़ अरथ मण्डहे,
सुथिर करणि चढि छाँह सुख।।291।।

'वेलि' रूप बल्लि का बीज श्रीभगवत्भक्त महाराज पृथ्वीराज ने श्रीमद्भागवत से उद्धृत करके अपने अंतःकरणरूपी क्षेत्र में बोया और वह भगवान् की स्तुति के रूप में उनके मुख से वर्तमान काव्य की तरह प्रकट हुआ। श्रीमद्भागवत के कथातंत्र की वर्णनशैली, भाषा और भाव का वेलि की वर्णनशैली, भाषा और भाव से मिलान करने पर हमको यही निश्चय होता है कि कवि ने पुराण के आश्रय से प्रायः स्वतंत्र होकर ही अपनी प्रतिभा का स्वच्छंद रूप में परिचय दिया है। उन्होंने केवल कथातंत्र के संबद्ध भाव को लेकर स्वतंत्र काव्य का निर्माण किया है। कहीं-कहीं तो काव्य तरंगिणी के उल्लास में कवि ने कथातंत्र को अपनी काव्यमयी कल्पना के रंग में रंग डाला

है। इससे कवि की मौलिक प्रतिभा की प्रखरता का पर्याप्त परिचय मिलता है, परंतु साधारणतः कवि ने विधिवत् मूलकथा का अनुगमन करते हुए अपनी ही शैली के अनुकूल काव्य-विस्तार किया है। इस प्रकार के चमत्कारपूर्ण काव्य-विस्तार के ढंग का एक साधारण नमूना हम आगे उदाहरणवत् देते हैं जिसमें भागवत दशमस्कंध अध्याय 53 श्लोक 53-54 के अंतर्गत वर्णित एक छोटे-से वर्णन को वेलि, छंद 109-110 में असाधारण काव्यमय, चमत्कारपूर्ण स्वरूप देकर विस्तार किया गया है यथा–

पुराणः–

यां वीक्ष्य ते नृपतयस्तदुदारहास
श्रीडाऽवलोकहृतचेतस उज्झितास्त्राः।।53।।

पेतुः क्षितौ गजरथाश्वगता विमूढा
यात्राच्छलेन हरयेऽर्पयतीं स्वशोभाम्।।54।।

बेलिः– आकरसण वसीकरण उनमादक,
परठि, द्रविण सोखण सर पञ्च।
चितवणि हसणि लसणि गति सँकुचणि,
सुन्दरि द्वारि देहुरा सञ्च।।109।।
मनपंगु थियौ सहु सेन मूरछित,
तहं नह रही सम्पेखतै।
नीपायौ किरि तदि निकुटी अै,
मट पूतली पाखाणमै।।110।।

अब यदि देखा जाये तो पुराण के 'तदुदारहासव्रीडाऽवलोकहृतचेतस्' वर्णन में कवि की प्रतिभान्वित अंतदृष्टि ने जो पाँच पृथक्-पृथक् भाव देखे हैं और उन्हें मानव-स्वभावानुगत मनोवेगों की प्रकृति के जिन विविध प्राकृतिक रंगों से रँगकर पंचशर के पाँच शरों के चित्र रूप में उपस्थित किया है, वह कार्य एक उच्च कवि की कल्पना के योग्य ही है। काव्य में कल्पना के सहारे रमणीयता–स्वभाव सुंदर, प्राकृतिक रमणीयता–उत्पादन करना इसे ही कहते हैं।

वेलि, दोहला 57-58 में रुक्मिणी ने श्रीकृष्णजी के प्रति ब्राह्मण को न केवल मौखिक संवाद ही लेकर भेजा है वरन् एक विस्तृत पत्र भी प्रेषित किया है जो दोहला 58 से 66 तक वर्णित है, परंतु भागवत में उक्त पत्र का कोई उल्लेख नहीं पाया जाता। वहाँ ब्राह्मण केवल मौखिक संवाद ही ले गया था। देखो पुराण-स्कन्ध 10 श्लोक 26, 36।

तदवेत्यासितापाङ्गो वैदर्भी दुर्मनाभृशम्।
विचिन्त्याप्तं द्विजं कञ्चित कृष्णाय प्राहिणोद्द्रु तम्।।26।।
एवं संपृष्टसंप्रश्नो ब्राह्मण परमेष्ठिना।
लीलागृहीतदेहेन तस्मै सर्वमवर्णयत्।।36

स्पष्ट है कि कवि ने पत्र का भेजा जाना अपनी ओर से कल्पित किया है। पत्र के भावों को पढ़ कर सहृदय पाठकों को विदित होगा कि कवि ने उक्त नूतन साधन का प्रयोग करते हुए, उसके द्वारा काव्य में श्रीकृष्ण-रुक्मिणी की आंतरिक प्रीति, उनके अलौकिक संबंध एवं आदर्श गुणों का निदर्शन करके ग्रंथ को कितना भावुक और स्वाभाविक सौंदर्य दे दिया है। काव्यों में इस प्रकार के अवसरों पर प्रेम-पत्रों का उपयोग संस्कृत के बड़े-बड़े कवियों ने अपने काव्यों में भी किया है; यथा, शकुन्तला के दुष्यन्त के प्रति प्रणयपत्र में कविवर कालिदास ने।

रुक्मिणी का नख शिख रूप वर्णन, वसंतादि षट्ऋतुओं का वर्णन, यही क्यों, प्रायः सभी विस्तृत वर्णन, जो मुख्य कथा से विशेष संबंध नहीं रखते वरन् काव्याडंबर की तरह उपयुक्त हुए हैं—ये सब कवि की स्वतंत्र कल्पना के आधार पर ही वर्णित हैं। इनका आधार पुराण में नहीं पाया जाता।

रुक्मिणी-हरण के उपरांत जो युद्ध-वर्णन है, वह भागवत के उल्लेख से विशेष समानता नहीं रखता, वरन् इस बात को प्रमाणित करता है कि एक क्षत्रिय कवि, जिसको बड़े-बड़े युद्धों का प्रचुर अनुभव प्राप्त होता है, वीर-रस के वर्णनों में स्वभावतः ही कितना सिद्धहस्त्र होता है और कितना सहज दाक्षिण्य रखता है कि अवसर और अनवसर की ओर कुछ ध्यान न देता हुआ अपने स्वभावगत गुण के लोभ का संवरण नहीं कर सकता।

इसी प्रकार प्रेयसी रुक्मिणी के अनुरोध से भगवान का प्रसन्न होकर रुक्म के मस्तक पर हाथ फिराना और तत्क्षण उसके मुँड़े हुए सिर पर केशों का पूर्ववत्

फिर से उग जाना—यह वृत्त भी कवि-कल्पित ही है। कवि ने ऐसा करके युद्ध के परिणाम में रुक्म-बिरूपण की उस दुखांत घटना को अपनी कल्पना से सुखांत करके काव्य-सौष्ठव को और अधिक बढ़ाने की चेष्टा की है।

ये तो हुईं विभिन्नताएँ। अब यदि दोनों ग्रंथों में समानताओं का अन्वेषण किया जाये, तो बहुत कम स्थल ऐसे 'वेलि' में मिलेंगे जिनको हम पुराण का अक्षरशः अथवा भाव का ज्यों का त्यों अनुकरण कह सकते हैं। डॉ. टैसीटरी ने बड़े परिश्रम के साथ तीन-चार समान स्थलों को उद्धृत किया है, परंतु उनमें ऐसा कोई भाव नहीं है कि जिसके आधार पर हम कवि को भावापहरण का दोष लगा सकें। हाँ, इन समानताओं के विषय में इतना हम अवश्य कहेंगे कि कवि ने केवल कथानक के सूत्र का निर्वाह करने के लिए बाध्य होकर कहीं-कहीं कथा कि अनुकरण उसी ढंग से किया है। अपनी प्रतिभा की मौलिकता पर इतना विश्वास रखते हुए भी महाराज पृथ्वीराज की श्रीमद्भागवत पुराण के, प्रति कृतज्ञता एवं निस्सीम श्रद्धा का प्रमाण इसी बात से मिलता है कि उनको भागवत का उपकार कभी नहीं भूलता। उदाहरणतः वेलि, दोहला-98 में उन्होंने भागवत का बड़ी श्रद्धा के साथ नामोल्लेख किया है—

नासा अग्रि मुताहल़ निहसति।
भजति कि सुक मुखि भागवत।।98।।

नामकरण—वेलि

काव्य का नाम 'वेलि' क्यों पड़ा, यह बात स्वयं कवि ने ही उत्तर भाग में कई एक सुंदर छंदों में स्पष्ट कर दी है। दोहला 291-92 में ग्रंथ के नामांतर्गत सुंदर प्राकृतिक रूपक का स्पष्टीकरण यों किया गया है—

वल्ली तसु बीज भागवत् वायौ,
महि थाणौ पृथुदास मुख।
मूल़ ताल जड़ अरथ मण्डहे,
सुथिर करणि चढि छाँह सुख।।
पत्र अक्खर दल़ द्वाल़ा जस परिमल़,
नव रस तन्तु विधि अहो निसि।

मधुकर रसिक सु भगति मंजरी,
मुगति फूल फल़ भुगति मिसि।।

भागवत-वर्णित भगवद्भक्तिरूपी बीज महाराज पृथ्वीराज जैस भक्त की हृदयस्थली में बोया गया, जिसके परिणाम स्वरूप उनके मुखरूपी आलबाल से यह भक्ति 'वेलि' अंकुरित होकर प्रकट हुई। इस रचना रूपी बेल के मूल दोहलों की लय और संगीत ही इसकी दृढ़ जड़ें हैं जिनके आधार पर यह स्थित है और उनका भाव और आशय वह मण्डप है जिस पर इस काव्य-वल्ली की शाखा-प्रशाखाओं का विकास-मार्ग निर्दिष्ट है। यह वेलि भक्त और काव्यरसिक पाठकों की रुचि और श्रद्धा को पाकर अपनी शाखा-प्रशाखाओं को फैलाती हुई उनके हृदय को अपनी भगवद्भक्तिरूपी सघन छाँह के नीचे चिर शांति और अनंत आनंद प्रदान करेगी। इस वेलि के अक्षर ही इसके पत्ते हैं और भगवान् का यशोगान और उनकी महिमा यही इसकी मनोहारिणी सुगंधि। इसके विस्तृत तंतुजाल इसके वर्णनांतर्गत नवरसों का समूह है। सहृदय काव्यप्रेमी पाठक लोभी भ्रमर की तरह इसके भावार्थरूपी मधुसौरभ का आस्वादन करते हुए प्रेमानंद में लीन होकर इसके चारों ओर मँडराते रहते हैं। इसको पढ़ कर पाठकों के हृदय में भक्ति का जो स्वाभाविक उद्रेक होगा, वही इस वेलि पर मंजरी का लगना है। तदनंतर और ज़्यादा अनुशीलन करने पर भक्त पाठकों को मुक्ति के रूप में इस वेलि का सुगंधित पुष्प प्राप्त होता है और संसार में रहते हुए भगवान की अनुकंपा से ऐसे भक्त पाठकों की बुद्धि निर्मल होकर उनको अनेक ऐश्वर्य भोग के साधन प्राप्त होते हैं। वही मानो इसका इहलौकिक फल है। ऐसी है यह 'वेलि'।

कालिदास और पृथ्वीराज (कविप्रथागुगमन)

कवि ने दोहला 1-8 तक ग्रंथ के गंभीर विषय का परिचय देते हुए इस महान कार्य का संपादन करने में अपनी अपेक्षाकृत दीनता एवं असामर्थ्य के भाव प्रकट किए हैं। प्रायः संस्कृत और भाषा के कवियों में इस प्रकार की विनय-परंपरा पुरातनकाल से प्रथा रूप में चली आ रही है। इसमें कवि

ने कालिदास, तुलसीदासादि महाकवियों के मार्ग का सब प्रकार से अपनी ही शैली में अनुकरण किया है। यह वर्णन विशेष रूप में कालिदास के रघुवंशान्तर्गत विनय की छाया-सा प्रतिफलित होता है। इससे यह प्रमाणित नहीं होता कि पृथ्वीराज ने उक्त कवि का भावापहरण किया, परंतु इतना अवश्य स्पष्ट है कि कवि के विचार के अग्रभाग में इस महाकवि का उक्त महाकाव्य एवं इतर काव्य अवश्य थे।

कालिदास ने रघुवंश के प्रारंभ में विषय की गहनता की अपेक्षा अपनी काव्य-संपादन की सामर्थ्य की दीनता को इस प्रकार व्यक्त किया है—

रघुवंश—

"तितीर्षुर्दुस्तरं मोहादुडुपेनास्मि सागरम्"।।2।।

"मन्दः कवियशःमार्थी गमिष्याम्युपहास्यताम्।
प्रांशुलभ्ये फले लोभादुद्बाहुरिव वामनः"।।3।।

इसी प्रकार महाराज पृथ्वीराज ने ग्रंथ के प्रारंभ में दूसरे शब्दों में उन्हीं भावों को प्रकट करते हुए विषय की गहनता की अपेक्षा अपनी असामर्थ्य बताई हैः—

"किरि कठचीत्र पूतली निज करि। चीत्रारै लागी चित्रण"।।2।।
"जाणै वाद माँडियौ जीषण। वागहीणि वागेसरी"।।3।।
"पङ्गी कवण गयण लगि पहुचै। कवण रङ्क करि मेरु करै"।।6।।

इस विनय शृंखला के भावों का संक्षेप में यहीं परिहार कर आगे चल कर कालिदास ने अपने प्रकृत विषय को संपादन करने की आवश्यकता का कारण बताया है—

रघूणामन्वयं वक्ष्ये तनुवाग्विभवोऽपि सन्।
तद्गुणैः कर्णमागत्य चापलाय प्रणोदितः।।9।।रघु.।

और इसी प्रकार अपनी विनय शृंखला के उपरांत पृथ्वीराज ने असमर्थ होते हुए भी, भगवान् की लीला का वर्णन करना अपना आवश्यक कर्त्तव्य समझा है—

जिणि दीध जनम जगि मृखि दे जीहा। क्रिसन जु पोखण भरण करै।
कहण तिणि तणौ कीरतन। स्त्रम कीधा विणु केम सरै।।7।।

जिस प्रकार अपने विषय में प्रवेश करते समय कालिदास पूर्व कवियों के प्रति कृतज्ञता को नहीं भूल गए हैं, उसी प्रकार पृथ्वीराज ने भी पूर्व भगवद्‌भक्त कवियों का कृतज्ञतापूर्ण स्मरण किया है–

रघुवंश–

अथवा कृतवाग्द्वारे वांशेऽस्मिन् पूर्वसूरिभिः।
मणौ वज्रसमुत्कीर्णे सूत्रस्येवास्ति मे गतिः।।4।।

वेलि–

सुकदेव व्यास जैदेव सारिखा। सुकवि अनेक ते एक सन्थ।।8।।

इस प्रकार का विनय-वर्णन ग्रंथारंभ में तुलसीदासजी के 'रामचरितमानस' में भी उपलब्ध होता है। पाठक स्वयं अपने लिए देख लेंगे। हम केवल एक-दो उदाहरण पूर्वक्रमानुसार 'रामचरितमानस' से उद्‌धृत कर देते हैं–

1. विषय की गहनता और अपनी असामर्थ्य।

शारद शेष महेष विधि, आगम निगम पुराण।
नेति नेति कहि जासु गुन करहि निरन्तर गान।।

2. स्वकीय प्रयास की आवश्यकता।

"सब जानत प्रभु प्रभुता सोई, तदपि कहे विन रहा न कोई"।

3. पूर्वकवियों की वंदना।

"व्यास आदिकवि पुंगव नाना, जिन सादर हरिसुजस बखाना।
चरम कमंल बन्दौं नित केरे ...."।।

दोहला 8-9 में कवि ने, शृंगारस प्रधान होने के कारण, वेलि के वर्णन में कृष्णा की अपेक्षा रुक्मिणी के वर्णन को प्रधानता दी है और इस विषय में शास्त्रोल्लेख किया है–

"त्रीवरणण पहिलै। कीजै तिणि। गूँथियै जेणि सिङ्गार ग्रंथ"।।8।।

इस विषय में कवि ने पूर्व महाकवियों के दृष्टांतों का ही अनुसरण किया है। प्रायः सभी शृंगारग्रंथों में संस्कृत कवि सदा नायिका के वर्णन को नायक के वर्णन से पहले स्थान देते आये हैं, क्योंकि शृंगाररस का स्थायीभाव रति पुरुष की अपेक्षा स्त्री में शास्त्रानुसार ज़्यादा माना गया है। जयदेव कवि ने 'गीतगोविंद' के प्रथम श्लोक में ही, 'राधामाधवयोर्जयन्ति यमुनाकूले रह, केलयः' कह कर स्त्री के प्रति अपना विशेष सम्मान शास्त्रनियमानुसार प्रदर्शित

किया है। इसी प्रकार महाकवि कालिदास ने 'रघुवंश' में, 'पार्वती-परमेश्वरौ' की वंदना कर, मल्लिनाथ की टीका के शब्दों में, 'मातुरभ्यर्हितत्वात्' माता की, पिता की अपेक्षा प्रधानता प्रकट की है।

प्रसिद्ध साहित्यकार विश्वनाथ कविराज ने लिखा है—

"आदौ वाच्यः स्त्रियाः रागः पुंसः पश्चात्तदिङ्गितैः।।"

(सा.द. 3 परि. 216)

दोहला 11-24 तक रुक्मिणी का रूप-वर्णन अतीव सुंदर काव्यमयी कल्पनाओं के रूप में किया गया है। यहाँ पर भी कवि को कालिदास का अभ्यस्त काव्यपथ नहीं भूला है और उन्होंने रुक्मिणी का शैशवकाल से प्रारंभ कर, क्रमागत यौवनावस्था तक के विकास क्रम का वर्णन करते हुए कुमारसम्भवान्तर्गत पार्वती के रूप-वर्णन की शैली का आधार लिया है। दोनों कवियों की शैली की समानता अथवा पृथ्वीराज के शैल्यनुकरण का निर्देश करते हुए हम यह बताना चाहते हैं कि कवि ने केवल काव्य-मार्ग में कवि सम्राट् के आदर्श का अवलंबन किया है।

दोहला 12 में रुक्मिणी-जन्म का परिचय यों दिया गया है—

रामा अवतार नाम ताइ रुकमणि। मानसरोवरि मेरुगिरि।
बालकति करि हंस चौ बाळक। कनक-वेलि बिहुं पान किरि।।12।।

कालिदास ने पार्वती का जन्म-परिचय इस प्रकार दिया है—

तया दुहित्रा सुतरां सावित्री, स्फुरत्प्रभामण्डलया चकाशे।
विदुरभूमिर्नवमेघशब्दात्, उस्त्रिन्नया रत्नशलाकयेव।।24।।

(कुमारसम्भव)

दोनों वर्णनों की समानता इस बात में है कि पार्वती तो 'स्फुरत्प्रभा-रत्नशलाका' होने के कारण दिव्य सौंदर्य की प्रतिमा है और रुक्मिणी 'कनक-वेलि' होने के कारण। परंतु इनकी उत्पत्ति के विषय में दोनों कवियों में मतभेद है। महाकवि कालिदास की पार्वती, 'नये मेघ की गर्जन से फटी हुई वैदूर्यमणिमय भूमि पर अकस्मात् प्रकट हुई रत्नशलाका की तरह' शोभायमान है और पृथ्वीराज की रुक्मिणी 'सुमेरु पर्वत पर अकस्मात् प्रस्फुटित हुई कोमल-कोमल दो हरे पत्तों वाली सुवर्णलता' की तरह है। रंगों की विचित्र भिन्नता दोनों ओर वर्णन में सौंदर्य की स्थापना करती है। एक में नीलवर्ण की वैदूर्य भूमि पर

विभिन्न रंग की रत्नशलाका—संभवतः सुवर्ण रंग की ज्वलंत रेखा; दूसरे में सुवर्ण पर्वत पर विभिन्न रंग की—संभवतः नील, वानस्पत्य रंग की कनकवेलि प्रकट हुई है। परंतु कालिदास की कल्पना इस बात में अनोखी है कि यह 'रत्नशलाका', 'नवमेघ शब्दात् उस्श्विन्नया विदूरभूमि' पर अलौकिक चमत्कार पूर्ण कारण से उत्पन्न हुई है और जड़ प्रकृर्तयन्तर्गत खनिज पदार्थों की सृष्टि में एक अद्भुत नवीनता उत्पन्न करके मानव-दृष्टि को अपनी अद्भुत रमणीयता से चमत्कृत एवं आश्चर्यान्वित कर देती है। पृथ्वीराज का वर्णन इस बात में अनोखा है कि यह कनक लता सुमेरु जैसे प्रसिद्ध पौराणिक पर्वत पर जीवन स्फूर्ति के स्वरूप में प्रकट हुई है; अतएव हमारे सहधर्मी जीवन के अंतर्वाही प्रेम और भक्ति के सहज भावों के साथ प्राकृतिक सहानुभूति उद्भासित करती हुई यह हमारे प्रेम और सौहार्द का अपनी ओर स्वभावतः ही आकर्षण करती है। एक में जीवनमय प्रकृति के लौकिक एवं स्वाभाविक सौंदर्य की जगमगाहट है; दूसरे में जड़ प्रकृति के अलौकिक एवं अनोखे सौंदर्य की प्रभा है।

इसी प्रकार महाकवि केशवदास ने 'रामचन्द्रिका' में अयोध्या-वर्णन के प्रसंग में स्त्री-सौंदर्य में 'स्वर्णलता' की उत्प्रेक्षा की है। अयोध्या में सुंदरियाँ अटारी पर चढ़ीं ऐसी शोभा दे रही हैं मानो 'ऊपर मेरु मनो गनरोचन। स्वर्णलता जनु रोचति लोचन, परंतु 'बिहुपान किरि' वाले जीवन-स्रोत का वहाँ भी अभाव ही है।

आगे के दोहले में रुक्मिणी का क्रमागत वयोविकास इस प्रकार प्रदर्शित है—

अनि वरिस बधै ताइ मास बधै ए, बधै मास ताइ पहर बधन्ति।
लखण बत्रीस बाल़लीलामै, राकुँअरि ढूलड़ी रमन्ति।।13।।

इस विषय में कुमार संभव में पार्वती के वय विकास-क्रम का वर्णन इस प्रकार है—

दिने दिने सा परिवर्धमाना,
लब्धोदया चान्द्रमसीव लेखा।
पुपोष लावण्यमयान् विशेषान्।
ज्योत्स्नान्तराणीव कलान्तराणि।।25।।

समानता इस बात में है कि दोनों कवियों ने क्रमशः रुक्मिणी और पार्वती के परिवर्धन के संबंध में, थोड़े समय में अधिक उन्नति होना बताया है। कालिदास ने, 'दिने दिने' मात्र में विकास के प्रवाह की द्रुतगति दरसा कर अपनी प्रसादगुणमयी शब्द योजना की प्रतिभा दरसाई है और पृथ्वीराज ने इसी विकास-क्रम की शीघ्र गति के बताने के लिए बरस, मास और प्रहर तक की उन्नति के परिमाण की सूक्ष्म सूचना देकर विषय को ज़्यादा हृदयग्राही और प्रभावोत्पादक बनाना चाहा है, परंतु साथ ही पूर्वोक्त महाकवि की तरह लौकिक परिवर्धन के क्रम की उपेक्षा करके विषय को अलौकिक वैभव नहीं दिया है। कालिदास ने उपमानरूप में चंद्र को नियुक्त कर उसकी कलाओं की वृद्धि के क्रम के साथ पार्वती के अवयव-संवर्धन की समानता की है और इस विषय में अपनी कल्पना को अलौकिक सौंदर्य का स्वरूप दे दिया है। महाराज पृथ्वीराज ने मानव-शृंगार शास्त्रानुमत 32 लक्षणमय अवयव-परिवर्धन-संबंधी विशेषताओं का निदर्शन कर रुक्मिणी को मानव सौंदर्य के लौकिक आदर्श पर स्थापित किया है। महाकवि कालिदास की पार्वती निस्संदेह 'देवतात्मा' हिमालय की पुत्री होने के कारण दिव्य-शक्ति है। उसका सौंदर्य, तेज, वैभव चमत्कारी अवश्य है, परंतु अनाभिगम्य और वन्द्य है—लोक से परे है। महाराज पृथ्वीराज की रुक्मिणी भक्तों के हृदय में वास करने वाली वह देवी है जो अपने भक्त की अटल भक्ति के वशीभूत होकर उसी के मानव आदर्श को दिव्य रूप में धारण कर लेती है। अतएव वह हमको विशेष प्रिय है; वह हमारी श्रद्धा और भक्ति को स्वभावतः ही ज़्यादा सहजता से आकर्षित कर सकती है।

दोहला 15-24 पर्यंत इसी प्रकार की उच्च श्रृंगारप्रधान भावमयी उक्तियाँ भरी हैं। इन कल्पनाओं की सूझ की गहनता पर मनन करने वाले रसिकों को मुक्त कण्ठ होकर पृथ्वीराज को डिंगल के श्रेष्ठ कवियों की श्रेणी में आदर देना पड़ेगा। हम इन सब दोहलों के विचित्र सौंदर्य पर अलग-अलग आलोचना करना यहाँ पर अनावश्यक समझ कर केवल दोहले 15 पर कुछ अपने विचार प्रकट कर देना पर्याप्त समझते हैं, जिसका लोभ हम संवरण नहीं कर सकते। शेष दोहले विद्वान रसज्ञों के मनन एवं अनुशीलनार्थ छोड़ देते हैं।

सैसव तनि सुखपति जोवण न जाग्रति, वेस संधि सुहिणा सुवरि।
हिव पल़ पल़ चढतौ जि होइसै, प्रथम म्यान एहवी परि।।15।।

इस दोहले के भावार्थ पर मनन करते हुए पाठकों का ध्यान हम दो विशेषताओं पर आकृष्ट करते हैं। एक तो यह कि कवि ने किस सहजता के साथ मानव-विज्ञान अथवा दर्शनशास्त्र-सम्भत सुषुप्ति, स्वप्न और जागृतावस्थाओं जैसी सूक्ष्म वृत्तियों को उपमा रूप में प्रकट कर अपने गंभीर शास्त्र-ज्ञान का परिचय दिया है। दूसरे, देवी रुक्मिणी के यौवनागम का वर्णन करते हुए कवि ने किस विलक्षण दक्षता के साथ, दर्शनशास्त्र के सूक्ष्म एवं प्रकृत प्रसंगवश सहज ही बुद्धिगम्य होने वाले पवित्र सिद्धांतों को अवरोध रूप में डाल कर साधारण जन के विचारों को दूषित हो जाने की संभावना से बचाया है। इसको उच्चतम श्रेणी का काव्य-चातुर्य कहते हैं और परमज्ञानी कवि का यह एक लक्षण है। उपमा की सहजता एवं स्वभाविक प्राकृतिकता के संबंध में इतना ही कहना अलम् होगा, कि काव्यशास्त्र में यह एक अनोखी सूझ है। दोहला-16 भी इसी बात का द्योतक है कि जगन्माता विष्णु पत्नी के रूप, यौवन और अवयव-विकास का वर्णन करते हुए कवि ने समझ-बूझ कर प्रकृति के उन शुद्ध उपमानों एवं पवित्र प्राकृतिक दृश्यों का आधार लिया है, जिनकी भावुकता पर मनन करने से काव्य-रसिकों की चित्तवृत्ति में किसी प्रकार का दूषित विकार नहीं उत्पन्न होने पाता। उषःकालीन अरुणोदय रूपी यौवन-स्फूर्ति और स्वरूप-लालिमा के विकास-काल में अवयव विशेषरूपी ऋषियों का जाग्रत होना और ईश-उपासना में लगना, प्रकृत विषय में किसी उच्च श्रेणी की पवित्रता का समावेश करता है, यह ज्ञानी और भक्त रसज्ञ स्वयं जान लेंगे। दोहले-17 में उस क्रमागत अवस्था का वर्णन है जिसको वयःसंधि अथवा Adolesceut हम कहते हैं। अपने प्रिय बाल्यकाल को गया हुआ देख कर और उसके स्थान पर स्थानापन्न जीवन के एक अद्भुत, नवीन स्फूर्तिकारी बसंत-सदृश जीवन-प्रवाह को आया हुआ जान कर, एक साधारण गृहस्थ-कन्या की तरह रुक्मिणी को भी एक प्रकार की विचित्र परिवर्तन-जन्य मनोज्ञवेदना होती है, जो अत्यंत स्वाभाविक है। वे कहती होंगी; 'कौन ले गया लूट, हाय! मेरे बालकाल का सुख-भंडार'। उनके इस प्रकार के प्राकृतिक भावों

में कैसा गंभीर मनोवैज्ञानिक और स्वाभाविक तथ्य कूट-कूट कर भरा है, यह बात मानव-जीवन की सूक्ष्मताओं का अध्ययन करने वाले किसी भी पुरुष से छिपी नहीं है। कविवर रवीन्द्रनाथ ठाकुर अपनी वयःसंधि-विषयक आख्यायिकाओं और उनकी स्वाभाविकता के लिए विश्वप्रसिद्ध हैं। यदि पाठक इस छंद के आंतरिक संदेश को उनकी कई एक ऐसी आख्यायिकाओं से मिलान करके देखें तो उनको सहज ही में कवि की गंभीरता का पता लग सकेगा। आगे चलकर कवि ने विषय की पवित्रता को ध्यान में रखते हुए रुक्मिणी के वयःविकास की तुलना, जहाँ तक हो सका है, ऋतु-विकास के प्राकृतिक परिवर्तनों और तज्जन्य विविध चिह्नों के साथ की है, जो विषय को मनोविकार-दूषण-रहित करने के साथ ही साथ उसको अत्यंत स्वाभाविक और मनोज्ञ कर देता है और कवि के सूक्ष्म प्रकृति-परिशीलन का प्रचुर परिचय देता है। इस प्रकार के वर्णनों के उच्च काव्य-सौष्ठव के आधार पर हम मुक्त कण्ठ से कह सकते हैं कि महाराज पृथ्वीराज डिंगल के सर्वश्रेष्ठ कवियों की श्रेणी में पूजनीय हैं।

दोहला 24-27 तक अवयव-विशेष के सौंदर्य का उपयुक्त 2 उपमाओं की तुलना करके वर्णन किया गया है। इस विषय में पाठक कुमार संभव प्रथम सर्ग, श्लोक 34-48 तक पार्वती का नख शिख वर्णन तुलनात्मक दृष्टि से पढ़ कर विशेष लाभ उठा सकेंगे। छंद-28 में कवि ने संक्षेप में रुक्मिणी के विविध शास्त्र विषयक ज्ञानोपार्जन की चर्चा करते हुए और साथ ही उसी ज्ञान को भगवद्भक्ति का कारण रूप स्थापित करते हुए, ज्ञानजन्य पवित्रता के फलस्वरूप रुक्मिणी का श्रीकृष्ण के प्रति आंतरिक प्रेम का अंकुर जमना बताया है। यहाँ आकर कवि का दार्शनिक संदेश विशेष व्यक्त रूप में प्रकट होता है। उन्होंने यहाँ भी कालिदास से विभिन्नता रखते हुए, विषय को अलौकिकता की अनाभिगम्य दैवी श्रेणी से उतार कर मानव-दृष्टिकेंद्र की संकुचित सीमा में लाने की चेष्टा की है। कालिदास के अनुसार, पार्वती को शंभु के साथ अनुराग दैवज्ञ नारद की भविष्यवाणी के आधार पर हुआ था—

तां नारदः कामचरः कदाचित्, कन्यां किल प्रेक्ष्य पितुः समीपे।
समादिदेशैकवधूं भवित्रीं, प्रेम्णा शरीरार्द्धहरां हरस्य।।50।।

परंतु इसके विपरीत रुक्मिणी के प्रेम का मुख्य कारण महाराज पृथ्वीराज ने यों प्रकट किया है—

व्याकरण, पुराण, समृति सासत्र विधि।
वेद च्यारि खटअंग विचार।
जाणि चतुरदास चौसठि जाणी।
अनँत अनँत तसु मधि अधिकार।।28।।

साँभलि़ अनुराग थियो मनि स्यामा।
वर प्रापति वञ्छती वर।
हरि गुण भणि ऊपनी जिका हर।
हर तिणि वन्दे गवरि हर।।29।।

उपर्युक्त दोहलों के आशय से हमको कवि के दार्शनिक सिद्धांतों का पता लगता है। हम जानते हैं कि वे न केवल कृष्ण के कोरे भक्त ही थे वरन्, 'गीता' के पण्डित भी थे। 'गीता' के सिद्धांतों ने उनके जीवन को विशेष रूप से प्रभावान्वित किया था। उनके ज्ञानमय व्यक्तित्व पर विचार करते हुए; भक्ति-मार्ग में उनको अपना उपयुक्त स्थान निदर्शित करते हुए एवं उनके ज्ञान और भक्ति के आदर्शों का पारस्परिक संबंध बताते हुए, हम आगे चल कर उनके दार्शनिक विचारों को पाठकों के समक्ष रखेंगे। यहाँ पर प्रसंगवश इतना ही कहना पर्याप्त होगा कि महाराज पृथ्वीराज का जीवन 'गीता' के उपदेशों के आधार पर निर्मित जीता-जागता 'गीता' का एक उदाहरण है। वे गीतानुमत कर्म, ज्ञान और भक्ति-मार्गों को, जीवन के मोक्षरूप उद्देश्य को प्राप्त करने के लिए पृथक्-पृथक् तीन साधन रूप मार्ग न समझ कर, उन तीनों को अन्योन्याश्रित एक ही मार्ग के भिन्न-भिन्न स्वरूप जानते थे।

दोहला 30-42 पर्यंत रुक्मिणी के लिए उपयुक्त वर का अन्वेषण होना रुक्मिणी के माता-पिता का श्रीकृष्ण के गुण, लक्षण, ओज, तेज और दैवी वृत्तियों की चर्चा सुन कर उनको रुक्मिणी के योग्य वर निश्चय करना, परंतु इस प्रस्ताव का विमूढ़बुद्धि, सांसारिक विषय-वासनाओं में लिप्त, रुक्मिणी के भाई रुक्म द्वारा विरोध एवं घोर विद्वेष किया जाना, एवं चंदेरी के राजा शिशुपाल को श्रेष्ठतर वर प्रमाणित कर उसका पक्ष करना और उसको बुला

भेजना—यह वृत्त वर्णित है। दोहला 42-43 में कवि ने रुक्मिणी की मनमलिन दशा की धूमिल झलक-मात्र दिखा कर, दुष्ट हृदय रुक्म के दुराग्रह-जनित दुष्परिणाम की आशंका बताई है, परंतु जिस प्रकार संयत मन योगीश्वर का चित्त अनेक आधि-भौतिक आपत्तियों से घिरा हुआ भी 'पद्मपत्रमिवांभसा' उनसे अस्पृष्ट रह सकता है और अपने कल्याण मार्ग की ओर अनवरुद्ध अग्रसर हो सकता है, उसी प्रकार रुक्मिणी भी अपने हृदय-संकल्पित प्राणेश्वर को अपने संकट की सूचना देने की एवं उनकी सहायता से अपना मनोरथ सफल करने की चेष्टा में संलग्न है। दोहला 44-66 पर्यंत रुक्मिणी द्वारा एक उदारचित्त, शुद्धाचरण ब्राह्मण को संदेश और पत्र लेकर द्वारिका भेजा जाना ब्राह्मण का प्रसन्नमन प्रस्थान, मार्ग में उपस्थित होने वाले अनेक दृश्यों एवं अनुभवों का स्वाभाविक वर्णन, द्वारिका का दूर से वर्णन, समीप पहुँच कर द्वारिका का वर्णन, द्वारिका के तीर्थस्थलों, वहाँ के जप, तप, योगादि सात्त्विक वायुमण्डल से परिपूर्ण जीवन का चित्रण इत्यादि दृश्य कवि ने बड़े रोचक ढंग से, कला के संक्षेप माधुर्य को दरसाते हुए चित्रित किये है। तदुपरांत ब्राह्मण का भगवान् से साक्षात्कार—दर्शन; अंतर्यामी भगवान् का जान-बूझकर ब्राह्मण को शिष्टाचार के साथ कुशल प्रश्न कर, आने का प्रयोजन पूछना और ब्राह्मण का उत्तर के साथ पत्र देना, वर्णित है। दोहला 49-66 पर्यंत पत्र का विषय है। पत्र के संबंध में विचार करते हुए हमारा विचार स्वभावतः श्रीमद्भागवत की ओर जाता है, परंतु वहाँ पत्र की जगह केवल मौखिक संदेश से ही प्रयोजन सिद्ध हो जाता है। पत्र की मौलिकता के विषय पर विचार करने से पहले हम यहाँ कवि के पत्राधिगत एक भाव का पुराण के भाव के साथ तादृश्य बता देते हैं, जो भाव-सामंजस्य हमारी समझ में आकस्मिक है, अनुकरण कदापि नहीं।

पुराण—

"मा वीरभागमभिमर्शतु चैद्य आरात्,
गोमायुवन्मृगपतेर्बलिमम्बुजाक्ष।।" भा. 10।52।39

वेलि—

"बलिबन्धण मूझ स्याल सिंह बलि,
प्रासै जौ बीजौ परणै"।।59।।

यह द्वारिका-नगर वर्णन केशवदास के अयोध्या-वर्णन के साथ कुछ समानता रखता है। 'रामचन्द्रिका' के प्रथम और अष्टम प्रकाश के साथ-साथ इसे पढ़ने से पाठकों को विशेष आनंद-लाभ हो सकता है।

पत्र के भाव, उसमें प्रयुक्त उपमाएँ एवं प्रसंग (Allusions) प्रधानतः पौराणिक हैं और उनमें आदिपुरुष विष्णु और आदि प्रकृति स्वरूप महामाया लक्ष्मी के अनादिकालीन पति-पत्नी संबंधों के युग-युगांतर में निर्वाह का निदर्शन किया गया है और उसी अनादि संबंध के अधिकार पर रुक्मिणी श्रीकृष्ण से सहायता एवं परित्राण की आशा करती है। यह सब बात रुक्मिणी के भगवत्स्वरूप के पूर्वज्ञान का पर्याप्त परिचय देती है। हमारी दृष्टि में रुक्मिणी का यह संदेश एक जीवात्मा का विश्वात्मा के साथ सायुज्य स्थापित करने का प्रयत्न है। 'ज्ञानाग्निदग्धकर्माणि' ने (जैसा कि हम ऊपर प्रमाणित कर आये हैं) रुक्मिणी के जीवात्मा को वह दिव्य दृष्टि दे दी है कि जिससे वह संसार के मायावी अवरोधों को हटा कर उस विश्वात्माका के दिव्य स्वरूप को भक्ति की दृष्टि से और सायुज्य-प्राप्ति की उत्कंठा से देख सकती है और अनंत प्रेम के समुद्र में लीन हो सकती है, कि जो उसका अनादि निवास स्थान था और अंतिम विश्राम स्थल होगा। बस, मोक्ष की अवस्था में और इस अवस्था में विशेष अंतर नहीं है। यह तो हुआ पत्र का दार्शनिक विवेचन।

पत्र का प्रासंगिक विवेचन करते हुए हम अनुमान कर सकते है कि संभव है, कवि ने पुराण के कथानक से मतभेद करते हुए यह विचार अन्य विचारों की तरह अपने काव्य-गुरु कालिदास से लिया हो। हमारी यह कल्पना-मात्र है; वास्तविकता इसमें कहाँ तक हैं, हम नहीं कह सकते। 'अभिज्ञान-शाकुन्तलम्' में शकुन्तला का प्रायः इसी प्रकार की दुःखपूर्ण अवस्था में अपने प्राणप्यारे को पत्र लिखना शायद कवि को स्मरण रहा हो। दोनों पत्रों में विशेष भाव-सादृश्य दृष्टिगोचर नहीं होता, कारण, दोनों विभिन्न दशाओं में विभिन्न प्रकार की नायिकाओं द्वारा प्रेषित किए गए हैं।

दोहला 67-112 पर्यंत कृष्ण का तत्काल रथारोहण कर कुंदपुर को आना; कृष्ण द्वारा लौटाये हुए संदेशवाहक ब्राह्मण का रुक्मिणी के पास आकर प्रभु के आगमन का संवाद सुनाना; तदनंतर कृष्ण को अकस्मात् द्वारिका से पधारे जान कर बलराम का शंकित होकर कटक सहित सहायतार्थ आ

पहुँचना; इधर रुक्मिणीजी का माता से अंबिका-पूजनार्थ मंदिर को जाने की आज्ञा प्राप्त करना और तुदुपरांत संपूर्ण शृंगार, वस्त्राभूषणादि से सुसज्जित होकर प्रिय मिलन की दृढ़ आशा से अंबिकालय को प्रस्थान करना; पूजा के अनंतर सुदूर स्थित सेनाओं के दल का सिंहावलोकन करना और अपनी मोहिनी दृष्टि की माया से सब दल को विस्मयाकुल और जड़धी कर देना; इसके अनंतर श्रीकृष्ण का वेगवान् रथ पर आना और सबके देखते रुक्मिणी को रथ में बिठा कर द्वारिका को चल देना—यह वृतांत वर्णित है।

इस वर्णन को ध्यान से पढ़ने वाले किसी भी सहृदय पाठक से यह बात छिपी नहीं रह सकती कि कवि ने रुक्मिणी के शृंगारवर्णन, उनके वस्त्र भूषणादि से सुसज्जित होने के ढंग एवं शैली के वर्णन में अपने निजी अनुभव से काम लिया है। इस वर्णन को ध्यानपूर्वक पढ़ते हुए पाठक को यह बात न भूल जानी चाहिए कि एक उत्तम राजघराने के उच्च कुल में पैदा होकर तथा ऐश्वर्य, वैभव और विपुल संपत्ति जनित समस्त सौख्य साधनों का पूर्ण रूप से उपभोग करते रहने के कारण, कवि के तत्संबंधी वैभव और विलासिता के अनुभव का भंडार अन्य शृंगारी कवियों की अपेक्षा कहीं ज़्यादा बढ़ा-चढ़ा हुआ था। कवि को यह आवश्यकता न थी कि शृंगार वर्णन के उपयुक्त साधनों को ढूँढ़ने के लिए वह साहित्यिक रूढ़ियों एवं प्रथाओं अथवा पूर्व कवियों की परंपरागत जटिल कल्पनाओं के आधार को टटोलता। यही कारण है कि पश्चिमी राजस्थान की सौख्य प्रथाओं से परिचय रखनेवाला कोई भी रसिक, कवि के राजस्थानी होने का प्रमाण इन वर्णनों से निकाल लेगा। यही कारण है कि महाराज पृथ्वीराज की रचना में अन्य शृंगारी कवियों की अपेक्षा मौलिक कल्पनाएँ बहुतायत से पाई जाती हैं। हम केवल थोड़े से दृष्टांत देकर प्रमाणित करेंगे कि कवि ने निज देशीय परंपरा, देशीय प्रथा, देशीय रूढ़ियाँ एवं देशीय सभ्यता के साधनों का पर्याप्त उपयोग कर राजस्थान जीवन को 'वेलि' में कैसा ज्वलंत काव्यमय रूप दे दिया है।

संदेशवाहक ब्राह्मण अब तक श्रीकृष्ण का संदेश लेकर नहीं लौटा। रुक्मिणीजी का हरि के आगमन की आशंका करना स्वभाविक है। वे चिंताग्रस्त हैं, परंतु इतने ही में छींक होती हैं, यथा—

चिन्तातुर चित इम चिन्तवती।

थई छींक तिम धीर थई।।70।।

इसी विषय में पुराणकार यों लिखता है–

एवं वध्वाः प्रतीक्षन्त्याः गोविन्दागमनं नृपः।

वाम ऊरुर्भुजो नेत्रमस्फुरन्प्रियभाषिणः।।भा. 10।53।।27

उपर्युक्त वर्णनों की विभिन्नता इस बात को प्रमाणित करती है कि कवि ने उस शकुनसूचक प्रचलित साहित्य-रूढ़ि को ग्रहण न कर, देशीय-शकुन-प्रणाली का ही सम्मान करना श्रेष्ठ समझा, यद्यपि अशुभ की आशंका होने के अवसर पर वाम नेत्र, उरु, भुजा आदि का फड़कना और छींक होना सब एक ही आशय रखते हैं।

दोहले 71 में–

चलपत्र पत्र थियौ दुज देखे चित,

सकै न रहति न पूछि सकन्ति।।71।।

अर्थात् अकस्मात् द्विज को लौटे हुए देख कर रुक्मिणीजी का विरहशंकित हृदय और भी आशंकित हो उठा। न मालूम यह ब्राह्मण क्या समाचार लाया होगा इत्यादि सोच के कारण चित्त की गति पीपल के काँपते हुए पत्ते की तरह हो गयी।

पहले तो चित्त की चपलता के साथ पीपल पात के काँपने की यह उपमा ही बड़ी उपयुक्त है। दूसरे पीपल विशेषतः राजस्थानी वृक्ष है। कवि ने अपनी जन्मभूमि में अनेक पीपल के वृक्षों पर घटित होते हुए इस प्राकृतिक तांडव नृत्य को देखा होगा। सचमुच, मरुस्थल की प्रकृति ने उनकी प्रतिभा को बहुत अंश में प्रभावान्वित किया था। यह बात और स्पष्ट रूप में आगे चल कर उनके ऋतु वर्णनों की कल्पनाओं में प्रमाणित हो जाएगी। रुक्मिणी का 'कुमकुमै मंजण' करना, पश्चात्, 'बिहुँ करै धूणै लोधे लागी' तदनंतर 'बाजोटा' अर्थात् स्नान के पट्टे से उतर कर शृंगार करना। यही क्यों, क्रमानुसार शृंगार के प्रत्येक गहने का नाम एवं उसके धारण करने के ढंग में राजस्थान और विशेषतः मारवाड़ के उच्च घरानों में बरती जाने वाली पुरानी प्रथाओं की, जो आज तक चली आ रही हैं, गहरी छाप लगी हुई है। उपरांत 'चकडोल' पर सवार होकर, एक राजपूत राजकुमारी अथवा

महारानी की तरह, सुसज्जित सैनिक घुड़सवारों से रक्षित होकर, सवारी में, रुक्मिणीजी का अम्बिकालय को पधारना—(104-105)। यह वर्णन भी देशीय प्रथा के रंग में सुरंजित है। हम विस्तार भय से इस बिल्कुल मौलिक शृंगार वर्णन की आलोचना का संक्षेप करते हैं परंतु इन छंदों में वर्णित कवि की मौलिक प्रतिभा और अनुभव-जनितं, सारगर्भित, अनोखी एवं अद्वितीय सूझ की उत्कृष्ट स्वाभाविकता और मनोज्ञता का रसास्वादन करते हुए कवि की भावुकता की प्रशंसा करते ही बनती है।

दोहले 93 और 96 में कवि ने अपने ज्योतिष् के ज्ञान का परिचय देते हुए ग्रंथ के उत्तर भाग में अंकित—"जोतिषी वैद् पौराणिक जोगी",—(दो. 299) उन आत्मश्लाधा के शब्दों को चरितार्थ किया है, जिनको पढ़ने वाला कोई पाठक, शायद, मिथ्याभिमान कह कर टाल दे।

रुक्मिणी-हरण के उपरांत दोहला-113 में शृंगार-वर्णन का सरस प्रवाह एकदम सूख कर उसकी जगह देशीय राजपूत-युद्ध-पद्धति के अनुसार केसरिया रंग के वस्त्रों और शास्त्रास्त्रों से सुसज्जित वीर एकत्रित होते हैं। यहाँ हमको भावी समर की भयंकरता और वीररस के आविर्भाव की सूचना मिलती है। युद्ध के इस अनवस्थित विशद वर्णन से इस शृंगार प्रधार खंड-काव्य की यदि किसी प्रकार रस-पुष्टि होती है, तो केवल इसी प्रकार कि परिणाम में नायक का अभ्युदय सूचित होता है, परंतु प्रसंगवश अचानक ही इस प्रकार काव्य में रस-परिवर्तन के उपस्थित हो जाने के कारण, संभव है, पाठकों के हृदय में रस-विरोध-संबंधी आक्षेप उपस्थित हो जाये। और यह स्वाभाविक भी है। अतएव इस आक्षेप को अपनी ओर से कल्पित करके हम इसके सत्यासत्यनिर्णय के विषय पर अपने विचार एवं शास्त्रसम्मति प्रकट करेंगे।

रस विरोध

दोहला 113-137 में वीर-रस-प्रधान युद्ध-वर्णन है। यह युद्ध रुक्म और शिशुपाल की सेनाओं ने कृष्ण के पक्ष की द्वारिका के प्रति प्रस्थान करती हुई सेनाओं के साथ किया था। इस वर्णन के संबंध में हमें सर्वप्रथम एक बात हमेशा ध्यान में रखनी चाहिए और वह यह कि यह युद्ध-वर्णन एक क्षत्रिय वीर कवि का किया हुआ है, जिसने स्वयं कई बार रणक्षेत्र में तलवार

लेकर घमासान युद्ध किया था एवं जिसकी जातीयता का सबसे प्रधान गुण और गौरव युद्धप्रियता और शौर्य था। वर्णन की उत्कृष्ट स्वाभाविकता ही हमारे इस कथन की कसौटी है। वीररस के आदर्श को दृष्टिगत रखते हुए इन वर्णनों की आलोचनात्मक प्रशंसा करना सूर्य को दीपक दिखाना होगा। प्रत्येक छंद में ओजगुण की प्रधानता इतनी व्यक्त है कि मानो उसका आतंक डरावने श्याम बादलों की घटा के रूप में गंभीर घड़घड़ाहट के साथ हमारे ऊपर घिरा पड़ता है। संस्कृत-साहित्य के कवियों में इस समय हमको कालिदास की प्रसाद-माधुर्यपूर्ण शैली का विलास भूल कर भवभूति की ओजस्विनी शैली का स्मरण हो जाता है। यथा—

कलकलिया कुन्त किरण कलि ऊकलि।
वरजित विसिख विवरजित वाउ।।
धड़ि धड़ि धबकि धार धारुजल।
सिहरि सिहरि समरवै सिलाउ।।119।।

भवभूति की शैली का एक उदाहरण इससे मिलाकर देखिए—

आगुञ्जद्गिरिकुंजरघटा विस्तीर्णकर्णज्वरम्।
ज्यानिर्घोषममन्ददुन्दुभिरवैराध्मातमुज्जम्भयन्।।
वेलस्त्रैरवरुण्डमुण्डनिकरैर्वीरो विधत्ते भुवः।
तृप्तत्कालकरालवक्त्रविघस.याकीर्णमाणा इव।।

(उत्तरचरित)

परंतु साथ ही, निस्संकोच होकर हमको यह कहना पड़ता हैं कि 'वेलि क्रिसन रुकमणी री' जैसे श्रृंगार-रस-प्रधान ग्रंथ में इस प्रकार विशद और व्यक्त रूप में सांगोपांग भयानक, वीर एवं तद्नुगत वीभत्स रस (देखो दो. 120-125) के दृश्यों का समावेश करना काव्य के एक रसत्व (Unity) और उसके, 'रसभाव निरन्तरम्' के निर्वाह के विषय में संदेह अवश्य उपस्थित करता है। शास्त्रदृष्टि से श्रेष्ठ काव्य वह गिना जाता है जिसमें समतापूर्वक एक प्रधान रस हो तथा अन्य सहकारी एवं संपोषक भाव, विभाव, अनुभाव, उद्दीपन विभाव, व्यभिचारी भावादि गौण रूप से उस प्रधान रस की इस प्रकार से पुष्टि करें, जिस प्रकार एक प्रधान सरिता को अनेक नद, स्रोत, शाखा अपना जल प्रदान कर परिपुष्ट करते हैं।

शास्त्र विवेचन

महाकाव्य का लक्षण निर्दिष्ट करते हुए दण्डिन् का, 'रसभाव निरन्तरम्' गुण की प्रधानता प्रकट करने से यही प्रयोजन है कि काव्य का प्रधान रस वरन् भाव निरंतर और अबाधित रूप में संरक्षित रहे तथा विरोधी रस उपस्थित होकर उसकी वृद्धि का विच्छेद न कर सके। इसी प्रकार शृंगार रस का विवेचन करते हुए विश्वनाथ कविराज ने लिखा है, 'रसविच्छेदहेतुत्वात् मरणं नैव वर्ण्यते'। सामान्य दृष्टि से भी यदि देखा जाए तो पास-पास ही एक काव्य में दो विरुद्धधर्मा रसों का वर्णन शोभा नहीं देता एवं काव्य कला सौष्ठव की दृष्टि से काव्य की मनोज्ञता को कम कर देता है; कहा भी है–

यस्मिन् श्रुते च चित्तस्य वैरस्यं न च हृद्यता।
तानि वर्ज्यानि पद्यानि प्रसिद्धिच्युतानि च।।

रस-विरोध संबंधी शास्त्र पर विचार करते हुए हमको मुख्यतः दो बातों का ध्यान रखना चाहिए। वे ये हैं कि (1) रस की परिपुष्टि करने में उन व्यभिचारी भावों का भी भाग होता है, जो प्रस्तुत प्रधान रस से इतरधर्मी रस के लक्षणों का पोषण करने में भी उपयुक्त होते हैं और (2) कई एक रसों का प्रत्यक्ष में परस्पर विरोध प्रतीत होने पर भी उनका अंगांगिसंबंध विरोधकता का अपहार कर देता है। परंतु काव्य-कला-निष्णात कवि को अपनी सूक्ष्म दृष्टि से देखना यह चाहिए कि विशेषतः रति स्थायी भाव को पुष्ट करने के लिए केवल उन्हीं व्यभिचारी भावों का प्रयोग औचित्य के साथ हो सकता है कि जो मुख्य रस का आंतरिक विरोध न करते हुए, किसी अंश में और किसी सीमा तक, परिपोषण ही करते हों। यथा, शृंगार-रस-प्रधान काव्य में उग्रता, मरण, आलस्य, जुगुप्सा–इन व्यभिचारी भावों को साहित्यकारों ने निषिद्ध बताया है–

"त्यक्त्वौयमरणालस्य जुगुप्सा व्यभिचारिणः"।। सा. दर्पण।।

इस संबंध में ध्वन्यालोककार ने लिखा है–

विरोधमविरोधं च सर्वत्रेत्थं निरूपयेत्।
विशेषतस्तु शृंङ्गारे सुकुमारतरो ह्यसौ।।

उद्योत 30 श्लो. 28

अर्थात् रस के विषय में विरोध और अविरोध का निरूपण कवि को साधारणतः सभी रसों के काव्यों में करना उचित है परंतु विशेषतः इन बातों का ध्यान शृंगारप्रधान काव्य में अवश्य रखना चाहिए कारण, यह रस अत्यंत सुकुमार है।

अस्तु, 'वेलि' जैसे शृंगारप्रधान काव्य के विषय में उपर्युक्त कल्पित रसविरोध की शास्त्रसमीक्षा करना हमने इस भूमिका का उचित प्रयास समझा है।

रस के विरोध और अविरोध के विषय में ध्वन्यालोककार ने आगे चल कर कहा है—

अविरोधी विरोधी वा, रसोऽङ्गिनि रसान्तरे।
परिपोषं न नेतव्यस्तथा स्यादविरोधिता।।

उ. 3।24।

अर्थात् विभिन्न धर्मवाले अंगीरस अथवा प्रधान रस में कवि को अविरोधी वा विरोधी किसी भी दूसरे अंगमृतरस का स्वतंत्र रूप में परिपोषण कभी नहीं करना चाहिए। इस बात का पूरा-पूरा ध्यान रखने वाला कवि ही अपने काव्य में निष्कलंक अविरोधिता का प्रतिपादन कर सकता है।

यही बात दूसरे 2 श्लोंको में यों कही गयी है—

विवक्षिते रसे लब्धप्रतिष्ठे तु विरोधिनाम्।
बाध्यानामङ्गभावं वा प्राप्तानामुक्तिरच्छला।।

उ. 3। श्लो. 20 ध्वनि

प्रसिद्धेऽपि प्रबन्धानां नानारसनिबन्धने।
एकारसोऽङ्गीकर्त्तव्यस्तेषामुत्कर्षमिच्छता।।

उ. 3 श्लो. 21।

रसान्तरसमावेशः प्रस्तुतस्य रसस्य यः।
नोपहत्यङ्गिता सोऽस्य स्थायित्वेनावभासिनः।।

उ. 3 श्लो. 22।

उपर्युक्त शास्त्रवतरण से हमारे विचार-केंद्र में दो बातें उपस्थित होती हैं—वे अविरोधी और विरोधी रस कौन से हैं और उनसे रीतिकार का क्या आशय है?

हमारी समझ में अविरोधी रसों से तात्पर्य उन विभिन्न रसों का है जो अंगिरस् का येन-केन प्रकारेण परिपोषण करने के लिए कवि द्वारा व्यभिचारी भावों के रूप में उपस्थित किये जाते हैं। कवि के लिए ऐसा करना शास्त्रसम्मत भी है–

"रत्यादयोऽप्यनियते रसे स्युर्व्यभिचारिणः"

(सा. दर्पण, 3 परि. 203)

अर्थात् रति आदि स्थायीभाव भी अन्य प्रधान रस के परिपोषण के लिए व्यभिचारी भावों के रूप में प्रयुक्त हो सकते हैं। अब, पुरातन शास्त्र-परिपाटी के अनुसार कई रस तो ऐसे हैं जो परस्पर विरोधी नहीं माने जाते एवं जिनका अंगांगिभाव शास्त्रनियमानुमत है। दूसरी ओर कई रस ऐसे हैं जिनकी स्वभाव विरुद्ध होने के कारण, परस्पर विरोध माना गया है एवं जिनमें पारस्परिक अंगांगिभाव स्थापित नहीं हो सकता है। हम यहाँ पर 'वेलि' में प्रयुक्त रसों की विरोधकता अथवा अविरोधकता के विषय में रीतिकारों की सम्मति उद्धृत करेंगे–

ध्वनिकार ने 'वीरशृङ्गारयोः' 'रौद्रशृङ्गारयोः' का अविरोध माना है क्योंकि उनका अंगांगिभाव संघटित होना संभव है। 'तत्र भवत्वङ्गाङ्गिभावः'। परंतु इन्होंने 'शृंगारबीभत्सयोः' का बाध्यबाधक भाव माना है अर्थात् शृंगार और बीभत्स का अंगांगिभाव संघटित नहीं होता।

यही मत जगन्नाथ पण्डितराज ने भी रसगङ्गाधर में प्रकट किया है। काव्यप्रकाशकार मम्मटाचार्य ने तो उपर्युक्त रीति बंधनों को और भी ज़्यादा शिथिल कर दिया है और भिन्न-भिन्न रसों में प्रकृतितः किसी प्रकार का विरोध नहीं माना है। यथा–

स्मर्यमारणो विरुद्धोऽपि साम्येनाथ विवक्षितः।
अङ्गिन्यङ्गमाप्तौ यौ तौ न दुष्टौ परस्परौ।।

(उल्लास 7 स. 86 ।65)

अर्थात् अंगिरस के साथ स्मरण किया जाता हुआ अथवा सामान्य रूप में विवक्षित विरोधी रस भी यदि अंगिरस का अंग बन कर काव्य में उपस्थित हो जाये तो वह रसविच्छेद का हेतु नहीं है। उदाहरणतः महाभारत में, समरभूमि पर पड़े हुए मृतक भूरिश्रवा के हाथ को देख कर उसकी

स्त्री की यह करुणस्मृति शृंगाररस-पूर्ण होने पर भी, दोनों रसों का परस्पर अंगांगिभाव स्थापित हो जाने के कारण, रसविरोध नहीं उपस्थित करती—

अयं स रशनोत्कर्षों पीनस्तनविमर्दनः।

नाभयूरुजघनस्पर्शी नीवीविस्त्रंसनः करः।। का. प्र. 336।।

ध्यान में रहे कि प्रायः सभी आचार्यों ने "शृङ्गारकरुणयोः" विरोध माना है परंतु "स्मर्यमाणो विरुद्धोऽपि" के नियम से मम्मट ने इन दोनों रसों का अविरोध प्रमाणित किया है।

इसी प्रकार निम्नोद्धृत दूसरे उदाहरण में साम्यविवक्षा होने के कारण परस्पर विरोधी शृंगार और बीभत्स रसों अथवा शृंगार और शांत रसों का भी अविरोध माना है।

दन्तक्षतानि करजैश्च विपाटितानि,

प्रोस्त्रिन्नसान्द्रपुलके भवतः शरीरे।

दत्तानि रक्तमनसा मृगराजबध्वा,

जातस्पृहैर्मुनिभिरप्यवलोकितानि।। का. प्र. 337।।

एक समय वन में अपने सद्यःप्रसूत बच्चे को खाने की चेष्टा करती हुई एक सिंहिनी को देख कर दयावीर बोधिसत्व भगवान् बुद्ध ने बच्चे की रक्षा करने के निमित्त सिंहिनी को अपना शरीर खाने के लिए अर्पित कर दिया था। सिंहिनी द्वारा क्षत बुद्ध के शरीर को कल्पित करके किसी पुरातन कवि की यह उक्ति है। यहाँ "दन्तक्षतानि," "सान्द्रपुलके शरीरे" "रक्तमनसा" तथा "जातस्पृहै" शब्दों से शान्त और शृंगार, दोनों रसों की बराबर पुष्टि होती है, अतएव साम्य-विवक्षा है।

सारांश, मम्मट के मतानुसार "प्राक्प्रतिपादित्तस्य रसस्य रसान्तरेण न विरोधः नाप्यङ्गाङ्गिभावो भवति। उक्तं हि—

गुणकृतात्मसंस्कारप्रधानं प्रतिपद्यते।

प्रधानस्योपकारे हि तथा भूयसि वर्त्तते।। का. प्र...

अर्थात् पहले प्रतिपादित रस का दूसरे रस के द्वारा विरोध होना संभव नहीं है और न उन दोनों का पारस्परिक अंगांगिभाव संघटित होना ही संभव है। कारण, गुण अर्थात् अंगभूत रस अपना संस्कार करने के निमित्त एवं प्रधान रस (अंगीरस) की पुष्टि करने के निमित्त प्रयुक्त होने के कारण स्वतः

ही प्रधान रसता को प्राप्त हो जाता है और ऐसी दशा में वह अंगीरस का महान उपकारक सिद्‌ध होता है। सारांश, अंगरस अंगीरस क। उपकारक होने के कारण उसी में विलीन हो जाता है। द्‌वित्व का भाव मिटकर अंगि का एकत्व रह जाता है। अतएव, विरोध के लिए कोई अवकाश नहीं रह जाता।

यह तो हुआ रससंबंधिनी विविध-शास्त्र-सम्मतियों का उल्लेख। अब देखना यह है कि 'वेलि' दो. 113-137 के अंतर्गत वर्णन में आशंकित रसविरोध वास्तविक विरोध है अथवा नहीं?

इसमें संदेह नहीं है, 'वेलि' शृङ्गाररस प्रधान काव्य है और उसका स्थायीभाव रति है जिसका निर्वाह समस्त कथा-सूत्र में कवि ने अच्छे ढंग से किया है। 'वेलि' के अनेक स्थलों पर प्रधान रस को परिपुष्टि के लिए इतर रस-संबंधी भावादि का भी प्रचुरता से प्रयोग किया गया है, जो युक्तिसंगत एवं शास्त्रसम्मत है–

रत्यादयोऽपि अनियते रसे स्युर्व्यभिचारिणः।

(सा.द.परि. 3।203)

परंतु इस प्रकार प्रयुक्त हुए इतर रस-संबंधी भावविभावादि प्रकृत ग्रंथ में साधारणतया व्यभिचारी भावों ही की तरह उपस्थित हुए हैं, और अपने-अपने स्थलों पर, 'विशेषादाभिमुख्येन चरन्तो व्यभिचारिणः स्थायिन्युन्मग्ननिर्मग्ना' धर्म का पालन करते हैं।

अब यदि 'वेलि' दो. 113-137 के अंतर्गत रस का विश्लेषण किया जाए तो क्रमशः प्रधान रस वीर, रौद्र और बीभत्स उपलब्ध होते हैं। और उनमें औग्रय, मरण एवं जुगुप्सादि निषिद्‌ध व्यभिचारी भावों का समावेश भी मिलता है। युद्‌ध का प्रसंग आ जाने पर इस वर्णन में वीर-रस-संबंधी अधिकांश उत्साहपूर्ण दोहले, हमारी समझ में, अंगीरस के बाधक न होकर अंगरूप में उसका परिपोषण ही करते हैं। यही नहीं, हम यह भी मानते हैं कि उनकी स्थिति से काव्य का उत्कर्ष प्रमाणित होता है और नायक का अभ्युदय प्रदर्शित होता है और शास्त्रकारों ने भी 'वीरश्रृंगारयोश्च अविरोधः' माना है। अस्तु।

परंतु दो. 120, 121, 122, 124, 125 तथा 128 में पहुँच कर यही वीररस क्रमशः रौद्र और बीभत्स पदवी पर आरूढ़ हो जाता है और पाठक

के हृदय में आंशिक रूप में अंगीरस अर्थात् शृंगाररस का अननुसंधान होने लगता है जिसकी काव्यप्रकाशकार ने रसदोष का एक भेद माना है। निस्संदेह 'वेलि' जैसे उच्च कोटि के शृंगार-ग्रंथ में

1. **"परनाले जल रुहिर पड़ै"** (120)
2. **"चोटियाली कूदै चौसठि चाचरि,**
   ध्रूढलियै ऊकसै धड़" (121)
3. **"रिण अङ्गिणि तेणि रुहिर रलतलि़या,**
   घृणा हाथ हूँ पड़ै घणा।
   ऊंधा पत्र बुदबुद जल आकृति,
   तरि चालै जोगणी तणा" (122)
4. **त्रूटै कंध मूल जड़े त्रूटै।** (124)
5. **ऊँच छिन्छ ऊछलै अति।** (125)
6. **चारौ पल ग्रीधणी चिड़।** (128)

इत्यादि जुगुप्साजनक बीभत्स वर्णन पर असंगतता और अनौचित्य का दोष आरोपित हो सकता है। रसगंगाधर-कर्ता ने लिखा है–

"कदर्यवस्तुविलोकनजन्मा विचिकित्साख्यश्चित्तवृत्तिविशेषो जुगुप्सा"।

शास्त्र दृष्टि से देखा जाये तो "शृङ्गारबीभत्सयोः विरोधः" (ध्वनि) माना गया है। परंतु काव्यप्रकाशकर्ता ने रसों में किसी प्रकार का पारस्परिक प्राकृतिक विरोध नहीं माना है। अतएव देखना चाहिए कि यदि यह बीभत्स वर्णन साम्य-विवक्षा की दशा में अथवा स्मृति के रूप में उपस्थित हुआ है तब तो विरोधी होते हुए भी क्षन्तव्य है, क्योंकि–

स्मर्यमाणो विरुद्धोऽपि साम्येनाथ विवक्षितः।
अङ्गिनि अङ्गमाप्तौ यौ तौ न दुष्टौ परस्परौ।। का. प्र.

परंतु ऐसी बात नहीं है। न तो यह उपर्युक्त वेलि का वर्णन स्मृतिजन्म व्यभिचारीभाव के रूप में उपस्थित हुआ है और न उसकी प्रधान रस के साथ साम्यविवेक्षा ही की गयी है। प्रत्युत, आवश्यकता से ज़्यादा प्रधानता दे देने के कारण यह बीभत्स स्थल काव्य रसिकों को अखरता है। हमारा विश्वास है, यदि इस स्थल पर कवि ने अपने उत्साह का नियमन किया

होता तो बहुत ही सहज में वीररस को बीभत्स की परिपक्वता प्राप्त करने से रोक कर गौण रूप दे देते और ऐसा करने से वह शास्त्रनुसार क्षन्तव्य-श्रेणी में आ जाता, परंतु जान पड़ता है, ऐसा करना उनके लिए प्रकृतिः विरुद्ध एवं असंभव था।

एक और शास्त्रीय दृष्टिकोण है जिससे हम उपरोक्त रस-विरोध-संबंधी प्रकरण का विवेचन कर सकते हैं।

शास्त्रकारों ने ध्वनि भेद से उत्तम काव्य के कई लक्षणों तथा आवश्यक पदार्थों का विवेचन किया है। वहाँ पर वस्तु और अलंकार-व्यंग्य के अतिरिक्त काव्य में रसभावादि के निर्वाह के संबंध में रसादि 8 पदार्थों का विवेचन किया गया है, यथा, रस, भाव, रसाभास, भावाभास, भावशांति, भावोदय, भावसंधि और भावशबलत्व है। इनसे भी ध्वनि-काव्य में एक विशेष प्रकार का चमत्कार उत्पन्न होता है। इस दृष्टि से देखा जाए तो 'वेलि' के उपर्युक्त रसविरोध-प्रकरण में हम भावध्वनित्व का भी अनुसन्धान कर सकते हैं। प्रस्तुत प्रकरण में जहाँ रुक्मिणी और कृष्ण-संबंधी शृंगाररस के स्थायी-भाव-रति की प्रवृत्ति हो रही थी वहाँ अकस्मात् किसी कारणवशात् विरुद्ध भाव के उपस्थित होने पर पूर्व भाव (रति) की शांति हुई और अपर भाव अर्थात् क्रमशः रणसंबंधी वीर, रौद्र और बीभंत्स भावों का व्यभिचारियों के रूप में उदय हुआ। इस पूर्व भाव शांति और अपर भावोदय के हेर-फेर का परिणाम यह हुआ कि अंगिरस अथवा स्थायी भाव-रति के ऊपर अपर भाव का प्रधानत्व हो गया। जैसे किसी राजा का भृत्य अपने विवाह में दूल्हा बन कर बारात के आगे-आगे चलता है और उसका स्वामी अर्थात् राजा उसकी प्रीति के लिए उसके पीछे-पीछे चलता है। ऐसी अवस्था विशेष में कहीं-कहीं अपर (व्यभिचारी) भाव भी स्थायी भाव पर प्रधानता पा जाता है। काव्य में उसे भाव-ध्वनि का चमत्कार कहते हैं—उसे दोष नहीं गिनते।

परंतु वेलि में जिस स्थल पर, जिस प्रकार और प्रधान रस के विकास की जिस दशा में अपर भाव की प्रधानता हुई है, उसका अनुभव करते हुए सहृदय रसज्ञ यह कभी नहीं कह सकते कि वह उत्तम काव्य के लिए उपकारी अथवा चमत्कारोत्पादक हुआ है। ज़्यादा युक्ति-संगत तो यह होगा कि हम इस रस-भाव-विरोध को मध्यम काव्य अर्थात् गुणीभूत व्यंग्य के

अंतर्गत अपराङ्ग व्यंग्य का एक उदाहरण मानें। प्रकृत प्रकरण में व्यंग्यरस अर्थात् रतिमूलक शृङ्गागरस दूसरे रस अथवा भाव का अंग बन कर गौण हो गया है। अतएव गुणीभूत व्यंग्य हुआ। इस दृष्टि से देखने पर, 'अयं स रशनोत्कर्षी' इत्यादि उदाहरण में शृंगाररस करुण का गुणीभूत व्यंग्य हो गया है और इसी प्रकार वेलि का प्रधान शृंगाररस युद्ध संबंधी अपर भावों का गुणीभूत हो गया है।

हम यह भी जानते हैं कि शास्त्रकारों की विभिन्न मतियाँ हैं। कई रसविरोध को दोष मानते हैं कई नहीं मानते और कई-कई विशेष अवस्था में मानते हैं, जैसा कि हम ऊपर संक्षेप में लिख आये हैं। हमें यह भी विश्वास है कि अन्वेषण करने पर शास्त्र में ऐसी अनुमति मिल सकती है, जिसके द्वारा इस दोष का सर्वथा परिहार हो सकता है, परंतु ये सब सुविधाएँ उपलब्ध होने पर भी यह रस-गुण-दोष-संबंधी विषय रसिकजनों के हृदय से ज़्यादा संबंध रखता है। इस विषय में प्रायः सभी रीतिकारों ने रसविरोध का स्वच्छंदतापूर्वक खण्डन, मण्डन करते हुए भी एक साधारण सिद्धांत को सर्वोपरि माना है और वह है, रसिक आलोचक का हृदय, यथा–

अनौचित्याद्दते नान्यद्रसभङ्गस्य कारणम्।
प्रसिद्धौचित्यबन्धस्तु रसस्योपनिषत्परा।। (ध्वनि)

हम इसी सिद्धांत को प्रमाण मानते हैं। हमारी समझ में उपरोक्त 5-6 दोहलों में वर्णित बीभत्स वर्णन शृङ्गारप्रधान 'वेलि' के लिए अनुचित है। इसी बात के प्रमाण में हमने पहले 'यस्मिन् श्रुते च चित्तस्य वैरस्यं न च हृदयता, तानि वर्ज्यानि पद्यानि' का उल्लेख किया था।

परंतु महाराज पृथ्वीराज के संबंध में रसशास्त्र के अज्ञान की आशंका करना वृथा है। उपर्युक्त अप्रासंगिकता के कई ऐसे कारण हैं जिनको दृष्टिगत करते हुए हम कवि को सर्वथा दूषणरहित समझ सकते हैं। वे ये हैं:–

1. प्रथम तो महाराज पृथ्वीराज जैसे एक राजपूत कवि के लिए अपने सहज वीर हृदय के उद्गारों को प्रकट करने के स्वभावजन्य लोभ का संवरण करना कठिन था और वह भी तब, जब कि कथासूत्र के निर्वाह के निमित्त प्रसंगवश युद्ध का वर्णन करना आवश्यक हो गया था। इस दशा में वे अपने प्रकृतिगत उत्साह को नियमबद्ध न कर सके और न तत्परिणाम-भूत

गुण दूषण ही पर यथार्थरूप में विचार कर सके। संभव है, इस विषय में उनके स्वभाव ने उनके ज्ञान पर विजय पाई हो।

2. हम ऊपर कह आए हैं कि दोहा 113-37 में से अधिकांश दोहले वीररस-प्रधान होने के कारण स्थायीरस का उत्कर्ष ही संपादन करते हैं। रसविरोध की आंशका तो केवल 5-6 दोहलों में उपस्थित होती है जिनमें प्रसंगवश वीररस अंत में बीभत्स बन गया है। 'वेलि' के समस्त दोहों की गणना को देखते हुए इन 5-6 दोहलों की संख्या अकिंचन है। फिर इन 5-6 दोहलों को कवि ने इस ढंग से और इस चतुरता से प्रयुक्त किया है कि बहुत कुछ अंश में दोष का परिहार हो जाता है। वह चतुरता इन बातों से प्रकट होती हैः—

(क) बीभत्सरस-प्रधान इन पाँच-छह दोहलों को कवि ने दोनों ओर से अर्थात् पूर्वापर में, वीर-रस-संबंधी भाव-विभावादि से सवलित कर दिया है जिससे ये दोहले ग्रंथ के शृंगाररस-प्रधान पूर्वापर भाग से स्पर्श-संसर्ग नहीं रखते। अतएव ये स्थायीरस को किसी प्रकार की हानि नहीं पहुँचाते। ध्वन्यालोककार ने ऐसी स्थिति में रसविरोधदोष नहीं माना है यथा—

रसान्तरान्तरितयोरेकवाक्यस्थयोरपि।
विवर्त्तते हि रसयो समावेशे विरोधिता।।

'शृङ्गारबीभत्सयोस्तदङ्ग्योर्वा वीररस-व्यवधानेन समावेशो न विरोधी।।' इस प्रकार इस वर्णन के पूर्व भाग में दोहा 113-119 और उत्तर भाग में दोहा 129-137 अंतराय अथवा व्यवधान रूप में उपस्थित होकर रसविरोध का निवर्त्तन अर्थात् परिहार कर देते हैं।

(ख) कवि ने जान-बूझ कर इन पाँच-छः दोहलों में वर्षा और कृषि-संबंधी रूपकों का साम्य-विवक्षा की दृष्टि से उपयोग और निर्वाह करके जुगुप्सा के भावों को बहुत अंश में शिथिल और कमज़ोर कर दिया है। सारांश 'वेलि' के प्रकृत स्थल में रस-विरोध का आक्षेप उपस्थित करना विशेष गंभीरता नहीं रखता। रसज्ञों के लिए ऐसी दशा में ऐसी काव्यत्रुटि सर्वथा क्षन्तव्य समझी जाती है।

3. वेलि के हिंदी-पाठकों को सदा इस बात का ध्यान रखना चाहिए कि प्रकृत काव्य डिंगल भाषा का शृंगारकाव्य है। उचित तो यह है कि हम

डिंगल-काव्य का गुण-दोषविवेचन करने के निमित्त डिंगल-रीतिग्रंथों का ही उपयोग करें। और हम यह भी नहीं कहते कि डिंगल में रीतिग्रंथ है ही नहीं। 'रघुनाथरूपक' डिंगल का अच्छा रीतिग्रंथ है। प्रकृत काव्य के छंद, व्याकरण, अलंकारादि की विवेचना करते हुए हमने रघुनाथरूपक का ही आधार लिया है। इस रीतिग्रंथ में काव्य-दोष का प्रकरण भी है और उसमें गिनाए हुए काव्य-दोषों को हमने पाठकों के परिचयार्थ एवं उपयोगार्थ भूमिका के उपसंहार में उद्धृत भी किया है, परंतु रस-विरोध का प्रकरण इस ग्रंथ में उपलब्ध नहीं होता। इसका कारण यही हो सकता है कि डिंगल में उच्च श्रेणी के काव्यों की बहुत कमी है। काव्यों की अविद्यमानता में रसनिर्णय-संबंधी आलोचना-शास्त्र का जन्म अथवा विकास होना असंभाव्य है। अतएव डिंगल-शास्त्र-परिपाटी के अभाव में हमने संस्कृत के रीतिकारों की आज्ञाओं का उपयोग विवश होकर किया है।

संभव है, पृथ्वीराज की काव्यदृष्टि में, अपने समय की डिंगल-काव्य-परिपाटी के अनुसार उपर्युक्त आक्षेप निर्मल रहा हो।

भगवान् ने रुक्म को युद्ध में पराजित कर रुक्मिणी के अनुरोध से उसके प्राण हरण न किए, परंतु उसके सिर के केश काट कर उसको विरूप कर लज्जास्पद बना दिया। बलरामजी ने, रुक्मिणी के भाई के प्रति भगवान् के इस व्यवहार को वक्रोक्ति द्वारा अनुचित बताया। तदनंतर भगवान ने रुक्मिणी के संतोष और हर्ष के हेतु रुक्म के सिर पर पुनः ज्यों के त्यों केश उत्पन्न कर दिये। यह आश्चर्यजनक वृत्त कवि की स्वतंत्र कल्पना और काव्य-कौशल का फल है। 'भागवत' में इसका उल्लेख नहीं पाया जाता।

छंद 137-158 पर्यंत श्रीकृष्ण का द्वारिका के प्रति प्रस्थान करना द्व ारिकावासियों का भगवान का स्वागत करना तदनंतर शास्त्रविधि के अनुसार भगवान् और रुक्मिणीजी का ब्याह होना इत्यादि गाथा वर्णित है।

इस वर्णन में कवि पुनः अपने पूर्व पथ पर आरोहण कर समयोचित शृंगार के वर्णन को नये सिरे से उठाने की चेष्टा करता है परंतु उसका विशृंखलित प्रयास इस उत्तरार्ध के वर्णन में अपने पूर्व आदर्श की अपेक्षा बहुत न्यूनतर रह जाता है। यों तो ये वर्णन भी कवि के सूक्ष्मदर्शन और अनुभव-भंडार की पूर्णता को प्रमाणित करते हैं, परंतु वह चमत्कार, वह

स्वाभाविकता, वह रसगाभीर्य, जो युद्ध-वर्णन से पूर्व प्रचुर परिमाण में प्रदर्शित होते थे, नहीं दिखाई पड़ते। ये वर्णन अपेक्षाकृत फीके और शुष्कप्राय हैं। हाँ, यदि इनमें कुछ भी विशेषता है तो यह है कि कवि ने अपनी प्रतिभा के अभाव की पूर्ति अपने सांसारिक वस्तुज्ञान के प्रयोग द्वारा करने की चेष्टा की है। भगवान के स्वागतार्थ द्वारिका नगरी की सजावट, नागरिकों के आमोद-प्रमोदसूचक व्यवसाय, तदुपरांत विवाह-संबंधी मंगल विधियाँ और कर्मकाण्डानुगत व्यापारों की सूक्ष्मताओं का सविस्तार उल्लेख कवि के वस्तुज्ञान, अनुभव एवं देशीय प्रथाओं के ज्ञान का प्रचुर परिचय देते हैं, परंतु इन सबसे काव्यगुणों के अभाव की पूर्ति होने कठिन है।

वेलि का सर्वोत्तम काव्य स्थल

दोहले 159 तक पहुँच कर कवि पुनः अपने पूर्वाभ्यस्त प्रतिभा-प्रदीप्त मार्ग को पा जाता है। दोनों ओर पति-पत्नी के प्रथम-मिलन का रति-उद्दीपक सामान जुटाया जा रहा है। इधर रुक्मिणी कृष्णजी से मिलने को अकुलाती हुई संकुचित हो रही हैं; उधर भगवान् बेचैन हैं। यहाँ हम कृष्ण-रुक्मिणी के प्रेम को सांसारिक नायक-नायिका के प्रेम-व्यवहार के आदर्श के रूप में देख रहे हैं। कवि ने इस "राधा-माधवयोः रहःकेलयः" के वर्णन में शृंगाररस को संक्षेपतः सांगोपांग वर्णित कर रतिभाव का भली-भाँति उत्पादन और संपोषण किया है। दोहला 162-63 में प्रथम रात्रि की पूर्व संध्या का वर्णन पढ़ कर तो रसिकों का हृदय फड़क उठेगा–

सङ्कुड़ित समसमा संध्या समयै,
रति वञ्छति रुक्मिणी रमणि।
पथिकवधू द्रिठि पङ्ख पङ्खियाँ,
कमल पत्र सूरिज किरणि।।162।।
पति अति आतुर त्रिया मुख पेखण,
निसा तणौं मुख दीठ निठ।
चन्द्र किरण कुलटा सुनिसाचर,
द्रवड़ित अभिसारिका द्रिठ।।163।।

यह न केवल संध्या के संकोच और विस्तार-रूपी द्वैध-भाव से पूर्ण

शंकित-हृदय के प्राकृतिक दृश्य का ही चित्र है। वरन्, तज्जन्य, नायक-नायिका के प्रेम-पूर्ण हृदयों में रति-भावोदय का पृथक्-पृथक् रागों से रजित भाव चित्र भी है। यह स्वाभाविक मानवधर्म है कि प्रेम का प्रथम उद्रेक शीलधर्मा स्त्री के हृदय में संकोच को लिए हुए उद्भासित होता है और पुरुष के हृदय में उत्सुकता और सामीप्य-वांछा को लिए उत्पन्न होता है। एक में हृदय के भावों का संकोच और दूसरे में उनका विस्तार होता है। एक का धर्म निषेधात्मक है दूसरे का विधेयात्मक। जड़ प्रकृति में दोनों के संमिश्रण से वह अनिर्वचनीय प्राकृतिक अवसर उत्पन्न होता है जिसे संध्या कहते हैं। मानव-प्रकृति में दोनों के संमिश्रण से वह अवर्णानीय भाव उत्पन्न होता है जिसे 'रति' कहते हैं। कवि ने अपने प्रतिभा-बल की तीव्र सूझ से दोनों प्रकृतियों को पारस्परिक सहानुभूति और एकत्व के सूत्र में संगठित कर अद्भुत काव्य-गुण और सौष्ठव उत्पादित किया है। पदार्थ-विज्ञान का भी यह सिद्धांत है कि प्रकृति में संघर्ष और संकोच इन दो सिद्धांतों के सघट्ट से ही भौतिक सृष्टि की उत्पत्ति है। इस वर्णन के अपूर्व सौंदर्य और गंभीर सैद्धांतिक एवं दार्शनिक तत्वों पर विचार करते हुए हमें ऋग्वेद 10 मंडलांतर्गत उस पुरातन स्वर्गीय वर्णन का स्मरण होता है जब उषस् और रात्रि का पारसरिक संबंध कल्पित करते हुए हमारे पूर्व ऋषियों ने उच्चतम काव्यमयी भाषा में उन्हें एक पिता की दो पुत्रियाँ बताया है जो उभय संध्या-कालों में उत्कंठा और संकोच के भावों को हृदय में भर कर मिलन करती हैं और पुनः बिछुड़ जाती हैं।

दोहले 164-174 पर्यत इसी प्रकार कवि ने प्रथम मिलन के मनोहर अवसर को अनेक नवीन-नवीन उपमाओं, रूपकों, अनोखी सूक्तियों एवं स्वाभाविक वर्णनों से सुसज्जित किया है। विस्तारभय से हम उनका उल्लेख करना उचित नहीं समझते। एब बात पर, इस संबंध में, हम पाठकों का ध्यान अवश्य आकर्षित करेंगे कि कवि इस श्रृंगार-वर्णन को भली भाँति संपादित करने में अत्यंत सफल हुआ है। हमारी समझ में शृंगार-काव्य की दृष्टि से यह वर्णन ग्रंथ में सर्वश्रेष्ठ है। इसका अनुशीलन करते हुए और इसकी मौलिक उपमाओं, रूपकों, शब्द और अर्थालंकारों तथा भाषा और भाव-सौष्ठव पर मनन करते हुए पाठकों को यह नहीं भूलना चाहिए

कि कवि की इस आश्चर्यजनक सफलता का मुख्य कारण वास्तव में यह है कि वे इस प्रकार के अनुभवों को प्रर्याप्त परिमाण में स्वयं अनुभव कर चुके थे।

दोहले 174-179 पर्यत रत्यन्त का अत्यंत गाप्य और रोचक वर्णन है। दोहले 181-86 में रीत-क्रीड़ा के उपरांत प्रातःकाल का बड़ा ही सुहावना और सुंदर दृश्य चित्रित किया गया है जो अपनी रमणीयता के लिए अनोखी है। पाठक इस संबंध में अभिज्ञान शाकुन्तलमू, चतुर्थाङ्क में कण्व के शिष्य के मुख से वर्णित कालिदास के प्रभात-वर्णन से इस वर्णन की तुलना करके विशेष आनंद-लाभ कर सकते हैं। दोहला 184 कवि की क्रांतिदर्शिनी अंतदृष्टि के रहस्यवाद का एक ज्वलंत उदाहरण है।

ग्रंथ के उत्तर भाग में कवि ने षट्‌ ऋतुओं का वर्णन किया है जो कथानक के लिए अनावश्यक है, परंतु जो अप्रासंगिक इसलिए नहीं कहा जा सकता क्योंकि कवि ने ऋतुओं के वर्णन का पृष्ठ दृश्यों (Background Scenes) की तरह उपयोगकर कर इनके सहारे इनके भोक्ता भगवान और रुक्मिणी के विविध ऋतु-संबंधी आमोद-प्रमोदों और आदर्श दाम्पत्य-प्रेम के मुख्य दृश्यों का मनोरम चित्रण किया है और साथ ही काव्य-कला के नियमानुसार इन विविध ऋतुओं को अंतराय की तरह उपस्थित कर रुक्मिणी-कृष्ण के विशुद्‌ध प्रेम के फलस्वरूप प्रद्युम्नकुमार के जन्म होने के पहले उपयुक्त अवकाश दिया है।

ऋतु-वर्णन

दोहला 187-192 पर्यंत ग्रीष्म-वर्णन है। वर्णन की विशेषता यह है कि इसमें राजस्थानी ग्रीष्म के बहुत से प्रांतीय अनुभवों का समावेश है। छंद-191 में राजस्थान के प्रचंड ग्रीष्म और लू की लपेटों का चमत्कार भरा है।

दोहले 193-205 पर्यंत वर्षा-ऋतु का वर्णन है। यह ऋतु मरुस्थल के लिए एक विशेष आनंद का संदेश लाती है। मारवाड़ में वर्षा ऋतु अन्य सभी ऋतुओं की अपेक्षा ज़्यादा रमणीय और उपादेय समझी जाती है। अतएव स्वभावतः कवि ने स्वदेश-प्रेम से उत्साहित होकर वर्षा ऋतु का उसी प्रकार काव्यमय हृदय से स्वागत किया है जिस प्रकार किसी मरुस्थलवासी जड़,

चेतन जीव को करना योग्य है। परिणामतः और ऋतुओं की अपेक्षा वर्षा का वर्णन ज़्यादा स्वाभाविक, ज़्यादा उत्साहपूर्ण एवं ज़्यादा काव्यगुण-संपन्न है। इस वर्णन की विशेषता यह है कि कवि ने वर्षा-संबंधी ज्योतिष्, अनेकानेक स्थानीय विश्वास; यथा अमुक दिशाओं में वायु का परिवर्तन और तत्परिणामस्वरूप वर्षा होने की संभावना में न्यूनाधिकता का परिवर्तन—यही क्यों—अनेकानेक स्थानीय सूक्ष्मताओं यथा 'गर्भगलना' 'कोरण' बनना तथा बादलों का रङ्ग और आकार और उनका लोकमत के अनुसार अभिप्राय इत्यादि का उल्लेख किया है। सारांश, वर्षा-वर्णन मारवाड़ के अनुभवों के गंभीर रंगो से सुरंजित है।

दोहले 206 से 225 पर्यंत हेमंत और शरत् का वर्णन है।

दोहले 226 से 229 पर्यंत शिशिर का वर्णन है।

दोहले 229 से 269 तक वसन्त का वर्णन है।

यों तो साधारणतः सभी ऋतुओं के वर्णन में कवि ने अपनी मौलिक प्रतिभा का प्रदर्शन किया है, परंतु इनकी कल्पनाओं के संबंध में एक अद्वितीय विचित्रता यह है ये सब कल्पनाएँ इनके अखंड-वस्तु ज्ञान-भंडार एवं निजी सांसारिक अनुभवों पर आश्रित है। मौलिकता इनका प्रधान गुण है और अत्यंत स्वाभाविक और युक्तितत्पर एवं हृदयग्राही होने के कारण ये हमको बहुत रोचक लगती हैं। इन विशेषताओं की दृष्टि से वसंत-वर्णन सर्वश्रेष्ठ है।

ऋतु-वर्णन के क्रम पर विचार करते हुए हम कल्पना कर सकते हैं कि जिस प्रकार महाराज पृथ्वीराज ने अन्य विषयों में अपने काव्यगुरु कालिदास के प्रशस्त मार्ग का अनुगमन किया, उसी प्रकार यदि हम अनुमान करें कि 'वेलि' में ऋतुओं का क्रम यदि उन्होंने ऋतुसंहार के अनुसार ग्रीष्म से प्रारंभ किया हो तो आश्चर्य की बात नहीं है। हम 'ऋतुसंहार' और 'वेलि' के ऋतु वर्णनों में समता ढूँढ़ने का वृथा प्रयास नहीं करते, क्योंकि हमें आशा है कि दोनों कवियों के काव्य में ऐसी समता न मिल सकेगी कि जिसे हम अनुकरण कह कर उत्तरवर्ती कवि पर अपहरण का दोष मढ़ सकें। हम पहले भी देख आये हैं कि कवि को इस रचना में किसी न किसी रूप में कालिदास के प्रायः सभी काव्य-ग्रंथों ने पथ-प्रदर्शन का कार्य किया है। पीथल ने कालिदास से

केवल उन काव्य साधनों को लिया है जो काव्य-शरीर के बाह्य आकार को सजा सकते हैं। उनके भावों का उन्होंने कभी अपहरण करने की चेष्टा न की। हमारा तो यह विश्वास है कि भावापहरण करने की पृथ्वीराज को कभी आवश्यकता ही नहीं पड़ सकती थी। कालिदास की तरह इनकी प्रतिभा भी अनाश्रित, अत्यंत प्रखर, मर्मभेदिनी एवं निस्सीम थी।

दोहला 269 से 277 पर्यंत जगन्माता-पितास्वरूपं रुक्मिणी और भगवान् कृष्ण के प्रेम के फलस्वरूप प्रद्युम्न के रूप में कामदेव का रुक्मिणी के गर्भ में निवास और जन्म वर्णित है। तदनंतर ग्रंथ का उपसंहार करते हुए कवि शीघ्रता के साथ छह-सात छंदों में भगवान् कृष्ण, महालक्ष्मी रुक्मिणी, पुत्र प्रद्युम्न और पौत्र अनिरुद्ध—इस प्रशस्त वंशावली के गुण-लक्षणों के माहात्म्य की संक्षेप में स्तुति करता है। ग्रंथ का मूल कथानक छंद-277 से समाप्त हो जाता है। ग्रंथ-समाप्ति के मंगल अवसर पर कवि ने भगवान् का यशोगान कर उसे उपहार के रूप में भगवान् की भेंट चढ़ाना अपने जैसे एक अनन्य भक्त का कर्त्तव्य समझा। यही कारण है कि ग्रंथ का अंतिम भाग उच्च भक्तिपूर्ण प्रार्थना एवं पवित्र प्रभुगुणानुवाद से समायुक्त है।

दोहला 300-304 पर्यंत कवि ने ग्रंथ समाप्ति के स्थल पर ग्रंथारंभ की तरह पुनः ईश-विनय और नमस्क्रिया की काव्य-प्रथा का निर्वाह करते हुए ग्रंथ की भक्ति-प्रधानता का प्रमाण दिया है; साथ ही, अपनी अकिंचन काव्य-प्रतिभा तथा विषय की गहनता की तुलना करते हुए भगवान् से विनम्रतापूर्वक क्षमा-याचना की है।

ग्रंथ निर्माण-काल

अंतिम दोहले 305 में कवि ने कविप्रथानुसार ग्रंथ-समाप्ति का समय स्पष्टतः सन् 1637 बता दिया है। इस संवत् के विषय में किसी प्रकार के अपवाद अथवा विवाद को स्थान नहीं है। कवि ने 32 वर्ष की अवस्था में इस ग्रंथ का निर्माण किया। संभव है, इस ग्रंथ को समाप्त करते ही महाराज पृथ्वीराज को बादशाह के आह्वान पर उसकी सेना का नायक बन कर उनके विद्रोही भाई मिर्जा हकीम से लड़ने के लिए काबुल पर धावा करना पड़ा हो।

वेलि का महात्म्य

दोहले 278-290 तक वेलि के भक्तिपूर्ण पाठ का माहात्म्य दरसाया गया है। पृथ्वीराज ने इस ग्रंथ को भगवान् के स्त्रोत्र के रूप में प्रकट किया है। शुद्ध अंतःकरण और विशुद्ध भक्ति-भावना के साथ इसको पढ़ने वाले को सांसारिक सुख-वैभव, संपत्ति, ऐश्वर्य और अखंड यश की प्राप्ति होती है और परलोक में परम गति प्राप्त होती है—

मन शुद्धि जपन्ताँ रुकमणि मङ्गल,
निधि सम्पति थाइ कुसल नित।
दुरदिन दुरग्रह दुसह दुरदसा,
नासै दुसुपन दुरनिमित।।286।।

तथा—

प्रिथुवेलि कि पँचविध प्रसिध प्रनाली,
आगम निगम कजि अखिल।
मुगति तणी नीसरणी मण्डी,
सरग लोक सोपान इल।।294।।

गृहस्थ भक्तों को वेलि के भक्तिपूर्वक पाठ से सबसे बड़ा लाभ यह होता है कि उनका दांपत्य-जीवन परिशुद्ध होकर उनका प्रेम कृष्ण-रुक्मिणी के प्रेम की तरह अखंड और अनंत व्यापकता को प्राप्त हो जाता है जिससे जीवन-मुक्ति एवं पारलौकिक मोक्ष की प्राप्ति होती है। सारांश, वेलि के पठन-पाठन से आदर्श गृहस्थ को सुख प्राप्त होता है—

ऊपजै अह्रोनिशि आप आपमै,
रुषमणि क्रिसन सरीख रति।
कहै वेलि वर लहै कुँमारी,
परणी पूत सुहाग पति।।281।।

दोहले 291-94 में 'वेलि' ग्रंथ के नाम की सार्थकता बताते हुए ग्रंथनामान्तर्गत रूपक का विश्लेषण कर उसके भावार्थ-सौंदर्य को चतुरता के साथ व्यक्त किया गया है।

दोहले 295 में गुणग्राहक सुकवि और समालोचकों तथा छिद्रान्वेषी दुरालोचकों एवं 'परहित घृत जिनके मन माखी' कुकवियों के प्रति क्रमानुसार

चलनी और सूप की उपमा देकर कवि ने अपने विचार उसी शैली में प्रकट किये हैं जिसमें महात्मा तुलसीदास ने 'रामायण' के प्रारंभ में, 'बंदौं सन्त असज्जन चरण' इत्यादि वंदना की है।

इसी प्रकार दोहले 299-300 तक पाठकों को वेलि का भक्तिमय संदेश सुना कर कवि ने इसको, 'मोटाँ तणौं प्रसाद कहै महि' अर्थात् यह भक्तिग्रंथ गुरुजन और सज्जनों के सत्संग का फलस्वरूप प्रसाद है; जो मैंने सरस्वती की कृपा और भगवद्भक्ति के आश्रय पर पुनः रसिकों के समक्ष उपस्थित किया है—कह कर 'वेलि' को सज्जन भक्तों, गुणग्राही काव्य-पारखियों एवं काव्यरसज्ञों को विनम्रतापूर्वक अर्पण किया है।

इस प्रकार सहृदय पाठकों की सुविधा के लिए हमने 'वेलि' का विश्लेषण कर उनके सामने चित्र रूप में इस काव्य को उपस्थित किया है।

आत्मश्लाघा-दूषण का परिहार

ग्रंथ के उत्तर भाग में कुछ छंदों का अध्ययन करते हुए, संभव है, रसज्ञ पाठकों को कवि की अथवा आत्माभिमान का भाव रुचिकर न हो।

डॉक्टर टैसीटरी महोदय उत्तरार्ध के संबंध में अपनी भूमिका में लिखते हैं—

"The conclusion which consists of twenty-eight stanzas (278-305) is very noteworthy as the boldest possible self-eulogy which an author could compose."

अर्थात्—ग्रंथ के अंतिम 28 दोहलों में कवि ने ऐसी अतिश्योक्ति पूर्ण आत्मश्लाघा की है जिसमें प्रायः सभी कवियों को मात किया है।

इस यथार्थ आलोचना को पाठकों की ओर से आक्षेप के रूप में अपेक्षित समझ कर हम कवि के वास्तविक मन्तव्य को स्वयं डॉक्टर टैसीटरी के शब्दों में उद्धृत करते हैं—

"Seeing that Prithi-Raja's production is really incensurable, we may well forgive him this outburst of self-confidence; it is, on a small seale and in a different form, the same proud feeling which made Michael Angelo strike the knee of his Moses and say to the 'marble : Speak.'

अर्थात् यह जान कर कि महाराज पृथ्वीराज का ग्रंथ सब प्रकार से अदूषित है, हम उनके आत्मविश्वास के उत्साह को क्षन्तव्य समझते हैं। संक्षेप में और दूसरे आकार में यह वही आत्मगौरव का भाव है जिसने माइकल एंजेलो नामक प्राचीन पाश्चात्य कलाविज्ञ की अपनी बनाई हुई संगमरमर की मोजिज की मूर्ति के घुटने पर प्रहार कर आवेशपूर्वक यह कहने को प्रेरित किया, 'बोल'।

और वास्तव में बात भी कुछ ऐसी ही है। ऐसी दशा में कवि के हृदय में आत्मगौरव का भाव उत्पन्न होना अत्यंत स्वाभाविक ही है। पृथ्वीराज को यह विश्वास था कि उनका यह काव्य-प्रयत्न अत्यंत सफल हुआ है और उन्होंने अपने स्वाभाविक भोलेपन में यह विश्वास प्रकट कर दिया। ऐसा करने के कारण हम उनको मिथ्याभिमान का दूषण नहीं लगा सकते। यह संभव है कि कवि के कथनानुसार हमारे लिए वेलि का पाठ कामधेनु की तरह मनोवांछित फल एवं सुख, संपत्ति एवं समृद्धि का देने वाला सिद्ध न हो जोग, जाग, जप, तप, तीरथ, व्रत इत्यादि का फल देने वाला भी न सिद्ध हो। यंत्र, मंत्र, तंत्र एवं भूत, प्रेत, डाकिनी, शाकिनी आदि आसुरी वृत्तियों से हमारा सर्वथा त्राण भी न कर सके। यह भी संभव है कि इसके पाठ से हमारा 'त्रिविधताप' एवं त्रिविध रोग भी दूर न हों एवं भवसागर से भी पार न हुआ जाये; परंतु जब हम इन सब फलाकांक्षाओं से अपने चंचल मन को हटा कर, लीलामय भगवान् और महामाया लक्ष्मी के सांसारिक चरित्रों के रहस्य जानने में, अध्यवसाय और निश्चल भक्तिपूर्वक चित्त को लगावें तो क्या इस ग्रंथ के पढ़ने से हमको मनःशुद्धि प्राप्त न होगी? "मन शुद्ध जयन्ता रुकमणि मंगल"। और जब मन ही शुद्ध हो गया तो उपरोक्त आकांक्षाओं में से ऐसी कौन-सी है जो सफल न हो? परंतु फलादेश के साथ ही कवि का यह भी कहना है कि मनशुद्धि की प्राप्ति तभी हो सकती है जब श्रद्धा और भक्तिपूर्वक इस पवित्र कथा का अनुशीलन किया जाये क्योंकि–

श्रद्धावांल्लभते ज्ञानं तत्परः संयतेन्द्रियः।
ज्ञानं लब्ध्वा परां शांति अचिरेणाधिगच्छति।। गीता 4।39।।

हमारी समझ में तो ग्रंथ की प्रस्तावना में ही विनयपूर्वक अपनी असामर्थ्य

को प्रदर्शित करने वाले महाराज पृथ्वीराज के काव्य में आत्मश्लाघा अथवा मिथ्याभिमान की आशंका करना निरी भूल है। और यदि साधारणतया देखा जाये तो महाराज पृथ्वीराज ने यह कोई अभूतपूर्व प्रणाली नहीं निकाली। महात्मा तुलसीदास ने भी 'रामचरितमानस' में इसी प्रकार के भाव प्रकट किये है–

सुनि समुझहिं जन मुदित मन, मज्जहिं अति अनुराग।
लहहि चारि फल, अछततनु, साधुसमाज प्रयाग।।

परंतु उपयुक्त फलों का मिलना तभी संभव होता है जब, 'रामकथा जग मंगल करनी' को पढ़ते-पढ़ते भक्त रसिकों के, "उघरहिं विमल विलोचन हिय के, मिटहिं दोष दुख भव रजनी के"।

वेलि का अध्ययन करते हुए पाठकों को उसके श्रृंगार-रसमय बाह्य सौंदर्याडम्बर के गर्भ में निहित आंतरिक, दिव्य, आध्यात्मिक संदेश को कदापि नहीं भूलना चाहिए। यदि काव्य-सौष्ठव इस वेलि का शरीर है तो वह आध्यात्मिक तथ्य इसकी आत्मा है। यह आध्यात्मिक संदेश ही कवि का मुख्य अभिप्राय था, यह बात ग्रंथ के कई स्थलों से भली-भाँति व्यक्त होती है। स्पष्टतः इस संदेश का उल्लेख ग्रंथ के उत्तर भाग में उपलब्ध होता है, जिसका आंशिक रूप में वर्णन हम ऊपर कर आये हैं।

वेलि का मूल संदेश भक्तिमय है। वह साधारण जीवन-निर्वाह के लिए एक आदर्श पथ स्थापित करता है जिसके परिणाम में संसार में 'भुगति' अर्थात् ऐश्वर्य, समृद्धि, सुख इत्यादि और परलोक में 'सुगति' अर्थात् मोक्ष, मुक्ति, निश्रेयस् अथवा सद्गति प्राप्त होती है। यथा–

"मधुकर रसिक सुभगति मंजरी,
भुगति फूल, फल भुगति मिसि" ।।292।।

अथवा–

"मुगति तणी नीसरणी मंडी,
सरग लोक सोपान इल।।294।।"

परंतु उस भक्ति-मार्ग का आदर्श पृथ्वीराज की दृष्टि में कैसा है–यह ज़रा विचारणीय विषय है। हम निस्संकोच होकर सप्रमाण कह सकते हैं कि पृथ्वीराज की भक्ति का आदर्श इहलौकिक साधनों पर आश्रित, व्यवहारणीय

आदर्श है। वह ऐसा जटिल अथवा असाध्य आदर्श नहीं है जो साधारण जन को बुद्धिगम्य ही न हो सके। उस आदर्श को प्राप्त करने की इच्छा रखने वाला मुमुक्षु, संसार में रहते हुए, 'भुगति' और ऐश्वर्य, समृद्धि, सुख इत्यादि का उपभोग करते हुए; त्रिविध ताप और त्रिविध रोग से दूर होने की चिंता करते हुए भी अपने मार्ग पर निरवरोध आगे बढ़ने का अधिकारी हो सकता है।

कवि का स्पष्ट कथन है कि भगवान के दिव्य स्वरूप का ज्ञान प्रज्ञाचक्षु के द्वारा होने के अनंतर रुक्मिणी का लौकिक प्रेम उनकी ओर आकर्षित हुआ 'सांभलि अनुराग थयो मनि श्यामा'। रुक्मिणी ने ज्ञान-योग के द्वारा अपने परिमार्जित, विशुद्ध चित्त में भगवत्प्रेम का अंकुर बोया। तदनंतर उन्होंने भगवान के प्रेम से प्रेरित होकर उनको प्राप्त करने के लिए कर्म किया। (देखो, ब्राह्मण के हाथ पत्र का भेजना)। वह कर्म अनासक्त था, फललिप्सु नहीं। उस कर्म की फल कामना पहले से ही 'ज्ञानाग्निदग्ध' हो चुकी थी। 'गीता' के उपदेशानुसार सच्चे हृदय से किये हुए अनासक्त कर्म का फल यह हुआ कि भगवान् को रुक्मिणी की भक्तिपूर्ण प्रार्थना स्वीकार हुई। भक्ति-मार्ग पर रुक्मिणी की विजय हुई। रुक्मिणी को लौकिक जीवन में वह भुगति और ऐश्वर्य-समृद्धि प्राप्त हुई जिसका वर्णन कवि ने किया है। उनको परलोक में वह 'भुगति' मिली, जिसका आदर्श प्रत्येक विष्णुभक्त के हृदय में अंकित है। रुक्मिणी ने अनंत मोक्ष प्राप्त कर विष्णुस्वरूप अनादि ब्रह्म के साथ वह ऐक्य प्राप्त किया, जिससे मोक्ष और सद्गति का आदर्श स्थापित होता है और यदि प्रत्येक स्त्री-पुरुष कवि के बताये हुए इस मार्ग पर चलने लग जाये तो–

"ऊपजै अहोनिशि आप आपमै,
रुकमणि क्रिसन सरीख रति।"

जिसके परिणाम में इस संसार में रहते आदर्श दाम्पत्य-सुख एवं समृद्धि अर्थात् भुगति की प्राप्ति हो और परलोक में मुगति। ऐसा होने से संसार सुखमय, प्रेममय हो जाये। प्रत्येक गृहस्थ में कृष्ण-रुक्मिणी के आदर्श दाम्पत्य प्रेम की मधुरिमा झलकने लगे। इससे परे सांसारिक मुक्ति अथवा पारलौकिक मोक्ष का और क्या अर्थ होता है? इस दृष्टि से देखने पर हमको कवि के प्रेम और सौंदर्य के आदर्श में और सत्य में कोई अंतर प्रतीत नहीं होता।

सांसरिक सौंदर्य जब ज्ञान और भक्ति की शक्ति से शुद्ध हो जाता है तो वह परमपद को पाकर सत्यस्वरूप परमात्मा से तादात्म्य प्राप्त कर लेता है। कवि ने कृष्ण के चरित्र को दैवी स्वरूप दिया है, परंतु दूसरी ओर रुक्मिणी को संसार के समस्त आडम्बरों से सजा कर बिलकुल लौकिक रूप दे दिया है। इसी विभिन्नता को ध्यान में रखने से काव्य का दिव्य संदेश समझ में आ जाता है। 'कुमारसम्भव' का आध्यात्मिक आदर्श भी कुछ इसी प्रकार का है, परंतु भेद इतना ही है कि वहाँ सौंदर्य और सत्या (शिवा और शिव), दोनों दिव्य जगत् की आदर्श विभूतियाँ हैं। लौकिकता से वे दोनों बची हुई हैं। अतएव वहाँ के दिव्य-जगत् स्थित सौंदर्य को ज्ञानाग्नि द्वारा आत्मपरिशुद्धि की इतनी ज़्यादा आवश्यकता नहीं पड़ी। वहाँ मायावी, लौकिक, शरीरधारी कामदेव के रहते हुए सौंदर्य को सत्य के साथ तादात्म्य लाभ करना कठिन था; अतएव उस एकमात्र सांसारिक अवरोध का नाश करना आवश्यक था, परंतु 'कुमारसम्भव' का सत्य की ज्वाला से 'भस्मसात्' हुआ कामदेव 'वेलि' में आकर प्रद्युम्न के रूप में पुनः अवतरित हो जाता है। वह रुक्मिणी के प्रेम और भक्ति का फलस्वरूप, 'भुगति' अथवा सांसारिक प्रेम के रूप में पैदा होता है। सारांश, सत्य चाहे किसी रूप में क्यों न हो, अपने दिव्य स्वरूप को नहीं छोड़ता। उसमें संसार को शुद्ध करने की स्वाभाविक शक्ति है। सत्य का अंश रखने वाला और उसका आश्रित सौंदर्य-जात प्रेम संसार के आवरणों से घिरा हुआ होने पर भी "पद्मपत्रमिवांभसा" अलिप्त रह कर अपने दिव्य स्वरूप को नहीं छोड़ता। ज्ञानाग्नि से दग्ध होने पर उसी प्रेम का नाम भक्ति है। ऐसे भक्तिमार्ग का अवलंबन कर सब संसार को सफल करते हुए परमात्म-लाभ करना चाहिए।

'पत्रं पुष्पं फलं तोयं' कुछ भी पदार्थ क्यों न हो, जो भक्तिपूर्वक भगवान् को 'भक्त्या प्रयच्छति' अर्पित किया जाता है वह उनको स्वीकृत होता है। वेलि में वर्णित समस्त शृंगारमय सौंदर्य-वर्णन को कवि ने भक्तिपूर्वक भगवान् के श्रीचरणों में भेंट कर उसे ईश्वरीय पवित्रता एवं दिव्य सौंदर्य के पद पर आरूढ़ कर दिया है। इस दृष्टि से देखने पर वेलि की नायिका जीवन की सांसारिक वास्तविकता से समायुक्त होते हुए भी आदर्श के रंग में रंजित प्रतीत होती है। रुक्मिणी के रूप में कवि ने नारी के ऐहिक आदर्श को प्रतिपादित

करते हुए उसे दिव्य नारी के आदर्श से मिला दिया है। इससे यह सिद्ध होता है कि वह दिव्य आदर्श भी सांसारिक आदर्श के क्रमागत विकास की सर्वोत्कृष्ट श्रेणी-मात्र है। इससे यह भी सूचित होता है कि ऐहिक शरीरादि मायावी आडम्बरों से परिवृत जीवात्मा यदि सच्ची भक्तिपूर्वक परमात्मा से सायुज्य लाभ करना चाहे तो वह लोकयात्रा करते हुए भी रुक्मिणी की तरह अपने सर्वोत्कृष्ट आदर्श को प्राप्त कर सकता है। इस विषय में जीवात्मा के मुक्तिरूपी ध्येय का साधक ज्ञानाश्रित कर्मयोग से युक्त केवल भक्ति-मार्ग ही एक सरल उपाय है।

वेलि का आंतरिक स्वरूप और उसका दिव्य संदेश हम ऊपर बता चुके। अब उसके बाह्य अलंकरणों के विषय में कुछ परिचय देते हुए इस निबंध का उपसंहार करेंगे।

खंड-काव्य

शास्त्रानुमत महाकाव्य के प्रायः समस्त लक्षण विद्यमान होते हुए भी कुछ एक प्रधान गुणों की अविद्यमानता के कारण, खंड-काव्य कालिदास के 'मेघदूत' की तरह 'वेलि' एक खंड-काव्य कहा जा सकता है। 'सर्गबन्धांशरूपत्वाद्' (दण्डिन्) महाकाव्य का यह उपभेद कई एक रीति ग्रंथों में 'संघात-काव्य' नाम से भी कहा जाता है। विश्वनाथ कविराज ने खंड-काव्य की परिभाषा यों की है; 'खण्डकाव्यं भवेत् काव्यस्यैकदेशानुचारि च।' (सा. द.) अर्थात् खंड-काव्य महाकाव्य का एक आंशिक रूप है जो महाकाव्य की तरह अनेक सर्गों में विभक्त नहीं होता। बाकी सब गुणों में प्रायशः दोनों मिलते-जुलते हैं। महाकाव्य के लक्षणों का अन्वेषण करते हुए हमको आंशिक रूप में प्रायः सभी महाकाव्य के गुण इस खंड-काव्य में मिलते हैं।

"आशीर्नमस्क्रिया वस्तुनिर्देशो वापि तन्मुखम्" इस शास्त्र-रीति के अनुसार ग्रंथ की निर्विहन समाप्ति के हेतु कवि ने 'रघुवंश' की तरह, ग्रंथ के प्रथम छंद में नमस्कारात्मक मंगलाचरण किया है। कथानायक के स्वरूप के विषय में शास्त्रकारों का यह अनुशासन भी कवि ने सम्यक्तया पाला है यथा; "इतिहासकथोद्भूतमितरद्वा- सदाश्रयम्। चतुर्वर्गफलोपेंत चतुरोदात्तनायकम्" (दण्डिन्) इस शास्त्राज्ञा के अनुसार कवि ने 'इतिहासकथोद्भूत' एवं 'सदाश्रय'

श्रीमद्भागवतपुराण के कथानायक भगवान् श्रीकृष्ण जैसे चतुर धीरोदात्त नायक के पवित्र चरित्र का काव्यमय चित्रण करके काव्य-रसिकों के समक्ष 'वेलि' के रूप में धर्मार्थकाममोक्ष चतुर्वर्ग की प्राप्ति का एक सरल साधन उपस्थित कर दिया है। ग्रंथ के इस चतुर्वर्ग फलप्राप्ति के संबंध में हम ऊपर लिख आए हैं। आगे चल कर रीतिकार ने महाकाव्य के विविध अलंकरण भी गिनाए हैं जिनसे उसकी शोभा एवं मनोज्ञता बढ़ती है। यथा—

नगरार्णवशैलर्त्तुचन्द्रर्कोदयवर्णनैः।
उद्यानसलिलक्रीडामधुपानरतोत्सवैः।।
विप्रलम्भैर्विवाहैश्च कुमारोदयवर्णनैः।
मंत्रदूतप्रयाणाजिनायकाभ्युदपैरपि।।
अलंकृतमसंक्षिप्तं रसभावनिरन्तरम्।।

'वेलि' में हमको द्वारिका नगरी का बड़ा विशद और सुंदर वर्णन उपलब्ध होता है (देखो, 143 और आगे के छंद) पर्वतों का वर्णन वास्तविक तो नहीं, अपितु उपमानों के रूप में ग्रंथ के पृथक्-पृथक् स्थलों पर बहुतायत से मिलता है। षट्-ऋतुओं का अत्यंत रोचक वर्णन बड़े विस्तृत रूप में ग्रंथ के मध्य भाग को अलंकृत करता है। अर्कोदय के सुखद वर्णन की चर्चा हम आगे कर आए हैं। उद्यान, सलिल क्रीड़ा एवं मधुपान यत्र-तत्र वसन्त और ग्रीष्म ऋतुओं के वर्णनों में समायुक्त हैं और अपने-अपने स्थलों को स्वाभाविक सौंदर्य से सुशोभित करते हैं। विप्रलम्भ का एक बहुत ही संक्षिप्त और मृदुल परंतु मनोज्ञ और सुखद चित्र रुक्मिणी के विवाह के उपरांत प्रथम रात्रि-मिलन के पूर्व प्रदर्शित है, (दोहले 165) विवाह का विशद और स्वाभाविक वर्णन छंद 152-58 पर्यंत बड़े अनुभव के साथ कवि ने संपादित किया है। रतोत्सव के विषय में हम स्वयं कुछ न कह कर रसज्ञ पाठकों पर ही छोड़ते हैं। वे ग्रंथ के सर्वोत्तम भाग में उच्चकोटि का रति-वर्णन ही पाएँगे जिसका उल्लेख हम आगे कर आए हैं। कुमारोदय का वर्णन प्रद्युम्न के जन्म के रूप में ग्रंथ के उत्तर भाग में मिलेगा। 'मंत्रदूतप्रयाण' पर विचार करते हुए हमें रुक्मिणी का भेजा हुआ श्रीकृष्ण के प्रति ब्राह्मण संदेश-वाहक का स्मरण होता है। नायक का अभ्युदय प्रदर्शित करने के निमित्त उसकी युद्ध में (अजि) विजय प्राप्ति का प्रमाण भी पर्याप्त से अधिक रूप में हमें दोहले

113-37 पर्यंत मिलता है। "अलंकृतम्" के संबंध में इतना कहना पर्याप्त होगा कि वेलि के प्रत्येक छंद में शब्दालंकारों यथा-वयण-सगाई, यमक, अनुप्रास, श्लेषादि, और विविध अर्थालंकारों की चमत्कृति काव्य-मर्मज्ञों को मुग्ध करती है।

इस संबंध में हमको स्मरण रखना चाहिए कि उपर्युक्त सब लक्षण शास्त्रकारों ने मुख्यतः एक महाकाव्य के बताए हैं जो अन्य साधारण गुणों के अतिरिक्त निम्नांकित मुख्य गुणों से भी विभूषित होता है–

> **"सर्गबन्धो महाकाव्यम् ....**
> **सर्गैरनतिविस्तीर्णैः श्रव्यवृत्तसुसंधिभिः।**
> **सर्वत्र भिन्नवृत्तान्तैरुपेतं लोकरञ्जनम्।।"**

परंतु 'वेलि' महाकाव्य नहीं है, वरन् एक सर्गवाला खंडकाव्य है। महाकाव्य में अनेक सर्ग होते हैं जो उपयुक्त संधियों द्वारा अन्योन्याश्रित होते हुए भी स्वतंत्र होते हैं और "भिन्नवृत्तान्तोपेंत" होने के कारण उसके पृथक्-पृथक् सर्गो में भिन्न-भिन्न रसों की प्रधानता इतनी नहीं अखरती जितना कि एक खंड-काव्य में अनेक रसों का मिश्रण अथवा रससंकर अखरता है। शास्त्रकार ने युद्ध, विप्रलम्भादि वृत्तों के वर्णनों को शृंगारप्रधान महाकाव्य में सम्मिलित कर लेने की आज्ञा देकर रसविरोध की आशंका इस आधार पर नहीं की कि चतुर कवि महाकाव्य के वृहत् आकार एवं उसके सर्गो की व्याप्ति के अवकाश को पाकर काव्य के "रसभावनिरन्तरम्" गुण को नष्ट न होने देगा, परंतु 'वेलि' जैसे रतिभाव प्रधान खंड काव्य में एक ही सर्ग में विरोधी भाव यथा युद्ध, भयंकरता बीभत्सादि का समावेश कर देना रस के नैरंतर्य–उसकी एकरसता एवं रससौष्ठव को विक्षिप्त अवश्य करता है। अतः यदि किसी भी अंग में 'वेलि' के खंडकाव्य होने में दोष आता है तो वह छंद 113-138 पर्यंत, जिसका कारण रसविरोध दोष हो सकता है। 'वेलि' रूपी पूर्णचंद्र की अपूर्व यशयछटा में यह अंश कलंक-कालिमा की तरह है। और जब यह अपूर्णता प्रकृति के सभी पदार्थों में और आदिस्त्रष्टा की कृतियों में भी पाई जाती है तब तो महाराज पृथ्वीराज की मानवी अपूर्णता हमारे हृदय में उनकी श्रद्धा को बिल्कुल कम नहीं करती। अपूर्णता मानव-स्वभाव है।

डिंगल छंद और भाषा

हम ऊपर कह आए हैं कि 'वेलि' में प्रयुक्त भाषा साहित्यिक डिंगल भाषा है। लोग बहुधा डिंगल काव्य के नाम से ही घबरा से जाते हैं। कर्णकटुता, कठोरता एवं कांतगुणहीनता का दोष प्रायः इस भाषा पर आरोपित किया जाता है। हम उक्त निर्मूल अपवाद का परिहार नहीं करना चाहते। आंशिक रूप में यह दोष डिंगल-काव्य के सिर मढ़ा जाना स्वाभाविक ही है, क्योंकि अब तक साहित्य-रसिकों को डिंगल-साहित्य में सच्चे शृंगार-काव्य का दर्शन बहुत कम हो पाया है। डिंगल भाषा वीररस प्रधान काव्य के लिए विशेषतः उपयुक्त है; यह बात सत्य है, परंतु यह भाषा शृंगार-काव्य के लिए अनुपयुक्त है, यह कथन सत्य से सर्वथा शून्य है। और इसी बात के प्रमाण में हम पाठकों के सामने 'वेलि' जैसे डिंगल के सर्वोत्तम शृंगार ग्रंथ को रखते हुए यह विश्वास करते हैं कि इस ग्रंथ-रत्न के उच्चतम भाषा-सौंदर्य, शब्द-सौष्ठव, छंद-माधुर्य, विविध अलंकृति और अर्थगौरव से मुग्ध होकर सहृदय पाठक न केवल डिंगल-भाषा-संबंधी काठिन्य एवं श्रुतिकटुत्व के ही भावों को सदा के लिए विस्मृत कर देंगे, वरन् यह जान कर कि डिंगल में भी संस्कृत, परिमार्जित हिंदी अथवा अन्यान्य उन्नत प्रांतीय भाषाओं के समान समस्त काव्यगुणों को धारण करने की पूर्ण क्षमता है, अत्यंत संतुष्ट होंगे। इस विषय में टैसीटरी लिखते हैं–

"It is certain that had Prithi Raja chosen to compose his 'Veli' in emasculated Pingala he would have given us a very different composition, not superior in musicality; and considerably inferior in naivete."

अर्थात् "इसमें संदेह नहीं कि यदि महाराज पृथ्वीराज ने 'वेलि' को ओजविहीन पिंगल में लिखा होता, तो वे एक अत्यंत विभिन्न रचना कर पाते, जो कि संगीतमाधुर्य में वर्तमान ग्रंथ की अपेक्षा कदापि उत्तम न होती और स्वाभाविक सरलता में तो कमती रहती ही।"

डिंगल-भाषा एक स्वतंत्र एवं स्वतःस्थित भाषा है। वर्तमान कालीन हिंदी की तरह इसका भी वृहत् शब्दकोष, विशद व्याकरण एवं स्वाधीन छंद शास्त्र है। डिंगल-साहित्य का रीति-शास्त्र भी पृथक् है। अतएव डिंगल के

किसी साहित्यिक ग्रंथ की आलोचना करते हुए हमको डिंगल ही के रीति ग्रंथों एवं आचार्यों का आधार लेकर समीक्षा करनी उचित है।

वेलि का व्याकरण

'वेलि' जिस समय लिखी गई थी उस समय राजस्थानी का माध्यमिक काल आरंभ हो चुका था, परंतु की भाषा का ढाँचा प्राचीन राजस्थानी का ही है। माध्यमिक राजस्थानी की भी कतिपय विशेषताएँ वेलि में उपलब्ध होती हैं जिनमें से एक वर्तनी (Spelling) से संबंध रखती है। 'वेलि' की वर्त्तनी सर्वथा माध्यमिक राजस्थानी की सी है। 'वेलि' से लगभग 45 वर्ष पूर्व 'वीठू सूजो' नाम एक कवि ने "राउ जइतसी रउ छंद" नामक काव्य लिखा था जिसमें बीकोनेर-नरेश राव जैतसी के एक युद्‌ध का वर्णन है, परंतु इस काव्य की वर्त्तनी अधिकांश में प्राचीन राजस्थानी की सी है। "राउ जइतसी रउ छंद" यह नाम स्वयं पुरानी वर्तनी में है नवीन वर्तनी में यह "राव जैतसी रो छंद" यों लिख जाएगा।

'वेलि' बोलचाल की राजस्थानी में नहीं किंतु साहित्यिक राजस्थानी यानी डिंगल में लिखी गई है, परंतु यह होते हुए भी वेलि की भाषा बड़ी स्वाभाविक है और शब्दों की कपाल-क्रिया बहुत ही कम हुई है। वयणसगाई (देखो अन्यत्र इसी भूमिका में) आदि समस्त डिंगल-काव्य के नियमों का पूर्ण अनुसरण किया गया है। डिंगल में कवि लोग शब्दों को मन में आवे उस प्रकार तोड-मरोड़ सकते हैं और शायद ही कोई डिंगल कविता इस तोड़-मरोड़ से बची हो परंतु, महाराज पृथ्वीराज ने बिना बड़ी आवश्यकता के कहीं यह तोड़-मरोड़ नहीं की है। यहाँ पर 'वेलि' का संक्षिप्त व्याकरण दे देना पाठकों के लिए उपयोगी होगा।

अपभ्रंश की भाँति राजस्थानी में भी विभक्तियाँ बहुत कुछ घिस गई हैं और प्रायः सभी विभक्तियों में शब्द के एक से ही रूप बनते हैं। अपभ्रंशकाल में ही इस गड़बड़ झाले को दूर करने का प्रयत्न प्रारंभ हो गया था एवं नये तरीकों से (नये विभक्ति-चिह्नों आदि से) भिन्न-भिन्न विभक्तियों के संबंध सूचित किए जाने लगे थे। राजस्थानी में दोनों प्रकार के रूप मिलते हैं।

(1) विभक्ति, प्रत्यय

संख्या	कारक	प्रत्यय
1.	कर्त्ता	0, इ, (ए)
2.	कर्म	0, ए (2), ने (69)
3.	करण	0, इ (2), ए (81), ऐ (161), सूं (64, 103), करि (64), आँ
4.	सम्प्रदान	0, इ, ए, ने
5.	अपादान	0, हूं (61), हुँताँ (56), हुंती, हुँवां, हूंत (259), हूंतां (72), हूंती (63) हूँतो (61), प्रति (6)
6.	संबंध	0, रो (23,), को (272), चो (12) तण (132), तणो (7), तनि, आँ (5, 32), काँ (124)
7.	अधिकरण	0, इ (5,), ए (32), महि (52), परि, लगि (6), लगी (44), लगैं (56)

टिप्पणी–1. स्वर से आरंभ होने वाले प्रत्यय जोड़ने के पूर्व शब्द के अंतिम स्वर का प्रायः लोप कर देते हैं।

2. तणो, लगी, परि, प्रति आदि प्रत्यय कभी-कभी शब्द के पूर्व भी रख दिये जाते हैं, यथा–

हुवो सुदरसण तणो हरि (52)=हरि तणो सुदरसण हुवो;

देहि संदेस लगी दुआरिका (44)=दुआरिका लगी संदेस देहि।

3. संबंध कारक के प्रत्ययों में परस्थ शब्द के लिङ्ग वचन के अनुसार लिंग, वचन का परिवर्तन होता है, रो री रा; तणो तणी तणा।

4. करण व संबंध का "आँ" प्रत्यय केवल बहुवचनवाची शब्द के आगे आता है।

5. कर्ता का 'ई' प्रत्यय केवल अकारान्त शब्द में लगता है।

6. बहुवचन में अकारांत शब्द के आगे प्रत्यय लगाने के पूर्व अंकित अ का आं प्रायः हो जाता है।

7. ओकारांत शब्द बहुवचन में अकारान्त हो जाता है।

8. हिंदी के अकारांत शब्द (राजा गण को छोड़कर) राजस्थानी में ओकारांत हो जाते हैं।

9. इकारान्त व ईकारान्त शब्द के आगे बहुवचन में याँ या इयाँ जोड़ देते हैं और अंकित स्वर को ह्रस्व कर देते हैं।

10. उकारांत व ऊकारांत शब्दों का बहुवचन बनाते समय उनके आगे वाँ या था जोड़ देते हैं।

11. कहीं-कहीं नपुंसकलिंगरूप भी आये हैं। यद्यपि राजस्थानी में नपुंसकलिङ्ग एवं पुंलिंग में कोई भेद नहीं है। यह नपुंसकलिंग गुजराती में अब भी है। यथा घणूं किसूं तणूं।

12. साधारणतः संज्ञा शब्दों को बहुवचन बनाने के लिए एकारांत रूप दे देते हैं। यथा–संन्यासिए, तापसिए, खेतिए।

13. हिंदी और संस्कृत शब्दों के बीच में आने वाले रेफ को स्थानांतरित करके शब्द को विकृत करने का भी साधारण नियम है। यथा–क्रम=कर्म; प्रव=पर्व

14. जिन शब्दों में रेफ न हो उनमें रेफ का आगम भी किया जाता है। यथा–द्रविडत, भ्रख (भख)।

(2) सर्वनाम

1. हूँ=मैं
   कर्त्ता–हूँ
   कर्म–मूँ, हूँ, मूझ, अह्म
   संबंध–मूझ, माहरो, मो, मू, अम्होणी
   अधिकरण–अह्याँ

2. तू=तू
   कर्त्ता–तूँ, तुम्ह, तुम्हाँ
   कर्म–तुम्ह, तुम्हाँ
   करण–तुम्हाँसूँ
   संबंध–तूझ, ताहरो, तुम्हीणो, तूँ तणो
   अधिकरण–राजि लगै
   टिप्पणी–'आप' के अर्थ में 'राज' शब्द प्रयुक्त होता है,

3. जो = जो

कर्त्ता–जु, जो, जोइ, जेहि, जिणि, जेणि

कर्म–जेहि

करण–जो, जेणि

संबंध–जसु, जासु

4. सो = सो (वह)

कर्त्ता–सो, सु, ते, ताई, तिणि

कर्म–ताइ, तिहि

करण–तिणि

संबंध–तसु, तासु, ताइ, तिणितणी

अधिकरण–तेणि

5. कुण = कौन

कर्त्ता–को, कवण, केइ, किणि, किणै

कर्म–किणि, किणै

6. ओ = यह

कर्त्ता–ओ, आ (स्त्री) अै–(Oblique form)

7. अन्य सर्वनाम–

अनि = अन्य

किसो = कौन-सा

केहवो = कैसा

एक = एक

बिहुँ = दोनों

सहु = सब, सभी

(3) अव्यय

जई = यदि, जब। तई = तब। पुणि = फिर। वळी, = फिर। पुनह-पुनह = फिर-फिर। किरि = मानो। परि = ज्यों, समान। इहाँ = यहाँ। कुत्र = कहाँ। जाणे, जाणि = मानो। अने, ने = और। किम, केम = कैसे। काज = लिए। किसूं = कैसे। तिणि = इसलिए। नेड़ो = पास। साम्हा = सामने (त्रिलिंगी)।

तिम = तैसे, त्यौं। नहु = नहीं। म = मत। लगि, लगी, लगै = तक, में। तदि = तब। इ = ही।

(4) क्रिया

1. अकर्मक क्रिया

बाधणो = बढ़ना

वर्तमान

	एकवचन	बहुवचन
प्र. पु.	बाधै, बाधई, बाधति, बाधंति, बाधंत, बाधि	बाधै, बाधंति, बाधंत
म. पु.	बाधसि	बाधौ
उ. पु.	बाधूं	(बाधाँ)

विधि व आज्ञा

	एकवचन	बहुवचन
प्र. पु.	बाधै, बाधौ	बाधै, बाधौ
म. पु.	बाध, बाधि	बाधौ
उ. पु.	(बाधू)	

भविष्यत्काल

	एकवचन	बहुवचन
प्र. पु.	बाधिसी, बाधिइ, बाधिसै, बाधिस्यै,	बाधिसी इत्यादि
म. पु.	बाधिसी, बाधिइ, बाधिसै, बाधिस्यै,	बाधिस्यो, बाधिसो, बाधिहो
उ. पु.	बाधिसौं, बाधिस्यौं, बाधिहौं, बाधिसि	बाधिसै

टिप्पणी–भविष्यार्थ में वर्तमानकाल के रूप भी आए हैं।

सुदूर विधि

म. पु.	बाधिजे

कर्मवाच्य

वर्तमान

प्र. पु.	मण्डिजै
म. पु.	मण्डिजसि

भूतकाल

एकवचन	बहुवचन	स्त्रीलिंग
बाधियो	बाधिया	बाधी
बाधो	बाधा	बाधई
बाध्यो	बाध्या	
बाधि	बाधिअे	

2—सर्कमक क्रिया

मूकणो = छोड़ना

वर्तमान

प्र. पु.	मूकै, मूकइ, मूकति, मूकंति, मूकंत	मूकै, इत्यादि
म. पु.	मूकै, मूकइ, मूक,	मूकौ
उ. पु.	मूकूँ	(मूकाँ)

आज्ञा

म. पु.	मूक, मूकि, मूकहि	मूकौ

विधि

प्र. पु.	मूकै	मूकौ
म. पु.	मूकै	मूकौ

भविष्य

प्र. पु.	मूकिसी, मूकिस्यै	
म. पु.		मूकिस्यौ,
उ. पु.	मूकिसि, मूकिस्यौं	मूकिस्यां, मूकेस्यां, मूकस्यां

(क्रिया कर्म के अनुसार) भूतकाल

मूक्यौ, मूकियो	मूकिया, मूक्या	मूकी,
	मूकिए, मूके	मूकवी,
	मूकए, मूकव्या	मूकई

सुदूरविधि

मूकियै, मूकिजे	मूकियौ, मूकिजौ

कर्मवाच्य

मूकिजै
मूकीजै

टिप्पणी—1. कहीं कहीं सकर्मक क्रियाएँ भी अकर्मक की भाँति प्रयुक्त हुई हैं। देखें दोहला 63।

2. 'करणो' का भूतकाल कीध, देणो का दीध, लेणों का लीध भी होता है।

3. 'फहरावणो' का भूत स्त्रीलिंग = फहराणी।

4. 'ऊपणो' का भूतकाल = ऊपनो।

5. संजीवणी का भूतकाल स्त्रीलिंग = संजोई।

3—'होना' क्रिया के विशेष रूप

वर्तमान—म. पु.	हुइ = तू होता है
विधि—प्र. पु.	हुवै = हो
आज्ञा—प्र. पु.	हुई—हों
भूतकाल—प्र. पु.	हुओ, हूवौ-ओ, थ्यो, थयो, थियो, थई (स्त्री.) हूँतौ (था)

अकर्मक से सकर्मक

अ.	स.
मंडणो	मांडणो (रूप मांडिजै, मंडिजै=रचा जाता है)

(5) प्रत्यय

1. शतृ (हिंदी ता)=न्त, तो, त, वतो, न्तो जपन्त=जपता हुआ
   जपतो=जपता हुआ
   जपत=जपता हुआ
   चिन्तवती=चिंता करती हुई
   गुडन्तो=गिरता हुआ
2. तुं (हिंदी को)=इवा या इबा, यथा—कहिवा एवा या एबा
   यथा—कहेवा-कहेबा, अण—कहण
3. त्तवा (हिंदी करके)=
   इ यथा—करि, कहि=कह करके
   ई यथा—कही=कहकर
   ए यथा—वहे=चलकर आनि यथा—सोखावि=सिखा कर
   अणि यथा—

वेलियो गीत

'वेलि' में प्रयुक्त छंद, ग्रंथ के नाम से मिलता-जुलता वेलिया गीत है। डिंगल कविता में साधारणतया प्रयुक्त अनेकानेक मात्रिक छंदों की जाति में से 'छोटीसैणोर' नामक जाति विशेष के चार उपभेदों में से 'वेलियो गीत' भी एक है। कविवर मनसाराम, 'मंछ' कवि-कृत डिंगल-काव्य के रीतिग्रंथ 'रघुनाथदीपक' में इसका लक्षण इस प्रकार वर्णित है—

चार भेद तिण रा चवै, कवियण बड़ औकूब।
समझ वेलियो1, सौदृणो2, पुड्द3, जाँगड़ौ4, षूव5।।

आगे चलकर वेलियो गीत का स्वरूप इस प्रकार वर्णित है—

सोलै कला विषम पद साजै, समपद पनरै कला समाजै।
धुर अठार मोहरा गुरु लघु धर, कहजै 'मंछ' वेलियो इम कर।।

अर्थात् विषम चरणों (अर्थात् 1-3) की 16 मात्राएँ होती हैं और सम चरणों की (अर्थात् 2-4 की) क्रमशः 15 मात्राएँ होती हैं। यह तो एक साधारण लक्षण है परंतु पहले चरण अर्थात् दुवाले के प्रथम चरण (धुर) की विशेषता कहीं-कहीं इस बात में देखी जाती है कि वह 18 मात्राओं का होता है और उसके माहेरे की तुक के अंत में गुरु लघु ऽ होता है। पिंगलशास्त्र के अनुसार इसको अर्द्धसममात्रिक छंद कहना चाहिए।

यही लक्षण और स्पष्ट शब्दों में डिंगल-कोश के रचयिता कविवर सुरारिदानजी ने इस छंद के संबंध में कहे हैं यथा–

अठ्ठारह कल आदतुक, दूजी पनरद्द पेख।
तीजी तुक सोलातणी, पनरह चौथी पेख।।
दूजां दोहां सूँ दुरस, सहक्रम जाण सुजाण।
सोलह पनरद्द कलस कल, एम वेलियो आण।।
मुहरावाली तुक यही, मुहरा माँहि मुणन्त।
वर्णे गीत इम वेलियो, आदगुरु लघु अंत।।

यह तो डिंगल छंदशास्त्र का वेलियो गीत के संबंध में साधारण नियम हुआ जिसका जानना 'वेलि' के पाठकों के लिए अत्यंत आवश्यक है और जिसका पालन महाराज पृथ्वीराज ने साधारणतया अपने ग्रंथ में किया है। परंतु वेलि के सब छंदों की सूक्ष्म छानबीन करने पर ज्ञात होगा कि कवि ने इस शास्त्ररीति के जटिलबन्धन को कई स्थानों पर भंग किया है। पर केवल इसी एक आधार पर हमें उनको नियमभंग अथवा छंदभंग का दोष नहीं लगा देना चाहिए। कारण, अर्द्धसममात्रिक छंदों में एक तो पहले से ही चरण की मात्राओं के विषय में कवि को स्वतंत्रता रहती है अर्थात् यह आवश्यक नहीं है कि सब चरण बराबर मात्राओं के हों, दूसरे इस छंद की शास्त्रनिर्दिष्ट विशेषता इस बात में है कि पहला चरण 18 मात्रा का और तीसरा 16 मात्रा का होना चाहिए और इस नियम बंधन को कवि ने तोड़ा ही नहीं। रही बात समचरणों की। उनमें कवि ने साधारणतया तो शास्त्ररीति का ही अनुगमन कर 15 मात्राओं का उपयोग किया है परंतु विशेष-विशेष स्थलों पर, चाहे छंद की संगीत-गति की रक्षा के निमित्त किया माधुर्य-वृद्धि के हेतु अथवा अन्य किसी अलक्षित कारणवश 13-14-15

मात्राओं का भी उपयोग किया है। ऐसा करते हुए भी उन्होंने दूसरी और चतुर्थ पंक्ति की सममात्रिकता का कहीं भी ह्रास नहीं होने दिया है और साथ ही आत्मकल्पित किसी नियम के साथ इस स्वच्छंदता का उपयोग किया है, जो यह है—ऊपर कहे हुए रीतिग्रंथों में तो "मुहरावाली तुक मही ....आद-गुरुलघु अंत" कह कर, दूसरे, चौथे चरणों के क्रमशः 15 मात्राओं वाले पदों के अंत में गुरु लघु ऽ का प्रयोग करने का अनुशासन मात्र दिया गया है। परंतु कवि ने, इसके अतिरिक्त, जब दूसरा, चौथा चरण क्रमशः लघु लघु ।। से अंत होता है, तो केवल 13 मात्राओं का नियमतः उपयोग किया है और जब लघुगुरुऽ से अंत होता हो तो 14 मात्राओं का उपयोग किया है। अन्यत्र सब जगह 15 मात्राओं का अलंकार साधारणतया उपयोग किया गया है।

छंदशास्त्र की तरह डिंगल का अलंकारशास्त्र भी पृथक् है। हिंदी, संस्कृत की तरह उसके भी शब्दालंकार और अर्थालंकार दो मुख्य भेद हैं। यों तो हिंदी और संस्कृत-साहित्य के रीतिग्रंथों में जो जो अलंकार साधारणतः मिलते हैं उनका डिंगल में भी उपयोग होता देखा गया है परंतु कहीं-कहीं नामों का भेद अवश्य है। साथ ही डिंगल-साहित्य का हिंदी और संस्कृत-साहित्य से सर्वथा स्वतंत्र विकास होने के कारण कई विशेषताएँ इसके अलंकारों में अनोखी पाई जाती हैं। इस विषय में परिश्रमशील पाठक हिंदी और संस्कृत के रीतिग्रंथों के साथ डिंगलकोश, रघुनाथदीपक इत्यादि डिंगल रीतिग्रंथों का तुलनात्मक अनुशीलन करके विशेष लाभ उठा सकते हैं। हम यहाँ केवल 'वेलि' में साधारणतया प्रयुक्त कुछेक वयणसगाई विशेष अलंकारों का दिग्दर्शन कराना पर्याप्त एवं युक्तिसंगत समझते हैं।

शब्दालङ्कारों में डिंगलकाव्य का एक प्रमुख अलङ्कार वयण-सगाई के नाम से प्रसिद्ध है जिसका डिंगल कविता में सर्वत्र उपयोग किया जाता है। हिंदी में इसे आद्यानुप्रास कह सकते हैं। परंतु इतना कहने मात्र से इसका स्वरूप व्यक्त नहीं हो जाता। शब्दार्थ तो इसका 'वर्णों' की सगाई अथवा 'संबंध-स्थापन' होता है और बहुत अंश में यही इस अलंकार की परिभाषा भी समझनी चाहिए। वेलि में इस प्रकार की वयण-सगाई प्रायः प्रत्येक छंद के प्रत्येक चरण अथवा पाद में पाई जाती है परंतु इसकी व्याप्ति की भी

कुछ सीमा है और अपवाद (Exception) का भी इसमें अवकाश होता है। रघुनाथरूपक में इसका लक्षण इस प्रकार वर्णित है–

आवै इण भाषा अमल वैण सगाई वेष।
दुग्ध अगण वद दुगुण रो लागत नहिं लवलेश।।

वयण-सगाई के प्रयोग से काव्य का महत्त्व–

वयण सगाई वेश, मिल्यां साँच दोषण मिटै।
किणयक समै कवेश, थपियो सगपण ऊथपै।।

दृष्टांत–

खून कियां जाणै खलक, हाड वैर जो होय।
वयण सगाई बरणतो, कलपत रहे न कोय।।

वर्णों का पारस्परिक संबंध-निरूपण करते हुए लिखा है–

आ, ई, ऊ, ए, अ, य, व, इम, जड़, बव, यफ, नण, जाण।
तट, घढ़, दड़, चछ, गध तवौ, ऐ आखर कवि आण।।
इण अखरोटाँ आद दै, अवर अखर सुभियाण।
आद जिकोही अंत मैं, जो ही अधिक सुजाण।।

अर्थात् ऊपर की दो पंक्तियों में वर्णित अक्षर-द्वंदों में वयण-सगाई के नियमानुसार अभेद माना जाना चाहिए यथा "रलयोर-भेदात्"। आगे चल कर अक्षरों के धरने की विधि इस प्रकार बताई गयी है–

वरण मित्त जू धरण विध, कवियण तीन कहेत।
आद अधिक, सममध अवर, न्यून अंक सो अंत।।

अर्थ स्पष्ट है–

साधारणतया पृथ्वीराज ने वयण-सगाई का प्रयोग 'वेलि' में शास्त्र नियमानुसार ही किया है परंतु कई एक स्थलों पर नियम की जटिलता तोड़ कर स्वच्छंदता का भी परिचय दिया है। ऐसे नियम प्रतिकूल स्थलों पर भी हमको अनिवार्य रूप से वयण-सगाई का प्रयोग मिलता है परंतु विशेषता इस बात की होती है कि जैसा कि साधारण नियम है, चरण के प्रथम शब्द के प्रथम अक्षर में और चरण के अंतिम शब्द के प्रथम अक्षर में संघटित न होकर वयण-सगाई कहीं-कहीं चरण के प्रथम शब्द के प्रथम अक्षर में अथवा मध्य अक्षर में भी संगठित होती है। विकल्प

करके कवि ने 'वेलि' में कई स्थलों पर वयण-सगाई का भिन्न-भिन्न रूप इस प्रकार दिखाया है–

1. **अन्तरङ्गवयण-सगाई का प्रयोग**–चरण को दो पृथक् विभागों में विभक्त कर साधारण नियम के अनुसार दो वयण-सगाई उपस्थित करना, जिससे यह चमत्कार प्रतीत हो मानो चरण एक नहीं दो है।

दृष्टांत–

(क) **स्त्रीपति कुण सुमति, तूझ गुण जु लवति।**

छंद 6 प्रथम चरण।

(ख) **सैसव तनि सुखपति, जोवण न जाग्रति।**

छंद 15 प्रथम चरण।

इसी प्रकार छंद 20 के दूसरे चरण, छंद 49 के प्रथम चरण, छंद 62 के प्रथम चरण, छंद 81 के प्रथम चरण, छंद 90 के प्रथम चरण, छंद 93 के प्रथम चरण तथा छंद 186 के दूसरे चरण में अंतरंग दो-दो वयण-सगाई संघटित होती हैं।

2. चरण के प्रथम शब्द के प्रथम वर्ण का उसी चरण के अंतिम शब्द के आदि मध्य अथवा अन्तवर्त्ती किसी भी अक्षर के साथ शब्दानुप्रास सङ्घटित हो जाने से भी वयण-सगाई सुरक्षित रह सकती है। यह डिंगलराति के नियमानुसार तो नहीं, वरन् कवि द्वारा मानित परिपाटी है। यथा–

"ग्रिह ग्रिह प्रति भीँति सुगारि हींडीलू।"

वे. छंद 39 प्रथम चरण।

इस चरण में वयण-सगाई अंतिम शब्द के मध्यवर्त्ती वर्ण 'ग' से संघटित हुई है। इसी प्रकार अन्य दृष्टांतों के लिए छंद 40, 67, 107, 108, 109, 118, 119, 144, 161, 171, 174, 176, 178, 179, 188, 192, 194, 198, 208, 209, 216, 222, 247, 245, 264, 265, 288, 305 में देखो।

3. डिंगल भाषा में संज्ञा का कारक चिह्न (Case inflection) संस्कृत, बंगला इत्यादि अन्य संयोगात्मक (Synthetic) भाषाओं की तरह, संज्ञा से भिन्न होते हुए भी वयण-सगाई की दृष्टि से उसका अभिन्न भाग ही गिना जाता है। अतएव, यदि चरण के अंतिम शब्द के स्थान पर कोई कारक चिह्न अथवा उपसर्ग हो यथा, 'किरि', वो, लगि, ची, सूँ, परि, तणाँ इत्यादि तो वह

पूर्वगत संज्ञा शब्द का अभिन्न भाग ही गिना जाता है और वयण-सगाई उस संज्ञा शब्द के प्रथम अक्षर के साथ संघटित होती है। यथा–

अम्ब जात्र अम्बिका तणी।

वे. छंद 79 चतुर्थ पंक्ति।

यहाँ पर 'तणी' पृथक् शब्द नहीं गिना गया है वरन् 'अम्बिकातणी' समस्त पद गिना गया है अतएव, इस चरण का प्रथम शब्द 'अम्ब' और अंतिम शब्द 'अम्बिकातणी' है जिनमें यथानियम वयण-सगाई संघटित है। इसी प्रकार छंद 82, 108, 148 तथा 192 में देखो।

4. यदि कोई चरण क्रियाविशेषण अव्यय, संबंधबोधक, समुच्चयबोधक अव्यय अथवा अन्य किसी अव्यय या उपसर्ग अथवा कारक चिह्न से प्रारंभ हो तो वह अव्यय, अथवा उपसर्ग अथवा कारक चिह्न चरण का प्रथम शब्द न गिना जाकर, वह संज्ञा जिसका वह सहायक है अथवा अंगीभूत भाग है, प्रथम शब्द मानी जाती है और इस संज्ञा के प्रथम अक्षर की वयण-सगाई नियमानुसार चरण के अंतिम शब्द के प्रथम अक्षर के साथ संघटित होती है। यथा–

किरि वैकुण्ठ अयोध्यावासी।

वे. छंद 106 तीसरी पंक्ति।

यहाँ 'किरि' अव्यय 'वैकुण्ठ' संज्ञा से संबंध रखता है अतएव 'वैकुण्ठ' शब्द प्रथम माना जाकर उसकी वयण-सगाई, विकल्प (2) के अनुसार अयोध्यावासी के 'वासी' के साथ संघटित हुई है। इसी प्रकार–

(क) **किरि नीपायौ तदि नीकुटीए।**

वे. छंद 110 तीसरा चरण।

(ख) **तिणि आप ही करायौ आदर।**

वे. छंद 168 तीसरा चरण।

(ग) **जिम सिणगार अकीधै सोहति।**

वे. छंद 228 तीसरा चरण।

(घ) **करि परिवार सकल पहिरायौ।**

वे. छंद 237 तीसरा चरण।

5. कहीं-कहीं चरण के प्रथम शब्द के प्रथम अक्षर की वयण-सगाई उस चरण के अंतिम शब्द के अंतिम अक्षर से बनती है। यथा–

(क) **नीगसयै परि कमलि़नी।**

वे. छंद 174 अंतिम चरण।

(ख) **त्रीवदनि पीतता चिति व्याकुलता।**

वे. छंद 176 प्रथम चरण।

(ग) **कस छूटी छुद्रघण्टिका।**

वे. छंद 178 अंतिम चरण।

(घ) **तरु लता पल्लवित त्रिणे अङ्कुरित।**

वे. छंद 198 प्रथम चरण।

इसी प्रकार छंद 199 तीसरी पंक्ति, छंद 208 दूसरी पंक्ति, छंद 221 तीसरी पंक्ति में भी।

6. कहीं-कहीं चरणों में वयण-सगाई न होने पर भी उसका अभाव इसलिए नहीं अखरता कि उस छंद में अथवा चरण में कवि ने पर्याप्त रूप में अनुप्रास का अन्य रीति से उपयोग करके वयण-सगाई को अनुपेक्षणीय समझ लिया है। यथा–

(क) **निवै सहस नीसाण न सुणिजै।**

वे. छंद 115 तीसरी पंक्ति।

(ख) **दस मास समा पति गरभदीघ रति।**

वे. छंद 229 प्रथम पंक्ति।

(ग) **अङ्गणि जल तिरप उरप अलि पीयति।**

वे. छंद 246 प्रथम पंक्ति।

(घ) **दम्यक कन्दरप काम कुसुमायुध।**

वे. छंद 274 प्रथम पंक्ति।

इसी प्रकार छंद 287 दूसरी पंक्ति, छंद 294 अंतिम पंक्ति को देखो।

यह निश्चित बात है कि वयणसगाई के उपयोग से काव्य का भाषा-संबंधी बाह्य सौंदर्य बढ़ जाता है। परंतु काव्य की अंतरात्मा अर्थात् अर्थ के दूषित हो जाने पर वयण-सगाई भी उस दोष का परिहार नहीं कर सकती, क्योंकि काव्य का वास्तविक लक्षण है "रसात्मकं वाक्यं काव्यम्" काव्य की आत्मा

को बाह्याडंबरों के अलंकरणों की आवश्यकता नहीं होती। मम्मट ने तो "अनलङ्कृतीः पुनः क्वापि" कह कर इस भाव को स्पष्ट ही कर दिया है।

अब प्रश्न यह उत्पन्न होता है कि वे कौन से दूषण हैं जो–

"किणयक समै कवेश थपियो सगपण ऊथपै"। 'मंछ'

प्रसंगवश हम यहाँ पर संक्षेप में उनका नामोल्लेख-मात्र करना पर्याप्त समझते हैं। विस्तारभय से वेलिग्रंथानुगत अर्थ-संबंधी दोषों पर डिंगल रीतिशास्त्र के अन्वेषक की दृष्टि से पर्यालोचन करने का सूक्ष्म काम हम इस विषय के रसिक विद्यार्थियों के लिए छोड़ देते हैं–

अथ काव्यदोषा–

रुळै उकत को रूप अंध1 सो नाम उचारै,
कहै वलै छवकाल2 विरुद्ध भाषा विस्तारै।
हीणदोष3 सो हुवै जात पित मुदो न जाहर,
निनङ्ग4 जेणनें निरष विकल बरणन बिन ठौरे।।
पांगलो5 छन्द भाषै प्रकट बद घट कळा बखाणजै,
विच अवर अवर द्वालौ वणै, जातविरुध6 सो जाणजै।
अपस7 अमूझयौ अरथ शब्द पिण विण हित साजै,
नालछेद8 जिण नाम जथा हीणौं गुण साजै।।
कहै दोष पषतूट9 जोड़ पतली अर जालम,
बहरो10 सो शुभ वयण मुडै, अणशुभ ह्वै मालम।
मरुभूम पाठ पिंगल मतां साहित वैदक सारनै,
कहै मंछ भलां रूपकरो ऐदश दोष निवारनै।।

अर्थात्–1. जहाँ उक्त विषय का निर्बाध निर्वाह न हो सके एवं किसी चरण में उक्त विषय 'सम्मुख' एवं दूसरे में 'पराङ्मुख' हों उसे काव्य में 'अंध' दोष कहते हैं। दण्डिन् के अनुसार हम इसे 'व्यर्थ' दोष की संज्ञा प्रदान कर सकते हैं। देखो काव्यादर्श परिच्छेद 4 श्लोक 8।

2. विरुद्ध भाषाओं अथवा विभिन्न भाषाओं के मिलान को–यथा, व्रजभाषा, खड़ी-बोली, पारसी अथवा अन्य किसी भाषा को डिंगल से मिला देने को–'छवकाल' दोष कहते हैं। इसके पर्याय में दण्डिन् का "देशकाल कला, न्याय, आगम" विरोधी दोष है। देखो काव्या. परि. 4।43-45-60।

3. जिससे अर्थ का अनर्थ हो सकने की संभावना हो अर्थात् अर्थ शब्दों से स्पष्टतया व्यक्त न हो सके। जैसे राम के वर्णन में यदि उनकी जाति, पिता, वर्ण इत्यादि का स्पष्ट उल्लेख न हो तो रामचन्द्र, परशुराम, बलराम इत्यादि का भ्रम हो सकता है। ऐसे भ्रामक स्थलों पर हीन दोष मानना चाहिए। दण्डिन् का 'ससंशयम्' दोष इसका पर्यायवाची है।

4. बिना ठिकाने का का अट्टमसट्टम, किसी स्वाभाविक क्रम के विरुद्ध वर्णन को निनंग दोष समझना चाहिए। यथा—काव्यादर्श में 'अपक्रम' दोष।

5. छंद की शास्त्र-नियत मात्राओं से बढ़ती-घटती मात्राएँ यदि भिन्न-भिन्न चरणों में पाई जाएँ तो वह 'पाँगलो' दोष कहलाता है। इसे दण्डिन् की परिभाषा में 'भिन्नवृत्तम्' का सर्वतोघृणित दोष समझना चाहिए।

6. किसी छंद में प्रथम चरण तो किसी जाति के छंद का हो, दूसरा अन्य किसी जाति के छंद का हो और इसी प्रकार तीसरे-चौथे चरणों में हो तो ऐसे छंदों के शङ्कर को 'जात विरुद्‌ध' दोष कहते हैं। यह दोष भी दण्डिन् की भिन्नवृत्तम् की व्याप्त परिभाषा में आ जाता है।

7. अर्थ को घुमा-फिरा कर चक्कर में डाल देना—सीधी तरह से न कह कर क्लिष्ट रूप में कहना—इसे 'अपस' दोष कहेंगे। यथा, विष्णु के लिए सीधे ही 'लक्ष्मीपति' न कह कर, नदीपति (समुद्र) तासु सुता (लक्ष्मी) तासु भगवान् (विष्णु) कहना। यथा, दण्डिन् का 'अपार्थ' दोष।

8. अनभिजात छंद-संकर के दोष को नाल छेद कहते हैं। यह दोष भी जाति विरुद्‌ध दोष से कुछ मिलता-जुलता है। यथा—छंद के चार दुवालों (चरणों) से दो में तो किसी शास्त्रानुमत छंद का रूप बने, परंतु बाकी दो छंद संकर हो जायें तो यह दोष है।

9. जहाँ छंद के प्रथम दो चरणों में कच्ची जोड़ और दूसरे दो में पक्की जोड़ हो, वहाँ पषतूट दोष गिना जाता है। कच्ची जोड़ उसे कहते हैं जिसमें कठ अर्थात् अनुप्रास नहीं आता है और पक्की जोड़ में शब्दानुप्रास रहता है। यथा—

कच्ची जोड़—**"तीर शेलां छुरां झींक तरवारियाँ"**

।।अनुप्रासहीन।।

पक्की जोड़—**"तहक नीषाण गिरवाण हरण तन"**

।।अनुप्रासयुक्त।।

10. जिसमें शब्द योजना ऐसी बेढंगी हो कि शब्दों का दुतरफ़ा अर्थ निकलकर भ्रम पैदा हो जाता है यथा—

"जीत लीधी जर्मीं कठैं थी जेणरी।
पराजै हुई नहै फतह पाई।।"

यहाँ पर "पराजय नहीं हुई, वरन् फतह पाई" यह वास्तविक अर्थ है। परंतु शब्दयोजना ऐसी बेढ़ंगी है कि, "पराजय हुई, फतह नहीं पाई" यह उलटा अर्थ भी निकलता है।

उपसंहार

संभव है यह भूमिका विस्तृत रूप धारण कर लेने के कारण पाठकों को अनावश्यक और अरुचिकर मालूम होने लगे। साधारण स्थिति में हम भी इसे इतना विस्तृत करने का वृथा प्रयास न करते। परंतु जब हमें ज्ञात है कि हिंदी-संसार में महाराज पृथ्वीराज के काव्य को लोकप्रिय बनाने के लिए काव्य-रसिकों को कुछ ऐसी विशेष बातें अथवा समस्याओं को जानने की अत्यंत आवश्यकता होगी कि जो हिंदी भाषा के लिए बिलकुल नवीन समस्याएँ हैं तब हमने साहित्य-हित की प्रेरणा से यह प्रयास प्रारंभ किया। अब तक हिंदी-प्रेमियों को महाराज पृथ्वीराज के विषय में बहुत कम जानकारी थी। वे साधारण श्रेणी के कवि गिने जाते थे। उनकी काव्य-प्रतिभा का चमत्कार कुछ एक गिने-चुने प्रशस्तिगीत तथा छप्पय, दोहे इत्यादि तक सीमित था। इस भूमिका के आशय से सूचित होगा कि महाराज पृथ्वीराज ने संबद्ध-साहित्य (Sustained literature) एवं काव्य रचना के क्षेत्र में भी पर्याप्त सफलता प्राप्त की थी। महाराज पृथ्वीराज का काव्य-चमत्कार किस श्रेणी का है, हिंदी-साहित्य में उनका कौन-सा वास्तविक स्थान है, उनकी प्रतिभा का केंद्र कितना विस्तृत है इत्यादि विषयों पर यथाशक्ति प्रकाश डाल कर हिंदी-काव्य-रसिकों की इस कवि के संबंध में जानकारी बढ़ाना एवं उनका मनोरंजन करना इस विनम्र निवेदन का लक्ष्य है। आशा है, काव्य-रसिक पाठक इस सेवा को स्वीकार कर हमें कृतज्ञ करेंगे।

महाराज पृथ्वीराज के संबंध में किया हुआ हमारा यह तुच्छ प्रयास यदि आंशिक परिमाण में भी हिंदी-साहित्यज्ञों के लिए रोचक सिद्ध हुआ अथवा उक्त कवि के विषय में उनको ज्ञान-संवृद्धि का कारण हो सका, तो हम अपने आपको कृतकृत्य समझेंगे।

प्रो. त्रिभुवनाथ शुक्ल

नवरात्रि
6/3/2019

अथ वेलि

अथ वेलि

क्रिसन रुकमणी री
राठौड़राज प्रिथीराज री कही।

परमेसर प्रणवि, प्रणवि सरसति, पुणि
सदगुरु प्रणवि, त्रिण्हे तत-सार।
मंगळ-रूप गाइजै माहव
चार सु ए ही मंगळलचार।।1।।

(परमेसर प्रणवि) परमेश्वर को प्रणाम करके (पुणि सरसति प्रणवि) फिर सरस्वती को प्रणाम करके (सदगुरु प्रणवि) और श्रेष्ठ गुरुदेव को प्रणाम करके (त्रिण्हे ततसार) क्योंकि ये ही तीनों सारतत्त्व हैं, (मङ्गल़रूप माहव गाइजै) मंगलरूप भगवान् श्रीकृष्ण का गुणानुवाद गाया जाता है। (ए ही चार सु मंगळचार) ये ही चार प्रकार के श्रेष्ठ मंगलाचरण हैं।।1।।

आरंभ मैं कियो जेणि उपायौ
गावण गुणनिधि हूँ निगुण।
किरि कठचीत्र पूतळी निज करि
चीत्रारै लागी चित्रण।।2।।

(जिणि उपायौ) जिसने उत्पन्न किया, (गुणनिधि गावण मैं आरंभ कियौ) उस गुणनिधि के गुणों का गान मैंने आरंभ किया है, (हूँ निगुण) यद्यपि मैं गुणहीन हूँ। (किरि) जैसे (कठचीत्र पूतल़ी), काठ में चित्रित की हुई पुतली (प्रतिमा) (चीत्रारै निज करि चित्रण लागी) अपने चित्रकार को ही अपने (गुणहीन) हाथों से चित्रित करने लगी हो।।2।।

कमळापति तणी कहेवा कीरति
आदर करे जु आदरी।
जाणे वाद माँडियौ जीपण
वागहीण वागेसरी।।3।।

(कमला़पति तणी कीरति) लक्ष्मीपति (श्रीकृष्ण) की कीर्ति को (आदर करे कहेवा जु आदरो) आदर सहित कहना जो मैंने अंगीकार किया है, (जाणे) (वह) मानो (वागहीण वागेसरी जीपण वाद माँडियौ) वाक्‌हीन (मूक पुरुष) ने, वाणी की अधिष्ठातृ देवी (सरस्वती) से, जीतने के लिए (हठपूर्वक) विवाद छेड़ा है।।3।।

सरसती न सूझै ताइ तूँ सोझै
बाउवा हुऔ कि वाउलौ।
मन सरिसौ धावतौ मूढ़ मन
पहि किम पूजे पाँगुलौ।।4।।

(मूढ़ मन) रे मूर्ख मन, (सरसती न सूझै) सरस्वती को (जो) नहीं सूझता (ताई तूँ सोझै) उसी को तू ढूँढ़ता है। (वाउवो हुऔ कि वाउ ला़े) या तो तू वातग्रस्त हो गया है (लबार हो गया है) अथवा पागल हो गया है; (मन सरिसौ धावतौ) तू मन के सदृश (अपनी ही स्वाभाविक तीव्रगति के अनुकूल) दौड़ता (अवश्य) है, (पहि) परंतु (पाँगुला़ै किम पूजै) (तू) पंगु कैसे पहुँच सकता है।।4।।

जिणि सेस सहस फण फणि बि बि जीह
जीह जीह नवनवौ जस।
तिणि ही पार न पायौ त्रीकम
वयण डेडराँ किसौ वस।।5।।

(जिणि सेस सहस फण) जिस शेषनाग के सहस्त्र फण हैं, (फणि-फणि बि बि जीह) फण-फण में दो-दो जीभें हैं, (जीह जीह नवनवौ जस) और प्रत्येक जीभ में नित्य नया यशगान हैं, (तिणि हो त्रीकम पार न पायौ) उसने भी त्रिविकम (के यश) का पार नहीं पाया (डेडराँ वयण किसौ वस) (तो फिर) मेंढकों के वचनों में कौन-सी सामर्थ्य है।।5।।

स्त्रीपति कुण सुमति तूझ गुण जु तवति
तारू कवण जु समुद्र तरै।
पंखी कवण गयण लगि पहुँचै
कवण रंक करि मेरु करै।।6।।

(स्त्रीपति) हे कमलापति, (कुण सुमति) ऐसा कौन श्रेष्ठ मतिमान् है, (जु तूझ गुण तवति) जो आपके गुणों का स्तवन कर सकता है; (तारू कवण) ऐसा तैराक कौन है (जु समुद्र तरै) जो समुद्र को तैर–(पार कर) सकता है; (पङ्खी कवण) ऐसा कौन पक्षी है, (गयण लगि पहुँचै) जो गगन तक (आकाश के अंत तक) पहुँच सकता है, (कवण रङ्क) ऐसा कौन कंगाल है (करि मेरु करै) जो अपने हाथ में मेरु को उठा सकता है।।6।।

जिण दीध जनम जगि मुखि दे जीहा
क्रिसन जु पोखण भरण करै।
कहण तणौ तिणि तणौ कीरतन
स्त्रम कीधा विणु केम सरै।।7।।

(मुखि जीहा दे) मुख में जीभ देकर, (जगि जिण जनम दीध) संसार में जिसने जन्म दिया; (जु क्रिसन भरण पोखण करै) और जो श्रीकृष्ण हमारा भरण पोषण करते हैं, (तिणि तणौ कीरतन) उनका कीर्त्तन (कहण तणौ स्त्रम कीधा विणु) कहने का श्रम किए बिना (केम सरै) कैसे बन सकता है।।7।।

सुकदेव व्यास जैदेव सारिखा
सुकवि अनेक ते एक सन्थ।
त्रीवरणण पहिलौ कीजै तिणि
गूँथियै जेणि सिँगार ग्रंथ।।8।।

(सुकदेव व्यास जैदेव सारिखा अनेक सुकवि) शुकदेव, वेदव्यास और जयदेव के समान अनेक सुकवि हुए हैं (ते एक सन्थ) वे इस रीति का अनुसरण करने में एकमत हैं, (तिणि त्रीवरणण पहिलौ कीजै) कि उसको स्त्री का वर्णन पहले करना चाहिए (जेणि सिँगार ग्रंथ गूँथिये) जिसको शृंगार-ग्रंथ रचना हो।।8।।

दस मास उदरि धरि वळे वरस दस
जो इहाँ परिपाळे जिवड़ी।

पूत हेत पेखताँ पिता प्रति

वळी विसेखै मात वड़ी।।9।।

(दस मास उदरि धरि) जो दस महीनों तक गर्भ में धारण कर, (वले दस बरस इहाँ जिवड़ी परिपाळै) फिर दस वर्षों तक इस संसार में जिस प्रकार पालन-पोषण करती है; (वली पूत हेत पेखताँ) फिर पुत्र-वत्सलता को देखते हुए (पिता प्रति मात विसेखै बड़ी) पिता की अपेक्षा माता ही विशेष बड़ी है।।9।।

दक्खिण दिसि देस विदरभति दीपति

पुर दीपति अति कुँदणपुर।

राजति एक भीखमक राजा

सिरहर अहि नर असुर सुर।।10।।

(दक्खिण दिसि देस विदरभति दीपति) दक्षिण दिशा में विदर्भ देश अति शोभायुक्त था। (कुँदणपुर अति दीपति पुर) (वहाँ) कुंदनपुर नाम का बड़ा ही सुंदर नगर था। (एक भीखमक राज राजति) (वहाँ) भीष्मक नामक एक राजा राज करता था, (अहि नर असुर सुर सिरहर) (जो) नागों, नरों, असुरों और सुरों का शिरोधार्य था।।10।।

पञ्चपुत्र ताइ छठी सुपुत्री

कुँअर रुकम कहि विमळकथ।

रुकमबाहु अनै रुकमाळी

रुकमकेस नै रुकमरथ।।11।।

(ताइ पञ्चपुत्र छठी सुपुत्री) उस (राजा) के पाँच पुत्र और छठी सुपुत्री थी। (विमल़कथ कुँअर) विमल ख्याति वाले राजकुमार (रुकम, रुकमबाहु अनै रुकमाली रुकमकेस नै रुकमरथ कहि) रुक्म, रुक्मबाहु, रुक्माली, रुक्मकेश और रुक्मरथ कहे जाते थे।।11।।

रामा अवतार नाम ताइ रुषमणि

मान सरोवरि मेरुगिरि।

बाळकति करि हंस चौ बाळक

कनकवेलि बिहुँ पान किरि।।12।।

(रामा अवतार) लक्ष्मी का अवतार थी, (ताइ नाम रुषमणि) उसका

नाम रुक्मिणी था। (मेरुगिरि बिहुँ पान कनक वेलि) सुमेरु गिरि पर (सद्यःप्रस्फुटिता) दो पत्तों वाली (स्वर्णलता) के समान सुंदर वह बालिका। (बाल़कति करि) बालक्रीड़ा करती हुई ऐसी मनोहर लगती थी। (किरि) जैसे (मानसरोविर हंस चौ बालक) मानसरोवर में (क्रीड़ा करता हुआ) हंस का बच्चा।।12।।

अनि वरिस वधै ताइ मास वधै ए
वधै मास ताइ पहर वधन्ति।
लखण बत्रीस बाळलीलामै
राजकुँअरि ढूलड़ी रमन्ति।।13।

(अनि वरिस वधै) अन्य (बालक) जितना एक वर्ष में बढ़ते हैं (ताइ ए मास वधै) उतनी यह एक महीने में ही बढ़ जाती है, (मास वधै) (वे) जितना एक मास में बढ़ते हैं (ताइ पहर वधन्ति) उतनी यह एक पहर में ही बढ़ जाती है। (लखण बत्रीस बालल़ीलामै राजकुँअरि) बत्तीस लक्षणों से युक्त, बाललीलाओं से सुशोभित राजकुमारी (ढूलड़ी रमन्ति) गुड़ियों से खेलती है।।13।।

संग सखी सील़ कुल़ वेस समाणी
पेखि कळी पदिमणी परि।
राजति राजकुँअरि रायअंगण
उडीयण वीरज अम्ब हरि।।14।।

(संग) संग में (सील़ कुल़ वेस मसणी सखी) शील, कुल और वयस में समान सखियाँ (पदिमणी कली परि पेखि) कमलिनी की कलियों की भाँति दिखाई देती हैं। (रायअंगण राजकुँअरि राजति) (उनके साथ) राजप्रासाद के आँगन में राजकुमारी ऐसी शोभायमान हो रही है (वीरज अम्ब हरि उडीयण) जैसे निर्मल आकाश में चन्द्रमा तारागण सहित (शोभित) हो।।14।।

सैसव तनि सुखपति जोवण न जाग्रति
वेस संधि सुहिणा सु वरि।
हिव पळ पऴ चढतौ जि होइसै
प्रथम ज्ञान एहवी परि।।15।।

(सैसव तनि जोवण सुखपति) बाल्यावस्था में, शरीर में यौवन सुषुप्ति

अवस्था में रहता है। (जाग्रति न) (उसकी) जागृति के कोई चिह्न प्रकट नहीं होते। (वेस संधि सु सुहिणा वरि) वयःसंधिकाल हो स्वप्नवस्था की भाँति है। (हिव पल़ पल़ जि चढ़तौ होइसै) अब से प्रतिक्षण (यौवन) निश्चय ही बढ़ता जाएगा। (प्रथम ज्ञान एहवी परि) (इस यौवनागम का) प्रथम ज्ञान (रुक्मिणी को) इस भाँति हुआ।।

भावार्थ—रुक्मिणी की बाल्य वास्था को यौवन की सुषुप्ति अवस्था से समता दी गयी है। जैसे—सुषुप्ति (गाढ़ निद्रा की) अवस्था में पदार्थज्ञान का लोप रहता है, वैसे ही, बाल्यावस्था के समय रुक्मिणी के शरीर में यौवन लुप्त था। उनके शरीर में यौवन की जागृति के अब तक कोई चिह्न स्तनादि प्रकट नहीं हुए थे। परंतु रुक्मिणी के वयःसंधि अवस्था में प्रवेश करते ही, यौवन भी सुषुप्ति अवस्था को छोड़कर स्वप्नावस्था को प्राप्त हो गया। जैसे स्वप्नावस्था में, जिसमें मनुष्य न तो सोता ही कहा जा सकता है और न जागता ही—पदार्थज्ञान न तो सर्वथा लुप्त ही रहता है और न जाग्रत ही, वैसे ही वयःसंधि की अवस्था में पदार्पण करते ही रुक्मिणी के शरीर में यौवन भी स्वप्नावस्था को प्राप्त हुआ और कुछ-कुछ अपनी झलक दिखाने लगा। अब वयःसंधि से ज्यों-ज्यों रुक्मिणी निकलती जाती थी त्यों-त्यों उनके शरीर में जागृति-यौवन का रंग-ढंग स्पष्ट होता जाता था, जिस प्रकार स्वप्नावस्था का अंत होकर ज्यों-ज्यों जाग्रतावस्था होती जाती है त्यों-त्यों पदार्थज्ञान भी अधिकाधिक स्पष्ट होता जाता है। इस यौवनागम का प्रथम ज्ञान रुक्मिणी को जिस प्रकार हुआ, उसका वर्णन आगे के छंदों में किया गया है।।15।।

पहिलौ मुख राग प्रगट थ्यौं प्राची
अरुण कि अरुणोद अम्बर।
पेखे किरि जागिया पयोहर
सञ्झा वन्दण रिखेसर।।16।।

(पहिलौ मुख राग प्रगट थ्यौं) पहिले (रुक्मिणी के) मुखारविंद में लालिमा प्रकट हुई, (कि अम्बर अरुणोद प्राची अरुण) मानो, आकाश में सूर्योदय के समय पूर्व दिशा में लाली छा गई है, (पेखे) (जिसे) देखकर (पयोहर जागिया) कुच जाग उठे, (किरि सञ्झा वन्दण रिखेसर (जागिया)। मानो संध्यावंदन के लिए ऋषीश्वर (उठ बैठे हैं)।

भावार्थ–रुक्मिणी शैशव समाप्त करके यौवन में प्रवेश कर रही हैं। बाल्यावस्था और युवावस्था, इन दोनों अवस्थाओं की संधि में यौवन का उदय हो रहा है, जिस प्रकार रात्रि और दिन की संधि में सूर्य का उदय होता है। सूर्य के उदय होने से पहले पूर्व दिशा लाल हो जाती है, जिसे देखकर ऋषिगण संध्या-वंदन के निमित्त जाग उठते हैं। इसी प्रकार यौवनरूपी सूर्य का उदय होने से पहले रुक्मिणी के मुखारविंद में प्रकट हुई लाली को देख कर कुच भी यौवन का स्वागत करने के लिए जाग उठे हैं।।16।।

जम्प जीव नहीं आवतौ जाणे
जोवण जावणहार जण।
बहु विलखी वीछड़ती बाळा
बाळ सँघाती बाल्पण।।17।।

(जीव जम्प नहीं) (रुक्मिणी के) हृदय में शांति नहीं है। (जोवण आवतौ जाणे) यौवन को आता हुआ जान कर; (बाल सँघाती बालपण जावणहार जण) (और) बाल्यकाल के साथी बालपन को जाने वाला जान कर, (वीछड़ती बाला बहु विलखी) (उससे) बिछुड़ते हुए बाला (रुक्मिणी) बहुत ही उदास हुई।।17।।

आगळि पित मात रमन्ती अङ्गणि
काम विराम छिपाड़ण काज।
लाजवती अङ्गि एह लाज विधि
लाज करन्ती आवै लाज।।18।।

(अङ्गणि पित मात आगलि़ रमन्ती) आँगन में पिता-माता के आगे खेलती हुई, (काम विराम छिपाड़ण काज लाजवती अङ्गि) काम के निवास स्थानों को (चंचलता को प्राप्त नेत्र और वृद्धि को प्राप्त नितंब, कुच इत्यादि अंगों को) छिपाने के निमित्त उनके शरीर में लज्जा उत्पन्न होने लगी। (एह लाज विधि) इस लाज की प्रकृति के कारण (लाज करन्ती लाज आवै) (रुक्मिणी को) लाज करने में भी लज्जा लगती है।।18।।

सैसव सु जु सिसिर वितीत थयौ सहु
गुण गति मति अति एह गिणि।
आप तणौ परिग्रह ले आयौ
तरुणापौ रितुराउ तिणि।।19।।

(जु सैसव सिसिर सु सहु वितीत थयौ) जो बाल्यावस्थारूपी शिशिर था, वह सारा व्यतीत हो गया। (एह गिणि) यह जान कर (आप तणौ परिग्रह गुण गति मति अति ले) अपने परिग्रह (परिवार)—गुण, गति, मति इत्यादि को साथ लेकर (तरुणापौ रितुराउ तिणि आयौ) यौवनरूपी वसंत उनमें (रुक्मिणी के शरीर में) प्रकट हुआ।

भावार्थ की स्पष्टता के लिए नोट में 'गुण, गति, मति' की व्याख्या को देखिए।।19।।

दल फूलि विमळ वन नयण कमल दल
कोकिल कण्ठ सुहाइ सर।
पाँपणि पङ्ख सँवारि नवी परि
भ्रूहाँरे भ्रमिया भ्रमर।।20।।

(दल फूलि विमल़ वन) (इस यौवनरूपी वसन्त में रुक्मिणी के शरीर का) अवयव समूह ही पुष्पित होकर स्वच्छ (सुंदर) हुआ वन है, (नयण कमल़ दल़) (उनके) नेत्र ही कमल दल हैं; (सुहाइ सर कोकिल कण्ठ) (उनका) सुहावना स्वर ही कोयल का कण्ठ (स्वर) है। (पाँपणि पङ्ख नवो परि सँवारि) (और) पलकरूपी पंखों को नयी रीति से सँवार कर (भ्रू हाँरे भ्रमर भ्रमिया) (उनके चंचल) भौंहरूपी भ्रमर उड़ने लगे हैं।।20।।

मळयाचळ सुतनु मळै मन मौरे
कळी कि काम अङ्कूर कुच
तणौ दखिणदिसि दखिण त्रिगुणमै
ऊरध सास समीर उच।।21।।

(सुतनु मळयाचळ) (श्रीरुक्मिणी का) सुंदर अंगदेश ही मलयाचल है; (मन मळै मौरे) (उनके) मनरूपी मलयतरु में (युवावस्था की उमंगों रूपी) मंजरी निकल रही है; (काम अङ्कूर कुच कि कल़ी) कामदेव के (नव प्रस्फुटित) अंकुरस्वरूप (उनके नवोद्‌भूत) कुच ही (क्या हैं) मलय (तरु की कलियाँ) हैं। (ऊरध सास दखिण दिसि तणौ त्रिगुणमै दखिण समीर उच) (और उनके) श्वासोच्छ्‌वास को ही दक्षिण दिशा का त्रिगुणमय (शीतल, मंद, सुगन्ध) मलयज (दाक्षिणात्य) समीर कहना चाहिए।।21।।

आणँद सु जु उदौ उहास हास अति।
राजति रद रिखपन्ति रुख।
नयण कमोदणि दीप नासिका
मेन केस राकेस मुख।।22।।

(आणँद जु सु उदौ) (रुक्मिणी के) हृदय में विकसित होता हुआ आनंद जो है वही (चन्द्र का) उदय है; (अति हास उहास) (यौवन सहज) अति हँसना ही (चंद्र का) प्रकाश है; (रद रिखपन्ति रुख राजति) (उनके) दाँत ही तारों की पंक्ति की भाँति शोभित हो रहे हैं; (नयण कमोदणि) (उनके) नेत्र ही कुमुदिनी है; (नासिका दीप) (उनकी) नासिका ही दीपशिखा है; (केस मेन) (उनके काले) केश ही अंधकार हैं, (मुख राकेस) (और उनका) मुख ही पूर्णिमा का चंद्र है।।22।।

वधिया तनि सरवरि वेस वधन्ती
जोवण तणौ तणौ जळ जोर।
कामणि करग सु बाण काम रा
दोर सु वरुण तणा किरि डोर।।23।।

(वेस वधन्ती) अवस्था के बढ़ते (तीन सरवरि वधिया) शरीररूपी रात्रि (भी) चढ़ती गई, (जोवण तणौ जोर जळतणौ जोर) (और) यौवन का जोर (उमड़ना) ही (चंद्र की बढ़ती हुई कला के प्रभाव से उत्पन्न) जल का जोर है। (कामणि करग सु काम रा वाण) कामिनी (श्रीरुक्मिणी) का कराग्र (हाथ का पंजा) ही कामदेव (पंचबाण) के बाण हैं, (दोर सु किरि वरुणतणा डोर) (और उनकी) भुजाएँ ही मानो वरुण का पाश हैं।।23।।

कामिणि कुच कठिन कपोळ करी किरि
वेस नवी विधि वाणि बखाणि।
अति स्यामता विराजति ऊपरि
जोवण दाण दिखाळिया जाणि।।24।।

(वेस नवी विधि) तारुण्य के नवीन विधान (आन-बान) को (वाणि बखाणि) (कवि की) वाणी (इस प्रकार) बखानती है। (कामिणि कठिन कुच) कामिनी के कठिन कुच (किरि) मानो (करी कपोल़) (मस्त) हाथी का

कुंभस्थल हैं। (ऊपरि अति स्यामता विराजति) (और उनके) ऊपर सघन (सुंदर) श्यामता विराजती है, (जाणि) मानो (जोवण दाण दिखाळिया) (मस्त हाथी की भाँति) यौवन ने मद दिखलाया है।।24।।

धरधर शृंग सधर सुपीन पयोधर
घणी खीण कटि अति सुघट।
पदमणि नाभि प्रियाग तणी परि
त्रिवळि त्रिवेणी स्त्रोणि तट।।25।।

(सधर सुपीन पयोधर) कठिन और सुंदर परिपूर्ण पयोधर ही (धरधर शृंग) सुमेरु गिरि के शिखर हैं। (कटि घणी खीण अति सुघट) कटि बहुत ही पतली और सुघड़ (चढ़ाव-उतार में सुंदर) है। (पदमणि नाभि प्रियाग तणी परि) (उनकी) पद्मिणी स्त्रियोचित (उसके संपूर्ण शुभलक्षणों से युक्त) नाभि प्रयाग की भाँति है, (त्रिवऴी त्रिवेणी स्त्रोणि तट) (जहाँ) त्रिवलि जत्रिवेणी है (और) नितंब किनारे हैं।।25।।

नितम्बणी जङ्घ सु करभ निरूपम
रम्भ खम्भ विपरीत रुख।
जुअळि नाळि तसु गरभ जेहवी
वयणै वाखाणै विदुख।।26।।

(नितम्बणी जङ्घ सु करभ निरूपम) सुंदर नितंबों वाली (रुक्मिणी) की जङ्घाएँ करभ के समान निरुपमेय (अपूर्व) हैं, (विदुख वयणे वाखाणै) (जिनका) विद्‌वान लोग (इस तरह के) वचनों द्‌वारा वर्णन करते हैं, (विपरीत रुख रम्भ खम्भ) (मानो) उलटे खड़े किए हुए कदली खंभ हैं (जुअऴि नाऴि तसु गरभ जेहवी) (और उनकी) युगल नलिकाएँ उसके (कदली वृक्ष के) गूदे के समान (कोमल) हैं।।26।।

ऊपरि पदपलव पुनर्भव ओपति
त्रिमऴ कमऴ दऴ ऊपरि नीर।
तेज कि रतन कि तार कि तारा
हरिहँस सावक ससिहर हीर।।27।।

(पदपलव ऊपरि पुनर्भव ओपति) (रुक्मिणी के) पदपल्लव पर नख (ऐसे) शोभा देते हैं, (त्रिमल कमऴ दऴ ऊपरि नीर) (जैसे) स्वच्छ कमल

की पँखुड़ियों पर पानी (के कण); (कि रतन तेज कि तार कि तारा) अथवा रत्नों का तेज है अथवा तारों का प्रकाश है; (हरिहँस सावक ससिहर हीर) या बालसूर्य हैं या बालचंद्र हैं अथवा हीरे हैं।।27।।

व्याकरण पुराण समृति सासत्र विधि
वेद च्यारि खट अङ्ग विचार।
जाणि चतुरदस चौसठि जाणी
अनँत अनँत तसु मधि अधिकार।।28।।

(व्याकरण पुराण समृति सासत्र विधि) (रुक्मिणी ने) (अष्ट) व्याकरण (अष्टादश) पुराण, (अष्टादश) स्मृति, (षट्) शास्त्र की रीति, (च्यारि वेद खटअङ्ग विचार) चार वेद और षट् वेदाङ्ग (षट् दर्शन) (आदि पर) विचार करके (चतुरदस जाणि चौसठि जाणी) चौदह विद्याओं को जान कर चौसठ कलाओं को जाना; (तसु मधि अनँत अनँत अधिकार) (और) उनमें (शास्त्रादि में) श्रीभगवान का अनंत अधिकार पाया।।28।।

साँभळि अनुराग थयो मनि स्यामा
वर प्रापति वञ्छती वर।
हरि गुण भणि ऊपनी जिका हर
हर तिणि वन्दे गवरि हर।।29।।

(साँभलि) (शास्त्रोक्त भगवद्‌गुणानुवाद को) समझ कर (स्यामा मन अनुराग थयौ) श्यामा (रुक्मिणी) के मन में (भगवान् के प्रति) प्रेम उत्पन्न हुआ। (वर वर प्रापति वञ्छती) श्रेष्ठ वर की प्राप्ति की इच्छी करती हुई (हरि गुण भणि) भगवान् के गुणों का परिशीलन करके (जिका हर ऊपणी) जो (भगवान् के प्रति) प्रबल इच्छा उत्पन्न हुई (हर तिणि) उस (प्रबल इच्छा) के लिए (उसकी पूर्ति के लिए) (हर गवरि वन्दे) (रुक्मिणी) महादेव और पार्वती का पूजन करने लगीं।।29।।

ईखे पित मात एरिसा अवयव
विमळ विचार करै वीवाह।
सुंदर सूर सीळ कुल करि सुध
नाह किसन सरि सूझै नाह।।30।।

(पित मात एरिसा अवयव ईखे) (रुक्मिणी के) माता-पिता ने (जब)

इस प्रकार के चिह्न देखे, (विवाह विमल़ विचार करै) (तब) विवाह (करने) का शुभ विचार करने लगे। (सुंदर सूर सील़ कुल करि सुध) (तब उन्हें) सुंदरता, शूरवीरता, शील और कुल में श्रेष्ठ (किसन सरि नाह सूझे नाह) श्रीकृष्ण के समान (दूसरा) वर दिखाई नहीं दिया।।30।।

प्रभणन्ति पुत्र इम मात पिता प्रति
अम्हाँ वासना वसी इसी।
ग्याति किसी राजवियाँ ग्वाळाँ
किसी जाति कुळ पाँति किसी।।31।।

(पुत्र मात-पिता प्रति इम प्रभणन्ति) (माता-पिता के प्रस्ताव को सुनकर) कुँवर रुक्मिणि माता-पिता से इस प्रकार कहने लगा, (अम्हाँ इसी वासना वसो) हमारी तो ऐसी धारणा है (राजवियाँ ग्वालाँ ग्याति) (कि) राजवंशियों का (गाय चराने वाले) अहीरों के साथ ज्ञाति भाव कैसा? (जाति किसी) (हमारी तुलना में कृष्ण की) जाति (ही) कैसी? (कुल़ पाँति किसी) (और) कैसी (उसकी) कुलश्रेणी।।31।।

सुजु करै अहीराँ सरिस सगाई
ओलाँडे राजकुळ इता।
व्रिधपणै मति कोइ वेसासौ
पाँतरिया माता इ पिता।।32।।

(इता राजकुल़ ओलाँडे) इतने राजकुलों को उलाँघ कर (जु अहीराँ सरिस सगाई करै) जो अहीरों जैसों (हीन कुलवालों) से सगाई करते हैं, (व्रिधपणै माता पिता पाँतरिया) (सो) वृद्धावस्था के कारण माता-पिता बुद्धिहीन हो गये हैं। (कोइ वेसासौ मति) कोई (इनका) विश्वास न करे।।32।।

प्रभणै पित मात पूत मत पाँतरि
सुर नर नाग करै जसु सेव।
लिखमी समी रुकमणी लाडी
वासुदेव सम सुत वसुदेव।।33।।

(पित मात प्रभणै) माता-पिता कहते हैं (पूत मत पाँतरि) हे पुत्र, मूर्खता मत कर। (जसु सुर नर नाग सेव करै) जिनकी सुर, नर और नाग सेवा करते हैं (लाडी रुकमणी लिखमी सभी) (वह) प्यारी रुक्मिणी लक्ष्मी के समान है

(वसुदेव सुत वासुदेव सम) (और) वसुदेव के पुत्र (श्रीकृष्ण) विष्णु के समान हैं (साक्षात् विष्णु के अवतार हैं)।।33।।

मावीत्र म्रजाद मेटि बोलै मुखि
सुवर न को सिसुपाळ सरि।
अति अँबु कोपि कुँवर ऊफणियौ
वरसाळ वाहळा वरि।।34।।

(अति अँबु वरसाळ वाहळा वरि) अत्यधिक पानी वाले बरसने को उद्यत बादल की भाँति (कुँवर कोपि ऊफणियौ) कुँवर (रुक्मि) कुपित होकर उफण पड़ा। (मावीत्र म्रजाद मेटि) (और) माता पिता की मर्यादा को (आज्ञापालन, सम्मान इत्यादि शिष्ट कर्त्तव्यों को) मिटाकर (बोलै मुखि) मुँह से बोला, (सिसुपाऴ सरि सुवर न को) शिशुपाल के समान श्रेष्ठ वर (और) कोई नहीं है।।34।।

गुरु गेहि गयौ गुरु चूक जाणि गुरु
नाम लियौ दमघोख नर।
हेक वडौ हित हुवै पुरोहित
वरै सुसा सिसुपाळ वर।।35।।

(गुरु चूक) माता पिता की गलती को (गुरु जाणि) भारी जान कर, (गुरु गेहि गयौ) गुरु के घर गया, (दमघोख नर नाम लियौ) (और) दमघोष के वीर पुत्र (शिशुपाल) का नाम लिया, (और कहा) (पुरोहित हेक वडौ हित हुवै) हे पुरोहितजी, एक बड़ा हित हो, (सुसा वर सिसुपाल वरै) (यदि) बहिन (रुक्मिणी) श्रेष्ठ शिशुपाल को वरे।।35।।

विप्र विलँब न कीध जेणि आइस वसि
बात विचारि न भली बुरी।
पहिलुँ इ जाइ लगन ले पुहतौ
प्रोहित चन्देवरी पुरी।।36।।

(जेणि आइस वसि) उसकी (रुक्मि की) आज्ञा के वश में होकर (विप्र विलँब न कीध) पुरोहित ने विलंब न किया। (भली बुरी बात न विचारि) (और) भली-बुरी बात को न विचार कर (पहिलुँ इ) (सोचने से) पहले ही

(प्रोहित जाइ चन्देवरी पुरी लगन ले पुहँतौ) पुरोहित रवाना होकर चंदेरीपुरी में विवाह लग्न ले पहुँचा।।36।।

हुइ हरख घणै सिसुपाळ हालियौ
ग्रंथे गायौ जेणि गति
कुण जाणै सँगि हुआ केतला
देस देस चा देसपति।।37।।

(घणै हरख हुइ) अत्यंत हर्षित होकर (सिसुपाल़ हालियौ) शिशुपाल (कुन्दनपुर को) रवाना हुआ, (जेणि गति ग्रंथे गायौ) जिसकी गति ग्रंथों (श्रीमद्‌भागवतादि में) वर्णित की गयी है। (कुण जाणै देस देस चा केतला देसपति सँगि हुआ) कौन जाने, देश-देश के कितने राजा (उसके) साथ हुए (उसकी बरात में सम्मिलित हुए)।।37।।

आगमि सिसुपाळ मण्डिजै ऊछव
नीसाणे पड़ती निहस।
पटमण्डप छाइजै कुंदणपुरि
कुन्दणमै बाझै कळस।।38।।

(सिसुपाळ आगमि) शिशुपाल की अगवानी में (ऊछव मण्डिजै) उत्सव मनाए जाते हैं; (नीसणे निहस पड़ती) नगाड़ों पर चोट पड़ रही है; (कुंदणपुरि पटमण्डप छाइजै) कुंदनपुर में वस्त्रों के मंडप छाए जा रहे हैं, (कुंदणमै कळस बाझै) (और उन पर) सुवर्णमय कलश बाँधे जा रहे हैं।।38।।

ग्रिह ग्रिह प्रति भींति सुगारि हींगळ
ईंट फिटकमै चुणी अचम्भ।
चन्दण पाट कपाट ई चन्दण
खुम्भी पनाँ प्रवाळी खम्भ।।39।।

(ग्रिह ग्रिह प्रति भींति हींगलू गारि फिटकमै ई ॅट चुणी) (स्वागतार्थ नवनिर्मित) घर-घर की प्रत्येक भींत हींगलू की गार और स्फटिकमय ईंटों से चुनी गई है, (सु अचम्भ) सो आश्चर्यजनक है। (चन्दण पाट) (उन घरों की छतों में) चंदन के पाट (कपाट ई चन्दण) (और दूवारों पर) चंदन के ही कपाट हैं। (प्रवाली खम्भ) मूँगे के खम्भे हैं, (खुम्भी पनाँ) (जिनकी) खुम्भियाँ (नीचे के भाग) पन्ने की (बनी हुई) हैं।।39।।

जोइ जळद पटळ दळ साँवळ ऊजळ
घुरै नीसण सोइ घणघोर
प्रोळि प्रोळि तोरण परठीजै
मण्डै किरि तण्डव गिरि मोर।।40।।

(जोइ साँवळ ऊजळ पटळ दळ जळद) जो श्याम और श्वेत रेशमी कपड़ों के समूह हैं (जो मंडप बनाने में लगाए गए हैं, वे ही) बादल हैं; (घुरै नीसाण सोइ घणघोर) (जो) नगाड़े बजते हैं वहीं मेघ-गर्जन है; (प्रोळि प्रोळि मोर मण्डे तोरण परठीजै) (और) द्वार-द्वार पर मयूर-चित्रित तोरण बाँधे जा रहे है; (किरि) (वही) मानो (गिरि मोर तण्डव) पहाड़ों पर मयूरों का नृत्य है।।40।।

राजान जान संगि हुंता जु राजा
कहै सुदीध ललाटि कर।
दूरा नयर कि कोरण दीसै
धवळागिरि किना धवळहर।।41।।

(राजान जान सँगि हुंता जु राजा) राजा (शिशुपाल) की बारात के साथ जो राजा थे, (सु ललाटि कर दीध कहै) वे ललाट से (आँखों के ऊपर) हाथ लगाकर कहते हैं (दूरा) (कि) दूर पर (नयर कि कोरण) नगर या श्वेत बादल, (धवळागिरि किना धवळहर) धवलागिरि या (ऊँचे-ऊँचे) सफेद महल (दीसै) दिखाई देते हैं।।41।।

गावै करि मङ्गळ चढ़ि चढ़ि भोखे
मनै सूर सिसुपाळ भुख।
पदमिणि अनि फूलै परि पदमिणि
रुखमिणी कमोदणी रुख।।42।।

(मङ्गळ करि) (नगर की स्त्रियाँ) धवल मंगल करके (गौखे चढ़ि चढ़ि गावै) झरोखों में चढ़-चढ़ कर गा रही हैं, (मनै सिसुपाळ मुख सूर) मानो शिशुपाल का मुख सूर्य है, (अनि पदमिणि पदमिणि परि फूलै) (जिसे देख कर) अन्य पद्मिनी स्त्रियाँ कमलिनी के समान प्रफुल्लित हो रही हैं। (रुखमिणी कमोदणी रुख) (परंतु) रुक्मिणी कुमुदिनी की भाँति (हो रही है)।।42।।

जाळी मगि चढ़ि चढ़ि पन्थी जोवै
भुवणि सुतन मन तसु भिळित।
लिखि राखे कागळ नख लेखणि
मसि काजळ आँसू मिळित।।43।।

(चढ़ि चढ़ि जाळी मगि पन्थी जोवै) (महलों पर) चढ़-चढ़कर जाली से मार्ग में पथिकों को देखती हैं। (भुवणि सुतन) (रुक्मिणी का) सुंदर शरीर (तो) घर में हैं, (मन तसु भिळित) (परंतु) मन उससे (श्रीकृष्ण से) मिल गया है। (नख लेखणि आँसू मिलित काज मसि कागळ लिखि राखे) (जिनके लिए) नख को लेखनी बनाकर आँसू मिली हुई काजल की स्याही से पत्र लिख रखा है।।43।।

तितरै हेक दीठ पवित्र गळित्रागौ
करि प्रणपति लागी कहण।
देहि सँदेस लगी दुवारिका
वीर वटाऊ ब्राहमण।।44।।

(तितरै हेक पवित्र गळित्रागौ दीठ) इतने में एक पवित्र, गले में यज्ञोपवीत धारण किया हुआ (ब्राह्मण) दीख पड़ा। (प्रणपति करि कहण लागी) (उसे) प्रणाम कर कहने लगीं (वीर वटाऊ ब्राह्मण) हे भाई, पथिक ब्राह्मण! (दुवारिका लगि सँदेस देहि) द्वारिका तक (मेरा) संदेश दे आना।।44।।

म म करिसि ढील हिव हुए हेकमन
जाइ जादवाँ इन्द्र जत्र।
माहरै मुख हुँता ताहरै मुखि
पग वन्दण करि देइ पत्र।।45।।

(हिव ढील म म करिसि) अतः ढील (विलंब) मत कर, (हुए हेक मन जाइ) एकाग्र मन होकर जा (जत्र जादवाँ इन्द्र) जहाँ पर यादवेन्द्र हैं। (माहरै मुख हुँता ताहरै मुखि पग वन्दण करि) (और) मेरे मुख से कहा हुआ पगवंदन तुम अपने मुख से कह कर (पत्र देइ) पत्र देना।।45।।

गयी रवि किरण ग्रह थई गहमह
रहरह कोइ वह रहे रह।
सु जु दुज पुरा नीसरे सूतौ
निसा पड़ी चालियौ नह।।46।।

(रवि किरण गयी) (ब्राह्मण के द्वारिका को प्रस्थान करते समय) सूर्य कि किरणें विलीन हो गईं, (ग्रहे गहमह थई) (और) घर-घर में (दीपकों की) जगमगाहट हुई। (रहरह कोइ रह वह रहे) "ठहर जाओ," "ठहर जाओ" (ऐसा कहते हुए) कोई (मुसाफिर) राह चलते रुक गए। (सु जु दुज पुरा नीसरे सूतौ) वह ब्राह्मण भी कुंदनपुर से निकल कर सो गया; (निसा पड़ी चालियौ नह) रात हो जाने से (आगे) नहीं चला।।46।।

दिन लगन सु नैड़ो दूरि द्वारिका
भौ पहुचेस्याँ किसी भति।
साँझ सोचि कुन्दणपुरि सूतौ
जागियौ परभाते जगति।।47।।

(लगन दिन सु नैड़ो) विवाह का दिन तो निकट है; (द्वारिका दूरि) (और) द्वारिका दूर है। (भौ किसी भति पहुचेस्याँ) भय है कि किस प्रकार पहुँचूँगा। (सोचि साँझ कुंदनपुरि सूतौ) (यह) चिंता कर संध्या को कुंदनपुर (के पास ही) सोया, (परभाते जगति जागियौ) (परंतु) सवेरे द्वारिकापुरी में जागा।।47।।

धुनि वेद सुणति कहुँ सुणति संख धुनि
नद झल्लरि नीसाण नद।
हेका कह हेका हीलोहल
सायर नयर सरीख सद।।48।।

(वेद धुनि सुणति कहुँ संख धुनि सुणति) (जागने पर ब्राह्मण को) कहीं वेदपाठ की ध्वनि सुनाई दी, कहीं शंख की ध्वनि सुनाई दी; (झल्लरि नद नीसाण नद) (कहीं) झालर की झंकार (तो कहीं) नगाड़े का नाद (सुनाई दिया)। (हेका कह) एक ओर (नगर निवासियों के बोलने के) कोलाहल, (हेका हीलोहल) (और) एक ओर (समुद्र की हिलोरों के) हिल्लोल शब्द (के कारण) (सायर नयर सरीख सद) सागर और नगर एक ही समान शब्दायमान ही रहे थे।।48।।

पणिहरि पटल़ दळ वरण चँपक दळ
कल़स सीस करि कर कमल़।
तीरथि तीरथि जङ्गम तीरथ
विमळ ब्राहमण जळ विमळ।।49।।

(चँपक दल़ वरण पणिहारि पटल़ दल़) चंपक पुष्प की पंखुड़ी के समान वर्ण वाल़ी पनिहारियों के वृंद के वृंद (सीस कर कमल़ कल़स करि) सिर पर, कमल के समान हाथों से कलश थामे हुए हैं। (विमल़ जल़ तीरथि तीरथि) निर्मल जलयुक्त तीर्थ तीर्थ (जलाशय जलाशय) पर (विमल़ ब्राहमण जङ्गम तीरथ) पवित्र ब्राह्मण चलते-फिरते तीर्थ हैं।।49।।

जोवै जाँ गृहि गृहि जगन जागवै
जगनि जगनि कीजै तप जाप।
मारगि मारगि अम्ब मौरिया
अम्बि अम्बि कोकिल आलाप।।50।।

(जाँ जोवै) (वह ब्राह्मण) जहाँ देखता है (गृहि गृहि जगन जागवै) घर-घर में यज्ञाग्नि प्रज्वलित हो रही है, (जगनि जगनि तप जाप कीजै) (और) प्रत्येक यज्ञ में जप तप किए जा रहे हैं। (मारगि मारगि अम्ब मौरिया) मार्ग-मार्ग पर आम के वृक्ष मंजरीयुक्त हो रहे हैं; (अम्बि अम्बि कोकिल आलाप) (और) प्रत्येक आम के पेड़ पर कोयलों का (मधुर) आलाप हो रहा है।।50।।

सम्प्रति ए किना किना ए सुहिणौ
आयौ कि हूँ अमरावती।
जाइ पूछियौ तिणि इमि जम्पियौ
देव सु आ दुआरामती।।51।।

(किना एक सम्प्रति) क्या यह प्रत्यक्ष है? (किना ए सुहिणौ) या यह स्वप्न है? (कि हूँ अमरावती आयौ) या मैं इंद्रपुरी में आ गया हूँ? (इस प्रकार संदेह में पड़े हुए उस ब्राह्मण ने) (जाइ पूछियो) जिससे पूछा (तिणि इम जम्पियौ) उसने इस प्रकार कहा, (देव आ सु दुआरामती) कि हे ब्राह्मण, यह सुंदर द्वारिकापुरी है।।51।।

सुणि स्रवणि वयण मन माहि थियौ सुख
क्रमियौ तासु प्रणाम करि।
पूछत पूछत ग्यौ अन्तहपुरि
हुऔ सुदरसण तणौ हरि।।52।।

(स्रवणि वयण सुनि) कान से (यह) वचन सुनकर (मन माहि सुख थियौ) मन में प्रसन्नता हुई। (तासु प्रणाम करि क्रमियौ) उसे प्रणाम करके

(आगे) चला, (पूछत पूछत अन्तहपुरि ग्यौ) (और) पूछते-पूछते रनिवास में गया, (हरि तणौ सुदरसण हुऔ) (तब) हरि का शुभ दर्शन हुआ।।52।।

वदनारविन्द गोविन्द वीखियै
आलोचै आपो आप सूँ।
हिव रुषमणी कृतारथ हुइस्यै
हुऔ कृतारथ पहिलौ हूँ।।53।।

(गोविन्द वदनारविन्द वीखियै) श्रीकृष्ण के मुखकमल को देख कर (आपो आप सूँ आलोचै) (वह ब्राह्मण) आप ही आप विचार करने लगा। (रुषमणी हिव कृतारथ हुइस्यै) रुक्मिणी अब सफल मनोरथ होंगी; (हूँ पहिलौ कृतारथ हुऔ) मैं (तो) पहिले ही कृतकृत्य हो गया।।53।।

ऊठिया जगतपति अन्तरजामी
दूरन्तरी आवतौ देखि।
करि वन्दण आतिथ ग्रम कीधो।
वेदे कहियौ तेणि विसेखि।।54।।

(दूरन्तरी आवतौ देखि) दूर ही से (ब्राह्मण को) आता देख कर (अन्तरजामी जगतपति ऊठिया) अंतर्यामी जगदीश्वर (श्रीकृष्ण) उठे, (वन्दण करि वेदे कहियौ तेणि विसेखि आतिथ ग्रम कीधो) (और) प्रणाम करके शास्त्रोक्त विधि से भी अधिक अतिथि सत्कार किया।।54।।

कस्मात् कस्मिन् किल मित्र किमर्थं
केन कार्य परियासि कुत्र।
ब्रूहि जनेन येन भो ब्राह्मण
पुरतो मे प्रेषितम् पत्र।।55।।

भगवान ने ब्राह्मण से पूछा—

(मित्र) हे मित्र! (कस्मात्) किस स्थान से (आए हो)? (कस्मिन्) किस नगर में रहते हो? (किल) अवश्य कहो, (किमर्थं) किस प्रयोजन से (यहाँ आए हो)? (केन कार्य) किससे कार्य है? (कुत्र परियासि) कहाँ जा रहे हो? (भो ब्राह्मण) हे ब्राह्मण! (येन जनेन पत्र प्रेषितम् मे पुरतो ब्रूहि) जिस मनुष्य ने पत्र भेजा (उसको) मेरे सामने कहो।।55।।

कुन्दणपुर हुँता वसाँ कुन्दणपुरि
कागळ दीधो एम कहि।
राज लगैं मेल्हियौ रुषमणी
समाचार इणि माहि सहि।।56।।

ब्राह्मण ने उत्तर दिया–

(कुंदणपुर हुँता) कुंदनपुर से (आया हूँ); (कुंदणपुरि वसाँ) कुंदनपुर में रहता हूँ। (एम कहि कागल़ दीधो) यह कह कर पत्र दिया (राज लगैं रुषमणी मेल्हियौ) (कि यह) आपके लिये रुक्मिणी ने भेजा है, (इणि माहि सहि समाचार) इसमें सारे समाचार हैं।।56।।

आणन्द लखण रोमाञ्चित आँसू
वाचत गदगद कँठ न वणै।
कागळ करि दीधौ करुणाकरि
तिणि तिणि हीज ब्राह्मण तणै।।57।।

(आणन्द लखण रोमाञ्चित आँसू गदगद कण्ठ वाचत न वणै) (पत्र हाथ में लेते ही भगवान् के अंगों में) आनंद के लक्षण (प्रकट हुए), (शरीर) रोमांचित हुआ, (आनंद के) आँसू (निकल आये) और कंठ गद्गद (हो जाने के कारण पत्र को) पढ़ते न बना। (करुणाकरि तिणि कागल़ तिणि हीज ब्राहमण तणै करि दीधौ) (तब) करुणानिधि ने उस पत्र को उस ब्राह्मण ही के हाथ में दे दिया।।57।।

देवाधिदेव चै लाधै दूवै
वाचण लागौ ब्राहमण।
विधि पूरबक कहे वीनवियौ
सरण तूझ असरण सरण।।58।।

(देवाधिदेव चै दूवै लाधै) देवाधिदेव (श्रीकृष्ण) की आज्ञा-लाभ कर (ब्राहमण वाचण लागौ) ब्राह्मण (पत्र) पढ़ने लगा। (विधि पूरबक वीनवियौ कहे) (वह) विधिपूर्वक (पत्र में) निवेदन किए हुए को कहने लगा–(असरण सरण तूझ सरण) “हे अशरणशरण! मैं (रुक्मिणी) तेरी शरण हूँ”।।58।।

बळिबन्धण मूझ स्याळ सिङ्घ बळि
प्रासै जो बीजौ परणै।

कपिळ धेनु दिन पात्र कसाई
तुलसी करि चाण्डाळ तणै।।59।।

(बलिबन्धण) "हे बलि को बाँधने वाले! (मूझ जो बीजौ परणै) मुझे यदि कोई दूसरा ब्याहेगा, (सिङ्घ बलि स्याल प्रासै) (तो मानो) सिंह की बलि को श्रृगाल भक्षण करेगा; (कपिल धेनु कसाई पात्र दिन) कपिला गाय कसाई जैसे पात्र (अर्थात् कुपात्र) के हाथ दी जाएगी; (चाण्डाल तणै करि तुलसी) (और मानो) चाण्डाल के हाथ में तुलसी (दी जाएगी)"।।59।।

अम्ह कजि तुम्ह छण्डि अवर वर आणै
ऐठित किरि होमै अगनि।
सालिगराम सूद्र ग्रहि संग्रहि
वेद मंत्र म्लेच्छाँ वदनि।।60।।

(अम्ह कजि तुम्ह छण्डि अवर वर आणै) "मेरे लिए आपको छोड़ कर (यदि) दूसरा वर लाए, (किरि) तो मानो (ऐठित अगनि होमै) उच्छिष्ट वस्तु अग्नि में हवन करें; (सालिगराम सूद्र ग्रहि संग्रहि) शालिग्राम का शूद्र के घर में स्थापन करे; (म्लेच्छाँ वदनि वेद मंत्र) (अथवा) म्लेच्छ के मुँह से वेद-मंत्र का उच्चारण हो"।।60।।

हरि हुए वराह हए हरिणाकस
हूँ ऊधरी पताळ हूँ।
कहौ तई करुणामै केसव
सीख दीध किण तुम्हाँ सूँ।।61।।

(हरि) "हे हरि! (हुए वराह हुए हरिणाकस) (आपने) वराह होकर (वराहावतार धारण करके) हिरण्याक्ष को मारा, (हूँ ऊधरी पताल हूँ) (और पृथ्वीरूप में) मेरा पाताल से उद्धार किया; (करुणामै केसव कहौ) हे करुणामय केशव! कहिए, (तई तुम्हाँ सूँ किण सीख दीध) उस समय आपको किसने शिक्षा दी थी?"।।61।।

आणे सुर असुर नाग नेत्रै नहि
राखियौ जई मंदर रई।
महण मथे मूँ लीध महमहण
तुम्हाँ किणै सीखव्या तई।।62।।

(महमहण) "हे समुद्र के मंथन करने वाले! (जई) जब (सुर असुर आणे) (आपने) देवता और दैत्यों को एकत्रित कर (नागनेत्रै नहि) शेषनाग को मंथनरज्जु बना कर (मंदर रई राखियौ) मंदराचल पर्वत को मंथन-दंड रखा था, (महण मथे मूँ लीध) (और) महार्णव को मथ कर (लक्ष्मी रूप में) मुझे प्राप्त किया (तई तुम्हाँ किणै सीखव्या) उस समय आपको किसने शिक्षा दी थी ?" । ।62 । ।

रामा अवतारि वहे रणि रावण
किसी सीख करुणाकरण ।
हूँ ऊधरी त्रिकुटगढ़ हूँती
हरि बन्धे वेळाहरण । ।63 । ।

(करुणाकरण हरि) "हे करुणा करने वाले हरि! (किसी सीख) कौन-सी शिक्षा से (रामा अवतारि रणि रावण वहे) रामावतार के समय युद्ध में (आपने) रावण का वध किया, (वेळाहरण बन्धे) समुद्र को बाँधा (त्रिकुटगढ़ हूँती हूँ ऊधरी) (और) लंका से (सीतारूप में) मेरा उद्धार किया ?" । ।63 । ।

चौथीआ वार वाहर करि चत्रभुज
सङ्ख चक्र धर गदा सरोज ।
मुख करि किसूँ कहीजै माहव
अन्तरजामी सूँ आळोज । ।64 । ।

(सङ्ख चक्र गदा सरोज धर चत्रभुज) "हे शंख-चक्र-गदा-पद्मधर चतुर्भुज! (चौथीआ वार वाहर करि) चौथी यह वार है, रक्षा के लिये चढ़िए। (माहव अन्तरजामी सूँ आलोज मुख करि किसूँ कहीज) हे माधव! अंतर्यामी से मन के विचार, मुख से कैसे कहे जाएँ" । ।64 । ।

तथापि रहे न हूँ सकूँ बकूँ तिणि
त्रिया अनै प्रेम आतुरी ।
राज दूरि द्वारिका विराजौ
दिन नेड़उ आइयौ दुरी । ।65 । ।

(तथापि) "(आपसे कुछ छिपा नहीं है) तो भी (हूँ रहे न सकूँ) मैं रह नहीं सकती (तिणि बकूँ) इसी से बक रही हूँ; (त्रिया अनै प्रेम आतुरी) (क्योंकि एक तो) स्त्री हूँ, दूसरे, प्रेम से आतुर हूँ। (राज दूरि द्वारिका विराजौ)

आप (बहुत) दूर द्वारिका में विराजते हैं, (दुरी दिन नेड़उ आइयौ) (और) दुखदायी दिवस निकट आ गया है"।।65।।

त्रिणि दीह लगन बेळा आड़ा तै
घणूँ किसूँ कहिजै आ घात।
पूजा मिसि आविसि पुरखोतम
अम्बिकाळय नयर आरात।।66।।

(तै लगन वेळा आड़ा त्रिणि दीह) "उस विवाह की घड़ी मे। केवल तीन दिन का अंतर है; (आ घात घणूँ किसूँ कहीजै) यह षड्यंत्र (इस षड्यंत्र के विषय में) अधिक क्या कहा जाए? (पुरखोतम नयर आरात अम्बिकाळय पूजा मिसि आविसि) हे पुरुषोत्तम! (मैं) नगर के निकट अम्बिका के मंदिर में पूजा के बहाने आऊँगी"।।66।।

सारङ्ग सिळीमुख साथि सारथी
प्रोहित जाणणहार पथ।
कागल चौ ततकाळ कृपानिधि
रथ बैठा साँभळि अरथ।।67।।

(कागल चौ अरथ साँभळि) पत्र का आशय समझ कर, (सारङ्ग सिलीमुख सारथी प्रोहित पथ जाणणहार साथि) शारङ्ग धनुष, बाण, सारथी, पुरोहित और मार्ग जानने वाले के साथ (कृपानिधि ततकाळ रथ बैठा) कृपानिधि (श्रीकृष्ण) तुरंत रथ में जा बैठे।।67।।

सुग्रीवसेन नै मेघपुहप सम-
वेग बळाहक इसै वहन्ति।
खँति लागौ त्रिभुवनपति खेड़ै
धर गिरि पुर साम्हा धावन्ति।।68।।

(सुग्रीवसेन, मेघपुहप, समवेग नै बळाहक इसै वहन्ति) सुग्रीवसेन, मेघपुष्प, समवेग और बलाहक (घोड़े) ऐसे (वेग से) चल रहे हैं, (धर गिरि पुर साम्हा धावन्ति) (कि) पृथ्वी, पर्वत और नगर सामने दौड़े आते हैं; (खँति लागौ त्रिभुवन पति खेड़ै) (और) लगन में लगन हुए त्रिलोकीनाथ भी (उनको ऐसी तेज़ी से) हाँक रहे हैं।।68।।

रथ थम्भि सारथी विप्र छण्डि रथ

औ पुर हरि बोलिया इम।

आयौ कहि कहि नाम अम्हीणौ

जा सुख दे स्यामा नै जिम।।69।।

(हरि इम बोलिया) (कुंदनपुर के पास पहुँच कर) भगवान् इस प्रकार बोले, (औ पुर) यह नगर है, (सारथी रथथम्भि, विप्र रथ छण्डि) सारथी! रथ को रोको, हे विप्र! रथ को छोड़ो। (जा अम्हीणौ नाम कहि, आयौ कहि) जाओ, (और) हमारा नाम कह कर कहो कि आ गए, (जिम स्यामा नै सुख दे) जिस प्रकार श्यामा (रुक्मिणी) को सुख दे सको।।69।।

रहिया हरि सही जाणियौ रुषमणि

कीध न इवड़ी ढील कई।

चिन्तातुर चित इम चिन्तवती

थई छीँक तिम धीर थई।।70।।

(रुषमणि जाणियौ हरि रहिया सही) रुक्मिणी ने जाना कि भगवान् रह गए इसमें संदेह नहीं (इवड़ी ढील कई न कीध) (क्योंकि उन्होंने) इतनी ढील (पहले) कभी नहीं की। (चिंतातुर चित इम चिन्तवती) चिंता से आतुर चित्त में (रुक्मिणी) इस प्रकार चिंता कर रही थीं, (छींक थई तिम धीर थई) कि छींक हुई; त्योंही (उन्हें) धैर्य हुआ।।70।।

चळपत्र पत्र थियौ दुज देखे चित

सकै न रहति न पूछि सकन्ति।

औ आवै जिम जिम आसन्नौ

तिम तिम मुख धारणा तकन्ति।।71।।

(दुज देखे चित चल़पत्र पत्र थियौ) ब्राह्मण को देखकर (रुक्मिणी का) चित्त पीपल के पत्ते की तरह (चंचल) हो गया, (न रहति सकै न पूछि सकन्ति) न तो (कृष्ण का संवाद पूछे बिना) रह ही सकती हैं और न पूछ ही सकती। (औ जिम जिम आसन्नौ आवै तिम तिम मुख धारणा तकन्ति) यह (ब्राह्मण) जैसे-जैसे पास आता है तैसे-तैसे (उसके) मुख की मुद्रा को ध्यानपूर्वक देखती हैं।।71।।

सँगि सन्ति सखीजण गुरुजण स्यामा
मनसि विचारि ए कही विहन्ति।
कुससथळी हूँता कुन्दणपुरि
किसन पधार्‌या लोक कहन्ति।।72।।

(स्यामा सँगि सखीजण गुरुजण सन्ति) (ब्राह्मण ने देखा) श्यामा (रुक्मिणी) के साथ गुरुजन (और) सखियाँ हैं। (मनसि विचारि ए महन्ति कही) (इस कारण) मन में सोच कर यह संवाद कहा—(कुससथळी हूँता कुन्दणपुरि किसन पधार्‌या लोकर कहन्ति) कि द्वारिकापुरी से श्रीकृष्ण कुंदनपुर में पधारे हैं (ऐसा) लोग कहते हैं।।72।।

बम्भण मिसि वन्दै हेतु सु बीजौ
कही स्रवणि सम्भळी कथ।
लिखमी आप नमे पाइ लागी
अचरिज को लाधै अरथ।।73।।

(कही कथ स्रवणि सम्भळी) (ब्राह्मण की) कही बात सुन कर और समझ कर (बम्भण मिसि वन्दै हेतु सु बीजौ) ब्राह्मण के मिस (उसको) प्रणाम किया (किंतु) हेतु दूसरा था। (लिखमी आप नमे पाइ लागी) (रुक्मिणी के रूप में) लक्ष्मी स्वयं विनीत होकर (ब्राह्मण के) पाँव लगी, (अरथ लाधै अचरिज को) (तो उसके) अर्थ (समृद्धि) लाभ करने में आश्चर्य ही क्या है ?।।73।।

चढिया हरि सुणि सङ्करखण चढिया
कटकबन्ध नह घणा किध।
एक उजाथर कळहि एहवा
साथी सहु आखाढसिध।।74।।

(हरि चढिया सुणि सङ्करखण चढिया) हरि को चढ़ा सुन कर बलराम (भी) चढ़े, (कटकबन्ध घणा नह किध) सैन्यसंग्रह अधिक नहीं किया (एक कळहि एहवा उजाथर) (क्योंकि एक तो बलभद्र) अकेले ही लड़ाई में ऐसे (बड़े) ओजस्वी (रणधीर) थे (सहु साथी आखाढ सिध) (और फिर उनके) सब साथी (भी) रणभूमि में सिद्धहस्त थे।।74।।

पिण पन्थ वीर जूजुआ पधार्‌या
पुरि भेळा मिळि कियौ प्रवेस

जण दूजण सहि लागा जोवण
नर नारी नागरिक नरेस।।75।।

(पिण वीर जूजुआ पन्थ पधार्‌या) यद्यपि (दोनों) भाई अलग-अलग मार्ग से चले (पुरि भेळा मिळि प्रवेस कियौ) (परंतु) कुंदनपुर में साथ मिल कर प्रवेश किया (जण, दूजण नर नारी नागरिक नरेस सहि जोवण लागा) (इनको) सज्जन-दुर्जन, नर-नारी, नागरिक नरेश सभी देखने लगे।।75।।

कामिणि कहि काम काळ कहि केवी
नारायण कहि अवर नर।
वेदारथ इम कहै वेदवँत
जोग तत्त जोगेसवर।।76।।

(कामिणि कहि काम) कामिनियाँ कहती हैं, "कामदेव हैं"। (केवी कहि काळ) कई (दुर्जन) कहते हैं, "काल हैं"। (अवर नर कहि नारायण) दूसरे लोग (भक्त जन) कहते हैं, "नारायण हैं"। (वेदवँत वेदारथ इम कहै) वेदवित्, "वेदार्थ हैं" ऐसा कहते हैं, (जोगेसवर जोग तत्त) और योगीश्वर "योगतत्त्व" कहते हैं।।76।।

वसुदेव कुमार तणौ मुख वीखे
पुणे सुणे जण आपपर।
औ रुषमणी तणौ वर आयौ
हर म करौ अनि रायहर।।77।।

(वसुदेव कुमार तणौ मुख वीखे जण आपपर पुणे सुणे) वसुदेव कुमार (श्रीकृष्ण) का मुख देख कर लोग परस्पर कहते सुनते हैं कि, (औ रुषमणी तणौ वर आयौ) यह रुक्मिणी का वर (पति) आ गया। (अनि रायहर हर म करौ) (अब) दूसरे राज्यकुलों के राजा (रुक्मिणी को पाने की अथवा वरने की) इच्छा (आशा) न करें।।77।।

आवासि उतारि जोड़ि कर ऊभा
जण जण आगै जणौ जणौ।
राम किसन आया राजा रै
तो को अचिरज मनुहार तणौ।।78।।

(आवासि उतारि) निवास स्थान में उतार कर (जण जण आगै जणौ जणौ कर जोड़ि ऊभा) एक-एक अतिथि के आगे एक-एक आदमी हाथ

जोड़ कर खड़ा हो गया। (राम किसन राजा रै आया) बलराम और श्रीकृष्ण राजा के यहाँ (मेहमान) आए हैं, (तो मनुहार तणौ को अचिरज) तो (ऐसे) आतिथ्य का होना क्या आश्चर्य है?।।78।।

सीखावि सखी राखी आखै सुजि
राणी पूछै रुषमणी।
आज कहौ तो आप जाइ आवूँ
अम्ब जात्र अम्बिका तणी।।79।।

(सखी सीखावरि राखी सुजि आखै) जिस सखी को (रुक्मिणी ने) सिखा रखा था वही कहती है, (राणी रुषमणी पूछै) हे महारानी! (राजकुमारी) रुक्मिणी पूछती हैं, (अम्ब आप कहौ तो आज अम्बिका तणी जात्र जाइ आवूँ) "हे माता, आप कहें तो आज अम्बिकादेवी की यात्रा को हो आऊँ"।।79।।

राणी तदि दूवौ दीध रुषमणी
पति सुत पूछि पूछि परिवार।
पूजा व्याज काज प्री परसण
स्यामा आरँभिया सिणगार।।80।।

(तदि पति सुत पूछि परिवार पूछिं) तब पति से, पुत्र से और परिवार (के लोगों) से पूछकर (राणी रुषमणी दूवौ दीध) रानी ने रुक्मिणी को आज्ञा दी। (पूजा व्याज प्री परसण काज स्यामा सिणगार आरँभिया) पूजा के बहाने प्रियतम (श्रीकृष्ण) से मिलने के लिये श्यामा (रुक्मिणी) ने श्रृंगार करना आरंभ किया।।80।।

कुमकुमै मँजण करि धौत वसत धरि
चिहुरे जळ लागौ चुवण।
छीणे जाणि छछोहा छूटा
गुण मोती मखतूल गुण।।81।।

(कुमकुमै मँजण करि) (रुक्मिणी ने) गुलाब-जल में स्नान करके (धौत वसत धरि) धुले हुए वस्त्र धारण किए। (चिहुरे जळ चुवण लागौ) (उनके) केश-कलाप से जल-विंदु टपकने लगे (जाणि) मानो (मखतूल गुण छीणे) काले रेशम के डोरों के टूट जाने पर (गुण मोती छछोहा छूटा) (सुंदर) गुणमोती जल्दी-जल्दी गिर रहे हैं।।81।।

लागी बिहुँ करे धूपणै लीधै
केस पास मुगता कहण।
मन मृग चै कारणै मदन ची
वागुरि जाणे विसतरण।।82।।

(केस पास धूपणै लीधै बिहुँ करै गुणता करण लागी) (रुक्मिणी अपने) केशपाश को, धूप देने के वास्ते, दोनों हाथों से खोलने (फैलाने) लगीं। (जाणै) मानो (मन-मृग चै कारणै मदन ची वागुरि विसतरण) (श्रीकृष्ण के) मन-रूपी मृग के वास्ते कामदेव का जाल फैलाने (लगी हों)।।82।।

बाजोटा ऊतरि गादी बैठी
राजकुँअरि स्त्रिंगार रस।
इतरै एक आली ले आवी
आनन आगळि आदरस।।83।।

(राजकुँअरि बाजोटा ऊतरि स्त्रिंगार रस गादी बैठी) राजकुमारी (रुक्मिणी) चौकी से उतर कर श्रृंगार की इच्छा से गद्दी पर बैठीं। (इतरै एक आली आनन आगलि़ आदरस ले आवी) इतने में एक सखी (उनके) मुख के सामने दर्पण ले आई।।83।।

कण्ठ पोत कपोत कि कहुँ नीळकँठ
वडगिरि कालिन्द्री वळी।
समै भागि किरि सङ्ख सङ्खधर
एकणि ग्रहियौ अङ्गुळी।।84।।

(कण्ठ पोत) (रुक्मिणी के) गले में पवित्री (काला रेशमी डोरा) बँधी हुई है। (कहुँ कपोत कि नीळकण्ठ) उसे कपोतकण्ठ कहूँ अथवा नीलकण्ठ। (कालिन्द्री वळी वडगिरि) (अथवा) यमुना से परिवेष्टित हिमालय (कहूँ) (किरि) या मानो (सङ्खधर सङ्ख एकणि अङ्गुली समै भागि ग्रहियौ) शङ्खधर (विष्णु) ने शङ्ख को एक अंगुली से बीचोंबीच पकड़ लिया हो।।84।।

कबरि किरि गुन्थित कुसुम करम्बित
जमुण फेण पावन्न जग।
उतमंग किरि अम्बर आधो अधि
माँग समरि कुंआर मग।।85।।

(कुसुम करम्बित गुन्थित कबरी) फूल दे-देकर गुँथी हुई (रुक्मिणी की) चोटी (किरि) मानो (जग पावन्न जमुणा फेण) जग को पवित्र करने वाली यमुना के फेन हैं। (उतमंग आधो अधि समारि माँग) (और) मस्तक के बीचोंबीच सँवारी हुई माँग (किरि) मानो (अम्बर कुंआर मग) आकाश स्थित आकाशगंगा है।।।85।।

अणियाळा नयण बाण अणियाळा
सजि कुण्डल खुरसाण सिरि।
वळे बाढ दे सिली सिली वरि
काजळ जळ वाळियौ किरि।।86।।

(अणियाळा नयण अणियाळा बाण) (रुक्मिणी के) नुकीले नयन ही तीखे बाण हैं, (कुण्डल खुरसाण सिरि सजि) (जो) कुंडलरूपी शारण के ऊपर तेज किए गए हैं। (वळे) फिर (सिली सिली वरि) (फिर शलाकारूपी सिल्ली पर) (काजळ जळ वाळियौ) काजलरूपी जल डाल कर (देकर) (किरि बाढ दे) मानो (नयनरूपी बाणों को) बाढ़ दे रही है।।86।।

कमनीय करे कूँ कूँ चौ निज करि
कलँक धूम काढे वे काट।
सम्प्रति कियौ आप मुख स्यामा
नेत्र तिलक हर तिलक निलाट।।87।।

(स्यामा निज करि कूँकूँ चौ कमनीय नेत्र तिलक करे) श्यामा (रुक्मिणी) ने अपने हाथों से कुमकुम का सुंदर नेत्रतिलक (शिव के ललाट-नेत्र के समान आकार वाला तिलक) बना कर, (संप्रति आप मुख हर निलाट तिलक कियौ) फिर अपने मुख पर अद्र्धचंद्र (शिव के ललाट पर स्थित अद्र्धचंद्र के समान आकार वाला तिलक) बनाया (धूम कलँक वे काट काढे) परंतु (उनमें से) धुँआ और कलंक (क्रमशः) दोनों (दोष) निकाल दिए।।87।।

मुख सिख सँधि तिलक रतनमै मंडित
गयौ जु हूँतौ पूठि गळि।
आयै क्रिसन मांग मग आयौ
भाग कि जाणे भालियळि।।88।।

(मुख सिख सँधि रतनमै मंडित तिलक) (रुक्मिणी के) मुख और मस्त

की संधि (ललाट) पर रत्नमय सुसज्जित तिलक (आभूषण विशेष) है, (कि जाणे) मानो (जु भाग गळि पूठि गयौ हूँतौ) (रुक्मिणी का) जो भाग्य (शिशुपाल के आने से) ग्रीवा के पृष्ठ-भाग में चला गया था (छिप गया था), (क्रिसन आयै मांग मग भालियळि आयौ) (वही) श्रीकृष्ण के आने पर माँग के मार्ग से (फिर) ललाट पर आ गया है।।88।।

जूँ सहरी भ्रूह नयण मृग जूता
विसहर रासि कि अलक वक्र।
वाळी किरि वाँकिया विराजै
चंद रथी ताटंक चक्र।।89।।

(भ्रूह जूँ सहरी) (रुक्मिणी की) भौंहे जुवे के सदृश हैं, (नयण मृग जूता) (जिसमें) नयनरूपी मृग जुते हैं; (अलक वक्र कि विसहर रासि) टेढ़ी अलके हैं अथवा सर्पमयी रास है। (वाळी किरि वाँकिया विराजै) (उनके कानों की) बालियाँ मानो (रथ में लगे हुए) बांकिये हैं, (चंद रथी) (उनका मुखरूपी) चंद ही सारथी है (ताटंक चक्र) (और) कर्णफूल ही पहिए हैं।।89।।

इभ कुँभी अन्यारी कुच सु कञ्चुकी
कवच सम्भु काम क कळह।
मनु हरि आगमि मंडे मंडप
बन्धण दीध कि वारगह।।90।।

(कुच कञ्चुकी सु इभ कुँभ अन्धारी) (रुक्मिणी के) कुचों की कञ्चुकी ही हाथी के कुंभस्थल की अंधेरी (जालीदार आवरण) है। (क काम कळह सम्भु कवच) अथवा कामदेव से युद्ध करने के लिए शंभु का कवच है; (हरि आगमि मनु मंडप मंडे)' अथवा (रुक्मिणी ने) भगवान् के स्वागतार्थ मानो मंडप सजाया है, (बन्धण दीध कि वारगह) (और कंचुकी की) कसें बाँधी हैं अथवा तंबू खड़ा किया है।।90।।

हरिणाखी कण्ठ अंतरिख हूँती
बिम्ब रूप प्रगटी बहिरि।।
कळ मोतियाँ सुसरि हरि कीरति
कण्ठसरी सरसती किरि।।91।।

(हरिणाखी कण्ठ कण्ठसरी) हरिणाक्षी (श्री रुक्मिणी) के गले में (धारण

की हुई) कण्ठी (किरि) (क्या है) मानो (अंतरिख हूँती सरसती विम्बरूप बहिरि प्रगटी) अदृश्यवासिनी सरस्वती बिंबरूप में बाहर प्रकट हुई हैं। (कल़ मोतियाँ सुसरि) (और) मनोहर मोतियों की सुंदर माला (हरि कीरति) ही मानो (सरस्वती द्वारा गाया हुआ) हरि का यश है।।91।।

बाजूबँध बन्धे गोर बाहु बिहुँ
स्याम पीट सोहन्त सिरी।
मणिमै हीँडि हीँडलै मणिधर
किरि साखा श्रीखंड की।।92।।

(बिहुँ गोर बाहु बाजूबँध बन्धे) (रुक्मिणी की) दोनों गौरवर्ण भुजाओं में भुजबंद बँधे हैं, (स्याम पाट सिरी सोहन्त) (जिनके) काले रेशम के सिरे (मणियुक्त फुँदने) शोभा देते हैं, (किरि) मानो (श्रीखंड की साखा मणिमै हीँडि मणिधर हीँडलै) चंदन की शाखाओं से (बँधे हुए) मणिमय हिँडोलों में मणिधर (सर्प) झूल रहे हैं।।92।।

गजरा नवग्रही प्रोँचिया प्रोँचे
वळे वळै विधि विधि वळित।
हसत नखित्र वेधियौ हिमकरि
अरध कमळ अळि आवरित।।93।।

(गजरा नवग्रही प्रोँचिया प्रोँचे वल़े) (रुक्मिणी ने) कलाई पर गजरे और नवरतनी पहुँचियाँ पहनी (वल़ै विधि विधि वलित) (जो) काले रेशमी डोरों से नाना प्रकार से गुँथी हुई थीं (हसत नखित्र हिमकरि वेधियौ) (मानो) हस्त नक्षत्र ने चंद्रमा को वेध लिया है, (अलि आवरित अरध कमल़) (या मानो) भ्रमरों से घिरे हुए आधे (अर्ध प्रकट) कमल हैं।।93।।

आरोपित हार घणौ थियौ अँतर
उरस्थळ कुम्भस्थळ आज।
सु जु मोती लहि न लहै सोभा
रज तिणि सिर नाँखै गजराज।।94।।

(आज हार आरोपित उरस्थळ कुम्भस्थळ घणौ अँतर थियौ) आज (मोतियों का) हार धारण किये हुए (रुक्मिणी के) उरस्थल और (गजराज के गजमुक्तायुक्त) कुम्भस्थल में बहुत अंतर हो गया है। (सु जु गजराज

मोती लहि सोभा न लहै) (क्योंकि) वह गजराज तो (कुंभस्थल में) मोती रखते हुए भी शोभा नहीं पाता (तिणि) इसी कारण (सिर रज नाँखै) (अपने) सिर पर धूल डालता है।।94।।

धरिया सु उतारे नव तन धारे
कवि तै वाखाणण किमत्र।
भूखण पुहप पयोहर फळ भति
वेलि गात्र तौ पत्र वसत्र।।95।।

(धरिया सु उतारे नव तन धारे) (रुक्मिणी) पहले से धारण किए हुए (वस्त्रों को) उतारती है (और) नए (वस्त्रों को) शरीर पर धारण करती है। (कवि तै किमत्र वाखाणण) कवि (उनका) यहाँ पर किस प्रकार वर्णन करे (भूखण पुहप पयोहर फल़ भति) (तो भी यदि) आभूषण पुष्पों के समान हैं (तो) पयोधर फलों के सदृश है; (गात्र वेलि तौ वसत्र पत्र) (और यदि) शरीर लता है तो वस्त्र पत्ते हैं।।95।।

स्यामा कटि कटिमेखला समरपित
क्रिसा अंग मापित करल।
भावी सूचक थिया कि भेळा
सिङ्घरासि ग्रहगण सकल।।96।।

(स्यामा क्रिसा अंग मापित करल कटि कटिमेखला समरपित) श्यामा (रुक्मिणी) ने पतली (कृशाङ्ग) और मुट्ठी से मापी जा सके (ऐसी) कटि में करधनी पहनी है। (कि भावी सूचक सकल ग्रहगण सिङ्घरासि भेळा थिया) (वह क्या है) मानो भावी (भाग्योदय) सूचक (मेखला में जटित नवरत्नरूपी) सब ग्रहगण सिङ्घराशि ("केहरि कटि") पर एकत्र हुए हैं।।96।।

चरणे चामीकर तणा चंदाणणि
सज नूपुर घूघरा सजि।
पीळा भमर किया पहराइत
कमळ तणा मकरन्द कजि।।97।।

(चंदाणणि) चन्द्रमुखी (रुक्मिणी) ने (चरणे चामीकर तणा नूपुर सजि घूघरा सजि) चरणों में सुवर्ण के नूपुर सजा कर घुँघरू पहने। (भमर कमल तणा मकरन्द कजि पीळा पहराइत किया) (मानो) भ्रमरों से, (चरणरूपी)

कमलों के मकरंद (की रक्षा) के लिए, पीले (पीली वर्दीवाले) पहरेदार (नियत) किए हैं। ।97। ।

दधि वीणि लियौ जाइ वणतौ दीठौ
साखियात गुणमै ससत।
नासा अग्रि मुताहळ निहसति
भजति कि सुक मुख भागवत। ।98। ।

(जाइ दधि वीणि लियौ) जिसको समुद्र में से चुन कर लिया, (ससत साखियात गुणमै वणतौ दीठौ) (और जिसको रुक्मिणी की नासिका में रहने के कारण) निस्संदेह, साक्षात् गुणमय ('गुणमोती') बनते देखा। (मुताहल नासा अग्रि निहसति) (वही) मोती नासिका के अग्रभाग में हँसता है (झूलता है) (कि सुक मुख भागवत भजति) मानो शुक (नासिकारूपी शुक अथवा श्रीशुकदेवजी) मुख से भागवत (भगवद्गुणानुवाद अथवा श्रीमद्भागवतपुराण) का भजन करता है। ।98। ।

नोट—"गुणमै", "सुक" और "भागवत" के श्लिष्टार्थों का स्पष्टीकरण नोट में देखिए।

मकरन्द तँबोळ कोकनद मुख मझि
दन्त किञ्जळ दुति दीपन्ति।
करि इक बीड़ौ वळे वाम करि
कीर सु तसु जाती क्रीड़न्ति। ।99। ।

(कोकनद मुख मझि मकरन्द तँबोल) (श्री रुक्मिणी के) लाल कमल-सदृश मुख में मकरन्द के सदृश पान है, (दन्त दुति किञ्जळक दीपन्ति) (उनके) दाँतों की द्युति किञ्जल्क (केशर) के समान दीप्तिमान् है। (इक बीड़ौ करि तसु वामकरि वळे) एक बीड़ा बनाकर (उन्होंने) अपने बाएँ हाथ में ले रखा है (सु कीर जाती क्रीड़न्ति) वह (मानो) सुंदर तोता जाती (चमेली) पर (बैठा) क्रीड़ा कर रहा है। ।99। ।

सिणगार करे मन कीधौ स्यामा
देवि तणा देहरा दिसि।
होड छण्डि चरणे लागा हंस
मोती लगि पाणही मिसि। ।100। ।

(स्यामा सिणगार करे देवि तणा देहरा दिसि मन कीधौ) श्यामा ने शृंगार करके देवी के मंदिर की ओर (जाने की) इच्छा की। (मोती लगि पाणही मिसि हंस होइ छण्डि चरणे लागा) (उनकी) मुक्ताजटित जूतियों के मिस (मानो) हंस (रुक्मिणी की चाल की) स्पर्धा छोड़ कर पैरों में लोट रहे हैं।।100।।

अन्तर नीळम्बर अबळ आभरण
अंगि अंगि नग नग उदित।
जाणे सदनि सदनि सञ्जोई
मदन दीपमाळा मुदित।।101।।

(नीळम्बर अन्तर नग नग उदित अंगि-अंगि आभरण अबल़) नीलवर्ण चीर के अंदर, नाना प्रकार के नगों से आलोकित, अंग-प्रत्यंग पर (धारण किए हुए) आभूषणों की अवली है। (जाणे) मानो (मुदित मदन सदनि सदनि दीपमाला सञ्जोई) हर्षित कामदेव ने घर घर में दीपमालाएँ जलाई हैं।।101।।

किहि करगि कुमकुमौ कुंकुम किहि करि
किहि करि कुसुम कपूर करि।
किहि करि पान अरगजौ किहि करि
धूप सखी किहि करगि धरि।।102।।

(किहि करगि कुमकुमौ) किसी के हाथ में गुलाब-जल है; (किहि करि कुंकुम) किसी के हाथ में कुंकुम है; (किहि करि कुसुम कपूर करि) किसी के हाथ में पुष्प है (तो) किसी के हाथ में कर्पूर, (किहि करि पान) किसी के हाथ में पान है; (किहि करि अरगजौ) किसी के हाथ में अरगजा है (किहि सखी करगि धूप धरि) और किसी सखी के हाथ में धूप धरा हुआ है।।102।।

चकडोल लगै इणि भाँति सुँ चाली
मति तै वाखाणण न मूँ।
सखी समूह मांहि इम स्यामा
सीळ आवरित लाज सूँ।।103।।

(चकडोल़ लगै इणि भाँति सुँ चाली) पालकी की ओर (श्रीरुक्मिणी) इस भाँति से चलीं (तै वाखाणण मूँ मति न) जिसको वर्णन करना मेरी बुद्धि (की सामर्थ्य) में नहीं है। (सखी समूह मांहि स्यामा इम) सखियों के समूह

में स्यामा ऐसी (लगती हैं) (सीळ आवरित लाज सूँ) मानो (मूर्तिमान) शील, लज्जा से घिरा हुआ है।।103।।

आइस्यै जाइ साथि सु चढ़ि चढ़ि आया
तुरी लाग ले ताकि तिम।
सिलह मांहि गरकाब सँपेखी
जोध मुकुर प्रतिबिम्ब जिम।।104।।

(साथि जाइ आइस्यै) (जिनको रुक्मिणी के) साथ जाने की आज्ञा थी (सु लाग तुरी ताकि ले) वे योग्य घोड़ों को देख और वैसे-वैसे लेकर (चढ़ि चढ़ि आया) चढ़-चढ़ कर आ गए। (जोध सिलह माँहि गरकाब सँपेखी) वे योद्धा सिलहवख़्तर (कवचों) में समाए हुए (ऐसे) दीखते थे (जिम मुकुर प्रतिबिम्ब) जैसे दर्पण में प्रतिबिम्ब।।104।।

पदमिणि रखपाळ पाइदळ पाइक
हिळवळिया हलिया हसति।
गमे गमे मदगलित गुड़न्ता
गात्र गिरोवर नाग गति।।105।।

(पदमिणि रखपाळ पाइदळ पाइक हिळवळिया) पद्मिनी (श्रीरुक्मिणी) के अंगरक्षक पैदल सिपाही, हड़बराए हुए (गमनोत्सुक हुए) (गमे गमे गिरोवर गात्र मदगलिंत नाग गति गुडन्ता हसति हलिया) धम धम करते (उत्साहित होकर) पर्वत के समान शरीर वाले मदमत्त हाथियों की चाल से झूमते (और) हँसते हुए चले।।105।।

अस वेगि वहै रथ वहै अन्तरिख
चालिया चंदाणणि मग चाहि।
किरि वैकुण्ठ अयोध्यावासी
मंजण करि सरयू नदि मांहि।।106।।

(अस वेगि वहै) घोड़े वेग से चल रहे हैं, (रथ अन्तरिख वहै) रथ अंतरिक्ष में (के मार्ग से) चल रहा है। (चाहि चंदाणणि मग चालिया) (और श्रीकृष्ण) बड़े चाव से चंद्रमुखी (श्रीरुक्मिणी) के मार्ग का अनुसरण कर रहे हैं (किरि) मानो, (वैकुण्ठ अयोध्यावासी सरयू नदि मांहि मंजण करि) वैकुण्ठ जाने के लिए अयोध्यावासी सरयू नदी में स्नान कर रहे हैं।।106।।

नोट—अंतिम दो पंक्तियों में उत्प्रेक्षित भाव का स्पष्टीकरण नोट में देखिये।

पारस प्रासाद सेन सम्पेखे
जाणि मयंक कि जळहरी
मेरु पाखती नखित्र माला
ध्रू माळा संकर धरी।।107।।

(प्रासाद पारस सेन सम्पेखे) मंदिर के पार्श्व में सेना को देखने से (जाणि) (ऐसा) जान पड़ता है, (मयंक जल़हरी) (मानो) चंद्रमा की जलहरी (चक्राकार मंडल) हैं, (मेरु पाखती नखित्र माल़ा) (या) मेरु पर्वत के चारों ओर नक्षत्र माला है (कि संकर ध्रू माल़ा धरी) किंवा शंकर ने मुंडमाला धारण कर रखी है।।107।।

देवाळै पैसि अम्बिका दरसे
घणे भाव हित प्रीति घणी।
हाथे पूजि कियौ हाथालगि
मन वञ्छित फळ रुषमणी।।108।।

(देवाल़ै पैसि अम्बिका दरसे) मंदिर में प्रवेश करके (रुक्मिणी ने) अंबिका के दर्शन किये (भाव घणै हित प्रीति घणी) और बड़े भक्तिभाव, हित (और) घनी प्रीतिपूर्वक (रुषमणी हाथे पूजि मन वञ्छित फल हाथालगि कियौ) (रुक्मिणी ने अपने) हाथों से पूजा करके मनवांछित फल को हस्तगत किया।।108।।

आकरषण वसीकरण उनमादक
परठि द्रविण सोखण सर पंच।
चितवणि हसणि लसणि गति सँकुचणि
सुन्दरि द्वारि देहरा संच।।109।।

(चितवणि हसणि लसणि गति सँकुचणि) चितवन (भावपूर्वक दृष्टिपात), हँसी (मोहिनी मुसकयान), लास्य (लोचपूर्वक हाव या अंगभंगी) चाल (मतवाली और चंचल चाल) और संकोच (दिल को खींचने वाली लज्जा) रूपी (आकरषण वसीकरण उनमादक द्रविण सोखण सर पंच परठि) आकर्षण, वशीकरण, उन्मादक, द्रविण और शोषण—

इन पाँच (कामदेव के विश्वविजयी पाँच शरों के सदृश) बाणों को धारण करके (सुन्दरि देहरा द्वारि संच) सुंदरी (रुक्मिणी ने) देवालय के द्वार में प्रवेश किया।।109।।

मन पंगु थियौ सहु सेन मूरछित
तह नह रही संपेखतै।
किरि नीपायौ तदि निकुटी ए
मठ पूतळी पाखाणमै।।110।।

(संपेखतै मन पंगु थियौ) (इस प्रकार रुक्मिणी को) देखते ही मन निश्चल हो गया, (तह नह रही) चेतना नहीं रही, (सहु सेन मूरछित) (और) सारी सेना मूर्छित हो गई। (किरि) मानो (मठ नीपायौ तदि ए पाखाणमै पूतऴी निकुटी) (जब) मंदिर बनाया तभी ये पाषाणमयी मूर्तियाँ भी गढ़ी गईं थीं।।110।।

आयौ अस खेड़ि अरि सेन अंतरै
प्रथिमी गति आकास पथ
त्रिभुवन नाथ तणौ वेळा तिणि
रव संभळी कि दीठ रथ।।111।।

(आकास पथ अस खेड़ि अरि सेन अंतरै प्रथिमी गति आयौ) आकाश-मार्ग से घोड़ों को चलाते हुए वैरियों के सैन्य के बीच में (भगवान्) पृथ्वी पर आये। (तिणि वेला रव संभऴी कि त्रिभुवन नाथ तणौ रथ दीठ) उस समय त्रिलोकीनाथ के रथ का शब्द सुनाई दिया कि (इतने ही में) रथ भी दिखाई दिया।।111।।

बळिबंध समरथि रथ ले बैसारी
स्यामा कर साहे सु करि।
वाहर रे वाहर कोइ छै वर
हरि हरिणाखी जाइ हरि।।112।।

(बलि बंध समरथि स्यामा कर सु करि साहे रथ ले बैसारी) बलि को बाँधने वाले सामर्थ्यवान् (श्रीकृष्ण) ने श्रीरुक्मिणी का हाथ अपने हाथ में थामे हुए (उन्हें) लेकर रथ में बैठा लिया। (कोइ वर छै बाहर रे वाहर) (और उन्होंने व्यंग्य में कहा—अथवा उस समय सेना में यह कोलाहल मचा) कोई रुक्मिणी का वर (वर बनने का अभिमान रखने वाला) है? (यदि कोई

है तो) सहायता के लिए दौड़ो! (हरि हरिणाखी हरि जाइ) (क्योंकि) हरि हरिणाक्षी (रुक्मिणी) का हरण करके जा रहा है।।112।।

सम्भळत धवळ सर साहुळि सम्भळि
अलू दा ठाकुर अलल।
पिंड बहुरूप कि भेख पालटे
केसरिया ठाहे क्रिगळ।।113।।

(धवल़ सर सम्भल़त) मांगलिक गीत सुनते हुए (अलल अलू दा ठाकुर) आला आला (एक से एक बढ़ कर) सजे हुए (अलबेले) सरदारों ने (साहुलि़ सम्भलि़) पुकार सुनकर (पिंड केसरिया ठाहे क्रिगल़) (अपने) शरीर पर केसरिया (पोशाकों) के स्थान पर कवच धारण किए (कि) मानो (बहुरूप पिंड भेख पालटे) बहुरूपियों ने शरीर का भेष बदल लिया हो।।113।।

लारोवरि अस चित्राम कि लिखिया
निहषरता नरवै नर।
माँखण चोरी न हुवै माहव
महियारी न हुवै महर।।114।।

(नरवै लारोवरि निहषरता नर अस कि चित्राम लिखिया) नर-श्रेष्ठ श्रीकृष्ण के पीछे (बड़े वेग से) दौड़ते हुए वीरों के घोड़े (ऐसे दिखाई देते हैं मानो) चित्र में चित्रित किए हुए हों। (माहव माखण चोरी न हुवै) (पीछा करने वाले कहते जाते हैं) रे माधव! यह माखन की चोरी नहीं है; (महर महियारी न हुवै) रे ग्वाले! यह गूजरी नहीं है।।114।।

ऊपड़ी रजी मझि अरक एहवौ
वातचक्र सिरि पत्र वसन्ति।
सद नीहस नीसाण न सुणिजै
वरहासाँ नासाँ बाजन्ति।।115।।

(ऊपड़ी रजी मझि अरक एहवौ) उड़ी हुई (उड़ कर छाई हुई) धूल में सूर्य ऐसा (जान पड़ता) है, (वातचक्र सिरि वसन्ति पत्र) (जैसे) वातचक्र के शिखर पर (पीला) पत्ता हो, (वरहासाँ नासाँ वाजन्ति) घोड़ों के नथुने (ऐसे ज़ोर से) बोल रहे हैं (नीसाण नीहस सद न सुणिजै) कि नगाड़ों का निर्घोष शब्द (भी) नहीं सुनाई देता।।115।।

अळगी ही नैड़ी की ऊखवते
देठाळौ हुऔ दलाँ दुँह।
वागाँ ढेरवियाँ वाहरुए
मारकुए फेरिया मुँह।।116।।

(अळगी की ऊखवते नैड़ी की) (अब तक जो दोनों सेनाएँ) दूर थीं (पीछा करने वालों ने घोड़ों को तेजी से) दौड़ा कर (उनको) निकट किया। (दलाँ दुँह देठालौ हुऔ) और दोनों दलों की देखा-देखी हुई। (वाहरुए वागाँ ढेरवियाँ) (तब) पीछा करने वालों (बाहरुओं) ने अपनी बागें रोक लीं, (मारकुए मुँह फेरिया) और मारकुओं ने (प्रहारकों ने) भी अपना मुँह फेरा।।116।।

(युद्ध वर्षा रूपक वर्णन)

कठठी बे घटा करे काळाहणि
समुहे आमहो सामुहै।
जोगिणि आवी आडँग जाणे
वरसै रत बेपुड़ी वहै।।117।।

(वे काळाहणि घटा आमहो सामुहै समुहे कठठी) दो प्रलयकारी सैन्यदल आमने-सामने होकर निकले हैं; (करे) मानो (बे कालाहणि घटा आमहो सामुहै समुहे कठठी) दो काले बादलों की घटाएँ आमने-सामने होकर निकली हैं। (रत वरसै आडँग जाणै बेपुड़ी वहै जोगिणि आवी) (और युद्ध में) रक्त बरसने के आसार जान कर दोहरी (दोनों तरफ़ से) चलती हुई योगिनियाँ आई हैं; (जाणे) मानो (वरसै रत बेपुड़ी वहै आडँग जोगिणि आवी) बरसने को उद्यत दोहरी (दोनों ओर से) चलती हुई वर्षा-सूचक योगिनियाँ (अर्थात् ज्योतिष के अनुसार वर्षा के योग) आए हैं।।117।।

हथनालि हवाई कुहक बाण हुवि
होइ वीरहक गैगहण।
सिलहाँ ऊपरि लोह लोह सर
मेह बूँद माहे महण।।118।।

(हथनलि हवाई कुहक बाण हुवि) बंदूकों, हवाइयों तथा तोपों इत्यादि के चलने का शब्द हुआ; (गैगहण वीरहक होइ) आकाश को गुँजा देने वाली वीरों की ललकार हुई (लोह सिलहाँ ऊपरि लौह सर) (और) लौह के कवचों

पर लोह के बाण पड़ते हैं (महण माहे मेह बूंद) (मानो) समुद्र में मेह की बूँदें (पड़ रही हैं)।।118।।

कळकळिया कुन्त किरण कळि ऊकलि
वरजित विसिख विवरजित वाउ।
धड़ि धड़ि धबकि धार धारूजळ
सिहरि सिहरि समखै सिळाउ।।119।।

(कुन्त किरण कळि ऊकळि कळकऴिया) भालेरूपी सूर्यकिरण युद्ध में सन्तप्त होकर चमचमाने लगे। (वरजित विसिख विवरजित वाउ) (दोनों दलों का निकट से युद्ध होने के कारण) बाण (चलने) बंद हो गए हैं वहीं–वायु का (चलना) बंद हो गया है। (धड़ि धड़ि धारूजल़ धार धबकि) (सैनिकों के) शरीर पर तलवारों की धारें चमक रही हैं (सिहरि सिहरि सिलाउ समखै) (वही) शिखर शिखर पर बिजलियाँ चमक रही हैं।।

भावार्थ–वर्षा होने से पहले सूर्यकिरणों के प्रखर तेज से गर्मी बहुत बढ़ जाती है और हवा बंद हो जाती है। इसके पश्चात् बादलों में बिजलियाँ चमकने लगती हैं। वैसे ही, यहाँ भी, कुछ दूरी से युद्ध करते हुए दोनों दल अब पास-पास आ गये हैं; अतएव बाणों का चलना बंद हो गया है और भालों का प्रहार प्रारंभ हो गया है। इस प्रकार बाणों का चलना क्या बंद हुआ है मानो वर्षा से पहले हवा का चलना बंद हो गया है। अब शीघ्रता से प्रहार करते हुए भाले सूर्य की किरणों में चमचमाने लगे। अनवरत प्रहार करने से भालों का लौह संतप्त हो उठा। इस प्रकार भालों से युद्ध करते हुए योद्धागण जब परस्पर और सन्निकट आ गए तब उनमें तलवारों से युद्ध होने लगा। उस समय कवच पहिने हुए सैनिकों के शरीरों पर प्रहार करती हुई तलवारों की धारें इस प्रकार चमकने लगीं, मानो शीघ्र की वृष्टि करने वाले बादलों के शिखर-शिखर पर बिजलियों ने चमकना आरंभ कर दिया हो।।119।।

कांपिया उर कायराँ असुभकारियौ
गार्जते नीसणि गड़ड़े।
ऊजळियाँ धाराँ ऊवड़ियौ
परनाळे जळ रुहिर पड़ै।।120।।

(नीसाणे गड़ड़ै गार्जते) नगाड़ों की गड़गड़ाहट रूपी मेघगर्जन से (कायराँ असुभकारियौ उर कांपिया) (रणभीरू कायरों रूपी अशुभचिन्तकों) (यथा किसानों को सूद के बोझ से दबाने वाले और महँगाई से लाभ उठाने वाले, बनियों) के हृदय काँपने लगे। (ऊजळियाँ धाराँ ऊवड़ियौ रुहिर जळ परनाळे पड़े) (शास्त्रों की) चमकीली धाराओं से उमड़ते हुए (वर्षापक्ष में स्वच्छ धाराओं में बरसते हुए) रुधिररूपी जल के परनाले बहने लगे।।120।।

चोटियाळी कूदै चौसठि चाचरि
ध्रू ढळियै ऊकसै धड़।
अनँत अनै सिसुपाल औझड़ै
झड़ मातौ माँडियौ झड़।।121।।

(चोटियाली चौसठि चाचरि कूदै) (लंबी-लंबी) चोटियों वाली चौसठ योगिनियाँ युद्धस्थल में कूद रही हैं, (ध्रू ढळियै धड़ ऊकसै) शिरों के (कट-कट कर) गिरने पर धड़ (कबंध) उकसते हैं। (अनँत अनै सिसुपाल औझड़ै झड़ माँडियौ) बलराम और शिशुपाल ने अविरल (शस्त्रप्रहार की) झड़ी लगा रखी है। (मातौ झड़ माँडियौ)–(वही मानो) वर्षा ने गहरी झड़ी लगा रखी है।।121।।

रिण अंगणि तेणि रुहिर रळतळिया
घणा हाथ हूँ पड़ै घणा।
ऊँधा पत्र बुदबुद जळ आकृति
तरि चालै जोगिणी तणा।।122।।

(घणा हाथ हूँ घणा पड़ै) बहुत से हाथों से (प्रहार से) बहुत से (कट-कटकर) गिर रहे हैं (तेणि) जिससे (रिण अंगणि रुहिर रळतळिया) युद्ध-भूमि में रुधिर बह चला। (जळ बुद बुद आकृति ऊँधा जोगिणी तणा पत्र तरि चालै) (और उसमें) जल के बुदबुदों की आकृति वाले उलट किये हुए योगिनियों के खप्पर) (खोपड़ियाँ) तैर चले।।122।।

वेली तदि बळभद्र बापूकारे
सत्र साबतौ अजै लगि साथ।
वूठै वाहवियै आ वेळा
हल जीपिस्यै जु वाहिस्यइ हाथ!।123।।

(तदि बळभ्रद बेली बापूकारे) तब बलभद्रजी ने (अपने) साथियों को (यह कहकर) उत्तेजित किया—(सत्र साथ अजे लगि साबतौ) "शत्रुदल अभी तक साबित (सही सलामत) खड़ा है! (वूठै हल वाहवियै जीपिस्यै) वर्षा होने पर जो हल जोतते हैं (वे ही) जीतते है; (आ वेळा जु हाथ वाहिस्यइ जीपिस्यै) (वैसे ही) इस समय जो हाथ चलावेंगे (शस्त्र प्रहार करेंगे) वही जीतेंगे।।123।।

विसरियाँ विसर जस बीज बीजिजै
खारी हाळाहळाँ खळाँह।
त्रूटै कन्ध मूळ जड़ त्रूटै
हळधर काँ वाहताँ हळाँह।।124।।

(विसरियाँ विसर जस बीज बीजिजै) "(इसलिये, हे वीरों!) बीते हुए समय को बिसार कर यश के बीज बोना चाहिए (वीरता के साथ युद्‌ध करना चाहिए) (खलाँह हाळाहळाँ खारी) (जिससे कि, "आ वेळा" (देखो 123)) शत्रुओं को हलाहल (विष) के समान कड़वी लगे।" (हलधर काँ वाहताँ हल़ाँह कन्ध मूळ त्रूटै) (इतना कहकर युद्‌ध में प्रवृत्त) हलधर (बलराम) के चलाए हुए हलों (के प्रहार) से (शत्रुओं के) कन्धोंरूपी डालियों की जड़ें टूटने लगीं। (हलधर काँ वाँहताँ हल़ाँह जड़ त्रूटै) (जैसे) किसान के चलाये हुए हलों से (खेत में) जड़ें (डंठल) टूटती हैं।।124।।

घटि घटि घण घाउ घाइ घाइ रत घण
ऊँच छिंछ ऊछळै अति।
पिड़ि नीपनौ कि खेत्र प्रवाळी
सिरा हंस नीसरै सति।।125।।

(घटि घटि घण घाउ घाइ घाइ घण रत) (योद्‌धाओं के) शरीरों में बहुत से घाव हो रहे हैं (और) घाव-घाव से बहुत-सा रक्त बह रहा है, (अति ऊँच छिछँ ऊछल़ै) (जिसके) अति ऊँचे फुहारे उछल रहे हैं (कि) मानो (खेत्र पिड़ि प्रवाल़ी नीपनौ) खेत में पेड़ियों पर किशलय (लाल-लाल नये पत्ते) उत्पन्न हो रहे हैं (सिरा हंस नीसरै सति) (और) धान के बालरूपी (शत्रुओं के सिरों से) प्राण निकल रहे हैं।।125।।

वलदेव महाबळ तासु भुजाबलि
पिड़ि पहरन्तै नवी परि।
बिजड़ां मुहे बेड़ते बळभद्र
सिराँ पुंज कीधा समरि।।126।।

(महाबळ वल़देव तासु भुजाबळि नवी परि पिड़ि पहरन्तै) अतुल बलशाली बलदेव अपनी भुजाओं के बल से नवीन (चमत्कारिणी) रीति से धान्य की पेड़ियों (रूपी शत्रु योद्धाओं) का प्रहार कर रहे हैं। (समरि बळभद्र बिजड़ा मुहे बेड़ते सिराँ पुंज कीधा) खेतरूपी रणक्षेत्र में बलभद्रजी ने अपने हँसुआ (रूपी तलवार) की धार से काटते हुए बालों (रूपी सिरों) का ढेर लगा दिया।।126।।

रिण गाहटतै सम खळाँ रिण
थिर निज चरण स मेढ़ि थिया।
फिरि चड़ियै संघार फेरता
केकाणाँ पाइ सुगह किया।।127।।

(रिण खळाँ गाहटतै) युद्ध-भूमि-रूपी खलिहान में (शत्रुदलरूपी धान्य का) गाहटन करते हुए (राम रिण निज थिर चरण स मेढ़ि किया) बलभद्र के रण में स्थिर रहने वाले अपने चरण ही मेढ़ू हुए, (चड़ियै फिरि फेरता संघार केकाणाँ पाइ सुगह किया) (और) चढ़कर फिरा-फिराकर फेरते (और) कुचलते हुए घोड़ों के पैरों से (उन्होंने शत्रुरूपी धान्य का) अच्छी तरह से गाहटन किया।।127।।

कण एक लिया किया एक कण कण
भर खञ्चे भंजियौ भिड़।
बळभद्र खळै खळाँ सिरि बैठी
चारौ पळ ग्रीधणी चिड़।।128।।

(एक कण लिया) कृषकरूपी बलराम ने (कई) एक कणों को (आहत योद्धाओं को) प्राप्त किया (पकड़ लिया), (एक कण कण किया) (और) (कई) एक को कण-कण कर दिया (टुकड़े-टुकड़े करके नष्ट कर दिया।) (भिड़ भंजियौ भर खञ्चे) (और जिनको) युद्ध करके भगा दिया, (वह मानो) धान्य के भार (गाड़ियों में) खिंचे जा रहे हैं। (बलभद्र खळै) (युद्ध-भूमि-रूपी)

बलभद्र के खलिहान में (खळाँ सिरि बैठी ग्रीधणी चिड़) (मरे हुए शत्रुरूपी) धान्य के सिरों पर बैठी हुई गिद्धनी चिड़िया है, (पल़ चारौ) (और मृत शवों का) मांस (उनका) चारा है।।128।।

सरिखाँ सूँ बलभद्र लोह साहियै
वड़फरि ऊछजतै विरुधि।
भलाभली सति तोईज भंजिया
जरासेन सिसुपाळ जुधि।।129।।

(बलभद्र सरिखां सूँ लोह साहियै) बलभद्र अपने सदृश (बलशाली) सुभटों से लोहा लेते हैं (युद्ध करते हैं)। (विरुधि वड़फरि ऊछजतै) उनके (शत्रुओं के प्रहार का) निरोध करने के लिए ढाल को उठाते हुए (भलाभली सति) 'भलाभली पृथ्वी' (वाली कहावत) सत्य है। (तोईज जरासेन सिसुपाल़ जुधि भंजिया) तभी तो जरासंध और शिशुपाल (जैसे योद्धाओं) को युद्ध में (बलभद्र ने) भगा दिया।।129।।

आडो अड़ि एकाएक आपड़े
वाग्यो एम रुषमणी वीर
अबला लेइ घणी भुँइ आयौ
आयौ हूँ पग माँडि अहीर।।130।।

(रुषमणी वीर आडो अड़ि एकाएक आपड़े) श्रीरुक्मिणी का भाई (राजकुमार रुक्मि) तिरछा होकर (रोकते-रोकते अकस्मात्) (सामने) आकर (एम वाग्यो) यों बोला,–(अबला लेइ धणी भुँइ आयौ) (तू) निर्बल स्त्री को लेकर बहुत दूर चला आया है। (हूँ आयौ, अहीर पग माँडि) (अब) मैं आ गया हूँ। अरे अहीर, पग रोक! (खड़ा रह!)।।130।।

विळकुळियौ वदन जेम वाकार!यौ
सङ्ग्रहि धनुख पुणच सर संधि
क्रिसन रुकम आउध छेदण कजि
वेलखि अणी मूठि द्रिठि वन्धि।।131।।

(जेम वाकार्यौ वदन विल़कुल़यौ) (रुक्मि ने) ज्योंही ललकारा त्योंही (श्रीकृष्ण का) मुख (मारे क्रोध के) लाल हो गया, (धनुख सङ्ग्रहि पुणच सर संधि) और धनुष को लेकर और प्रत्यंचा पर बाण को चढ़ा कर (रुकम

आउध छेदण कजि क्रिसन वेलखि मूठि अणी द्रिठि बन्धी) रुक्मि के शस्त्रों को काटने के लिए श्रीकृष्ण ने बाण की पुंख (फर) को मुट्ठी में और (उसकी) नोंक को दृष्टि में बाँधा।।131।।

रुकमइयौ पेखि तपत आरणि रणि
पेखि रुषमणी जळ प्रसन।
तणु लोहार वाम कर निय तणु
माहव किउ साँडसी मन।।132।।

(रणि आरणि) युद्धक्षेत्ररूपी (लोहार के) ऐरण पर (तपत रुकमइयौ पेखि) संतप्त (क्रुद्ध) रुक्मि को देखकर (तपत) (स्वयं) कुपित होते हुए (रुषमणी जल़ प्रसन पेखि) (और) रुक्मिणी का अश्रुजल (प्रस्त्रवण) मोचन देखकर (प्रसन) द्रवीभूत होते हुए (माहव निय तणु लोहर तणु वाम कर मन साँड़सी किउ) श्रीकृष्ण ने अपने शरीर को लोहार का बाँया हाथ (जिसमें वह साँडसी पकड़ता है) और अपने मन को साँडसी किया।

भावार्थ–युद्ध-क्षेत्र में अत्यंत क्रोध से संतप्त होकर रुक्मि भगवान् पर अनेक शस्त्रास्त्र का प्रहार करने लगा और उन्हें युद्ध के लिए ललकारने लगा। अतएव, श्रीकृष्ण रुक्मि पर अत्यंत क्रुद्ध हो गए। परंतु रुक्मिणीजी भाई को इस प्रकार मृत्यु के मुख में प्रविष्ट होते देखकर नेत्रों से अश्रुजल बहाने लगीं। इस पर, एक तरफ़ तो रुक्मि की युद्ध ललकार से कुपित और दूसरी ओर प्रिया के नेत्रों को अश्रु-प्लावित देखकर द्रवीभूत, भगवान् के मन और शरीर की दशा वर्णन कवि लोहार के व्यापारों की साम्यता से करता है। ऐसी दशा में श्रीकृष्ण का शरीर तो लोहार का बायां हाथ हो रहा है और उनका मन उसमें पकड़ी हुई साँडसी की तरह हो रहा है। जिस प्रकार लोहार बाएँ हाथ से साँडसी पकड़कर उससे तपे हुए लाल लोहे को अग्नि से निकाल कर पीटने के लिए ऐरण पर रखता है, और जब साँडसी गरम हो जाती है और उससे उसका हाथ जलने लग जाता है, तो साँडसी को पास रखे हुए जल में देकर ठंडी कर लेता है, उसी प्रकार युद्धक्षेत्र में क्रोधग्नि से रुक्मि को तपते देखकर भगवान् स्वयं क्रुद्ध होकर उसे मारने का मन करते हैं अर्थात् अपने मनरूपी साँडसी से पकड़ कर रुक्मिरूपी संतप्त लौह को पीटने के लिए ऐरण पर डालते हैं, परंतु लोहार के बायें हाथ के

समान उनका शरीर शीघ्र ही सन्तप्त हो जाता है जिस प्रकार लोहार सँाडसी को जेल में देकर ठंडी करता है उसी प्रकार भगवान् का मन भी रुक्मिणी के नेत्रजल को देखकर अपने क्रोध को त्याग देता है। सारांश, श्रीकृष्ण को अपने क्रोध में इच्छा होती है कि रुकिम को मार डालें, परंतु रुक्मिणी के दैन्य को देखकर वे ऐसा नहीं करते। उनका क्रोध शांत हो जाता है।।132।।

सगपण ची सनस रुषमणी सन्निधि
अण मारिवा तणै आलोजि।
ए अखियात जु आउधि आउध
सजै रुकम हरि छेदै सोजि।।133।।

(सगपण ची सनस) (साला होने के) संबंध की लाज से, (रुषमणी सन्निधि) (और) रुक्मिणी के निकट (सामने) (अण मारिवा तणै अलोजि) नहीं मारने के विचार से (आउधि रुकमजु आउध सजै हरि सोजि छेदै, ए अखियात) युद्ध में रुक्मि जिन आयुधों का प्रयोग करता है, भगवान् श्रीकृष्ण उन्हें काट देते हैं, यह आश्चर्य्य है!।।133।।

निराउध कियौ तदि सोनानामी
केस उतारि विरूप कियौ।
छिणियै जीवि जु जीव छण्डियौ
हरि हरिणाखी पेखि हियौ।।134।।

(तदि सोनानामी निराउध कियौ) तब सुवर्ण का नाम रखने वाले (रुक्मि) को निःशस्त्र किया (केस उतारि विरूप कियौ) (और) केस काटकर विरूप कर दिया। (जु छिणियै जीवि) जो (रुक्मि) क्षणजीवी ही था (हरि हरिणाखी हियौ पेखि जीव छण्डियौ) भगवान् श्रीकृष्ण ने हरिणाक्षी (रुक्मिणी) का हृदय (हार्दिक इच्छा का भाव) देखकर (उसको) जीवित छोड़ दिया।।134।।

अनुज ए उचित अग्रज इम आखै
दुसट सासना भली दई।
बहिनि जासु पासै वैसारी
भलौ काम किउ भला भई।।135।।

(अग्रज इम आखै) (इतने में) बड़े भ्राता (बलभद्र) यों (व्यंग्यपूर्वक) कहने लगे (भला भई भलौ काम किउ) वाह, भई वाह! भला काम किया!!

(जासु बहिनि पासै बैसारी) जिसकी बहिन को पार्श्व में बिठाया है, (दुसट सासना भली दई) (उसी को) दुष्टोचित दंड ख़ूब दिया! (अनुज ए उचित) हे अनुज, क्या यह उचित है?।।135।।

सुसमित सुनमित निज वदन सुव्रीड़ित
पुँडरीकाख थिया प्रसन।
प्रथम अग्रज आदेस पालिवा
मिरिगाखी राखिवा मन।।136।।

(प्रथम अग्रज आदेश पालिवा) प्रथम तो, बड़े भाई को आज्ञा पालने के लिए (मिरगाखी मन राखिवा) (फिर) मृगनयनी (रुक्मिणी) का मन रखने के लिए (पुँडरीकाख सुव्रीड़ित निज वदन सुनमित सुसमित प्रसन थिया) कमलनयन (श्रीकृष्ण) लजाते हुए अपने मुख को नीचा किये हुए, मंद-मंद मुस्कराते हुए (रुक्मि पर) प्रसन्न हुए।।136।।

कृत करण अकरण अन्नथा करणं
सगळे ही थोके ससमत्त्थ।
हा लिया जाइ लगाया हूँता
हरि साळै सिरि थापे हत्त्थ।।137।।

(अकरण करण कृत अन्नथा करणं) असंभाव्य को करने वाले, किए हुए को अन्यथा करने वाले (सगळे ही थोके ससमत्त्थ) सब बातों में पूर्ण सामर्थ्यवान (हरि साळै सिरि हत्त्थ थापे) भगवान ने साले के सिर पर हाथ रखे (जाइ लिया हा लगाया हूँता) (और) जिन (हाथों) से लिये थे (उन्हीं से बालों को फिर) लगा दिए।।137।।

परदळ पिण जीपि पदमणी परणे
आणँद उभै हुआ एकार।
वहतै कटकि माहि वादोवदि
बाधण लागा वधाइहार।।138।।

(पर दऴ जीपि) शत्रु-दल को जीतकर (पदमणी पिण परणे) पद्मिनी को भी ब्याहा। (उभै आणँद एकार हुआ) ये दोनों आनंद एक ही साथ हुए। (वह तै कटकि माहि वादोवदि) (इस कारण से) चलते हुए सैन्यदल में बदाबदी करते हुए (वधाइ हार वाधण लागा) बधाई-देने वाले बढ़ने लगे।।138।।

ग्रिह काज भूलिग्या गृहि गृहि गृहगति
पूछीजै चिन्ता पड़ी।
मन अरपण कीधै हरि मारग
चाहै प्रज ओटे चड़ी।।139।।

(गृहि गृहि चिन्ता पड़ी) (इधर द्वारिका में) घर-घर में चिंता व्याप्त है; (ग्रिह काज भूलिग्या) (सब अपने-अपने) घरों के काम-काज भूल गए; (ग्रह गति पूछीजै) (और ज्योतिषयों से) ग्रहों की गति (भाग्यफल) पूछते हैं (हरि मारग मन अरपण कीधै प्रज ओटे चड़ी चाहै) और हरि के मार्ग में मन लगाए हुए प्रजा ऊँचे स्थानों पर चढ़ी हुई (उत्कंठित होकर) देख रही है।।139।।

देखताँ पथिक उतामळा दीठा
झाँखाण उरि उठी झळ।
नील डाल़ करि देखि नीळाण
कुससथली वासी कमळ।।140।।

(देखताँ) देखते-देखते (उतामल़ा पथिक दीठा) शीघ्रता से आते हुए पथिक दिखाई दिए। (झाँखाणा) (देखकर) कुम्हला गएँ, (उरि झळ उठी) (और उनके) हृदयों में (चिंता की) ज्वाला उठी, (करि नील़ डाल़ देखि) (परंतु उनके) हाथों में हरी डालियाँ देखकर (कुससथल़ी वासी कमल नीळाणा) कमलरूपी द्वारिकानिवासी हरित हो गए।।140।।

सुणि आगम नगर सहू साऊजम
रुषमिणि कृसन वधावण रेसि।
लहरिउँ लियै जाणि लहरीरव
राका दिन दरसण राकेसि।।141।।

(नगर आगम सुणि) नगर में शुभागमन सुनकर (सहू रुषमिणि कृसन वधावण रेसि साऊजम) सभी (नगर-निवासी) श्रीरुक्मिणी और श्रीकृष्ण का स्वागत करने के लिए उद्यमशील हो उठे (जाणि) मानो (राका दिन राकेसि दरसण लहरीरव लहरिउँ लियै) पूर्णिमा के दिन पूर्ण-चंद्र के दर्शन के लिए समुद्र लहरें ले रहा है।।141।।

वधाउआँ गृहे गृहे पुरवासी
दळिद्र तणौ दीधौ दळिद्र।

ऊछव हुआ अखित ऊछलिया

हरी द्रोव केसर हळिद्र।।142।।

(पुरवासी गृहे गृहे) नगर-निवासियों ने घर-घर में (वधाउआँ दळिद्र तणौ दळिद्र दीधौ) बधाईदारों को (उनकी) दरिद्रता का दारिद्र्य (अभाव) दिया (अर्थात् इतना दिया कि उनकी दरिद्रता नष्ट हो गई) (ऊखित कछव हुआ) निरंतर उत्सव होने लगे, (हरी द्रोव केसर हळिद्र ऊछलि़या) और हरी दूब से केशर और हल्दी उछाले जाने लगे।।142।।

नर मारगि एक एक मगि नारी

क्रमिया अनि ऊछाह करेउ।

अङ्कमाळ हरि नयर आपिवा

वाहाँ तिकरि पसारी बेउ।।143।।

(एक मारगि नारी एक मगि नर) एक मार्ग से नारियाँ और एक मार्ग से नर (अति उछाह करेउ क्रमिया) बड़ा उत्साह करते हुए चले। (नयर हरि अङ्कमाळ आपिवा तिकरि बेउ बाहाँ पसारी) (मानो) द्वारिकापुरी ने हरि को गले लगाने के लिए अपनी दोनों बाँहें फैलाई हैं।।143।।

वीजलि दुति दंड मोतिए वरिखा

झालरिए लागा झड़ण।

छत्रे अकास एम औछायौ

घण आयौ किरि वरण घण।।144।।

(दंड वीजलि़ दुति) (मंडपों के रत्नजटित) दंड ही (मानो) बिजली की चमक है; (झालरिए झड़ण लागा मोतिए वरिखा) मंडपों की झालरों से झड़ते हुए मोती ही वर्षा (की बूँदें) हैं (छत्रे अकास एम औछायौ) (और मंडपों के ऊँचे-ऊँचे गगनस्पर्शी रग-बिरंगे) छत्रों से आकाश इस प्रकार छाया हुआ है (किरि घण वरण घण आयौ) मानो रंग-बिरंगे मेघ (घनघटा) आये हैं।।144।।

मुकरमै प्रोळि प्रोळिमै मारग

मारग सुरँग अबीरमई।

पुरि हरि सेन एम पैसार्‌यौ

नीरोवरि प्रवसन्ति नई।।145।।

(मारग प्रोळिमै) राज-मार्ग (स्वागतार्थ निर्मित अनेक) द्वारों से सुशोभित

हो रहा है (प्रोळि मुकरमै) और द्वार दर्पणमय (मुकुर-सुसज्जित) हैं, (मारग सुरँग अबीरमई) मार्ग सुंदर रंगों की गुलाल से आच्छादित हो रहे हैं। (हरि पुरी सेन एम पैसार्यौ) (तब) भगवान् ने नगर में सेना का इस प्रकार प्रवेश कराया (नई नीरोवरि प्रविसन्ति) जिस प्रकार नदी समुद्र में प्रवेश करती है।।145।।

धवळहरे धवळ दियै जस धवळित
धण नागर देखे सधण
सकुसल़ सबळ सदळ सिरि सामळ
पुहप बूँद लागी पड़ण।।146।।

(जस धवळित सधण देखे) यश से उज्ज्वलीकृत (श्रीहरि को) बधू सहित देखकर (धवळहरे नागर धण धवळ दिए) ऊँचे-ऊँचे श्वेत भवनों में नागरिकों की (चतुर) स्त्रियाँ मांगलिक गीत गाने लगीं। (सबल़ सदल़ सकुसल़ सिरि सामल़) और बलभद्रजी तथा सैन्यदल के सहित सकुशल (लौटे हुए) श्रीश्यामसुंदर पर (पुहप बूँद पड़ण लागी) पुष्परूपी बूँदें बरसने लगीं।।146।।

जीपे सिसुपाळ जरासिंधु जीपें
आयौ गृहि आरती उतारि।
देखे मुख वसुदेव देवकी
वार वार वारै पै वारि।।147।।

(सिसुपाळ जरासिंधु जीपे) शिशुपाल और जरसिंध को जीतकर (जीपे गृहि आयौ) विजय प्राप्त करके घर आया है, (आरती उतारि) (इससे) आरती उतारकर (पै वारि) जल वार कर (वसुदेव देवकी मुख देखे वार वार वारै) वसुदेव-देवकी (अपने प्यारे पुत्र का) मुख देखकर बार बार बलैयाँ लेते हैं।।147।।

विधि सहित वधावे वाजित्र वावे
भिन भिन अभिन बाणि मुख भाखि।
करै भगति राजान क्रिसन ची
राजरमणि रुषमिणि गृह राखि।।148।।

(विधि सहित बधावे) विधिपूर्वक स्वागत हो रहे हैं। (वाजित्र वावे) बाजे बज रहे हैं; (भिन्न-भिन्न मुख अभिन बाणि भाखि) भिन्न-भिन्न मुखों से

एक ही (भगवान के यश की) बात कही जा रही है; (राजान क्रिसन ची भगति करै) राजा लोग श्रीकृष्णजी का प्रेमपूर्वक सत्कार कर रहे हैं (राजरमणि रुषमिणि गृह राखि भगति करै) (और) रानियाँ श्रीरुक्मिणीजी को अंतःपुर में रख कर प्रेमपूर्वक सत्कार कर रही हैं।।148।।

दैवग्य तेड़ि वसुदेव देवकी
पहिलौ ई पूछै प्रसन।
दियौ लगन जोतिख ग्रँथ देखे
कइ परणै रुषमणी क्रिसन।।149।।

(दैवग्य तेड़ि वसुदेव देवकी पहिलौ ई प्रसन पूछै) ज्योतिषियों को बुलाकर वसुदेव देवकी पहला यही प्रश्न पूछते हैं, (जोतिख ग्रँथ देखे लगन दियौ कइ क्रिसन रुषमणी परणै) (कि) ज्योतिष के ग्रंथ देखकर शुभ लग्न बतलाओ कि कब श्रीकृष्ण और रुक्मिणी का विवाह हो।।149।।

वेदोगत धरम विचारि वेदविद
कम्पित चित लागा कहण।
हेकणि सुत्री सरिस किम होवै
पुनह पुनह पाणिग्रहण।।150।।

(वेदविद वेदोगत धरम विचारि कम्पित चित) वेदज्ञ (पंडित) वेदोक्त धर्म का विचार करके (कंपित चित्त कहण लागा) काँपते हुए (सशंक) चित्त से कहने लगे (हेकणि सुत्री सरिस पुनह पुनह पाणिग्रहण किम होवै) (कि) एक ही स्त्री के साथ बार-बार पाणिग्रहण कैसे हो सकता है?।।150।।

निरखे ततकाळ त्रिकाळ निदरसी
करि निरणै लागा कहण।
सगळे दोख विवरजित साहौ
हूँतौ जई हूऔ हरण।।151।।

(त्रिकाल़ निदरसी ततकाळ निरखे) त्रिकालज्ञ ब्राह्मण उस काल (हरण-काल के शुभाशुभ) को देखकर (निरणै करि कहण लागा) निर्णय करके कहने लगे (जई हरण हुऔ सगल़े दोख विवरजित साहौ हूँतौ) (कि) जिस समय हरण हुआ था (उस समय) सर्वदोषरहित श्रेष्ठ मुहूर्त था।।151।।

वसुदेव देवकी सूँ ब्राहमणे
कही परसपर एम कहि।
हुए हरण हथलेवौ हूऔ
सेस संसकार हुवइ सहि।।152।।

(ब्राहमणे परसपर कहि) ब्राह्मणों ने आपस में सलाह करके (वसुदेव देवकी सूँ एम कहि) वसुदेव और देवकी से इस प्रकार कहा—(हुए हरण हथलेवौ हुऔ) कि हरण होने से ही पाणिग्रहण हो चुका (सेस संसकार सहि हुवइ) शेष विवाह-संस्कार अवश्य होंगे।।152।।

विप्र मूरति वैद रतनमै वेदी
वंस आद्र अरजुनमै वेह।
अरणी अगनि अगरमै इन्धण
आहुति घृत घणसार अछेह।।153।।

(विप्र वेद मूरति) ब्राह्मण वेदमूर्ति है; (वेदी रतनमै) विवाह-वेदी रत्नजटित है (वंस आद्र वह अरजुनमै) (विवाह मंडप के) बाँस हरे है और मंगलकलश (बेह) सोने-चाँदी के हैं; (अरणी अगनि अगरमै इन्धण) (काष्ठ की रगड़ से उत्पन्न, पवित्र) अरण्याग्नि में अगरमय इंधन है (घृत घणसार आहुति अछेह) और घृत और कपूर की आहुति निरंतर दी जा रही है।।153।।

पच्छिम दिसि पूठ पूरब मुख परठित
परठित ऊपरि आतपत्र।
मधुपर्कादि सँसकार मंडित
त्री वर वे बैसाणि तत्र।।154।।

(मधुपर्कादि सँसकार मंडित) मधुपर्कादि संस्कारों से मंडित, (ऊपरि आतपत्र परठित) और ऊपर छत्र से सुशोभित (तत्र) वहाँ (उस मंडप में) (पूरब मुख पच्छिम दिसि पूठ परठित) पूर्व की ओर मुख और पश्चिम की ओर पीठ कराकर (वर त्री वे बैसाणि) वर और वधू दोनों बिठाए गए।।154।।

आरोपित आँखि सहू हरि आननि
गरभ उदधि ससि मछे गृहीत।
चाहे मुख अंगणि ओटे चढि
गावै मुखि मंगळ करि गीत।।155।।

(सहू आँखि हरि आननि आरोपित) सब आँखें श्रीहरि के मुख पर लगी हुई हैं, (उदधि गरभ ससि मछे गृहीत) (मानो) समुद्र के गर्भ में (प्रतिबिंबित) चंद्र मछलियों से घिरा हुआ है। (अंगणि ओटे चढ़ि मुख चाहै मुखिकरि मंगल़ गीत गावै) स्त्रियाँ ऊँचे-ऊँचे स्थानों पर चढ़-चढ़ कर (भगवान् के) मुख को बड़ी चाह से निरख रही हैं और मुख से मांगलिक गीत गा रही हैं।।155।।

आगळै प्रिया प्री चौथे आरँभि
फेरा त्रिण्हि इण भाँति फिरि।
कर सांगुष्ट ग्रहण कर सूँ करि
करी कमळ चम्पियौ किरि।।156।।

(आरँभि त्रिण्हि फेरा इण भाँति फिरि) आरंभ में तीन भाँवरे (वर के आगे वधू) इस प्रकार फिर कर (चौथे प्री प्रिया आगल़ै) चौथे फेरे में प्रिय (भगवान्) प्रिया (रुक्मिणी) के आगे हो गए। (सांगुष्ट कर सूँ कर ग्रहण करि) सांगुष्ठ हाथ से हाथ पकड़ रखा है (किरि) मानो (करी कमळ चम्पियौ) हाथी ने (अपनी सूँड़ में) कमल को पकड़ रखा है।।156।।

पधरावि त्रिया वामै प्रभणावे
वाच परसपर यथा विधि।
लाधी वेळा माँगी लाधी
निगम पाठके नवे निधि।।157।।

(त्रिया वामै पधरावि) प्रिया को (वधू को) बाईं ओर बिठाकर (यथा विधि परसपर वाच प्रभणावे) (ब्राह्मण) यथाविधि (वर-वधू में) परस्पर (सप्तपदी के) वचन कहलाते हैं। (लाधी वेल़ा) (बड़े भाग्य से) उपलब्ध (इस) वेला में (निगम पाठ के नवे निधि माँगी लाधी) वेदपाठी ब्राह्मणों ने नवनिधि मुँह माँगी पाई।।157।।

दूलह हुइ आगै पाछै दुलहणि
दीन्हा क्रम सूणहर दिसि।
छँडि चौरी हथलेवै छूटै
मन बन्धे अञ्चला मिसि।।158।।

(हथलेवै छूटै) पाणिग्रहण छूटने पर (अञ्चला मिसि मन बन्धे) ग्रंथि-बंधन के मिस मन बँधे हुए (चौरी छँडि) विवाह मंडप को छोड़कर (आगै दूलह

दुलहणि पाछै हुइ) आगे-आगे वर (और) पीछे-पीछे वधू होकर (सूणहर दिसि क्रम दीन्हा) शयनागार की ओर धीरे-धीरे चले।।158।।

आगै जाइ आलि केलि गृह अन्तरि

करि अंगण मारजण करेण।

सेज वियाज खीर सागर सजि

फूल वियाज सजे तसु फेण।।159।।

(केलि गृह अन्तरि) केलिगृह में (आलि आगै जाइ) सखियों ने आगे (ही से) जाकर (करेण अंगण मारजण करि) अपने हाथों से (उसके) आँगन को साफ़ करके (सेज वियाज खीर सागर सजि) शय्या के मिस क्षीरसागर (उसके सदृश स्वच्छ और उज्ज्वल) सजाकर (बिछाकर) (फूल वियाज तसु फेन सजे) फूलों के मिस से उस पर फेन सजाये।।159।।

आभा चित्र रचित तेणि रँगि अनि अनि

मणि दीपक करि सूध मणि।

माँडि रहे चन्द्रवा तणै मिसि

फण सहसेई सहस फणि।।160।।

(तेणि सूध मणि) उस प्रासाद श्रेष्ठ के (अनि अनि रँगि रचित चित्र) अनेक प्रकार के रंगों से (भीत पर) बनाए हुए चित्रों की (मणि दीपक करि आभा) मणिमय दीपकों से (ऐसी) शोभा है, (माँडि रहे चन्द्रवा तणै मिसि सहसेई फण सहस फणि) (मानो) चित्रित किए हुए चन्दवों के मिस सहस्त्र फणों सहित शेषनाग हों।।160।।

मँदिरन्तरि किया खिणन्तरि मिळिवा

विचित्रे सखिए समावृत।

कीधै तिणि वीवाह संसक्रित

करण सु तणु रति संसकृत।।161।।

(तिणि वीवाह संसकृत कीधै) उनके विवाह-संस्कार कर चुकने पर (खिणन्तरि रति सु तणु संसक्रित करण मिळिवा) थोड़े ही समय के बाद रति संबंधी संस्कार करने को मिलने के लिए (विचित्रे सखिए समावृत) चतुर सखियों ने इकट्ठी होकर (मँदिरन्तरि किया) (वर-वधू को) अलग-अलग महलों में किया।।161।।

संकुड़ित समसमा संध्या समयै
रति वञ्छिति रुषमणि रमणि।
पथिक वधू द्रिठि पंख पंखियाँ
कमळ पत्र सूरजि किरणि।।162।।

(संध्या समयै) संध्या समय में (पथिक वधू द्रिठि) पथिक वधू की दृष्टि (पंखियाँ पंख) पक्षियों के पंख (कमल़ पत्र) कमल की पंखुड़ियाँ (सूरिज किरणि सम) और सूर्य की किरणों के समान (रति वञ्छिति रमणि रुषमणि संकुड़ित समा) रति को चाहती हुई रमणी श्रीरुक्मिणी संकुचित-सी हो रही हैं।।

भावार्थ—संध्या समय का बड़ा ही स्वभाव-सुंदर वर्णन-चित्र है। इस रमणीय समय में, सारे दिन के परिश्रम और विस्तार के बाद, कर्मक्षेत्र से हट कर, विश्रांति को चाहती हुई प्रकृति की प्रायः सभी वस्तुएँ संकोच अथवा अपेक्षाकृत शांति को प्राप्त होती हैं। उदाहरणतः कवि ने, पथिकवधू की प्रतीक्षोत्सुक दृष्टि, गगनगामी पक्षियों के पंख, कमल की विकसित पंखुड़ियाँ और सूर्य की किरणमाला का संध्याकालीन स्वाभाविक संकोच उपमानरूप में उपस्थित किया है। जिस संध्याकाल में प्राकृतिक नियमानुसार उपरोक्त सभी वस्तुएँ विश्रांति की इच्छा करती हुई अपने अपने कार्य में संलग्न, विस्तृत शक्तियों का संकोच करने में तत्पर थीं, उस काल में भला श्रीरुक्मिणीजी के रतिप्लावित हृदय में संकोच क्यों न होता? प्रियमिलनोत्सुक श्रीरुक्मिणी के हृदय में रति की प्रेरणा होते हुए भी एक अनिर्वचनीय संकोच का भाव उत्पन्न होने लगा। संध्या का प्राकृतिक संकोचभाव उनकी आत्मा में प्रतिफलित होकर उसके रतिमूलक विस्तार को संकुचित करने लगा। तात्पर्य यह है कि जिस प्रकार प्रवासी पति के लौटने की प्रतीक्षा में उत्सुकतापूर्वक सारे दिन उसकी बाट जोहने पर, पतिव्रता स्त्री की उत्सुक दृष्टि को संध्या का अंधकार आकर घेर लेता है और देखते रहने पर भी उसकी दृष्टि का संकोच कर देता है; जिस प्रकार संध्या होने पर, अपने घोंसलों की तरफ़ उड़ कर जाने की इच्छा रखते हुए भी, पक्षी संध्या के अंधकाररूपी अवरोध के उपस्थित हो जाने पर जहाँ कहीं पक्षसंकोच करके बैठ रहने को बाध्य होते हैं; जिस प्रकार सारे दिन विकसित रही हुई कमल की पंखुड़ियाँ संध्या के संकोचमय समय में सिकुड़ जाती हैं; और जिस प्रकार सारे दिन कर्त्तव्यपथारूढ़ भगवान् सूर्य

अपने किरणजाल को फैलाए रहते हैं, परंतु संध्या अकस्मात् आकर उस पर अंधकार का संकोचमय परदा डाल देती है, उसी प्रकार प्रिय मिलन के लिए उत्सुक होते हुए भी इस संकोचमय संध्याकाल में श्रीरुक्मिणीजी का हृदय एक अपूर्व संकोच को प्राप्त हो रहा है। इस संकोचभाव के मनोवैज्ञानिक तथ्य को वे ही जान सकते हैं जो सहृदय हैं रसज्ञ हैं।।162।।

पति अति आतुर त्रिया मुख पेखण
निसा तणौ मुख दीठ निठ।
चन्द्र किरणि कुलटा सु निसाचर
द्रवडित अभिसारिका द्रिठ।।163।।

(चन्द्र किरणि कुलटा अभिसारिका सु निसाचार द्रिठ द्रवडित) (निशामुख में) चंद्रमा की किरणें, व्यभिचारिणी, अभिसारिका और निशाचरों की दृष्टि दौड़ने लगीं (विस्तार को प्राप्त हुईं) (त्रिया मुख पेखण अति आतुर पति) (और) स्त्री (रुक्मिणी) का मुख देखने के लिए अतीव आतुर (व्याकुल) पति (श्रीकृष्ण) ने (निठ निसा तणौ मुख दीठ) बड़ी कठिनाई से (बड़ी प्रतीक्षा के बाद) रात्रि का मुख देखा।।

भावार्थ–संध्या समय के प्राकृतिक संकोच का पूर्व दोहले में वर्णन करके अब कवि निशामुख के प्राकृतिक विस्तारभाव का चित्र चित्रित करते हैं। अब संध्या का तिमिरमय संकोच धीरे-धीरे दूर होने लगा है। उसके स्थान पर चंद्रकिरणों की हृदयातिदकारिणी ज्योत्सना का विस्तार हो रहा है, कुलटा स्त्रियाँ अपने दिन भर के संकोच को दूर कर अपने उपपतियों से मिलने को तैयार हो रही हैं, अभिसारिका नायिकाएँ अपने प्रेमियों से मिलने को संकेतस्थल की ओर चल पड़ी हैं और निशाचर सिंह, व्याघ्र, राक्षस, उलूकादि हिसंक जंतु-निर्बल और निर्दोष जंतुओं का संहार कर अपना भक्ष्य पाने के हेतु जिधर-तिधर चल पड़े हैं। ऐसे विकासोन्मुख समय में भगवान् श्रीकृष्ण के हृदयस्थ रतिभाव में विकास होना परम स्वाभाविक है। उनकी प्रियामिलनोत्सुकता विकसित एवं विस्तृत होकर अब आतुरता अर्थात् व्याकुलता बन गई है। प्रिया के दर्शनों की लालसा से वे व्याकुल हो रहे हैं। प्रतीक्षा में क्षण-क्षण घंटों की तरह व्यतीत हो रहे हैं, दिन का समय बड़ी कठिनता से कटा है। बड़ी कठिन तपस्या के

पश्चात् उनको आशागर्भित निशामुख का दर्शन हुआ है। उनके हृदय में रतिभाव के विकास का इस समय कौन अनुमान लगा सकता है।।163।।

अनि पँखि बन्धे चक्रवाक असन्धे
निसि सन्धे इमि अहो निसि।
कामिणि कामि तणी कामागनि
मन लाया दीपकाँ मिसि।।164।।

(निसि सन्धे) रात्रि की संधि में (अहो निसि इमि संधे) दिवस और रात्रि का इस प्रकार संयोग हुआ (अनि पँखि बन्धे) (कि) अन्य पक्षी तो (अपने जोड़ों से) संयुक्त हुए (चक्रवाक असन्धे) परंतु चक्रवाक का वियोग हुआ (लाया दीपकाँ मिसि) और जलाये हुए दीपकों के मिस (कामिणि कामि तणी कामागनि) कामिनी स्त्रियों और कामीनी पुरुषों के मनों में कामाग्नि (प्रकट हो रही है)।।164।।

ऊभी सहु सखिए प्रसंसिता अति
क्रितारथी प्री मिळण कृत।
अटत सेज द्वार विचि आहुटि
स्रुति दे हरि घरि समाश्रित।।165।।

(प्री मिलण क्रितारथी) (इधर) प्रियमिलन के निमित्त (सहु सखिए अति प्रसंसिता ऊभी कृत) सब सखियों से अति प्रशंसिता (रुक्मिणी) खड़ी (जाने के लिए तैयार) की गयी। (हरि सेज द्वार विचि अटत) (और उधर) श्रीकृष्ण शय्या और द्वार के बीच घूम रहे हैं (आहुटि स्त्रुति दे घरि समाश्रित) और आहट पर (सुनने के लिए) कान देकर (पुनः) केलिगृह में चले जाते हैं।।165।।

हँसा गति तणौ आतुर थ्या हरि सूँ
वाधाऊआ जेही वहे।
सूँधावास अनै नेउर सद
क्रमि आगै आगमन कहे।।166।।

(वाधाऊआ जेही वहे) बधाईदारों जैसे चलते हुए (सूँधावास अनै नेउर सद) सुगन्धित द्रव्यों की सुवास और पायलों के शब्द ने (आगै क्रमि) आगे चल कर (आतुर थ्या हरि सूँ हँसा गति तणौ आगमन कहे) (पूर्व दोहले में वर्णित) आतुर हुए हरि से हंसगमनि (श्रीरुक्मिणी) के आगमन की सूचना दी।।166।।

अवलंबि सखी कर पगि पगि ऊभी
रहती मद वहती रमणि।
लाज लोह लंगरे लगाए
गय जिम आणी गयगमणि।।167।।

(सखी कर अवलंबि पगि पगि ऊभी रहती) सखी का हाथ पकड़कर पग-पग पर खड़ी रहती हुई (मद वहती गयगमणि रमणि) यौवन-मद को झलकाती हुई गजगामिनी सुंदरी (रुक्मिणी) (लाज लोह लंगरे लगा गए जिम आणी) लज्जारूपी लौह के लंगरों से बँधे हुए (मदोन्नत्त) हाथी की भाँति लाई गईं।।167।।

देहली धसति हरि जेहड़ि दीठी
आणँद को ऊपनौ अमाप।
तिण आपही करायौ आदर
ऊभा करि रोमांसूँ आप।।168।।

(देहली धसति हरि जेहड़ि दीठी) देहली में प्रवेश करती हुई (श्रीरुक्मिणी) को जैसे ही श्रीहरि ने देखा (को अमाप आणँद ऊपनौ) (तैसे ही) क्या ही असीम आनंद उत्पन्न हुआ (तिण आपही आप ऊभा करि रोमा सूँ आदर किरायौ) उस (आनंद) ने आपही आप खड़ा करके रोमों से (श्रीरुक्मिणी का) आदर करवाया।।168।।

वहि मिळी घड़ी जाइ घणा बाँछता
घण दीहाँ अन्तरै घरि।
अकमाळ आपे हरि आपणि
पधरावी त्री सेज परि।।169।।

(जाइ घणा बाँछता) जिसकी बड़ी इच्छा थी (घण दीहाँ अन्तरै) बहुत दिनों के बाद (घरि) घर में ही (वहि घड़ी मिळी) वह घड़ी मिल गयी। (हरि आपणि अंकमाल आपे) हरि ने अपनी गोद में लेकर (त्री सेज परि पधरावी) प्रिया (श्रीरुक्मिणी) को शय्या पर विराजमान किया।।169।।

अति प्रेरित रूप आँखियाँ अत्रिपत
माहव जद्यपि त्रिपत मन।
वार वार तिम करै विलोकन
धण मुख जेही रंक धन।।170।।

(जद्यपि माहव त्रिपत मन) यद्यपि माधव तृप्त मन (पूर्णकाम) है (अति रूप प्रेरित आँखियाँ अत्रिपत) (तथापि श्रीरुक्मिणी के) परम मनोहर रूप से चलायमान (श्रीभगवान्) की आँखें अतृप्त हैं। (धण मुख वार वार तिम विलोकन करै) वे प्रिया के मुख को बार-बार इस प्रकार देखते हैं; (जेही रंक धंन) जिस प्रकार रंक धन को।।170।।

आजाति जाति पट घूँघट अन्तरि
मेळण एक करण अमिळी।
मन दम्पती कटाछि दूति मै
निय मन सूत्र कटाछि नळी।।171।।

(दूति मै कटाछि) दूतिकारूपी (रुक्मिणी के) नेत्र-कटाक्ष (सूत्र निय मन नली कटाछि) (अथवा) सूत्र बुनने की नलिकारूपी (रुक्मिणी के) नेत्र-कटाक्ष (दंपति अमिळी मन मेलण एक करण) दंपति के (अभी तक) न मिले हुए मन को मिला कर एक करने के लिए (घूँघट पट अन्तरि आजाति जाति) घूँघटरूपी वस्त्र के अंदर आते हैं और जाते हैं।।171।।

वर नारि नेत्र निज वदन विलासा
जाणियौ अँतहकरण जई।
हसि हसि भ्रूहे हेक हेक हुइ
गृह बाहरि सहचरी गयी।।172।।

(वर नारि नेत्र निज वदन विलासा) वर (श्रीकृष्ण) और वधू (श्रीरुक्मिणी) के नेत्रों (और) उनकी मुख की चेष्टाओं से (जई अँतहकरण जाणियौ) जब (उनके) आंतरिक भावों को जान लिया (भ्रूहे हसि हसि) तब भौंहों से हँसती हुई (हेक हेक हुइ सहचरी गृह बाहरि गयी) एक-एक होकर सखियाँ महल के बाहर चली गईं।।172।।

एकन्त उचित क्रीड़ा चौ आरँभ
दीठौ सु न किहि देव दुजि।
अदिठ अश्रुत किम कहणौ आवै
सुख ते जाणणहार सुजि।।173।।

(एकन्त उचित क्रीड़ा चौ आरँभ) (तब) एकांत में होने योग्य क्रीड़ा का आरंभ हुआ (सुकिहि देव दुजि न दीठौ) (जिसे) किसी देवता अथवा ऋषि-मुनि

ने भी नहीं देखा। (अदिठ अश्रुत किम कहणौ आवै) अनदेखी-अनसुनी (बात) किस प्रकार कही जाए? (सुजि सुख जाणणहार ते) उस सुख को जानने वाले वे (श्रीकृष्ण रुक्मिणी) ही हैं।।173।।

पति पवन प्रारथित त्री तत्र निपतित
सुरत अंत केहवी श्री।
गजेन्द्र क्रीड़ता सु विगलित गति
नीरासइ परि कमलिनी।।174।।

(पतिप वन प्रारथित) पति (श्रीकृष्णा) द्‌वारा पवन ढुलाने के लिए प्रार्थना की जाती हुई (सुरत अंत तत्र निपतित त्री केहवी श्री) रति के अंत में वहाँ (शय्या पर) पड़ी हुई श्रीरुक्मिणीजी की कैसी शोभा है (सु क्रीड़ता गजेन्द्र) मानो क्रीड़ा करते हुए गजेन्द्र द्‌वारा (विगलित गति कमलिनी नीरासइ परि) (तोड़ कर) म्लान दशा को प्राप्त कमलिनी सरोवर में पड़ी हो।।174।।

कीधै मधि माणिक हीरा कुन्दण
मिळिया कारीगर मयण।
स्यामा तणै लिलाट सोहिया
कुंकुम विन्दु प्रसेद कण।।175।।

(स्यामा तणै लिलाट) श्रीरुक्मिणी के ललाट पर (प्रसेद कण कुंकुम विन्दु साँहिया) पसीने के कणों में कुंकुम का बिंदु शोभित है। (कारीगर मयण कुन्दण मधि हीरा कीधै माणिक मिलि़या) (मानो) कामदेवरूपी कारीगर (जड़िये) ने सुवर्ण में हीरे जड़ कर बीच में माणिक मिला दिया है।।175।।

त्री वदन पीतता चित व्याकुलता
हियै ध्रगध्रगी खेद हुह।
धरि चख लाज पगे नेउर धुनि
करे निवारण कण्ठ कुह।।176।।

(त्री वदन पीतता, चित व्याकुलता, हिये ध्रगधग्री खेद हुह) श्रीरुक्मिणीजी के मुख पर पीलापन, चित्त में व्याकुलता, हृदय में धकधकी और खेद (सुरतान्त संताप) हो रहा था। (चख लाज धरि पगे नेउर धुनि कण्ठ कुह निवारण करे) (उन्होंने) नेत्रों में लज्जा धारण करके पैरों में नेवर (नूपुर) की झंकार (और) कंठ में (मधुर) कोकिल स्वर को बंद कर दिया।।176।।

तिणि तालि सखी गळि स्यामा तेही
मिळी भमर भारा जु महि।
वळि ऊभी थई घणा घाति वळ
लता केळि अवलंब लहि।।177।।

(भमर भारा महि मिळी) भ्रमरों के बोझ से पृथ्वी से मिली हुई (जु लता केळि अवलंब लहि) जो लता कदली का सहारा पाकर (घणा वळ घाति वलि ऊभी थइ) (उस पर) बहुत से बल डालकर (अर्थात् लिपट कर) फिर खड़ी हो जाती है, (तेही तिणि तालि) उसी प्रकार उस समय (स्यामा सखी गळि अवलंब लहि ऊभी थई) श्रीरुक्मिणी सखी के गले का सहारा लेकर (शय्या पर से) उठ खड़ी हुई।।177।।

पुनरपि पधरावी कन्है प्राणपति
सहित लाज भय प्रीति सा।
मुगत केस त्रूटी मुगतावळि
कस छूटी छुद्र घंटिका।।178।।

(केस मुगत, मुगतावलि़, त्रूटी, कस छूटी छुद्र घंटिका छूटी) (जिनका) केशपाश खुल गया है, मोतियों की माला टूट गयी है, (कंचुकी की) कस खुल गयी है, (और) कटिमेखला भी खुल गई है (सा) (ऐसी) वे (श्रीरुक्मिणी) (लाज भय प्रीति सहित प्राणपति कन्है पुनरपि पधरावी) लज्जा, भय और प्रीति सहित प्राणपति (श्रीकृष्ण) के पास फिर से पहुँचाई गईं।।178।।

सुख लाधै केलि स्याम स्मामा संगि
सखिए मनरखिए सँघट।
चौकि चौकि ऊपरि चित्रसाळी
हुइ रहियौ कहकहाहट।।179।।

(स्याम स्यामा सँगि केलि सुख लाधै) श्रीश्याम के श्यामा के साथ केलि-सुख लाभ करने पर (मनरखिए सखिए सँघट) उनके मन रखने वाली सखियों के समूह में (चौकि चौकि ऊपरि चित्रसाल़ी कहकहाहट हुइ रहियौ) चौक-चौक पर बनी हुई चित्रशालाओं (रंगमहलों) में खिलखिलाहट हो रही है।।179।।

राता तत चिन्तारत चिन्तारत
गिरि कन्दरि घरि बिन्हे गण।
निद्रावस जग एहु महानिसि
जामिए कामिए जागरण।।180।।

(एहु महानिसि जग निद्रावस) इस निशीथकाल में (अखिल) जगत् निद्रा के वशीभूत हो रहा है। (तत चिंताराता जामिए गिरि कन्दरि, रत चिंतारत कामिए घरि) (परंतु) परमतत्त्व के चिंतन में संलग्न योगी-जन पर्वतों की गुफाओं में (और) रतिचिंता में लीन कामीजन घरों में–(बिन्हे गण)–दोनों (प्रकार के) पुरुष–(जागरण) जाग रहे हैं।।180।।

लिखमीवर हरख निगरभर लागी
आयु रयणि त्रूटन्ति इम
क्रीड़ाप्रिय पोकार किरीटी
जीवितप्रिय घड़ियाल जिम।।181।।

(क्रीड़ाप्रिय हरख निगरभर लिखमीवर) रति क्रीड़ा-प्रिय, आनंद के समूह में निमग्न लक्ष्मीपति (श्रीकृष्ण) को (त्रूटन्ति रयणि) रात्रि के अवसान में (किरीटी पोकार इम लागी) कुक्कुट की पुकार इस प्रकार लगी (जिम जीवितप्रिय त्रूटन्ति आयु घड़ियाल) जिस प्रकार जीवितप्रिय पुरुष को व्यतीत होती हुई जिंदगी (के समय) में घटिका (का शब्द लगता है)।।181।।

(प्रभात वर्णन)

गत प्रभा थियौ ससि रयणि गळन्ती
वर मन्दा सइ वदन वरि।
दीपक परजळतौ इ न दीपै
नासफरिम सू रतनि नरि।।182।।

(रयणि गळन्ती) रात्रि के व्यतीत होने पर (ससि गत प्रभा थियौ) चन्द्रमा कान्तिहीन हो गया (वर मन्दा सइ वरि वदन) (जैसे) पति के अस्वस्थ होने से पतिव्रता का सुंदर मुख। (दीपक परजल़तौ इ न दीपै) दीपक जलता हुआ भी प्रकाश नहीं करता, (नासफरिम सू नरि रतनि) जैसे आज्ञा भंग हो जाने से (हुकूमत न रहने से) नरश्रेष्ठ (राजा)।।182।।

मेली तदि साध सुरमण कोक मनि
रमण कोक मनि साध्र रही।
फूले छंडी बास प्रफूले
ग्रहणे सीतळता इ ग्रही।।183।।

(तदि कोक मनि सुरमण साधे मेली) उस समय चक्रवाक के मन की रमण करने की वाञ्छा पूर्ण हुई (कोक रमण मनि साध्र रही) (परंतु) कोकशास्त्रानुसार रमण करने वालों (नायक-नायिकाओं) के मन की इच्छा निवृत्त हुई (प्रफूले फूले वास छंडी) प्रफुल्लित फूलों ने अपनी सुगंध छोड़ी, (ग्रहण सीतलता इ ग्रही) (और) आभूषणों ने शीतलता ग्रहण की।।183।।

धुनि उठी अनाहत संख भेरि धुनि
अरुणोदय थियौ जोग अभ्यास।
माया पटल निसामै मंजे
प्राणायामे ज्योति प्रकास।।194।।

(संख भेरि धुनि अनाहत धुनि उठी) शंख और भेरी का शब्दरूपी अनाहत् नाद उठा। (अरुणोदय जोग अभ्यास थियौ) सूर्योदयरूपी योगाभ्यास हुआ। (निसामै माया पटल मंजे) रात्रिरूपी माया का परदा हट गया। (प्राणायामे ज्योति प्रकास) (और सूर्य का प्रकाशरूपी) प्राणायाम में परम ज्योति का प्रकाश हुआ।।

भावार्थ–अब सूर्योदय हो गया। यही योगाभ्यास का परम पवित्र समय हुआ। इस विशुद्‌ध काल में मंदिरों, देवस्थानों आदि में शंख, भेरी, झालर, झांझ और नगाड़े आदि के बजने का परम मनोहर शब्द होता है। वही मानो संयतात्मा योगाभ्यास-निरत योगी को अपनी अंतरात्मा में अनाहत नाद सुनाई देता है। अब रात्रि का अंधकार दूर होकर भगवान् भास्कर की परम पावन ज्योति का प्रकाश हो गया है। यही मानो यम-नियमासन ध्यान-धारणा समाधि योगसाधनों द्‌वारा अज्ञान एवं माया का मोहान्धकारमय परदा हट कर योगी की परिष्कृत अंतरात्मा में विशुद्‌ध ब्रह्म-ज्ञान का पवित्र प्रकाश प्रकट हुआ है। इस प्रकाश का दर्शन योगीजन प्राणायाम के अंत में अंतरात्मा में प्रकट हुई परमज्योति के प्रकाश के रूप में अनुभव करते हैं।।184।।

संयोगिणि चीर रई कैरव श्री
घर हट ताळ भमर गोघोख।
दिणयर ऊगि एतळा दीधा।
मोखियाँ वंध बँधियाँ मोख।।185।।

(दिणयर ऊगि) सूर्य ने उदय होकर (संयोगिणि चीर रई कैरव श्री एतला मोखियाँ बंध दीधा) संयोगिनी स्त्रियों के वस्त्र, मंथन-दंड, कुमुदिनी की शोभा इतनी मुक्त (खुली हुई) वस्तुओं को बंधन दे दिया। (घर हट ताल़ भमर गोघोख एतला बंधियाँ मोख (दीधा)) (और) घर, हाट, ताले, भ्रमर और गोशालाएँ इतनी बंद वस्तुओं को मुक्त किया (खोल दिया)।।185।।

भावार्थ–प्रातःकालीन सूर्य के प्रकाश में कवि ने बंधन और मोक्ष देने की शक्ति का अनुमान किया है।

संयोगिनी स्त्रियाँ रात्रि में प्रेमपूर्वक अपने पतियों से रति-क्रीड़ा करती हैं। इस क्रीड़ा में उनके वस्त्रबंध शिथिल हो जाते हैं। प्रातःकाल होने पर लज्जावश ये संयोगिनी स्त्रियाँ अपने खुले हुए वस्त्रों को पुनः बाँधती हैं। प्रातःकाल होने पर गृहस्थों में गृहस्वामिनियाँ उठ कर दधिमंथन करने के लिए आवश्यक सामान जुटाती हैं। दही मथने का दंड रई–जो रात्रि में खुला पड़ा था, इस समय पुनः बाँधा जाता है। चंद्रवल्लभा कुमुदिनी रात्रि को विकसित अर्थात् मुक्तावस्था में थी परंतु अब सूर्योदय होने पर सकुचाकर बंद हो गई है।

इसके विपरीत घरों के द्वार, बाज़ार की हाटें और उन पर पड़े हुए ताले, जो रात्रि में चौरादि के भय से बंद थे, अब सूर्योदय होने पर खोल दिये गए हैं। विचारा भ्रमर मकरंद के लोभ में आकर रात को कमलकोश ही में बंद हो गया था। सूर्योदय ने आकर उस बंदी को भी कारागार विमुक्त किया। गोशालाएँ तथा अन्य घरेलू पशुओं के बाड़े रात्रि को बंद कर दिए थे। प्रातःकाल होते ही वे पशु वन अथवा गोचर भूमि में चरने को बाहर निकाले गए। इनको भी मुक्ति प्राप्त हुई।।

वाणिजाँ वधू गो वाछ असइ विट
चोर चकव विप्र तीरथ वेळ।
सूर प्रगटि एतला समपिया
मिळियाँ विरह विरहियाँ मेळ।।186।।

(सूर प्रगटि) सूर्य ने प्रकट होकर (वाणिजाँ वधू गो वाछ असइ विट एतला मिलियाँ विरह समपिया) वणिकों को (अपनी) स्त्रियों से, गऊओं को बछड़ों से और कुलटाओं को लंपट पुरुषों से—इतने मिले हुओं को वियोग दिया। (चोर चकव विप्र तीरथ वेल विरहियाँ मेळ) (समपिया) (और) चोरों (को उनकी स्त्रियों से) चकवों (को चकवियों से) और विप्रों को तीर्थ की लहरों-से इतने बिछुड़े हुओं को मिलन (संयोग सुख) दिया।।

भावार्थ—पूर्व दोहले की भाँति इसमें भी सूर्योदय की वियुक्त जीवों को संयुक्त करने और संयुक्त जीवों को वियुक्त करने की शक्ति का अनुमान किया गया है।

व्यपार वृत्तिवाले वणिक् जो रात्रि को अपनी-अपनी स्त्रियों के साथ आनंदपूर्वक रहे, अब प्रातःकाल होते ही अपने-अपने काम-धंधों में लग गये, अतएव, दिन भर के लिए अपनी स्त्रियों से वियुक्त हो गए। गाय और बछड़े रात्रि को एक ही गो-घोष में प्रेमपूर्वक रहे, परंतु प्रातःकाल होते ही दोनों वन में चरने के लिए निकाल दिए गए। वहाँ पर चरते-चरते एक दूसरे से अलग निकल गए। अतएव, उनका परस्पर वियोग हो गया। कुलटा और लम्पट पुरुषों को रात्रि के अंधकार में छिपकर संकेतस्थल पर मिलने का मौक़ा मिला था, परंतु अब सूर्योदय होते ही वे वियोग को प्राप्त हुए।

इनके विपरीत चोर, जो रात्रि में चोरी करने को बाहर निकलने के कारण अपनी-अपनी स्त्रियों से अलग रहे, अब लौट कर घर आए और अपने-अपने घरों में छिप रहे। अतएव, इन वियोगियों का दिन में अपनी प्रियाओं से संयोग हुआ। साहित्य में प्रसिद्ध है कि चकवा-चकवी का रात्रि में वियोग हो जाता है। प्रातःकाल होने पर इनका पुनर्मिलन हुआ। इसी प्रकार कर्मकाण्डी धर्मनिष्ठ ब्राह्मण जो रात्रि में तीर्थस्थल को छोड़कर अन्यत्र चले गए थे, प्रातःकाल होते ही ब्रह्ममुहूर्त में संध्योपासनादि नित्यकर्म करने को पुनः तीर्थ पर आए। अतएव, तीर्थ के पवित्र जल से उनका पुनः संयोग हुआ।।186।।

ऋतु-वर्णन

(ग्रीष्म)

नदि दीह वधे सर नीर घटे निसि
गाढ़ धरा द्रव हेमगिरि।

सुतरु छाँह तदि दीध जगत सिरि
सूर राह किय जगत सिरि।।187।।

(तदि सूर जगत सिरि राह किय) तब सूर्य ने जगत् के सिर पर से होकर मार्ग बनाया (सुतरु छाँह जगत सिरि दीध) (और) सघन वृक्षों ने (अपनी) छाया जगत् के सिर पर की। (नदि दीह वधे) नदी और दिन बढ़ने लगे; (सर नीर निसि घटे) सरोवरों का जल और रात्रि घटने लगे; (धरा गाढ़ हेमगिरि द्रव) पृथ्वी में कठोरता और हिमालय में द्रव-भाव आ गया।।187।।

आकुळ थ्या लोक केहवो अचिरज
वंछित छाया ए विहित
सरण हेम दिसि लीधौ सूरिज
सूरिज ही त्रिख आसरित।।188।।

(आकुळ थ्या लोक छाया वंछित) व्याकुल हुए लोग छाया चाहते हैं। (ए विहित, केहवो अचिरज) यह ठीक ही है, (इसमें) कौन-सा आश्चर्य है। (सूरिज हेम दिसि सरण लीधौ) (क्योंकि इस समय) सूर्य ने भी हिंमदिशा (उत्तर दिशा) की शरण ली है। (सूरिज ही व्रिख आसरित) (और) स्वयं सूर्य भी वृक्ष (वृषराशि) के आश्रित हैं।।188।।

श्रीखंड पंक कुमकुमौ सलिल सरि
दळि मुगता आहरण दुति।
जळ क्रीड़ा क्रीड़न्ति जगतपति
जेठ मासि एही जुगति।।189।।

(दळि मुगता आहरण दुति जगतपति) अंगों पर मोतियों के आभूषणों की कान्तिवाले जगतपति (कृष्ण) (कुमकुमौ सलिल श्रीखंड पंक सरि) गुलाबजलरूपी पानी और चंदनरूपी पंक वाले सरोवर में (एही जुगति जेठ मासि जळक्रीड़ा क्रीड़न्ति) इस विधि से ज्येष्ठ मास में जलक्रीड़ा करते हैं।।189।।

मिळि माह तणी माहुटि सूँ मसि व्रन
तपि आसाढ तणो तपन।
जन त्रीजन पणि अधिक जाणियौ
मध्यरात्रि प्रति मध्याहन।।190।।

(माह तणी माहुटि सूँ मिलि़) माघ मास की मेघ-घटाओं से आच्छादित (मसि व्रन मध्यरात्रि प्रति) कृष्णवर्ण (घोर अंधेरी) अद्र्धरात्रि की अपेक्षा (अधिक त्रीजन पणि) अधिक निर्जनता (तपन पति आसाढ तणौ मध्याहन जन जाणियौ) सूरज से तपे हुए आषाढ़ मास के मध्याह्न में, मनुष्यों को ज्ञात हुई।।190।।

नैरन्ति प्रसरि निरधण गिरि नीझर
धणी भजै धण पयोधर।
झोळे वाइ किया तरु झंखर
लवळी दहन कि लू लहर।।191।।

(नैरन्ति प्रसरि) नैऋत्यकोण से चल कर (झोळे वाइ तरु झंखर किया) झोले के वायु ने वृक्षों को झंखाड़ कर दिया (लू लहर लवळी दहन कि) (और) लू की लपेटों ने लताओं को जला दिया। (धणी धण पयोधर भजै) (ऐसे ग्रीष्मकाल में) पति (अपनी) स्त्रियों के कुचों का सेवन करते हैं (निरधण गिरि नीझर भजै) (परंतु) स्त्रीहीन पुरुष पर्वतीय झरनों का सेवन करते हैं।।191।।

कसतूरी गारि कपूर ईंट करि
नवै विहाणै नवी परि।
कुसुम कमळ दळ माळ अलंक्रित
हरि क्रीड़ै तिणि धवळहरि।।192।।

(कसतूरी गारि कपूर ईंट करि तिणि धवळहरि) कस्तूरी की गार और कर्पूर की ईंटों के उस (प्रसिद्‌ध) महल में (कमळ कुसुम दळ माळ अलंक्रित हरि) कमल आदि पुष्पों की मालाओं से सुसज्जित श्रीहरि (नवै विहाणै नवी परि क्रीड़ै) प्रत्येक नए प्रभात में नए-नए प्रकार से क्रीड़ा करते हैं।।192।।

ऊपड़ी धुड़ी रवि लागी अम्बरि
खेतिए ऊजम भरिया खाद्र।
मृगशिर वाजि किया किंकर मृग
आद्रा वरसि कीध धर आर्द्र।।193।।

(मृगशिर वाजि मृग किंकर किया) मृगवात (बड़े वेग से चलने वाली गरम हवा) ने चल कर हरिणों को किंकर्तव्यविमूढ़ (व्याकुल) कर दिया;

(धुड़ी ऊपड़ी अम्बरि रवि लागी) (और) धूलि उड़कर आकाश में सूर्य से जा लगी। (आद्रा वरसि धर आर्द्र कीध) आर्द्रा में (आर्द्रा नक्षत्र पर सूर्य के आते ही) वर्षा ने बरस कर पृथ्वी को गीली कर दिया (खाद्र भरिया) गड्ढे (जल से) भर गये (खेतिए ऊजम) (और) किसान उद्यम (कृषि) में लगे।।193।।

(वर्षा)

वग रिखि राजान सु पावसि बैठा
सुर सूता थिउ मोर सर।
चातक रटै बलाहकि चंचल़
हरि सिणगारै अम्बहर।।194।।

(बग रिखि राजान सु पावसि बैठा) बगुले, ऋषि-मुनि तथा राजा लोग पावस ऋतु में बैठ गए हैं (एक स्थान में टिक गए हैं); (सुर सूता) देवगण सो गए है; (मोर सर थिउ) मोरों की ध्वनि होने लगी; (चातक रटै) पपीहे टेर लगाने लगे, (हरि चंचल़ बलाहकि अम्बहर सिणगारै) (और) इन्द्र चंचल बादलों से आकाश को शृंगारने लगा।।194।।

काळी करि काँठळि ऊजळ कोरण
धारे श्रवण धरहरिया।
गळि चालिया दिसोदिसि जळग्रभ
थंभि न विरहिण नयण थिया।।195।।

(काल़ी काँठळि ऊजल कोरण करि) काले-काले वर्त्तुलाकार मेघों (और उनके) प्रांत भागस्थ श्वेत बादलों की कोरवाली घटाओं सहित (श्रावण धारे धरहरिया) श्रावण मूसलाधार (वृष्टि) से पृथ्वी को जलप्लावित करने लगा। (दिसो दिसि जळग्रभ गळि चालिया) दिशा-दिशा में बादल पिघल चले। (थंभि न विरहिण नयण थिया) वे थमते नहीं; विरहिणी स्त्री के (अश्रुजल धार बहते) नेत्र हो रहे हैं।।

भावार्थ–वर्षाऋतु के श्रावण मास में काले-काले वर्त्तुलाकार बादलों की घटाएँ सब दिशाओं में उठ रही हैं। उनके आगे-आगे पवन के झकोरों से बहाये जाते हुए श्वेत रंग के बादलों के लोर चल रहे हैं। इस समय सभी दिशाओं में पानी से भरे हुए बादल पिघले पड़ते हैं और वे मूसलाधार वर्षा करके पृथ्वी को जलप्लावित कर देते हैं। थोड़े ही समय में सारा स्थल

जलमय प्रतीत होता है। इस प्रकार घटाओं का अविरल बरसना उसी प्रकार प्रतीत होता है जिस प्रकार किसी विरहिणी नायिका के नेत्रों से अविरल अश्रुधार का बहना।।195।।

वरसतै दड़ड़ नड़ अनड़ वाजिया
सघण गाजियौ गुहिर सदि।
जळनिधि ही सामाइ नहीं जळ
जळबाला न समाइ जळदि।।196।।

(दड़ड़ वरसतै) बड़े ज़ोर से बरसने से (अनड़ नड़ वाजिया) पर्वतों के नाले शब्दायमान होने लगे। (सघण गुहिर सदि गाजियौ) सघन मेघ गंभीर शब्द से गर्जने लगा। (जळनिधि ही जळ न समाइ) समुद्र में भी जल नहीं समाता (जळबाळा जळदि न समाइ) और बिजली बादलों में नहीं समाती है।।196।।

निहसे वूठौ घण विणु नीळाणी
वसुधा थळि थळि जल वसइ
प्रथम समागम वसत्र पदमणी
लीधे किरि ग्रहणा लसइ।।197।।

(निहसे घण वूठौ) गर्जन सहित घन बरसा (विणु नीलाणी वसुधा थळि थळि जळ बसइ) हरियाली रहित पृथ्वी पर स्थान-स्थान पर जल भरा पड़ा है (किरि प्रथम समागम पदमणी वसत्र लीधै) जैसे प्रथम सम्मिलन में पद्मिनी स्त्री के वस्त्र उतार लेने पर (ग्रहणा लसइ) (उसके) आभूषण शोभा पाते हैं।।197।।

तरु लता पल्लवित तृणे अंकुरित
नीळाणी नीलम्बर नयाइ।
प्रथमी नदिमै हार पहरिया
पहिरे दादुर नूपुर पाइ।।198।।

(तरु लता पल्लवित) तरु लता (अब) पल्लवित हो गये हैं, (तृणे अंकुरित) तृणों के अंकुर निकल आए, (प्रथमी नीळम्बर न्याइ नीळाणी) (जिनसे) पृथ्वी हरी साड़ी पहनी हुई (नायिका) की भाँति हरित हो गई है। (नदिमै हार पहरिया) (उसने) नदीरूपी हार धारण किया है (पाइ दादुर नूपुर पहिरे) (और) पैरों में दादुररूपी नूपुर पहने हैं।।198।।

काजळ गिरि धार रेख काजळ करि
कटि मेखला पयोधि कटि।
मामोलौ बिन्दुलौ कुँकूँमै
पृथिमी दीध निलाट पटि।।199।।

(काजळ गिरिधार किरि काजळ रेख) (वर्षा से भीगे हुए) काले-काले पर्वतों की श्रेणी ही मानो (पृथ्वीरूपिणी नायिका के नेत्रों में) काजल की रेख है; (कटि पयोधि कटि मेखला) कटि में समुद्र ही मानो कटिमेखला (करधनी) है (पृथिमी निलाट पटि कुँकूँमै मामालौ बिन्दुलौ दीध) (और) पृथ्वी ने अपने ललाट पर बीरबहूटी रूपी कुंकुम की बिन्दी लगाई है।।199।।

मिलियै तट ऊपटि बिथुरी पिळिया
धण धर धाराधर धणी।
केस जमण गंग कुसुम करम्बित
वेणी किरि त्रिवेणी वणी।।200।।

(धर धण धाराधर धण मिळिया) (जब) पृथ्वीरूपिणी पत्नी और मेघरूपी पति मिले (ऊपटि तट मिळियै गंग जमण त्रिवेणी) (तब) उमड़ कर तटों को मिलाती हुई (जलमग्न करती हुई) गंगा और यमुना का संगम स्थान त्रिवेणी ही (किरि) मानो (बिथुरी कुसुम करम्बित केस वेणी वणी) बिखरी हुई, फूलों से गुथी हुई (पृथ्वीरूपिणी नायिका की) वेणी बनी (अर्थात् शोभायमान हुई)।।

भावार्थ–जिस प्रकार रति-क्रीड़ा के समय स्त्री का केशपाश बिखर जाता है, उसी प्रकार मेघरूपी पति तथा पृथ्वीरूपिणी पत्नी का जब समागम हुआ तब नायिका का बिखरा हुआ केशपाश ऐसा दिखाई देने लगा मानो त्रिवेणी का जल अपने तटों को जलमग्न करता हुआ उमड़ कर उनसे बाहर निकल गया और इधर-उधर विस्तृत होकर बहने लगा। यह दृश्य इसी प्रकार मनोहर प्रतीत होता था मानो उपर्युक्त संयोगिनी पृथ्वी नायिका के बिखरे हुए केशपाश में यत्र-तत्र गुथे हुए सुंदर शुभ्र और लाल पुष्प-गुच्छ भी बिखर गए। इस सादृश्य में नायिका का बिखरा हुआ केश-कलाप उमड़ कर बहते हुए जमुना के श्याम जल के सदृश और उसमें बीच-बीच में गुथे हुए श्वेत और लाल पुष्प गंगा और सरस्वती के श्वेत और लाल जल के सदृश हुए। त्रिवेणीरूपी वेणी का अपूर्व सौंदर्य है।।200।।

धर श्यामा सरिस स्यामतर जळंधर
घेघूँचे गळि वाहां घाति।
भ्रमि तिणि संध्या वंदन भूला
रिखिय न लखे सकै दिन राति।।201।।

(धर श्यामा सरिस जळधर स्यामतर) पृथ्वी श्रीरुक्मिणी की भाँति (और) बादल घनश्याम श्रीकृष्ण की भाँति (गळि बाहां घाति घेघूँचे) गलबाँहें डालकर एक हो रहे हैं (दिन राति न लखे सकै) दिन और रात्रि का भेद नहीं जाना जा सकता (तिणि रिखिय भ्रमि संध्या वंदन भूला) जिससे ऋषि-मुनिगण भ्रम में पड़कर संध्या वंदन करना भूल गए।।201।।

रूठा पै लागि मनावि करे रस
लाधी देह तणौ गिणि लाभ
दंपतिए आलिंगन दीधा
आलिंगन देखे धर आभ।।202।।

(धर आभ आलिंगन देखे) पृथ्वी और मेघ के आलिंगन को देख कर (देह लाधी तणौ लाभ गिणि) मनुष्य शरीर पाने का यही लाभ है (ऐसा) विचार कर (रूठा पै लागि मनावि दंपति ए आलिंगन दीधा) रूठे हुओं को पैरों पड़-पड़कर मनाकर स्त्री पुरुष आलिंगन दिए हुए (रस करे) प्यार करते हैं।।202।।

जळजाळ श्रवति जळ काजळ ऊज
पीळा हेक राता पहल।
आधोफरै मेघ ऊधसता
महाराज राजै महल।।203।।

(काजल ऊजल जलजाल जल श्रवहि) श्याम और श्वेत बादल जल बरसा रहे हैं। (आधोफरै मेघ ऊधसता) (और जिनके) छज्जों पर मेघ रगड़ते हुए चलते हैं (ऐसे) (हेक पीला पहल राता महल महाराज राजै) कई पीले और दूसरे लाल महलों में महाराज शोभायमान हैं।।203।।

करि ईंट नीळमणि कादो कुंदण
थम्भ लाल पट पाँचि थिर।
मँदिरे गौख सु पदमरागमै
सिखरि सिखि रमै मंदिर सिर।।204।।

(लाल थिर थम्भ पाँचि पट) (जिनके) लाल मणियों के सुदृढ़ खंभे हैं और (उन पर) पंचरत्नों के (छत के) पाट लगे हुए हैं (गौख सु पदमरागमै) (जिनके) झरोखे पद्मराग मणि निर्मित हैं (नील़मणि ईंट कादो कुन्दण करि) (ऐसे) नीलमणि की ईंटों और सुवर्ण के गारे से बनाए हुए (मंदिर सिखरि सिर सिखि रमै) महलों के शिखर-शिखर पर मयूर क्रीड़ा कर रहे हैं।।204।।

धरिया तनि वसत्र कुमकुमै धोया
सौंधा प्रखोलित महल सुख।
भर श्रावणि भाद्रवि भोगविजै
रुषमिणि वर एहवी रुख।।205।।

(कुमकुमै धोया वसत्र तनि धरिया) सुगन्धित गुलाबजल से धुले हुए वस्त्र अपने शरीर पर धारण किए हुए (सौंधा प्रखोलित महल) सुगंधित द्रव्यों से छिड़के हुए महलों में (वर रुषमिणि भर श्रावणि भाद्रवि एहवी रुख सुख भोगविजै) श्रीकृष्ण और श्रीरुक्मिणी संपूर्ण श्रावण और भाद्रपद के महीनों में इस प्रकार से सुख भोग रहे हैं।।205।।

(शरद)

वरिखा रितु गयी सदर रितु वळती
वाखाणि सु वयणा वयणि
नीखर धर जळ रहिउ निवाणे
निधुवनि लज्जा त्री नयणि।।206।।

(वयणा वयणि वाखाणि) (जिसका अनेक प्रकार के) वचनों द्वारा बखान किया गया है (सु सरद ऋतु वळती वरिखा रितु गयी) ऐसी शरद ऋतु के आने पर वर्षा ऋतु चली गई। (जळ नीखर नीवाणे धर रहिउ) जल निर्मल होकर नीची (ढलाऊ) भूमि में जा रहा, (निधुवनि लज्जा त्री नयणि) (जैसे) रति समय में लज्जा स्त्री के नेत्रों में जा रहती हैं।।206।।

पीळाणी धरा ऊखधी पाकी
सरदि काळि एहवी सिरी।
कोकिल निसुर प्रसेद ओसकण
सुरति अंति मुख जिम सुत्री।।207।।

(ऊखधी पाकी धरा पील़ाणी) वनस्पतियों के पक जाने से पृथ्वी पीली

हो गई (ओसकण प्रसेद) ओसकण ही (उसका) प्रस्वेद है (कोकिल निसुर) (उसका) कोकिलरूपी कंठ नीरव हो गया है। (सरदि काळि एहवी सिरी) शरदकाल की ऐसी शोभा है (जिम सुरति अंति निसुर प्रसेद सुत्री मुख) जैसे रति के अंत में स्वररहित, प्रस्वेदयुक्त सुंदरी स्त्री के (पीतवर्ण) मुख की।।207।।

वितए आसोज मिले नभि बादळ
पृथी पंक जळि गुडळपण।
जिम सतगुरु कळि कलुख तणा जण
दीपति म्यान प्रगटे दहण।।208।।

(वितए आसोज) आश्विन के व्यतीत होते ही (नभि वादल पृथी पंक जळ गुडळपण मिले) आकाश में बादल, पृथ्वी में कीचड़ और जल में गँदलापन विलीन हो गये (जिमि) जैसे (सतगुरु ग्यान दहण दीपति प्रगटे) श्रेष्ठ गुरु की ज्ञानाग्नि का प्रकाश प्रकट होते ही (जण तणां कळि कलुख) मनुष्य के कलिकाल के पाप (विलीन हो जाते हैं)।।208।।

गो खीर श्रवति रस धरा उदगिरति
सर पोइणिए थई सुश्री।
वली सरद श्रगलोग वासिए
पितरे ही मृत लोक प्री।।209।।

(सरद वळी) शरद ऋतु आयी। (गो खीर श्रवति) गाएँ दूध झरने लगी; (धरा रस उदगिरति) पृथ्वी रस उगलने लगी। (सर पोइणिए सुश्री थई) (और) सरोवरों मे कमलों की सुंदर शोभा बनी। (श्रगलोग वासिए पितरे ही मृत लोक प्री) स्वर्गलोक में निवास करने वाले पितरों को भी मर्त्यलोक प्यारा लगने लगा।।209।।

बोलन्ति मुहरमुह विरह गमै वे
तिसी सुकळ निसि सरद तणी।
हँसणी ते न पासै देखै हँस
हंस न देखै हंसणी।।210।।

(सरद तणी निसि तिसी सुकळ) शरद की रात्रि ऐसी शुक्लवर्ण है (विरह बे गमै) (कि एक ही स्थान पर होते हुए भी) दोनों विरह दुख में अपने आपे

को भूले हुए है; (हँसणी ते पासै हँस न देखै हंस हंसणी न देखै) हंसिनी अपने निकट स्थित हंस को और हंस हंसिनी को नहीं देख सकते। (मुहरमुह बोलन्ति) (अतएव विरह से व्यथित होकर) बारंबार बोल रहे हैं।।210।।

ऊजळे अदरसणि निसि उजुयाळी

घणूँ किसूँ बाखाण घणै।

सोळह कळा समाइ गयौ ससि

ऊजासहि आप आपणै।।211।।

(निसि घणूँ उजुयाळो ऊजळ अदरसणि) रात्रि की घनी चाँदनी में उज्ज्वल वस्तुएँ अदृश्य हो रही हैं। (घणै किसूँ वाखाण) अधिक क्या वर्णन किया जाये। (सोलह कळा ससि आपणै ऊजासहि आप समाइ गयौ) षोडश कलाओं से युक्त चन्द्रमा आपही अपने (स्वच्छ) प्रकाश में समा गया।।211।।

तुलि बैठौ तरणि तेज तम तुलिया

भूप कणय तुलता भू भाति।

दिणि दिणि तिणि लघुता प्रामै दिन

राति राति तिणि गौरव राति।।212।।

(तरणि तुलि बैठौ) सूर्य तुलाराशि पर बैठा (भूप कणय तुलता भू भाति) (तुला संक्रांति के पर्व पर) राजागण सुवर्ण के बराबर तुलते हुए पृथ्वी पर शोभित होने लगे (तेज तम तुलिया) (इस अवसर पर) प्रकाश और अंधकार भी बराबर-बराबर तुल गए। (तिणि दिणि दिणि दिन लघुता प्रामै) इसी कारण से (अंधकार जैसे तुच्छ पदार्थ के बराबर तौले जाने के पराभवजन्य अमर्ष से) प्रतिदिन लघुता को प्राप्त होने लगा। (तिणि राति राति राति गौरव प्रामै) (और) इसी कारण से (तेज जैसे श्रेष्ठ पदार्थ के बराबर तौले जाने के गर्व से प्रफुल्लित होकर) प्रतिरात्रि गौरव (वृद्धि) को प्राप्त होने लगी।।212।।

दीधा मणि मँदिरे कातिग दीपक

सुत्री समाणियाँ माहि सुख।

भीतर थका बाहिर इम भासै

मनि लाजती सुहाग मुख।।213।।

(कातिग मँदिरे मणि दीपक दीधा) कार्तिक मास में मंदिरों में मणि दीपक बाले गए। (भीतर थका बाहिर इम भासै) (वे) भीतर होते हुए भी बाहर

इस प्रकार प्रकाशित हो रहे हैं (समाणियाँ माहि लाजती) (जैसे) समवयस्क सखियों में लजाती हुई (सुत्री मुख मनि सुहाग सुख) सुंदर स्त्री के मुख पर (उसके) मन में निवास करने वाला सुहाग सुख (उद्‌भासित होता है)।।213।।

छवि नवी नवी नव नवा महोछव
मंडियै जिणि आणंद मई।
कातिग घरि घरि द्वारि कुमारी
थिर चीत्रन्ति चित्राम थई।।214।।

(नवी नवी छवि नव नवा महोछव जिणि मंडियै) नई-नई छवि से नए-नए महोत्सवों का जिसमें आरंभ हो रहा है (कातिग घरि घरि द्वार आणन्दमई कुमारी) (ऐसे) कार्तिक मास में घर-घर में द्‌वारों पर आनंदमयी कुमारिकाएँ (थिर चीत्रन्ति चित्राम थई) स्थिरता से (एकाग्रचित्त से) चित्र चित्रित करती हुई (स्वयं) चित्र बन गयीं।।214।।

सेवन्ति नवै प्रति नवा सवे सुख
जग चां मिसि वासी जगति।
रुषमिणि रमण तणा जु सरद रितु
भुगति रासि निसि दिन भगति।।215।।

(रुषमिणि रमण तणा जु नवै प्रति नवा सवे सुख) रुक्मिणीरमण (श्रीकृष्ण) के नवीन प्रकार के जो सभी नए-नए सुख हैं (जग चाँ सुख मिसि) (उनका) सांसारिक सुखों के मिस से (जगति वासी सेवन्ति) द्‌वारिका निवासी सेवन करते हैं। (सरद रितु निसि रासि भुगति) शरद-ऋतु में उनकी रात्रि तो रास-क्रीड़ा में व्यतीत होती है (दिन भगति) (और) दिन (भगवान् की) भक्ति (करने) में।।215।।

एहिज परि थई भीरि कजि आयाँ
धनञ्ज्य अनैं सुयोधन।
मासे मगसिर भलउ जु मिलियौ
जागिया मींट जनारजन।।216।।

(धनञ्जय अने सुयोधन भीरि कजि आयाँ थई) (महाभारत के आरंभ में) अर्जुन और दुर्योधन के (श्रीभगवान् के पास पक्षयाचनार्थ) आने पर जैसा हुआ (एहिज परि) उसी भाँति (जनारजन मींट जागिया) (देव-प्रबोधिनी

एकादशी को) भगवान् विष्णु के नींद से जागने पर (जु मगसिर मिळियौ) जो मार्गशीर्ष मास (सामने) मिला (मासे भलउ) (वही) मासों में श्रेष्ठ (समझा गया)।।216।।

फिरियौ पछि वाउ ऊतर फरहरियौ
सहुए सूहव उर सरग।
भुयँग धनी प्रथमी पुड़ भेदे
विवरे पैठा बे वरग।।217।।

(पछि वाउ फिरियौ) शरद ऋतु का पाश्चिमात्य पवन (हेमंत के लगते हो) बदल गया (ऊतर फरहरियौ) (और) उत्तर दिशा से चलने लगा। (सहुए सूहव उर सरग) सब ही (पतियों) को (अपनी) पत्नियों के हृदयस्थल स्वर्ग हो गए। (भुयँग धनी बे वरग प्रथमी पुड़ भेदे विवरे पैठा) सर्प और धनाढ्य ये दोनों वर्ग पृथ्वी की सतह को भेद कर विवरों (बिलों अथवा तलघरों) में रहने लगे।।217।।

हुवइ घटि नदी हेम हेमाळै
विमळ श्रृंग लागा वधण।
जीवनागमि कटि कृस थायै जिम
थायै थूळ नितम्ब थण।।218।।

(नदी घटि हुवइ) नदियाँ घटने लगीं; (हेमाळै हेम विमल श्रृंग वधण लागा) (और) हिमालय पर्वत पर हिम के निर्मल श्रृंग बढ़ने लगे (जिम जोवनागमि) जिस प्रकार यौवन के आने पर (कटि कृस थायै नितम्ब थण थूळ थायै) (किसी नायिका की) कमर पतली हो गयी हो (और) नितम्ब तथा उरोज स्थूल हो गये हों।।218।।

भजन्ति सुगृह हेमन्ति सीत भै
मिलि निसि तु न कोई वहै मगि।
कोई कोमळ वसत्रे कोइ कम्बळि
जण भारियौ रहन्ति जगि।।219।।

(हेमन्ति जगि जण सीत भै) हेमंत ऋतु में जगत् में लोग शीत के भय से (निसि मिलि तु कोई मगि न वहै) रात्रि हुए पीछे तो कोई भी मार्गों में नहीं चलते हैं (सुगृह भजन्ति) (किंतु) अपने-अपने घरों में ही रहते है; (कोई

कोमल़ वसत्रे कोई कम्बलि़ भारियौ रहन्ति) कोई तो कोमल कपड़ों में (और) कोई कम्बलों में लपेटा हुआ (लदा हुआ) रहता है।।219।।

दिन जेही रिणी रिणाई दरसणि
क्रमि क्रमि लागा संकुडिणि।
नीठि छुडै आकास पोस निसि
प्रौढ़ा करषणि पंगुरिणि।।220।।

(दिन क्रमि क्रमि संकुडिणि लागा) दिन धीरे-धीरे संकोच को प्राप्त होने लगे (जेही रिणी रिणाई दरसणि) जिस प्रकार कोई ऋणी ऋणदाता को देखकर (संकोच को प्राप्त होता है) (पोस निसि आकास नीठि छुडै) पौष की रात्रि से आकाश (रूपी पति) बड़ी कठिनता से छूटता है (प्रौढ़ा करषणि पंगुरिणि) (जिस प्रकार) प्रौढ़ा नायिका द्‌वारा खींचा जाता हुआ (रात्रि के अवसान में नायक का) वस्त्र।।220।।

उलझाया तन मन आप आपमै
विहत सीत रुषमिणी वरि।
वाणि अरथ जिम सकति सकतिवँत
पुहप गंध गुण गुणी परि।।221।।

(सीत विहत वरि रुषमिणी) शीत निवारणार्थ श्रीकृष्ण (और) श्रीरुक्मिणी ने (आप आपमै तन मन उलझाया) परस्पर में तन और मन को (ऐसे) उलझाया (जिम वाणि अरथ सकति सकतिवँत पुहप गंध गुण गुणी परि) जिस भाँति वाणी और अर्थ, शक्ति और शक्तिमान, पुष्प और गंध तथा गुण और गुणी।।221।।

मकरध्वज वाहणि चढ़यौ अहिमकर
उत्तर वाउ वाए अउर।
कमल बाळि विरहिणीवदन किय
अम्ब पाळि संजोगि उर।।222।।

(अहिमकर मकरध्वज वाहणि चढ़यौ) सूर्य कामदेव के वाहन मकर (मकर राशि) पर चढ़ा (अउर उत्तर वाउ वाए) और उत्तर दिशा के (अत्यंत शीतल) पवन ने चलकर (कमळ बाळि विरहिणी वदन किय) कमलों को जला कर वियोगिनी स्त्री के मुख जैसा कर दिया (अम्ब पाळि संजोगि उर)

(और) आम्र वृक्षों का पालन करके संयोगिनी स्त्री के हृदय के समान कर दिया।।222।।

पारथिया कृपण वयण दिसि पवणै
विण अम्बह बाळिया वण।
लागै माघि लोक प्रति लागौ
जळ दाहक सीतळ जलण।।223।।

(माघि लागै) माघ के लगते ही (लोक प्रति जळ दाहक जळण सीतळ लागौ) लोगों को जल दाहक और अग्नि शीतल लगने लगी (पारथिया कृपण वयण दिसि पवणै) याचना करने पर कृपण के वचन-वाली (अर्थात् 'उत्तर') दिशा के पवन ने (अम्बह विण वण बालिया) आम्र वृक्षों को छोड़कर (और) वनों को जला दिया।।223।।

निय नाम सीत जाळै वण नीळा
जाळै नळणी थकी जळि।
पातिग तिण द्वारिका न पैसे
मँजियै विणु मन तणै मळि।।224।।

(निय नाम सीत) (उसका) निजका नाम तो शीत है (जाळै नीळा वण) (परंतु) जला देता है हरे भरे वनों को; (जळि थकी नळणी जाळै) (यही नहीं,) जल में स्थित कमलिनी को भी जला देता है (तिण पातिग) जिस पाप से (मन तणै मळि मँजियै विणु) मन के मैल को माँजे (मार्जन किये) बिना (द्वारिका न पैसे) (वह) द्‌वारिकापुरी में प्रवेश नहीं करता।।224।।

प्रतिहार प्रताप करे सी पाले
दम्पति ऊपरि दसै दिसि।
अरक अगनि मिसि धूप आरती
निय तणु वारै अहोनिसि।।225।।

(अरक प्रताप प्रतिहार करे दसै दिसि सी पाले) सूर्य (अपने) प्रताप को पहरेदार बनाकर दसों दिशाओं में शीत को रोकता है; (धूप आरती अगनि मिसि निय तणु दंपति ऊपर अहोनिसि वारै) (और) धूप तथा आरती की अग्नि के मिस (वह) अपना शरीर दंपति के ऊपर दिन-रात न्यौछावर करता है।।225।।

(शिशिर)

रवि बैठौ कळसि थियौ पालट रितु

ठरे जु डहकियौ हेम ठंठ।

ऊडण पंख समारि रहे अलि

कण्ठ समारि रहे कळकण्ठ।।226।।

(रवि कळसि बैठौ) सूर्य कुंभराशि पर आया (रितु पालट थियौ) ऋतु में परिवर्तन होने लगा (हेम ठरे जु ठंठ) हेमंत की शीत से जो (वृक्ष) ठंठ हो गए थे (डहकियौ) (शिशिर के आते ही) वे नवजीवित होने लगे। (अलि ऊडण पंख समारि रहे) भ्रमर उड़ने के लिये पंख सँवारने लगे (कळकण्ठ कण्ठ समारि रहे) (और) कोयलें अपने कंठ सँवारने लगीं।।226।।

वीणा डफ महुयरि वंस वजाए

रोरी करि मुख पंचम राग।

तरुणी तरुण विरहि जण दुतरणि

फागुण घरि घरि खेलै फाग।।227।।

(वीणा डफ महुयरि वंस बजाए) वीणा, डफ, अलगूंजा, बाँसुरी बजाते हुए (करि रोरी मुख पंचम राग) हाथों में गुलाल और मुख में पंचम राग सहित (तरुणी तरुण घरि घरि फाग खेलै) युवक-युवतियाँ घर-घर फाग खेल रहे हैं। (फागुण विरहि जण दुतरणि) ऐसा फाल्गुन मास विरही जनों को बड़ा दुखदाई है।।227।।

अजहुँ तरु पुहप न पल्लव अंकुर

थोड़ डाळ गादरित थिया।

जिम सिणगार अकोधै सोहति

प्री आगमि जाणियै प्रिया।।228।।

(अजहुँ तरु पुहप पल्लव न) अभी तक वृक्षों पर पुष्प और पत्ते नहीं (निकले) हैं (थोड़ अंकुर डाळ गादरित थिया) (किंतु) थोड़े-थोड़े अंकुरों से डालियाँ हरी-हरी हो गयी हैं (जिम प्रिया प्री आगमि जाणियै सिणगार अकीधै सोहति) जिस प्रकार प्रिया प्रियतम का आगमन जान कर शृङ्गार न किए हुए (भी) शोभा देती है।।228।।

(वसन्त)

दस मास समापित गरभ दीध रित
मन व्याकुल मधुकर मुणणन्ति।
कठिण वेयणि कोकिल मिसि कूजति
वनसपती प्रसवती वसन्ति।।229।।

(रित गरभ दीध दस मास समापित) (वसन्त) ऋतु को गर्भ में धारण किए हुए दस मास पूरे होने पर (मधुकर मुणणन्ति मन व्याकुल) भ्रमर की गुंजाररूपी मन की व्याकुलता (कोकिल कूजति मिसि कठिण वेयणि) और कोकिल की कूजरूपी कठिन (वेदनापूर्ण) वचनों सहित (वनसपती वसन्ति प्रसवती) (देवी) वनस्पति (ऋतुराज) वसंत का प्रसव कर रही है।।229।।

पकवाने पाने फळे सुपुहपे
सुरँगे वसत्रे दरब स्रब।
पूजियै कसटि भँगि वनसपती
प्रसूतिका होळिका प्रव।।230।।

(वनसपती प्रसूतिका कसटि भँगि) वनस्पतिरूपी जच्चा की प्रसववेदना दूर हो जाने पर (पकवाने पाने फळे, सुपुंहपे सुरँगे वसत्रे स्त्रब दरब होळिका प्रब पूजियै) पकवानों, पत्रों, फलों, सुंदर-सुंदर पुष्पों से तथा सुंदर रँगे हुए वस्त्रों एवं सब प्रकार के द्रव्यों से होलिकोत्सव पूजा जाता है।।230।।

लागी दलि कळि मळयानिळ लागै
त्रिगुण परसतै षुघा त्रिस।
रटति पूत मिसि मधुप रूँखराइ
मात श्रवति मधु दूध मिसि।।231।।

(पूत दलि त्रिगुण कळि मळयानिळ परसतै) (वसन्तरूपी) पुत्र के (किसलयरूपी) अंगों को त्रिगुणात्मक (शीतल, मंद, सुगंध) मलयानिलरूपी त्रिगुणात्मक (सत्व, रजस्, तमसमय) कलिपवन के परसते (लगते) हो (षुधा त्रिस लागी) भूख और प्यास लगी (मधुप मिसि रटति) (जिससे वह) भ्रमर गुंजार के मिस रोता है। (रूँखराइ मात दूध मिसि मधु श्रवति) (और उसकी) वनस्पति रूपी माता दूध के मिस मधु झरती है।।231।।

वनि नयरि घराघरि तरि तरि सरवरि
पुरुख नारि नासिका पथि।
वसन्त जनमियौ देण वधाई
रमै वास चढि पवन रथि।।232।।

(वसन्त जनमियौ वधाई देण) वसंत का जन्म हुआ है (यह) बधाई देने के लिए (वास पवन रथि चढ़ि) सुगंधरूपी बधाईदार पवन के रथ पर चढ़कर (वनि नयरि घराघरि तरि तरि सरवरि) वन में, नगर में, घर-घर में, तरु-तरु में, और सरोवर सरोवर में (पुरुख नारि नासिका पथि रमै) (और) सब नर-नारियों के नासिका के पथ में विहार कर रहा है।।232।।

अति अम्ब मौर तोरण अजु अम्बुज
कळी सु मंगळ कळस करि।
वन्नरवाळ बँधाणी वल्ली
तरुवर एका बियै तरि।।233।।

(अति अम्ब मौर तोरण) घनी आम्रमंजरी ही मानो तोरण है (अजु अम्बुज कळी सु मंगळ करि कळस) और जो कमल की कलियाँ हैं वे ही मानो मंगल-कलश हैं। (तरुवर एका बियै तरि वल्ली वन्नरवाल बँधाणी) (और) एक वृक्ष से दूसरे वृक्ष पर (लिपटी हुई) लताएँ ही (मानो) वन्दनवार बाँधी गई हैं।।233।।

फुट वानरेण कच नालिकेर फळ
मज्जा तिकरि दधि मँगळिक।
कुंकुम अखित पराग किंजळक
प्रमुदित अति गायन्ति पिक।।234।।

(वानरेण फुट कच नालिकेर फळ तिकरि मज्जा माँगळिक दधि) बन्दरों से फाड़े हुए कच्चे नारियल फलों की गिरी (गूदा) ही मांगलिक दही है; (पराग कुंकुम किंजल़क अखित) (पुष्पों की) केसर ही कुंकुम और किंजल्क ही अक्षत हैं; (पिक प्रमुदित अति गायन्ति) (और) अत्यंत आह्लादित कोयलें गा रही हैं (वही मानो सुंदर पिकवयनी स्त्रियाँ कलकंठ से मधुर मांगलिक गान कर रही हैं)।।234।।

आयौ इळि वसँत वधावण आई
पोइणि पत्र जळ एणि परि।
आणंद वणे काचमै अङ्गणि
भामिणि मोतिए थाल भरि।।235।।

(इळि वसँत आयौ) पृथ्वी पर वसंत आया। (पोइणि पत्र जळ एणि परि) (जल में खड़ी हुई) नलिनी के पत्र पर जल (कण) इस भाँति सुशोभित हैं (काचमै वणे अङ्गणि) (जैसे) काँच के बने हुए आँगन में (आणंद भामिणि मोतिए थाल भरि वधावण आई) आनंदित सुन्दरियाँ मोतियों से थाल भर कर बधावे को आयी हैं।।235।।

कामा वरखन्ती कामदुधा किरि
पुत्रवती थी मन प्रसन।
पुहप करणि करि केसू पहिरे
वनसपती पीळा वसन।।236।।

(करणि केसू पुहप करि पीळा वसन पहिरे) कर्णिकार और टेसू के पुष्पों के पीले वस्त्र पहने हुए (पुत्रवती वनसपती) पुत्रवती वनस्पति (देवी) (कामदुधा किरि कामा वरखन्ती) कामधेनु की भाँति कामनाएँ बरसाती हुई (मन प्रसन थी) मन में प्रसन्न हुई।।236।।

कणियर तरु करणि सेवंती कूजा
जाती सोवन गुलाल जत्र।
किरि परिवार सकळ पहिरायौ
वरणि वरणि ईए वसत्र।।237।।

(जत्र कणियर तरु करणि सेवंती कूजा जाती सोवन गुलाल) (जहाँ वनों में) कनियार के पेड़ में कर्णिकार पुष्प, सेवती, कूजा, मालती, सोहनी और गुल्लाला इत्यादि पुष्प (पुष्पित होकर) खड़े हैं (किरि) मानो (ईए सकल परिवार वरणि वरणि वसत्र पहिरायौ) इस (वनस्पति) ने (अपने) सब परिवार को रंग-रंग के वस्त्र पहिनाए हैं।।237।।

विधि एणि वधावे वसँत वधाए
भालिम दिन दिन चढ़ि भरण।
हुलरावणे फाग हुलरायौ
तरु गहवरिया थिय तरुण।।238।।

(एणि विधि वसँत वधावे वधाए) इस प्रकार वसंत को बधावों द्वारा बधावा दिया गया। (फाग हुलरावणे हुलरायौ) फाल्गुन मास के गाने-बजाने द्वारा (बड़े लाड़-प्यार से) लोरी दिया गया (दिन-दिन भालिम चढ़ि भरण) दिन-दिन कांति और सौंदर्य के बढ़-चढ़ कर पूर्णता को प्राप्त होने पर (तरु गहवरिया तरुण थिय) (पत्र पुष्पों के भार से) सगर्व सघन वृक्षों के मिस तरुण हुआ।।238।।

मंत्री तहां मयण वसँत महीपति
सिला़ सिंघासण धर सधर।
माथै अम्ब छत्र मंड़ाणा
चलि वाइ मंजरि ढलि चमर।।239।।

(तहां वसँत महीपति मयण मंत्री) वहाँ (वनों में) राजा तो ऋतुराज वसंत है और कामदेव मंत्री है। (धर सधर सिला़ सिँघासण) पर्वतों की शिलाएँ ही सिंहासन हैं। (माथै अम्ब छत्र भंडारण) ऊपर आम्र-वृक्षों के छत्र तने हुए हैं (वाइ चलि मंजरि चमर ढलि) और वायु से संचालित मंजरी ही मानो चँवर डुलाये जा रही हैं।।239।।

दाड़िमी बीज विसतरिया दीसै
निउँछावरि नाँखिया नग।
चरणे लुंचित खग फळ चुम्बित
मधु मुंचंति सीचन्ति मग।।240।।

(विसतरिया दाड़िमी बीज दीसै) बिखरे हुए अनारों के दाने दिखाई दे रहे हैं (वे ही मानो) (निउँछावरि नग नाँखिया) (ऋतुराज की) न्योछावर में रत्न डाले हैं (खग चरणे लुंचित चुम्बित फल़ मधु मुंचंति) पक्षियों के पंजों से नोंचे हुए (और उनकी) चोंचों से विदीर्ण फल रस टपका रहे हैं, (मानो) (मग सीचन्ति) मार्गों पर जल सींच रहे हैं।।240।।

राजति अति एण पदाति कुंज रथ
हँस माळ बन्धि लास हय।
ढालि खजूरि पूठि ढलकावै
गिरिवर सिणगारिया गय।।241।।

(एण पदाति) हरिण पैदल सिपाहियों (की भाँति) (कुंज रथ) वृक्षकुंज

रथों (की भाँति) (हँस माळ बन्धि हय लास) हंसों की पंक्ति बँधे हुए घोड़ों (अथवा घुड़सवारों) की पंक्ति (की भाँति) (गिरिवर खजूर ढालि पूठि ढलकावै सिणगारिया गय) (और) पर्वत खजूरोंरूपी ढालें पीठ पर लटकाए हुए सजाये हुए हाथियों (की भाँति) (अति राजति) अत्यंत शोभित हैं। ।241।

तरु ताळ पत्र ऊँचा तड़ि तरला
सरळा पसरन्ता सरगि।
बैठे पाटि वसन्त बन्धिया
जगहथ किरि ऊपरी जगि। ।242। ।

(सरगि पसरन्ता ऊँचा ताळ तरु सरळा तड़ि) स्वर्ग तक पसरे हुए ऊँचे ताड़ के वृक्षों की सीधी पेडियों पर (तरला पत्र) चंचल पत्ते (ऐसे लगते हैं) (किरि) मानो (वसन्त पाटि बैठे) वसंत ने राजसिंहासनासीन होकर (जगि ऊपरी जगहथ पत्र बन्धिया) जगत् के ऊपर (अपनी) दिग्विजय के घोषणा-पत्र बाँधे हैं। ।242। ।

ऋतुराज की महफिल
(रूपक)

आगळि रितुराय मंडियौ अवसर
मण्डप वन नीझरण मृदंग।
पंचबाण नायक गायक पिक
वसुह रंग मेळगर विधंग। ।243। ।

(ऋतुराय आगळि अवसर मंडियौ) ऋतुराज के सन्मुख महफिल लगी है (वन मण्डप) (जिसमें) वन ही मण्डप हैं; (मृदंग नीझरण) निर्झर ही मृदग हैं (पंचबाण नायक) कामदेव ही उत्सवनायक है (पिक गायक) कोकिला गायक है (विहंग रंग वसुह मेळगर) (और) पक्षी ही उस रंगभूमि में एकत्रित दर्शकगण हैं। ।243। ।

कळहंस जाणगर मोर निरतकर
पवन तालधर ताल पत्र।
आरि तन्तिसर भमर उपंगी
तीवट उघट चकोर तत्र। ।244। ।

(कळहंस जाणगर) (इस महफिल में) राजहंस ही कला के जानने वाले

(वाह, वाह करने वाले) हैं। (मोर निरतकर) मोर ही नर्तक हैं। (पवन तालधर) पवन ताल देने वाला है। (पत्र ताल) पत्ते ही ताल (करताल) हैं। (आरि तन्तिसर) झिल्ली की झंकार तार के बाजों का स्वर है। (भमर उपंगी) भ्रमर नसतरंग बजाने वाला है। (चकोर तत्र तीवट उघट) और चकोर ही वहाँ त्रिवट ताल देने वाला है। ।244।।

विधि पाठक सुक सारस रस वंछक
कोविद खंजरीट गतिकार।
प्रगलभ लाग दाट पारवा।
विदुर वेस चक्रवाक विहार।।245।।

(सुक विधि पाठक) तोता विधि बताने वाला है (अर्थात् नाचने अथवा गाने के तोड़ों वा गतों इत्यादि को यथा शास्त्र-विधि अपने मुख से पाठ करके बताने वाला है) (सारस रस वंछक) सारस रस को चाहने वाला (रसज्ञ) है; (कोविद खंजरीट गतिकार) चतुर खंजन पक्षी गतें लेने वाला है; (पारेवा लाग दाट प्रगलभ) कबूतर लाग डाँट (नामक भावों को बताने) में चतुर है (चक्रवाक विहार विदुर वेस) (और) चकवे की क्रीड़ा ही विदूषक का अभिनय है। ।245।।

आंगणि जळ तिरप उरप अलि पिअति
मरुत चक्र किरि लियत मरू।
रामसरी खुमरी लागी रट
धूया माठा चन्द धरू।।246।।

(अलि आंगणि जळ पिअति) भ्रमर (वनस्थली के) आँगन में पड़े हुए पानी को पी रहे हैं; (अर्थात् जल पृष्ठ को छूते हुए थिरक-थिरक कर उड़ रहे हैं) (तिरप उरप) (वह मानो) त्रिसम ताल पर (उड़प) नृत्य विशेष हो रहा है; (मरुत चक्र किरि मरू लियत) वायु का चक्राकार घूमना ही मानो मूर्च्छना लेना है; (रामसरी खुमरी रट लागी) रामसरी और खुमरी नामक चिड़ियों की रटन हो रही है (धूया माठा चन्द धरू) (वही मानो) मधुर ध्रुवा और चंद्रक ध्रुपद नामक रागिनियाँ हो रही हैं। ।246।।

निगरभर तरुवर सघण छाँह निसि
पुहपित अति दीपगर पळास।

मौरित अम्ब रीझ रोमांचित
हरखि विकास कमळ कृत हास।।247।।

(निगरभर तरुवर सघण छाँह निसि) भरे हुए घने-घने वृक्षों की सघन छाया ही रात्रि है। (अति पुहपित पळास दीपगर) पुष्पों से लदे हुए पलाश वृक्ष ही (मानो) बहुत से दीपको वाली दीवटें हैं (अम्ब मौरित रीझ रोमांचित) आम्र का मंजरीयुक्त होना ही (मानो ऋतुराज की महफिल का) रीझकर पुलकित होना है (कमळ विकास हरखि कृत हास) (और) कमलों का विकास ही (उस महफिल में) हर्षित होकर किया हुआ हास्य है।।247।।

प्रगटै मधु कोक सँगीत प्रगटिया
सिरि जवनिका दूरि सिरि।
निज मंत्र पढे पात्र रितु नाँखी
पहुपंजळि वणराय परि।।248।।

(मधु प्रगटै) वसंत के प्रकट होते ही (कोक सँगीत प्रगटिया) कोक (अर्थात् रस, अलंकार, शृंगार, भावादि सहित) संगीत प्रगट हुआ। (सिसिर सिरि जवनिका दूरि) शिशिर ऋतु की शोभारूपी यवनिका को दूर करके (पात्र निज मंत्र पढे रितुराय परि वणराय पुहपंजलि नाँखी) अभिनेताओं ने अपने (आशीर्वादात्मक) मंत्र पढ़कर ऋतुराज वसंत पर वनराज की पुष्पांजलि डाली।।248।।

प्रज उदभिज सिसिर दुरीस पीड़तौ
ऊतर ऊथापिया असन्त
प्रसन वायु मिसि न्याय प्रवर्त्यौ
वनि वनि नयरे राज वसन्त।।249।।

(सिसिर दुरीस) शिशिररूपी दुष्ट राजा (उदभिज प्रज पीड़तौ) वृक्षों तथा लताओं रूपी प्रजा को पीड़ा देता था (राज वसन्त) ऋतुराज वसन्त ने (असन्त ऊतर ऊथापिया) (शिशिर के अन्यायरूपी) दुष्ट उत्तर-दिशा के अत्यंत ठंडे पवन को हटाकर (वनि वनि नयरे प्रसन वायु मिसि न्याय प्रवर्त्यौ) प्रत्येक वनरूपी नगर में सुखद वायु के मिस न्याय का प्रचार किया।।249।।

पुहपाँ मिसि एक एक मिसि पाताँ
खाडिया द्रव मांडिया ऊखेळि।

दीपक चम्पक लाखे दीधा
कोड़ि धजा फहराणी केळि।।250।।

(एक पुहपाँ मिसि) एक ने पुष्पों के मिस (एक पाताँ मिसि) और एक ने पत्तों के मिस (खाडिया द्रब ऊखेळि मांडिया) गड़ा हुआ धन खोद कर प्रकट किया; (चम्पक लाखे दीपक दीधा) (लखपती) चम्पक वृक्ष ने लाखों (के द्रव्य पर) पुष्पों के दीपक जलाये (केळि कोड़ि धजा फहराणी) (और करोड़पति) केलि ने अपने करोड़ों के द्रव्य पर (अपने पत्तों की) ध्वजाएँ फहराईं।।250।।

मळयानिळ वाजि सुराज थिया महि
भई निसङ्कित अङ्क भरि।
वेली गळि तरुवराँ विलागी
पुहप भार ग्रहणां पहरि।।251।।

(मळयानिळ वाजि महि सुराज थिया) मलयज पवन चलने लगी वही मानो पृथ्वी पर (ऋतुराज का) स्वराज्य (स्थापित) हुआ। (निसङ्कित भई पुहप भार ग्रहणां पहरि) (तब) निश्शंक हुई, पुष्पभार के गहने पहन कर (वेली अङ्क भरि तरुवरां गळि विलागी) लतिकाएँ अंक भर कर वृक्षों के गले लगीं।।251।।

पीड़न्ति हेमंत सिसिर रितु पहिलौ
दुख टाळ्यौ वसन्त हितदाखि।
व्याए वेली तणी तरुवराँ
साखाँ विसतरियाँ वैसाखि।।252।।

(पीड़न्ति हेमंत सिसिर रितु पहिलौ दुख) पीड़ा देते हुए हेमंत और शिशिर-ऋतुजन्य पहिले के दुख को (हितदाखि वसन्त टाळ्यौ) हित करके ऋतुराज वसन्त ने टाल दिया (तरुवराँ तणी साखाँ विसतरियाँ वेलि) श्रेष्ठ वृक्षों की शाखाओं पर (लिपट कर) फैली हुई लतिकाओं ने (वैसाखि व्याए) (शाखाओं से उत्पन्न) वैसाख मास को जन्म दिया।।252।।

दीजै तिहाँ डंक न दँड न दीजै
ग्रहणि मवरि तरु गानगर।
करग्राही परवरिया मधुकर
कुसुम गंध मकरन्द कर।।253।।

(गानगर मधुकर करग्राही परवरिया) गुंजार करने वाले भ्रमररूपी कर ग्रहण करने वाले इधर-उधर फिर रहे हैं (तरु मवरि कुसुम गंध मकरन्द कर ग्रहणि) (जो) वृक्षों (रूपी प्रजा) से मंजरी, पुष्पगंध तथा रसरूपी राज्यकर लेने में (डंक न दीजै) डंक नहीं मारते (तिहाँ दंड न दीजै) (जैसे) सुराज्य में दंड नहीं दिया जाता।।253।।

भरिया तरु पुहप वहे छूटा भर
काम बाण ग्रहिया करगि।
वळि रितुराइ पसाइ वेसन्नर
जण भुरड़ीतौ रहै जगि।।254।।

(रितुराइ पसाइ तरु पुहप भरिया) ऋतुराज की कृपा से वृक्ष पुष्पों से लद गए हैं, (वहे भर छूटा) (जिनके) हिलने से पुष्पभार झाड़ रहे हैं (काम बाण करगि ग्रहिया) मानो कामदेव ने कुसुम शरों को अपने कराग्र में पकड़ा है। (वळि जगि जण वेसन्नर भुरड़ीतौ रहै) फिर (ऋतुराज की कृपा से) जगत में लोग अग्नि तापने से रह गए हैं।।254।।

नोट–दोहले की चतुर्थ पंक्ति में "रहै" श्लिष्ट है। अतएव, इस दोहले के विधि तथा निषेधात्मक दो अर्थ हैं। दूसरे अर्थ के लिए पीछे नोट देखिए।

वरखा जिम वरखत चातक वंचित
वंचि न को तिम राज वसन्त
फुल्ल पंख कृत सेव लबध फळ
बँदि कोलाहल खग बोलन्त।।255।

(जिम वरखा वरखत चातक वंचित) जिस प्रकार वर्षा के बरसने पर भी पपीहा वंचित ही रह जाता है, (तिम वसन्त राज) उस प्रकार वसंत के राज्य में (वंचि न को) कोई भी वंचित नहीं रहता। (खग बोलन्त) पक्षी बोल रहे हैं (बँदि कोलाहल) (मानो) वंदीगणों का (यश गानजनित) कोलाहल हो रहा है। (पंख फुल्ल कृत सेव लबध फल) (और वे पक्षी) पाँखों को फुलाए हुए हैं (मानो बन्दिजन) सेवाओं का फल पा रहे हैं।।255।।

कुसुमित कुसुमायुध ओटि केळि कृत
तिहि देखे थिउ खीण तन।
कन्त सजोगणि किंसुख कहिया
विरहणि कहे पळास वन।।256।।

(कुसुमायुध ओटि केलि़ कृत) पुष्पधन्वा कामदेव की कल्पना करके रति-क्रीड़ा की इच्छा करती हुई (कन्त सँजोगणि) पति से संयोगवाली स्त्री ने (तिहि कुसुमित देखे) उसको (टेसू के वृक्ष को) पुष्पित हुआ देख कर (कहिया किंसुख) कहा, "यह किंसुख (किंशुक) है" (अर्थात् कैसा सुखदायी है)। (विरहणि खीण तन थिउ) परंतु वियोगिनी ने क्षीणतन होकर (कहे वन पल़ास) कहा, "यह तो वन में पलास (राक्षस) है"।।256।।

तसु रंग वास तसु वास रंग तण
कर पल्लव कोमल़ कुसुम।
वणि वणि माळिणि केसरि वीणति
भूली नख प्रतिबिम्ब भ्रम।।257।।

(तसु रंग वास तसु तण वास रंग) उसके (केसर के) रंग और सुगंध जैसा जिनके शरीर का रंग और सुवास है (कोमल़ कुसुम कर पल्लव) और (केसर के) कोमल फूलों के सदृश जिनके कर पल्लव हैं (मालि़णि वणि वणि केसरि वीणति) ऐसी मालिनियाँ वन-वन में केसर बीनती हुई (नख प्रतिबिम्ब भ्रम भूली) (अपने स्वच्छ) नखों में (केसर कुसुमों के) प्रतिबिंब के भ्रम में (बीनना) भूल गयीं।।257।।

सबळ जळ सभिन्न सुगंध भेट सजि
डिगमिगि पाउ वाउ क्रोध डर।
हालियौ मळयाचळ हूँत हिमाचल
कामदूत हर प्रसन कर।।258।।

(सबळ जळ सभिन्न) जल से आर्द्र होकर सबल हुआ (कुछ-कुछ स्वस्थ-चित्त हुआ) (क्रोध डर डिगमिगि पाउ) (रुद्र के) क्रोध के डर से डगमगाते हुए पैरोंवाला, (सुगंध भेट सजि) सुगंधि की भेंट सजा कर (हर प्रसन कर) महादेव को प्रसन्न करने के लिए (कामदूत मळयाचळ हूँत वाउ हिमाचल हालियौ) कामदेव का दूत, शीतल, मंद, सुगंध (मलय) वायु हिमाचल को चला।।258।।

तरतौ नदि नदि ऊतरतौ तरि तरि
वेलि वेलि गळि गळै विलग्ग।
दखिण हूँत आवतौ उलर दिसि
पवन तण तिणि वहै न पग्ग।।259।।

(नदि नदि तरतौ तरि तरि ऊतरतौ) नदी-नदी को तैरते हुए और वृक्ष-वृक्ष पर फाँदते हुए (वेलि वेलि गळि गळै विलग्ग) लत्तिकाओ के गले लगते हुए (दखिण हूँत उतर दिसि आवतौ) दक्षिण से उत्तर दिशा को आते हुए (तिणि पवन तणा पग्ग न वहै) उस पवन के पाँव आगे नहीं चलते।।259।।

केवड़ा कुसुम कुन्द तणा केतकी
श्रम सीकर निरझर श्रवति।
ग्रहियौ कन्धे गंध भारगुरु
गंधवाह तिणि मन्द गति।।260।।

(केवड़ा कुन्द केतकी कुसुम तणा गंध गुरुभार कन्धे ग्रहियौ) केवड़े, कुंद और केतकी के पुष्पों की सुगंध का भारी बोझ (अपने) कंधे पर उठाये हुए हैं (तिणि गन्धवाह गति मंद) इसलिए गंधवाह पवन की चाल धीमी हो रही है (श्रम सीकर निरझर श्रवति) और वह श्रमविंदु के रूप में निर्झर शीकरों को बहाता है।।260।।

लीयै तसु अंग वास रस लोभी
रेवा जळि कृत सौच रति।
दखिणानिळ आवतौ उतर दिसि
सापराध पति जिम सरति।।261।।

(तसु अंग वास लीयै) उनकी (लतिकाओं की) अंग की सुवास को लिए हुए (रेवा जलि़ रति सौच कृत) रेवा नदी के जल में रत्यन्त शौच करके (रस लोभी दखिणानिल़ उतर दिसि आवतौ) रस का लोभी (रसिक) मल़यानिल़ उत्तर दिशा की ओर आता हुआ (सापराध पति जिम सरति) सापराध (अन्यत्र रति-क्रीड़ा करके अपनी नायिका के पास आए हुए) पति की तरह (संकुचित होकर) चलता है।।261।।

पुहपवती लता न परस पमूँके
देतौ अंग आलिंगन दान।
मतवाळौ पय ठाइ न मंडे
पवन वमन करतौ मधुपान।।262।।

(मधपान करतौ) (मदिरारूपी) पुष्पासव का पान करता हुआ (वमन करतौ) (और सौरभ) वमन करता हुआ (मतवाल़ौ पवन) उन्मत्त नायकरूपी

पवन (पय ठाइ न मंडै) पाँव ठीक स्थान पर नहीं रखता। (अंग आलिंगन दान देतौ) (और अपने) अंग का आलिंगन दान देता हुआ (पुहपवती लता परस न पमूँके) (रजस्वला नायिकारूपी) पुष्पवती लताओं का स्पर्श करना नहीं छोड़ता है।।262।।

तोय झरणि छंटि ऊघसत मळय तरि
अति पराग रज धूसर अंग।
मधु मद श्रवति मंद गति मल्हपति
मदोनमत्त मारुत मातङ्ग।।263।।

(झरणि तोय छंटि) झरनों के पानी के छींटे उड़ाता हुआ (मळय तरि ऊघसत) चंदन वृक्षों से (अपने अंगों का) घर्षण करता हुआ (अति पराग रज धूसर अंग) बहुत-सी पराग-रजरूपी धूलि से धूसरित अंगवाला (मधु मद श्रवति) पुष्परसरूपी मद झरता हुआ (मदोनमत्त मारुत मातङ्ग मंद गति मल्हपति) मदमत्त पवनरूपी हाथी मंदगति से (मस्त चाल) चल रहा है।।263।।

गुण गन्ध ग्रहित गिळि गरल़ ऊगळित
पवण वाद ए उभय पख।
स्रीखँड सैळ सँयोग संयोगिणि
भणि विरहिणी भुयङ्ग भख।।264।।

(उभय पख पवण वाद ए) दोनों पक्षों में (वासन्तिक) पवन के विषय में यह वाद-विवाद है–(विरहिणी भणि) वियोगिनी कहती है, (भुयङ्ग भख) कि (यह पवन) सर्प का भक्ष्य है, (गिळि ऊगळित गरळ) जो (सर्प द्वारा) निगला जाकर उगला हुआ विष है। (संयोगिणि भणि) संयोगिनी कहती है, (स्रीखँड सैल़ सँजोग गुण गंध ग्रहित (पवन)) कि (यह तो) चंदन तरुओं वाले पर्वत (मलयाचल) के संयोग से (उसके) गुण (शीतलता और) गंध को ग्रहण किया हुआ पवन है।।264।।

रितु किहि दिवस सरस राति किहि सरस
किहि रस संध्या सुकवि कहन्ति।
बे पख सूधति बिहूँ मास बे
वसन्त ताइ सारिखौ वहन्ति।।265।।

(सुकवि किहि रितु दिवस सरस किहि राति सरस किहि संध्या रस

कहन्ति) श्रेष्ठ कविजन किसी ऋतु के दिनों को सरस, किसी की रातों को सरस और किसी (ऋतु) की संध्या को रसयुक्त कहते हैं। (वसन्त ताइ बे) (परंतु) वसंत उन दोनों को (अपने दिन-रात को) (बिहूँ मास) दोनों महीनों को (बे पख) (और प्रत्येक मास के) दोनों (कृष्ण और शुक्ल) पक्षों को (सूधति सारिखौ वहन्ति) विशद्ध करता हुआ (सरस बनाता हुआ) एक समान चला जाता है।।265।।

निमिख पळ वसन्ति सारिखौ अहोनिसि
एकण एक न दाखे अन्त
कन्त गुणे वसि थाये कान्ता
कान्ता गुणि वसि थायै कन्त।।266।।

(वसन्ति अहोनिसि निमिख पळ सारिखौ) वसन्त में रात-दिन, प्रत्येक पल और निमेष एक समान (रसदायी) है। (कन्त कान्ता गुणे वसि थाये) (ऐसे समय में) कांत (श्रीकृष्ण) कांता (श्रीरुक्मिणीजी) के गुणों के वशीभूत हो रहे हैं (कान्ता कन्त गुणि वसि थायै) और कांता कांत के गुणों के वशीभूत हो रही है। (एक एकण अंत न दाखै) एक-दूसरे को (अपने प्रेम का) अंत नहीं देते हैं।।266।।

गृह पुहप तणौ तिणि पुहपित ग्रहणौ
पुहप ई ओढ़ण पाथरणि।
हरखि हिँडोलि पुहपमै हिण्डति
सहि सहचरि पुहपाँ सरणि।।267।।

(तिणि) उनके (श्रीकृष्ण तथा रुक्मिणी के) (पुहपित गृह, पुहप तणौ ग्रहणौ, पुहप ई ओढ़ण पाथरणि) पुष्पों से सजाए हुए महल हैं, पुष्पों के (बने) गहने हैं, और पुष्पों के ही ओढ़ने और बिछाने के वस्त्र हैं। (हरखि पुहपमै हिँडोळि हिण्डति) (वे) प्रसन्न होकर पुष्पों के हिंडोले में झूलते हैं (सहि सहचरि पुहपाँ सरणि) और (उनकी) सब सखियाँ पुष्पों पर आश्रित हैं। (अर्थात् उनकी जीविका पुष्पों के आभूषण गूँथने और सजाने पर निर्भर है)।।267।।

पौढाड़े नाद वेद परबोधै
निसि दिनि वाग विहार नितु।

माणग मयण एण विधि माणै
रुषमिणि कन्त वसन्त रितु।।268।।

(निसि नाद पौढाड़ै दिनि वेद परबोधै) रात्रि में अनाहत नाद (शब्द ब्रह्म, उनको) सुलाता है और प्रातः काल (स्वयं) वेद भगवान् (उनको) जगाते हैं; (वाग विहार नितु) नित्य वाणी (सरस्वती) का विलास होता है। (माणग मयण रुषमिणि कन्त एण विधि वसन्त रितु माणै) कामदेव के सदृश रसिक (विलासप्रिय) रुक्मिणी-कंत इस प्रकार वसंत ऋतु का उपभोग करते हैं।।268।।

अवसरि तिणि प्रीति पसरि मन अवसरि
हाइ भाइ मोहिया हरि।
अंग अनंग गया आपणा
जुड़िया जिणि वसिया जठरि।।269।।

(तिणि अवसरि) उस समय (मन अवसरि प्रीति पसरि) (श्रीरुक्मिणी के) मन के भीतर प्रेम ने बढ़कर (हाइ भाइ हरि मोहिया) हाव-भावों से श्रीहरि को मोहित कर लिया। (जठरि अनंग वसिया) (श्रीरुक्मिणीजी के) उदर में कामदेव ने आकर निवास किया (जिणि गया आपाणा अंग जुड़िया) जिससे (अनंग के) विनष्ट हुए अपने अंग (श्रीरुक्मिणी की कृपा से) पुनः मिल गए।।269।।

वसुदेव पिता सुत थिया वासुदे
प्रदुमन सुत पित जगतपति।
सासू देवकी रामा सुवहू
रामा सासू वहू रति।।270।।

(वसुदेव पिता वासुदे सुत थिया) वसुदेव पिता के वासुदेव (श्रीकृष्ण) पुत्र हुए (जगतपति पित) और जगत्पति (श्रीकृष्ण) पिता के (प्रदुमन सुत) प्रद्युम्न पुत्र हुए। (सासू देवकी रामा सुवहू) देवकीजी सास के लक्ष्मी (श्रीरुक्मिणी) पुत्रवधू हुईं (रामा सासू रति वहू) और श्रीरुक्मिणी सास के रति पुत्रवधू हुईं।।270।।

लीलाधण ग्रहे मानुखी लीला
जगवासग वसिया जगति।

पित प्रदुमन जगदीस पितामह
पोतौ अनिरुध ऊखापति।।271।।

(लीलाधण मानुखी लीला ग्रहे) अनंत लीला वाले (लीला के स्वामी भगवान्) ने मनुष्य लीला ग्रहण की (जगवासग जगति वसिया) जगत् को (अपने में) बसाने वाले (भगवान्) जगत् में बसने लगे। (जगदीस पितामह पित प्रदुमन ऊखापति अनिरुध पोतौ) (उस समय उनके पारिवारिक सुख का क्या पारावार था कि जिसमें) जगत् के स्वामी (श्रीकृष्ण) तो दादा हुए, प्रद्युम्न (कामावतार) पिता हुए और उषा के पति अनिरुद्ध पोते हुए।।271।।

किं कहिसु तासु जसु अहि थाकौ कहि
नारायण निरगुण निरलेप।
कहि रुषमिणि प्रदुमन अनिरुध का
सह सहचरिए नाम सँखेप।।272।।

(नारायण निरगुण निरलेप) (श्रीकृष्ण) जो साक्षात् नारायण, त्रिगुणातीत और निर्लिप्त हैं, (तासु जसु अहि कहि याकौ) उनका यश वर्णन करते हुए शेषनाग भी थक गया (किं कहिसु) (तो) मैं क्या कह सकता हूँ? (सह सहचरिए रुषमिणि प्रदुमन अनिरुद्ध का नाम सँखेप कहि) (किंतु) सखियों सहित श्रीरुक्मिणी और प्रद्युमन और अनिरुद्ध के नाम संक्षेप में कहता हूँ।।272।।

लोकमाता सिंधुसुता श्री लिखमी
पदमा पदमाळया प्रमा।
अवर गृहे अस्थिरा इन्दिरा
रामा हरिवल्लभा रमा।।273।।

श्रीरुक्मिणी के नाम इस प्रकार कहते हैं—(लोकमाता) जगत्जननी (सिंधुसुता) समुद्र की पुत्री (श्री) (सर्वोत्कृष्ट) शोभा (लिखमी) लक्ष्मी (पदमा) पद्मा-पद्मिनी-कमल के चिह्नवाली (पद्मालया) कमल में वास करने वाली (प्रमा) प्रमितिवाली—प्रमाणवाली (अवर गृहे अस्थिरा) (भगवान् विष्णु के अतिरिक्त) दूसरों के घर में स्थिरता से न ठहरने वाली—चंचला (इंदिरा) परम ऐश्वर्य देने वाली (रामा) विष्णु भगवान में रमण करने वाली (हरिवल्लभा) विष्णु-प्रिया (रमा) रमणशीला।।273।।

दरपक कंदरप काम कुसुमायुध
सम्बरारि रति पति तनुसार।
समर मनोज अनंग पंचसर
मनमथ मदन मकरध्वज मार।।274।।

प्रद्युम्न के नाम गिनाते हैं—(दरपक) अभिमान करने वाला (कंदरप) कंदर्प-कुत्सित अभिमान कराने वाला (काम) कामदेव (कुसुमायुध) पुष्पों के अस्त्र-शस्त्र रखने वाला (संबरारि) शंबर नाम दैत्य का शत्रु (तनुसार) बलवान शरीर वाला (ससर) स्मर, अभीष्ट का स्मरण कराने वाला (मनोज) मन में उत्पन्न होने वाला (अनंग) बिना अंग वाला (पंचसर) उन्मादन, तापन, शोषण, सम्मोहन तथा स्तंभन नामक पाँच बाण रखने वाला अथवा अरविंद, अशोक, चूत, नवमल्लिका तथा नीलोत्पल—इन पाँच पुष्पबाणों को रखने वाला (मनमथ) मन को मथने (विचलित) (मकरध्वज) ध्वजा में मकर के चिह्नवाला और (मार) मारनेवाला।।274।।

चतुरमुख चतुरवरण चतुरातमक
विग्य चतुर जुग विधायक।
सर्वजीव विश्वकृत ब्रह्मसू
नरवर हँस देहनायक।।275।।

अब अनिरुद्ध के नाम कहते हैं—(चतुरमुख) चार मुखों वाला (चतुरवरण) चार वर्णों की रचना करने वाला (चतुरातमक) कुशल बुद्धि वाला (विम्य) विशेष जानने वाला (चतुर जुग विधायक) चारों युगों की रचना करने वाला (सर्वजीव) सबका जीवात्मा (विश्वकृत) विश्व का कर्त्ता (ब्रह्मसू) वेदों को उत्पन्न करने वाला (नरवर) नरों में श्रेष्ठ (हँस) जीवात्मा (देहनायक) देह का नियन्ता।।275।।

सुंदरता लज्जा प्रीति सरसती
माया कान्ती क्रिपा मति।
सिद्धि वृद्धि सुचिता रुचि सरधा
मरजादा कीरति महति।।276।।

श्रीरुक्मिणी की सहचरियों के नाम कहते हैं—सुंदरता, लज्जा, प्रीति,

सरस्वती, माया, कांति, कृपा, मति, सिद्धि, वृद्धि, शुचिता, रुचि, श्रद्धा, मर्यादा, कीर्ति और महत्ता।।276।।

संसार सुपहु करता गृह संग्रह
गिणि तिणि हीज पंचमी गाळि।
मदिरा रीस हिंसा निन्दा मति
च्यारे करि मूँकिया चंडालि।।277।।

(संसार सुपहु) संसार के श्रेष्ठ प्रभु (श्रीकृष्णजी) ने (गृह संगृह करता) गृहस्थ धारण करते हुए—लोकसंग्रह करते हुए (मदिरा रीस हिंसा निंदा मति च्यारे) मदिरा, क्रोध, हिंसा और निंदक-बुद्धि, इन चारों को (पंचमी गाळि तिणि हीज गिणि) और पाँचवीं गाली को भी वैसा ही समझ कर (चंडालि करि मूँकिया) चांडाल करके (समझकर) छोड़ दिया।।277।।

हरि समरण रस समझण हरिणाखी
चात्रण खळ खगि खेत्र चढ़ि।
बैसे सभा पारकी बोलण
प्राणी वंछइ त वेलि पढ़ि।।278।।

(प्राणी) हे प्राणी! (हरि समरण) (यदि) हरिभजन की, (हरिणाखी रस समझण) मृगनयनी के रस (प्रेम) को समझने की, (खेत्र चढ़ि खळ खगि चात्रण) रणक्षेत्र में चढ़कर शत्रुओं को खड्ग से काटने की, (पारकी सभा बैसे बोलण) और दूसरों की सभा में बैठकर बोलने की (वंछइ त) इच्छा हो तो (वेलि पढ़ि) वेलि को पढ़।।278।।

सरसती कंठि श्री गृहि मुखि सोभा
भावी मुगति तिकरि भुगति।
उवरि ग्यान हरि भगति आतमा
जपै वेलि त्यां ए जुगति।।279।।

(ए जुगति) इस युक्ति से (वेलि जपै) जो वेलि का पाठ करते हैं (त्यां कंठि सरसती) उनके कंठ में सरस्वती (गृहि श्री) घर में लक्ष्मी (मुखि सोभा) और मुख में शोभा विराजती है; (भावी तिकरि मुगति भुगति) भविष्य के लिए मुक्ति और बहुत से भोगों की प्राप्ति होती है, (उवरि ग्यान आतमा हरि भगति) और हृदय में ज्ञान और आत्मा में हरिभक्ति उत्पन्न होती है।।279।।

महि सुइ खट मास प्रात जळ मंजै
आप अपरस अरु जित इन्द्री।
प्रामै वेलि पढ़न्ताँ नित प्रति
त्री वंछित वर वंछित त्री।।280।।

(खट मास महि सुइ) छह महीनों तक पृथ्वी पर सोते हुए (प्रात जळ मंजै) प्रातःकाल जल में स्नान करके (आप अपरस) स्वयं अस्पृश्य रह कर (अरु जित इन्द्री) और जितेंद्रिय रहकर (नित प्रति वेलि पढ़न्ताँ) नित्य प्रति वेलि का पाठ करने वाले (वर वंछित त्री त्री वंछित वर प्रामै) वर को इच्छित स्त्री और स्त्री को इच्छित वर की प्राप्ति होती है।।280।।

ऊपजै अहोनिसि आप आप मै
रुषमणि क्रिसन सरीख रति।
कहै वेलि वर लहै कुमारी
परणी पूत सुहाग पति।।281।।

(वेलि कहै) वेलि का पाठ करने से (कुमारी वर) कुमारी वर को (परणी पूत पति सुहाग) और विवाहिता पुत्र को और पति के सुहाग को (लहै) प्राप्त करती है। (आप आप मै अहोनिसि रुषमणि क्रिसन सरीख रति ऊपजै) (और पति-पत्नी में) परस्पर रात-दिन श्रीरुक्मिणी और श्रीकृष्ण जैसा प्रेम उत्पन्न होता है।।281।।

परिवार पूत पोत्रे पड़पोत्रे
अरु साहण भंडार इम।
जण रुषमिणि हरि वेलि जपंताँ
जग पुड़ि वाधै वेलि जिम।।282।।

(रुषमिणि हरि वेलि जपंता जण) श्रीरुक्मिणी और श्रीकृष्ण की (इस) वेलि के जप करने वाले मनुष्य के (परिवार पूत पोत्रे पड़पोत्रे अरु साहण भंडार इम वाधै) कुटुंब में पुत्र, पौत्र, प्रपौत्र और हाथी, घोड़े, रथादि साधन और भंडार इस प्रकार बढ़ते हैं (जिम) जिस प्रकार (जग पुड़ि वेलि) पृथ्वी पर लताएँ (फैलती हैं)।।282।।

पेखे कोइ कहति एक एक प्रति
विमळ मंगळ गृह एक वगि।

एणि कवण सुभ क्रम आचरताँ

जाणियै वेलि जपन्ति जगि।।283।।

(विमळ मंगळ) निर्मल मंगलाचार को (एक गृह) एक घर में (वगि) एकत्रित हुए (पेखे) देखकर (कोई एक एक प्रति कहति) कोई एक मनुष्य किसी दूसरे से कहता है; (जगि एणि कवण सुभ क्रम आचरताँ) जगत् में इसने कौन-से शुभ कर्मों का आचरण करते हुए (उपर्युक्त समृद्धि प्राप्त की है)? (जाणियै वेलि जपंति) जान पड़ता है कि यह वेलि का जप करता है।।283।।

चतुरविध वेद प्रणीत चिकित्सा

ससत्र उखध मँत्र तँत्र सुवि।

काया कजि उपचार करन्ताँ

हुवै सु वेलि जपन्ति हुवि।।284।।

(काया कजि उपचार करन्ताँ) शरीर के लिए चिकित्सा करते हुए (सत्र, उखध मँत्र तँत्र सुवि चतुरविध वेद प्रणीत चिकित्सा हुवै) शस्त्र, औषधि, मंत्र-तंत्र सभी प्रकार की (जो) वेदोक्त चिकित्साएँ होती हैं (सु वेलि जपन्ति हुवि) सो वेलि के पाठ करने (मात्र) से दूर हो जाती हैं।।284।।

आधिभूतक आधिदेव अध्यातम

पिंड प्रभवति कफ वात पित।

त्रिविध ताप तसु रोग त्रिविधमै

न भवति वेलि जपन्त नित।।285।।

(पिंड प्रभवति आधिभूतक आधिदेव अध्यातम त्रिविध ताप) शरीर में होने वाले आधिभौतिक, आधिदैविक तथा आध्यात्मिक, ये तीन प्रकार के ताप (कफ वात पित त्रिविधमै रोग) तथा कफ, वात और पित्त इन त्रिविध विकारों से युक्त रोग (तसु न भवति वेलि जपन्त नित) उसको नहीं होते हैं जो वेलि का सदा जप करता है।।285।।

मन सुद्धि जपन्ताँ रुषमिणि मंगळ

निधि सम्पति थाइ कुसळ नित।

दुरदिन दुरग्रह दुसह दुरदसा

नासै दुसुपन दुर निमित।।286।।

(रुषमिणि मंगळ सुद्धि मन जपन्ताँ) इस श्रीरुक्मिणी मंगल–(वेलि)–को शुद्ध मन से जपने से (निधि सम्पति नित कुसळ थाइ) कोष में धन और संपत्ति सदैव कुशल रहती है। (दुरदिन दुरग्रह दुसह दुरदसा दुसुपन दुर निमित नासै) और बुरे दिन, खोटे ग्रह, असहनीय बुरी दशा, दुःस्वप्न और अशुभ शकुन नष्ट हो जाते हैं।।286।।

मणि मंत्र तँत्र बळ जंत्र अमंगल़
थळि जळि नभसि न कोइ छळन्ति।
डाकिणि शाकिणि भूत प्रेत डर
भाजै उपद्रव वेलि भणन्ति।।287।।

(वेलि भणन्ति) वेलि पढ़ने से (मणि मंत्र तंत्र जंत्र बळ कोई अमंगळ) मणि, मंत्र, तंत्र और यंत्र आदि के बल से (शत्रुओं द्वारा किया हुआ) कोई अनिष्ट (जलि़ थलि नभसि न छल़न्ति) जल थल अथवा आकाश में भी नहीं छल सकता (डाकिणि शाकिणि भूत प्रेत उपद्रव डर भाजै) और डाकिनी, शाकिनी, भूत-प्रेतादि के किए हुए उपद्रव डर कर भागते हैं।।287।।

सन्यासिए जोगिए तपसि तापसिए
काँइ इवड़ा हठ निग्रह किया।
प्राणी भवसागर वेलि पढ़न्तां
थिया पार तरि पारि थिया।।288।

(संन्यासिए जोगिए तापसिए तपसि इवड़ा हठ निग्रह किया काँइ) संन्यासियों, योगियों और तपस्वियों की तपस्या में ऐसा हठ और संयम करने से क्या! (प्राणी वेलि पढ़न्तां भवसागर तरि पारि थिया पार थिया) जनसाधारण (तो) वेलि को पढ़कर (ही) भवसागर तैरकर पार हो गए–(निश्चय ही)–पार हो गए!!।।288।।

किं जोग जाग जप तप तीरथ किं
व्रत किं दानाश्रम वरणा।
मुख कहि कृसन रुषमिणि मंगल
काँइ रे मन कलपसि कृपणा।।289।।

(किं जोग जाग जप तप तीरथ किं) योग, यज्ञ, जप, तप से क्या? (अथवा) तीर्थ से क्या? (व्रत दानाश्रम वरण किं) व्रत करने से, दान देने से अथवा

वर्णाश्रम धर्म पालने से क्या? (रे कृपणा मन काँई कलपसि) रे, कृपण मन, क्यों दुख पाता है? (कृसन रुषमिणि मंगल मुख कहि) श्रीकृष्ण रुक्मिणी के मंगल (इस वेलि) को मुख से कह।।289।।

बे हरि हर भजै अतारू बोळै

ते ग्रब भागीरथी म तूँ

एक देस वाहणी न आणाँ

सुरसरि सम सरि वेलि सूँ।।290।।

(बे हरि हर भजै, अतारू बोळै, एक देस वाहणी, आणाँ न) (तू) विष्णु और शिव दोनों—का आश्रय लेती है, तैरना न जानने वाले को डुबा देती है और एक ही प्रदेश में (सीमित होकर) बहने वाली है—अन्यत्र नहीं (ते भागीरथी तूँ ग्रब म) इसलिए, हे भागीरथी, तू (पतितोद्धारिणि होने का) गर्व न कर। (वेलि सम सुरसरि सरि सूँ) वेलि के समान सुरसरि (गंगा) की शोभा कैसी?।।290।

वल्ली तसु बीज भागवत वायौ

महि थाणौ प्रिथु दास मुख।

मूळ ताल जड़ अरथ मण्डहे

सुथिर करणि चढ़ि छाँह सुख।।291।।

(वल्ली) (यह जो) वेलि (रूपिणी लता) है (तसु बीज भागवत) इसका बीज (मूलाधार) श्रीमद्‌भागवत है (दास प्रिथु मुख महि थाणौ वायौ) (जो) भक्त पृथ्वीराज (कवि) के मुखरूपी पृथ्वी के थाँवले में बोया गया। (मूळ ताल जड़) (इसके दोहलों का) मूल पाठ और (उनके गाने की) ताल जड़ें हैं (अरथ सुथिर मण्डहे) और (उनके) अरथरूपी दृढ़ मंडप पर (सुख छाँह करणि चढ़ि) सुखद छाया करने के लिये (यह वेलि) फैली है।।291।।

पत्र अक्खर दळ द्वाळा जस परिमळ

नव रस तन्तु व्रिधि अहोनिसि।

मधुकर रसिक सु भगति मंजरी

मुगति फूल फळ भुगति मिसि।।292।।

(अक्खर दळ पत्र) (इस वेलि-लता के) अक्षरों के समूह ही पत्ते हैं, (द्वाळा जस परिमळ) दोहलों में वर्णित (श्रीभगवान् और रुक्मिणी का)

यश ही (इसकी) सुगंधि है, (नव रस तन्तु व्रिधि अहोनिसि) (और इसके) नवरसरूपी तंतुओं की रात-दिन वृद्धि होती रहती है। (रसिक मधुकर भगति सु मंजरी) काव्य-प्रेमी और भक्तजन ही भ्रमर हैं और भक्ति ही मंजरी है। (भुगति मिसि फूल़ मुगति फल़) सांसारिक सुख साधनरूपी (इसके) फूल हैं और मुक्ति ही फल है।।292।।

कळि कलप वेलि वळि कामधेनुका
चिन्तामणि सोमवल्लि चत्र।
प्रकटित पृथिमी पृथु मुख पंकज
अखरावळि मिसि थाइ एकत्र।।293।।

(कळि कलप वेलि कामधेनुका चिंतामणि वलि सोमवल्लि चत्र) कलियुग में कल्पलता, कामधेनु, चिंतामणि और सोमलता, ये चारों (पृथु मुख पंकज एकत्र थाइ अखरावळि मिसि) पृथ्वीराज के मुखकमल में एकत्र हुई अक्षर पंक्ति के मिस (पृथिमी प्रकटित) पृथ्वी पर प्रकट हुई हैं।।293।।

प्रिथु वेलि कि पँचविध प्रसिध प्रणाळी
आगम नीगम कजि अखिळ।
मुगति तणी नीसरणी मंड़ी
सरग लोक सोपान इळ।।294।।

(प्रिथु वेलि कि) पृथ्वीराज द्वारा रचित यह वेलि क्या है, (इल़ पँचविध प्रसिध प्रणाळी) पृथ्वी पर पाँच प्रकार की प्रसिद्ध रीति (साधन-मार्ग) है; (आगम नीगम अखिळ कजि) (यथा) शास्त्र, वेद, सर्वप्रकार की कार्यसिद्धि, (मुगति तणी मंड़ी नीसरणी) मुक्ति की बनी-बनाई निसैनी (सरग लोक सोपान) (और) स्वर्गलोक की (प्राप्ति की) सीढ़ी है।।294।।

मोतिए विसाहण ग्रहि कुण मूँकै
एक एक प्रति एक अनूप।
किल सोझण मुख मूझ वयण कण
सुकवि कुकवि चालणी न सूप।।295।।

(एक एक प्रति एक अनूप मोतिए विसाहण) एक से एक अधिक अनुपम मोतियों को ख़रीदने के लिए (जिस प्रकार) (चालणी सूप ग्रहि मूकै कुण सोझण न) चलनी तथा सूप द्वारा किसे लेना और किसे छोड़ना यह संशोधन

नहीं किया जाता, (किल) (उसी प्रकार) निश्चय ही (मूझ मुख वयण कण) मेरे मुख से कहे हुए (उपर्युक्त) वचनोंरूपी मुक्ता-कणों का (सुकवि कुकवि ग्रहि मूकै कुण सोझण न) सुकवियों तथा कुकवियों द्वारा, कौन-सा ग्राह्य और कौन-सा त्याज्य होगा, यह निश्चय नहीं किया जा सकता।।295।।

पिंडि नख सिख लगि ग्रहणे पहिरिए
महि मूँ वाणी वेलि मई।
जग गळि लागी रहै असै जिमि
सहै न दूखण जेम सई।।296।।

(महि) पृथ्वी पर (वेलि मई मूँ वाणी) वेलिमयी मेरी यह कविता (कामिनी) (पिंडि नख सिख लगि ग्रहणे पहिरिए) अपने शरीर पर नखसिख (काव्यालंकारूपी) आभूषण पिहने हुए है—(असै जिमि जग गळि लागी रहै) यह असली स्त्री के समान जगत के गले में लिपटी रहती है (सई जेम दूखण न सहै) (परंतु) सती स्त्री के समान दोष (कलंक) को सहन नहीं कर सकती है।।296।।

भाषा संस्कृत प्राकृत भणंता
मूझ भारती ए मरम।
रस दायिनी सुंदरी रमताँ
सेज अन्तरिख भूमि सम।।297।।

(भाषा संस्कृत प्राकृत भणंता) भाषा में (डिंगल, व्रज अथवा हिंदी भाषाओं में), संस्कृत में अथवा प्राकृत में काव्यरचना करते हुए (मूझ भारती ए मरम) मेरी कविता का यही मर्म है, (अर्थात् मेरी कविता भी ऐसी ही रसदायिनी है) (जैसे) (रस दायिनी सुंदरी रमताँ सेज अन्तरिख भूमि सम) आनंद देने वाली सुंदरी (के साथ) रमण करते हुए शया, ऊँचा स्थान (झूला, पलंग इत्यादि) अथवा भूमि एक समान हैं।।297।।

विवरण जौ वेलि रसिक रस वंछौ
करौ करणि तौ मूझ कथ।
पूरे इते प्रामिस्यौ पूरौ
इअे ओछे ओछौ अरथ।।298।।

(रसिक) हे रसिको! (जौ वेलि विवरण रस वंछौ) जो वेलि में वर्णित रस

की इच्छा करते हो (तौ मूझ करणि करौ) तो मेरा कहा कार्य करौ। (इते पूरे) उतने (जिनका आगे के दोहले में कथन किया गया है) सब मनुष्य पूरे-पूरे विद्यमान होंगे, तो (पूरौ अरथ प्रामिस्यौ) (आप लोग वेलि का) पूरा-पूरा अर्थ पा सकोगे (इअे ओछे ओछौ) (किंतु) उनमें से (जितने) कम होंगे (उतना ही) कम अर्थ प्राप्त कर सकोगे।।298।।

ज्योतिषी वैद पौराणिक जोगी
संगीती तारकिक सकि।
चारण भाट सुकवि भाखा चित्र
करि एकठा तो अरथ कहि।।299।।

(ज्योतिषी, वैद, पौराणिक, जोगी, संगीती, तारकिक, चारण, भाट भाखा चित्र सुकवि) ज्योतिषी, वैद्य, पुराणों का ज्ञाता, योगी, संगीतज्ञ, तार्किक, चारण, भाट, भाषा में शब्द, रस, भावादि का चमत्कार उत्पन्न करनेवाले सुकवि (सहि एकठा करि तो अरथ कहि) सबको एकत्रित किया जाए तो (इस वेलि का) पूरा-पूरा अर्थ कहा जा सकता है।।299।।

ग्रहिया मुखि मुखा गिळित ऊग्रहिया
मूँ गिणि आखर ए मरम।
मोटां तणौ प्रसाद कहै महि
ऐठौ आतम सम अधम।।300।।

(मुखा ग्रहिया) (गुरुजन महापुरुषादि के) मुखों से (निकले हुए वचनामृत को) ग्रहण किया (गिळित गिणि मुखि ऊग्रहिया (और वहाँ से) निकले हुए (वचनों का) मनन करके अपने मुख से (उनको, वेलि के रूप में) उगल दिया; (ए मूँ आखर मरम) यही मेरे (इन) अक्षरों का रहस्य है (महि मोटां तणौ प्रसाद कहै) संसार में (सत्पुरुष तो इसे) गुरुजन विद्वानों आदि महापुरुषों का प्रसाद कहेंगे (अधम आतम सम ऐठौ कहै) और अधम जन (निंदक, असत्पुरुष आदि इसे) अपने समान झूठा कहेंगे।।300।।

हरि जस रस साहस करे हालिया
मो पंडिता वीनती मोख।
अम्हीणा तम्हीणे आया
श्रवण तीरथे वयण सदोख।।301।।

(हरि जस रस साहस करे हालिया) हरियश रस के कारण साहस करके चले हुए (अम्हीणा सदोख वयण तम्हीणे श्रवण तीरथे आया) मेरे दोषपूर्ण वचन आप लोगों (रसिकों, रसज्ञों) के श्रवणोंरूपी तीर्थों तक आये हैं। (पंडिता मो वीनती मोख) हे पंडितों! मेरी विनती है कि (उन दोषों से मुझे) मुक्त करो।।301।।

रमताँ जगदीसर तणौ रहसि रस
मिथ्या वयण न तासु महे।
सरसै रुषमणि तणी सहचरी
कहिया मूँ मैं तेम कहे।।302।।

(रमताँ जगदीसर तणै रहसि रस) रमण करते हुए जगत्पति (श्रीकृष्ण) का एकांत (गोप्य) केलि-रस (तासु महे मिथ्या वयण न) उसमें (उसके वर्णन में) कोई मिथ्या वचन नहीं है (रुषमणि तणी सहचरी सरसै) क्योंकि श्रीरुक्मिणी की सहचरी सरस्वती देवी ने (मूँ कहिया मैं तेम कहै) जैसा मुझे कहा, मैंने (भी) वैसा ही कह दिया है।।302।।

तूँ तणा अनै तूँ तणी तणा त्री
केसव कहि कुण सकै क्रम।
भलौ ताइ परसाद भारती
भूंडो ताइ माहरौ भ्रम।।303।।

(केसव) हे केशव, (तूँ तणा अनै तूँ तणी त्री तणा) आपके और आपकी स्त्री (प्रिया, श्रीरुक्मिणी) के (क्रम कुण कहि सकै) कर्मों (लीलाओं) का कौन वर्णन कर सकता है। (भलौ ताइ भारती परसाद) (इस वेलि में जो कुछ) अच्छा है वह सरस्वती का प्रसाद है (भुंडो ताइ माहरौ भ्रम) (और) बुरा है वह (उतना) मेरा (मेरी बुद्धि का) भ्रम है।।303।।

रूप लखण गुण तणा रुषमिणी
कहिवा सामरथीक कुण।
जाइ जाणिया तिसा मैं जम्पिया
गोविंद राणी तणा गुण।।304।।

(रुषमिणी तणा रूप लखण गुण कहिवा कुण सामरथीक) श्रीरुक्मिणी के स्वरूप, सौंदर्य, शुभलक्षण और गुण कहने में कौन समर्थ है? (गोविंद

राणी तणा गुण) (किंतु) श्रीगोविंद की पटरानी श्रीरुक्मिणी के गुण (जाइ जाणिया तिसा मैं जम्पिया) जितने मैंने (अपनी अल्पबुद्धि से) जाने, वैसे ही (उतने ही) कहे हैं।।304।।

वरसि अचळ गुण अंग ससी संवति
तवियौ जस करि श्री भरतार।
करि श्रवणे दिन रात कण्ठ करि
पामै स्त्री फळ भगति अपार।।305।।

(अचळ गुण अंग ससी संवति वरसि) 7 पर्वत, 3 गुण, 6 वेदांग और 1 चन्द्रवाले (काव्य प्रथानुसार इनके विपरीत क्रमवाले) संवत् वर्ष में (अर्थात् संवत् 1637 में) (श्री भरतार करि जस तवियौ) मैंने लक्ष्मी (श्रीरुक्मिणी) और उनके पति (भगवान् श्रीकृष्णचन्द्र) का यश गाया (अर्थात् यह 'वेलि' रची)। (दिन रात श्रवण करि कंठ करि अपार स्त्री भगति फळ पामै) (जो कोई इसे) सर्वदा सुनते हैं अथवा कंठस्थ करते हैं (वे) अनंत लक्ष्मी (धनसपत्ति, समृद्धि) और भगवद्भक्ति फलस्वरूप में प्राप्त करते हैं।।305।।

॥ इति शुभम् ॥

□□

वेलि क्रिसन रुकमणी री

राठौड़ महाराज पृथ्वीराजजी कृत
(राजस्थानी (डिंगल) का विश्वख्यात काव्य)

भाग–2

संशोधक तथा संपादक

प्रो. त्रिभुवननाथ शुक्ल डी.लिट्.

आचार्य एवं अध्यक्ष, हिंदी एवं भाषाविज्ञान विभाग

रानी दुर्गावती विश्वविद्यालय, जबलपुर (म.प्र.)

वाणी प्रकाशन

वाणी प्रकाशन
4695, 21-ए, दरियागंज, नयी दिल्ली 110 002
फ़ोन : +911123273167 फ़ैक्स : +911123275710

शाखाएँ

अशोक राजपथ, पटना 800 004, बिहार
कॉफ़ी हाउस कैम्पस, महात्मा गांधी मार्ग, इलाहाबाद 211 001, उत्तर प्रदेश
महात्मा गांधी अन्तरराष्ट्रीय हिन्दी विश्वविद्यालय, वर्धा 442 001, महाराष्ट्र
सुल्तानिया रोड, मोतिया पार्क, भोपाल 462 001, मध्य प्रदेश
www.vaniprakashan.in
marketing@vaniprakashan.in
sales@vaniprakashan.in

VELI KRISAN RUKMANI RI-2
Edited by Prof. Tribhuvannath Shukla

ISBN : 978-93-88684-85-9
Poetry/Criticism/History

प्रथम संस्करण 2019
आवृत्ति 2019

प्रत्येक भाग मूल्य : ₹ 450
तीनों भागों का मूल्य : ₹ 1350

सिटी प्रेस, दिल्ली-110 095 में मुद्रित

वाणी प्रकाशन का लोगो मक़बूल फ़िदा हुसेन की कूची से

अनुक्रम

भाग-1

भाग-2

भाग-3

पाठांतर

पाठांतर

'वेलि' के वर्तमान संस्करण का संपादन करते हुए, इसके संपादकों ने वेलि की चार प्राचीन हस्तलिखित प्रतियों से और डॉक्टर टैसीटरी द्वारा संपादित एशियाटिक सोसाइटी, बंगाल, के संस्करण से लाभ उठाया है। इन पाँचों में पाठांतर का बहुत मतभेद है। हमारी सुविधा के अनुसार जो पाठ हमें सबसे सरल और उपयुक्त जँचा है, उसी पाठ का ग्रहण इस संस्करण में किया गया है। बाकी पाठांतरों का, जिज्ञासु पाठकों की सूचना और मनन के हेतु, यहाँ पर प्रत्येक दोहले का नम्बर देकर पृथक् अवतरण कर दिया है। यों तो जिन पाँच प्रतियों के पाठ का आधार हमने लिया है, उनके उपरांत भी कुछ और प्राचीन वेलि की प्रतियाँ उपलब्ध होती हैं और उनमें भी भिन्न-भिन्न पाठांतर मिलते हैं, परंतु वर्तमान संस्करण का उद्देश्य केवल इन प्रधान पाँच प्रतियों ही से पूर्ण हो जाता है। जिन प्रतियों का आधार इसमें लिया गया है, वास्तव में वे ही प्रामाणिक प्रतियाँ रही हैं। निर्माणकाल की दृष्टि से भी वे प्रतिष्ठित और प्रामाणिक समझी गयी हैं। डॉक्टर टैसीटरी ने इनमें से तीन प्रधान प्रतियों के सिवाय और प्रतियों की भी खोज की थी और उन्होंने अपने संस्करण में उनके पाठांतरों को भी दिया है। जिन पाठकों को उन पाठांतरों का अध्ययन करना हो, वे एशियाटिक सोसाइटी के संस्करण को देखें। हमने, जहाँ-जहाँ आवश्यकता हुई है, डॉ. टैसीटरी के संस्करण से इन इतर पाठांतरों का लाभ उठाया है। हमारी समझ में पाठांतरों के विषय में डा. टैसीटरी का संस्करण प्रामाणिकता और उपयोगिता की दृष्टि से सर्वश्रेष्ठ है। 'सु' प्रति हमारी निजी खोज है। इसका डा. टैसीटरी को पता न था।

पृथक्-पृथक् प्रतियों के लिए, हमने सुविधा के वास्ते निम्नांकित अक्षर-संकेतों का उपयोग किया है–

1. 'ढूँ' = ढूँढारी प्रति। यह संवत् 1673 की लिखी हुई है। इसमें मूल दोहलों के पाठ के अनंतर प्रत्येक दोहले के पीछे पूर्वीय राजस्थानी अथवा ढूँढाड़ी भाषा में टीका भी है। इस टीका को हमने इस संस्करण के अंत में स्वतंत्र रूप में प्रकाशित करने की आयोजना की है। यह सबसे प्राचीन है अतएव सबसे ज़्यादा प्रामाणिक प्रति है। वर्तमान संस्करण का विशेष आधार इसी पर है। यह टीका पृथ्वीराज के किसी समसामयिक चारण-कवि की कृति है। महाराजा श्रीसूर्यसिंहजी के राज्यकाल में यह बीकानेर में लिखी गई थी। बीकानेर के राजकीय पुस्तकालय में यह प्रति सुरक्षित है।

2. 'मा' = मारवाड़ी प्रति। इस प्रति में भी मूल दोहले और उनकी टीका हैं। टीका पश्चिमी राजस्थानी भाषा में, जिसे मारवाड़ी कहते हैं, लिखी हुई है। यह किसी जैन पंडित की लिखी हुई प्रतीत होती है। मूल का अर्थ स्पष्ट करने में यह टीका भी बहुत सहायक होती है। महाराज पृथ्वीराजजी की मृत्यु के पचास वर्ष के अंदर-अंदर यह टीका बनी होगी, यह हमारा अनुमान है।

3. 'सु.' = 'सुबोधमंजरी' नामक संस्कृत टीकायुक्त सं. 1683 में लिखित प्रति। वाचक सारंग की मौलिक प्रति से, जो सं. 1678 में पाल्हणपुर में निर्मित हुई थी, यह प्रति केवल पाँच वर्ष बाद लिखी गई थी। यह डॉ. टैसीटरी की सं. 1781 में लिखित ऊदासरवाली (1) प्रति से, जिसका हमने 'सं' नाम रखा है, लगभग 100 वर्ष पुरानी है, अतएव ज़्यादा प्रामाणिक है। डॉ. टैसीटरी को इस प्रति का पता नहीं लगा था, अन्यथा वे 'सं' को न ग्रहण कर, इसे ही ग्रहण करते। एक शताब्दी का अंतर पड़ जाने से 'सं' और 'सु' प्रतियों के पाठांतरों में पर्याप्त भेद पड़ गया है। इन दोनों प्रतियों की तुलना करनें से कुछ साधारण विभिन्नताएँ स्पष्ट दिखाई देती हैं। 'सं' प्रति के ए-ऐकारान्त और ओ-औकारान्त शब्द 'सु' में क्रमशः इकारान्त और उकारान्त पाए जाते हैं। वर्तनी (Spelling) का यह भेद प्राचीनता द्योतक है। 'सं' प्रति के दंत्य सकार 'सु' में प्रायः तालव्य-शकार पाए जाते हैं और भी बहुत सी विभिन्नताएँ हैं। हमने दोनों प्रतियों के पाठांतर दे देना उचित समझा है। इस ग्रंथ में अन्यत्र, स्वतंत्र रूप में 'सुबोधमंजरी' संस्कृत टीका को सं. 1683 की प्रति से नक़ल करके प्रकाशित करने की आयोजना की गई है।

4. "सं." = संस्कृत टीकायुक्त प्रति। इसमें मूल पाठ के साथ-साथ 'सुबोधमंजरी' नामक संस्कृत भाषा में एक सरल टीका भी है। इसको वाचक सारंग नामक लेखक ने लाखा चारण द्‌वारा लिखित 'बालावबोध' नामक एक पूर्व टीका के आधार पर लिखा है। यह संवत् 1678 में बनी थी। डॉ. टैसीटरी को इस टीका की सं. 1781 में लिखी हुई ऊदासर की प्रति मिली थी। डॉ. टैसीटरी को इस टीका से अन्य टीकाओं की अपेक्षा ज़्यादा सहायता मिली। यह भी बीकानेर के राजकीय पुस्तकालय में सुरक्षित है।

5. "टैसी" = डॉ. टैसीटरी द्‌वारा संपादित एशियाटिक सोसाइटी, बंगाल, का संस्करण। इसमें डॉ. टैसीटरी द्‌वारा खोज की हुई अन्य कई एक प्रतियों के पाठांतरों का भी समावेश है। हमने इस पुस्तक का भी अध्ययन किया है और उपयोग किया है। पुस्तक के प्रारंभ में एक संक्षिप्त भूमिका अँगरेज़ी में लिखी हुई है और अंत में अँगरेज़ी में कुछ नोट भी दिए गए हैं, जिनमें अधिकांश राजस्थानी व्याकरण और छंद से संबंध रखते हैं और कुछ टीकाओं के आलोचनात्मक अवतरणांश भी दिये हैं। यह संस्करण हमारे लिए बहुत उपयोगी सिद्‌ध हुआ है।

पाठांतर।

दोहला 1—सु. परमेस्वर। मा. प्रणामि। ढूँ. पुण। सं. पिणि। सु. पिण। मा. माधव। सु. माहवा। सं. चारि। सु. च्यार। ढूँ. सु. स। मा अेहो। सु. गाईयइ।

दोहला 2—सु. मइँ। सु. कीयउ। मा. सं. सु. ऊपायउ। ढूँ. करि। ढूँ. कठचित्र। मा. कठचीत। सु. कठि। ढूँ. चीतारइ, मा. चीतारा। ढूँ. चित्रणि। सु. चीत्रारू। सु. गाअण।

दोहला 3—मा. करेवा ('कहेवा' के स्थान में;। सं. सु. वागहीण। टैसी. वागहीणि। सु. जाणे। सु. मांडीयउ।

दोहला 4—टैसी. वाउआ। ढूँ. हुवौ क। सु. सूझइ, सोझइ। ढूँ. सु. मानि। मा. सरसउ। ढूँ. मनि। सं. पांगुलउ। टैसी. पङ्गुलौ। सु. वाऊआ। सु. हूऔ। सु. पांगुलुं।

दोहला 5—सु. फण ('फणि' के स्थान में)। मा. सं. जीहि जीहि। ढूँ. सु. तिण। मा. सं. सु. लाधउ ('पायौ' के स्थान में)। सं. डेडरा।

दोहला 6—मा. ढूँ. सं. श्रीपति। मा. सं. समथ ('सु मति' के स्थान में)। ढूँ. तुज्झ। ढूँ. चित्रवति। मा. तवत। ढूँ. लग। मा. किरि। सु. समँद्र।

दोहला 7—ढूँ सु. जिण। टैसी. जिणि। ढूँ. मुष। सु. मुख। ढूँ. कृसन। मा. सं. किसन। सु. तणु। ढूँ. मा. सं. संपोषण (टैसी. 'जु पोषण' के स्थान में)। ढूँ. तणै ('तणौं' के स्थान में)। ढूँ. ते ('तिणि' के स्थान में)। सं. तडं ('तिणि' के स्थान में)। ढूँ. तणा (दूसरे 'तणौ' के स्थान में) ढूँ. सं. मा. श्रम। ढूँ. विन। सु. विण।

दोहला 8—ढूँ. सुषदेव। ढूँ. सं. जयदेव। सु. वयास, जिदेव। ढूँ. सु. तु ('ते' के स्थान में)। सं. पहिलुं। ढूँ. पहिलै। सु. पहिलउँ। सु. कीजइ। ढूँ. तिण। सु. जिणि। ('तिणि' के स्थान में)। ढूँ. गूंथियौ। सु. गूंथीयइ। मा. सं. जेण। सं. सु. शृंगार।

दोहला 9—मा. उयर। सु. ऊअर। सं. उद्धर। सु. बरिस। ढूँ. ह्याँ। सु. ईहाँ। सु. जेवड़ी। ढूँ. पूत्र। ढूँ. हेति। सं. सु. हेत। टैसी. हेतु। मा. जोवतां। ढूँ. विसेषत।

दोहला 10—मा. सं. दक्षिण। ढूँ. दक्षण। सु. दक्षिणि। ढूँ. विदुरभति। मा. सं. सिरिहर।

दोहला 11—ढूँ. पाँच पूत। ढूँ. मा. छठी। टैसी. छट्ठी। सु. स पुत्री ('सुपुत्री' के स्थान में)। ढूँ. कुंअर। टैसी. कुंवर। मा. कुंयर। सु. कूंवर। सु. रुकम बाह।

दोहला 12—मा. तह। मा. सं. रुषमणि। टैसी, रुकमणि। सु. रुखिमिणी। सं. बालगति। मा. किर। ढूँ. सं. करि। ढूँ. दुहुं ('बिहुँ' के स्थान में)। सं. करि।

दोहला 13—मा. अन। ढूँ. इनि। ढूँ. वरिस। टैसी. वरसि। सं. सु. वरस। ढूँ. सं. मा. मास। टैसी. मासि। सं. अे। ढूँ. सं. मा. मास (दूसरे 'मासि' के स्थान में)। सु. ताई। सं. ढूँ. पहर। सु. पुहर। टैसी. पहिर। मा. कुंयरि। सं. सु. कुंअरि। टैसी. कुमरि। सु. डूलड़ी।

दोहले 14—टैसी. सँगि। ढूँ. सील सखी। ढूँ. सु. सील़। टैसी. सीलि़। सं. सु. कुल़। टैसी कुलि़। मा. सं. सु. वेस। टैसी. वेसि। ढूँ. पदिमणी। टैसी. पदमणी। सु. पदमिणी। ढूँ. सं. कुंअरि। टैसी. कुँयरि। ढूँ. रायअंगण। टैसी. रायङ्गषि। ढूँ. मा. स. उडीयण। टैसी. उडियण। ढूँ. वीरज। टैसी. बीरज। सु. ऊड़ीयणि।

दोहले 15—मा. सोसव। सं. सु. शैशव। ढूँ. तन। सं. सु. तनु। टैसी. तनि। सु. जोयण। ढूँ. जोअण। टैसी. जोवण। मा. सं. जोवन। मा. सं. सुहणा। सु. सुँहणा। सु. जु। सु. होइस्यइ। मा. होसी। सं. होइस्यै। ढूँ. सु. सं. प्रथम। टैसी. प्रिथम।

दोहले 16—ढूँ. सं. मुष। टैसी. मुखि। ढूँ. थयो। सं. थिउ। सु. थिउँ। ढूँ. स. सु. अरुणोदय। मा. अंबरि। सं. किर। सं. पयोधर। सं. सु. संध्या। मा. वंदन। सु. पेखे प्रात जागीया।

दोहले 17—सु. जंपि। ढूँ. सं. आवंतउ। सु. जाणणहार। मा. वीछड़ती। टैसी. वीछड़तै। ढूँ. संगाती।

दोहले 18—ढूँ. पितु। ढूँ. आंगणि। ढूँ. काजि। मा. अंग। मा. ढूँ. करंता। सं. करंतां।

दोहले 19—ढूँ. सइसव। सं. सु. शैशव। सु. सुजि। ढूँ. सुसिर। सु. सिसिर। मा. वतीत। सु. वतीति। सु. थयु। सं. सु. परिगह। मा. परिगहि। मा. लेउ। सं. तरुणापण। मा. तरुणपणइ। ढूँ. सं. रतिराउ। मा. रितुराय। सु. रुतिराव।

दोहले 20—मा. सं. सु. फूल। मा. वनि। मा. वरण चंपक ('नयण कमल़' के स्थान में)। सु. सुहाव। ढूँ. सुहावि। सं. पापिणि। सं. मा. सु. समारि। सं. भुंहा। सु. भुंहारे। ढूँ. भमिया। सु. भ्रमीआ। ढूँ. मा. भमर।

दोहले 21—ढूँ. सं. सुतन। मा. मलय। मा. मवरे। सं. कलीअ। सु. कल़ीयु कि। मा. तिणइ। सु. तणु। सं. तणइ। सं सु. दक्षिण।

दोहले 22—ढूँ. जि। मा. उदय। ढूँ. कमोदनि। सं. कुमोदिनि। सु. केस, राकेस।

दोहले 23—सु. वधीया, तन। ढूँ. सरवर। ढूँ. मा. सं. वेस। टैसी. वेसि। ढूँ. मा. जोवन। सं. तणु। सु. तणू तणू। ढूँ. तणइ। सं. सु. कामिणि। सं. डोरि। सु. दोरि। ढूँ. मा. वरण। सु. तणा। ढूँ. मा. किर। सु. मा. दोर ('डोर' के स्थान में)।

दोहले 24—मा. सं. सु. कामिणी। टैसी. कामणि। सं. षवाण। सु. कठिण। सु. करी करि। सं. श्यामता। मा. सामता। ढूँ. विराजत। सु. जोयण। मा. सं. जोवण टैसी. जोवणि। सं. दिषल्या। मा. दिषालि। सं. जाण। सु. जाँण।

दोहले 25—मा. सं. धराधर। ढूँ. सं. मा. सु. शृंग। टैसी. स्त्रिँग। मा. सुपीन। ढूँ. घणौ। टैसी. घणूँ। सु. घणुँ। मा. सं. सु. पदमिणी। ढूँ. नाभ। सं. प्रयाग। सु. प्रीयाग। ढूँ. श्रोण। मा. सोणि। सु. त्रीवल, त्रीवेणी।

दोहले 26—मा. सु. नितंबिणि। ढूँ. नितबिनि। सं. नितम्बनि। मा. निरूपित। सु. जुवलि़। ढूँ. जुअलि। सं. जुयल। मा. नाल। ढूँ. सु. तस। सु. बाखाणी।

दोहले 27—मा. ढूँ. ओपरि। ढूँ. मा. सु. पदपल्लव। ढूँ. मा. सं. सु. पुनर्भव। टैसी. पुनरभव। ढूँ. निर्मल। मा. ससहर। सु. तेजक। सु. साव कि ससहर।

दोहले 28—ढूँ. मा. सं. सु. समृति। टैसी. सम्रिति। ढूँ. सास्त्र। ढूँ. तस। सु. षट्। सु. तस मझि।

दोहले 29—मा. सं. सु. संभळि। सु. थयु। ढूँ. मा. सामा। सं. श्यामा। सं. सुणि। ('भणि' के स्थान में)। सु. भणी। ढूँ. जिकाइ। मा. सं. हर। टैसी. हरि (पहले 'हर' के स्थान में)। सु. बन्दइ। मा. ढूँ. सं. हर। टैसी. हरि (दूसरे 'हर' के स्थान में)। सं. गोरि।

दोहले 30—ढूँ. पितु। ढूँ. अेरसा। सु. एरसा। ढूँ. करण ('करै' के स्थान में)। मा. ढूँ. सं. सु. सील़ कुळ। टैसी. सीळि कुळि। ढूँ. करि कुळ। ढूँ. मा. सं. सु. किसन। टैसी. क्रिसन। ढूँ. सरि। टैसी. सिरि। सं. सिर। सु. स्वरि।

दोहले 31—मा. पभणंति। मा. सं. पूत। सु. ईसी। सु. ग्यात। सु. जात, पाँत।

दोहले 32—ढूँ. जि। सु. ओल़ंडे। सं. सु. वृद्धापणि। ढूँ. वृधपणइ। मा. वृद्धपणइ। सु. मत कोई। मा. स. मत। मा. वेससउ। ढूँ. मा. सं. टैसी. इ। सु. माता पिता।

दोहले 33—टैसी. पिता मात पभणै ('प्रभणै पित मात' के स्थान में) ढूं. मा. पित। सं. सु. पितृ मातृ। सं. प्रभणइ। सु. प्रभांणि। टैसी. सु. म ('मत' के स्थान में)। सं. पंतरि। सु. जै स्त्रेव। ढूँ. जै ('जसु' के स्थान में)। सं. लषिमी। ढूँ. सं. रुषमणी। ढूँ. सु. वासदेव। सु. रुषुमिणी। मा. सं. सम। टैसी. समौ ('सम सुत' के स्थान में)।

दोहले 34—मा. मर्याद। सं. म्रयाद। सु. मृजाद। ढूँ. कोई। ढूँ. ससिपाळ। ढूँ. सुर। सं. सिरि। ढूँ. सं. सु. अंब। सं. सु. कोप। मा. वर। सु. कुंयर।

दोहले 35—ढूँ. गुर। ढूँ. ग्रेहि। ढूँ. जाणि चूक। सु. चूकि। सं. सु. नंद ('लियौ' के स्थान में)। सु. बड़ु। मा. हूउ। सं. हुई। ढूँ. परोहिन। सं. सु. सु प्रोहित। ढूँ. जो वरै।

दोहले 36—ढूँ. मा. जेण। मा. बुरी। टैसी. वुरी। ढूँ. पहिलो ई। सं. पहिलुं। सु. पहिलु जाइ। मा. ताइ ('जाइ' के स्थान में)। मा. सं. सु. पहुतउ। सु. चंदेरी।

दोहले 37—ढूँ. होइ। मा. हूउ। सु. हुअ। सं. हुअ। मा. सं. हरष। सु. घणि। टैसी. हरखि। सु. होइ। ढूँ. ससिपाल़। सं. शिशुपाळ। मा. गाया। ढूँ. जेण। मा. तेणि। सं. तेण।

दोहले 38—सं. सु. आगम। ढूँ. ससिपाळ। सं. सु. शिशुपाल। मा. मंडियउ। सं. सु. मंडीयइ। सं. उच्छव। मा. सं. सु. पड़ते। मा. सं. छाईयइ। सु. छाइयइ। सं. सु. कुंदणपुर। सं. कंचणइ। मा. वांदइ ('वाझै' के स्थान में)। सु. बाझे।

दोहले 39—मा. सं. सु. गृह। सं. हींगलो। सं. फटिकमइ। सं. चंदन। सु. चंदण। ढूँ. सं. कपाटे। ढूँ. सं. मा. सु. ई। मा. पना। टैसी. इ।

दोहले 40—मा. सामल। सं. सु. स्यामल। ढूँ. साज ('सोइ' के स्थान में)। सु. घुरि। टैसी. सु. नीसाण। सं. सु. साजि। मा. घनघोर। सु. परठ वीजइ। सं. मांडइ। मा. किर। मा. तांडव।

दोहले 41—ढूँ. सं. मा. हुंता। टैसी. हुता। सं. ढूँ. निलाटि। सु. निलाट। ढूँ. सं. मा. नयर। टैसी. नैर। सु. धमळागिरि। ढूँ. मा. सं. सु. किना। टैसी. किन। सु. धमळहर।

दोहले 42—सं. किर। ढूँ. चड़ि। सु. चडि चडि। मा. गौखे चढ़ि चाढ़ मंगल गावे (प्रथम पंक्ति के स्थान में) ढूँ. मने। ढूँ. ससिपाल। मा. सं. शिशुपाल। ढूँ. सु. पदमिनि। मा. सं. सु. पदमिणि। टैसी. पदमणि। सं. अनइ। ढूँ. मा. इणि परि फूलइ। सु. अवरि। सु. रुखुमिणी। मा. रुषमिणी। सं. रुखमिणि। टैसी. रुखमणी। मा. कुमोदिनी। सु. कमोदिणी।

दोहले 43—मा. गमि ('मगि' के स्थान में)। ढूँ. चड़ि। सं. पंथी चढि चढि। सु. पंथी चडि चडि। ढूँ. जोयै। ढूँ. भुयण। सं. भवण। सु. भुंवण। सं. मा. सु. सुतनु। ढूँ. भिलत। सु. तास। सु. राखीयउँ। सं. राषियउ। मा. कागल राषे। ढूँ. लेषण। मा. सं. सु. लेषिणि। ढूँ. मस। सु. मिसि। सु. अंसू।

दोहले 44—ढूँ. एक (अेक)। सं. सु. इक। ढूँ. सं. सु. देषि ('दीठ' के स्थान में)। मा. सं. पवित्र। टैसी. प्रवित। मा. गलितागउ। सं. गलित्रागुं। ढूँ. संदेसो। सं. सु. संदेसउ। ढूँ. लगैं। सु. लगइँ। ढूँ. सं. सु. द्वारिका। सु. ब्राह्मण।

दोहले 45—मा. सं. मम ढील करे। सु. ढील करे हव। ढूँ. हल ('हिव' के स्थान में)। ढूँ. हेकमनि। सं. अेकमन। सु. एक मन। मा. जाअे। ढूँ. जाह। सं. जाहि। ढूँ. सु. जादवे। सु. जत। सं. हूंतउ। मा. मुष ('मुखि' के स्थान में)। सु. हूँता। ढूँ. वंदन। सु. देई। सु. पत ('पत्र' के स्थान में)।

दोहले 46—ढूँ. गृहे। ढूँ. थिय। सु. थयु। सं. होइ ('कोइ' के स्थान में)। सु. होइ वह रही। ढूँ. वह हय ('कोइ वह' के स्थान में)। सु. सुज। सु. निशा। ढूँ. रहे। टैसी. रही। ढूँ. ज। ढूँ. द्विज। सं. दुजु।

दोहले 47—ढूँ. मा. सं. नेड़उ। ढूँ. मा. सु. भउ। सं. भऊ। ढूँ. सु. पुहचेस्यां। सं. पहुचस्यां। सु. केण भति। सं. सांझि। सु. संझि। ढूँ. सु. कुँदणपुर। मा. कुंदनपुरि। मा. सं. परभाते। टैसी. परभाति।

दोहले 48—सं. धुनि सुणत वेद। सु. धुणि सुणत वेद कहाँ। मा. सुणत। ढूँ. किहीं। सं. कहाँ ('कहुँ' के स्थान में)। सु. धुणि।

दोहले 49—मा. सं. पणिहार। सु. पीणीहारि। सं. सीस। टैसी. सीसि। ढूँ. सु. कलकरि। टैसी. करि करि ('करि कर' के स्थान में)। सु. तीरथ तीरथ। सु. ब्राह्मण।

दोहले 50—ढूँ. जोअइ। सु. जोइ। ढूँ. मा. सं. सु. गृहि। टैसी. ग्रहि। ढूँ. जगनि ('जगन' के स्थान में)। ढूँ. मारग। ढूँ. आंब। ढूँ. मौरीये। सं. मोरिया। मा. आंबि। सु. मोरीया। सु. अंबि अंबि।

दोहले 51—ढूँ. सांप्रति। सु. सुहिणुं। सु. आयु। सु. हुं। सु. पूछीऊँ। मा. सु-तिणि। ढूँ. सं. सु. तेणि। सु. जंपीउ। मा. अे ('आ' के स्थान में)। ढूँ. सं. द्वारामती। सु. सु या ('सु आ' के स्थान में)।

दोहले 52—ढूँ. श्रवण। सं. सु. संभले ('सुणि स्त्रवणि' के स्थान में)। ढूँ. थयौ। सु. थयु। सु. क्रमयो। ढूँ. सु. तास। मा. सं. गयउ। सु. गयु। मा. अंतहपुर। मा. सं. हुउ। सु. हूऊ।

दोहले 53—सु. आप आळोचइ आप सूँ। ढूँ. आलोजै। ढूँ. सं. आप आप। ढूँ. सु. हव। ढूँ. रुषमणी। सं. रुकमिणी। सु. रुषुमिणी। टैसी. रुकमणी। ढूँ. सं. मा. कृतारथ। टैसी. क्रितारथ। ढूँ. होसें। सं. सु. होस्यइ। मा. सं. हुयउ। सु. हूउ। ढूँ. मा. सं. कृतारथ। टैसी. क्रितारथ। ढूँ. सं. पहिल।

दोहले 54—ढूँ. सु. जगत्रपति। सु. अन्तरयामी। सु. दूरन्तरि। सु. आवँतु। ढूँ. वंदन। सं. सु. आतिथि। सं. धर्म। मा. तेण। सं. जेण। ढूँ. विसेष।

दोहले 55—ढूं. कस्मिन् कह किल कसमात किमरथी (प्रथम पंक्ति के स्थान में)। मा. कस्मात् कस्मिन् मित्र किमर्थ। मा. कार्य। ढूँ. काजि। सु. परिजंति। ढूँ. परजंति। ढूँ. कति ('कुत्र' के स्थान में)। मा. सं. येन। ढूँ. जो ('भो' के स्थान में)। मा. ब्रह्मण। मा. पूरतूं। ढूँ. प्रेरतह। सु. प्रेरितं। ढूँ. पति ('पत्र' के स्थान में)। मा. सं. पत्रं। सु. कस्मिन् कथ ('कस्मिन् किल' के स्थान में) सु. यो ('भो' के स्थान में)। सु. व्रह्मन्।

दोहले 56—मा. सं. कुंदनपुर। सं. कुंदनपुरि। मा. कुंदनपुर। ढूं. दीन्हौ। मा. सं. राज। टैसी. राजि। ढूं. मा. सं. रुषमणी। सु. रूखमिणी। टैसी. रुकमणी। मा. इण।

दोहले 57—ढूं. आणंदमै। ढूं. लेषिण रोमांचि। सु. लेखण। सं. रोमायंच। सु. रोमांच। मा. रोमायंचत। ढूं. गहगह। ढूं. दीन्हौ। सु. दीधु। ढूं. करणाकरि। सु. करुणाकरि। ढूं. सं. सु. तिण। ढूं. मा. ब्राहमण। टैसी. ब्राह्मण।

दोहले 58—मो. दूयइ। टैसी. सु. वाचण। सु. ब्राह्मण। सु. पूर्वक। मा. विध। ढूँ. वीनमियौ। मा. तूंजि ('तूझ' के स्थान में)।

दोहले 59—मा. मूं जु। सु. मुझ। ढूं. स्याल। टैसी. सु. सियाल़। मा. संघ। ढूं. पासै। सु. जु। ढूं. बीजै। सु. बीजु। ढूं. धेन। सं. किर।

दोहले 60—ढूं. अम। मा. छांडि। ढूं. अैठित। सं. अइठिति। टैसी. ऐठति। ढूं. मा. सं. करि। मा. सं. सु. सालिग्राम। ढूं. गृहि। ढूं. संगृहि। ढूं. मेछां।

दोहले 61—मा. ढूं. वाराह। मा. सं. हुअे। ('हए' के स्थान में)। सु. हये। मा. सं. हरिणाइष। सु. हरणाइख। सं. पाताल। सु. हुँ (दूसरी)। सु. कहु। मा. सं. करुणामय। ढूं. करणामय। ढूं. सं. किण। टैसी. किणि। सु. सुं।

दोहले 62—मा. सं. नेत्रे। ढूं. सं. मंदिर। मा. सं. मथे महण। ढूं. सं. हुं ('मूं' के स्थान में)। सु. हुँ। ढूं. तम। सु. तम्ह। सं. सु. किण। सं. सीषविया। सु. सीखवीआ।

दोहले 63—सं. अवतार। मा. ढूं. सं. रणि। टैसा. रिणि। मा. सं. रावण। टैसी. सु. रामण। सु. हुँ। ढूं. करणाकरण। ढूं. हूंता। मा. बांधे।

दोहले 64—सु. चउथी या। सं. चौथी आ। टैसी. चौथिया। मा. सं. वाहर। टैसी. वाहरि। सु. धरि। ढूँ. चतुरभुज। मा. सं. मुख। टैसी. मुखि। सु. कहि। सु. किसुँ। सु. अन्तरयामी। सु. सुँ।

दोहले 65—मा. सं. हूँ। सु. हुँ। सु. सकुँ। सु. तीआ। ढूँ. सु. प्रेमातुरी। सं. राज। टैसी. राजि। सं. दुआरिका। मा. दुवारिका। ढूँ. मा. सं. नेडउ। ढूँ. मा. सु. आयउ। टैसी. नैड़ो।

दोहले 66—ढूँ. त्रिण। मा. त्रिन्ह। ढूँ. सं. आड़ा वेला तइ। मा. तीयइ ('तै' के स्थान में)। सु. तइ। ढूँ. घणौ। सु. घणुं। सु. किसुं। मा. सु. कहोयइ। सं. कहुँ। सु. या। सं. आविस। सु. आविसु। मा. सं. सु. पुरुषोत्तम। ढूँ. अंबिकालै। मा. सु. अंबिकालये। ढूँ. नैर।

दोहले 67—सु. शिलीमुख। सु. टैसी. साथि। सु. चु ('चौ' के स्थान में)। ढूँ. सारिथी। ढूँ. मा. सं. कृपानिधि। टैसी. क्रिपानिधि। मा. सं. रथ। टैसी. रथि। सु. संभलि़।

दोहले 68—ढूँ. समवेगि। मा. सं. ईसु। सु. इसु। सु. विहंति। सु. लागु। ढूँ. गिरतर। सं. तरुगिरि। सु. धाअन्ति।

दोहले 69—ढूँ. थांभि। ढूँ छंडउ। सु. छंडु। सु. यु ('औ' के स्थान में)। सु. आयु ('आयौ' के स्थान में)। मा. अमीणउ। सु. अम्हारुं। ढूँ. साम। टैसी. स्याम ('स्यामा' के स्थान में)। सु. स्यांम।

दोहले 70—सु. रहीया। ढूँ. मा. रुषमणि। टैसी. रुकमणि। सं. रूकमिणि। सु. रुषुमिणि। ढूँ. ईतरी। मा. सं. चित। टैसी. चिति। ढूँ. चिंत। स. चिंतवतां। सु. इम चित चींतवती।

दोहले 71—ढूँ थयउ। सं. थिउ। सु. थीउ। ढूँ. सं. द्विज। ढूँ. रहित। सं. सकि न रहंति। सु. सकिउ रहति। ढूँ. सं. सु. इम ('औ' के स्थान में) ढूँ. स आसनौ। सं. सु. आसनउ। मा. मुह।

दोहले 72—ढूँ. सील ('सन्ति' के स्थान में)। सं. संति। टैसी. सन्त। मा. सं. श्यामा। ढूँ. मनह। मा. मन सु विचार। ढूँ. सं. सु. इम ('ए' के स्थान में)। सं. सु. कहे। सं. कुसस्थली। सु. हुँता। ढूँ. मा. किसन। टैसी. क्रिसन। सु. कुन्दणपुर।

दोहले 73—ढूँ. बांभण। ढूँ. वांद। मा. वंदे। ढूँ. हेत। ढूँ. स। ढूँ. बीजै। मा. सं. सु. श्रवण। ढूँ. संभाली। मा. संभलि। ढूँ. पाय। मा. सं. पय। ढूँ. मा. कोई। सं. सु. कोइ। ढूँ. लाधौ। सं. मा. सु. लाधा।

दोहले 74—मा. चडिया। मा. सुणे। ढूँ. चड़िया। सु. चड़ पा (दोनों जगह)। सु. सुणे। ढूँ. नह। टैसी. नहु। ढूँ. कीध। मा. सं. सु. किद्ध। मा.

सं. ढूँ. उजाथरइ। सु. उजाघर। ढूं. मा. सु. कलह। ढूँ. अेवहा। सं. अेहवा। टैसी. अेवाहा। ढूँ. सहि। मा. सु. आखढसिद्ध। ढूँ. सिधि।

दोहले 75—ढूँ. पिण। टैसी. पिणि। सं. पथि पथि। ढूँ. पंथ। टैसी. पंथि। सु. जूजुया। सु. पुर। ढूँ. सं. सु. भेले़। ढूँ. होय ('मिलि़' के स्थान में)। सं. सु. हुइ ('मिलि' के स्थान में)। मा. कीध ('कियौ' के स्थान में)। ढूँ. सहि। सु. सहु। टैसी. सवि। मा. मिलि ('सहि' के स्थान में)। सु. जोअण। ढूँ. नार्ये नाग रिषि नरेस (अंतिम पंक्ति)।

दोहले 76—मा. सं. सु. कामिणी। टैसी. कामणि। मा. ढूँ. सं. कहइ ('कहि' के स्थान में)। सु. कहिं। सु. कहें। ढूँ. मा. सं. नारायण। टैसी. नाराइण। मा. सं. वेदवित ('वेदवंत' के स्थान में)। ढूँ. तंत सं. तत्व। सु. योग। सु. योगेसवर।

दोहले 77—सु. तणु। सं. सु. पुणि सुणिं। मा. सं. इउ। सु. यु। ढूँ. रुषमणी। टैसी. रुकमणी। मा. सं. सु. रुषमिणी। ढूँ. हर। सु. तणु। सु. आयु। टैसी. हरि। सु. करु। ढूँ. इन। मा. अन। मा. ढूँ. सं. रायहर। टैसी. राइहर।

दोहले 78—मा. सु. आवास। सु. ऊतारे। ढूँ. करि। सं. जणा जणउ। सु. जणाजणु। ढूँ. कृष्ण। मा. सं. सु. किसन। टैसी. क्रिसन। मा. सं. तउ। सु. तुउ। ढूँ. कोइ। मा. सं. सु. कुण। ढूँ. अचिरज। टैसी. सु. अचरिज। टैसी. मनुहारि। सु. मनहारि तणु।

दोहले 79—सु. आषि। मा. सं. ढूँ. रुषमणी। टैसी. रूकमणी। सु. रुषुमिणी। सं. कह। मा. सं. तउ। सु. आज कहु तु आप। ढूँ. आज आप। सं. आवउँ। सु. आवाँ। मा. जात। सु. अंबि।

दोहले 80—मा. सु. दूउ। सं. दूयउ। ढूँ. रुषमणी। टैसी. रुकमणी। मा. रुषमिणी। सु. रुषुमिणी। सं. रुकमिणी। ढूँ. मा. सं. व्याज काज। टैसी. व्याजि काजि। मा. सं. श्यामा। सु. आरंभीआ।

दोहले 81—मा. ढूँ. कुमकुमइ। सं. सु. कमकमइ। ढू. सु. सं. मंजन। सु. धोत। ढूँ. सं. सु. वसत्र। सं. चूयण। सु. चूअण। ढूँ. सं. सु. छीने। मा. छीना। मा. सु. छिछोहा। सु. मकतूल।

दोहले 82—सं. सु. धूपणे लीधे। ढूँ. सं. मा. सु. मृग। टैसी. म्रिग। ढूँ वाउरि। सु. विसतरणि।

दोहले 83—मा. वाजवटा। मा. सु. राजकुंअरि। टैसी. राजकुँवारि। सं. कुंयरि। ढू. सं. शृंगार। मा. सु. सिंगार। ढूँ. अतै। सु. इतइ। ढूँ. मा. सं. अेक। टैसी. इक। सु. एक। ढूँ. आदरिस। सु. आणण आगल आदिरस।

दोहले 84—सं. कण्ठ। टैसी. कण्ठि। मा. क। सं. कहाँ। सु. कहिं। ढू. लीलकण्ठ। ढू. करि। मा. किर। सं. सु. श्री ('किरि' के स्थान में)। मा. संषधर। सं. ओकिणि। सु. मा. सं. आंगुली। टैसी. सु. सङ्खधरि। सु. ग्रहीउ।

दोहले 85—ढूँ. करि। सं. सु. कर। मा. गुंथति। सं. गुंफित। ढू. कुसम। सु. यमुण। ढूँ. जमन। सं. पावन। सु. पावंत। मा. जगि। ढूँ. मा. सं. उतमंग। टैसी. उतमाँगि। सु. करि। सु. उतवाँग। सं. अंबर। टैसी. अम्बरि। मा. सं. आधोअध। सु. अधोअध। मा. कुँआरमग। टैसी. कुमारमग। सं. कुंवारिमग। सु. कुंयारमग।

दोहले 86—मा. नयन। सं. षरसाण। ढूँ. मा. सं. सु. वळे। टैसी. वळी। सं. वाढ़ि। सु. बाढ़ि। सु. करि ('वरि' के स्थान में)।

दोहले 87—ढूँ. कउ ('चौ' के स्थान में)। सु. कु ('चौ' के स्थान में)। सं. सु. कामिणि ('निज करि' के स्थान में)। सं. सु. बे काढ़े। मा. ढूँ. संप्रत। ढूँ. सं. कीया। सु. कीआ। सं. सु. मुखि। ढूँ. निलाटि।

दोहले 88—सु. शिख। ढूँ. सिषि। मा. ची संधि ('तिलक' की जगह)। सु. गयु ज हुँतउ। ढूँ. हंतौ। ढूँ. कृस्न। सं. कृसनि। मा. किसनि। ढूँ. मांग। टैसी. सु. माँगि। मा. मग। टैसी. सु. मगि। सु. आयु। ढूँ. भालियल। सु. भाळीअळी।

दोहले 89—ढूँ. जों सहरी। ढूँ. सं. मा. सु. मृग। टैसी. म्रिग। ढूँ. विषधरि। सु. रास। ढूँ. सु ('कि' के स्थान में)। मा. सं. अलिक। सु. वक। मा. किर। ढूँ. सं. सु. चंद। टैसी. चन्द्र। सु. वांकीआ। ढूँ. ताटंक। टैसी. ताड़ङ्क। सु. त्राटंक चक।

दोहले 90—सं. कुंचकी। मा. सं. सु. शंभु। ढूँ. संभि। मा. सं. सु. कामि। मा. सं. ढूँ. सु. क। टैसी. कि। ढूँ. मन। ढूँ. आगै ('आगमि' के स्थान में)। सं. सु. आगम। सं. मंडीयड। सु. मंडीअ। ढूँ. मंडप मंडे। सं. सु. वारगह। टैसी. बारिगह।

दोहले 91—ढूँ. हरिणाक्षी। ढूँ. कण्ठ अंतरिख। सु. कंठि। सु. हुंती। टैसी. कण्ठि अँतरीख। मा. सं. बहरि। ढूँ. किर।

दोहले 92—सु. बाजूबध। ढूँ. बांधे। सं. बंधीया। सु. बंधीअ गोर बांह बे। मा. सं. बाह। सं. बे। मा. शाम। ढूँ. मा. सं. सु. श्री। मा. मणिमय। ढूँ. हींड। सं. हींडोलइ। मा. हींडिलइ। सु. ही ँडुलइ। मा. ढूँ. किर। मा. ढूँ. सं. सु. श्रीषंड। टैसी. सिरीखण्ड।

दोहले 93—सं. सु. नवग्रहे प्रुंचीया प्रुंचे। मा. वलय। ढूँ. हस्त। ढूँ. निषित्र। मा. सं. सु. नक्षत्र। ढूँ. बेधायउ। ढूँ. सं. कि हिमकर। मा. हिमकिर। ढूँ. आविरत।

दोहले 94—ढूँ. आरोपत। ढूँ. मा. थयउ। सु. थीयउ। ढूँ. उरुस्थलि। मा. उरस्थल। टैसी. ऊरुस्थल़े। सं. सु. उरसस्थल। ढूँ. कुंभस्थलि। सु. सुज। ढूँ. जि। ढूँ. तिण। ढूँ. सिर। टैसी. सु. सिरि।

दोहले 95—सु. धरीया। सु. ऊतारे। ढूँ. नौ। ढूँ. सं. सु. तन। टैसी. तनु। सु. तइँ। मा. तिणि ('तै' के स्थान में)। ढूँ. किमत। मा. किमित्र। मा. सं. सु. पयोधर। मा. ओ ('तौ' के स्थान में)। सं. सु. तु ('तौ' के स्थान में)

दोहले 96—मा. सं. सु. श्यामा। मा. सं. समर्पित। ढूँ. कृसा। सं. सु. किसा। सं. सु. अंगि। सं. सु. हुआ। ('थिया' के स्थान में)। मा. सहु। मा. सं. सिंहरासि। सु. राशि। सु. गणग्रह।

दोहले 97—ढूँ. चंदाणणि। टैसी. चंद्राणणि। सु. चंद्राणण। ढूँ. नूपुरि। सु. कीआ। सं. पहराइति।

दोहले 98—मा. सं. बीण। सु. लीउ। सं. सु. ताइ ('जाइ' के स्थान में)। सु. साषीआत। ढूँ. सुसत। ढूँ. सु. मोताहल़। ढूँ. सं. मा. सु. मुख। टैसी. मुखि। ढूँ. भागवति। सु. मुख सुक।

दोहले 99—ढूँ. किंजुलिक। मा. किँजल्क। ढूँ. सं. सु. द्युति। ढूँ. अेक। मा. इकु। सं. सु. बीडुं। ढूँ. कि ('सु' के स्थान में)। ढूँ. सु. तस।

दोहले 100—मा. सिंगार। सु. कीधुँ। मा. सु. श्यामा। मा. देवी। सु. तणी। सं. होड। टैसी. होडि। मा. सं. छांडि। सु. छाडि। मा. पानही। सु. पानही।

दोहले 101—ढूँ. अंतरि। सं. सु. ऊपरि। मा. संजोईन। सु. सदनि सदनि। मा. सदनि जाणे संजोई। ढूँ. मुदिति।

दोहले 102—ढूँ. सं. मा. किही करि। ढूँ. कुमकुमी। टैसी. कुमकमौ। सं. किहि करि कुंकुम। सु. कमकमुं किहीं करि कुंकुम। ढूँ. सु. किहीँ। ढूँ. धूप। टैसी. धोति। सं. सु. धोत। ढूँ. धर।

दोहले 103—ढूँ. मा. चउडोल। सु. चुडोल। सु. लगि। सु. तई। सु. सुँ। मा. सं. मांहि। टैसी. माहि। ढूँ. मा. सामा। ढूँ. आविरित।

दोहले 104—ढूँ. सं. मा. आविस्यइ। सं. सु. साथ। मा. सो। ढूँ. सु. चड़ि चड़ि। सु. लाग। ढूँ. मा. ताक। ढूँ. सं. मा. मांहि। टैसी. माहि। ढूँ. सं. संपेषीयइ। सं मुकर। सु. संपेखीइ।

दोहले 105—ढूँ. सं. मा. सु. पदमिणि। टैसी. पदमणि। मा. रषवाल। ढूँ. हलवलिया। ढूँ. हिलिया। ढूँ. गलित। टैसी. गुड़ित। मा. सु. गिरोअर।

दोहले 106—ढूँ. असि। मा. सं. सु. वेग। सु. वहिं। सं. सु. अंतरित। मा. अंतरीष। सु. चडीया। सं. चढिया ('चालिया' के स्थान में)। टैसी. चँदाणणि। मा. ढूँ चंदाणणि। सं. सु. चंद्राणण। मा. मगि। सु. बेकुंठ। मा. किर। मा. ढूँ. सं. सु. अयोध्यावासी। टैसी. अयोध्यावासी। ढूँ. सं. मंजन। मा. मंजणि। सु. ढूँ. सं. करै। ढूँ. सिरि। ढूँ. दधि। मा. नद। सं. ढूँ. मांहि। टैसी. माहि।

दोहले 107—सं. सु. संपूरे ('सम्पेखे' के स्थान में)। ढूँ. जाणे। ढूँ. मेर। ढूँ. सं. पाषली। सु. पाखलिं। मा. नक्षत्र। सं. नक्षत्र ची माला। सु. नाखित्र। ढूँ. धूमाला़। मा. संकर। टैसी. सङ्करि। सु. शंकरि।

दोहले 108—मा. देवालय। सु. देवाल़े। सु. पेसि। मा. ढूँ. सं. भाव हित। सु. भावि। टैसो. भावि हिति। ढूँ. सु. पूजे। सु. कीउ। ढूँ. सं. सु. हाथ। ढूँ. सं. सु. लग। मा. ढूँ. सं. रुषमणी। टैसी. रूकमणी। सु. रुषुमिणी।

दोहले 109—ढूँ. आकरषण। मा. सं. सु. आकर्षण। टैसी. आकरसण। मा. सं. मन ('गति' के स्थान में)। सं. सु. तणि ('गति' के स्थान में) सं. सु. संकुचिणि। सं. सुंदर। मा. दुवारि। सं. द्वार। मा. सं. सु. देहरा। टैसी. देहुरा।

दोहले 110—ढूँ. मन पंग। सं. मनुपंगु। ढूँ. सं. सु. थया। मा. तनु ('तह' के स्थान में)। सु. संपंखतिं। ढूँ. संपेषितै। सं. संपेषित। मा. किर। सु. करि। मा. नीपाई। सु. नीपायु। ढूँ. तदे। मा. तदही। मा. ढूँ. निकुंटी। सं. निकंटिओ। सु. निकंटीए।

दोहले 111—ढूँ. असि। ढूँ. षड़ि। मा. षड़े। ढूँ. मंडल ('सेन' के स्थान में)। सं. सु. सेण। सु. ढूँ. अंतरि। ढूँ. प्रथमी। मा. सं. प्रथिमी। टैसी. प्रिथमी। ढूँ. गति कि। सु. तणुं। सं. गति किना। मा. पथि। सं. सु. तइ ('तिणि' के स्थान में)। सु. प्रथमी गति किना आकाश।

दोहले 112—मा. स. सु. बलिबंध। टैसी. बलि़बँधि। ढूँ. समथि। मा. सं. सु. समथ। सं. रथ। टैसी. रथि। ढूं. बेसाणी। सं. बइसारे। सु. बेसारे। सं. श्यामा। मा. सामा। ढूँ करि। मा. सं. ढूं. बाहर। टैसी. बाहरि। मा. ढूं हरणाषी। ढूं. गयो ('जाइ' के स्थान में)।

दोहले 113—ढूँ. सांभलित। ढूं. धमल। सु. तेथ ('सर' के स्थान में)। सं. सद ('सर' के स्थान में)। ढूं. सांभलि। सु. ठाव्हे। ढूं. कंगल। सं. सु. किंगल।

दोहले 114—ढूँ. असि। मा. आस। ढूं. चितराम। ढूं. निहषरता। टैसी. नह खरतां। सु. नहपरता। ढूं. हुअै। सु. महीआरो।

दोहले 115—सु. उंवड़ी। मा. महि ('मझि' के स्थान में)। सु. एवहू। मा. जेहवउ। सं. चक्क। सं. सु. पंति। सु. सुणियइ। मा. सं. सुणीयइ। सं. सु. बरिहासां। सं. नासा.। टैसी. निवैसहस ('सद नीहस' के स्थान में)।

दोहले 116—मा. अलगा। मा. सं. नेडी। मा. कीध। ढूँ. उखवते। टैसी. ऊद्रमते। मा. सं. ओप्रमते। सु. देठाल़ं। सं. दीठाल़ं। ढूँ. थयो ('हुऔ' के स्थान में) सं. सु. हुउ। ढूं. दुहुँ। सं. वागा। ढूँ. ढेवरीये। सु. वाहरूए। सु. मारकूए। सं. मारगूए। मा. फोरिया।

दोहले 117—मा. सु. घड़ा। सु. कठठे। ढूँ. कठठी करि आणी घटा कालाहणि सामही। सु. संमहे। सु. आमो सामहइँ। मा. सं. आम्हो। मा. सं. सु. जोगिणि। टैसी. जोगणि। ढूं. आवी। सु. आवइ। टैसी. आवै। मा. वहिसी ('वरसै' के स्थान में) मा. रुति। सं. बेपड़इ। सु. बेपड़इँ।

दोहले 118—सु. हथनालि़। मा. कुहकुबाण। सु. हुबि। ढूँ. होइअ। सं. गहोगहण। सु. गहेगगहण। ढूं. सिलह लोह ऊपरि। मा. सं. सु. सिरि। सं. सु. माहीं। सु. बुंद।

दोहले 119—ढूँ. किरणि। सं. सु. ऊकलि़ कलि़। ढूँ. वरसत। सं. वरजित। टैसी. वरसति। ढूँ. विसेष। ढूं. कलकि ('धबकि' के स्थान में)। टैसी. सु. धड़कि ('धबकि' के स्थान में)। सु. सिहरि। ढूँ. संबरवि। सं. समर। सु. समरवि। ढूं. सलाउ।

दोहले 120—ढूँ. कापिया। टैसी. कांपिया। ढूँ. सं. सु. कायरां। टैसी. काइराँ। सु. असुभकारीयु। सु. गाजते। ढूँ. सं. गाजते। टैसी. गाजँति। मा. गाजिते। मा. सं. धारा। ढूं. औवड़ीयौ। सु. ऊअड़ियउ।

दोहले 121—मा. चोटीयालीउं। सु. चउँडिआल्युं। सं. चउटीयाल्युं। ढूँ. मा. ढलीअे। सु. पडीइ ('ढलि़ये' के स्थान में)। सं. पड़ीयइ ('ढळिये' के स्थान में)। ढूँ. ससिपाल। ढूँ. सं. सु. ओझड़ा। ढूँ. लागौ ('मातौ' के स्थान में)। मा. मातइ।

दोहले 122—ढूँ. रण। स. सु. रिणि। मा. रुलतलीया तेण रुहिर अंगण एण (प्रथम पंक्ति)। ढूँ. घणै। सं. सु. घणे। ढूँ. हाथि। सं. पड़े। सु. बुदबुदा। सं. जल बुदांबुदा। मा. सं. सु. आकृति। ढूँ आक्रति। टैसी. आक्रिति। सं. सु. चाले। मा. चाल्या। मा. सं. ढूँ. जोगिणी। टैसी. जोगणी। सु. योगिणी।

दोहले 123—मा. बलभद्र। टैसी. बलिभद्र। ढूँ. बलिभद्रि। ढूँ. सं. सु. बापूकारे। टैसी. बापूकारै। मा. बापूकारीया। सा. सं. सत्रु। सु. साबतु। मा. साबता। ढूँ. सं. सु. अजी। सु. लाग। ढूँ. लग। सं. त्यां वेलां। सु. हिव ('हल' के स्थान में)। मा. जीपिसइ। ढूँ. वाहसे। मा. सं. वाहिस्यइ। टैसी. वाहिसि। सु. वाहस्यइ।

दोहले 124—सं. सु. विसरिया बीज जस (यश) बीज बीजिस्यै। मा. विसरी वार जस बीज बीजिजै। सं. षरी। मा. हालाहल। ढूँ. सं. षलां। सं. रां ('काँ' के स्थान में)। सु. त्रूटि। मा. ढूँ. सं. सु. वहतां। सं. हलां।

दोहले 125—ढूँ सं. अंच। ढूँ. छंछ। सं. चंच। ढूँ. पिंड। सं. क्षेत्र। सु. नीपनु। सु. नीर रगत षळ हालि़या नीसंख, अंच चंच ऊछळि अति (पूर्वाद्र्ध के स्थान में)।

दोहले 126—सं. सु. तास। सं. सु. भुजां वलि। ढूँ. पिंड। मा. पहरतइ। मा. बिजड़ां। टैसी. बिजड़ा। मा. बेड़ते। टैसी. वेड़तै। सं. बेड़ीया। सु. बेड़िया। ढूँ. सं. बलभद्रि। सु. बलि़भद्र। टैसी. बळिभद्रि। ढूँ. सिरा।

दोहले 127—सं. राम। टैसी. रामि (खलि़)। मा. ढूँ. सं. खलि़। मा. रणि (दूसरे 'रिण' के स्थान में)। मा. ढूँ. सं. स। टैसी. सु। सु. निय। मा. मेटि। सु. मेढि। सं. सु. थया। मा. संहार। सं. फेरता। टैसी. फेरताँ। मा. पाय। सु. कीआ।

दोहले 128—सं. कण लीधा हेक। सु. कण लीधा एक कीआ। मा. भंजीउ। सु. भंजिऊं। मा. सं. ढूँ. बलभद्र। टैसी. बलिभद्र। सं. खले। सु. सिरि।

दोहले 129—सु. सं. सधरां ('सरिखाँ' के स्थान में)। मा. ढूँ. सं. बलभद्र। टैसी. बलि़भद्रि। सु. बळिभद्र। सु. साहीए। मा. सं. ऊछजीअे। सु. ऊछजिए।

सं. विरुद्‌ध। मा सु. विरुध। ढूँ. भला भला। ढूँ. तोईज। टैसी. तोजि। ढूँ जरासंधि। ढूँ. सिसपाल। सु. जुध।

दोहले 130—ढूँ. आडोहड़। मा. आडोहडि। ढूँ. अेकैअेक। मा. ढूँ. वाइयउ। सं. वागियौ। सं. अेक ('एम' के स्थान में) ढूँ. मा. रुषमणी। टैसी. रुकमणी। सं. सु. रुकमिणी। सु. लेई। सु. हुँ। सु. आहीर।

दोहले 131—मा. सु. विलकुलीउ। मा. ढूँ. वदन। टैसी. वदनि। ढूँ. वाकारे। सं. वाकारिउ। मा. वाकारीयउ। ढूँ. पिणछ। सं. सु. कृसन। मा. आयुध। सं. कृसन रुकम छेदण आयुधि करि। सु. रुक्म छेदण आयुध करि। मा. बेलष। सं. सु. बेलक। सु. मूंठि। मा. मूठ। ढूँ. द्रिठि। टैसी. द्रिढ। मा. सं. दृढ।

दोहले 132—सु. रुकमईउ। मा. सं. ढूं. सु. आरण। ढूं. रण। सं. सु. रिण। मा. रणि। मा. रुषमणी। टैसी. रुकमणी। सं. सु. रुकमिणी। मा. तणउ। सु. तण। सं. तनु ('तण' के स्थान में)। सं. करि। सं. माहव। टैसी. माहवि। सं. कीयौ। सु. कीयउ।

दोहले 133—ढूँ. मा. सनस। सु. संनिधि ('सनँसि' के स्थान में)। टैसी0 सनसि। ढूँ. मा. रुषमणी। टैसी. रुकमणी। सं. सु. रुकमिणी। सु. संनस ('सन्निधि' के स्थान में)। सं. सांनिधि। सं सु. आलोज। सं. अषईयात। ढूँ. आवधि आवध। सं. सु. सोज।

दोहले 134—ढूँ. निरआउध। सु. निरायुध। मा. निरआवध। सु. कीयउ (दोनों 'कियौ' के स्थान में)। ढूँ. तद। मा. सं. तदि। ढूँ. सेन ('सोना' के स्थान में)। मा. सं. सु. ऊतारि। सं. छिणीइ। मा. सं. जीव ('जीवि' के स्थान में)। मा. ढूँ. सं. सु. छांडियउ। ढूँ. सु हरि। सु. हीउं।

दोहले 135—सं. अनंत ('अनुज' के स्थान में)। ढूँ. अग्रज ईष कहै अनुज अै अनुचित। सं. दुष्ट। सं. सु. वासना। ढूँ. तास ('भली' के स्थान में)। ढूं. जास। ढूँ. बैसाणी। ढूं. सं. कीयउ। ढूँ. भली ('भला' के स्थान में)।

दोहले 136—सं. सुसमिति। ढूँ. सव्रीडित। मा. संव्रीडित। सं. सुव्रोडति। मा. ढूँ. पुंडरीकाइष। सं. सु. पुंडरीकाख्य। ढूँ. थीउ। सु. थीअ। ढूँ. मा. प्रसन्न। मा. ढूँ आदेस। टैसी. आअेस। ढूँ. मृगनयणी। मा. मृगानयणी। सं. मृगाषी। सु. मृगाखि।

दोहले 137—मा. सं. सु. कृत। टैसी. क्रित। ढूँ. अनिथाई। मा. सं. अन्यथा। ढूँ. करण। ढूँ. सिगिले। सु. समथ। सं. समरथ। ढूँ हालीयो। मा. सं. जाइ। ढूँ. जिके ('जा' के स्थान में)। टैसी. जा इलगाया ('जाइ लगाया' के स्थान में)। मा. सं. सु. अलगाया। सु. हुँता। मा. साला। ढूँ. सं. सु. थापि। ढूँ. हथि।

दोहले 138—सं. पिण। टैसी. पिणि। ढूँ. सं. सु. जीति। मा. सं. रुषमिणी। सु. रुकमिणी ('पदमणी' के स्थान में)। ढूँ आणंद उभै हूआ एकार। टैसी. सत्रुसिरि अधिक वावरै सार। सु. सित्र सिर अधिक वावरे सार (दूसरी पंक्ति)। सु. लागा। ढूँ. महा ('माहि' के स्थान में)। सं. तडू वेला ('वादोवदि' के स्थान में)। सु. तइँ बेळा ('वादोवदि' के स्थान में)। सं. सु. वधाईया।

दोहले 139—ढूँ. ग्रिह। टैसी. ग्रह। मा. सं. सु. गृह। ढूँ. सं. सु. काजि। ढूँ. गा। सं. गृहे गृहे। ढूँ. गृहगति गृहि गृहि। टैसी. ग्रहि ग्रहि। सं. ढूँ. मन। टैसी. मनि। मा. आर्पण। सं. अर्पण। मा. कीधौ। ढूँ. मा. मारग। टैसी. सु. मारगि। मा. ओटइ।

दोहले 140—सु. दूर पथि ('देखतां' के स्थान में)। ढूँ. देषते। मा. देषता। ढूँ. पंथि पथिक। ढूँ. उतावलि। सं. दूरा पथि पथिक ऊतामल देषे। सु. ऊतामल देखे। सु. उरि ऊठी। मा. ढूँ. नीलो। ढूँ. तिणि। मा. सं. ढूँ. सु. नीलाणा। टैसी. निल़ाणा। सु. डालि़।

दोहले 141—ढूँ. आगमि। ढूँ. मा. नयर। ढूँ. सु. सहू। ढूँ. सऊजम। सं. ढूँ. सु. रुषमिणि। टैसी. रुकमणि। सं. ढूँ. सु. कृसन। मा. किसन। सं. वधामण। मा. ढूँ. सं. रेसि। टैसी. रेस। ढूँ. लहरी। मा. लहिरिउं। सु. लीइ। मा. दिन। सु. दिनि। मा. दरसण। सु. दरसणि ढूँ. राकेसि। टैसी. राकेस।

दोहले 142—ढूँ. गृहे ग्रहो। मा. सं. सु. गृहे गृहे। टैसी. ग्रिहे ग्रिहे। ढूँ. पुरवासीयइ। मा. दलिद। सं. दिसा ('तणौ' के स्थान में)। सु दिसा ('तणौ' के स्थान में)। ढूँ. मा. दीन्हउ। सं. सु. दीधुं। मा. दलिद। सं. हूया। मा. हुआं। सु. हूआ। ढूं. सं. सु. केसरि। मा. सं. सु. हलद्र। सु. हरी।

दोहले 143—सं. सु. मारग। मा. मारगे। सं. सु. मग। मा. मारगि। ढूँ. मा. क्रमियां। मा. तासु ('अति' के स्थान में)। ढूँ. नयरि। ढूँ. तकरि। मा. तिकर। सु. तिकिरि। मा. सं. पसारइ। सु. पसारइँ।

दोहले 144—ढूँ. सं. वीजुल। सु. वीजुलि़। सं. द्युति। ढूँ. डंड। ढूँ. आकास। मा. सं. सु. आकाश। सु. अवछायु। ढूँ. सं. अवछायउ। सं. आया। ढूँ. मा. करि। सु. जाणे घण आया।

दोहले 145—ढूँ. सं. मुकरमै। टैसी. मूकुरमै। ढूँ. प्रोलि। टैसी. प्रौलि़। सं. सु. पोलि़। ढूँ. अबीरमै। मा. सं. अबीरमइ। ढूँ. पइसारी। मा. सं. पइसारउ। मा. पइसंति। सु. पैसारउं। ढूँ. नै। मा. सं. नइ।

दोहले 146—सु. दीपि ('दियै' के स्थान में)। ढूँ. जसि। ढूँ. धमलित। ढूँ. सं. धण। टैसी. धणि। ढूँ. नागरि। मा. पेषे। ('देखे' के स्थान में)। ढूँ. सुधण। टैसी. सु. सकिसल़। ढूँ. सिर। सु. बुंद।

दोहले 147—सु. जीते। ढूँ. जुधि जोते। सं. युधि जीपे। मा. जधि ('जीपे' के स्थान में)। ढूँ. ससिपाल। ढूँ. सं. जरासंधि। ढूँ. जीपे। ढूँ. आये। सं. आया। ढूँ. सं. गृहि। सु. गृह। टैसी. ग्रिहि। मा. गृहे। ढूँ. उआरे। सु. ऊतारि। मा. सं. उवारइ। ढूँ. पीयै ('पै' के स्थान में)। सु. अँवारि पि ('वारै पै' के स्थान में)।

दोहले 148—ढूँ. सहिति। मा. सं. भिन्न। मा. अभिन। मा. वाणि वणि। सं. मुष। टैसी. सु. मुखि। सु. करि। ढूँ. कृसण। सं. कृष्ण। सु. राजनि कृसन। ढूँ. रुषिमिणि। टैसी. रुकमणि। सं. रुकमिण। सु. रुषुमिणि। ढूं. मा. गृहि। सं. सु. गृह। टैसी. ग्रिहि।

दोहले 149—ढूँ. दैवगति। मा. सं. दैवज्ञ। सु. तेड़। सं. पहिलुं। सं. ई। सु. पहिलुं कीध प्रसंन। मा. पूछी। ढूँ. सं. कीधउ ए। सं. ज्योतिष। ढूँ. कइ। मा. सं. सु. कई। टैसी. कदि ('कइ' के स्थान में)। सु. रुषमिणी। मा. ढूँ. रुषमणी। सं. रुकमिण। टैसी. रुकमणि। ढूँ. सं. सु. कृसन। मा. किसन।

दोहले 150—सु. धर्म्म। मा. विचार। ढूँ. वेदवंत। मा. वेदिवित। सु. वेदवित। मा. ही त्री ('सुत्री' के स्थान में)। मा. क्युं ('किम' के स्थान में)। सु. होवि। मा. सं. सु. पुनः पुनः। मा. ढूँ. सं. पाणिग्रहण। टैसी. पाणि गरहण।

दोहले 151—ढूँ. कवि ('करि' के स्थान में)। मा. सं. निरणय। सु. निर्णय। ढूं. करण ('कहण' के स्थान में)। ढूँ. दोषि। सु. विवर्जित। सं. सु. जदि। मा. सु. हूउ।

दोहले 152—सु. ब्राह्मणै। ढूँ. कहे। मा. कहीयउ। सं. कही कह। ('कही'

के स्थान में)। सु. हूइ। मा. हूयउ। सं. हरण। सु. हथ लेबु। टैसी. हरणि। मा. सु. हूउ। ढूं. सं. सु. सेष। ढूँ. करउ ('हुवइ' के स्थान में)। मा. कउ ('हुवइ' के स्थान में)। सं. हुवइ। टैसी. हुइ। सु. हूवि।

दोहले 153—मा. सं. रतनमय। ढूँ. वांस। सं. वंश। सं. आर्द्र। सु. अरजनमै। ढूँ. अरिजणमै। मा. अरुजनमय वेहि। सं. सु. अनल (अगनि)। सु. ईधण। ढूँ. घृति। मा. सं. सु. घृत। टैसी. घ्रित। सं. घनसार।

दोहले 154—सु. पश्चिम। ढूँ. पछमि। सं. दिशि। सं. पूठ। मा. पट परठित। सु. पट परठित ऊपरि। ढूँ. मधुपरकादि। मा. सं. मधुपर्कादि। टैसी. मधुपरिकादि। मा. ढूँ. सं. सु. सहसकार। मा. मांडे। ढूँ. सु. बे। सु. बेसाणि।

दोहले 155—सु. आँखि। ढूँ. आणण। सं. सु. आनन। ढूँ. सं. गरभ। टैसी. गरभि। मा. सं. मच्छ। मा. ढूँ. सं. गृहीत। टैसी. ग्रहीत। सु. चाहिं। ढूँ. आंगणै। मा. आंगणि। सु. ओंटे। मा. ढूँ. ओटा। सु. गाई। सं. मुष। मा. सं. सु. किरि।

दोहले 156—ढूँ. आगलि। सु. आगळी। सं. आगइ। ढूँ. सं. प्रिया। टैसी. त्रिया। सं. त्री ('प्री' के स्थान में)। सु. चुथि। सं. चौथि आरंभी। सु. त्रिणि। सं. फिरइ। ढूँ. संगुष्ट। सं. सु. सांगुष्ट। टैसी. सांगुसट। ढूँ. सों। ढूँ. कर ('करि' के स्थान में)। मा. कमल करी। सं. सु. चंपतउ।

दोहले 157—ढूँ. सु. पधरावी। सं. सु. त्री.। सु. वामिं। मा. प्रभणावी। सं. परस्पर। मा. ढूं. सं. यथा। टैसी. जथा। मा. मांगे लीधी। ढूँ. सं. नवे। टैसी. नवै।

दोहले 158—सु. दुल्लह होइ आगि। सु. सुणहर। सु. चुरी। सं. सु. दिसी। सं. हथलेवौ छूटौ। मा. हथलेवा छूटी। सु. हथलेवि। सु. छूटि। ढूँ. बांधे। सु. आंचळां मिस।

दोहले 159—सं. सु. आगळि। ढूँ. केलिगृहि। मा. सं. केलिगृह। टैसी. केलिग्रिह। ढूँ. अंगणि। मा. मारजन। ढूँ. सेझ। मा. ढूँ. सं. वियाज। टैसी. वियाजि। सु. वयाज। सं. सु. सझि.। सु. विआज सझे तस।

दोहले 160—मा. तेण। सु. अति। ढूँ. रंग। ढूँ. सं. सु. मण। ढूँ. चंदूआ। सु. चांद्रवा। सु. तणि। सं. फणि। ढूँ. ही। ढूँ. सहस फण।

दोहले 161—ढूँ. मंदरि अंतरि। सु. कीआ। ढूँ. सं. मिलवा। मा. सं. सु. समावृता। टैसी. समाव्रित। सु. कीधि। मा. कीधा। ढूँ. तणि। मा. सं. सु. संसकृत। टैसी. संसक्रित। ढूँ सुतिणि। मा. सुतणु। टैसी. सु. सुतण।

दोहले 162—मा. संकुचित। मा. सं. सु. समये। ढूं. सं. सु. वंछित। मा. वंछिति। टैसी. वञ्छति। ढूं. सं. रुषमणि। टैसी. रुकमणि। ढूं. सं. मा. सु. रमण। मा. सं. सु. हठि। मा. सं. ढूं. किरण। सु. सूरिज।

दोहले 163—ढूँ. दंपति ('पति' के स्थान में)। ढूँ. त्रीय। मा. त्री। सु. प्रीया ('त्रिया' के स्थान में)। मा. सं. ढूं. मुख। टैसी. मुक्ख। ढूं. मा. सं. देषण। ढूं. निठि। ढूँ. चंद। ढूँ. किरणि। टैसी. किरण। सं. द्रिविड कि। मा. हठ। सु. द्रवड क अति अभिसारिका ....(अंतिम पंक्ति)

दोहले 164—ढूँ इन। सं. सु. अन। ढूं. सं. सु. पंष। ढूं. मा. सं. सु. बंधइ। ढूं. चकवाक। ढूँ. मा. सं. असंधइ। ढूँ. नेसि। मा. संधइ। ढूँ. संधि। सु. संधे अहोनिसि। मा. सं. कामिणि। टैसी कामणि। ढूं. मा. सं. सु. कामियां ('कामि' के स्थान में)। ढूँ. तणा। मा. ढूँ. सं. लीया। मा. दीपका।

दोहले 165—ढूँ. सु. सह। सं. कृतारथा। ढूँ. प्रिय। सं. प्रिय। मा. ढूँ. सं. सु. कृत। टैसी. क्रित। ढूँ. अटत। टैसी. अटति। सं. ढूं. सु. द्वारि। मा. सं. ढूं. सु. विचि। टैसी. वीचि। सु. श्रुत। ढूँ. आहठि। मा. सं. ढूँ. शुति। मा. ढूं. सं. सु. समाश्रित। टैसी. समास्त्रित।

दोहले 166—ढूँ. हंसागय। सं. सु. थया। मा. थीया। ढूँ. सौं। सु. सुं। ढू. जही। मा. वहे वहस। सु. सुंधावास। मा. सं. सूँधावास। टैसी. सूँधावासि। सु. अनि। ढूँ. मा. नूपुर। सु. नेपुर। मा. सं. सद। टैसी. सदि। ढूँ. मा. क्रम। सु. आगि। ढूँ. सु. आगम।

दोहले 167—ढूँ. अविलंब। मा. अंबिलंबि। सं. आलंबि। ढूँ. करि। ढूँ. मदि। ढूँ. लगायै। सु. लगावे। सं. लगावे। मा. सं. गय। सु. जिम। टैसी. गै। मा. सं. ढूं. सु. गयगमणि। टैसी. गैगमणि।

दोहले 168—सु. धसत। ढूँ. सं. जेहरि। सु. जेहड़। मा. आनंद। ढूँ. कोईज थयौ। मा. कोजु थयउ। सु. ऊपनु। ढूँ. अमाप। टैसी. उमाप। सु. ऊमाप। सं. तिण। टैसी. तिणि। मा. आपे। सु. करायु। मा. ह। ढूँ. रामा सौं। सु. रोमाँसू।

दोहले 169—ढूँ वहि। टैसी. विहि। सं. सु. वह। मा. मिलण। सं. घड़ी मिली। सु. घड़ी मिलि। सु. घंणू। ढूँ. घणा। टैसी. घणूँ। सं. सु. घणां दीहां। टैसी. दीहा। सं. सु. आंतरे। ढूँ. आंपण।

दोहले 170—मा. प्रेरति। मा. सं. रूप। टैसी. सु. रूपि। सु. आँखीआँ। ढूँ. अत्रिपित। सु. अतृपति। ढूँ. जदिपि। सु. जद्यपि। टैसी. जदिअपि। मा. सं. यद्यपि। ढूँ. मा. त्रिपित। मा. तिउं ('तिम' के स्थान में)। सु. करि। ढूँ. बिलोकण। मा. धणि। मा. जेहां। सु. जीही। सं. जीहा।

दोहले 171—मा. सं. सु. आयाति याति। टैसी. सु. घूँघट। ढूँ. मा. मिलिअे। ढूँ. सु. दंपति। मा. सं. सु. कटाक्ष। सु. नीय। ढूँ. मनि सूत। टैसी. सु. अमऴी ('अमिली' के स्थान में)। सु. कटाक्ष। (दूसरा)।

दोहले 172—ढूँ. विलासी। सु. जाणीउ। सं. भ्रू हां। सु. भ्रूंह। ढूँ. होय। मा. सं. गृह। टैसी. ग्रिह। ढूँ. सु. बाहरि। टैसी. बाहिरि। सु. सहचरि।

दोहले 173—सं. सु. एकंत। टैसी. एकन्ति। सु. चु। मा. सं. दीठ। मा. कहि। ढूँ. क्यों ('किहि' के स्थान में)। मा. सं. देव। टैसी. देवि। मा. सं. सु. दुज। ढूँ. अदीठ। मा. ढूँ. सं. अश्रुत। टैसी. अस्त्रुत। सं. जाणइ जाणणहार। मा. सु. तइ। सं. सु. सुज।

दोहले 174—ढूँ. मा. सं. पवन। टैसी. पवनि। ढूँ. सु. पारथित। ढूँ. त्रीय। ढूँ. निपतित। टैसी. निपतति। सं. अंत। टैसी. अन्ति। सु. सुरतांत। मा. ढूँ. सं. सु. श्री। टैसी. सिरी। सु. क्रीड़िता। ढूँ. क्रीड़ता। मा. सं. क्रीड़ित। टैसी. क्रीडताँ। ढूँ. सु। सु. किं ('सु' के स्थान में)। मा. सं. स। मा. सं. वियाकुऴ गति। ढूँ. कवि गलित। टैसी. व्याकुल गति। ढूँ. नीरासइ। टैसी. नीरासयै। सं. सु. नीरासय। सु. कमऴिणी।

दोहले 175—सु. कीध। सु. मणिक। मा. मिलियउ। ढूँ. सामा। मा. लिलाट। टैसी. लिलाटि। सं. ललाटि। ढूँ. कुं कुं बिंद।

दोहले 176—ढूँ. मा. सं. सु. वदन। टैसी. वदनि। मा. सं. सु. चित। टैसी. चिति। मा. सं. हीयइ। सं. सु. हूय। सं. सु. चष। टैसी. चखु। ढूँढारी प्रति में यह दोहला छोड़ दिया गया है।

दोहले 177—सं. ताल। ढूँ. सामा। सु. भमर। ढूँ. भाराज। मा. भाराजु। टैसी. सु. वाराजु। सं. सु. थी। मा. अवलंब। सं. अविलंबि। टैसी. अविलंब।

दोहले 178—मा. पधराअे। सु. कन्हिं। मा. ढूँ. सं. सु. भय। टैसी. भै। ढूँ. मा. सु. त्रूटी। टैसी. तूटी। सं. छूटी। मा. त्रूटी ('छूटी' के स्थान में)। ढूँ. क्षुद्र। मा. छिद्र।

दोहले 179—मा. ढूँ. सं. सुष। टैसी. सुखि। सु. लाधि। सु. केलि स्यामा सँगि ('स्याम' छोड़ दिया है)। ढूँ. स्याम। टैसी. स्यामि। ढूँ. चुंक चुंक। सु. चुंक चोक। सं. चुंक चौंक। ढूँ. होय। सु. रहीउ।

दोहले 180—मा. ढूँ. राता तति चिंता रति राता। सु. राता तत चिंता राति राता (प्रथम पंक्ति)। सं. राता तत भर चिंता रत राता। मा. सं. बिन्हें। टैसी. बिन्है। सु. गुण। मा. ढूँ. निद्रावस। टैसी. सु. निद्रावसि। ढूँ. थियौ ('एहु' के स्थान में)।

दोहले 181—मा. लषमीवर। सं. लषिमीवर। टैसी. सु. हरषि। ढूँ. निगरभरि। सु. निगर्भर। ढूँ. आउ। सं. रयण। ढूँ. तूटंति। ढूँ. क्रीडाप्री। ढूँ. पोकार। टैसी. सु. पोकारि। ढूँ. जीवत प्रिय। मा. घड़ियालि।

दोहले 182—मा. ढूँ. मादा। मा. ढूँ. सं. सु. सइ। टैसी. सति। ढूँ. सूरतन। सु. जिम नाश फरिम ('नासफरिम' के स्थान में)।

दोहले 183—ढूँ. मिली। ढूँ. तद। ढूँ. साध। टैसी. साधि। सं. सु. साधि। ढूँ. सं. साध्र। सु. साध। टैसी. साध्रि। मा. ढूँ. सं. इ। सु. इ (छोड़ दी गयी है)।

दोहले 184—सं. उठी। टैसी. ऊठि। सु. ऊठी। मा. सं. सु. अरुणोदय। टैसी. अरुणोद। मा. थियौ। सु. थीउ। सु. योग। सं. निसामय। सं. ज्योति। टैसी. जोति। सु. प्रकाश।

दोहले 185—सं. सु. संयोगिणि। ढूँ. संजोगिणी। टैसी. संजोगणि। मा. सं. सु. श्री। टैसी. स्त्री। मा. घरि। मा. ढूँ. गऊघोष। सु. गौ। मा. ढूँ. सु. दिणयर। टैसी. दिणयरि। सु. उगि। सं. एतला। मा. अेतले। टैसी. अेतलाँ। ढूँ. दीधौ। सु. दीधो।

दोहले 186—ढूँ. वाणिजू। सं. वाणिज। ढूँ. गऊ। ढूँ. असैई। सं. सु. असई। मा. असइ। टैसी. असै। ढूँ. चकवि। मा. सं. ढूँ. सूर। टैसी. सूरि। ढूँ. प्रघटि। सं. प्रकटि। सु. प्रगट। मा. एतला। टैसी. अेलताँ। ढूँ. समपीयो। मा. समर्पिया।

दोहले 187—टैसी. सु. वधे, घटे। ढूँ. द्रवि। ढूँ. सुतर। सं. सुरतरु। ढूँ. तद। ढूँ. जगत्र। मा. सु. जगति। ढूँ. कीयो। सु. कीअ। मा. सु. जगत्र। टैसी. राहु ('राह' के स्थान में)।

दोहले 188—मां. सं. थिया। ढूँ. केहवो। टैसी. केवि हुअ। सु. केवि

हुअ। मा. सं. हूअ। ढूँ. अचिरज। टैसी. सु. अचरिज। ढूँ. लोयो हेमदिसि। सु. लीधु सूरिज। मा. सं. सु. वृष।

दोहले 189—मा. ढूँ. सं. श्रीषंड। टैसी. स्त्रीखण्ड। ढूँ. कुमकुमौ। सं. कमकमउ। टैसी. कुमकमौ। सु. कमकमो। सं. दल़। सं. सु. मुक्ता। ढूँ. आभरण।

दोहले 190—ढूँ. सु. माहुठि। मा. माहुति। ढूँ. सों। सु. सुं। मा. सु. मिसि। सं. मिस। सु. व्रन। सु. तणु। मा. जण। ढूँ. सु. नीजणपणि। मा. वीजनपिणि। सु. जाणीया। ढूँ. मधिराति। मा. सु. मध्यराति।

दोहले 191—ढूँ. नईरत। सं. नैरति। सु. नेरन्ति। ढूँ. सं. सु. पसर। मा. सं. सु. निरधन। ढूँ. निंझरि। सु. निंझर। मा. धनी ('धणी' के स्थान में। ढूँ. सं. धण। सु. भजि। टैसी. धणि। सु. वाय। ढूँ. सु. तर। ढूँ. लवलां। सु. लवल्यां। सं. लहरि।

दोहले 192—मा. नवउ विहाणउ। सु. नवे। ढूँ. सं. सु. विहाणे। सं. सु. क्रीड़ति। ढूँ. धमलहरि। सु. अलंकित। टैसी. अलङ्कित ('अलंक्रित' के स्थान में)।

दोहले 193—सु. ओ चँडी। सं. उचडी धुडीरज। ढूँ. धूलिरवि। सु. रज ('रवि' के स्थान में)। टैसी. धुड़ीरव। ढूँ. सं. षेत्रीओ। सु. खेत्रीये। मा. सं. ऊजम। टैसी. उजम। सं. मृगशिर। सु. मृगसिर। मा. मगसिर। टैसी. म्रिगसिरि। सं. वायइ ('वाजि' के स्थान में)। ढूँ. थयौ वैरी ('किया किंकर' के स्थान में)। मा. हूउ वइरी। मा. सं. ढूँ. मृग। टैसी. म्रिग। ढूँ. मा. सं. आर्द्र। टैसी. आद्र। मा. कीयो। ढूँ. मा. भुइ ('धर' के स्थान में)। सु. आद्रे ('आद्रा' के स्थान में)।

दोहले 194—ढूँ रिष। ढूँ. थिय। सं. थिऔ। ढूँ. चातिग। सु. रटिं। टैसी. बलाकी। ढूँ. हर। सु. सिणगारिं।

दोहले 195—ढूँ. धारां। सु. धारै। मा. ढूँ. सं. श्रावण। टैसी. स्त्रावण। ढूँ. दिसादिसि। मा. सं. दिशोदिश। ढूँ. थंभै। सं. विरहिण। टैसी. विरहणि। सु. विरहिणी। सु. थीया।

दोहले 196—मा. सं. दडडिं। सं. सघन। सु. गाजीउं।

दोहले 197—ढूँ. निहिसे। ढूँ. सु. विण। टैसी. सु. थलि। ढूँ. समागम।

टैसी. सु. सुमागमि। मा. सं. पदमिनी। सु. पदमिणी। सं. लीधइ। सु. लीधि। सं. सु. ग्रहणे।

दोहले 198—ढूँ. तर। सु. तरुल्लता। ढूँ. त्रिण। मा. सं. सु. तृणे। टैसी. त्रिणे। ढूँ. अंकुरते। मा. सं. अंकूरित। टैसी. अंकुरिव। मा. नीलंबरि। सं. नीलांबर। ढूँ. प्रथमी। मा. सं. पृथिमी। टैसी. प्रिथमी। सु. मि ('मैं' के स्थान में)। ढूँ. हारि। ढूँ. सं. पहरिया। टैसी. पहिरिया। मा. परठिया ('पहरिया' के स्थान में) मा. पहिरिया ('पहिरे' के स्थान में)। मा. नेउर।

दोहले 199—सु. काजल (दोनों जगह)। सं. कज्जल। मा. ढूँ. रेह। सं. सु. किरि। सु. बिंदुलु कुंकूमि। ढूँ. पृथ्वी। सं. पृथिमी। टैसी. प्रिथमी। मा. ढूँ. सं. सु. निलाट। टैसी. लिलाट।

दोहले 200—ढूँ. मिलियौ। सु. मिलीइ। ढूँ. मा. तट। टैसी. तटि। ढूँ. ऊपट। ढूँ. विथरी। ढूँ. सं. धण धर। टैसी. धणि धर। ढूँ. सं. सु. धाराहार। सं. जमुन। सु. यमुन। मा. जवण। मा सं. सु. किर। ढूँ. वेणी ('त्रिवेणी' के स्थान में)। मा. त्रिवेणीज।

दोहले 201—मा. सं. श्यामा। टैसी. स्यामा। ढूँ. सरस। ढूँ. घेघूंबे। सु. घेघुंचे। ढूँ. गल। ढूँ. बांहा। सं. बांहां। मा. बाहां। टैसी. बाहा। ढूँ. सं. भ्रम। ढूँ. सं. वंदन। टैसी. सु. वन्दण। ढूँ. रिषिये। मा. ऋषय। ढूँ. लिषि। मा. लंषी। सु. सकि।

दोहले 202—मा. सं. सु. रूठां। ढूँ. पाय। सु. पाइ। मा. सं. पय। मा. मनाइ करेरुष। सु. दंपतीए। मा. गिण। सं. दीधउ।

दोहले 203—ढूँ. सं. श्रवति। टैसी. स्त्रवति। मा. सु. श्रवत। सं. सु. कज्जल। ढूँ. पीयला। सं. सु. अेक। सु. आधोफेर। सं. आधोफेरे। ढूँ. औघसता। ढूँ. सं. सु. राजे।

दोहले 204—ढूँ. कादो। टैसी. कादूँ। सु. कादुं। ढूँ. कुंदणि। सं. षभ। ढूँ. मंदरे। सं. पदमरागमय। सु. मि ('मैं' के स्थान में)। ढूँ. मा. सिषरि। ढूँ. सिषरिमे। मा. सिषरकीय, सिरि। टैसी. सिखर सिखर मै ('सिखरि सिखि रमै' के स्थान में)। सु. सिखरमि।

दोहले 205—ढूँ. धरिये। मा. सं. सु. तिणि ('तनि' के स्थान में)। ढूँ. वसत। ढूँ. कुमकुमइ। मा. कमकमे। सं. कुंकुमे। सं. धोयां। ढूँ. सौंधा। टैसी.

सुधा। ढूँ. षवलिति ('प्रखोलित' के स्थान में)। सु. धवलि़त। सं. प्रचालित ('प्रखोलित' के स्थान में)। सं. सु. महलि। मा. ढूँ. सं. सुष। टैसी. सुखी। ढूँ. भर। ढूँ. सं. सु. श्रावणि। मा. श्रावण। टैसी. स्त्रावण। ढूँ. भाद्रवि। टैसी. भाद्रव। मा. ढूँ. सं. सु. रुषमिणि। टैसी. रुकमणि। ढूँ. वरि अेवही। ढूँ. मा रुष। टैसी. रुखि।

दोहले 206—सु. वरिषा। ढूँ. रिति। सं. ऋतु। सु. ऋत। सं. शरद। ढूँ. मा. वाषाणिसि। ढूँ. वइणो वइणि। सु. वायणा ढूँ. सु. नीषरि। मा. धरि। ढूँ. रह्यो। मा. रह्यउ।

दोहले 207—ढूँ. औषधी। सु. टैसी. सरदि कालि़। मा. सं. सु. श्री। ढूँ. सुरता। सु. अंति। मा. ढूँ. सं. सु. जिम। टैसी. जेम।

दोहले 208—ढूँ. वितजे। मा. वितिअे। सं. नभ। ढूँ. पृथी। टैसी. प्रिथी। सं. जल। सु. जले़। मा. गुडुलपण। ढूँ. सु. गुरि। मा. मिलि ('कलि़' के स्थान में)। सं. जल ('जण' के स्थान में)। ढूँ. दीपति। सु. दिषत। टैसी. दिपत। सं. ज्ञान। सं. प्रगटी। मा. सं. दहन।

दोहले 209—ढूँ. गऊषोर। मा. ढूँ. सं. श्रवति। टैसी. स्त्रवति। मा. सं. सु. सुश्री। टैसी. सुस्त्री। ढूँ. सरद। टैसी. सु. सरदि। ढूँ. श्रगलोग। टैसी. स्त्रगलोक। ढूँ. मातलोक। मा. सं. सु. मृतलोक। टैसी. म्रित्तलोक।

दोहले 210—सु. बोलंति। मा. महुरमुह। सं. मुहुरमुह। मा. सकल। मा. निस। मा. सरदि। ढूँ. त। मा. तिणि। सं. तिण ('ते' के स्थान में)। सु. हंसिणी। सु. तिन पासि देखि।

दोहले 211—सं. ऊजलां। सु. उजूलां। ढूँ. सं. अदरसणि। टैसी. सु. अदरिसण। ढूँ. सु. अजुआळी। सं. उजुयाळी। टैसी. उजुआली। ढूँ. घणा। सु. घणि। मा. घणउ। ढूँ. किसौ। सु. किसुं। ढूँ. वाषाणि घणौ। ढूँ. औजासैहै। सं. ऊजासां हि। ढूं. आपणौ।

दोहले 212—मा. बइठा। ढूँ. तरुणि। मा. सं. सु. कणय। टैसी. कणै। मा. तुलिता। ढूँ. भुंइ। ढूँ. सं. सु. दिन दिन। मा. दिणि दिणि। टैसी. दिनि दिनि। सं. तिण। सु. दिण।

दोहले 213—ढूँ. मा. दीन्हा। ढूँ. मा. सु. कातिग। टैसी. कातिक। ढूँ. थका। ढूँ. सु. बाहिर। टैसी. सु. थकी। टैसी. बाहिरि। टैसी. सु. भीतरि। सु. भासिं। ढूँ. सं. सु. जिम मनि। ढूँ. सु. मुखि।

दोहले 214—सं. सु. नवनवी। ढूँ. नवी नवनवा मही महोछव। सु. महौछव। ढूँ. मांडीयै। सं. सु. जिण। ढूँ. जइ।

दोहले 215—ढूँ. नवै। सु. नवि। टैसी. नवी। मा. नवउ। सं. सु. नवि ('नवा' के स्थान में)। ढूँ. चा। ढूँ. मा. रुषमिणि। टैसी. रुकमणि। सं. रुकमिण रमणि। सु. रुषुमिणि रमणि। ढूँ. ति ('जु' के स्थान में)। ढूँ. रिति। ढूँ. सं. भुगत। सं. राशि निशि।

दोहले 216—ढूँ. अेह। सं. अेही। सु. एहीज। मा. पर। ढूँ. सं. सु. भीर। मा. सं. सु. धनंजय। टैसी. धनञ्जै। ढूँ. अनियै। मा. सं. नइ। मा. सं. सु. सुयोधन। टैसी. सुजोधन। ढूँ. सं. भलउ। टैसी. भलै। सु. भलु। ढूँ. ज। ढूँ. मा. मींट। सु. मीट। टैसी. मींटि। ढूँ. मा. जनारजन। सं. जनारदन। टैसी. जनार्जन।

दोहले 217—ढूँ. वाइ। मा. सं. वाय। सु. फिरि वाय पछी उत्तर फरहरीया। सं. उत्तर। सु. उत्तर ('उर' के स्थान में)। मा. भुवंग। ढूँ. प्रथमी। टैसी. प्रिथमी।

दोहले 218—ढूँ. होवे। सं. सु. हुवि। मा. हुवइ। टैसी. हुअै। ढूँ. घट। सं. हेम। टैसी. हेमे। मा. हेमि। सं. हिमालय। सं. मा. ढूँ. सु. शृंग। टैसी. स्त्रिङ्ग। सु. योवनागम। ढूँ. मा. कृस। टैसी. क्रिस। सं. कृश। सु. थीए, थाये।

दोहले 219—सु. भूजन्ति। ढूँ. सं. सु. सुगृह। टैसी. सुग्रिह। मा. सुगृहे। ढूँ. सं. सु. हेमंत। मा. भय। सं. मिलन। ढूँ. मिलि निसि तन। टैसी. मलिन सुतनु ('मिलि निसि तु न' के स्थान में)। सु. तनु ('तु न' के स्थान में)। ढूँ. सं. सु. कोई। टैसी. केइ। मा. सं. सु. मग। मा. जिणि। सं. सु. जिण। सु. भारीयउ, जण।

दोहले 220—मा. जेहां। सं. सु. दरिसण। मा. दरसिणि। सं. सु. संकुडिणि। टैसी. सङ्कुड़ण। ढूँ. सं. नीठ। ढूँ. छडै। ढूँ. सं. करषणि। टैसी. करखण। मा. कर्षण। सं. पंगुरणि। मा. पंगुरिणि। टैसी. पङ्गुरण। सु. जिम प्रौढ़ा करखणि पंगुरणि। (चतुर्थ पंक्ति)।

दोहले 221—ढूँ. उलझाया। टैसी. सु. अलुझाया। मा. तनुमनु। ढूँ. मांहि। सं. विहित। सु. विहत। ढूँ. सीति। सु. मा. रुषमिणी। सं. रुषमिणी। टैसी. रुकमणी। मा. सं. सु. वर। सु. सगति। ढूँ. सति सतिवंत।

दोहले 222—ढूँ. मकरधजि। मा. वाहनि। सं. सु. वाहन। ढूँ. चडे। ढूँ.

मा. सं. सु. उत्तर। टैसी. ऊतर। सं. वायु। ढूँ. अतुर। सु. आतुर ('अउर' के स्थान में)। मा. विरहिणी। टैसी. विरहणी। सं. विरहिण। सु. कीअ। सु. संयोग।

दोहले 223—मा. ढूँ. सं. सु. कृपण। टैसी. क्रिपण। ढूँ. पवनहि। सं. पवणह। सु. पवनह। सु. अंब। ढूँ. अंबहि। सं. माह। सु. माधि। ढूँ. मा. सं. लोक। टैसी. लोग। सु. लागु। सं. शीतल। सं. जलणि।

दोहले 224—ढूँ. सं. वन। सु. जालि़। ढूँ. नलिणी। मा. सु. नलिनी। ढूँ. पातिगि। सु. पातगि। सं. पातिग। टैसी. पातिक। मा. पातक। सं. तिण। टैसी. तिणि। सु. पेसइ। मा. मंजिया। सं. मांजीया। सु. मींजीआ। मा. सं. तणा। सु. विण, तणि।

दोहले 225—ढूँ. प्रतिहारि। सं. सु. सीय। मा. सीउ। मा. ढूँ. सं. पाले। टैसी. पालै। सु. ऊपरि। सं. सु. दिसे। सं. अरकि। ढूँ. अगनि अरक। सु. अरक। ढूँ. तन। मा. सं. उवारइ। सु. उँवारइ।

दोहले 226—ढूँ. थिअे। मा. थीउ। ढूँ. पालटि। ढूँ. रिति। सं. रति। सु. थई रति पालट। मा. ऋतु। मा. सं. सु. दह। मा. सं. कीय। सु. कीअ। टैसी. द्रह कियौ ('डहकियौ' के स्थान में)। ढूँ. कलिकण्ठ।

दोहले 227—ढूँ. बेण। मा. ढूँ. सं. महुयरि। टैसी. महुवरि। सु. महूयरि। ढूँ. वजावइ। ढूँ रोरी। ढूँ. जणि। टैसी. रीरी। ढूँ सं. मुष। टैसी. मुखि। ढूँ. सं. विरहा। मा. दुतरिणि। सं. फागुण। टैसी. सु. फागुणि। सु. घरि घरि।

दोहले 228—सु. अजहुँ न तरु। ढूँ. तरि। सं. न तरु। सु. पलव। ढूँ. थुड़ डालां। ढूँ. गादरिति। ढूँ. सं. सु. थया। मा. सं. सिणगार। टैसी. सिणगारि। ढूँ. सोहै। मा. सोभति। सु. सोहति। मा. सं. सु. जाणे।

दोहले 229—सं. सु. सु ('समा' के स्थान में)। ढूँ. समापित। टैसी. समापति। ढूँ. दधी। सु. दीधि। सं. दीधी। ढूँ. रित। टैसी. सु. रति। मा. स. मन। टैसी. मनि। ढूँ. मणि। ढूँ. वेण। मा. सं. वेयणि। टैसी. वेइण। सु. वइण। मा. मिसि कोकिल। मा. कूजंति। सु. कोकि मिसि कूजति। सु. वनस्पती।

दोहले 230—सु. पान। ढूँ. फूले ('फले' के स्थान में)। सु. सुं ('सु' के स्थान में)। मा. वस्त्रे। सं. सु. धरब। मा. सं. पूजीअ। सु. पूजीए। सं. कसेवटि। सं. संगि ('भँगि' के स्थान में)। सु. कसटि, वनसपती।

दोहले 231—मा. सं. सु. कल़। सु. लागि। मा. सं. ढूँ. मलयानिल, त्रिगुण। सु. त्रिगुण। टैसी. मलियानळि, त्रिगुणि। सं. सु. पसरति। ढूँ. षुधा त्रिस। टैसी. अम्बु त्रिसि। सु. अम्बु त्रिस। ढूँ. पूत। मा. सं. सु. पूत्र। टैसी. पुत्र। मा. सं. मधूक ('मधुप' के स्थान में)। सु. मधुक। मा. सं. ढूँ. श्रवति। टैसी. स्त्रवति।

दोहले 232—सं. वन। मा. तरु तरु। सं. सरूयरि। सु. सरूअरि। सु. पुरष। सं. पथ। ढूँ. जनमीयां। सु. जनमीउ। ढूँ. दियण। सु. देअण। ढूँ. रमी। ढूँ. चडि पवनि।

दोहले 233—ढूँ. मवर। सं. सु. प्रवर ('मौर' के स्थान में)। ढूँ. अज। मा. कलीय। सं. सु. किरि। सु. वंन्नरवाल। सं. वन्नरमाल। मा. वन्नरवाल। टैसी. वन्दरवाळ। ढूँ. वेली। ढूँ. मा. तरूयर। सं. तरुयरि। सु. तरूअरि। सं. सु. अेकां। ढूँ. बियै। मा. बीअे। सं. बीय। टैसी. बीयै। सु. बीए।

दोहले 234—ढूँ. फटि। मा. सु. फट। ढूँ. वनरेणि। सु. वनरेण सं. वन्नरेण। सु. नालकेर। ढूँ. मजात। सं. मज्जति। मा. सं. करि। टैसी. मज्जाति किरि ('मज्जा तिकरि' के स्थान में)। ढूँ. कुंकू। मा. कुंकम। मा. अक्षित। ढूँ. किंजुलिक। सु. किरि ('तिकरि' के स्थान में) सु. मंगलिक।

दोहले 235—ढूँ. स. सु. आया। मा. इलि। टैसी. इल़। सं. बधामणी। ढूँ. सु. आवी। सं. पोइण। सु. पोयणि। सु. एण। मा. सं. आणंद। टैसी. आणँदि। सु. काचमिं। मा. ढूँ. सं. भामिणि। टैसी. भामणि।

दोहले 236—मा. सं. सु. करि। सु. पूत्र। ढूँ. थय। मा. थयउ। ढूँ. सं. मा. सु. मन। टैसी. मनि। ढूँ. पीयला।

दोहले 237—मा. सं. सु. कणीयर। ढूँ. सु. तर। ढूँ. करुणि। सं. सु. करण। सं. सेवंती। सु. सेवँती। टैसी. सेवन्त्री। मा. कूंजा। ढूँ. जात्री। ढूँ. वरन वरन विध दे। सु. वरण वरण। सु. वसत्रि।

दोहले 238—सं. सु. सहित ('एणि' के स्थान में)। मा. बधायउ। सु. बधायो, बधावे। सं. दिन दिन। टैसी. सु. दिनि दिनि। सं. भरणि। ढूँ. मा. हूंलामणी। सं. सु. हूलावणे। ढूँ. फागि। मा. ढूँ. सं. हूंलायउ। सु. हूलायो। ढूँ. सु. तर। सं. थिया। सु. थिअ।

दोहले 239—मा. सं. ढूँ. तहां। सु. तहाँ। टैसी. तिहाँ। मा. सु. सं. सिल।

ढूं. सु. सिंघासणि। ढूं. सु. धरि। सु. माथि। ढूँ. चलि। टैसी. सु. चल। मा. सं. ढलइ। सु. चमरि।

दोहले 240–सं. लुंबित। ढूँ. चुंवति। सु. बुंचति ('चुम्बित' के स्थान में)। ढूं. मुंचित। मा. सु. मुंचंति। सं. मुंचति। टैसी. मुँचन्ति।

दोहले 241–ढूं. मा. सं. लास। सु. ल्हास। टैसी. ल्हासि। ढूँ. मा. हई। सु. हइय। ढूं. ढाल। सु. खजूडि। मा. ढलकायउ। मा. गिरवर। ढूं. मा. गयी। सु. गइय।

दोहले 242–ढूं. सं. सु. तर। मा. तड। सु. तुंड। ढूं. सं. तुड ('तड़ि' के स्थान में)। ढूं. मा. सरग। सं. बैठि। सु. बेठि। मा. ढूं. सं. वसंत। टैसी. वसन्ति। सं. जगिहथ। ढूं. ऊपरी। टैसी. ऊपरा। ढूं. जग।

दोहले 243–ढूं. रिति राउ। सु. रितुराउ। मा. मंडीयइ। सु. मंडीउं। मा. अवसरि। मा. ढूं. सं. मृदंग। टैसी. स्त्रिदङ्ग। मा. ढूं. सं. नायक, गायक। टैसी. सु. नाइक, गाइक।

दोहले 244–मा. नृत्यकर। मा. सु. पवण। मा. सं. आर। ढूं त्रीवटि उघटि।

दोहले 245–सं. शुक। ढूं. सं. सु. लाग। टैसी. लागि। ढूं. दाट। टैसी. दाटि।

दोहले 246–ढूं. आंगणि। सं. सु. अंगण। टैसी. अङ्गणि। सं. सु. तरप। मा. उरप तरप। ढूं. अल। ढूं. पिअति। टैसी. सु. पीयति। सं. किर। ढूं. लियत मरू। टैसी. लियति मरू। मा. लिय तिमरू। सं. लीय तिपुरू। सु. लीयति पुरू। ढूं. रामसरा। सं. रामलिरो। ढूँ. लगी। ढूँ. धूवा। मा. सं. सु. धूया। ढूं. धुरू। टैसी. धूआ।

दोहले 247–ढूं. तरवर। मा. तरुवर। टैसी. सु. तरूअर। सं. तरुयर। ढूं. दीपकर। ढूं. सं. मवरित। ढूं. मा. सं. सु. रीझ। टैसी. रीझि। ढूँ. हरिष। टैसी. सु. विमल़ ('कमल' के स्थान में)। मा. सं. कृत। टैसी. क्रित।

दोहले 248–ढूं. प्रघटै। सं. प्रकटित। सु. प्रगटित। ढूं. मधि। ढूं. प्रघटीयौ। सं. प्रकटीया। ढूं. सुसिरि। मा. सं. सु. ससिर। ढूं जमनिका। मा. जवनिका। सं. सु. दूर। टैसी. सु. सरि ('सिरि' के स्थान में)। टैसी. जवणिका। ढूं. निजि। ढूं. पात्रि। ढूं. रिति। मा. सं. सु. रति। सु. नंषी। मा. सु. वणराइ।

दोहले 249—ढूँ. अदभुज। टैसी. सु. अम्बुज ('उदभिज' के स्थान में)। ढूँ. सुसिरि। मा. सं. सु. ससिर। सु. दुरिस। सं. वायु। टैसी. वाउ। मा. सं. न्याय। टैसी. न्याउ। सु. न्याइ। सु. थापीया ('ऊथापिया' के स्थान में)।

दोहले 250—ढूँ. पानां। सु. षाडीया। ढूँ. मा. सं. षाडिया। टैसी. खाडया। सं. द्रव्य। ढूँ. मा. मंडिया। सं. मांडिया। टैसी. माँडया। सु. मंडीया।

दोहले 251—मा. ढूँ. सं. सुराज। टैसी. सुराजि। ढूँ. थिया। टैसी. थया। सु. निसंकित। सु. सरि ('भरि' के स्थान में)। ढूँ. तरवरां। सं. विलग्गी। मा. ग्रहणां। टैसी. ग्रहणा।

दोहले 252—ढूँ. पीडंति। टैसी. पीडँत। सु. हिमंत। ढूँ. सुसिर। मा. सिसर। ढूँ. सु. रिति। ढूँ. टालीयो। सु. टाल़ीउ। मा. सं. टालीयउ। सु. व्याये। सु. वेलि़। ढूँ. तरवरां। सु. तरवरा। ढूँ. विसतरियौ। सं. सु. विसतरीयउ। सं. वेसाष।

दोहले 253—ढूँ. तिहिं। ढूँ. सं. सु. ग्रहण मवर। ढूँ. सु. तर। टैसी. डङ्कन ('डंक न' के स्थान में)। मा. करगाही।

दोहले 254—सु. भारीया। ढूँ. तर। सं. काम। टैसी. कामि। सु. कांमि। ढूँ. रितिराइ। मा. वेसन्नरि। सु. वेसनर। सु. भुरडीत। मा. सु. जग।

दोहले 255—मा. सं. बरषा। टैसी. वरिखा। मा. वरषत। टैसी. वरखति। सं. सु. वरषित। सं. सु. चातग। मा. चातक। टैसी. चातिग। ढूँ. वंचति। सं. वंछित। ढूँ. सं. सु. वंच। सु. तिंम। ढूँ. सु. राजि। ढूँ. फूलि। मा. फूल। ढूँ. पंष। टैसी. पङ्खि। सं. सु. पक्षि। मा. सं. कृत। टैसी. क्रित। मा. लद्ध। सु. लब्ध। ढूँ. मा. सं. बोलंति।

दोहले 256—ढूँ. कुसमित। ढूँ. कुसुमायुध। टैसी. कुसुमाउध। ढूँ. उदौ। ढूँ. सं. सु. कृत। टैसी. क्रित। मा. त्री ('तिहि' के स्थान में)। सं. सु. तह ('तिहि' के स्थान में)। ढूँ. थिय। सं. सु. थीउ। ढूँ. षीन। सं. पेषे अेक रुष पंति परिफूलित। वदइ नारि अनि अनि वचन। परंतु टीका में ऊपर (मूल में) दिया साधारण पाठांतर भी दिया हुआ है। मा. किंसुष। टैसी. किंसुक। सु. संयोगिणि, किशुक, कहे। सु. पेखे एक रूंख पँति परिफूलित, बदइँ नार अन वचन (पूर्वार्द्ध के स्थान में)। सु. में साधारण पाठांतर भी दिया है।

दोहले 257—ढूँ. सं. सु. तस। मा. सं. कुसुम। टैसी. कुसम। ढूँ. वनि वनि। ढूँ. मा. मालिणि। टैसी. माल़णि। ढूँ. केसरि। टैसी. केसर। मा. वीणत।

दोहले 258—सु. सभिन। ढूँ. भेट। टैसी. सु. भेटि। सं. सु. सझि। ढूँ. मा. डगमग। सं. सु. डिगिमिगि। टैसी. डिगमिग। ढूँ. पाउ वाउ। टैसी. सु. पाय वाय। मा. सं. वायु। सं. सु. क्रुद्ध। मा. धर ('डर' के स्थान में)। मा. हालिया। ढूँ. सं. सु. मलयाचला। ढूँ. हेमाचलि। मा. हेमाचल। टैसी. मलयाचल हिमाचल ('मलयाचल हूँत हिमाचल़' के स्थान में)। मा. हरि। सु. डिगिमिगि पाय वाय क्रुद्ध डर (द्वितीय पंक्ति)। सु. हालीउं मलया चला हिमाचल़ (तृतीय पंक्ति)।

दोहले 259—ढूँ. सं. सु. गलि गलि विलग। ढूँ. दक्षण। सु. दषिण। मा. सं. दक्षिण। मा. हूंतउ। सु. हुंत। सु. आवतु। सं. सु. उत्तर। ढूँ. त न वहै ('तिणि वहै न' के स्थान में)। ढूँ. पग। सं. पगि। सु. ति न। सु. वहिं ('वहै न' के स्थान में)।

दोहले 260—ढूँ. कुसम। ढूँ. सं. तणौ। सु. तणउं। मा. सं. ढूँ. श्रम। टैसी. स्त्रम। सं. सु. निर्झर। मा. सं. ढूँ. श्रवति। टैसी. स्त्रवति। ढूँ. कांधे। मा. षंधे। सं. कंधइ। ढूँ. गुर। सु. तिण।

दोहले 261—ढूँ. लीधै। सु. लीइ। ढूँ. तस। सं. वास अंग। सु. जलि़। मा. सं. सु. कृत। टैसी. क्रित। मा. शोच। टैसी. सोच ('सौच' के स्थान में)। मा. सं. सु. दक्षिणानिल़। सु. आवतु। ढूँ. सं. सु. उत्तर।

दोहले 262—सु. पुहुप। मा. सु. परसपर मूंके। सं. परस्पर मूके ('न परस पमूँके' के स्थान में)। ढूँ. देयतौ। सं. सु. देतु। ढूँ. अंग। टैसी. अँगि। सु. अंगि। सु. आलिंगिन। सु. मतवालु। सं. पाय। मा. पय। टैसी. पै। सं. ठाइ। टैसी. ठाहि। सु. पाइ ठांइ।

दोहले 263—ढूँ. तोइ झरणि। सु. तोइ झरण। टैसी. तोय झरण। ढूँ. छंटि। टैसी. छँडि। सु. छंडि। ढूँ. औघसति। मा. सं. सु. ऊघसत। टैसी. ऊघसति। ढूँ. मलै। मा. तरु। सं. अंगि। मा. ढूँ. सं. श्रवति। टैसी. स्त्रवति। सं. ढूँ. मलपति। सु. महिपति। मा. मदोनमत्त। टैसी. मदोमत्त।

दोहले 264—सं. ओगलित। सु. उगलि़त। सं. सु. पवण। टैसी. पवन। सं. मा. सु. उभय। टैसी. उभै। मा. पक्ष। ढूँ. सयल। मा. सेल। सं. सु. संयोग। मा. सँयोगि। मा. सं. सु. संयोगिणि। सं. विरहिणी। टैसी. संजोग संजोगणि, विरहणी। टैसी. सु. भ्रख ('भख' के स्थान में)।

दोहले 265—ढूँ. रति। सं. रिति। ढूँ. कहिमि। सं. कहि। ढूँ. दिवसि रसि। सं. रस (प्रथम 'सरस' के स्थान में)। ढूँ. कहिमि। ढूँ. रस (द्वितीय 'सरस' के स्थान में)। ढूँ. किही। ढूँ. कहंति। टैसी. कहन्त। मा. सं. पष। टैसी. पक्ख। सं. सुद्ध। ढूँ. त। सु. सुद्धति। सु. सारीषु। ढूँ वसंति। ढूँ. वहंति। टैसी. वहन्त। सु. रिति कहिय दिवस रस राति किहिय रस कहि। (प्रथम पंक्ति)।

दोहले 266—ढूँ. वसंति। टैसी. वसँत। ढूँ. सारिषा। सु. सारीख। ढूँ. अेकै अेक। सं. सु. अेकां अेक। ढूँ. थिय। सं. सु. थई। ढूँ. सं. कांता कांता। सुं. वस ('वसि' के स्थान में)। सं. गुण ('गुणि' के स्थान में)। ढूँ. थिय। सं. सु. थयउ। सु. जिम कंत गुण.............(तृतीय पंक्ति)।

दोहले 267—मा. सं. सु. गृह। टैसी. ग्रिहे। ढूँ. सु. तणि। ढूँ. सु. ग्रहणा। ढूँ. पोहपई। सु. युं ('ई' के स्थान में)। मा. पुहप सु। ढूँ. औढणि। ढूँ. पाथरणि। टैसी. पाथरण। सं. हींडोल। सु. हींगेलि़। सं. हींचति। सु. हाजति। मा. सं. सु. सह। मा. सु. सहचरि। टैसी. सहिचरि। सं. सहचर। ढूँ. मा. सु. सरणि। टैसी. सरण। सु. पुहपभि ('पुहपमै' के स्थान में)।

दोहले 268—सु. परबोधिं। ढूँ. मा. नित। सं. सु. निति। मा. ढूँ. सं. सु. मयण। टैसी. मैण। सं. अेण। टैसी. अेणि। ढूँ. परि ('विधि' के स्थान में)। ढूँ. मा रुषमिणि। सु. रुषुमिणि। सं. रुकमिण। टैसी. रुकमणि। ढूँ. सु. रिति।

दोहले 269—मा. पसर। ढूँ. अनुसरि (दूसरे 'अवसरि' के स्थान में)। मा. सं. हावभाव। सं. अंगि। मा. आपणा। सु. जिण।

दोहले 270—ढूँ. वसदेव। सं. सु. थया। ढूँ. वासदेव। सं. सु. वासुदेव। ढूँ. प्रदिमन। सं. सु. प्रद्युमन। सु. देवकी। मा. राम सहोदर रुकमिणि सासू। सु. द्वितीय पंक्ति का 'पित' लुप्त है। सु. अंतिम पंक्ति के अंतिम शब्द 'रति' को छोड़कर सब पंक्ति लुप्त है।

दोहले 271—ढूँ. सु. ग्रहे। मा. सं. गृहे। टैसी. ग्रिहे। मा. पुत्र ('पित' के स्थान में)। ढूँ. प्रदिमन। सं. सु. प्रद्युमन। ढूँ. पौत्रौ। सु. पोत्रो। सं. पोत्रउ। मा. सं. अनिरुद्ध।

दोहले 272—ढूँ. सं. कहिसि। मा. कहसि। ढूँ. सु. तास। ढूँ. जसु। सु. यश। मा. थाकिउ। ढूँ. कहि कहि। मा. ढूँ. सं. नारायण। टैसी. नाराइण।

मा. निगुण। सं. त्रिगुण। सु. त्रिगुण। मा. सु. निलेप। सु. रुषुमिणि। मा. ढूँ. सं. रुषमिणि। टैसी. रुकमणि। ढूँ. प्रदिमन। सं. प्रद्युमन। सु. प्रद्युम्न। मा. सं. अनिरुद्ध। सु. अनरुध। ढूँ. सहचरिहै। मा. सहचरी। सं. सहचरीहे। सु. सहचरिहिं।

दोहले 273—सु. लोकमता। मा. ढूँ. सं. श्री। टैसी. स्त्री। ढूँ. लषमी। मा. लषिमी। मा. सं. सु. पद्मा पद्मालया। ढूँ. पदमालया प्रिया पदमा। ढूँ. अपर। ढूँ. ग्रहे। मा. सं. सु. गृहे। मा. सं. अस्थिरा। टैसी. असथिरा। टैसी. ग्रिहे।

दोहले 274—मा. सं. सु. दर्प्पक कंदर्प्प। मा. ढूँ. सं. सु. कुसुमायुध। टैसी. कुसुमाउध। ढूँ. तनसार। सं. सु. स्मर। मा. सं. सु. मन्मथ। मा. सं. मकरध्वज। टैसी. मकरधज।

दोहले 275—ढूँ. चतुरथ स चतुरवरण चतुरातम। सु. चतुर्म्मुख चतुर्व्रण चतुरातम। सं. चतुर्वर्ण चतुर्मुष चतुरातम। मा. चतुरातम। ढूँ. विग्य। टैसी. विगत। सं. सु. विक्त। सं. सु. चतुर्युग। मा. सं. सु. सर्वजीव। टैसी. सरवजीव। ढूँ. विस्वकेत। मा. सं. सु. विश्वकृत। टैसी. विसवक्रित। ढूँ. सं. ब्रह्मसू। टैसी. ब्रहमसू। मा. ब्रह्मसु।

दोहले 276—ढूँ. सुरसती। ढूँ. क्रांति। मा. सं. सु. कांति कृपा। ढूँ. रिधि विधि। मा. सं. सु. वृद्धि। टैसी. व्रिद्धि। ढूँ. सुचि। सं. शुचिता। मा. सं. सु. श्रद्धा। मा. सं. सु. मर्यादा।

दोहले 277—ढूँ. सुपह। मा. सं. सु. गृह। टैसी. ग्रिह। मा. सं. संगृह। टैसी. सङ्ग्रह। सं. ज्ञान। सु. सं. तणीज। सं. जु। टैसी. ग्यान तणी पञ्चमी जु गालि़। ढूँ. गांणि तिणि हीज पंचमी गालि। सं. सु. निद्या। ढूँ. मूंकी। सु. मूंकी, चांडालि।

दोहले 278—सु. खगि। मा. सं. पेत्र। टैसी. सु. खेत्रि। सु. बेसे। ढूँ. छभा। सं. बोलणि। मा. सं. वंछइ। सु. बंछति। टैसी. वञ्छि। ढूँ. त। टैसी. तो। सं. तौ। टैसी. प्राणिया ('प्राणी' के स्थान में)।

दोहले 279—सु. कंठि। मा. ढूँ. सं. सु. श्री। टैसी. स्त्री। मा. ढूँ. सं. सु. गृहि। सु. मुखि। टैसी. ग्रिहि। मा. शोभा। सं. मुकति। सु. करि ('तिकरि' के स्थान में)। सं. जपे। ढूँ. त्यां। टैसी. ताँ। सु. ता।

दोहले 280—ढूँ. सोइ। मा. सुइ। टैसी. सु. सूइ। सं. सूर्य। मा. सं. जल।

टैसी. जलि़। मा. स्पर्श। ढूँ. हरु। टैसी. आप सपरस हरु जित इँद्री ('आप अपरस अरु जित इन्द्री'—के स्थान में)। मा. जपंतां ('पढन्ताँ' के स्थान में)। सं. अपर स्परस जितेंद्री अत्र। वेलि पढ़ंती नित प्रति त्रीवंछक। वंछित वर पामह त्री विचित्र। सु. आप स्परसि जितेन्द्री अत्र (द्वितीय पंक्ति)। सु. वेलि पढ़त नित्य प्रति त्री वंछक, वांछित पामि त्री विचित्र (तृतीय, चतुर्थ पंक्तियाँ)।

दोहले 281—ढूँ. आंपमहि ('आप मैं' के स्थान में)। ढूँ. रुषमणि। टैसी. रुकमणि। मा. रुषमिणि। सु. रुषुमिणी। सं. रुकमिण। सं. सु. कृसन। सं. सरीस। सु. कहिं। सं. कुमारी। टैसी. कुँवारी। ढूँ. मा. सोहाग। सु. पूत्र।

दोहले 282—ढूँ. मा. पूत। टैसी. पूत्रि। सं. पूत्र। सु. पोत्रे (दोनों स्थान में)। ढूँ. सु. अर। ढूँ. साहिणि। सं. मा. सु. साहण। टैसी. साहणि। मा. सं. भंडार। टैसी. भण्डारि। ढूँ. जन। मा. ढूँ. सं. रुषमिणि। सु. रुषुमिणि। टैसी. रुकमणि। ढूँ. सं. पढंतां ('जपन्ताँ' के स्थान में)। ढूँ. जगि पुड़।

दोहले 283—ढूँ. कहंति। सु. कहति। ढूँ. अेकै अेक। सु. एक एक। मा. कहइ अेक अेकां प्रति। ढूँ. ग्रहि। मा. सं. सु. गृह। टैसी. ग्रिहि। सं. सु. एण। मा. सं. शुभ। ढूँ. करम आचरइ। सं. जांगीअे जु। सु. जाणीएजु। सु. जपंति।

दोहले 284—ढूँ. चतुरविधि। सं. सु. चतुर्विध। मा. ढूँ. सं. सु. प्रणीत। टैसी. परणीत। ढूँ. चिकिछा। मा. सं. सु. चिकित्सा। टैसी. चिकितसा। सं. सु. शस्त्रौषध। सं. उपकार। ढूँ. सु. जपंति। टैसी. जपँताँ। सु. हुवि।

दोहले 285—मा. ढूँ. सं. आधिभूतक। टैसी. आधिभूतिक। सु. आधिभृतिक। ढूँ. आधिदईव। ढूँ. पडि। मा. सं. पिंड। टैसी. पिंडि। ढूँ. तस। ढूँ. जपंत। टैसी. जपँताँ। सु जपंति। सु. त्रिविधमि।

दोहले 286—ढूँ. सूधि। सं. सुध। सु. सूध। मा. ढूँ. सं. रुषमिणि। टैसी. रुकमणि। सु. रुषुमिणि। मा. नवनिधि। सं. थायइ। मा. थाइ। सं. कुशल। ढूँ. दुरदसा। टैसी. दुरदिसा। मा. दुरदशा। सं. सु. दुर्दशा। मा. दुसुपण। सु. न्हासिं। सु. दुसपन। सं. दुसमन। सं. दुरतिमति। सु. दुरनिमति।

दोहले 287—ढूँ. मिणि। सं. बलि यंत्र। सु. बल यंत्र। सु. थलि़। ढूँ. मा. सं. सु. डाकिणि। मा. सं. सु. शाकिणि। टैसी. डाकणि साकणि। सु. भाजिं।

दोहले 288—ढूँ. सिन्यासिअे। सु. कीया। मा. सं. प्राणी। टैसी. प्राणिया।

मा. पार। टैसी. पारि। ढूँ. तरि पारि। टैसी. ऊतरे ('तरि पारि' के स्थान में)। टैसी. पढ़ि ('पढ़न्तां' के स्थान में)। सु. पढ़ि थिया ('पढंता' के स्थान में)। सु. पारि ऊतरि ('थिया पार तरि' के स्थान में)।

दोहले 289—सु. योग याग। ढूँ. ज्याग, दान आश्रम। सु. किं तकि ('व्रत किं' के स्थान में)। मा. सं. दानाश्रम। टैसी. दानास्त्रम। ढूँ. वरण। सं. मुष। टैसी. मुखि। सं. सु. करि। ('कहि' के स्थान में)। मा. सं. सु. कृसन। टैसी. क्रिसन। सु. रुषुमिणी। ढूँ. सं. रुषमिणी। टैसी. रुकमणी। ढूँ. कलपै। सं. सु. कलपिस। ढूँ. क्रिपण। मा. सं. कृपणा। टैसी. क्रिपणा।

दोहले 290—ढूँ. बोढ़ै। सु. बोडइ। ढूँ. ग्रबि। सं. सु. अंबु ('ग्रब' के स्थान में)। मा. जल ('ग्रब' के स्थान में)। ढूँ. न ('म' के स्थान में) ढूँ. दिसा ('देस' के स्थान में)। मा. सं. वाहिनी। ढूँ. आंणूं।

दोहले 291—ढूँ. वेली। ढूँ. तस। सु. तिसु। सु. थाणु। सं. पृथीदास। मा. प्रथीदास। मा. सं. मुष। ढूँ. मांडहौ। ढूँ. सुघड़। ढूँ. करुणि। ढूँ. चडि। ढूँ. सुषि।

दोहले 292—ढूँ. प्रति। मा. सं. सु. अक्षर। ढूँ. प्रत ('दल' के स्थान में)। ढूँ. तंति। सं. सु. विधि। ढूँ. वधि मा. वृद्धि। ढूँ. सुकवि ('रसिक' के स्थान में)। सं. तु ('सु' के स्थान में)। ढूँ. अरथ ('भगति' के स्थान में)।

दोहले 293—ढूँ. कलपवेल। मा. कलपवल्लि। ढूँ. किना ('वल़ि' के स्थान में)। ढूँ. समवेल। मा. सं. सु. सोमवल्ली। मा. चित्र। ढूँ. प्रघटित। मा. प्रगटित। मा. ढूँ. सं. पृथिमी। टैसी. प्रिथमी। ढूँ. पृथ। मा. सं. पृथु। टैसी. प्रिथु। सु. प्रथु। ढूँ. मा. अषरावलि। टैसी. अखराउल़ि। सं. सु. अक्षरावलि। ढूँ. थियु। मा. मिले ('थाइ' के स्थान में)। सु. टैसी. थाइ।

दोहले 294—ढूँ. प्रिथुवेल। ढूँ. सं. सु. पंचविधि। मा. सु. प्रसिद्ध। सं. प्रसिद्धि। टैसी. प्रनाली ('प्रणाली' के स्थान में)। सु. निगमि। मा. अमिय ('मंडी' के स्थान में)। सु. अमीय कि ('मंडी' के स्थान में)। सं. अमिय कि ('मंडी' के स्थान में)। ढूँ. अनकसरग ('सरगलोक' के स्थान में)। मा. सं. स्वर्गलोक। सु. सर्गलोक।

दोहले 295—मा. मोतीयां। ढूँ. विसाहणे। मा. विसाहणउ। सु. पहि ('ग्रहि' के स्थान में)। ढूँ. कर ('कुण' के स्थान में)। ढूँ. मूंका। मा. मूंकि।

ढूँ. सं. कलि ('किल' के स्थान में)। सं. मुंझ। ढूँ. कुण ('कण' के स्थान में) मा. किल मुष मुंझ वयण सोझण कण। सं. चालिणी।

दोहले 296—ढूँ. पंडि। मा. सं. पिंडे। ढूँ. लग। मा. गहणे। ढूँ. सं. सु. भूषणे। ढूँ. मै। सु. वांणि। सं. मइ। सं. लागि रहि। ढूँ. सै। सं. सु. सइ। सु. रहि असइ जिमि।

दोहले 297—ढूँ. भाषा पराकृत सहकृत। टैसी. भाखा। सा. सं. संस्कृत, प्राकृत। सु. प्राकृत संस्कृत। टैसी. संसक्रित, पराक्रित। ढूँ. भणंता। टैसी. भणताँ। मा. ढूँ. सं. सु. रसदायिनी। टैसी. रसदाइनी। सु. सेजि। सं. अंतरइ। सु. अंतरि। मा. अंतरीष। ढूँ. भोम। मा. सं. सु. भूमि। टैसी. भोमि।

दोहले 298—ढूँ. वेल। सं. करण। ढूँ. कहण ('करणि' के स्थान में)। ढूँ. जो ('तौ' के स्थान में)। सं. मुंझ। मा. इतो। ढूँ. अरथ ('इते' के स्थान में)। सं. सु. ताइ ('इते' के स्थान में)। सं. प्रामिसउ। ढूँ. प्रामिसे पूरे। सु. प्रामिस्यु। मा. ईयां। ढूँ. अर ('इअे' के स्थान में)। सु. पूरु, अरु।

दोहले 299—मा. सं. ज्योतिषी। टैसी. जोतिखी। सु. योतिषी। सं. सु. वेद। ढूँ. पुराणिक। मा. तारकीक। सं. तार्किक। सं. करइ। सु. करे। मा. अेकटा। सु. अंतिम पंक्ति का 'तो' लुप्त किया गया है।

दोहले 300—मा. गिलीया ('ग्रहिया' के स्थान में)। ढूँ. मुषि। टैसी. सु. मुख। ढूँ. मा. उगलिया ('ऊग्रहिया' के स्थान में)। मा. मईं। ढूँ. गणि। मा. गिणि। टैसी. गुण। ढूँ. मोटां। टैसी. मोटा। सु. कहि। मा. अउ अइठउ आतम अधम। ढूँ. स्त्रम।

दोहले 301—सु. यस। सं. करि। ढूँ. मूं। ढूँ. बेनती। सं. अम्हीणाहं। ढूँ मा. तम्हीणे। सं. तुम्हीणइ। सु. तुम्हीणि। टैसी. तुम्हीणे। ढूँ. स्त्रमण। मा. श्रवण। टैसी. स्त्रवण। सं. श्रवणे। सं. सु. वचन ('वयण' के स्थान में)।

दोहले 302—सं. जगदीस। ढूँ. तणा। ढूँ. रसि। ढूँ. तस। सु. तसु। ढूँ. सरसति। ढूँ. रुषमणि। टैसी. रुकमणि। सं. रुषमिण। सु. रुषुमिणि। मा. रुषमिणि। मा. सं. ढूँ. मइ। सु. मि ("मैं" के स्थान में)। ढूँ. तिम्ह। सु. तिम।

दोहले 303—ढूँ. तू। सु. अनि। सु. सकि। सु. क्रम्भ। सु. भलुं। ढूँ. तिको (प्रथम 'ताइ' के स्थान में)। ढूँ. भूंडो। टैसी. भूँडुँ। मा. भूंडउ। सु. भूडुं। सु. माहरुं।

दोहले 304—मा. सं. लषण। टैसी. लक्खण। ढूँ. रूप में लषिण त्री तणां रुषमणी। सु. मा. सं. रूषमिणी। टैसी. रुकमणी। ढूँ. जंपि ('जाइ' के स्थान में)। सु. मईं ("मैं" के स्थान में)। मा. जाणिया जिसा ('जाइ जाणिया' के स्थान में)।

दोहले 305—सु. बरस। सं. ससि। मा. न रस शशि वच्छरि ('अङ्गससी संवति' के स्थान में)। सु. सं. श्री। सं. श्रवणे। सं. कण्ठ। टैसी. स्त्री. हिंदी में नोट स्त्रवणे, कण्ठि। सु. राति। सं. सु. भगत। ढूंढाड़ी प्रति में यह दोहला छोड़ दिया गया है।

दोहला–1

काव्य के आरंभ में शास्त्ररीति के अनुसार मंगलाचरण होना चाहिए। प्रायः सभी संस्कृत एवं हिंदी भाषा के कवियों ने इस रीति का प्रतिपालन किया है।

दण्डिन के मतानुसार ग्रंथ के आरंभ में मंगलाचरण तीन प्रकार से किया जाना चाहिए। "आशीर्नमस्क्रिया वस्तुनिर्देशो वापि तन्मुखम्"। इस दृष्टि से देखने पर वेलि का प्रारंभिक मंगलाचरण 'नमस्क्रिया' और 'वस्तुनिर्देश' दोनों प्रकार से किया गया है।

परंतु ऐसा प्रतीत होता है कि कवि ने मंगलाचरण की प्रणाली में और किसी शास्त्र-निर्देश का भी अनुगमन किया है।

'चार सु ए ही मंगल़चीर' पर टिप्पणी करते हुए 'वेली' के संस्कृत टीकाकार, वाचक सारंग ने अपनी 'सुबोध-मंजरी' टीका में निम्न श्लोक को उद्धृत किया हैः—

"मंगलं चाभिधेयं च संबंधश्च प्रयोजनं।
चत्वारि कथनीयानि शस्त्रस्य धुरि धीमता।।"

संभव है, कवि का आशय इन्हीं चार मंगलाचरणों से रहा हो, परंतु क्रमपूर्वक परमेश्वर, सरस्वती, सद्गुरु को प्रणाम करके मंगल-स्वरूप माधव का गुणानुवाद करना प्रमाणित करता है कि कवि का लक्ष्य किसी दूसरे उच्च, व्यापक एवं उदार आध्यात्मिक आदर्श की ओर है; न कि केवल "मंगलं चाभिधेयं" इत्यादि, की ओर। हमारा विचार है कि केवल मंगलाचरण की लोक-सम्मत संख्या को चार मान कर कवि ने स्वतंत्र रूप में अपने ढंग से

चार प्रकार का मंगलाचरण किया है। 'ए ही' कह कर इस स्वतंत्रता एवं मौलिकता की ओर संकेत भी किया गया है।

इस दोहले में प्रथम तो कवि ने सृष्टि के नियंता, उसकी उत्पत्ति, प्रलय और रक्षा के हेतुस्वरूप सर्वतोपर परमेश्वर को प्रणाम किया है; पुनः सरस्वती देवी का अभिवादन किया है, जो ज्ञान, विज्ञान और काव्य की अधिष्ठातृ देवी हैं और कवियों की पूज्या इष्टदेवी हैं। तीसरी बार में गुरुदेव को नमस्कार किया है, जिनकी कृपा से कवि सरस्वती देवी की कृपा का पात्र बन सका, जिन्होंने कवि को प्रतिभा के आलोकित साम्राज्य में प्रवेश कराया और अंतःकरण का प्रज्ञा-चक्षु खोलकर 'सत्यं शिवं सुंदरम्' का मार्ग दिखलाया। व्याप्य-व्यापक के न्याय से यह क्रम युक्तिसंगत ही प्रतीत होता है।

चौथी बार में माधव के मंगल-रूप का गान करने से कवि का विशेष आशय 'वेलि' की कथावस्तु की ओर निर्देश करने का है, न कि अपने इष्टदेव का सबसे अंत में प्रणाम कर किसी प्रकार भी उनके महत्त्व को कम बताने का।

'मंगल रूप गाइजै माहव' कवि की इस उक्ति के अनुसार, जिसकी पूर्णरूप से पुष्टि कवि ने ग्रंथ के उत्तर भाग में की है, समस्त 'वेलि' काव्य माधव के गुणों की एक स्तुति-मात्र है। अतएव, अंत में कथावस्तु की ओर निर्देश करते हुए कवि ने 'वेलि' को माधव की स्तुति बताकर अपना आशय स्पष्टतः प्रकट कर दिया है।

ततसार=तत्त्व का सार, तत्त्व का तत्त्व, अंतिम तत्त्व।

वयणसगाई—प्रत्येक दोहले का प्रत्येक पंक्ति के प्रथम और अंतिम शब्दों के प्रथम वर्णों में जो अनुप्रास होता है, उसे डिंगल में वयण-सगाई कहते हैं। डिंगल-काव्य में इस शब्दालंकार का बहुतायत से प्रयोग होता है और यह इस साहित्य का एक विशेष चमत्कार है। वयण=वचन अथवा शब्द। सगाई=संबंध, सगपन। इस प्रकार इस अलंकार का शाब्दिक अथ, —वचनों अथवा शब्दों का पारस्परिक संबंध अथवा मैत्री—स्पष्ट है। वेलि में इस अलंकार का नियमतः सर्वत्र प्रयोग हुआ है। कहीं-कहीं आपत्ति भी हुई है। उस स्थल पर नोट देखना चाहिए।

दोहला–2

जोगि (डिं.) =(सं. येन (सर्व. यत्) कर्तृ वाच्य प्रयोग

उपायौ (डिं.)=(सं. उत्पादित) प्रा. उप्पाइउ–उपायौ=उत्पन्न किया।

हूँ (डिं.)=(सं. अहम्)=मैं। देखो अपभ्रंश रूप, "हउँ जिज्झउँ"। व्रजभाषा, 'हौं'।

किरि (डिं.)=उपमा, दृष्टांत और उत्प्रेक्षा में समानता का निश्चयार्थक चिह्न। देखो. दोहले 12, 16, 23, 24, 40, 84।

कठचीत्र (डिं.)=(सं. काष्ठचित्रित) काष्ठमयी मूर्ति अथवा काष्ठ पर रंगों द्वारा चित्रित मूर्ति। राजस्थान में काष्ठ के कपाटों पर कृष्णादि देवताओं के चित्र रंगों में चित्रित किए हुए अब भी देखे जाते हैं।

पूतळी (डिं.)=(सं. पुत्तलिका) लकड़ी, मिट्टी, धातु, कपड़े अथवा रंग से बनी हुई आकृति या मूर्ति

चीत्रारै (डिं.)=(सं. चित्रकार) प्रा. चित्तआर=चित्रकार (कर्म) को

अलंकार=दृष्टांत। उत्प्रेक्षा। "चीत्रारै–चित्रण" में असंभव अलंकार की ध्वनि है।

नोट–ग्रंथारंभ में विषय की गहनता और अपेक्षाकृत अपनी अक्षमता को प्रकट करना कवियों में प्रथानुमत है। देखें तुलसीकृत रामचरितमानस अथवा कालिदासकृत रघुवंश। भूमिका में उक्त कवियों की इस समानता को प्रकट किया गया है।

दोहला–3

तणी (डिं.)=(सं. तनु=शरीर) (स्त्रीलिंग), तनी। हिंदी–तन, तनी=तरफ, प्रति, की, का–संबंधकारक षष्ठी का चिह्न। उदाहरण– "विहँसे करुणा ऐन, चितै जानकी लखन तव"।

तुलसी

कहेवा=(सं. कथन, प्रा. कहण)=कहना। व्रजभाषा, और बुंदेलखण्डी भाषाओं में ऐसे रूपों का अधिक प्रचार है। उदाहरण–"कहिवे को हरिनाम"

आदरी=(सं.) स्वीकार किया है; अंगीकार किया है; आदर किया है। उदाहरण– "जो प्रबन्ध बुध नहिं आदरहीं, सो श्रम वादि बाल-कवि कहहीं" तुलसी।

जु (डिं.)=(हिंदी) जो।

जाणे (डिं.)=(सं. जाने) उत्प्रेक्षा का चिह्न। यथा, हिंदी में, जनु, मनु, जानौ, मानौ। उदाहरण—"जनु विधु मंडल लाल" तुलसी।

वाद माँडियौ (डिं. मुहावरा)=(सं. वाद मंडनम्=हठ ठानना, वाद करना। देखो हिंदी का मुहाविरा—'बाद मेलना'। उदाहरण—"वाद मेलि कर खेल पसारा, हार देय जो खेलन हारा", जायसी।

जीपण (डिं.)=जीतना, जीतने के लिए।

वागेसरी=(सं. वागीश्वरी) वाग्देवी—सरस्वती। यह देवी पुराणों में ब्रह्मा की पुत्री और स्त्री दोनों कही गई हैं। महाभारत में इसे दक्षप्रजापति की कन्या भी कहा गया है। लक्ष्मी और सरस्वती का स्वाभाविक बैर प्रसिद्ध ही है।

अलंकार—उत्प्रेक्षा

विरोधाभास=चतुर्थ पंक्ति

यमक=आदर—आदरी—में

दोहला—4

सूझै=(सं. सुध्यै)=ज्ञात होना, दिखाई देना। उदा. 'असमंजस मन को मिटै, सो उपाय न सूझै'। (तुलसी)

सोझै='सूझ' का प्रेरणार्थक रूप।

ताइ (डिं)=सं. ता (सर्व.स्त्री). हि (प्रत्यय)=उसे। देखो, हिंदी रूप ताहिं, ताइ उदाहरण—'ताइ प्रात हुलरावै गुलाब चटकारी दै' (देव)। इसी प्रकार के प्रयोग के लिए देखो दो. 13

वाउलौ (डिं.)=(सं. वातुलकः प्रा. बाउलउ) हिंदी—बावला, पागल. उदाहरण—पिय विहीन अस वाउर जीऊ, पपिहा जस बोलै पीउ पीउ'।। (जायसी)

वाउवा (डिं.)=सं. वातुल का दूसरा रूप=वातरोगग्रस्त।

सरिसौ (डिं.)=(सं. सदृश) प्रा. सरिस=समान।

पहि (डिं.)=परंतु।

पाँगुलौ (डिं.)=(सं. पङ्गुलकः) प्रा. पाँगुलउ=पङ्गु, पैरविहीन।

पूजै (डिं.)=(सं. पूर्य्यते, प्रा. पूज्जइ)—पूजै=पूरा होना, बराबर होना, पहुँचना। देखो हिंदी मुहाविरा, 'कमो पूजना' 'अवधि का पूजना'।

नोट—परमतत्त्व परमेश्वर की शुद्ध विभूति को ध्यान में लाना मन की गति से परे है। उपनिषद्कारों ने इस विषय में लिखा है, 'यतो वाचो निवर्त्तन्ते अप्राप्य मनसा सह'। कवि ने इसी बात को दूसरे शब्दों में कहा है।

अलंकार—संदेह = पूर्वार्ध में।

विशेषोक्ति = उत्तरार्ध में।

अनन्वयोपमा = तृतीय पंक्ति में।

दोहला—5

जिणि (डिं.) = (सं. (सर्व.) यत्-येन) (हिं.); जिस, जिन (डिं.) जेण, जिण।

बि बि (डिं.) = (सं. दि) = दो दो, देखो हिंदी प्रयोग, बि, बिय, बे इत्यादि।
उदाहरण—(1) 'बि बि रसना तन श्याम है, वक्र चलनि विषखानि' (तुलसी)

(2) 'श्रुति मंडल कुंडल बि बि मकर, सुविलसत सदन सदाई' (सूर)

जीह (डिं.) = (सं. जिह्व) हिंदी—जीभ। उदाहरण—'राम नाम मनि दीप धरु, जीह देहरी द्वार, तुलसी भीतर बाहरौ। जो चाहसि उजियार।' (तुलसी)

नव नव = (सं.) उदाहरण—'स्तर किरीट अति लसत जटित नव नव कनगूरे।' (गिरिधर)

तिणि = (सं. (सर्व.) तत्-तेन), जिण-तिण-अपेक्षित सर्वनाम हैं।

त्रीकम = (सं. त्रिविक्रम) विष्णु का पाँचवां अवतार वामन के रूप में बलि राजा को छल कर उसका गर्व दूर करने के लिए हुआ था। वामनावतार में विष्णु का नाम त्रिविक्रम इसलिए पड़ा क्योंकि उन्होंने तीन पैर में आकाश, पृथ्वी और पाताल लोकों को नाप कर बलि से दान में माँग लिया था। देखो, भट्टिकाव्य—"विष्णुस्त्रेधा विचक्रमे।"

अथवा—"छलयसि विक्रमणे बलिमद्भुतवामन"—(जयदेव)

वयण (डिं.) = (सं. वचन, प्रा. वयण) बोली, वचन।

डेडराँ (डिं.) = (सं. डुंडुभ)—डेडहा—एक प्रकार का पानी का साँप जिसमें विष बहुत कम होता है। यहाँ पर आशय मेंढक से है जिसके विषय में प्रसिद्ध है कि उसके एक भी जीभ नहीं होती। अपनी वाणी को मेंढक की उपमा देना उपयुक्त ही है। जहाँ "शेष सहस फण, फणि फणि बि बि जोह" से भी भगवद्गुणानुवाद नहीं किया जाता, वहाँ बिना जीभ वाले मेंढक की

असामार्थ्य तो स्वतः स्पष्ट है। 'डेडरा' राजस्थानी भाषाओं में सदा मेंढक के लिए प्रयुक्त होता है।

किसौ = (सं. कीदृशः + अक्)—प्रा. किसउ—किसौ = कौन-सा।

अलंकार—सार—समस्त दोहला— में। शेष के सहस फण, प्रत्येक फण में दो जीभ, प्रत्येक जीभ में "नवनसौ जस"।

परिकराङ्कर = 'डेडरा' शब्द साभिप्राय विशेष्य है।

काव्यार्थापति = उत्तरार्ध में (जब शेष गुणानुवादन कर सका, तो मेंढक क्या करेगा)

पुनरुक्ति प्रकाश = फणि-फणि; बि बि, नवनवौ, में।

दोहला—6

तूढ (डिं.) = (सं. तुभ्यम्—प्रा. तुज्झं)—तूझ = तेरे देखों दो. 58

तवति (डिं.) = (सं. स्तवति) स्तुति कर सकता है,।

देखों दो. 305, 'तवियौ' सु—जु (डिं.) = (सं. सं—यः) आपेक्षिक सर्वनाम। सो, जो। तारू (डिं.) = तैरनेवाला—तैराक।

कुण—कवण (डिं.) = (सं. कः) हिं. कबन। उदाहरण—'अवगुन कवन नाथ मोहिं मारा'—(तुलसी)

गयण (डिं.) = (सं. गगन) प्रा. गयण।

लगि (हिं.) = (सं. लग्न) = पर्यंत, तक।

उदाहरण—(1) "जब लगि घट में प्राण" (गिरधर)

(2) एक मुहूरत लगि कर जोरी, नयन मूँद श्रीपतिहिं निहोरी। (तुलसी)

करि = सप्तमी विभक्त्यन्त 'कर' = हाथ में।

मेरु = एक पौराणिक विख्यात पर्वत-विशेष। यह सुवर्ण का माना गया है। इसे सुमेरु भी कहते हैं।

अलंकार—निदर्शना-माला—"स्त्रीपति ....करै।"

सरिस वाक्य युग के अरथ, करिये एक अरोप
भूषण ताहि निदर्शना, कहता बुद्धि दै ओप।।
जो, सो, जे, ते, पदन करि, असम वाक्य सम कीन।
ता कँह प्रथम निदर्शना, वरनै कवि परवीन।।

दोहला–7

दीध (डिं.) = (सं. दत्त) प्रा. और अपभ्रंश दिन्ह, दिण्ण। हिं. दीन्ह।

कीधा (डिं.) = (सं. कृत) प्रा. अपभ्रंश 'किन्ह'। हिं. कीन्ह

कीरतन = (सं. कीर्तन) = यशगान। यथा–हरिकीर्तन, नगरकीर्तन।

जगि, मुखि = सप्तमी विभक्त्यन्त जग, मुख = जग में, मुख में।

जीहा (डिं.) = (सं. जिह्वा) हिं. जीभ।

पोखण (डिं.) = (सं. पोषण) डिंगल में मूर्धन्य 'ष' का 'ख' उच्चारण होता है और तदनुसार लिपि प्रयोग भी।

तणौ (डिं.) = (सं. तनु) डिंगल में षष्ठी विभक्ति, संबंध कारक का चिह्न। हिंदी में इसी प्रकार का प्रयोग देखो। उदाहरण–

"विहँसे करुणा ऐन, चितै जानकी लखन तन"

केम (डिं.) = (सं. किम्) = क्योंकर, क्यों। डिंगल में इस प्रकार के गुजराती भाषा के कई प्रयोग मिलते हैं।

सरै (डिं.) = सरना, पूजना, पूरना। हिंदी में बोलचाल में इसका प्रयोग देखा जाता है।

अलंकार–वृत्यानुप्रास (जिणि, जनम, जगि, जीहा। तणो, तिणि, तणौ, कीरतन)

दोहला–8

शुकदेव =कृष्ण-द्वैपायन व्यासजी के पुत्र। ये पुराणों के भारी ज्ञाता थे। इन्होंने राजा परीक्षित को मरने से पहले मोक्षधर्म का उपदेश किया था। कहते हैं यही उपदेश भागवतपुराण में निहित है। देखो–

'भजति कि शुक मुखि भागवत'–(वेलि)

व्यास = पराशर के पुत्र कृष्ण-द्वैपायन, जिन्होंने वेदों का संग्रह, विभाग और संपादन किया था। कहा जाता है कि अठारहों पुराण, महाभारत, वेदांतदर्शन इत्यादि के रचयिता यही हैं। भागवत के रचयिता होने के नाते कृष्ण भक्तों में कवि ने इनकी गणना की है और श्रद्धासहित काव्यगुरु माना है।

जैदेव = संस्कृत भाषा के प्रसिद्ध कवि, 'गीतगोविन्द' के रचयिता, वैष्णव भक्तश्रेष्ठ। इनका जन्म 800-900 वर्ष पूर्व पश्चिम बंगाल में हुआ था। गौड़ महाराज लक्ष्मणसेन की सभा में राज्यकवि थे। भक्तमाल में इनकी कृष्ण-भक्तों की श्रेणी में गणना हुई है।

सारिखा (डिं.) = (सं. सदृश)—प्रा. सरिस, हिं. सरिस = समान।

सन्थ (डि.) = (सं. सन्ति) = हैं, हुए हैं।

गूँथियै = (सं. ग्रंथन) हिं. गूँथना। 'ग्रंथ' के संकलन के संबंध में इस क्रिया का प्रयोग अत्यंत उपयुक्त हैं।

त्रीवरण ....सिंगार ग्रंथ = शास्त्राज्ञा का प्रमाण है। "आदौ वाच्यः स्त्रियः रागः पुंसः पश्चात्तदिङ्गितैः" (सा. दर्पण)

जिस प्रकार, उदाहरण—"पार्वतीपरमेश्वरौ" (रघुवंश)

"राधामाधवयोर्जयन्ति यमुनाकूले रहः केलयः" (जयदेव)

दोहला—9

वल़े (डिं.) = (सं. वलय) = फिर, पुनः, समय का पुरावर्तन।

इहाँ (डिं.) = हिंदी में भी प्रयोग होता है। उदाहरण—"इहाँ कुम्हड़ बतिया कोउ नाँही" (तुलसी)

जिवड़ी (डिं.) = (सं. जीव) = जीव, आत्मा

हेत (डि.) = (सं. हित) = स्नेह, प्रेम। उदाहरण—"हित करि श्याम सों कह पायौ" (सूर)

पेखताँ (डिं) = (सं. प्रेक्षण) प्रा. पेख्खण = देखते।

हिंदी में प्रयोग—उदाहरण—"मज्जन फल पेखिय तत्काला" (तुलसी)

प्रति (सं.) = अपेक्षा।

वल़ी (डिं.) = स्त्रीलिंग में 'वल़े' का रूप।

विसेखै (डिं.) = (सं. विशेष) अधिक

दोहला—10

दीपनि = (सं. दीप्त) प्रकाशित होता है; शोभित है।

सिरहर = (सं. शिरोधार्य) प्राकृत की तरह डिंगल में भी ध, थ, ख, फ, का 'ह' हो जाता है = शिरमौर, श्रेष्ठ।

डा. टैसीटरी इसे सं. 'शिखर' का डिंगल रूप बताते हैं। शिखर=सिहर, 'र' का आगम।

कुँदणपुर=कुंडिनपुर अथवा कुंडिन। एक प्राचीन नगर जो विदर्भ देश में था। विदर्भ का अर्वाचीन नाम बिदर (Bidar) है जो हैदराबाद राज्य में है। बिदर से कुछ दूर पर कुंडिलवती नाम की पुरानी नगरी आज तक है जिसके ध्वंसों से पूर्व समृद्धि के चिह्न पाए जाते हैं।

विदर्भ=आधुनिक बरार-प्रांत का प्राचीन नाम है। इसी नाम के एक राजा ने इस प्रांत को बसाया था। कुंडिनपुर इसकी राजधानी थी।

दोहला–11

ताइ (डिं.)=(सं. सर्व ता (स्त्री + हि) वह, उसकी, उसका, देखो दोहला 12

विमलकथ=(सं.)=निष्कलंक ख्यातिवाला।

अनै, नै (डिं.)=और। इसी अर्थ में 'अने' का गुजराती में प्रयोग होता है। 'नै' का प्रयोग जोधपुरी भाषा में अब तक होता है।

दोहला–12

रामा अवतार=पौराणिक गाथा के अनुसार सीता, रुक्मिणी और राधिका लक्ष्मी का अवतार मानी गई हैं।

बाळकति=(सं. बालकृति) बाल्यकाल की क्रीड़ाएँ।

मानसरोवरि=(सं.) हिमालय के उत्तर प्रदेश में एक प्रसिद्ध पौराणिक झील है। इच्छामात्र से ब्रह्मा ने इसे उत्पन्न किया था। इसके चारों ओर की प्राकृतिक शोभा अद्भुत है। प्राचीन ऋषि-मुनि इसे स्वर्ग-भूमि मान कर इसके आसपास रहा करते थे। सप्तऋषि इसमें स्नान-संध्या करके ईश-चिंतन किया करते थे। हंसों का इसके साथ बड़ा घनिष्ठ संबंध है। शरद् के आगम में वे सब दिशाओं से यहाँ आते हैं। महात्मा तुलसीदास ने रामायण में इसी मानसरोवर का साहित्यप्रसिद्ध रूपक 'रामचरितमानस' के रूप में लिखा है।

मेरुगिरि=भागवत के अनुसार पर्वतों का राजा सुमेरु है। यह सोने का है। भारतवर्ष के सात द्वीपों में से प्रथम जंबूद्वीप में स्थित है। यह चार

आश्रित पर्वतों, चार सुरम्य उद्यानों और चार मनोरम सरोवरों से घिरा हुआ है। सुराङ्गनाओं के साथ देवता लोग यहाँ विहार करते हैं।

हंस = (सं.) = बत्तख के आकार और जाति का एक जलपक्षी विशेष। इसकी गर्दन लंबी और सुंदर; चाल मनोहर और रङ्ग श्वत माना गया है। इन गुणों में संस्कृत और हिंदी कविता में कवियों द्वारा यह उपमान की तरह बहुतायत से प्रयुक्त हुआ है। हंस भारतवर्ष में वर्षाकाल के प्रारंभ में मानसरोवर की ओर से चले आते हैं और शरद् के प्रारंभ में वहीं लौट जाते हैं। कविप्रथानुसार मुक्ता चुगना, नीरक्षीर विवेक करना हंस के विशिष्ट गुण माने गये हैं। यह सरस्वती देवी का वाहन माना गया है। अँगरेज़ी काव्य में हंस का अंतिम संगीत Swan-song अत्यंत मनोहर माना जाता है।

चौ (डिं) = संबंधकारक का विभक्ति-चिह्न 'का'। मराठी में इसका प्रयोग होता है।

बालक = यह शब्द उभयलिङ्ग द्योतक है—पुल्लिङ्ग नहीं। शिशु, बच्चा। अँगरेज़ी में जिस प्रकार 'Child' साधारणलिंगद्योतक (Common gender) होता है।

कनक-बेलि = (सं.) कनक-लता, ज्योतिष्मती, 'सुरलता, मेधावती, तेजोवती, सुरप्रभा इत्यादि साहित्य में इसके कई नाम हैं। इसे साधारण भाषा में मालकँगनी लता कहते हैं। यह हिमालय पर्वत पर 4000 फुट की ऊँचाई पर, उत्तरीय भारत, बरमा, लंका इत्यादि प्रदेशों के पहाड़ों में पाई जाती है। इसकी पत्तियाँ गोल और नुकीली होती हैं। पेड़ों पर फैल कर यह लता उन्हें भली-भाँति आच्छादित कर लेती है। चैत्र में गुच्छे के गुच्छे फूल लगते हैं और इसके फलों के बीज वैद्यक में उपयोगी होते हैं।

बिहुँ (डिं.) = (सं. द्वि) दो। हिंदी के कवियों ने इस शब्द का प्रयोग किया है। उदाहरण—माणिक निखर सुख मेरु के शिखर, बिहुँ कनक बनाए विधि कनक सरोज के। (देव)

पान (डिं.) = (सं. पर्णी) प्रा. पण्ण, हिंदी. पान, पत्ते। उदाहरण—ओषधि मूल, फूल, फल, पाना, कहे नाम गनि मंगल नाना। (तुलसी)

अलंकार = वाचकधर्मलुप्तोपमा

"किरि" को उत्प्रेक्षा का चिह्न लेकर—उत्प्रेक्षा सिद्ध होती है।

यथासंख्या अथवा क्रमालंकार—यथा—

1. मनासरोवर में "हंस चौ बालक।"

2. मेरु गिरि में "कनक-बेलि बिहुँ पान किरि"।

"कनकबेलि ... किरि"—मिलाओः—ऊपर मेरु मनो मनरोचन, स्वर्ण लता जनु रोचति लोचन। (केशव)

दोहला—13

अनि (डिं.)=(सं. अन्यत्) स्त्री प्रत्ययान्त=दूसरी

वधै (डिं.)=(सं. वर्द्धन) प्रा. बढ्ढण, हिं. बढ़ना, डिं. बधणो।

दूलड़ी (डिं.)=गुड्डियाँ

रमन्ति=खेलती है। हिं. उदाहरण—"अलि यों रमै ज्यों मुक्त" (केशव)

लखण बत्रीस=बाललीला के वे प्रसिद्ध 32 लक्षण कौन-से हैं, जिनका कवि ने उल्लेख किया है, पता नहीं लगता। परंतु डिंगल में और प्रचलित मारवाड़ी भाषाओं में स्त्री-सौंदर्य के आदर्श को लक्ष्य करके साधारणतया बत्तीस लक्षणों की गणना की जाती है। हमारी समझ में ये बत्तीस लक्षण बाल्यकाल के नहीं, परंतु उदीयमान युवावस्था के हाव-भाव, अंगविकास, हेला इत्यादि स्वाभाविक अलंकरण हो सकते हैं। साहित्य में इनकी संख्या इस प्रकार मानी गयी है—

यौवने सत्वजास्तासामष्टाविंशतिसंख्यकाः।
अलङ्कारास्तत्र भावहावहेलास्त्रयोऽङ्गजाः।
शोभाकान्तिश्च दीप्तिश्च माधुर्य्यश्च प्रगल्भता।
औदार्य्य धैर्यमित्येते सप्तैव स्युरयत्नजाः।।

इस प्रकार 18 सत्वज अलङ्कार, 3 अंगज (हाव, भाव, हेला) +7 अयत्नज भाव=28। इनमें स्थायीय, संचारी, व्यभिचारी और सात्विक जोड़ने पर भावों की संख्या 32 होती है। यह हमारी कल्पना है। शायद कवि का आशय दूसरे किन्हीं लक्षणों से रहा हो, जिनका हमें पता नहीं है।

पहले के 18 सत्वज अलंकार ये हैं—

लीलाविलासौ विच्छित्तिर्विव्वोककिलकिंचितै।
मोट्टायितं कुट्टमितं विभ्रमो ललितं मदः।।

विकृतं तपनं मौग्ध्यं विक्षेपश्च कुतूहलम्।
हसितं चकितं केलिरित्यष्टादशसंख्यकाः।।
स्वभावजाश्च भावाद्या दश पुंसां भवन्त्यपि।

कामसूत्र में नायिका की भाव-परीक्षा के 30 लक्षणों का विवेचन किया है, जो इन्हीं से कुछ मिलते-जुलते हैं।

दोहला–14

वेस (डिं.)=(सं. वयस्)=उमर में

समाणी (डिं)=समान (स्त्री.) समानवयस्का

परि (डिं.)=के समान। यह उपमा के वाचक शब्द की तरह डिंगल में प्रयुक्त होता है।

कळी=अधखिला फूल–अतएव अप्राप्तयौवना, मुग्धा।

पदिमणी=कोकशास्त्र के मतानुसार स्त्रियों की चार जातियों में से सर्वोत्तम जाति की स्त्री।

रतिमंजरी में पद्मिनी की परिभाषा यों दी गयी है–

भवति कमलनेत्रा, नासिका क्षुद्ररंध्रा।
अविरलकुचयुग्मा, चारुकेशी कृशाङ्गी।।
मृदुवचनसुशीला, गीतवाद्यानुरक्ता।
सकलतनुसुवेशा, पद्मिनी पद्मगंधा।

वीरज=(सं. विरज) 1. रजरहित, निर्मल, स्वच्छ। 2. बीज (डिं.)=दूज का चाँद। डिंगल में कहीं-कहीं शब्द के बीच में 'र' का निरर्थक आगम कर दिया जाता है। अतएव, 'बीज' का बीरज बना। यथाः–'शिखर' का 'सिरहर' देखों दोहला 10

अम्ब=(सं. अम्बर) आकाश। यह शब्द 'अम्बर' से लघुत्व को प्राप्त होकर बना है। 'र' उड़ गया है।

उदाहरण–"अम्बर के तारे डिगै, जूआ लाड़ै बैल"।।

हरि (सं.) चन्द्रमा।

अम्बहरि (डिं.)=अम्बरि। यहाँ शब्द के बीच में 'ह' का निरर्थक आगम किया गया है। देखो इस शब्द का इसी अर्थ में प्रयोग दोहला 184

उडीयण (डिं.)=(सं. उडुगण) ताराओं के समूह।

अलंकार—उपमा।

नोट—डॉ. टैसीटरी ने 'अम्बहरि' को अम्बरि का परिवर्तित रूप सिद्ध किया है। और 'वीरज' को डिंगल 'बीज' अर्थात् दूज का रूपांतर। प्रथम में 'ह' का और द्वितीय में 'र' का निरर्थक आगम किया गया है। इस प्रकार के दृष्टांत डिंगल में मिलते हैं। इस प्रकार इस पंक्ति का अन्वयार्थ यों होगाः—(अम्बहरि उडियण बीरज) अर्थात् आकाश में तारों के बीच में दूज का चन्द्रमा। यह अर्थ भी सुंदर है।

दोहला—15

सुखपति—जाग्रति—सुहिणा=सं. सुषुप्ति, जागृति, स्वप्न। ये तीन शरीर के अवस्थाओं के नाम हैं।

1. वेदांतदर्शन के अनुसार मनुष्य की चार अवस्थाएँ होती है—

(क) जागृति (ख) स्वप्न (ग) सुषुप्ति (घ) तुरीय

(2) सांख्यदर्शन के मतानुसार पदार्थों के तीन अवस्थाएँ होती है—

(क) अनागतावस्था, (ख) व्यक्ताभिव्यक्तावस्था, (ग) तिरोभाव। साधारणतया भौतिक शरीर की 3 अवस्थाएँ ही मानी गयी हैं, जिनका कवि ने उल्लेख किया है।

सुखपति=(सं. सुषुप्ति) पतंजलि के अनुसार चित्त की एक वृत्ति या अनुभूति। इस अवस्था में जीव नित्यब्रह्म की प्राप्ति करता है, परंतु उसे इस बात का ज्ञान नहीं होता कि उसने ब्रह्म की प्राप्ति की है।

सुहिणा (डिं)=(सं. स्वप्न) प्रा. सुमिण, डिं. सुहिणो, हिं. सपना। प्रायः पूरी नींद न आने की दशा में मन में अनेक प्रकार के विचार उठते रहते हैं, जिनके कारण कुछ घटनाएँ मन के सामने उपस्थित होती हैं। इसे स्वप्नावस्था कहते हैं। वास्तव में, उस समय नेत्र बंद होते हैं, पर मन को अनुभव होता है।

जोवण (डिं)=(सं. यौवन) प्रा. जोव्वण, हिं. यौवन।

वेससंधि (डिं.)=(सं. वयस् + संधि) आयु की दृष्टि से मनुष्य की चार अवस्थाएँ होती हैं—बाल्य, कौमार, यौवन और वार्द्धक्य। इन चारों के

बीच की संधि की तीन अवस्थाएँ वयःसंधि कहलाती हैं। यों तो वयःसंधि तीन प्रकार की होती हैं, परंतु कौमार से यौवनावस्था के परिवर्तन में जो वयःसंधि होती है वही साहित्य में वयःसंधि के नाम से रूढ़ि हो गयी है।

वरि (डिं.)=‘परि’ की तरह यह भी उपमा का वाचक शब्द है।

हिव (डिं.)=अब। इसी अर्थ में ‘इब,’ ‘इव’ का प्रयोग भी होता है।

चढ़तौ=उन्नति करता हुआ।

होइसै (डिं.)=(सं. भविष्यति) प्रा. होइस्सइ, होइस्सदि। डिं. होइसै।

एहवी (डिं.)=इस प्रकार का, ऐसा।

अलंकार—उपमा, धर्म लुप्तोपमा (द्वितीय पंक्ति में)।

दोहला—16

राग=(सं) लाली, अरुणिमा। उदाहरण—“रागेण बालारुणकोमलेन चूतप्रबालोष्ठमलंचकार” (कुमार.)

थ्यौ (डिं.)=(सं. स्थित) प्रा. थिअ, थिय=हुआ। गुजराती में, भी इसी अर्थ में इस क्रिया का प्रयोग होता है—‘थियो,’ ‘थिया’।

प्राची=(सं.) पूर्व दिशा। उदाहरण—‘प्राची बीच पतंग’—(तुलसी)

अरुण=(सं.) गहरा लाल रंग, सूर्य का सारथी, प्रातःकालीन उषा लालिमा।

अरुणोद=(सं. अरुणोदय) अंतिम ‘य’ का लोप हुआ है, यथा दोहला—14 में ‘अम्बर’ में अंतिम ‘र’ का लोप हुआ।

पयोहर (डिं.)=(सं. पयोधर) डिंगल में प्राकृत की तरह ‘ध’ का ‘ह’ होता है। “पेखे ....रिखेसर”=इस प्रकार का भाव कालिदास के कुमारसंभव में भी मिलता है, जहाँ संध्या की भ्रान्ति हुई है—“अकालसंध्यामिव धातुमत्ताम्”। (कुमार)

अलंकार=उत्प्रेक्षा। ‘कि’ और ‘किरि’ उत्प्रेक्षा के चिह्न हैं। “पयोहर जागिया” में उत्कृष्ट कोटि की अर्थध्वनि है।

दोहला—17

जम्प (डिं.)=(सं. जल्प) प्रा. जम्प=चैन, कल, शांति। जक, थ्यावस (डिं)

जाणे, जण (डिं.)=(सं. ज्ञा) जान कर।

बिलखी (डिं.)=1. सं. विकल, 2. सं. विलक्ष प्राकृत के नियमानुसार अक्षरों का स्थान-परिवर्तन होने पर 'विलक' का 'विकल' और 'विलख' हुआ है। व्याकुल होना, बेचैन होना। उदाहरण—1. सुनहु भरत भावी प्रबल, विलखि कहेहु मुनिनाथ। (तुलसी) 2. विकसित कंज कुमुद विलखाने। (तुलसी)

बीछड़ती (डिं.)=(सं. विच्छेद) वियोग होते हुए, अलग होती हुई।

बाला (सं.)=साहित्य में 13 से 16 वर्ष तक की स्त्री को 'बाला' कहा है,

सँघाती (डिं.)=(सं. संघ, संघात + ई)=साथी, सहचर

अलंकार—अनुप्रास का विशेष चमत्कार है (चारों पंक्ति में) हेतु—(समस्त में)

दोहला—18

आगलि़ (डिं.)=(सं. अग्रम्)=आगे। उदाहरण—1. आगलि सोच निवारिकै, पाछिल करो गोहारि। (कबीर) 2. आगलि बात समुझ डर मोहीं। दैव दैव फिरि सो फल ओही।। (तुलसी)

काम-विराम (सं.)=कामदेव के आश्रयस्थान। कामशास्त्र के अनुसार युवा स्त्री के कुच, कपोल, नेत्र, नितम्ब, जंघा, ओष्ठ इत्यादि कामदेव के निवास स्थान माने गये हैं। यौवन के पदार्पण होने पर इन स्थलों के रूप-रंग-आकार में विशेष विकास दृष्टिगोचर होता है। यहाँ कुचों से आशय है।

छिपाड़न (डिं.)=डिंगल में क्रिया से प्रेरणार्थक रूप बनाने में 'ड़' का आगम होता है। यथा—छिपणी, छिपाड़नी।

काज=(सं. कार्य) के लिए, वास्ते। देखो, हिंदी में इसी प्रकार का प्रयोगः—"परस्वारथ के काज शीश आगे धर दीजै" (गिरधर)

एहविधि=इस प्रकार, इस कारण से। उदाहरण—"एह विधि राम सबहिं समुझावा"—(तुलसी)

अलंकार—1. स्वभावोक्ति—लज्जा का सहज स्वभाववर्णन है।

2. लाटानुप्रास—लाजवती, लाज, लाज, लाज।

3. विभावना—विरुद्ध हेतु से कार्य की उत्पत्ति—"लाज करती हुई को लाज आती है"।

4. अत्युक्ति—लज्जा-भाव की अत्युक्ति।

दोहला–19

सहु (डिं.)–(सं. सर्व)। हि. सभी, डिं. सही, सहु। उदाहरण–नीचे 'परिग्रह' के नोट में देखिए।

गिणि=गिनकर, जानकर। हिंदी-कविता में इसका बहुतायत से प्रयोग होता है।

थयो, तणौ, तिणि=इन पर पूर्व दोहलों में नोट देखिए।

परिग्रह (सं.)=कुटुम्ब, आश्रितजन, परिवार। उदाहरण–"राजपाट दर परिगह तुमही सहु उजियारे।।"

तरुणापौ (डिं.)=(सं. तरुणत्वं)=तरुणावस्था का भाव। हिं.–'बुढ़ापा'।

गुण गति मति=ऋतुराज और यौवन का रूपक सिद्ध करने के लिए कवि ने अपनी काव्यमयी कल्पना के बल पर ऋतुराज और यौवन के साथ-साथ उनके तीन तीन सहायकों–गुण, गति, मति–का पदार्पण कल्पित किया है।

1. 'गुण' की सहायता से जिस प्रकार वसंत ऋतु में प्राकृतिक सौंदर्य का विकास होता है, उसी प्रकार यौवन में रुक्मिणी के अंगों में सौंदर्य बढ़ने लगा।

2. 'गति' की सहायता से जिस प्रकार वसन्त प्रकृति में चंचलता का भाव उत्पन्न करता है उसी प्रकार यौवन ने अंगों में चंचलता एवं स्फूर्त्ति का भाव उत्पन्न कर दिया है।

3. 'मति' की सहायता से जिस प्रकार ऋतुराज प्रकृति में आनंद की लहरें उठाता है, उसी प्रकार यौवन ने उसकी सहायता से रुक्मिणी के हृदय को नवीन भावनाओं और उमंगों से भर दिया है।

कवि की यह कल्पना अनूठी है। काव्य-रचना में उसकी प्रखर प्रतिभा का परिचय देती है।

अलंकार–रूपक।

दोहला–20

दल (डिं.)=(सं. दल)=शरीर के अवयव। संस्कृत में 'दल' शब्द का अनेक अर्थों में प्रयोग होता है। एक अर्थ यह भी है–भाग, अंश, अवयव

(Apte) ढूँढ़ाड़ी टीका में 'दल' का यह अर्थ लिखा गया है। देखो दोहला 231 "लागी दलि कलि मलयानिल लागे"—टीकाकार 'दलि' की व्याख्या करता है—"दल कहताँ शरीर थी"। इसी प्रकार के अर्थ में 'दल' का प्रयोग दोहला—189 में देखो।

दळ=(सं.) कमळ-दळ=कमल की पंखुड़ी।

सर (डिं.)=(सं. स्वर) प्रा. सर; हिं. स्वर=शब्द।

पाँपणि (डिं.)=पलक, भाँपणीं। मिलाओ—हिं. क्रिया—भाँपना (पलक उठा कर देखना)।

भूँहारे (डिं.)=हिंदी में 'भँवारे'=भ्रकुटि, भौंह। उदाहरण—"विवरन आनन अरिगनी, निरखि भँवारे मोर, दरकि गयी आँगी नई फरकि उठे कुचकोर" (शृं. सतसई)।

भ्रमिया (डिं.)=(सं. भ्रमण)=फिरना, घूमना। उदाहरण—"केशवदास आसपास भँवत भवर जल-केलि में जलजमुखी जलजसी सोहियै"। (केशव)

परि (डिं.)=रीति से, ढंग से, प्रकार। देखो पूर्व दोहलों में—'परि', 'वरि'

अलंकार=रूपक—समस्त वस्तु-विषयक रूपक।

इस दोहला—के भाषा-लालित्य और मनोरम कान्त-पदावली को पढ़कर जयदेव का स्मरण होना स्वाभाविक है।

दोहला—21

मलै=(सं. मलय) साहित्य में मलयाचल पर्वत प्रसिद्ध है। यह भारत के दक्षिण में है और वसंत-ऋतु में इसकी ओर से शीतल मंद सुगंध पवन चलकर उत्तर भारत में प्रवाहित होती है।

मौरे=(सं. मुकुल) प्रा. मउल-मउर-मौर=मंजरी—आम्रमंजरी।

मन मलै मौरे=मन में यौवनागमन के समय नवीन उत्साह, नवीन स्फूर्ति, नवीन तरंगों का प्रादुर्भाव होना अत्यंत स्वाभाविक है। मनरूपी मलयतरु में नवीन इच्छाओरूपी मंजरी की कल्पना अत्यंत मनोज्ञ है। ध्वनि के आधार पर यह उपमा उत्तम काव्य, व्यंग्य-काव्य का लक्षण है।

कि=क्या है, क्या है मानो। यह डिंगल में रूपक और उत्प्रेक्षा के चिह्न की तरह प्रयुक्त हुआ है।

काम-अंकुर=देखो दोहला 18 "काम-विराम छिपाड़ण काज"—अंकुरित

यौवना स्त्री उसे कहते हैं जिसके यौवनावस्था के काम-चिह्न कुच नितम्बादि अंकुरित होकर दृष्टिगोचर होने लगे हों।

त्रिगुणमै = (सं.) त्रिगुणात्मक दाक्षिणात्य पवन—शीतल, मंद, सुगंध।

ऊरध सास = ऊपर को चढ़ती हुई साँस। यौवनागम के साथ स्त्रियों की साँस की गति भी तीव्र हो जाती है।

उच = (सं. वच्) कहना चाहिए, कहिए।

अलंकार = रूपक—समस्तवस्तु-विषयक।

दोहला—22

उदौ (डिं.) = (सं. उदय) प्रा. उदअ—उदौ = उदय होना।

उहास (डिं.) = हिं. उजांस = उज्ज्वलता का भाव, प्रकाश, उजेला उदाहरण—"नित प्रति पूनौ ही रहै, आनन ओप उजास" (बिहारी)।

रद = (सं.) दाँत—उदाहरण—"हद रद छद छबि देखियत, सद रदछद की रेख" (बिहारी)

रिखपंति (डिं.) = (सं. ऋक्षपंक्ति) 1. नक्षत्रों की पंक्ति। नक्षत्र 27 माने गए हैं। अश्विनी, भरिणी, कृत्तिका इत्यादि।

2. ऋषिपंक्ति = आध्यात्मिक और भौतिक तत्त्वों की ज्ञाता, वेद मंत्रों की प्रकाशक, दिव्य आत्माएँ। ये ऋषि सात माने गये हैं। प्रत्येक मन्वंतर के लिए पृथक् होते हैं। वर्तमान वैवस्वत मन्वंतर के लिए ये हैं—

कश्यप, अत्रि, वशिष्ठ, विश्वामित्र, गौतम, जमदग्नि और भरद्वाज।

रुख (डिं.) = (सं रुक्) शोभा, कांति से। लाक्षणिक अर्थ में—...की भाँति शोभायमान, की तरह कान्तिन् इत्यादि।

मेन (डिं.) = अंधकार। हि. मैन, मदन = कामदेव मन में मोहांधकार पैदा करता है। इसी से यह शब्द 'अंधकार' द्योतक बन गया।

अलंकार = रूपक—समस्त वस्तु-विषयक—उपमा पुष्टिकृत।

"राजति रद रिखपंति रुख"—पूर्णोपमा।

दोहला—23

सरवरि (डिं.) = (सं. शर्वरी) रात्रि। उदाहरण—"विगत शर्वरी शशांक" (तुलसी)

बधन्ती-बधिया (डिं.) = (सं. वर्द्धन) प्रा. बढ्ढण. डिं. बधणो।

देखो, पूर्व. दो. "बधै मास ताइ पहर बधन्ति" (वेलि)

तण-तणौ (डिं.) = देखो पूर्व दोहलों में व्याख्या–3, 7

जळ जोर = (फा. ज़ोर) = जल का वेग, प्रवाह। इसी 'जोर' से 'ज्वार'। हिं. उदाहरण–अति उच्छलि छिंछ त्रिकूट छयो, पुर रावण के जलजोर छयो" (केशव)

करग (डिं.) = (सं. कराग्र) = 'कर' शब्द के साथ अन्य शब्द का योग होने से हथेली, पंजा, अंगुली इत्यादि अर्थ होता है। यथा–'करपल्लव'।

बाण काम रा = (सं. कामबाण) = साहित्य में कामदेव को पंचबाण, पुष्पबाण, पुष्पधन्वा, पंचशायक कहा है–

कामदेव के बाण दो प्रकार के है–

1. संमोहनोन्मादनौ च शोषणस्तापनस्तथा।
स्तंभनश्चेति कामस्य पंचबाणाः प्रकीर्तिताः।।

इन बाणों के विस्तृत वर्णन के लिए देखो, दोहला 109 (वेलि)

2. अरविंदमशोंक च चूतं च नवमल्लिका।
नीलात्पलं च पंचैते पंचबाणस्य शायकाः।।

वरुण (सं.) = एक वैदिक, प्रधान देवता। इनको अदिति के आठ पुत्रों में से और द्वादश आदित्यों में से एक बतलाया है। ऋग्वेद में अनेक मंत्र इनकी स्तुति में हैं। पुराणों में इनको जल का देवता और इनका अस्त्र वरुण-पाश, जलपाश माना है।

दोर = (सं. दोस्) हाथ, भुजाएँ।

उदाहरण–"अविरलपरिरंभैर्व्यापृतेकैकदोष्णोः" (उत्तरचरित)

डोर = (सं. दोर) डोरी, वरुणपाश की डोरी। उदाहरण–डीठि डोर, नैना दही, छिरकि रूप रस तोय। मथि मो घट प्रीतम लियौ, मन नवनीत बिलोय। (बिहारी)

अलंकार–रूपक–समस्त में।

सहोक्ति–प्रथम पंक्ति में।

दोहला–24

किरि–जाणि (डिं.)=उत्प्रेक्षा के वाचक चिह्न=मानो, जानो।

कामिणि (डिं.)=(सं. कामिनी) युवा सुंदर स्त्री।

दाण (डिं.)=(सं. दान)=हाथी का मदजल। उदाहरण–1. "दान देत यों शोभियत दीन नरनि के साथ। दान सहित ज्यों राजहीं मत्त गजन के माथ"। (केशव)

2. "रणित भृंग घंटावली, झरत दान मधु नीर।

मंद मंद आवत चल्यो, कुंजर कुंज समीर"।। (बिहारी)

दिखालिया (डिं)=हिं. देखना–प्रेरणार्थक–दिखलाना। डिं.–दिखलावणो–देखालणो।

अलंकार=उत्प्रेक्षा।

दोहला–25

धरधर (डि.)=(सं. धराधर)=पर्वत।

सधर (डिं.)=कठोर, कठिन। धरा अर्थात् पृथ्वी के गुण, काठिन्य के सहित। संस्कृत टीकाकार इसका अर्थ यों करता है–"सधरौ माहात्म्यवन्तौ"=महत्त्वपूर्ण।

सुपीन (सं.)=मोटे, ताज़े, सुडौल।

घणी (डिं.)=(सं. घनत्वं) राजस्थानी भाषाओं में अब तक इस शब्द का क्रियाविशेषण अव्यय की तरह बहुतायत से प्रयोग होता है।=अधिक, विशेष, अत्यंत, बहुत। हिं. घनी।

खीण (डिं.)=(सं. क्षीण)=कृश, पतली। कटि का क्षीण होना साहित्य में सौंदर्य का लक्षण माना गया है।

सुघट=(सं.)=सुंदर, सुडौल, सुघटित। उदाहरण–"सुघट ग्रीव रस सींव, कण्ठ मुगता विघटत तमो। (हनुमन्नाटक)

पदमणि (सं.)=कामशास्त्र के अनुसार स्त्रियों के तीन लक्षण हैः–पद्मिनी, चित्रणी, शंखिनी। इन तीनों में सौंदर्य, स्वभाव, आचार-व्यवहार इत्यादि में श्रेष्ठ पद्मिनी को माना है।

त्रिबलि (सं.)=स्त्री के शरीर में पेट पर पड़ने वाली तीन रेखाओं को साहित्य में सौंदर्य का लक्षण माना है।

त्रिवेणी (सं.) = गंगा, यमुना और सरस्वती के संगम को 'त्रिवेणी' कहते हैं।

स्रोणि (सं.) = नितम्ब

अलंकार—रूपक—उपमागर्भित।

दोहला—26

नितम्बणी = (सं.) सुंदर नितंबों वाली स्त्री।

करभ = हथेली के पीछे का भाग—करपृष्ठ।

रंभ (सं.) = कदली, केले का वृक्ष अथवा खंभ।

रुख = तरफ़, ओर, दिशा में। उदाहरण—"मनहु महाजल उमगि उदधि रुख चले नदी नद नारे" (तुलसी)

मिलाओ 'रुख' का अन्यत्र प्रयोग. दोहला 22 (वेलि)।

जुअलि (डिं.) = (सं. युगल) प्रा. जुअल = दो।

नालि़ = (सं. नलिका) नल के आकार की भीतर से थोथी हड्डी जिसमें मज्जा बहती है; घुटने के नीचे, पैर की पिंडली का स्थान। संस्कृत टीकाकार उपमा के भाव का स्पष्टीकरण करता हुआ लिखता है—"तस्याः कदल्याः गर्भसदृशं विशेषसौकुमार्येण निरोमत्वमपिप्रकाशितम्"—अर्थात् इससे पिंडली की निरोमता का भाव प्रकट होता है।

तसु = (सं. तस्य) उसके,—अर्थात् कदली-खंभ के।

जेहवी = (स. यादृशी) प्रा. जाइसी (डिं.) जेहड़ी, जेहवी = जैसी।

गरभ = (सं. गर्भ) मध्यभाग।

विदुख = (सं. विद्विष्) = विद्वान्, कवि। उदाहरण—"विदुष जनन विराट प्रभु दीखे, अति मन में सुख पायौ" (सूर)।

वयण = (सं. वचन) प्रा. वयण = वचन

वाखाणै (डिं.) = हि. बखानना = वर्णन करना।

अलंकार—1. प्रतीप—चौथा। "सरवरि में उपमेय की जब न तुलै उपमान"

2. उपमा।

दोहला 27

पदपलव (सं. पदपल्लव) 'कर' या 'पद' के साथ दूसरे शब्द का योग होने से हाथ अथवा पैर का अग्रभाग–पंजा–यह अर्थ होता है। यथा–करपल्लव, पदपल्लव।

पुनर्भव (सं.)=नख।

ओपति=(सं. ओप=चमक) क्रिया प्रयोग। हिं. उदाहरण–1. "आनन ओप उजास" (बिहारी)।

2. "सूरदास प्रभु प्रेम हेम ज्यों अधिक ओप ओपी" (सूर)।

न्रिमल (डिं.)=(सं. निर्मल) अन्यान्य आधारभूत भाषाओं–संस्कृत इत्यादि के शब्दों में वर्णों का स्थान-परिवर्तन करके डिंगल शब्दों के बनाने का नियम है। यहाँ पर 'म' पर के रेफ का स्थान-परिवर्तन होकर 'नि' में सम्मिलित हो जाना, इसी नियम का उदाहरण है। इसी प्रकार 'कर्म' का 'क्रम' हो जाता है। यथा; "भूँडा क्रम भागीरथी" (पृथ्वीराज)।

"कि तार कि तारा"=अथवा तारों का प्रकाश है।

(सं. तार)=प्रकाश, दीप्ति, चमक। सं. उदाहरण– तारहारः=प्रकाशमान हार। 'उरसि निहितस्तारोहारः'।

हरिहँस=(सं. हरि + हंस) हरि=कपिल, ताम्रवर्ण अर्थात् लालिमा लिया हुआ रंग। हंस=सूर्य। अतएव, बालसूर्य।

सावक ससिहर (डिं.)=(सं. शावक + शशधर)=बालचन्द्र।

रूपक–'पद-पल्लव' में।

संदेह–उत्तरार्ध में।

उल्लेख–समस्त में। "एकहिं वरणि बहुरीति"।

दोहला–28

व्याकरण=वेद के छह अंगों में से एक अंग व्याकरण है। पाणिनि, यास्क, पतञ्जलि इत्यादि आठ वैयाकरणों के पीछे आठ व्याकरण के भेद माने गए हैं।

पुराण=प्राचीन आख्यान और परंपरा के अनुसार 18 पुराण माने गए हैं। यथाः–विष्णु, पद्म, ब्रह्म, शिव, भागवत, नारद, मार्कण्डेय, अग्नि, ब्रह्मवैवर्त्त, लिंग, वाराह, स्कंद, वामन, मत्स्य, कूर्म, गरुड़, ब्रह्माण्ड और भविष्य।

समृति (डिं.)=(सं. स्मृति) भारतीय आर्यों—हिंदुओं—के धार्मिक ग्रंथ दो विभागों में विभक्त हैं। 1. वेद, ब्राह्मण और उपनिषद्, जिन्हें 'श्रुति' कहते हैं। 2. 'स्मृति'—जिनमें वेदांग, धर्मशास्त्र, दर्शन, आचार-व्यवहार, नीति-शास्त्र इत्यादि का विवेचन किया गया है। स्मृतिकारों के पीछे ये स्मृतियाँ 18 हैं। यथाः—मनु, याज्ञवलक्य, अत्रि, विष्णु, हारीत, उशनस्, अंगिरा, यम, कात्यायन, बृहस्पति, पराशर, व्यास, दक्ष, गौतम, वशिष्ठ, नारद, भृगु और आपस्तंब। साधारण और अधिक व्यापक अर्थ में, 6 वेदाङ्ग गृह्यादि 8 सूत्र, मन्वादि 18 स्मृतियाँ, रामायण, महाभारतादि इतिहास, 18 पुराण तथा नीतिशास्त्र के ऋषिप्रणीत सब ग्रंथ स्मृतियाँ कहलाते हैं।

सासत्र-विधि=(सं.—शास्त्र-विधि)=शास्त्राज्ञा के ग्रंथ। वास्तव में शास्त्र 4 माने गए हैं। यथाः—"आयुर्वेदो धनुर्वेदो गांधर्वश्चेति ते त्रयः। अर्थशास्त्रं चतुर्थं च"।। परंतु व्यापक अर्थ में कहीं-कहीं 14 विद्या और ये 4 शास्त्र सम्मिलित करके सभी 18 को 'शास्त्र' की संज्ञा दी गई है।

वेद च्यारि=ऋक्, यजुः, साम, अथर्व—चार वेद।

खट अंग=(सं. षट् + अङ्ग) शिक्षा, कल्प, व्याकरण, निरुक्त, छंद और ज्योतिष ये छह वेदांग हैं।

विचार=दर्शन-शास्त्र—षड् दर्शन—सांख्य, योग, न्याय, वैशेषिक, मीमांसा, और वेदांत।

चतुरदस=चौदह विद्याएँ शास्त्र-सम्मत हैं—इनकी गणना इस प्रकार है—

अंगानि, वेदाश्चत्वारो मीमांसा न्यायविस्तरः।

धर्म-शास्त्रं पुराणं च विद्या ह्येता चतुर्दश।।

चौसठि=चौंसठ कलाएँ। कामशास्त्र के अनुसार कलाएँ 64 गिनाई गई हैं। वे इस प्रकार हैं—गीत, वाद्य, नृत्य, नाट्य, आलेख्य (चित्रकला), विशेषकच्छेद्य, मंडुलकुसुमावलिविकार, पुष्पास्तरण, दशनवसनांगराग, मणिभूमिकाकर्म (ऋतु अनुकूल घर सजाना), शयनरचना, उदकवाद्य (जलतरंग बजाना), उदकघात (पानी के खेल), चित्रयोग, माल्यग्रंथन, केशशेखरापीड़न, नेपथ्ययोग (वस्त्र-भूषा धारण करना), कर्णपत्रभङ्ग, गंधयुक्ति, भूषणयोजन, इंद्रजाल, कौचुमारयोग (कुरूप को सुंदर बनाने की विधियाँ), हस्तलाघव (हाथ की सफ़ाई के खेल), चित्रशाकापूपभक्ष्यविकारक्रिया (पाक-कौशल), पानकरस रागासवभोजन, सूचीकर्म (सीना), सूत्रकर्म (कसीदा काढ़ना), प्रहेलिका,

प्रतिमाला (अंत्याक्षरी श्लोक कहना), दुर्वाचक योग (कठिन पदों का अर्थ कहना), पुस्तकवाचन, नाटकाख्यायिका दर्शन, काव्यसमस्यापूर्ति, पट्टिका वेत्र वाण विकल्प (नेवाड़, मुंज, बेंत इत्यादि से बुनना), तर्क कर्म, तक्षण, वास्तुविद्या (इंजीनियरी), रूप्यरत्नपरीक्षा, धातुवाद मणिराका-ज्ञानगाकरज्ञान (रत्न के रंग की परीक्षा), वृक्षायुर्वेदयोग (वनस्पति-शास्त्र), मेषकुक्कुटलावक-युद्धविधि, शुकसारिकाप्रलापन, उत्सादन (उबटन लगाना, सर दबाना आदि), केशमार्जनकौशल, अक्षरमुष्टिकाकथन, म्लेच्छितकलाविकल्प (विदेशी भाषाज्ञान), देशभाषाज्ञान, पुष्प-शकटिका, निमित्त-ज्ञान (शकुनशास्त्र और घटनाओं के आधार पर भविष्य कथन), यंत्रमंत्रिका (यंत्र बनाना), धारणमातृका (स्मृति बढ़ाना), संपाठ!य (स्मृति से पाठ. क.), मानसीकाव्यक्रिया, क्रियाविकल्प, छलितकयोग, अभिधानकोष, छंदोज्ञान, वस्त्रगोपन, द्यूतविशेष, आकर्षण-क्रीड़ा, बालक्रीड़ाकर्म, वैनायिकी-विद्याज्ञान (विनय शिष्टाचार का ज्ञान), वैजयिकी विद्याज्ञान, वैतालिकी विद्याज्ञान।

अनँत अनँत=भगवान् अनंतस्थायी विष्णु का अनंत, अपरिमित अधिकार अर्थात् व्याप्ति पाई।

मधि (डिं.)=सं. मध्य। में, अंदर, बीच में। हिंदी काव्य में इसी अर्थ में बहुतायत से प्रयोग मिलता है।

अलंकार—पर्याय 'एक वस्तु क्रम सों जहाँ आश्रय लेय अनेक'। 'अनंत' का व्याकरण पुराण आदि अनेक वस्तुओं में अधिकार है।

(तसु मधि अनँत अनँत अधिकार)=इस पंक्ति का दूसरा अर्थ इस प्रकार भी लिया जा सकता हैः—उस पर अर्थात् लक्ष्मीरूपा रुक्मिणी पर विष्णु भगवान् (श्रीकृष्ण) का अनंत अधिकार है।

दोहला—29

साँभलि (डिं.)=(सं. संभार) हिं. सँभालना=स्मरण करके, मन में एकत्रित करके।

उदाहरण—

1. गंगा अरु गीताह, श्रवण सुणी अरु साँभली। जुग नर वह जीताह, वेद कहै भागीरथी।।

(पृथ्वीराज)

2. बंदि पितर सब सुकृत संभारे, जो कछु पुण्य प्रभाव हमारे।

(तुलसी)

श्यामा = (सं.) श्यामा के लक्षण–

1. शीते सुखोष्णसर्वांगी, ग्रीष्मे च सुखशीतला। तप्तकांचनवर्णाभा सा स्त्री श्यामेति कथ्यते।।

(भट्टिकाव्य)

2. 'यौवनमध्यस्था' स्त्री को भी श्यामा कहते हैं।

3. कोई सुंदरी स्त्री जिसके अभी तक संतान न हुई हो।

4. देखो दोहला 80, संस्कृत टीकाकार ने श्यामा के लक्षणों के विषय में ये श्लोक उद्धृत किये हैं–

श्यामा च श्यामवर्णा स्यात् श्यामा मधुरभाषिणी।
अप्रसूता भवेत् श्यामा श्यामा षोडशवार्षिकी।।
या शीते चोष्णशरीरा उष्णे शीतशरीरिणी।
मध्यकाले भवेन्मध्या सा श्यामा इत्युदाहृता।।

ऊपनी (डिं.) = (सं. उत्पन्न) उत्पन्न हुई। हिं. उदाहरण–"बन बन वृच्छन चंदन होई। तन तन विरह न उपनै सोई"।। (जायसी)

जिका (डिं.) = (सं. या + का) = जो कोई, जैसी कैसी, जैसी।

हर (डिं.) = डिंगल में 'हर' शब्द, उत्कट इच्छा, वासना, स्मृति के अर्थ में प्रयुक्त होता है।

भणि (डिं.) = (सं.) डिंगल में 'भणनो' पढ़ना, परिशीलन करना के अर्थ में प्रयुक्त होता है। हिंदी में इस शब्द का प्रयोग काव्य में मिलता है।

अलंकार–वर, वर, हरि, हर, हर, हर में–यमक और पदार्थावृत्तिदीपक।

दोहला–30

ईखे (डिं.) = (सं. ईक्षण) = देखकर।

एरिसा (डिं.) = (सं. ईदृश (स्त्री) प्रा. ईरिस-एरिस = इस प्रकार के।

अवयव = (सं.) शरीर-संबंधी चिह्न।

सरि = (सं. सदृश प्रा. सरिस) हिं. सरि = समान। उदाहरण–

"दाड़िम सरि जो न कै सका, फाटेउ हिया दरक्कि"। (जायसी)

नाह (डिं.) = (सं. नाथ) = वर, पति, दूलह। हिंदी काव्य में इसी अर्थ में बहुतायत से प्रयुक्त होता है।

नाह = नहीं।

अलंकार = उपमा—अंतिम पंक्ति।

दोहला–31

अम्हाँ (डिं.) = (सं. अस्माकं) प्रा. अम्हाअं—अम्हाँ (डिं.) = हमारे, मेरे।

वासना वसी = इच्छा हुई है, धारणा हुई है।

इसी (डिं.) = (सं. ईदृशी) प्रा. ईरिसी—ईइसी = ऐसी।

ग्याति (डिं.) = (संज्ञा) जान-पहचान, संबंध, जातिसंबंध।

किसी (डिं) = (सं. कीदृशी) प्रा. कीरिसी—कीइसी = कैसी (हिं.)

राजवियाँ (डिं.) = राजवी, राजवंशी, राजपूत, क्षत्रिय, उदाहरण—

"नम नम नीसरियाह, राण बिना सह राजवी।"

(पृथीराज)

ग्वालाँ = हिं. ग्वाल = अहीर, गोरक्षक जाति।

कुलपाँति (डिं.) = (सं. कुल पंक्ति) कुल की श्रेणी, कुलमर्यादा।

दोहला–32

सरिस = (सं. सदृश) प्रा. सरिस = सरीखों से, के समान।

सगाई = (सं. सह + ज्ञाति) विवाह के लिए, पूर्व-संबंध की प्रथा।

औलाँडे = हिं. उलारना, उलेड़ना, ओलारना = क्रमभंग कर देना, ऊपर से नीचे फेंक देना, प्रतिष्ठाच्युत कर देना।

उदाहरण—"रुकि गये बाटन नारे पँड़े, नवकेसर के माट उलेड़े"।। (सूर)

इता = (सं. एता) = इतने।

व्रिधपणै (डिं.) = हिं. वृद्धपना। डिं. 'त्रिमल', 'क्रम' की तरह यहाँ भी रेफ का स्थान-परिवर्तन हुआ है।

वेसासौ (डिं.) = (सं. विश्वास) = विश्वास करो।

पाँतरिया (डिं.) = डिंगल में 'बृद्धि का पाँतर जाना'—यह एक मुहाविरा है—बुद्‌धि का भ्रष्ट हो जाना—बुद्‌धि बिगड़ जाना।

दोहला–33

प्रभणै = (सं. प्रभणन्ति) कहते हैं।

जसु = (सं. यस्य) प्रा. जस्स = जिसकी।

समी (डिं.) = (सं. सम + ई, स्त्री प्रत्ययान्त) = समान।

डिंगल में अव्ययों को भी लिंगभेद का चिह्न दे देते हैं, यथा–समी-समौ।

लाड़ी (डिं.) = (सं. लालन्-लाड़न्) डिंगल में 'लाडी' नवविवाहिता प्रियतमा को कहते हैं। दुलहिन अथवा नववधू का भी अर्थ है।

वासुदेव = विष्णु के अवतारस्वरूप श्रीकृष्ण।

अलंकार = उपमा।

दोहला–34

मावीत्र (डिं.) = (सं. मातृ + पितृ) प्रा. माइ + वित्री-विइ। डिं. मावित्री–मावीत्र = माता-पिता।

म्राजाद (डिं.) (सं. मर्यादा) डिं. रेफ का स्थान-परिवर्तन = लज्जा, कान, सम्मान। उदाहरण–"भो मर्याद बहुत सुख लागा, यहि लेखे सब संशय भाग।" (कबीर)

मेटि = हिं. मिटाना–(सं. मृष्ट-प्रा. मिट्ट)

सुवर = सुंदर वर।

ऊफणियौ (डिं.) = (सं. उत् + फेन) = क्रोध से उबल पड़ा। इस शब्द की व्यञ्जना-शक्ति से यह अर्थ-चमत्कार उत्पन्न होता है। उदाहरण–"भौंर भरी उफनात खरी, सु उपाय ही नाव तरेरनि तोरत।" (घनानंद)

बरसालू (डिं.) = हिं. बरसाती = बरसने को उद्यत। जिस प्रकार–कृपा-कृपालु; दया-दयालु, उसी तरह वर्षा-वर्षालु बना है।

बाहऌा (डिं.) = हिं. 1. बादला, बादल 2. सं. टीका–वाहला = क्षुद्र नदी। राजस्थानी में 'बाहऌा'-बरसात के नाले को कहते हैं।

वरि (डिं.) = की तरह। उपमा का वाचक चिह्न।

अलंकार = लुप्तोपमा–उपमा।

वरसालू वाहळा वरि = दूसरा अर्थ यह भी हो सकता है कि कुँवर रुक्मि

कुपित होकर इस प्रकार उफन पड़ा, जिस प्रकार बरसात का क्षुद्र नाला अथवा नदी। परंतु जिस प्रकार बरसाती नाले वा नदी का जल थोड़े समय तक रहता है वैसे ही रुक्मि के क्रोध को समझना चाहिए। यह अर्थ ज़्यादा रोचक है।

दोहला–35

गुरु = सं. गुरु शब्द का तीन पृथक अर्थों में प्रयोग हुआ है–

1. गुरु = शिक्षक, अध्यापक।

2. गुरु = माता पिता। उदाहरण–"गौरी गुरोः गह्वरमाविवेश" (रघु.)

3. गुरु = भारी, असह्य, कठिन। उदाहरण–"गुर्वपिं विरहदुःख ...." (शकुन्तला)

नर (डिं.) = (सं. नर = पौरुषयुक्त पुरुष–वीर पुरुष) = वीर पुत्र। डिं. उदाहरण–नराँ नाहराँ डिगमराँ पाकाँ ही रस होय।" (लोकोक्ति)

हेक (डिं.) = एक

वरै = वरण करै–विवाह करै।

सुसा (डिं.) = (सं. स्वसा)–बहिन।

दमघोष = 1. शिशुपाल के पिता का नाम। 2. दूसरे अर्थ में शिशुपाल का विशेषण–अर्थ–जिसके दमन की घोषणा सर्वत्र है, ऐसा वीर।

अलंकार 'गुरु' में–यमक।

दोहला–36

आइस = (सं. आयषु) हिं. आयसु = आज्ञा, हुक्म। उदाहरण–"आयसु दीन्ह मोहिं रघुनाथ" (तुलसी)।

इ = (सं. हिं. निश्चयार्थक) = ही।

पुहतौ (डिं.) = (सं. प्रभूत) प्रा. पहूच, डिं. पहूत। डिंगल में 'च' 'त' का विपर्यय होता है।

चंदेवरी = एक पौराणिक इतिहास-प्रसिद्‌ध प्राचीन नगरी जो चेदि देश की राजधानी थी। ग्वालियर–राज्य के नरवार ज़िले में इसकी पूर्व समृद्‌धि के सूचक ध्वंस मिलते हैं। अलबरूनी ने चंदेरी का उल्लेख किया है।

अलंकार–अत्यंतातिशयोक्ति–उत्तराद्‌र्ध में।

दोहला–37

हुइ (डिं.)=हिं. होइ=होकर।

हालियौ (डिं.)=(सं. हल्लान) हलचल की, गतिवान हुए। उदाहरण– "हालति न चंप लता, डोलत समीरन के बानी कल कोकिल कलित कण्ठ परिगो।"

कुण (डिं.)=हिं. कवन, कौन।

केतला (डिं.)–मराठी प्रयोग=कितने।

चा (डिं.) मराठी प्रयोग=का।

गति=ढंग, तरह से। उदाहरण–"मइ गति साँप छुछंदर केरी" (तुलसी)।

अलंकार–वक्रोक्ति–शब्दालंकार–उत्तरार्द्ध में।

दोहला–38

मण्डिजै (डिं.)=माँड़े जाते हैं, मनाए जाते हैं।

नीसाणे (डिं.)=हिं. निशान (देशीय)=नगाड़ा, धौंसा। देखो दोहला 40। उदाहरण–"बीस सहस घुम्मरहिं निसाना" (जायसी)।

निहस (डिं.)=चोट, प्रहार, डंके की चोट।

कुंदणपुरि=एक प्राचीन पौराणिक नगर जो विदर्भ देश में था। विदर्भ का आधुनिक नाम बिदर है जो हैदराबाद-राज्य में है। बिदर से कुछ दूर कुंडिलवती नाम की पुरानी नगरी आज तक है। यही स्थान प्राचीन कुंडिनपुरी हो सकता है।

कुदणमै=सुवर्णमय। कुंदन=सोना।

बाझै (डिं.)=(सं. बध्यन्ते) प्रा. बज्झइँ, हिं. बाजैं, बाँधे=बजते हैं, बाँधे जाते हैं।

अलंकार–यमक, कुन्दणमै, 'कुदणपुरि' में।

दोहला–39

हींगलू (डिं.)=(सं. हिङ्गुल) हिं. ईगुर। एक खनिज पदार्थ, जो चीन आदि देशों में पाया जाता है। इसकी ललाई बड़ी चटकीली होती है और

स्त्रियाँ इसको बेंदी लगाने और माँग भरने के कास में भी लाती है। ईंगुर से पारा निकाला जाता है। आजकल सूखा और गीला दो प्रकार का नकली ईंगुर भी बहुत बनने लगा है।

चुणी (डिं.) = (सं. चयन) = हिं. चुनना, जोड़ाई करना। उदाहरण–"कंकड़ चुण चुण महल उठाया, लोग कहै घर मेरा।।" (कबीर)।

पाट (डिं.) = (सं. पट्ट) = हिं. पाट, पटड़े, लकड़ी के लम्बे तख्ते जो मकान की छत ढकने के काम आते हैं।

ई (डिं.) = (सं. हि)–निश्चयार्थ में प्रयोग होता है।

खुम्भी (डिं.) = हिं. कुम्भी–खंभे के नीचे का भाग, जो ऊपर के हिस्से से कुछ बाहर निकला हो और उस पर कुछ शिल्पकारी भी चित्रित हो।

पनाँ (डिं.) = हिं. पन्ना, एक प्रकार का क़ीमती हरे रंग का जवाहिर-पत्थर।

प्रवाली = (सं.) = मूँगिया।

फिटकमै (डिं) = (सं.) = स्फटिकमय।

अलंकार–उदात्त।

पुनरुक्तिप्रकाश। "ग्रिह ग्रिह"

दोहला–40

जोइ (डिं.) = 1. जो, जो भी।

2. दूसरे अर्थ में ढूँढाड़ी टीका इस शब्द का अर्थ 'तंबू'–शामियाना करती है, यथा–"रंग रंग रा सामियाना ऊभा किया छः"।

3. एक और तीसरे अर्थ में, संस्कृतटीका इस शब्द का अर्थ करती है। यथा–जोइ इति स्त्रीपर्यायः।

हमारी समझ में प्रथम अर्थ सरल एवं प्रसंगोपयुक्त होने से सर्वश्रेष्ठ है। 'जोइ' का द्वितीय पंक्ति के 'सोइ' से संबंध होना इस आशय को प्रतिपादित करता है।

4. पश्चिमी मारवाड़ी टीका ने भी 'जोइ' का अर्थ 'स्त्री' लिया है।

पटल = (सं.) = 1. कपड़े, परदा, विस्तीर्ण वस्त्र 2. समूह। यहाँ पहले अर्थ में यह शब्द प्रयुक्त है। उदाहरण–"निकसे जनु जुग विमल विधु जलद पटल विलगाय।।" (तुलसी)

साँवल (डिं.) = (सं. श्यामल) = श्याम रंग के।

घुरै (डिं.) = (सं. घुर) शब्द करना; घहराना। उदाहरण—1. "घुरत निसान मृदंग शंखध्वनि भेरि-झाँझ सहनाई।" (सूर)

2. "डंकन के शोर चहुँ ओर महाघोर घुरैं। मानो घनघोर घोरि उठे भुव ओर तैं।।" (सूदन)

नीसाण (डिं.) = नगाड़ा। देखो, दोहला 38

प्रोलि (डिं.) = (सं. प्रतोली) प्रा. पओली, हिं. पोळ = प्रवेशद्वार, फाटक।

तोरण = (सं.) = एक प्रकार का काम किया हुआ, सुसज्जित महराब। मालाओं, बन्दनवारों और पताकाओं से सजाया हुआ घर अथवा नगर का बहिर्द्वार।

राजस्थान में 'तोरण' सजावट की एक वस्तु-विशेष का नाम है जो विवाह के घरों के बहिर्द्वार पर लटकाया जाता है और काष्ठ का बना हुआ होता है। इसमें मयूर इत्यादि पक्षी बने होते हैं और रंगों की चित्रकारी भी रहती है।

परठीजै (डिं.) = (सं. प्रस्थीयते)—प्रा. परठीजइ = स्थापित किए जाते हैं।

मण्डै (डिं.) = (सं. मंडन) हिं. मँडे हुए, लिखे हुए, चित्रित।

तण्डव (डिं.) = (सं. ताण्डव) = आंतरिक आनंद का द्योतक उत्साहपूर्ण नाच नाचना 'ताण्डव' कहलाता है। शिवजी का ताण्डव-नृत्य करना प्रसिद्ध है।

नोटः—प्रथम पंक्ति, "जोइ जलद ....ऊजळ" का दूसरे प्रकार से यह अर्थ भी किया जा सकता हैः—

1. स्त्रियों ने श्यामल उज्ज्वल इत्यादि रंग-बिरंगे जो वस्त्र पहने हैं वही मानो रंग-बिरंगे बादलों के समूह हैं। यह अर्थ संस्कृत और मारवाड़ी, दोनों टीकाएँ लेती हैं।

2. ढूँढाड़ी टीका ने एक तीसरा अर्थ लिया हैः—रंग-रंग के शामियाने खड़े किए हैं, वही मानो बादल के समूह हैं।

अलंकार = रूपक—उत्प्रेक्षागर्भित।

दोहला—41

राजान (डिं.) = (सं. राजानः (बहु. व) = राजा लोग।

जान (डिं.) = (सं. यान) = बरात। राजस्थानी भाषाओं में 'बरात' के लिए यह शब्द अब तक प्रयुक्त होता है।

हुंता (डिं.)=डिंगल में भूतकाल क्रिया का चिह्न=थे। इसी से मिलते-जुलते 'हुँता,' 'हूँता,' 'हूँत' राजस्थानी में अपादान विभक्ति के चिह्न की तरह प्रयुक्त होते हैं जो प्राकृत और अपभ्रंश की 'हिन्तो' 'सिन्तो' विभक्तियों से बने हुए हैं। उदाहरण–1. "पातल़ जो पतशाह, बोले मुख हूँता बयण" (पृथ्वीराज) 2. ख़ुशी हूँत पीथल कमध, पटकौ मूछाँ पाण।" (पृथ्वीराज)।

दीध (डिं)=(सं. दत्त) प्रा. दिण्ण, अवधी. हिं. दीन्ह। (डिं.) दीध–यह रूप प्राकृत और अपभ्रंश व्याकरण के अयथार्थ सामंजस्य (false analogy) के नियम के आधार पर बना प्रतीत होता है। इसी प्रकार सं. कृत=प्रा. किध–डिं. कीध–हिं. कीन्ह।

नयर (डिं.)=1. (सं. नगर) प्रा. नयर–हिं. नगर।

2. (सं. निकट) प्रा. निअड-नयड़-नयर-नैड। डिंगल में इसका दूसरा रूप 'नैड़ा' भी इसी अर्थ में प्रयुक्त होता है।=नजदीक, पास, निकट।

नोट–'निकट' का अर्थ लेने से "दूरा ....दीसै" पंक्ति का अर्थ होगा–"दूर अथवा नजदीक बादलों की कोरण दिखाई दे रही है अथवा ...."।

कोरण (डिं)=हिं. कोर–छोर=प्रांत भाग। रूढ़ि अर्थ में डिंगल भाषा में यही शब्द वर्षाकालीन श्याम मेघ के प्रांत भाग पर बँधी हुई उस श्वेत बादल की कोर को कहते हैं जो श्याम चद्दर पर चमकीली चाँदी की गोटन की तरह मनोरम प्रतीत होती है। राजस्थान की वर्षा के दृश्य को देखनेवाले पाठकों को इस शब्द का अर्थ भली-भाँति विदित हो जाएगा। इसी शब्द के अन्यत्र प्रयोग के लिए देखो दोहला 185–"काली करि काँठलि, ऊजल कोरण"–जहाँ "कोरण" का आशय व्यक्त करके वर्णन किया गया है।

दीसै (डिं.)=(सं. दृश्यते) प्र. दीसइ–दीसै=दिखाई देता है।

धवलागिरि=हिमालय के एक उत्तुंग शृंग का नामविशेष; बर्फ़ से ढका हुआ श्वेत चमकीला पर्वत।

धवलहर=(सं. धवल + गृह) प्रा. धवलहर, धौलहर, धवरहर=ऊँचे-ऊँचे श्वेत प्रासाद। काशी में माधोराव का 'धरहरा' अपनी ऊँचाई में शहर के सब प्रासादों से बड़ा है। हिंदी शब्दसागर में इसकी व्युत्पत्ति यों की गई है। (सं. धुर=ऊपर के, गृह–हर=घर)।

उदाहरण–"चढ़ि धवरहर विलोकि दखिन दिसि बूझ धौं पथिक कहाँ ते आये वे हैं।" (तुलसी)।

किन (डिं.)=(सं. किं+न)–संशयात्मक सर्वनाम=क्या यह तो नहीं है। हिं. उदाहरण–"कोटि उपाय करौ किन कोऊ" (सूर)

यहाँ–'किन'–हिंदी में 'किधौं' के प्रयोग की तरह है। अलंकार=पूर्वार्ध में–स्वभावोक्ति।

उत्तरार्ध में–संदेह।

दोहला–42

मङ्गल़ (डिं.)=(सं.)=राजस्थान में शुभ और मंगल यथा वैवाहिक आदि अवसरों पर 'धवळ-मंगळ' नामक एक प्रथा बरती जाती है जिसके साथ-साथ मंगल गीत भी स्त्रियों द्वारा गाये जाते हैं। "मंगळ करि" से यह आशय स्पष्ट होता है कि 'मंगल़' कोई प्रथाविशेष है जो (करि) की जाती है।

'धवल'–(देखो. हि. श. सा.)–(भरत के मत से यह एक राग है जो हिंडोल राग का आठवाँ पुत्र माना गया है। संभव है, प्राचीन काल में इस राग में वैवाहिक गीत विशेष गाये जाने के कारण ही उपरोक्त प्रथा का नाम धवल-मंगल पड़ा है।)

ढूँढारी टीका और संस्कृत टीका से यह अर्थ पुष्ट होता है–

1. ढूँढाड़ी–"मङ्गल गावै छः"।

2. सं. टीका–"मङ्गलानि कृत्वा गीतानि गायन्ति"।।

गौखे (डिं.)=(सं. गवाक्ष)=झरोखा, गौखा, अटारी।

मनै (डिं.)=हिंदी में, मानहु, मनु, मनो इसके पर्याय हैं। पदमिणि, अनि, परि, रुख=इन शब्दों के अर्थ पूर्व दो. के नोटों में देखो।

अलंकार=पूर्वार्ध में–उत्प्रेक्षा।

उत्तरार्ध में–उपमा

समस्त में–व्याघात।

दोहला–43

जाली (हिं.)=(सं. जाल)=लकड़ी, पत्थर अथवा चूने का छिद्रदार फलक।

पन्थी=(सं. पंथ)=पथिक, राहगीर।

जोवै (डिं.)=हिं. जोहना, देखना, ध्यानपूर्वक दृष्टि लगाना।

भुवणि (डिं.)=(सं. भुवन, भवन)=भवन में, घर में। सप्तम्यन्त।

भिलित (डिं.)=(सं भिद्) हिं. भेटना, भिड़ना, भिलना=सामने से आकर मिलना। संस्कृत डिंगल और हिंदी भाषाओं में 'ड़' 'ल' और 'र' का अभेद होता है।

कागल़ (डिं.)=(अरबी. कागज) हिं. कागज, कागद, कागर, गुजराती में भी इसी अर्थ में प्रयुक्त होता है।

हिं. उदाहरण—"तुम्हरे देश कागर मसि खूटी।"

प्यास अरु नींद गयी ...." (सूर) भारतीय भाषाओं में 'र' और 'ल' का अभेद माना है।

काजळ (डिं.)=(सं. कज्जल)=आँखों में लगाने का अंजन।

अलंकार—रूपक।

दोहला—44

तितरै (डिं.)=(सं. 'तति'—अपेक्षित रूप—'कति')=उतने में। हिं. तितना, तितने में।

हेक (डिं.)=हिं. एक। देखो. पूर्व. दो. में।

दीठ (डिं.)=(सं. दृष्ट (भू. क्रिया) प्रा. दिठ्ठ। हिंदी में 'दीठ' का प्रयोग काव्य में इसी अर्थ में होता है। उदाहरण—नहि लावहिं परतिय मन दीठी—(तुलसी)

दूनी है लागन लगी दिये दिठौना दीठ। (बिहारी)

गलि त्रागौ (डिं.)=गले में जो पवित्र धागा—सूत्र अर्थात् जनेऊ पहनता है=ब्राह्मण।

प्रणपति (डिं.)=(सं. प्रणिपत्=वंदना करना)=प्रणाम।

उदाहरण—"वागीशं वाग्भिरर्थ्याभिः प्रणिपत्योपतस्थिरे" (कुमार)।

वीर (डिं.)=भाई। हिंदी में भी इस अर्थ में प्रयुक्त होता है। उदाहरण—"को घटि ये वृषभानुजा वे हलधर के वीर" (बिहारी)।

वटाऊ (डिं.)=हिंदी में भी बहुतायत से प्रयुक्त होता है। उदाहरण—"राजिवलोचन राम चले तजि बाप को राज वटाऊ की नाँई" (तुलसी)।

वीर वटाऊ ब्राह्मण=ये तीन सम्बोधन एक साथ कहने से कवि ने रुक्मिणी

के मन की आतुरता एवं व्यग्रता की दशा का स्वाभाविक चित्र खींचा है। पश्चिमी राजस्थानी टीका में इसकी व्याख्या यों की गई है–"अहो भाई, अहो पथिक, अहो ब्राह्मण अत्यंत ऊतावली थकी बार बार वचन कहइ"।

लगी (डिं.)=(सं. लग्नः)=तक, पर्यंत। हिंदी में इस प्रकार मुहाविरे में इस शब्द का प्रयोग होता है।

उदाहरण–1. "कहँ लगि कहौं कुचाल ढीठ की नाम लेत मोरा जिया डरपत है।"

2. "एक मुहूरत लगि कर जोरू, नयन मूँदि श्रीपतिहिं निहोरू" (तुलसी)।

अलंकार=स्वभावोक्ति–उत्तरार्ध में।

दोहला–45

म म (डिं.)=(सं. मा मा) मत, मत।

करिसि (डिं.)=(सं. करिष्यसि, क्रि. भविष्य रूप) करना।

ढील (डिं.)=(सं. शिथिल) प्रा. सिढिल–प्राथमिक 'सि' का लोप–ढिल=विलंब, शिथिलता, देर।

हुए हेक (डिं)=देखो. पूर्व. दो. में नोट।

जाइ (डिं.)=(सं. याहि (क्रिया)।=जाओ, जा।

मुखहुँता (डिं)=मुख से। 'हुँता' के लिए देखो नोट पूर्व दो. 41 में।

माहरे (डिं.)=(सं. अहम्) डिं. सर्व. म्हा + एर=मेरे।

ताहरे (डिं.)=(सं. तव) डिं. सर्व. था+ एर=तेरे।

देइ (डिं.)=(सं. देहि)=देना, दो।

जादवाँ इन्द्र (डिं.)=(सं. यादवेन्द्र) जादवाँ (बहुवचन) + इन्द्र। बहुवचन शब्दों में, डिंगल में, इस प्रकार प्रायः संधि नहीं होती।

जत्र (डिं.)=(सं. यत्र) सीधा संस्कृत प्रयोग।

दोहला–46

गहमह (डिं.)=अनुकरण शब्द–जिस प्रकार हिंदी में 'जगमगाहट' लक्षणाशक्ति से 'दीपकों की जगमगाहट'–अर्थ है।

थई (डिं.)=गुजराती प्रयोग देखो पूर्व दो. में।

रह रह = रह जाओ 2 कहते हुए। उदाहरण—हि. "रहु रहु रे तुम नीच अमरगति रोकन हारे"—(प्रताप)।

वह (डिं.) = (सं. वह) बहना, प्रवाहित होना, चलना। राजस्थानी भाषाओं में चलने (क्रिया) के अर्थ में साधारणतः प्रयुक्त होता है।

रहे (डिं.) = हिं. 'रह गये' रुक गये, ठहर गये।

उदाहरण—"रहु रे मधुकर मधु मतवारे"। (सूर)।

रह (डिं.) हिं. "राह" से लघुत्व को प्राप्त होकर बना है।

दुज (डिं.) = (सं. द्विज) ब्राह्मण।

नीसरै (डिं.) = (सं. निस्त्रवण = निकलना) प्रा. निस्सरण, नीसरण। उदाहरण—"नव दसन निसरत बदन माँह, जो दसन कली समान तें"। (सीताराम)

सूतौ (डिं.) = (सं. स्वपिति) प्रा. सुवति = सो गया—सोता रहा। उदाहरण—"मोर तोर में सबै विभूता, जननी उदर गर्भ महँ सूता"। (कबीर)।

नह (डिं.) = हिं. नहीं।

अलंकार—स्वभावोक्ति—पूर्वार्ध में।

नोट—डॉ. टैसीटरी को "रह रह कोइ वह रहे रह"—इस पंक्ति के अर्थ के संबंध में अस्पष्टता है। हमें इसके अर्थ में किसी प्रकार की अस्पष्टता प्रतीत नहीं होती। अर्थ स्वभावोक्तियुक्त एवं सरल है। ढूँढाड़ी, मारवाड़ी एवं संस्कृतटीकाओं से हमारा किया हुआ अर्थ व्यक्त होता है।

दोहला—47

लगन (डिं.) = (सं. लग्न) विवाह का मुहूर्त्त।

नैडौ (डिं.) = (सं. निकट) प्रा. निअड-नयड़-नैड़ = नजदीक। देखो नोट दो. 41 'नयर' पर। इसी प्रकार हिं. में 'नियर'—उदाः "ऋष्यमूक पर्वत नियराई"। (तुलसी)।

भौ (डिं.) = (सं. भय) प्रा. भअ—भौ = भय, डर।

भति (डिं.) = हिं. भाँति। प्रकार, तरह।

जगति (डिं.) = द्वारिका—(लक्षणा लक्षितार्थ)—देखो ढूँढाड़ी टीका। ग्रंथों में भगवान् को 'जगन्निवास' कहा है। यथा उदाहरण—"दिशो न जाने न लभे च शर्म प्रसीद देवेश जगन्निवास"। गीता 11।25।

भगवान संसार भर में व्याप्त हैं अतएव, उनका निवास स्थान 'जगत्' कहा गया। अब, भगवान कृष्ण ने द्वारिका में भी निवास किया था। अतएव 'जगत्' और 'द्वारिका' पर्यायवाची स्थान हुए। कवि ने अपनी कल्पना से ही 'जगति' का यह अर्थ लिया है। अन्यत्र यह प्रयोग नहीं देखा।

नोट—यदि 'जगति' का अर्थ 'द्वारिका' न लेकर संसार लिया जाये, तो चतुर्थ पंक्ति का अर्थ यों होगाः—जब प्रातःकाल वह ब्राह्मण निद्रा से इस जगत् में जागा, तो अगले दो. 48 में वर्णित वेदादि की ध्वनि उसे सुनाई दी।

अलंकार=विभावना (पंचम)—विरुद्ध कारण से कार्य की उत्पत्ति—उत्तरार्ध में।

दोहला—48

सुणति (डिं.) हिंदी में 'सुनती है, सुनता है'—क्रियाएँ 'सुनाई देती है—देता है' के अर्थ में बोलचाल में अब तक प्रयुक्त होती हैं। उदाहरण—'तुमको कम सुनता है'।

नद (डिं.)=(सं. नाद) शब्द, शोर, झंकार।

नीसाण (डिं)=नगाड़ा, देखो. दो. 38।40

झल्लरि (डिं.)=(सं. झल्लरी) हिं. झालर, टकोरा, झाँझ; पूजा के समज बजाने का एक वाद्य।

हेका (डिं.)=एक ओर। देखो पूर्व दोहलों में 'हेक'।

कह (डिं.)=कहकहा, कोलाहल।

हीलोहल (डिं.)=(सं. हिल्लोल)=समुद्र की लहर+हल (अनु. शब्द)=हल्ला, शोर, घोर शब्द। समुद्र की लहरों का शोर।

सायर (डिं.) (सं. सागर) प्रा. सायर

नयर (डिं.) (सं. नगर) प्रा. नयर

सरीख डि.)=(सं. सदृश) प्रा. सरिस, हिं. सरीखा। देखो दोहला 8 'सारिखा'।

सद=(डिं.)=(सं. शब्द)=शब्द, आवाज़, ध्वनि।

अलंकार=1. देहरी दीपक—'कहुँ' में—(प्रथम पंक्ति)

2. सार अलंकार-वेदधुनि-संखधुनि—झल्लरी नद—नीसाणनद—सायर—नयर सद इत्यादि में उत्तरोत्तर ध्वनि की वृद्धि प्रदर्शित की है।

3. तुल्ययोगिता—अंन्तिम पंक्ति में।

दोहला–49

पणिहारि = (सं. पानीय + आहरण) हिं. पनिहारी = पानी लाने वाली। उदाहरण– "गोकुल पनिहारी पनिया भरन गयी, बड़े बड़े नैना तामें खोभि रह्यो कजरा।"

पटल = (सं.) = 1. समूह। 2. वस्त्र। यहाँ 'समूह' अर्थ में प्रयुक्त है। दूसरे अर्थ में प्रयोग के लिए देखो दोहला 40।

दल = (सं.) = दोनों अर्थ में प्रयोग हुआ है 1. समूह 2. पुष्पदल, पंखुड़ी।

तीरथ = 1. पवित्र पुण्यस्थान 2. घाट, जलाशय। शास्त्रोक्त तीन प्रकार के तीर्थ है–

1. जंगम-तीर्थ = चलते-फिरते तीर्थ, यथा ब्राह्मण, साधु इत्यादि।
2. मानस-तीर्थ = सत्य, क्षमा, दया, ब्रह्मचर्य, मधुरभाषणादि गुण।
3. स्थावर-तीर्थ = यथा, काशी, प्रयाग, गया इत्यादि स्थल।

नोट–'पटल'–का 'सुंदर वस्त्र' अर्थ करने पर प्रथम पंक्ति का अर्थ यों होगाः–"सुंदर वस्त्र पहने हुए पनिहारियों के वृन्द चंपकपुष्प के दल के समान शोभित हैं।

अलंकार = उपमा–पूर्वार्ध में।

रूपक–उत्तरार्ध में।

लाटानुप्रास–तृतीय पंक्ति।

स्वभावोक्ति–पूर्वार्ध में।

दोहला–50

जोवै (डिं.) = (सं. जुषण) प्रा. जुहण–जोहण, हिंदी–जोहना = ध्यानपूर्वक देखना। देखो पूर्व दोहला– 43 में प्रयोग।

जाँ (डिं.) = हिं. जहाँ।

जगन (डिं.) = (सं. यज्ञाग्नि)–यज्ञ की अग्नि।

जागवै (डिं.) = जगती है, प्रज्वलित होती है।

आलाप = (सं.) = बोलना, शब्द करना।

मौरिया = (सं. = मुकुलिता) प्रा. मउलिआ, मउरिया–मौरिया। मंजरीयुक्त हुए हैं। देखो पूर्व दोहला 21 में "मौरे"।

अलंकार = एकावलि।

दोहला–51

सम्प्रति = (सं.) = प्रत्यक्ष। राजस्थानी में 'साँपरतै', 'साँपरतक' शब्द प्रत्यक्ष के अर्थ में बोलचाल में अब तक प्रयुक्त होते हैं।

ए (डिं.) = (सं. एष) = यह। हिं. उदाहरण–"दुरै न निघट घटौ दिये ए रावरी कुचाल"–(बिहारी)।

किना (डिं) = (सं. किं + नं) संदिग्ध प्रश्नसूचक सर्वनाम = "क्या यह तो नहीं है?", क्या। पूर्व दोहला– 41 में देखो।

हूँ (डिं.) = (सं. अहम्) प्रथम पुरुष एकवचन पुरुषबोधक सर्वनाम = मैं। राजस्थानी भाषाओं में विशेषतः मारवाड़ी भाषा में इसका सर्वत्र प्रयोग होता है।

जाइ (डिं.) = (सं. यत्) = जिसको। हिंदी में 'जाहिँ', 'जेहिँ' का प्रयोग होता है। मिलाओ दोहला– 45 के 'जाइ' से। वहाँ 'जाना' क्रिया से आज्ञा अथवा पूर्वकालिक रूप यही बनता है।

इमि (डिं.) = ऐसा। गुजराती प्रयोग 'एम' के समान रूप।

सुहिणौ-जम्पियौ (डिं.) = इन पर नोट क्रमशः दोहला– 15, 304 में देखो।

आ (डिं.) = यह संकेतबोधक सर्वनाम, स्त्रीलिङ्ग का चिह्न है।

दुआरामती (डिं.) = द्वारावती, द्वारिका।

अमरावती = इन्द्रपुरी।

सु (डिं.) = तो, यह तो। किसी शब्दविशेष पर ज़ोर (emphasis) देने के लिए मारवाड़ी में 'सु' या 'स' लगा देते हैं। उदाहरण–आ सु द्वारामती = यह तो द्वारिका है।

अलंकार = संदेहालंकार।

दोहला–52

क्रमियौ (डिं.) = (सं. क्रमण = चलना) = चला।

थियौ–तणौ (डिं.) देखो पूर्व दोहला– में इन पर नोट।

दोहला–53

वीखियै (डिं.) = (सं. वीक्ष्य) = देखकर।

आलौचै = (सं. आलोचति) प्रा. आलोजइ-आलोजै = विचार करता है।

हुइस्यै (डिं.) = (सं. भविष्यति) प्रा. हुइस्सइ-हुइस्यै = होवेगी।

हूँ, हिव (डिं.) = देखो पूर्व दोहला– 51, 15 में इन शब्दों पर नोट।

आपौ आप = हिंदी में–'आपसे आप' मुहाविरा राजस्थानी में 'आपौ आप' रूप में साधारणतः व्यक्त होता है।

अलंकार = हेतु अलंकार।

दोहला–54

ऊठिया (डिं.) = (सं. उत्थिताः) प्रा. उट्ठिआ-ऊठिया = उठे।

दूरन्तरी (डिं.) = (सं. दूरान्तरे) दूर के अंतर से अर्थात् दूर से।

करिबन्दण ....विशेष = वेदशास्त्रोक्त आतिथ्य धर्म से भी विशेष अतिथि-सत्कार किया। वेदशास्त्रोक्त आतिथ्य धर्म से यहाँ धर्मशास्त्रोक्त आतिथ्य धर्म के लक्षणों से आशय है।

जगतपति अन्तरजामी = ये साभिप्राय शब्द हैं। इनके अर्थ से दोहले में चमत्कार उत्पन्न होता है। संसार के स्वामी होने पर भी और घट-घट की आंतरिक दशा को बिना बताये स्वयं जान लेने की योग्यता होने पर भी उठकर ब्राह्मण का सत्कार, अभिवादन किया और उससे संवाद पूछा। यह आश्चर्य है।

तेणि (डिं.) = (सं. तेन) प्रा. तेण = उससे भी।

अलंकार–परिकर।

दोहला–55

कार्यपत्र–इन दोनों शब्दों का प्रयोग संस्कृत व्याकरण की दृष्टि से अशुद्ध है। दोनों शब्द नपुंसक लिंग जाति के शब्द होने से 'कार्यम्' और 'पत्रम्' होना उचित है। कवि ने संस्कृत व्याकरण की ऐसी साधारण ग़लती किस प्रकार की? क्या उनको संस्कृत-व्याकरण का प्राथमिक ज्ञान भी न था? हमारी समझ में कवि ने छंद में मात्रा-भंग दोष से बचने के लिए और 'कुत्र', 'पत्र' की तुक मिलाने के लिए जानबूझ कर यह ग़लती की है।

नोट—कृष्ण के मुख से देवगिरा संस्कृत में प्रश्न करवाना कवि ने प्राचीन साहित्यिक परिपाटी के अनुसार निश्चित किया है। इससे उनका प्रभुत्व एवं देवत्व प्रदर्शित किया है। संस्कृत नाटकों में कवियों ने केवल श्रेष्ठकुल के उच्चश्रेणी के पात्रों द्वारा ही संस्कृत में भाषण करवाया है। स्त्री, शूद्र और निम्न वर्ण के पात्रों का भाषण प्राकृत में होता था।

अलंकार—दो.—55 और 56 में प्रश्नोत्तर का क्रम यथासंख्य अलंकार का चमत्कार उत्पन्न करता है।

दोहला—56

राज (डिं.)=(सं. राजन्) सम्मानसूचक सर्वनाम—आप। राजस्थानी में लेखबद्ध भाषा में बहुतायत से 'आप' के लिए प्रयुक्त होता है।

लगैं (डिं.)=(सं लग्न)—के लिए के वास्ते। जिस प्रकार संस्कृत में 'कृते' का प्रयोग होता है। हिंदी में भी इस प्रकार का प्रयोग देखा जाता है, यथा उदाहरण— "भृगुपति जीति परशु तुम पायौ, तालग हौं लंकेश पठायौ"।

मेल्हियौ (डिं.)=(सं. मिलन)=हिं. भेजा है; स्थापित किया है, धारण किया है। उदाहरण—"सिय जयमाल राम उर मेली" (तुलसी)

इणि (डिं.)=हिं. इन, डिं. इण (सप्तम्यन्त) इसमें, इनमें। राजस्थानी भाषा में अब भी साधारणतः प्रयुक्त होता है।

माहि=(सं. मध्ये) में, भीतर, अंदर, अधिकरण विभक्तिचिह्न। हिंदी-कविता में बहुतायत से प्रयुक्त होता है।

सहि (डिं.)=(सं. सर्व+अपि) हिं. सभी, डिं. सही, सहू, सह, सहि।

डिं. उदाहरण—"सह गावड़िये साथ, एकण बाड़े बाड़िया" (पृथ्वीराज)

हिं. उदाहरण—"राजपाट दर परिग्रह, तुमही सहूँ उजियारे"। (जायसी)

हुँता—कागल-दीधो-एम (डिं.)=इन पर नोट देखिए पूर्व दो. में।

अलंकार=दोहला 55 की अपेक्षा में इस दोहला का उत्तर क्रमबद्ध है। अतएव, यथासंख्य अलंकार है।

दोहला—57

आणंद लखण=आनंद के लक्षण कहने से आशय आनंद के अनुभावों से हो सकता है। भावों की आंतरिक अनुभूति का बाह्य जगत में शारीरिक

अवयव-विकृति के रूप में प्रकट होने को 'लक्षण' कहा गया है। इसी दृष्टि से देखने पर आनंद-लक्षण, वर्तमान प्रसंग के अनुसार सात्विकभाव के पर्याय हुए। इस दोहले में शास्त्र-सम्मत आठ सात्विकभावों में से चार तो व्यक्त कर ही दिए गए हैं—स्तम्भ, रोमांच, स्वरभंग (गदगद) और अश्रु। आठ सात्विक भाव ये हैं:—

स्तंभस्वेदोऽथ रोमांचः स्वरभंगोऽथ वेपथुः।
वैवर्ण्यमश्रुप्रलय इत्यष्टौ सात्विकाः स्मृताः।।

(सा. दर्पण)

वाचत ....वणौ = गदगद (स्वरभंग अथवा भावावेश के कारण कण्ठ अवरुद्ध हो जाने) से पत्र बाँचते नहीं बनता।

पश्चिमी, मारवाड़ी टीका का अर्थ—"बचायइ नहीं"।

संस्कृत-टीका—"वाचयितुं न बणइ इति न शक्यत्वं सम्भवति।।"

हिं. कविता में इस प्रकार के मुहाविरे का प्रयोग होता है:—

उदाहरण—"बनै न बरनत बनी बराता"—(तुलसी)

'तिणि' और तणै = देखो नोट पूर्व दोहला— में।

ज (डिं.) = दोहला— 51 के 'सु' की तरह यह भी शब्द विशेष और असाधारण ज़ोर (emphasis) देने के लिए प्रयुक्त होता है = ही, भी, तो। वस्तुतः ये हिंदी में निपात हैं।

अलंकार = स्वभावोक्ति।

दोहला—58

चै (डिं.) = चौ, चा, ची, चै, इस प्रकार के मराठी प्रयोग "वेलि" में बहुतायत से प्रयुक्त हुए हैं। षष्ठी विभक्ति का संबंध चिह्न। देखो प्रयोग पूर्व दोहला— 12, 37 में।

लाधै (डिं.) = (सं. लब्ध) प्रा. लद्ध। इसके मिथ्या अनुकरण के सिद्धांत से सं. 'दा' धातु के 'दत्त' का डिंगल में 'दीध' बनता है। प्राकृत और अपभ्रंश में इस प्रकार मिथ्यानुकरण से शब्दों का रूपांतर बहुधा हो जाया करता है।

हिं. उदाहरण—"इन सम काहु न शिव अवराधे। काहु न इन समान फल लाधे।" (तुलसी)

दूवै (डिं.)=(अरबी-दुआ=प्रार्थना) दुआ माँगना, दुआ देना। राजस्थानी में इसका अर्थ आज्ञा लेना–देना, प्रचलित है, देखो दोहला 80।

वाचण (डिं.)=(सं. वाचन)=बाँचना, पढ़ना।

वीनवियौ (डिं.)=(सं. विनय) विनय की, निवेदन की।

तूझ (डिं.)=(सं. तुभ्यम्) प्रा. तुज्झं=तेरी। देखो पूर्व. दोहला– 6 में प्रयोग।

असरणसरण=(सं.) जिसकी कोई शरण नहीं है, उसे शरण देने वाले। इस अर्थ का समर्थन ढूँढाड़ी और संस्कृतटीका करती हैं। पश्चिमी मा. टीका–"बीजउ सरण कोई न थी" यह अर्थ करती है।

अलंकार=परिकार–'असरणसरण' अभिप्राय गर्भित है।

दोहला–59

बलि-बन्धण=सम्बोधन, हे बलि को बाँधने वाले, भगवान!

कथाप्रसङ्ग यह है–राजा बलि, विरोचन का पुत्र और प्रह्लाद का पौत्र दैत्य जाति का एक बड़ा पराक्रमी राजा था। पौराणिक इतिहास के अनुसार यह त्रिलोक का स्वामी था। इसके बढ़ते हुए आतंक और अभिमान को रोकने के लिए भगवान् विष्णु ने वामन का अवतार लेकर इसे छलकर बाँध लिया और त्रिलोकी का राज्य दान में लेकर इसे पाताल में भेज दिया। देखो पूर्व दोहला–"तिणि ही पार न पायौ त्रीकम" दोहला– 5

सिङ्घ बलि स्याल प्रासै=सिंह के भक्ष्य को शृंगाल खाने की चेष्टा करे। उदाहरण 1. हम सेवक वा त्रिभुवनपति के, सिंघ को बलि कौवा को खाई। (सूर)

2. बैनतेय बलि जिस चह कागू, जिमि सस चहै नाग अरि भागू। (तुलसी)

मूझ (डिं.)=(सं. मह्यम्) प्रा. मुज्झं, डिं. मूझ, मुझि, हिं. मुझे, मुझको।

बलि=(सं.)=भक्ष्य, देवता के लिए उत्सर्ग किया हुआ पशु अथवा पदार्थ।

प्रासै (डिं.)=(सं. प्राशन=खाना)=खावै।

बीजौ (डिं.)=(सं. द्वितीय) प्रा. बिईज; डिं बिओ, बीजो, दूजौ=दूसरा। हिं. दूजा। यथा–उदाहरण–"ए मन के गुण गुंथत जे, पहिचानत जानकी और न बीजो।" (हनुमान)

परणै (डिं.)=(सं. परिणयन=ब्याहना)=ब्याहे (डिं. परणनौ क्रिया)=

कपिल धेनु दिन पात्र कसाई=कपिला गाय कसाई जैसे कुपात्र को दी जाए। हिं. उदाहरण—"जिमि कपिलहिं घालै हरहाई"—तुलसी

कपिल धेनु=सफ़ेद रंग की गाय; सीधी गाय; भूरे अथवा लाल मिश्रित भूरे रंग की गाय। यह पवित्र समझी जाती है।

पात्र=(सं.) भाजन, अधिकारी। 'कसाई' के सामीप्य संबंध से, लक्षण से इसका अर्थ 'कुपात्र' हुआ।

दिन (डिं.)=(सं. दत्त)। प्रा. और अपभ्रंश रूप—दिण्ण। उदाहरण—"जे मइँ दिण्ण दियहड़ा दइएँ, पवसन्तेण" (हेमचंद्र)।

तुलसी=तुलसी के पौधे को वैष्णव अत्यंत पवित्र मानते हैं और ठाकुर पर चढ़ाकर प्रसादरूप में भक्तों में बाँटते हैं। शालिग्राम ठाकुर की पूजा बिना तुलसीदल के नहीं होती। यह चरणामृत आदि में भी डाली जाती है। गरम देशों में यह अधिक पाई जाती है। वैद्यक में यह कई ज्वरों पर अत्यंत लाभदायक औषधि समझी जाती है। भारत में कई प्रकार की तुलसी मिलती है। गंधतुलसी, श्वेततुलसी या रामा, कृष्णतुलसी या कृष्णा, बर्बरी तुलसी या ममरी।

ब्रह्मवैवर्त्तपुराण में तुलसी के माहात्म्य के विषय में कथा हैः—तुलसी नाम की एक गोपिका गोलोक में राधा की सखी थी। एक दिन राधा ने उसे कृष्ण के साथ विहार करते देखा और शाप दिया कि मनुष्य शरीर धारण करके संसारयातना भोगे। शाप के अनुसार वह धर्मध्वज राजा की कन्या हुई। उसके रूप की तुलना किसी से नहीं की जा सकती थी। अतएव, 'तुलसी' नाम पड़ा। तुलसी ने वन में जाकर घोर तप किया और ब्रह्मा से यह वर माँगा, कि मुझे पतिरूप में कृष्ण की रति प्राप्त हो, क्योंकि मैं उनके प्रेम से तृप्त नहीं हुई। ब्रह्मा के निर्देशानुसार इसने शंखचूड़ राक्षस से विवाह किया। शंखचूड़ को वर मिला था कि बिना उसकी स्त्री का सतीत्व भ्रष्ट हुए उसकी मृत्यु न होगी। जब शंखचूड़ ने सब देवताओं को परास्त कर दिया, तो वे विष्णु के पास गए। विष्णु ने शंखचूड़ का रूप धारण कर तुलसी का सतीत्व भ्रष्ट किया। तुलसी ने शाप दिया कि तुम पत्थर के हो जाओ। परंतु पीछे विष्णु को पहचान कर पछताई और पैरों में पड़ कर क्षमा-याचना

की। विष्णु ने प्रसन्न होकर वरदान दिया, "तुम यह शरीर छोड़कर लक्ष्मी के समान मेरी प्रिया होवोगी। तुम्हारे शरीर से गंडकी नदी और केशों से तुलसी वृक्ष होगा।" तब से शालिग्राम (विष्णु) की पूजा होने लगी और तुलसीदल उसके मस्तक पर चढ़ने लगा। कार्त्तिक मास में वैष्णव लोग तुलसी और शालिग्राम का विवाह बड़े समारोह में विधिपूर्वक करते हैं। राजस्थान में इस अवसर पर कुँवारी कन्याएँ 3 दिन का अनशन व्रत रखती हैं और अक्षयदीप जलाती हैं। कार्त्तिकी अमावस्या तुलसी की जन्मतिथि मानी गई है। तुलसी की लकड़ी की कण्ठी और माला वैष्णव भक्त पहनते हैं।

अलंकार = 1. परिकर—'बलिबंधन' साभिप्राय शब्द है।

2. निदर्शना।

दोहला—60

अम्ह (डिं.) = (सं. अहम्) प्राकृत में मिलित व्यंजनों का स्थान विपर्यय होने का नियम है। इसी प्रकार, डिंगल मे, अहम् के 'हम्' का 'म्ह' हो गयी है।

कजि (डिं.) = (सं. कार्य) के लिए। हिं. उदाहरण—= "पर स्वारथ के काज..." (गिरधर)

तुम्ह (डिं.) = (सं. त्वम्)—तुमको

छण्डि (डिं.) = (सं. छर्दन) प्रा. छडण = छोड़ना, त्यागना।

हि. उदाहरण—"सप्तदीप भुजबल बस कीन्है, लेइ लेइ दंड छाँड़ सब दीन्है। (तुलसी)

अवर (डिं.) = (सं. अपर) प्रा. अवर। शुद्ध प्राकृत प्रयोग। हिं. उदाहरण—"गम दुर्गम गढ़ देहु छुड़ाई, अवरो बात सुनो कछु आई"। (कबीर)

आणै (डिं.) = (सं. आनय) प्रा. आणअ = लावै।

हिं. उदाहरण—"कपि मुद्रिका मेलि मुख आनी" (तुलसी)।

ऐंठित (डिं.) = (सं. उच्छिष्ठ) डिंगल में 'ऐंठा' उच्छिष्ठ पदार्थ झूठे अन्न इत्यादि के लिए प्रचलित है।

सालिगराम = विष्णु की एक प्रकार की श्याम मूर्ति जो पत्थर की होती है और गंडकी नदी में पाई जाती है। इस पर चक्राकार जनेऊ का चिह्न होता है। अनेक पुराणों में इस मूर्त्ति की पूजा का माहात्म्य है। शालिग्राम-कथा के लिए 'तुलसी' पर नोट देखो दोहला— 59 में।

सूद्र=वर्णाश्रमधर्मविहीन, हिंदू तथा इतर अस्पृश्य जाति के लोग। पुराणों में म्लेच्छों का वर्णन कई जगह मिलता है। इनकी उत्पत्ति के विषय में कहा है कि ये राजा वेणु के शरीर-मंथन से उत्पन्न हुए। द्रविड़, शक, यवन, शबर, किरात, पौड्र, बर्बर, खस, पह्लव—ये म्लेच्छों की कुछ जातियाँ पुराणों में वर्णित है। साधारणतः किसी भी गो-मांसभक्षी, अनार्य-भाषा-भाषी, सर्वाचार-विहीन जाति की म्लेच्छ संज्ञा दी जाती थी।

संग्रहि=(सं.) संस्थापन, संग्रहण—स्थापित करना।

संस्कृतटीका—"संग्राहयन्ति ददते इव"।

अलंकार—निदर्शना।

दोहला—61

हए (डिं.)=(सं. हन्) हनन किया, मारा, वध किया। हिंदी में प्रयोग होता है। उदाहरण—1. छन में सकल निशाचर हये।

2. देवन हये निसाण (तुलसी)

ऊधरी (डिं.)=(सं. उद्धरण)=उद्धार किया, बचाया।

हिं. उदाहरण—"भरत विवेक बराह विशाला, अनायास उधरी तेहि काला"। (तुलसी)

हूँ (डिं.)=(सं. अहम्) मैं।

हूँ (डिं.)=डिं. हूँत, हुँताँ—इत्यादि का अल्परूप है। 'त' का लोप। राजस्थानी भाषाओं में इस अर्थ में हूँ, हूँत, हुँता, अब तक प्रचलित हैं।

तई (डिं.)=(सं. तदा) तब, उस समय (सप्तम्यान्त इकारांत)।

सीख=शिक्षा, राय। हिं। उदाहरण—"याकी सीख सुनै ब्रज फोरे" (सूर)

किण (डिं.)=किसने। हिंदी में 'किन', 'किन्ह' इसी अर्थ में प्रयुक्त होते हैं।।

हरि ....पताल हूँ=दैत्यराज हरिण्यकशिपु का भाई हिरण्याक्ष एक प्रसिद्ध दैत्य था। कश्यप और अदिति से इसकी उत्पत्ति हुई थी। इसने अपने पराक्रम से पृथ्वी को लेकर पाताल में रख छोड़ा था। ब्रह्मादि देवताओं की प्रार्थना पर विष्णु ने वराहावतार धारण करके इसे मारा और पृथ्वी का उद्धार किया था। उदाहरण—

वसति दशनशिखरे धरणी तव लग्ना शशिनिकलंक कलेव निमग्ना।
केशव धृत शूकररूप। जय जगदीश हरे।

(गीतगोविन्द)

अलंकार=काकु वक्रोक्ति—उत्तरार्ध में।

दोहला–62

आणे (डिं.)=देखो नोट दोहला 60, हिं. उदाहरण—"आनेहु रामहिं वेगि बुलाई"। (तुलसी)

जई-तई (डिं.)=(सं. यदा-तदा) जब, तब। देखो दोहला– 61 नोट 'तई' पर।

नेत्रै=(सं.)=मथानी की रस्सी।

नहि (डिं.)=नाथकर। हिं. नाथना, नाँधना=काम में लगाना, जोतना, संयुक्त करना। हिं. उदाहरण—"पसु लौं पसुपाल ईस बाँत छोरत नहत"। (तुलसी)

रई (डिं.)=मंथनदंड—दधि मथने की लकड़ी। हिं. उदाहरण—"वासुकी नेति अरु मंदराचल रई, कमठ में आपनी पीठ धार्‌यो"। (सूर)

मँदर=मंदराचल। एक प्रसिद्ध पौराणिक पर्वत। देवासुर-संग्राम में यह समुद्र-मंथन के लिए मंथन-दंड की तरह उपयुक्त हुआ था।

महण (डिं.)=(सं. महार्णव) महासमुद्र।

महमहण (डिं.)=(सं. महार्णव + मंथन) हे महासमुद्र का मंथन करने वाले।

मूँ (डिं.)=मुझको। दूसरा रूप 'मूझ' भी बनता है। उसी का अल्परूप है।

सीखव्या (डिं.)=शिक्षा दी, सिखाया। 'सीखाव्या' भी बनता है।

अलंकार=उत्तरार्ध में—काकु वक्रोक्ति।

नाग-नेत्रे, मंदर-रई=रूपक।

नोट—प्रथम पंक्ति में वयण-सगाई के असाधारण नियम का प्रयोग है। जिसे आंतरिक वयण-सगाई कह सकते हैं। 'आणे' का 'असुर' के साथ और 'नाग' का 'नहि' के साथ वयण-सगाई-संबंध है। इसी प्रकार के अन्य असाधारण प्रयोगों के लिए देखो भूमिका।

दोहला–63

रामा अवतारि=त्रेतायुग में विष्णु का रामचन्द्र रूप में अवतार। मिलाओ–दोहला– 12 में "रामाअवतार" जहाँ अर्थ विभिन्न है।

वहे (डिं.)=(सं. बध) प्रा. वह=मारा, संहार किया, मारकर।

रणि (डिं.)=(सं) रण में, युद्ध में।

किसी (डिं.)=देखो नोट दोहला– 31 में "किसी जात कुलपांत किसी"।

हूँ-ऊधरी-हूँ ती (डिं.)=देखो नोट पूर्व दोहला– 61 में।

वेलाहरण (डिं.)=(सं. वेला=समुद्रकूल हरण=हरण करने वाला)=प्रचल तरङ्गों से आकुल समुद्र। 'वेला' के इस अर्थ के लिए देखा "स वेला वप्रवलयां".. (रघुवंश)

त्रिकुटगढ़=लङ्का, जो त्रिकूट पर्वत पर बसी हुई है। त्रिकूट एक कल्पित पौराणिक पर्वत है, जो सुमेरु का पुत्र माना गया है। वामन-पुराण के अनुसार क्षीरोद समुद्र में स्थित है। वहाँ देवर्षि, विद्याधर, किन्नर तथा गंधर्व क्रीड़ा करते हैं। इसकी एक चोटी सोने की है जिस पर सूर्य आश्रित है, दूसरी चोटी चाँदी की है जिस पर चंद्र आश्रित है। तीसरी बर्फ़ से ढकी है। नास्तिकों को यह पर्वत दिखाई नहीं देता।

अलंकार=वक्रोक्ति।

दोहला–64

चौथी आ वार=चौथी यह बारी है, जब मेरा उद्धार करने का अवसर आया है। चौथी बार कहने से कवि का आशय उपर्युक्त 61, 62, 63 दोहलों में वर्णित क्रम के उपरांत यह कवि--कल्पित चौथी बारी है। यों तो विष्णु के शास्त्रोक्त दश अवतार पृथ्वी के उद्धार करने के लिए हुए हैं। उनके क्रम से यह चौथा अवतार नहीं है। दश प्रधान अवतार ये हैं:–

मत्स्यकूर्मो वराहश्च नरसिंहोऽथ वामनः।।

रामो रामश्च कृष्णश्च बुद्धकल्की च ते दशः।।

वाहर (डिं.)=बचाव, शरणागत की रक्षा और उद्धार करना। अब भी राजस्थान में आपद्ग्रस्त प्रजा को आततायियों से बचाने के लिए राजा की ओर से 'वाहर चढ़ने' की प्रथा है।

चत्रभुज=(सं. चतुर्भुज)=चार भुजायुक्त विष्णु का अवतार। आगे की पंक्ति में "शंख चक्रधर गदा सरोज" कह कर चारों भुजाओं के आयुध गिनाए हैं।

मुख करि=मुख से। हिंदी में भी इस प्रकार करण और अपादान विभक्ति में 'करि' का प्रयोग होता है।

किसूँ (डिं.)=(सं. कीदृश, प्रा. कईस)=कैसे।

आलोज (डिं.)=(सं. आलोच्य) प्रा. आलोज्ज=विवेचन, विचार देखो दोहला– 53, 132।

अलंकार=वक्रोक्ति (शाब्दी)।

परिकर–'अन्तर्यामी' साभिप्राय विशेषण शब्द है। जो भगवान अंतर्यामी हैं, उनको मुख से हृदय के भाव कहना वृथा है और कहे भी कैसे जा सकते हैं।

दोहला–65

तथापि=(सं.) संस्कृत प्रयोग।

तिणि (डिं.)=(सं. तेन) इसलिए।

त्रिया (डिं.)=(सं. स्त्री)=स्त्री। हिंदी में भी प्रयोग होता है।

"तिरिया तेल हमीर हठ, चढ़े न दूजोबार।"

अनै (डिं.)=गुजराती में भी प्रयुक्त होता है। देखो पूर्व दोहला 11 में।

आतुरी (सं.)=आतुरता।

राज (डिं.)=आप। देखो प्रयोग पूर्व दोहला– 56 में।

दुरी दिन=(सं. दुः + दिन) यह ऐसा दृष्टांत है जिसमें वयण-सगाई घटाने के लिए 'दिन' शब्द को उपसर्ग 'दुः' से पृथक् कर दिया है, जिससे 'दुर्दिन' एक शब्द होता हुए भी भिन्न मालूम होता हैं।

नेडउ (डिं.)=(सं. निकटकः)–देखो प्रयोग पूर्व दोहा 47 में।

नोट–इस दोहला– में कवि ने स्त्री के नैसर्गिक स्वभाव का बड़ा अच्छा चित्र खींचा है। भाव बड़े स्वाभाविक हैं।

अलंकार=समुच्चय। दूवितीय पंक्ति में हिंदी में इस अलंकार का प्रसिद्ध उदाहरण–"ग्रहग्रहीत पुनि वातवश ...." (तुलसी)।

दोहला–66

तै (डिं.)=(सं. सर्व. तै, सर्व. स का तृतीया बहु.)=उससे।

दीह (डिं.)=(सं. दिवस) प्रा. और अपभ्रंश–दिअह, दीह, दिहाड़ा, दिअहड़ा।

त्रिणि (डिं.)=(सं. त्रीणि)=तीन।

आड़ा (डिं.)=बीच में, अंतर में। हिंदी में अड़, आड़, आड़ा, प्रयुक्त होते हैं। आड़े हाथों लेना, आड़े आना।

उदाहरण–1. सात समुद्र आड़ा पड़ै मिलै अगाऊ आय। (कवीर)

2. मर्यादा आड़ी भई, आगे दियौ न राव।

(लक्ष्मण)

आ (डिं.)=यह (स्त्री.) देखो दोहला– 51 में।

घात (डिं.)=(सं. घात)–षड्यंत्र, चोट, प्रहार। हिं. उदाहरण–1. चुकै न घात मार मुठभेरी। (तुलसी)

2. हित की कहौं न कहौं अंत समय घात की। (प्रताप)

नोट–आघात को आघात पृथक्-पृथक् न पढ़कर एक साथ पढ़ने से भी यही अर्थ निकलता है।

आविसि (डिं.)=(सं. आगमिष्यसि)=आवेंगे (भविष्यत् क्रिया) आरात् (सं)=शुद्ध संस्कृत प्रयोग=निकट। "आरात दूर-समीपयोः"

दोहला–67

सारङ्ग (सं.)=विष्णु का धनुष। शुद्ध संस्कृत प्रयोग।

शिलीमुख (सं.)=बाण। हिं. उदाहरण–"न डगै न भगै जिय जानि शिलीमुख पंच धरे रतिनायक हैं।" (तुलसी)

चौ, कागलि, साँभलि–देखो नोट पूर्व दोहला– में।

दोहला–68

सुग्रीवसेन–मेघपुहप–समवेग-बलाहक=श्रीकृष्ण के रथ के चार घोड़ों के नाम। भागवत में–"समवेग"–की जगह चौथे अश्व का नाम 'शैव्य' दिया है। 'समवेग' नाम कवि का स्वयं कल्पित है।

हिं. उदा–"शैव्य बलाहक मेघपुष्प सुग्रीव बाजी रथ।" (गोपाल)

इसै (डिं.)=(सं. इदृश) इस प्रकार से, इस वेग से। इस क्रिया-विशेषण का अपेक्षित संबंधी वाक्य यह है–(कि) घर गिरि पुर साम्हा धाविन्त।" जिसके विषय में डॉ. टैसीटरी ने अकारण संदेह प्रकट किया है।

बहन्ति (डिं.)=(सं. वह) चलते हैं, गतिशील होते हैं। हिंदी में भी प्रयोग होता है, यथा उदाहरण–1. अस कहि चढ्यौ ब्रह्मरथ माँही, श्वेत तुरग वहे रथ काँहीं। (रघुराज)

2. बहइ न हाथ दहइ रिस छाती। (तुलसी)

खँति (डिं.)=डिङ्गल में 'ख्याँत', 'खाँत' शब्द, सावधानी, लगन, चतुरता के अर्थ में प्रयुक्त होते हैं।

खेड़ै (डिं.)=(सं. खेटन) प्रा. खेटणउ=चलाना, खड़ना (मारवाड़ी), गाड़ी चलाना।

साम्हा (डिं.)=(सं. सन्मुख) प्रा. सम्मुह, हिं. सामुहा। हिंदी-प्रयोग का उदाहरण–"जनु घुघची वह तिल कर मूहाँ, विरहवान साँधो सामूहा।" (जायसी)

नोट–संस्कृतटीका पूर्वार्ध की दो पंक्तियों का अर्थ विचित्र ढङ्ग से करती है। सुग्रीवसेन=वानरसैन्यं। नै मेघपुहुप सम=इति नदीजलपूरसमये यादृग् वहति। बलाहकानां=वर्षाभ्राणां यादृशं तादृशं वेगवत्वमिति।।

हमारी समझ में यह कष्ट कल्पना है।

धरगिरि पुर साम्हा धावन्ति=वेगपूर्वक यात्रा का कितना स्वाभाविक वर्णन है। इसी प्रकार का वर्णन कालिदास के शाकुन्तल में है, जब मातलि दुष्यंत का रथ वेगपूर्वक आकाश मार्ग में हाँकता है।

अलंकार=स्वभावोक्ति।

दोहला–69

थम्भि (डिं.)=(सं. स्तभनम्) प्रा. थम्भणं, डिं. थांभणउ=रोकना क्रि. के आज्ञा का रूप है।

औ (डिं.)=सर्वनाम संकेतबोधक। स्त्रीलिंग में "आ"। देखो पूर्व दोहला "आ सु दुआरामती" (51)।

इम–जिम (डिं.)=इस प्रकार–जिस प्रकार। एम, जेम रूप भी बनते हैं। गुजराती में भी प्रयोग होता है।

अम्हीणो (डिं.) संबंधकारक–मूँ, हूँ, मुझ, अम्ह का पष्ठीरूप=हमारा। उदाहरण–"भूंडौ जिकौ अम्हीणौ भाग"। (पृथ्वीराज) 'हमीणौ' भी रूप बनता है।

नै (डिं.)=डिंगल में सर्वत्र उपयुक्त कर्मकारक का चिह्न=को। बोलचाल की मारवाड़ी में इसी प्रयोग में आता है।

दोहला–70

रहिया (डिं.)=रह गए, रुक गए, विराम कर लिया। इसी प्रकार के प्रयोग के लिए देखो नोट दोहला 46 "रह रह कोइ वह रहो रह"।

सही (हिं.)=हिंदी में साधारणतः ठीक, सत्य, सचमुच, वास्तव में, के अर्थ में प्रयोग होता है।

हिं. उदाहरण–"प्रणतपाल पाए सही, जे फल अभिलाखे।" (तुलसी)

कीध, ढील (डिं.)=देखो नोट पूर्व दोहला में।

इवड़ी (डिं.)=इतनी।

कई (डिं.)=(सं. कदापि)=कभी भी। डिं. में जई, तई, कई, का यदा, तदा, कदा के अर्थ में प्रयोग होता है।

थई (डिं.) हुई। व्रज भाषा में 'भई'। दूसरी 'थई' के प्रयोग से मालूम होता है कि 'धीर' को कवि ने स्त्रीलिंग माना है।

थई छींक.......थई=यहाँ कवि ने हिंदू जाति में और विशेषतः राजस्थान में प्रचलित एक विश्वास का स्वाभाविक उल्लेख किया है। किसी काम के आरंभ में छींक होना अशुभ माना जाता है। छींक के साथ 'शतंजीव', 'चिरंजीव' उसके अशुभ प्रभाव का निराकरण करने के लिए कहते हैं। पाश्चात्य-जाति के कई लोग God bless thee (ईश्वर कल्याण करे) कहते हैं। इससे यह प्रतीत होता है कि छींक को अशुभ मानने का विश्वास विश्व-व्याप्त है।

चिंतातुर होने पर छींक का होना शुभ लक्षण होता है, क्योंकि उससे चिंता मिट जाने का लक्षण अभिप्रेत होता है।

अलंकार=अनुमानप्रमाण–पूर्वार्ध में।

हेतु–उत्तरार्ध में।

दोहला–71

चलपत्र = (सं.) पीपल का वृक्ष। इसे 'चलदल', अश्वत्थ' भी कहते हैं पीपल के पत्ते थोड़ी-सी हवा से चलायमान होने लगते हैं। अतएव, यह नाम पड़ा।

जिम, तिम = हिं. ज्यों, त्यों।

आसन्न (सं.) = निकट, नज़दीक।

धारणा (सं.) = आकृति, मुद्रा, ढंग, मन का विचार।

तकन्ति (हिं.) = ध्यानपूर्वक देखती, तकती है। हिं. उदाहरण–देखि लागि मधु कुटिल किराती, जिमि गँव तकइ लेउँ केहि भाँती। (तुलसी)

सकै न रहति–सकन्ति = मिलाओ–देखे बनै न देखते बिन देखे अकुलाय। (बिहारी)

दोहला–72

सन्ति मनसि = शुद्ध संस्कुत प्रयोग।

श्यामा = देखो नोट दोहला– 29, 80 में।

महन्ति = (सं. महती = महिमा, बड़ाई) अतएव गंभीर बात, संवाद। गुजराती में "माहती" शब्द का इस अर्थ में प्रयोग होता है। हिंदी में भी प्रयोग मिलता है। हिं. उदाहरण–"मातु पितु गुरु जननि जान्यौ भली खोई महति" (सूर)

कुससथली (डिं.) (सं. कुशस्थली) द्वारिका का नाम।

कहन्ति (डिं.) = (सं. कथयन्ति–प्रा. कहन्दि) कहते हैं।

दोहला–73

वम्भण (डिं) = (सं. ब्राह्मण) प्रा. वम्भण।

बीजौ (डिं.) = देखो नोट पूर्व दोहला– 59 में।

कथ (डिं.) = (सं. कथन) = बात, कथा।

नमे (डिं.) = 'नम' का पूर्वकालिक रूप, 'कहे', 'वहे' की तरह। देखो पूर्व दोहला– में।

कही–कथ=मिलाओ–"स्त्रवण सुणी अरु साँभली" (भागीरथी के दोहे)

लिखमी आप ....लागी=यहाँ "लिखमी आप" का विशिष्ट आशय यह है कि यद्यपि लक्ष्मीरूपा रुक्मिणी ने प्रत्यक्ष में उस संदेशवाहक ब्राह्मण को कुछ भी पारितोषिक नहीं दिया, परंतु जिस लक्ष्मी के कृपाकटाक्ष मात्र से लोगों का दरिद्र दूर हो जाता है वह यदि स्वयं विनीत होकर किसी के पाँव पड़े तो उस पुरुष के भविष्य में भाग्योदय का अनुमान किया जा सकता है।

अलंकार–उत्तरार्ध में काव्यार्थापत्ति।

दोहला–74

चढ़िया (डिं.)=युद्ध के लिए चढ़ाई की, प्रस्थान किया। इस अर्थ में हिंदी में भी प्रयोग होता है। उदाहरण–"सूर नंद कौं कहत यशोदा दिन आये अब करहु चढ़ाई।" (सूर)

सङ्करखण (सं.)=बलभद्र का नाम–'संकर्षण'। इन्होंने यमुना को हल से खींच लिया था।

कटकबंध (सं.)=कटक बाँधना, युद्धरचना, व्यूहरचना।

किध (डिं.)=(सं. कृत, प्रा. किध) किया।

घणा (डिं.)=(सं. घन) ज़्यादा। हिंदी काव्य में 'घना, घनी, घन, का प्रयोग होता है।

उजाथर (डिं.), हिं. उजागर का रूपांतर=प्रसिद्ध, विख्यात, प्रकाशमान् यशस्वी। हिं. उदाहरण–1. जाँबवान जो बली उजागर सिंहमार मणि लीन्हीं (सूर)

2. सोइ विजई विनई गुण सागर, जासु सुजस त्रयलोक उजागर। (तुलसी)

संस्कृत और प. मारवाड़ी टीकाओं ने 'ओज + स्थिर', ओज में स्थिर, युद्धधीर, रणधीर यह अर्थ लिया है।।

कलहि (डिं.)=(सं. कलह=युद्ध) सप्तम्यन्त=युद्ध में।

एहवा (डिं.) ऐसे (बहुवचन, सम्मान-सूचक) एकवचन.....एहवो, एहड़ो (डिं.)

सहु (डिं.)=सभी। देखो प्रयोग दोहला– 110 में।

आखाढ़ सिध (डिं.)=(सं. अक्षवाट, प्रा. अक्खआड, अख्खाड + सिद्ध)

अखाड़े, मल्लयुद्धस्थान अथवा रणक्षेत्र में सिद्धहस्त वीर। संस्कृतटीका "उजाथर कल्हि एहवा" का यों अर्थ करती हैः–"येओजाथरइ इति संग्रामे धीराः पुनः अेहावा इति अग्रेसरणयोग्या" यह कष्टकल्पना-मात्र है। पश्चिमी मारवाड़ी टीका के आधार पर यह मिथ्या कल्पना की गई है। प. मारवाड़ी टीका = "जिके उजाथर संग्रामधीर, जे कल–हे अेवाहा अग्रेसरी आगइ चालइ स्वामिभक्त ते साथे लीधा।"

अलंकार–उत्तरार्ध में–समुच्चय।

दोहला–75

पिण (डिं.) = (सं. पुनः प्रा. पुण) यद्यपि, परंतु, तो भी।

जूजुआ (डिं.) = (फारसी. जुदा + जुदा) पृथक्-पृथक्, अलग-अलग।

भेला़ (डिं.) = हिं. भेंट, भेड़ना, भिड़ना, भिलना-भेला = एकत्रित, इकट्ठा। हिं. उदाहरण–"कृष्ण संग खेलब बहु खेला। बहुत दिवस मँह पड़िगो भेला़।" (रघुराज)

जण (डिं.) = (सं. जन) प्रा. जण। प्रसंग से यहाँ 'जण' का लाक्षणिक अर्थ 'सज्जन' लिया है। जिस प्रकार दोहला– 59 में "पात्र" का अर्थ कुपात्र लिया गया है।

जोवण (डिं.) = (सं. जुषण) = देख-भाल करना, ध्यानपूर्वक देखना। देखो नोट पूर्व दोहला– 43, 50 में 'जोवै' पर।

अलंकार–उत्तरार्ध में–देहरी दीपक 'जोवण' क्रिया में।

दोहला–76

केवी (डिं.) = (सं. के + अपि) = कोई दूसरे। यहाँ पर प्रसंग से इन दूसरों का अर्थ 'दुर्जन' लिया है। शब्द का लक्षणार्थक प्रयोग है। संस्कृत टीकाकार "केवी दुर्जनाः इति" यही अर्थ लेता है। देखो इसी प्रकार का प्रयोग 'जण' दोहला 75 में।

अवर (डिं.) = (सं. अपर) प्रा. अवर, हिं. और, अउर = दूसरे।

वेदारथ = वेदवित् का 'वेदार्थ' कहने से आशय यह होता है कि जिस प्रकार वेदों में आध्यात्मिक गंभीर भाव भरे हुए हैं और जिस प्रकार वेदों का

आशय ऐश्वर्य एवं विभूतिसंपन्न है उसी प्रकार भगवान् का दर्शन भक्तों के लिए गंभीर आशयपूर्ण है।

जोग तत्त=योग के शास्त्रोक्त, आठ अंग माने गये है–

यमो नियमश्वासनं च प्राणायामस्ततः परं।

प्रत्याहारो धारणा च ध्यानं सार्धं समाधिना।

अष्टाङ्गान्याहुरेतानि योगिनां योगसिद्धये।।

उपर्युक्त योग के अष्टांग, भगवान् से सायुज्य प्राप्ति करने के हेतु, साधन हैं। सबका लक्ष्य भगवत्प्राप्ति है। अतएव, योगेश्वरों का भगवान् को योगसाधनों का लक्ष्य रूप अर्थात् 'योगतत्त्व' रूप में देखना उपयुक्त ही है।

कामिणि कह.........जोगेसवर=इसी प्रकार के भाव कविवर तुलसीदास ने सीय-स्वयंवर के समय भगवान् के प्रभुत्व से विस्मित राजाओं के हृदय से प्रकट किए हैः–

देखो–"जाकी रही भावना जैसी प्रभु मूरति देखी तिन तैसी।"–उन भावों में और इनमें बहुत कुछ सामंजस्य है।

भगवद्‌गीता में भगवान् के विराट् स्वरूप को देखकर इसी प्रकार अपनी-अपनी मनोवृत्ति के अनुसार देवता, असुर इत्यादि भगवान के स्वरूप को देखते हैं।

अलंकार–उल्लेख।

दोहला–77

वीखे (डिं.)=(सं. वीक्ष्य)=देखकर।

आप पर (डिं.)=(सं. आत्मन् + पर)=हिं. परस्पर, अपने और दूसरे के बीच में। 'आपस्पर' राजस्थानी में 'परस्पर' के पर्याय के रूप में अब तक प्रयुक्त होता है।

हर (डिं.)=(सं. स्मर) प्रा. म्हर, हर=आकांक्षा, उत्कट इच्छा, स्मरण इत्यादि।

देखो इसी प्रकार का प्रयोग पूर्व दोहला– 29 में।

म (डिं.)=(सं. मा) मत। देखो पूर्व दोहला– 45 में–'म म'।

अनि (डिं.)=(सं. अन्य)=दूसरे, अन्य।

रायहर (डिं.)=(सं. राज्यगृह) प्रा. राइहर, रायहर=राज्यकुल।

पुणै (डिं.)=कहते हैं। डिंगल में अन्यत्र भी प्रयोग मिलता है—उदाहरण—"पाँचमौ वेद भाखियौ पीथल, पुणियौ उगणीसमौ पुराण"।

दोहला–78

आवासि (डिं.)=(सं. आ + वास)=निवासस्थान में, डेरों में।

ऊभा (डिं.)=(सं. उत + भू)=खड़ा होना, खड़े हुए। हिं. में प्रयोग होता है। हिं. उदाहरण—"ऊभा मारूँ बैठा मारूँ, मारूँ जागत सूता।" (दादू)

राजा रै=राजा के यहाँ, राजा के घर पर—स्थान पर। इस प्रकार का मुहाविरा हिंदी और अन्यान्य देश भाषाओं में प्रचलित है—जिसमें 'घर में,' 'स्थान में', इत्यादि पूरक शब्द अन्तनिर्हित रहते हैं। यथा, अँगरेज़ी में 'I called at yours'।

रै (डिं.)=(सं. कृत्) विभक्ति चिह्न केर, एर=के, के यहाँ।

मनुहार (डिं.)=(सं. मन + हरण)=वह विनती जो किसी को प्रसन्न करने के लिए की जाती है, मनौआ, खुशामद। हिंदी में बहुतायत से प्रयोग होता है।

हि. उदाहरण—1. "मारौ मनुहारन भरी गारिउ भरी मिठाहि।" (बिहारी)

2. कहत रुद्र मन माँहि विचारि, अब हरि की कीजै मनुहारि। (लल्लूलाल)

3. सबै करति मनुहारि ऊधो कहियो हो जैसे गोकुल आवें। (सूर)

4. सौहें कियेहू न सौहैं करे, मनुहार करेहु न सूध निहारे। (केशव)

अलंकार—उत्तरार्ध में काव्यार्थापत्ति।

दोहला–79

सीखावि (डिं.) गुजराती में क्रिया का प्रेरणार्थक रूप इस प्रकार "आवी" लगा कर बनता है। राजस्थानी में और गुजराती में बहुत से समान प्रयोग देखे जाते हैं।

आखै (डिं.)=(सं. आख्यायते) प्राः आक्खाअइ, आखै=कहती है।

सुजि (डिं.)=(सं. सा + एव) वही। देखो 'सु' और 'जि' का पृथक्-पृथक् प्रयोग प्रायः एक ही अर्थ में, पूर्व दोहला– 15 में।

जात्र (डिं.)=(सं. यात्रा)=देवदर्शनार्थ देवमंदिर को जाना। देवयात्रा। राजस्थान में 'देव–यात्रा' अथवा 'जात' को जाना। अब तक मांगलिक प्रथा के रूप में सर्वत्र प्रचलित है। विवाह, पुत्रोत्पत्ति अथवा अन्य शुभ अवसरों पर देवताओं की 'जात' फिरी जाती है।

दोहला–80

तदि=(सं. तदा) स्त्रीलिंग एवं सप्तमी विभक्तिद्योतक इकारांत चिह्न सहित। अन्यत्र इसी अर्थ में 'तई' 'तइ' का प्रयोग हुआ है। देखो पूर्व दोहला 61, 62, में।

दूवौ (डिं.)=(अरबी. दुआ=प्रार्थना)=आज्ञा। देखो पूर्व दोहला 58 में।

परसण (डिं.)=(सं. स्पर्शनम्)=मिलना, स्पर्श करना, आलिङ्गन करना, हिंदी में बहुतायत से प्रयोग होता है।

प्री (डिं.)=(सं. प्रिय)=प्रिय, प्रियतम, प्यारा।

आरँभिया (डिं.)=(सं. आरंभ-क्रिया प्रयोग)=आरंभ किया। हिं. उदाहरण– "अनरथ अवध अरंभ्यौ जब ते, अशकुन होत भरत कहँ तब ते। (तुलसी)

स्यामा=देखो नोट पूर्व दोहलों में।

दोहला–81

कुमकुमै=(सं. कुंकुम)=1. केशर, रोली, गुलाबजल।

2. (तुरकी. कुमकुमा)=लाख का बना हुआ एक चपटा लड्डू जो अबीर-गुलाल से भरा हो। उदाहरण–"चंदन कालकूट सम जानहु। कुमकुम पवि पहार इव मानहु।" (मधुसूदन)

यहाँ 1. अर्थ में यह शब्द 'गुलाबजल' के अर्थ में प्रयुक्त हुआ है। हिंदी में इस प्रकार के प्रयोग मिलते हैं। हिं. उदाहरण–"जहाँ स्यामघन रास उपायौ, कुमकुम जल सुखवृष्टि रमायौ।" (सूर)

मँजण (डिं.)=(सं. मज्जन)=नहाना। हिं. उदाहरण–"मंजन फल पेखिय तत्काला" (तुलसी)।

वसत (डिं.)=(सं. वस्त्र) वस्त्र।

धौत (सं.)=शुद्ध संस्कृत प्रयोग–धुले हुए।

चिहुरे (डिं.)=(सं. चिकुर)=सिर के केश।

हिं. उदाहरण–"छूटे चिहुर बदन कुम्हिलाने, ज्यों नलिनी हिमकर की ारी" (सूर)।

चुवण (डिं.)=(सं. च्यवन) प्रा. चवण, डिं चुवणो, हिं. चूना, चूवना=टपकना, गिरना। हिं. उदाहरण–"कोइ मुख शीतल नीर चुवत, कोई अंचल सों पवन डुलावै।" (जायसी)

छीणे (डिं.)=(सं. छिन्न) प्रा. छिण्ण, छीण=टूट जाने पर।

छछोहा (डिं.)=अनुकरण शब्द। फुहार, फव्वारा।

मखतूल (हिं.)=(सं. मर्घ + तूल) काला रेशम, जो क़ीमती होता है।

गुण=(सं.) डोरा, सूत, तागा। हिंदी में श्लिष्ट अर्थों में यह शब्द इस अर्थ में बहुधा प्रयुक्त होता है।

गुणमोती (डिं.)=एक प्रकार का बहुमूल्य मोती-विशेष। जिस प्रकार 'गजमुक्ता', 'सीपमोती' 'सर्पमणि' होते हैं उसी प्रकार यह भी है। राजस्थानी में 'गुणमोती' विशेष सौंदर्य और आभाद्योतक मोती की एक जाति गिनी गयी है।

अलंकार=उत्प्रेक्षा–उत्तरार्ध में।

दोहला–82

बिहुँ (डिं.)=(सं. द्वि) दोनों। डिङ्गल में और हिंदी में बहुधा प्रयोग होता है। देखो. पूर्व दोहला– 12 में।

धूपणै (डिं.)=(सं. धूप) क्रिया–धूपना, डिं. धूपणो=धूप देकर सुवासित करना। राजस्थान में स्त्रियों के शरीर-शृंगार का यह एक अंग है। स्त्रियाँ गंध द्रव्य जला कर उनके सुगंधित धुएँ से धोए हुए स्वच्छ केशों को सुवासित करती हैं। हिं. उदाहरण–"वास धूपि अगारन धूपि कै धूम अँध्यारी पसारी महा है।" (मतिराम)

कारणै, लीधै (डिं.)=यहाँ संप्रदान विभक्ति के चिह्न की तरह मुहाविरे में न शब्दों का प्रयोग हुआ है=के लिए। जिस प्रकार हिंदी में 'लगि', 'काज' का प्रयोग होता है–'तुम लगि', 'मारन काज'।

मुगता (डिं.)=(सं. मुक्त) फैलाना, खुला करना, खोलना।

चै, ची (डिं.)=मराठी प्रयोग, देखो नोट पूर्व दोहला– में।

वागुरि (डिं.)=(सं.) वागुरा=मृग को फँसाने का जाल।

जाणे=(डिं.)=उत्प्रेक्षा का चिह्न, मानो, जानो।

अलंकार=उत्प्रेक्षा-उत्तरार्ध में।

दोहला–83

वाजोटा (डिं.)=(सं. वाद्य + पट्ट) मंच की तरह ऊँची, बैठने की एक चौकी अथवा पटड़ा जो स्नान के लिए काम आता है। राजस्थानी भाषाओं में प्रचलित शब्द है।

रस (सं.)=रुचि, इच्छा, अनुरक्ति से। हिं. उदाहरण–"जो जो जेहि जेहि रस मगन तहँ सो मुदित मन मानि।" (तुलसी)

इतरै (डिं.)=इतने में।

आली=(सं. आलि)=सखी सं. उदाहरण–"अलमलमालि मृणालै।"

आगलि (डिं.)=हिं. क्रि. विशेषण–अगला=सामने–आगे का। उदाहरण–"आगल से पाछल भयो, हरि सों कियौ न हेत।"

आनन, आदरस=शुद्ध संस्कृत प्रयोग=मुख, शीशा।

दोहला–84

कण्ठपोत (डिं.)=गले में पहनने की पवित्री। स्त्रियों के गले में बाँधने का एक रेशमी अथवा ऊन का काले रंग का डोरा। गले की कंठी जो काले काँच के मनकों, चीढ़ों अथवा गुरियों से पिरोई हुई होती है। उदाहरण–"पतिव्रता मैली भली, गले काँच की पोत।" (कबीर)

कालिन्द्री=(सं. कालिन्दी) यमुना नदी का नाम।

वळी (डिं.)=(सं. वलयित) परिवेष्टित, घिरी हुई।

बड़ागिरि (डिं.) हिमालय, पर्वतश्रेष्ठ।

सङ्खधर=विष्णु भगवान्, जिनके चार आयुधों में से एक शंख है।

एकणि (डिं.)=एक से।

समै भागि=बराबर भागों में; अर्थात् बराबर हिस्सों के बीच में से; बीच से।

अलंकार = संदेह—पूर्वार्ध में।

उत्प्रेक्षा—उत्तरार्ध में।

दोहला–85

कबरी = (सं.) = चोटी, स्त्रियों की बेणी के ऊपर शिखा का स्थान। सं–प्रयोग, उदाहरण—"दधती विलोलकबरीकमाननम्" (उत्तरचरित)

करम्बित = (सं.) = बीच बीच में सजा कर गुथी हुई।

सं. प्रयोग, उदाहरण—"स्फुटतरफेनकदम्बकरंबितमिव यमुना जलपूरं।" (जयदेव)

उतमंग (डिं.) = (सं. उत्तमाङ्ग) शीर्ष, सिर, मस्तक।

आधो अधि (डिं.) = डिंगल में मुहाविरा है "आधो आध"—पूरा-पूरा आधा, बीचोंबीच में।

कुँआरमग (डिं.) = हिंदी में इसे आकाशगंगा, अँगरेज़ी में Milky way कहते हैं। देहाती लोग इसे किसी किसी प्रदेश में 'आकाश का जनेऊ' और 'हाथी की डहर' कहते हैं। राजस्थान में देहाती लोगों का यह विश्वास है कि आकाश के बीचोंबीच जो यह घना तारकपुंज दिखाई देता है, उस मार्ग से कुँआरे (अविवाहित युवा पुरुष) रात्रि के समय में नमक ढोहते हैं। इसीलिए इसे 'कुमारमग' कुँवारे पुरुषों का मार्ग कहा गया।

संस्कृत-टीकाकार लिखता है "स्वर्गदण्डक इवाश्विने कार्त्तिके मासि नीरजस्के गगने श्वेतदण्डको दृश्यते।"

अलंकार = उत्प्रेक्षा।

दोहला–86

अणियाला (डिं.) = हिं. अनियारे = अणीवाले, अणीदार, नोंकदार, नुकीले, तीखे। हिं. उदाहरण—"अनियारे दीरघ नयनि किती न तरुणि समान" (बिहारी)।

खुरसाण (डिं.) = (सं. क्षुर + शाण) अस्त्र तेज करने का शाण अथवा सिङ्गी। सं. उदाहरण—"मणिः शाणोल्लीढ़ः" (भर्तृ हरि)

सिरि (डिं.) = हिं. 'सिर' (सप्तमी विभक्तिद्योतक इकारान्त) = ऊपर।

सजि (डिं.)=(सं.)=सज्जित किए गए हैं, तैयार किए गए हैं, तेज किए गए हैं।

वळे (डिं.)=(सं. वलय) फिर, और। 'वळी', 'वळे' डिंगल में इस अर्थ में बहुतायत से प्रयुक्त होते हैं।

वाढ़ दे=(सं. वाट=धार) धार तीक्ष्ण करके। हिंदी में भी यह मुहाविरा इस अर्थ में प्रयुक्त होता है।

सिळी (डिं.)=(सं.) बाण या भाले की तीक्ष्ण अणी या नोंक—यथा शिलीमुख=बाण। यहाँ पर, अंजन डालने की शलाका से आशय है।

सिली (डिं.)=(सं. शिला) डिंगल में स्त्रीलिंग की तरह प्रयुक्त होता है। एक प्रकार के पत्थर का टुकड़ा जिस पर अस्त्र तेज़ किए जाते हैं। शाण, शिल्ली।

वरि (डिं.)=के ऊपर। अन्यत्र यही शब्द 'परि' के पर्याय रूप में उपयुक्त हुआ तहै। यहाँ पर यह सं. 'उपरि' का अपभ्रंश रूपांतर की तरह प्रयुक्त हुआ है।

वाऴिया (डिं.)=डाला, गिराया, उत्सर्ग करके छोड़ा। डिंगल में 'बाड़नो' 'बारनो' 'बालृनो' इसी अर्थ में प्रयुक्त होते हैं।

पश्चिमी राजस्थानी (मा.) टीकाः—"जल वालियौ पाणी दीधउ"। संस्कृतटीका—"जलं दत्त"।

अलंकार=पूर्वार्ध—रूपक।

उत्तरार्ध—उत्प्रेक्षा।

दोहला—87

कुंकुं=(सं.) 'यहाँ कु कु' का अर्थ 'रोली' से है। मिलाओ प्रयोग पूर्व दोहला—81 से। हिं. उदाहरण—"कुंकुं रङ्ग सुअंग जितो, मुखचंद सों चंदन होड़ पड़ी है।" (तुलसी)

नेत्र-तिलक=(सं.)=शिवजी के ललाटस्थ तीसरे नेत्र के समान आकारवाला तिलक। अर्थात् गोल शून्य के आकार का तिलक या विंदी।

हर-निलाट-तिलक=शिवजी के ललाट पर विराजमान द्विितीया के चंद्र के समान आकारवाला तिलक। अर्थात् अद्र्धचंद्राकार तिलक।

बे (डिं.)=(सं. द्वि.), दोनों। अन्यत्र बिहुँ, बि बि, बिऊँ का प्रयोग इसी शब्द के रूपांतर की तरह हुआ है।

काट काढे=काट निकाले, निकाल बाहर किए, निकाल दिये।

काढे (डिं.)=(सं. कर्षण, प्रा. कडढ़ण) हिंदी में प्रयोग होता है। हिं. उदाहरण—1. "मीन दीन जल ते जनु काढ़े"।

2. "खनि पताल पानी तहँ काढ़ा, छीर समुद्र निकसा हुत बाढ़ा"। (जायसी)

संस्कृत-टीकाकार—"काटशब्देन दोषे"—अनुमान से यह अर्थ लेते हैं। हमारा उपर्युक्त अर्थ ज़्यादा स्पष्ट है।

फलँक धूम काढ़े बे काट=कलंक तो "हर-निलाट-तिलक" में से निकाला क्योंकि वह चंद्राकार है और चंद्रमा कलंकयुक्त है। धूम, 'नेत्र-तिलक' में से निकाला क्योंकि शिवजी का तीसरा नेत्र क्रोधाग्नि से ज्वलंत है और उससे उन्होंने कामदेव को भस्म किया था। अग्नि धूम्रयुक्त होती है अतएव, उसका यह दोष भी निकाला।

अलंकार=व्यतिरेक-पूर्वार्ध में (उपमान का अपकर्ष)।

दोहला—88

मुख सिख सँधि=मुखमण्डल और सिर को संधि का स्थान अर्थात् दोनों के बीच का अंग=ललाट।

तिलक=भाल पर पहनने का स्त्रियों का एक गहनाविशेष।

रतनमै=(सं. रत्नमय) "मै" का इस प्रकार लघु-प्रयोग हिंदी में भी कहीं कहीं मिलता है। यथा उदाहरण—"श्रम शीकर साँवरी देह लसै, मनो रासि महातम तारक मै।।" (तुलसी)

गलि़ पूठि=(सं. गलपृष्ठ)=गले के पृष्ठ-भाग में अर्थात् गले के पीछे। सं. पृष्ठ प्रा. पुट्ठ, हिं. पीठ।

हूँतौ (डिं.)=था। देखो नोट पूर्व. दोहला— में। हिं. उदाहरण—"छोर समुद निकसा हुँत बाढ़ा।" (जायसी)

भालियलि (डिं.)=(सं. भाग्य + फलक)=ललाटपट्ट, ललाट।

अलंकार=उत्प्रेक्षा।

दोहला–89

जूँ (डिं.) = (सं. युज्, प्रा. जुअ) हिं. जुआ = बैलों के गले पर की छकड़ा जोड़ने की लकड़ी विशेष।

सहरी (डिं.) = (सं. सदृशी–प्रा. सरिसी) = के समान।

भ्रूह (डिं.) = (सं. भ्रू) हिं. भौंह, भ्रू, भँवारे।

विसहर (डिं.) = (सं. विषधर–प्रा. विसहर) = साँप।

हिं. उदाहरण–"विसहर सो लूट सों लपटि मो मन हठि लपटाति" (मुबारक)

रासि (डिं.) = (अरबी शब्द) घोड़े की लगाम, बागडोर। (सं. रश्मि–प्रा. रस्सि) हिं. रास।

वाळी (डिं.) = (सं. वलय) डिंगल में स्त्रीलिंग प्रयोग होता है = सोने के पतले तार का बना हुआ चक्राकार, कान में पहनने का एक गहना।

बाँकिया (डिं.) = 1. रथ के चक्र के आगे वह धनुषाकार टेढ़ी लकड़ी जिस पर धुरी टिकती है।

2. बाँकिया–नरसिंघा के आकार का बजाने का एक वाद्य भी होता है।

ताटंक = (सं. ताटक) = तरकी, तर्यौना, कर्णफूल; कान में पहनने का गहनाविशेष। पहले यह ताड़ के पत्तों से बनता था। अतएव, इसका नाम ऐसा पड़ा।

"अज्यौं तरयौना ही रह्यौ"। (बिहारी)

चक्र = (सं.) रथचक्र, पहिया।

अलंकार = उपमा–"जूँ सहरी भ्रूह"।

रूपक–"नयण मृग"।

संदेह–द्वितीय पंक्ति।

उत्प्रेक्षा–उत्तरार्ध में।

दोहला–90

इभकुँभ = (सं.) हाथी का कुंभस्थल।

अन्धारी (डिं.) = हिं. अन्धेरी; घोड़े, हाथी अथवा बैलों की आँखों पर डालने का परदा।

कंचुकी=(सं.) स्त्रियों के वक्षःस्थल पर पहनने का एक वस्त्र। हिं. उदाहरण–"कंचुकी पट सूखत नहीं कबहूँ, उर बिच बहत पनारे"। (सूर)

आगमि=(सं.) सप्तम्यन्त इकारान्त=आगमन में, स्वागतार्थ।

वारगह (डिं.)=(सं. वारि + ग्रह) 1. पानी को ग्रहण कर, उससे जो बचाते हैं–अर्थात् तंबू।

2. (सं. वयण + गृह)=हाथियों को बाँधने का स्थान–पायगाह।

पहले अर्थ का समर्थन संस्कृत टीका यों करती हैं–"पटकुटीयुगल रचितामिव"।

दूसरे अर्थ का प्रयोग करने से अंतिम पंक्ति का यह आशय होगाः–मानो कुचरूपी हाथियों को उनके स्थान में गजबंधिनी डोरों अथवा साँकलों से बाँध दिया है।

वंधण (डिं.)=(सं. बंधन)=बाँधने की डोरें; बंधन।

कलह, दीध=युद्ध, दिया। 'कलह' के प्रयोग के लिए देखो नोट 74 पूर्व दोहला में।

अलंकार=उत्प्रेक्षा, उल्लेख, रूपक।

इभकुंभ ......कलह (पूर्वार्ध) का मिलान करोः–"जाली की आँगी कसी यों उरोजनि, मानो सिपाही सिलाह किए द्वै।" (मन्नालाल)

दोहला–91

कण्ठसरी (डिं.)=(सं. कण्ठ + सरि)=कंठ का माला, कंठी।

अन्तरिख (डिं.)=(सं. अन्तरिक्ष)=अन्तर्धान, गुप्त, अप्रकट।

हिं. उदाहरण–"भखे ते अंतरिक्ष रिक्ष लक्ष लक्ष जातहीं।" (केशव)

हूँती (डिं.)=से–अपादान विभक्ति चिह्न–देखो प्रयोग, नोट पूर्व दोहला 72 में।

कल=(सं.)=मनोहर।

सरि=(सं.)=मोती की माला, लड़ी।

नोट–गले में सरस्वती का वास और सुंदर 'कण्ठसिरी' कण्ठी का वास होना, उत्प्रेक्षा की सांगोपांग उपयुक्तता को प्रदर्शित करते हैं। श्रीरुक्मिणी इस समय प्राणप्रिय हरि से मिलने के लिए ही शृंगार सजा रही थीं। उनके हृदय में मनमोहन की मोहिनी भावना बस रही थी। अतएव, उनकी मनोगत

वाणी प्राणप्यारे हरि के गुणों का ही निरंतर गान करे, तो इसमें संदेह ही क्या हो सकता है। मानो, अपने मनोगत भावों को कण्ठी के मोतियों के रूप में लिए हुए रुक्मिणी की कण्ठस्थ गिरा (सरस्वती) ही 'कंठसरी' (कंठी) के रूप में प्रतिबिंबित होती हुई दृष्टिगोचर हो रही हैं। उत्प्रेक्षा अत्यंत मनोज्ञ है।

अलंकार = उत्प्रेक्षा।

दोहला–92

बाजूबंध (डिं.) = (फारसी. बाजू) = भुजबंध, एक प्रकार का भुजा पर पहनने का गहना।

सिरि (डिं.) = (सं. श्री) = 1. शोभा, कांति।

2. हिं. 'सिरा' = किनारा, छोर अंत, प्रांतभाग।

पाट = (सं. पट्ट-पाट) = रेशम। यथा--'पाटम्बर' शब्द में।

ही ँडि (डिं.) = (सं. हिंडनम्) = झूलना, घूमना, भ्रमण करना।

ही ँडलै (डिं.) = (सं. हिन्दोल-हिंडोल) = झूलों में।

श्रीखंड = (सं.) = चंदन।

किरि (डिं.) = उत्प्रेक्षा का चिह्न—मानो।

अलंकार = उत्प्रेक्षा।

दोहला–93

गजरा (डिं.) = कलाई पर पहनने का स्त्रियों का एक गहना। हिं. उदाहरण– "छाप छला मुँदरी झमकै, दमकै पहुँची गजरा मिलि मानो"। (गुमान)

नवग्रही = (सं.) नवग्रहों के सूचक, नव प्रकार के रत्नों से जटित, नवरत्नी नाम का गहना, जो कलाई पर पहना जाता है। पुराणों में दिए हुए ज्योतिष के प्रमाणों के अनुसार नवरत्न पृथक्-पृथक् एक-एक ग्रह के दोषों की शांति करने के लिए उपकारी होते हैं; यथा–

सूर्य की शांति के लिए लहसुनिया।

बुध..................पुखराज राहु की शांति के लिए गोमेद

शनि.................नीलम मंगल................माणिक्य

चंद्र...................मोती शुक्र.................हीरा

बृहस्पति.............मूँगा। केतु.................पन्ना

प्रोंचिया (डिं.)=हिं. पहुँची=कलाई पर पहनने का कँगूरेदार अथवा दानेदार एक गहना। हिं. उदाहरण—"पग नूपुर और पहुँची कर कंजन, मंजु बनी वनमाल हिये"। (तुलसी)

प्रोंचे (डिं.)=(सं. प्रकोष्ठ)=अग्रबाहु और हथेली के बीच का भाग, कलाई, मणिबंध। हिं. उदाहरण—"छिल छिगुनी पहुँचो गिलत"। (बिहारी)।

वळे (डिं.)=(सं. वलयित) पहनी, धारण की।

वळै (डिं.)=(सं. वलय) वलयन सूत्र; वह काला रेशमी डोरा जिससे पहुँचियाँ गूँथी जाती हैं।

वळित (डिं.)=गूँथी गयी थी। परिवेष्टित थी। हिं. उदाहरण—"कंटक वलित तृन वलित बिंधजल।" (केशव)

हसत नखित्र (डिं.)=हस्तनक्षत्र। ज्योतिष के अनुसार नक्षत्र-मंडल का एक नक्षत्र जिसमें पाँच तारे सम्मिलित होते हैं और जिसका आकार आकाश में खुले हुए हाथ के पंजे की तरह माना गया है। अतएव, रुक्मिणी के हाथ के पंजे को हस्तनक्षत्र की उपमा देना अत्यंत युक्तिसंगत है।

नक्षत्र=चन्द्रमा के पथ में पड़ने वाले तारों के गुच्छ या समूह को, जिसकी पहचान के लिए उसके आकार से मिलता-जुलता कोई नाम निर्दिष्ट किया जाता है, नक्षत्र कहते हैं। इन नक्षत्रों को ग्रहों से भिन्न समझना चाहिए, जो सूर्य की परिक्रमा करते हुए उसके पथ में पड़ते हैं। नक्षत्र चंद्रमा से संबंध रखते हैं और 27 हैं। ग्रह सूर्य से संबंध रखते हैं और 12 हैं। चन्द्रमा 27-28 दिन में पृथ्वी के चारों ओर घूम जाता है। खगोल में यह भ्रमण-पथ इन्हीं तारों के बीच से होकर पड़ता है। सारा पथ इन 27 नक्षत्रों में विभक्त होकर नक्षत्र-चक्र कहलाता है।

नोट—हस्तनक्षत्र-समूह में जब चन्द्रमा का प्रवेश होता है तो वह शुभ-सूचक माना गया है। इस प्रसंग में रुक्मिणी के लिए विवाह-सूचक है।

वेधियौ (डिं.)=(सं. वेधन) वेध लिया है, पार कर लिया है।

हिमकरि=चंद्रमा में।

आवरित=(सं. आवृत्त)=घिरा हुआ।

हसत.......हिमकरि=रुक्मिणी का हाथ-रूपी हस्तनक्षत्र, गजरा-नवग्रही-प्रोंचिया रूपी गोलाकार चंद्र को पार कर गया है। उत्प्रेक्षा युक्तिसंगत है।

अलंकार=उत्प्रेक्षा।

दोहला–94

आरोपित = (सं.) धारण किए हुए। सं. उदाहरण–"हारो नारोपितो मया विश्लेषभीरुणा"।

लहै (डिं.) (सं. लभते) प्रा. लहइ-लहै = प्राप्त करता है। हिंदी में इसका बहुतायत से कविता में प्रयोग होता है।

तिणि (डिं.) = (सं. तेन) = इसलिए।

नाँखै (डिं.) = डालता है। हिंदी में भी इस अर्थ में प्रयोग होता है। उदाहरण–"जो उर झारन ही झरसी, मृदु मालती माल वहै मग नाखै।"

रज तिणि सिर नाखे गजराज–मिलाओ–"पद्मिनि गवन हंस गये दूरी। हस्ति लाज मेलहि सिर धूरी।।" (जायसी)

अलंकार = हेतूत्प्रेक्षा।

नोट–डॉ. टैसीटरी ने 'उरुस्थल' पाठांतर लिया है, जो असंभव है। 'उरु' का अर्थ 'जंघा' होता है। और यहाँ 'जंघा' से आशय न होकर वक्षःस्थल' से है। 'उरस्थल' सब तरह से ग्राह्य पाठांतर है।

दोहला–95

धरिया (डिं.) = (सं. धारिता) धारण किये हुए।

वाखाणण (डिं.) = (सं. व्याख्यान) = व्याख्या करने में, वर्णन करने में।

किमत्र (सं.) = शुद्ध संस्कृत प्रयोग।

भति (डिं.) = हिं. भाँति = तरह, सदृश।

वसत्र (डिं.) = (सं. वस्त्र) दोहला 81 में 'वसत' प्रयुक्त हुआ है।

अलंकार = उपमा–उत्तरार्ध में।

दोहला–96

क्रिसा अंग = (सं. कृशाङ्ग) = पतली, कृश अंगवाली।

मापित (डिं.) = (सं. मी = नापना) हिं. मापी हुई।

करल (डिं.) = (सं. करग्र) = हाथ का अग्र-भाग, हथेली। 'कर' के साथ दूसरा शब्द जोड़ा जाने पर जो यौगिक शब्द बनता है, उसका

आशय—“अँगुली-सहित हथेली” होता है। यथा ‘करपल्लव’। देखो प्रयोग पूर्व दोहला— 23 में—‘करग’।

कटिमेखला=(सं.) कटि में पहनने का एक गहना, करधनी।

समरापत=(सं.)=धारण की हुई है, पहनी हुई है।

भावी-सूचक=(सं.) भवितव्यता को बताने वाले। भविष्य में अवश्य होने वाली बात को ‘भावी’ कहते हैं। भविष्यवादियों का विश्वास है कि कुछ घटनाएँ या बातें ऐसी होती हैं जिनका भविष्य में होना पहले से ही किसी अदृश्य शक्ति द्वारा निश्चित होता है। हिं. उदाहरण—“भावी काहू सों न टरै। कहँ वह राहु कहाँ वह रवि शशि आनि सँजोग पड़ै।” (सूर)

ग्रह-गण=नवग्रहों का समूह। ग्रह ये हैं:—रवि, चंद्र, मंगल, बुध, बृहस्पति, शुक्र, शनि, राहु और केतु।

सिंघराशि=आकाश में पृथ्वी जिस मार्ग से होकर सूर्य की परिक्रमा करती है वह ‘क्रांतिवृत्त’ कहलाता है। इस क्रांतिवृत्त में पढ़ने वाले विशिष्ट तारा-समूह जिनकी संख्या ज्योतिष के अनुसार 12 है, ‘राशि’ कहलाते हैं। इनके नाम नक्षत्रों के नामों की तरह तारा-समूह की आकृति के अनुसार ही रखे गए हैं। 12 राशियाँ ये हैं। मेष, वृष, मिथुन, कर्क, सिंह, कन्या, तुला, वृश्चिक, धनु, मकर, कुंभ, मीन। इनमें ‘सिंह’ राशि का पाँचवाँ स्थान है।

भेळा (डिं.)=एकत्रित। देखो पूर्व दोहला— में ‘भिलति’ का प्रयोग।

थिया (डिं.)=हुए।

भावी ....ग्रहगण सकल=श्री रुक्मिणी का नाम रकार से आरंभ होता है। अतएव, उनकी राशि तुला हुई। सिंह राशि (अर्थात् सिंह की कटि के समान रुक्मिणी की कटि) पर ग्रहों (नवरत्नों से जटित कटि-मेखला का धारण करना) का आ जाना, रुक्मिणी के लिए ज्योतिष के प्रमाण से शीघ्र ही किसी बड़े लाभ के होने की शुभ सूचना देता है। कटि-मेखला में जटित नवरत्नों के मिस से मानो सिंह राशि रूपी कटि पर आये हुए शुभ ग्रह सूचना दे रहे हैं कि अब शीघ्र ही उनकी मनोकामना सिद्ध होगी और पतिरूप में आनंदकंद भगवान् प्राप्त होंगे।

नोट—दोहला 93 तथा 96 में कवि ने अपने ज्योतिष के गंभीर ज्ञान एवं रुचि का परिचय दिया है। ‘वेलि’ के अंत में दोहला—299 में ‘जीतिखी

वैद पौराणिक जोगी' का आशय समझने के लिए पाठकों को इन दोहलों पर ध्यान देना चाहिए।

अलंकार=अत्युक्ति–द्वितीय पंक्ति में।

उत्प्रेक्षा–समस्त में।

दोहला–97

चामीकर=(सं.) सोना, धतूरा।

नूपुर=(सं.)=पैरों में पहनने का एक गहना। उदाहरण–"कंकण किंकिणि नूपुर धुनि सुनि"। (तुलसी)

घूघरा (डिं.)=(अनुकरण शब्द) घुँघरू–नाचने के समय पहनने का एक गहना; मंजीर।

सजि=(सं. सज्ज) धारण किए, पहने, सजे। हिं. उदाहरण–"तीज परब सौतिन सजे, भूषन वसन शरीर"। (बिहारी)

पहराइत (डिं.)=(सं. प्रहरी) हिं. पहरुआ, पहरेदार। मिलाओ हिं. उदाहरण–"काम पठाये पहरुआ निस दिन पहरा देत।" (रतिरानी)

कजि (डिं.)=(सं. कार्यम्)=के लिए, के निमित्त। हिं. उदाहरण–"भक्तन काजि लाज धरि हिय में पाँव पयादे धाऊँ।। (सूर)

भमर (डिं.)=(सं.) भ्रमर, भौंरा।

तणा (डिं.)=संबंधकारक का चिह्न। देखो नोट पूर्व दोहला– 23 में। मिलाओ, बिहारी के इस दोहे के भाव से–"दृग पग पोंछन को किये भूषण पायंदाज"। (बिहारी)

अलंकार=उत्तरार्द्ध में–गम्योत्प्रेक्षा।

दोहला–98

दधि (डिं.)=(सं. उदधि) प्रथम 'उ' का विकल्प करके लोप=समुद्र। इस अर्थ में 'दधि' का प्रयोग सूरदास ने बहुतायत से किया है। हिं. उदाहरण–

1. दधिसुत जामें नंद दुवार। (सूर)
2. राधा दधिसुत क्यों न दुरावति। (सूर)

वीणि लियौ=(सं. विनयन) हिं. बीन लेना=चुन लेना।

हिंदी उदाहरण—सुंदर नवीन निज करन सों बीन बीन, येला की कली ये आजु कौन छीन लीन्ही है। (प्रताप)

जाइ डिं.)=(सं. यत्) जिसको। 'जाइ-ताइ' का पारस्परिक आपेक्षिक संबंध में प्रयोग होता है।

वणतौ (डिं.)=(सं. वर्णन, प्रा. वण्णण) शोभित होता हुआ। इस अर्थ में हिंदी 'बनना' का प्रयोग होता हैः—उदाहरण—"व्रज नव युवति कदम्ब मुकुटमणि श्यामा आजु बनी।" (हितहरि)

दीठौ (डिं.)=(सं. दृष्ट) प्रा. दिट्ठ=देखो।

साखियात (डिं.)=(साक्षात्)=साक्षात्, प्रत्यक्ष, ठीक-ठीक।

ससत (डिं.)=(सं. ससत्य)=सचमुच, निस्संदेह।

गुणमय (डिं.)=एक प्रकार का मोती जिसे डिंगल में गुणमोती कहते हैं। देखो प्रयोग पूर्व दोहला— 81 में।

मुताहल (डिं.)=(सं. मुक्ताफल) प्रा. मुत्ताहल=मोती का दाना।

निहसति (डिं.)=(सं. नि + हसति)=बड़ा हँसता सा है—लाक्षणिक अर्थ में— शोभा देता है।

शुक=शुकदेव मुनि। देखो पूर्व दोहला— 8 का नोट।

भावगत=अठारह पुराणों में से एक पुराण, जिसमें 12 स्कंध, 312 अध्याय और 18000 श्लोक हैं। अधिकांश कृष्ण के प्रेम और भक्ति की कथाएँ हैं। यह वेदांत-दर्शन का तिलक (टीका) स्वरूप भी माना जाता है। सनातनधर्मी हिंदुओं में अन्यान्य पुराणों की अपेक्षा इसका ज़्यादा आदर है। विशेषतः वैष्णवों के लिए यह धर्म-ग्रंथ है। इसे महापुराण भी कहते हैं। वेलि का आधार इसी के दशम स्कंध के कुछ अध्यायों से लिया गया है। पश्चिमी राजस्थानी (मा.) टीका ने 'ससत' और 'निहसत' का भिन्न अर्थ किया है। "ससत आघउ पाछउ हालतउ"। "निहसत लटकतउ सोभइ"।

नोट—समुद्र में से शोध कर सौंदर्य आदि गुणों में अत्यंत मनोहर मोती को रुक्मिणी की नासिका में धारण करने योग्य समझ कर प्राप्त किया था। वह सुंदर तो पहले से ही था, पर रुक्मिणी के धारण करने से सौंदर्य और गुण में और ज़्यादा बढ़ गया। अतएव, अपने नाम 'गुणमोती' को सार्थक करने लगा। यों तो, मोती किसी स्त्री के सौंदर्य को बढ़ाता है, परंतु यहाँ मोती के सौंदर्य को बढ़ा कर रुक्मिणी ने उसे 'गुणमय' कर दिया।

उत्तरार्ध का एक दूसरा अर्थः—इस प्रकार सौंदर्य को बढ़ाता हुआ वह गुणमोती रुक्मिणी की नासिका में क्या झूल रहा है मानो रुक्मिणी की नासिका के समान सुंदर कोई तोती अपने मुख से मोती के समान उज्ज्वल भगवान् के गुणों का बारम्बार गान कर रही है। बार-बार उसके मुख से "हरे कृष्ण, हरे कृष्ण!!" की ध्वनि हो रही है।

अलंकार=उत्प्रेक्षा।

दोहला—99

कोकनद=(सं.) लाल कमल।

तँबोल (डिं.)=(सं. ताम्बूल)=पान, बीड़ा।

मझि (डिं.)=(सं. मध्ये) प्रा. मज्झे। सप्तमी इकारांत।

किंजल़क=(सं.)=पद्मकेशर, केशर। हिं. उदाहरण——"किंजल्क वसन किशोर मूरति, भूरि गुण करुणाकरम्।" (तुलसी)

तसु (डिं.)=(सं. तस्या) उसके, अपने।

बीड़ौ (डिं.)=(सं. वीटकः) प्रा. बीडउ=पान का बीड़ा। हिं. उदाहरण—"बीरा खाय चले खेलन को मिलि कै चारों वीर। (सुर)

कीर—क्रीड़न्ति='जाती' का दूसरा अर्थ "जाति" से 'सजातीय' लेकर एक अर्थ यह भी होता हैः—रुक्मिणी का चमेली की डाल के समान कोमल हाथ है, जिस पर उँगलियों के नखरूपी श्वेत पुष्प लगे हैं। इनके सन्निकट बैठा हुआ बीड़ारूपी एक तोता, पास ही बैठी हुई नासिकारूपी तोती (शुकि) के साथ प्रेम-क्रीड़ा कर रहा है। इस अर्थ का समर्थन संस्कृत-टीका करती है।

अलंकार=उपमा—पूर्वार्ध में।

उत्प्रेक्षा—उत्तराद्र्ध में।

दोहला—100

सिणगार (डिं.)=(सं.) शृङ्गार।

देहरा दिसि=(सं. देवगृह) प्रा. देवहर। हिं. देहरा=देवालय की ओर। हिं. उदाहरण—"नेव बिहूणा देहरा, देव बिहूणा देव"। (कबीर)

होड़ (डिं.)=हिं. होड़=स्पर्धाभाव, ईर्षा।

मनकीधौ (डिं.)=मन किया, इच्छा की। यह मुहाविरा हिंदी में भी प्रयुक्त होता है। उदाहरण–"मन न मनावन को करै देत रुठाय रुठाय।" (बिहारी)

मोती लगि=(सं. मुक्ता + लग्ना) मोती जटित, मोती लगी हुई।

पाणही (डिं.)=(सं. उपानह)=जूती। उदाहरण–"बिनु पानहि पयादेहि पाये, संकर साखि रहेउ यहि धाये।" (तुलसी)

अलंकार=कैतवापह्नुति–उत्तराद्र्ध में।

दोहला–101

नील़म्बर=नीलवस्त्र, नीले वर्ण का चीर।

अबल़ (डिं.)–(सं. अवलि)=पंक्ति, कतार, समूह।

नग (डिं.)=हिंि नग–रत्न, नगीना, जवाहिरात।

सरजोई (डिं.)=(सं. संयोजित) प्रा. संजोइअ=सुसज्जित की है। यहाँ प्रसंग से 'जलाई है' यह अर्थ लगता है। राजस्थानी में दीपक जलाने को "दीवो संजीवणुँ" लिखते, बोलते हैं। हिंदी में भी यह मुहाविरा प्रयुक्त होता है–उदाहरण–"सूर संजोइल साजि सुबाजि, सुसेल धरे बगमेल चले हैं"। (तुलसी)

उदित=(सं.) प्रकाशमान, उज्ज्वल, कांतिमान्।

मदन दीपमाला मुदित=कामदेव ने मुदित होकर आभूषणरूपी दीपमाला क्यों प्रज्वलित की? रुक्मिणी के शरीर का आश्रय पाकर अब उसे आत्मगौरव का भाव होने लगा।

अलंकार=उत्प्रेक्षा–उत्तराद्र्ध में।

उत्तराद्र्ध में "कोमलकान्तपदयोजना" का सौष्ठव और शब्दमाधुर्य देखते ही बनता है।

दोहला–102

किहि (डिं.)=(सं. कस्मिन्) प्रा. कहिं=किसी के। हिंदी में भी इसका प्रयोग होता है।

करगि, करि (डिं.)=दोनों शब्द एक ही अर्थ के द्योतक हैं। 'करगि' का अर्थ हाथ का अग्र-भाग, हथेली है।

कुमकुमौ (डिं.)=गंगाजल का पात्र। इसी अर्थ में "कुमकुमै मंजण करि"...दो. 81 में प्रयोग देखो।

"कुमकुमौ" और "कुङ्कुम" दोनों का एक साथ प्रयोग करके कवि ने इनका अर्थ-वैभिन्य स्पष्ट कर दिया है। "कूँ कूँ" पूर्व दो. 87 में 'रोली' के अर्थ में प्रयुक्त हुआ है।

अरगजौ=एक प्रकार के पीले रंग का मिश्रित सुगंधित द्रव्य जिसका शरीर में लेपन किया जाता है। यह केशर, चंदन, कर्पूर आदि के मिलाने से बनता है। हिं. उदाहरण—1. लाल तिहारो अरगजा, उर ह्वै लम्यो अबीर। (बिहारी)

2. खर को कहा अरगजा लेपन मर्कट भूषण अंग।। (सूर)

पान=हिं. पान=पान का बीड़ा, तांबूल।

धूप=(सं.) जलाने का एक सुगन्धित द्रव्य। डॉ. टैसीटरी 'धूप' की जगह 'धोति' पाठांतर देते हैं जो प्रसंग में यथास्थान नहीं जँचता।

अलंकार=उल्लेख।

दोहला–103

चकडोल़ (डिं.)=(सं. चक्र + दोला) एक प्रकार की जनानी पालकी। इसका राजस्थान में बड़े घरानों में प्रयोग होता है। हिंदी में इसका पर्याय 'महाडोल' है। पालकी, शिबिका। उदाहरण—"महाडोल दुलहिन के चारी, देहु बताय होउ उपकारी" (रघुराज)

लगै (डिं.)=डिंगल में यह अव्यय दिशासूचक अर्थ में प्रयुक्त होता है=की ओर; की तरफ़।

तै (डिं.)=उसकी, जिसकी। देखो प्रयोग पूर्व दोहला– 66 में। 'तइ' का रूपांतर है।

मूँ (डिं.)=मैं। पूर्व दोहला– 62 में भी इसी अर्थ में प्रयुक्त हुआ है।

सील़ आवरित आज सूँ=शील की मूर्ति रुक्मिणी अपनी सखियों रूपी मूर्तिमान् लज्जागुण से घिरी हुई है। रुक्मिणी के चारित्रिक शील का कैसा दिव्य आदर्श कवि ने स्थापित किया है। "शीलं परं भूषणं" नारी के चरित्र का आदर्श शील ही में व्यवस्थित रहता है और शील का एक बाह्य लक्षण लज्जा है। उत्प्रेक्षा की मनोज्ञता पर मनन करना चाहिए।

अलंकार=उत्प्रेक्षा।

दोहला–104

आइस्यै (डिं.) = (सं. आयसु) = आज्ञा। हिंदी में प्रयोगः–"आयसु दीन्ह मोहिं रघुनाथा" (तुलसी)

जाइ (डिं.) = (सं. यः + हि) हिं. जाहिं = जिसको।

तुरी (डिं.) = (सं. तुरग)–(अरबी. तुरय) = घोड़ा (स्त्री.)

लाग (डिं.) = हिं. लगती = योग्य। अपने-अपने लगती अर्थात् अपने-अपने योग्य। हिंदी में मुहाविरा भी हैः–"तुम्हारे लगै, वैसा करो।"

ताकि = हिं. ताकना = ताककर, देखभाल कर।

सिलह = (अरबी. सिलाह) = जिरहबख़्तर, कवच। हिं. उदाहरण–"आपु गुसल करि सिलह करि, हुवै नगारे दोइ। (सूदन)

गरकाब = (फ़ारसी. ग़रक़ाब) = डूबा हुआ, निमग्न, ढका हुआ।

सँपेखी (डिं.) = (सं. सं. + प्रेक्ष्य) देखे जाते हैं, दीखते हैं।

जोध (डिं.) = (सं. योद्धा) = योद्धा।

मुकुर = (सं.) = दर्पण, आईना।

नोट–इस दोहला– की दूसरी पंक्ति में 'लाग' शब्द को संस्कृत धातु 'लग' ('वेग' के अर्थ में) का पर्याय समझा जाए और 'ताकि' को डिंगल 'तारखि' (जिसका अर्थ 'गरुड़' होता है) समझा जाये तो इस पंक्ति का अर्थ होगा–"गरुड़ के समान वेगवाले घोड़ों को लेकर"।

अलंकार = उपमा–उत्तरार्द्ध में।

दोहला–105

रखपाल (डिं.) = हिं. रखवाला, रक्षक, अंगरक्षक।

पाइदल (डिं.) = (सं. पाद + तल) प्रा. पायदल। हिं. पैदल = पैदल सैनिक।

पाइक (डिं.) = (सं. पादातिक) = पैदल सिपाही। हिंदी में रूढ़ अर्थ में 'पायक' का अर्थ नौकर होता है। उसी अर्थ में यहाँ भी प्रयोग हुआ है। उदाहरण––"है दसशीश मनुज रघुनायक, जाके हनूमान से पायक" (तुलसी)

हिल़वल़िया (डिं.) = हिं. हड़बड़ाये (अनु. शब्द) = उत्तेजित होकर चले, उतावले हुए।

हलिया (डिं.) = (सं. हल्लन) = चलायमान हुए, चले। (हिं. हिलना, हिले)

गमे गमे (डिं.)=(अनुकरण शब्द)=घमघम करते हुए।

मदगलित=(सं.)=मद झरता है जिनके, मदमत्त।

गुड़न्ता (डिं.)=(अनुत्र शब्द) लुढ़कते हुए, झूमते हुए, मस्त होकर झूमते हुए।

गिरोवर (डिं.)=(सं.) गिरिवर।

नोट–उपरोक्त दो दोहलों में कवि ने राजघराने की किसी राजकुमारी की सवारी का अच्छा सजीव चित्र खींचा है। राजपूताने के राज्यों में अब तक ये गौरवपूर्ण दृश्य देखने में आते हैं।

अलंकार=उपमा।

अनुप्रास की छटा प्रत्येक पंक्ति में अत्यंत चमत्कारपूर्ण है।

दोहला–106

अस (डिं.)=(सं. अश्व) घोड़े।

वहै (डिं.)=(सं. वह) बहता है, चलता है। राजस्थानी में चलने के अर्थ में 'बहणो' आता है।

नाहि (डिं.)=हिं. 1. चाह से, चाव से, चावपूर्वक (पूर्वकालिक प्रयोग) 2. अव्यय की तरह भी प्रयोग किया जा सकता है। यथा 'मग चाहि'–मार्ग की ओर की तरफ़। जिस प्रकार 'लगै' का दोहला– 103 में प्रयोग हुआ है।

किरि वैकुण्ठ ....मांहि=उत्प्रेक्षा का स्पष्टीकरण यों करना चाहिए–आकाश-मार्ग से चलते हुए भगवान् के रथ की और उसके नीचे पृथ्वीतल पर मार्ग में चलती हुई रुक्मिणी की सवारी की कैसी मनोहर छटा दिखाई देती है, मानो मार्गरूपी सरयू नदी में, वैकुण्ठ जाने के निमित्त, रुक्मिणी की सवारी के साथ चलने वाले अंगरक्षकरूपी अयोध्यावासी, स्नान कर रहे हैं। ('जेस प्रकार त्रेता में, राम-राज्य में अयोध्यावासी सरयू नदी में अंतिम स्नान कर, सदेह स्वर्ग को गए थे।) उनके ऊपर आकाश-मार्ग से अदृश्य रूप में चलता हुआ भगवान् कृष्ण का रथ क्या है, मानो भगवान् श्रीरामचन्द्र अपने पुष्पक विमान में बैठे हुए, अयोध्यावासियों को सदेह वैकुण्ठ पहुँचाने के लिए, विमान रोक कर उनके आने की प्रतीक्षा कर रहे हैं। दोहला– में भगवान् के रथ का अदृश्य अंतरिक्ष में चलना वर्णित है। सवारी के साथ वाले

लोगों के लिए वह भले ही अदृश्य हो, कवि की क्रांत दृष्टि के लिए नहीं।

अलंकार = उत्प्रेक्षा–उत्तरादूर्ध में, पौराणिक गाथा के आधार पर। तृतीय पंक्ति में असाधारण नियमों के अनुसार वयण-सगाई का प्रयोग किया है। स्पष्टीकरण के लिए भूमिका देखिए।

दोहला–107

पारस (डिं.) = (सं. पाश्र्व) = नज़दीक, समीप, निकट।

सम्पेखे (डिं.) = (सं. सम्प्रेक्ष्य) = भली-भाँति देखकर या देखने से।

जल़हरी (डिं.) = (सं. जलधरी) = जिस प्रकार शिवलिंग के चारों ओर अर्ध्यपात्र के आकार का पत्थर अथवा धातु का बना पात्र रहता है, जो पानी से भरा रहता है, उसी प्रकार चंद्रमा के चारों ओर एक मालाकार चक्र भी रहता है। चंद्र के चारों ओर चक्राकार मंडल।

पाखती (डिं.) = (सं. पक्षतः या पार्श्वतः) पास की, इर्द-गिर्द की, चारों ओर की।

ध्रू (डिं.) = (सं. धुर = मस्तक) प्रधान अंग; सिर, मुण्ड। ध्रू माला = मुण्डमाला।

नोट–'जलहरी' शब्द का प्रयोग यहाँ आशयगर्भित है। चंद्र के चारों ओर जब चक्र दिखाई देता है तब निमित्त-ज्ञानी लोग भावी वर्षा अथवा तूफान की आशंका करते हैं। इस प्रसंग में भी बहुत निकट भविष्य में घनघोर युद्ध का तूफ़ान मचेगा और मेह की तरह रक्तवर्षा होगी।

अलंकार = उत्प्रेक्षा।

दोहला–108

पैसि (डिं.) = (सं. प्रविश्य) प्रविष्ट होकर, घुसकर।

भाव = (सं.) प्रीति, श्रद्धा। उदाहरण–रामहि चितव भाव जेहि सीया। सो सनेह मुख नहि बरणीया। (तुलसी)

कियौ हाथा लगि = हाथ में किया, हथियाया। यह मुहाविरा हिंदी में भी प्रयुक्त होता है।

दोहला–109

आकसरण ....सर पंच=कामदेव के प्रसिद्ध पाँच बाण इस प्रकार हैः–

1. संमोहनोन्मादनौ च शोषणस्तापनस्तथा।

स्तंभनश्चेति कामस्य पंचबाणाः प्रकीर्तिताः।।

दूसरे प्रकार से–

2. अरविंदमशोकं च चूतं च नवमल्लिका।

नीलोत्पलं च पंचैते पंचबाणस्य शायकाः।।

कवि के गिनाए हुए बाणों की नामावली में और शास्त्रोक्त नामावली में नामों का भेद हैं, परंतु आशय की एकता है। 'सम्मोहन' शेर का नाम कवि ने 'वसीकरण'; 'तापन' का 'द्रविण' और 'स्तंभन' का 'आकरसण'–कहा है, ऐसा प्रतीत होता है।

चितवणि......सँकुचणि=क्रमानुसार पूर्वोक्त पाँचों शरों की कामशक्तियाँ इन पाँच पृथक्-पृथक् व्यापारों एवं मनोवृत्तियों द्वारा प्रदर्शित की हैं। रुक्मिणी के चितवन में हृदय को आकर्षण करने की; हँसने में हृदय को वश में करने की; लास्यपूर्वक अंगभंगी में उन्माद पैदा करने की; गति अर्थात् उनकी चाल में हृदय पिघला देने की तथा उनके संकोचपूर्ण लज्जा और शील में हृदय की चेतनता हर लेने की शक्ति है। इन प्रबल शक्तियों के होते हुए यह अनुमान होता है कि रुक्मिणीजी अवश्य ही भगवान् के हृदय पर विजय पा लेंगी।

परठि (डिं.)=(सं. प्र + स्था) स्थापन करके, धारण करके, ग्रहण करके।

संच (डिं.)=(सं. सं + चर) 1. संचार किया, प्रवेश किया। 2. देखा। यह भी अर्थ लगाया जा सकता है। ढूँढाड़ी टीका–"उद्यम कियउ।"

संस्कृत टीका–"प्रपञ्चकृतः।"

अलंकार=यथासंख्य। प्रथम, द्वितीय और तृतीय पंक्ति के क्रम में।

दोहला–110

सहु (डिं.)=सभी। देखो नोट पूर्व दोहला– 74 में।

तह (डिं.)=(फ़ारसी, अरबी शब्द)=यथार्थ बात या यथार्थ ज्ञान, किसी बात की तह (यथार्थता) तक पहुँचना। यथाः–तहकीक, तहकीकात इत्यादि।

मारवाड़ी मुहाविरे की भाषा में बोला जाता है, यथाः—"बात करण रउ तहन कोइ नहि"—अर्थात् बात करने का भी ज्ञान नहीं है।

मठ=(सं.) देवालय, मंदिर।

नीपायौ (डिं.)=(सं. निष्पद्यते) प्रा. निपज्जइ—(हिं.) निपजै। प्रेरणार्थक हिं. निपजायो। डिंगल में इसी प्रेरणार्थक का रूपांतर 'नीपायौ' है। 'ज' का लोप हो गया है। हिं. उदाहरण—"राम नाम कर सुमिरन, हँसि कर भावै खीझ। उलटा सुलटा नीपजै, ज्यों खेतन में बीज।।" (कबीर)

निकुटी (डिं.)=(सं. नि + कृत) प्रा. निकुट=निकाली हुई, बहिष्कृत, खोद के निकाली हुई अथवा खोदकर बनाई हुई (मूर्ति); गढ़ी हुई।

तदि (डिं.)=(सं. तदा) सप्तमी विभक्ति चिह्न इकारांत सहित=तब।

नोट—रुक्मिणी के हरण करने का यही उपयुक्त समय था। दैवी इच्छा से रुक्मिणी की मोहिनी मूर्ति का द्वारदेश में प्रकट होकर दर्शकों को चैतन्य-शून्य करना—ये सब बातें उनकी मनोरथ-सिद्धि में सहायक हो रही हैं। इस वर्णन में काव्य-चातुरी का बहुत कुछ प्रमाण है।

मन पंगु थियो=मन निश्चल हो गया—संज्ञाहीन हो गया। यहाँ पंगु का लाक्षणिक अर्थ लिया गया है, 'निश्चलता' के अर्थ में।

अलंकार=उत्प्रेक्षा।

दोहला—111

अस (डिं.)=सं. अश्व।

खेड़ि (डिं.)=(सं. खेटनम्=रथ चलाना)=चलाकर, हाँक कर। देखो प्रयोग पूर्व दोहला—68 में "खँति लागौ त्रिभुवनपति खेड़े।"

अंतरै (डिं.)=(सं. अन्तर=बीच में) मध्य। उदाहरण—"तृण अंतर दै दृष्टि तिरौंछी, दई नैन जलधार।" (सूर)

प्रथिमी (डिं.)=सं. पृथ्वी।

नोट—उत्तरार्द्ध में रथ की तीव्र गति का वर्णन किया गया है। अंतिम पंक्ति का दूसरा अर्थ यह भी हो सकता है कि त्रिभुवननाथ के रथ की इतनी तीव्र गति थी कि लोगों के मन में यह भ्रम-सा पैदा हो गया कि उन्होंने भगवान् के रथ का शब्द ही सुना अथवा उसे देखा भी। रथ का शब्द सुन

ही रहे थे कि दिखाई भी दिया, अतएव, स्मृति और दृष्टि के अनुभवों में पारस्परिक भ्रम पैदा हो गया।

अलंकार=चपलातिशयोक्ति या भ्रान्तिमत्।

दोहला–112

बळि-बंध-समरथि=बलि जैसे पराक्रमी राजा को बाँधने में समर्थ; अतएव, इस छोटे-से साहस के कार्य में तो अनायास ही समर्थ; भगवान्। भगवान् का यह अभिप्रायगर्भित विशेषण है।

बैसारी (डिं.)=(सं. वेश) प्रेरणार्थक रूप=बिठाई। हिं. उदाहरण–1. "देखा कपिन जाइ सो बैसा, आहुति देत रुधिर अरु भैंसा।" (तुलसी)

2. "ऐसी को ठाली बैसी है, तो सों मूँड खवावै" (सूर)।

सु करि=स्वकर में, अपने हाथ में।

साहे (डिं.)=(सं. साधन)=साध कर, सहारा देकर, थाम कर।

वाहर (डिं.)=आर्त्त की रक्षा या सहायता करना।

नोट–उत्तराद्र्ध की पंक्तियों की शब्द-योजना अभिनयात्मक गुण लिये हुए है। उनमें चित्ताकर्षक स्फूर्ति है। इसी प्रकार का चमत्कार कुमारसम्भव के "क्रोधं प्रभो संहर संहरेति" वाले मदनदहन के वर्णन को पढ़ने से होता है।

अलंकार–परिकर–साभिप्राय विशेषण में।

दोहला–113

धवल़ सर (डिं.)=(सं. धवल (मंगल)+स्वर)='धवल' नामक मङ्गलगीत सुनते हुए; मांगलिक गीतों को सुनते हुए। देखो नोट पूर्व दोहला– 42 में।

सम्भलि़, सम्भल़त (डिं.)=हिं. सम्भालते=सुनते हुए; मनन करते हुए। देखो प्रयोग पूर्व दोहला– 73, 111 में।

साहुलि (डिं.)=(सं. स + हुल्ल)=शोर, हल्ला, पुकार।

ढूँढारी टीका–'साहुलि कहताँ पुकार'।

पश्चिमी मारवाड़ी टीका–'साहुलि कूकणउ'।

सं. टीका–'कूकरवम्'।

आलदा (डिं.)=अल्हड़, अलबेला। इस अर्थ में अब तक मारवाड़ी भाषा में प्रयुक्त होता है।

सं. टीका—आलूदा सज्जीभूताः इति।

पश्चिमी मा. टीका—आलूदा सनद्ध बद्ध थया।

ठाकुर (डिं.)=(सं. ठक्कुर) हिं. ठाकुर=सरदारगण। क्षत्रियों की एक उपाधि। हिं. उदाहरण—"सब कुँवरने फिर खेंचा हाथू। ठाकुर जेंव तो जैंबे साथू।" (जायसी)

अलल़ (डिं.)=अरबी. आला=अव्वल दरजे का, श्रेष्ठ, यथाः—आली शाह, जनाब आली-आला, आलीजाह)=आला आला, एक से एक बढ़कर, बेठिकाने के (हास्य अर्थ में)।

हिंदी में प्रचलित भाषा में, 'अललटप्पू'=बेठिकाने, 'बिना सिर पैर के' अर्थ में प्रयुक्त होता है।

पिँ ड (डिं.)=(सं.)=शरीर। डिंगल में यह शब्द हास्य के साथ इस अर्थ में प्रयुक्त होता है।

बहुरूप भेख पालटे=बहुरूपियों ने मानो भेष बदला है, इस प्रकार राजाओं ने अपनी-अपनी सैनिक पोशाकें पहनीं।

पालटे (डिं.)=(सं. पर्यस्त—प्रा. पलट्ट)=बदले।

केसरिया (हिं.)=केशर के रंग के वस्त्र। राजपूत लोग युद्ध के समय केशरिया वस्त्र पहनते हैं, यह प्रथा बहुत प्राचीन है।

ठाहे (डिं.)=(सं. स्थाने) प्रा. ठाणे=स्थान में।

क्रिगल (डिं.)=कवच, जिरहबख़्तर।

नोट—इस दोहला— की शब्द-योजना विचित्र है। कवि ने आलूदा, अलल़, पिंड, बहुरूप, भेष पालटे—शब्दों में हास्य-रस कूट-कूट कर भर दिया है। यह दोहला कवि की हास्यवृत्ति का उत्कृष्ट उदाहरण है। हास्य भी बड़ी उत्कृष्ट श्रेणी का है; क्योंकि ध्वनित होता है। उत्तराद्र्ध में अपने हास्य आशय को 'बहुरूप', शब्द द्वारा प्रकट कर दिया है। मानो, तुरन्त ही वेष बदलने में दक्ष बहुरूपियों ने एक प्रकार के वेष बदलकर दूसरे प्रकार के वेष धारण कर लिए हैं। इसमें विरुद्ध पक्ष के नक़ली योद्धाओं की कृत्रिम वीरता की हँसी उड़ाई है।

अलंकार=उत्प्रेक्षा।

उत्तराद्र्ध में व्याजनिन्दा व्यंग्य है।

दोहला–114

नरवरै = (सं.) नरश्रेष्ठ श्रीकृष्ण के।

लारोवरि (डिं.) = डिंगल में 'लारोलार' पीछे-पीछे अनुसरण करने के अर्थ में प्रयुक्त होता है। लार (डिं.) = पीछे+उपरि उवरि = ऊपर = पीछे-पीछे चढ़ाई किये हुए। 'लार' = पीछे–हिंदी में भी प्रयुक्त होता है।

उदाहरण–1. कूप पड़े हम देखताँ अंधे लार। (दादू)

2. जन्म जन्म के दूत तिरोवन, को नहिं लार लगाए। (सूर)

चित्राम कि लिखिया (डिं.) = (सं. चित्रलिखित इव) चित्र में लिखे हुए की भाँति। हिं. में भी यह उपमागर्भित मुहाविरा प्रयुक्त होता है। हिं. उदाहरण– "राम वदन विलोकि मुनि ठाढ़ा। मानहु चित्र माँझ लिखि काढ़ा।" (तुलसी) यहाँ पर घोड़ों के वेगपूर्वक दौड़ने की अत्युक्ति है।

निहषरता (डिं.) = 1. सं. निः + स्त्रवण (अक. क्रिया) प्रा. निस्सरण (सं. निः + क्षरताः) = निकलना, बाहर निकलते हुए।

2. (सं. निः + खेटन) = ख़ूब तेजी से (खड़ते) हाँकते, दौड़ाते हुए।

महर, महियारी (डिं.) = हिं. महरा, महरी = ग्वाल-ग्वालिन, अहीर–अहीरिन। यहाँ 'महरी' की जगह डिं. में 'महियारी' प्रयुक्त हुआ है।

हवै (डिं.) = (सं. भवति) प्रा. हुवइ, हुवै = होती है; है।

माँखण (डिं.) = हिं. मक्खन।

नोट–इस दोहला– में भी पूर्व दोहला– की तरह हास्यवक्रोक्ति और व्यंग्य भरा है। उत्तराद्‌र्ध में व्यंग्य स्पष्ट है। अर्थ यह है, "हे अहीर, तूने अब तक अहीरिनों को ही चुराया है और तेरा काम गूजरों-अहीरों से ही पड़ा है। हमारे जैसे वीरों से तो झगड़ने का काम इसी बार पड़ा है। अब देखो, कैसा मज़ा चखाते हैं।" ध्यान रहे कि ये शब्द उन्हीं "आलूदा ठाकुर अलळ" के मुँह से निकल रहे हैं, जिन्होंने "पिंड बहुरूप कि भेष पालटे" थे। हास्य-रस का पूरा आस्वादन होता है।

अलंकार = अत्युक्ति, पूर्वाद्‌र्ध में, (घोड़ों के वेग की)

वक्रोक्ति (आर्थी)–उत्तराद्‌र्ध में।

दोहला–115

ऊपडी (डिं.)=(सं. उत्पटन) प्रा. उप्पड़न, हिं. उपड़ना=उखड़ना, रेत का उखड़ कर उड़ना।

रजी (डिं.)=(सं. रज)=धूल।

अरक (डिं.)=(सं. अर्क)=सूर्य।

वातचक्र=(सं.) हवा का बगूला, चक्रवात, बवंडर।

सिरि=हिं. सिर, सप्तम्यन्त इकारान्त=सिर पर।

सद (डिं.)=(सं.)=शब्द।

नीसाण, नीहस=नगाड़ों का निर्घोष। दोनों शब्दों पर नोट देखो पूर्व दोहला– 38, 40, 48 में।

वरहासाँ (डिं.)=(देशीय शब्द)=घोड़ों की।

संभवतः–(सं. वरं + हास्य)=सुंदर है हास्य जिसका)।

नासाँ (डिं.)=(सं. नासिका)=नाक, नथुने।

वाजन्ति (डिं.)=(सं. वाद्यन्ते) प्रा. बाज्जइ-बाजै=बजते हैं, शब्द करते हैं।

नोट–पूर्वाद्र्ध में कवि ने अपनी प्रतिभा की अंतर्दृष्टि से राजस्थान की प्रकृति के एक ऐसे स्वाभाविक चित्र को चित्रित किया है, जो अनुभव करते ही बनता है। राजस्थान के मरुस्थल की आँधियों और बवंडरों का जिन्हें अनुभव है, वे इस दृश्य की स्वाभाविकता की पुष्टि करेंगे। ऐसा वर्णन करना उत्कृष्ट रहस्यवादी कवियों का कार्य है।

उत्तराद्र्ध में युद्ध के पूर्व होने वाले आक्रमण के वेग, भयानकता और ओज का सजीव चित्र है। वर्णन में इतनी स्वाभाविकता होनी स्वाभाविक ही है। कवि ने ऐसे हज़ारों अनुभव स्वयं युद्धस्थल में किए होंगे। यदि उनका कोई सर्वप्रिय व्यापार था, तो युद्ध करना, जैसा कि आगे प्रकट होगा।

अलंकार=उत्प्रेक्षा=पूर्वाद्र्ध में।

स्वभावोक्ति=उत्तराद्र्ध में।

दोहला–116

अलगी (डिं.)=(सं. अलगना) प्रा. अलग्गा, हिं. अलग=दूर पर।

ही (डिं.)=हिं. 'है' का स्त्रीलिंग में इकारांत रूपांतर करने पर डिंगल

"ही" बनेगा। डिंगल में क्रिया के काल-सूचक चिह्नों को भी लिंगों के अनुरूप रूप दिया जाता है।

नैड़ी (डिं.) = (सं. निकट) प्रा. निअड, नयड़, नैड़ = निकट। देखो प्रयोग पूर्व दोहला– 47 में।

ऊखवते = (सं. उत्खिदन) प्रा. उक्खिडण = उखड़ना, किसी जमी हुई चीज़ का उठ खड़ा होना। (सं. उत्खेटनं) प्रा. उक्खेड़ण, डिं. उखेड़णउ। घोड़ों को उखेड़ना अर्थात् उनकी साधारण चाल एकदम बदल कर तीव्रगति कर देना। यह मुहाविरा भी है।

देठाळौ (डिं.) = हिं. दिखलावा, दिखावा = साक्षात्कार, सामना।

दळाँ (डिं.) = (सं.) दलों में, फ़ौजों में।

वागाँ = हिं. बाग = घोड़ों की लगामें।

ढेरबियाँ (डिं.) = (सं. स्थिरीकृता) ठहरा ली, स्थिर कर ली, रोक ली।

वाहरुए (डिं.) = 'वाहर' करने वाले = रक्षक दल वाले। 'वाहर' (डिं.) = रक्षा करने के लिए आक्रमण करने वाले। 'वाहर' का पूर्व 112 दोहे में नोट देखिए।

मारकुए (डिं.) = प्रहार सहने वाले, आक्रमण को झेलने वाले। अँगरेज़ी में इन डिंगल शब्दों–वाहरुए, और 'मारकुए' के लिए offensive, defensive शब्द हैं।

नोट–इस दोहला– में दो विपक्षी सेनाओं की मुठभेड़ का दृश्य अंकित किया गया है।

दोहला–117

बे (डिं.) = (सं. द्वि) दोनों।

काळाहणि (डिं.) = (सं. काल + अहन) = प्रलयकालीन।

या–(सं. काल + अयन) प्रलयकारिणी।

डिं. में "कळायण" वर्षाकालीन घनी घटा को भी कहते हैं। इस प्रकार श्लिष्टार्थ में इस शब्द के 1. घनी घटा और 2. प्रलयकालीन घटा = ये दो अर्थ होते हैं।

घटा = 1. सैन्यदल 2. घनघटा। श्लिष्टार्थ है।

आमुहो सामुहै (डिं.) = राजस्थानी में 'आमने-सामने' प्रयुक्त होता है, जिसका अर्थ होता है—सामने-सामने।

समुहै (डिं.) = (सं. सन्मुखे) प्रा. सम्मुहे = सामने।

हिं. उदाहरण—"जनु घुँघची वह तिल कर मूँहा। विरहवान साधो सामूहा।।" (जायसी)

कठ्ठी (डिं.) = हिं. कढ़ी = निकली, बाहर आयीं।

हिं. उदाहरण—"मो चित चाहत ए री भटू, मनमोहन लै के कहूँ कढ़ि जइयै"।। (पद्माकर)

जोगिणि (डिं.) = (सं. योगिनी) 1. एक प्रकार की रणदेवी जो मरे हुए योद्धाओं के मुंड-मुंडों को देखकर आनंदित होती है और रणक्षेत्र में उनसे खेलती है। उदाहरण—"भूमि अति जगमगी जोगिनी सुनि जगी, सहस फन शेष सो शीश काँधे।" (सूर)

2. वर्षा के योग-विशेष = किसी तिथि-विशेष में, किसी दिशा-विशेष में अवस्थित योगिनी वर्षा-सूचक होती है। इसी प्रकार भिन्न-भिन्न निमित्त-सूचक ज्योतिष की योगिनियाँ होती हैं।

आषाढ़ कृष्णा एकादशी को जब वर्षायोग का प्रारंभ माना जाता है, तब योगिनियों का चक्र हुआ करता है जिसे ज्योतिष में योगिनी-चक्र कहते हैं।

आड़ँग (डिं.) = वर्षा के आसार; वर्षा-चिह्नों को राजस्थान की वर्षा-संबंधी विशेष-भाषा में 'आड़ँग' कहते हैं; वर्षा-सूचक आकाश-चिह्न।

बेपुड़ी बहै (डिं.) = (डिं. बे = दो। पुड़ी (डिं.) = परतवाली।) दो परत अथवा तहवाली; दोहरी चलती हुई; दोनों ओर से चलती हुई।

रत (डिं.) = (सं. रक्त) लोहू।

नोट = कवि ने इस दोहला— से भावी युद्ध का वर्षा के साथ रूपक स्थापित किया है। 'घटा' और 'कालाहणि' श्लिष्टार्थ में युद्ध और वर्षा, दोनों ओर लगते हैं। दोहला— का विशेष चमत्कार इस बात में है कि कवि ने 'जोगिणि' 'आड़ँग' 'बेपुड़ी' और 'कालाहणि' शब्दों का प्रयोग करके राजस्थानी वर्षा का सजीव चित्र उपस्थित कर दिया है। ये शब्द राजस्थान की स्थानीय वर्षा-संबंधी विशेषताओं को प्रकट करने के लिए अब तक प्रचलित हैं।

अलंकार = श्लिष्टरूपक, उत्प्रेक्षा।

"बेपुड़ी बहै" की व्याख्या ढूँढाड़ी टीका यों करती हैः—"बेपुड़ी कहताँ बादल़ की बेपुड़ी कहै जो दो बड़ा बादल आम्हों साम्हा होइ तब कहैं जु मेह बरससी तैसे फोज पिण बेपुड़ी बहै, सु जाणै रगत बरससी।"

दोहला–118

हथनालि़ (डिं.) = (हिं. हाथी + नाल) = एक प्रकार की प्राचीन तोप जो हाथियों पर चलती थी।

हवाई (डिं.) = (अरबी) हवा + ई (प्रत्यय) = हवा में कुछ दूर झोंके से जाकर बुझ जाने वाली एक प्रकार की आतिशबाजी। इस प्रकार का दूर तक प्रहार करने वाला, बंदूक की तरह कोई अग्निशस्त्र-विशेष रहा होगा।

कुहक बाण = एक प्रकार का बाण, जो बाँस की कई पट्टियाँ जोड़ कर बनाया जाता है, जिसके चलते समय कुछ शब्द निकलता है। अतएव, 'कुहक' शब्द करने वाला बाण-विशेष। हिं. उदाहरण—"चले चंदबान घनबान और कुहुकबान, चलत कमान धूम आसमान छूवै गयौ।" (भूषण)

वीरहक (डिं.) = हिं. वीरों का हाँका अथवा शोर-गुल।

गैगहण (डिं.) = अनुकरण शब्द-गहगहाना = आकाश को गुँजाने वाला शब्द। उदाहरण—"अति गहगहे बाजने बाजे" (तुलसी)।

ढूँढाड़ी टीका—"गय हस्ती त्याँ की गहणि कहताँ भीड़ हुई" अर्थात् हाथियों की भीड़।

सिलहाँ (डिं.) = (अरबी. सिलाह) = जिरहबख्तर, कवच। देखो प्रयोग पूर्व दोहला 104 में।

महण (डिं.) = (सं. महार्णव) समुद्र में, देखो प्रयोग पूर्व दोहला– 62 में।

माहे (डिं.) = (सं. मध्ये) = में, अंदर।

संस्कृत टीका पूर्वाद्र्ध की यों व्याख्या करती हैं:—

"हथनाल़ हवाई कुहकबाणाः सर्वाण्यप्यातसबाजीलक्षणानि तेषां हुविरित्युच्छलनं जातं।" टीकाकार की व्याख्या से यह व्यक्त होता। मानो कोई आतिशबाजी का खेल हो रहा था। ऐसा नहीं था। वास्तव में, एक वास्तविक युद्ध में अनेक नाम के प्राचीन अग्निशास्त्रों का प्रयोग होना

बताया है। राजस्थान में अब भी प्राचीन काल की नामी तोपों के नामों में 'बान' लगा रहता है—यथा, 'सूरजबान' 'चंदबान'।

अलंकार = श्लिष्टरूपक।

दोहला—119

कळकळिया (डिं.) = (अनुकरण शब्द) कलकल शब्द करने लगे; चमचमाने लगे।

कुन्त = (सं.) भाले, शेल।

कळि (डिं.) = (सं. कलहे) युद्ध में।

ऊकळि (डिं.) = (सं. उत्कलन) प्रा. उक्कलण = उकलना, तह से अलग होना, गरम होकर खौलना। सं. उत्कलिका = लहर। सं. उदाहरण— "क्षुभितमुत्कलिका तरलं मनः।" (भवभूति)

वाउ (डिं.) = (सं. वायु) = हवा।

धड़िधड़ि = हिं. धड़ = शरीर = शरीर-शरीर पर, प्रत्येक शरीर पर।

धबकि (डिं.) = (अनु. शब्द), धबक-धबक करके चमकना।

धारूजळ (डिं.) = तलवार, उज्ज्वल है धारा जिसकी।

सिहरि सिहरि (डिं.) = (सं. शिखर) = शिखर-शिखर पर।

सिलाउ (डिं.) = (सं. शलाका)—विद्युत्‌शलाका = बिजली।

समरवै (डिं.) = (सं. स्मृ से व्यंग्यार्थ) चमकती है।

नोट—उत्तराद्‌र्ध की शब्दयोजना पर ध्यान देने से ज्ञात होगा कि उसमें विद्युत की चमक का सजीव चित्र खड़ा किया गया है। कवि की शब्द-योजना अत्यंत आशयपूर्ण है और वर्णन की स्वाभाविकता को हृदय पर अंकित करने में शब्दों का चमत्कृत संयोजन अत्यंत सहायक है। दूसरी पंक्ति की स्वभावोक्ति तो अत्यंत मनोरम है।

'सिहरि' डॉ. टैसीटरी ने दोहला—10 के नोट में 'सिरहर' को 'सिहर' अथवा 'शिखर' का डिंगल रूपांतर बताया है और 'र' की विकल्प करके वृद्‌धि होने की कल्पना की है। हमारी समझ में यह कष्ट-कल्पना है। शिखर का डिंगल में रूपांतर 'सिरहर' नहीं होता। हाँ, 'शिखर' का 'सिहर' होना युक्त है।

अलंकार=स्वभावोक्ति–समस्त में।

रूपक–द्‌वितीय पंक्ति में।

अनुप्रास–प्रत्येक पंक्ति में।

दोहला–120

कायराँ (डिं.)=(सं. कातर) प्रा. कायर=डरपोक, भीरु। हिं. उदाहरण– "कपटी कायर कुमति कुजाती। लोक वेद निंदित बहु भाँती।।" (तुलसी)

असुभकारियौ=(सं.) अशुभ करने वाले, अनिष्टकर्त्ता, अनिष्टचिंतक।

गड़ड़ै (डिं.)=(अनु. शब्द) गड़गड़ाहट।

गाजन्ति (डिं.)=(सं. गर्जन्ति) 1. मेघ गर्जन करते हुए। 2. शब्द करते हुए।

ऊजळि़याँ धाराँ=(सं.) उज्ज्वल धाराओं से। शस्त्रों की उज्ज्वल धाराओं से।

ऊवड़ियौ (डिं.)=हिं. उमड़ा हुआ, उमड़ता हुआ। उदाहरण–"उमड़ि घुमड़ि घन बरसन लागे।"

परनाळे़ (डिं.)=(सं. प्रणाली)=हिं. पनाला=बड़े नालों से।

रुहिर (डिं.)=(सं. रुधिर)।

अलंकार=रूपक।

दोहला–121

चोटियाळी़ चौसठि=64 युद्‌ध की योगिनियाँ अथवा रणपिशाचिनियाँ; लंबी-लंबी चोटी और खुले हुए केशपाश के कारण भयंकर वेश धारण किए हुए रणचण्डिकाएँ। इनकी संख्या साधारणतः चौसठ मानी गयी है परंतु उन का क्या नाम है, कैसा स्वरूप है, इसका प्रमाण हमें नहीं मिला। ढूँढाड़ी टीका दूसरा ही अर्थ करती है–"रुधिर एकठो हुऔ छः अर ऊपरा सु रुधिर की बूँदाँ पड़े छै त्यांकी जु ऊँची बूँदाँ उछळै़ छः सु चोटियाळी़ कहावै।" ऐसा अर्थ करने पर "चौसठि" का क्या अर्थ लिया जाये इसमें संशय है। संस्कृत और मारवाड़ी टीका हमारे अर्थ का समर्थन करती हैं।

चाचरि (डिं.)=युद्धस्थल में; 'चर्चरी' योग की एक मुद्रा का नाम भी है; 'चर्चरी' एक राग भी है।

धू (डिं.)=..... = (हिं. ढलना, ढरना) = नीचे गिरने पर ढल...।

...उत्कर्षण) प्रा. उक्कस्सण, हिं. उकसना = ...। हिंदी में प्रयोग होता है।

...उकसहिं अकुलाई। (तुलसी)

(सं. धुर) सिर, मुण्ड। देखो पूर्व प्रयोग "धू माला संकर धरी।"

धड़ (डिं.)=(हिं. धड़)=शरीर। देखो पूर्व प्रयोग दोहला 119 'धड़िधड़ि'।

अनँत=(सं.)=बलराम। अन्यत्र श्रीकृष्ण के लिए भी प्रयुक्त हुआ है। देखो पूर्व दोहला "अनँत अनँत तसु मधि अधिकार"। 'अनंत' का वास्तविक अर्थ बलराम, लक्ष्मण और शेषनाग हुआ करता है।

औझड़ै (डिं.)=(क्रि. विशेषण, हिं. औझड़)=निरंतर, लगातार। यहाँ पर 'झड़ी' के विशेषण की तरह प्रयुक्त हुआ है।

हिं. उदाहरण—"हिरना बिरझेउ सिंह से औझर खुरी चलाय।" (गिरधर)

झड़ (हिं.)=(हिं. झड़ी)=वर्षा की बौछाड़;, बौछाड़, झड़ी।

मातौ (डिं.)=(सं. मत्त)=मोटा, बड़ा, गहरा।

माँडियौ (डिं.)=(सं. मंडनम्)=हिंदी में भी युद्ध माँड़ना, रण माँड़ना, मुहाविरा प्रयुक्त होता है।

अलंकार=रूपक।

यमक—'झड-झड'।

दोहला—122

रळतळिया (डिं.)=(हिं. रलना + तरना)=मिलकर बह निकला; बह चला, प्रवाहित हो चला।

हूँ (डिं.)=डिंगल "हूँत" का अल्परूप है=से (अपादान विभक्ति चिह्न)।

पड़ै (डिं.)=(हिं. पड़ै)=गिरते, हताहत होते हैं।

ऊँधा (डिं.)=(सं. अधः) हिं. औंधा=उलटा, निम्नमुख।

हिं. उदाहरण—"औंधा घड़ा नहीं जल डूबै, सूधै सों घट भरिया" (कबीर)

पत्र (डिं.)=सं. पात्र का ह्रस्व रूपांतर=बर्त्तन, भाजन, पात्र। "जोगिणी तणा पत्र"=योगिनियों के पात्र अर्थात् मुंडों के बने खप्पर।

जोगिणी (डिं.)=युद्‌ध चण्डिकाएँ। देखो प्रयोग दोहला– 117 में। कई टीकाकार 'घणा' को 'घड़ा' का रूपांतर समझ कर वैसा अर्थ लेते हैं, जो इतना संगत नहीं प्रतीत होता ।

अलंकार=स्वभावोक्ति।

दोहला–123

बेली (डिं.)=साथी, सहायक। मारवाड़ी में इस अर्थ में बोलचाल में प्रचलित है।

बापूकारे (डिं.)= "बाबू", "बापू", कहकर उत्तेजित किया है। राजस्थान में घुड़सवार अब तक घोड़ों को "बापू ओ बापू" कह कर उत्तेजित करते हैं। यथा, उदाहरण–"बापू मत कह बखतसी, काँपत है केकाण (घोड़ा)। एकर बापू और कह्याँ तुरग तजै लौ प्राण।"

सत्र (डिं.)=(सं. शत्रु) डिंगल में कभी-कभी शुद्‌ध संस्कृत शब्दों की मात्राएँ लुप्त करके अथवा मात्राओं का विपर्यय या परिवर्तन करके नये शब्द बना लिये जाते हैं। यथा पत्र=पात्र, सत्र=शत्रु।

साबतौ (डिं.)=(अरबी. साबित, सबूत)=पूरा, पूर्णांग, सुरक्षित, सही-सलामत, संपूर्ण। मारवाड़ी में अब तक प्रचलित है। हिं. उदाहरण– "द्वे लोचन साबित नहिं तेऊ।" (सूर)

अजे लगि=हिंदी में "अजौंलगि" मुहाविरा प्रयुक्त होता है।, अब तक।

साथ (डिं.)='समूह' के अर्थ में। साथी, संगी, सहायकदल।

बूठै (डिं.)=(देशीय शब्द)=मेंह बरसने पर, वर्षा होने पर। एक राजस्थानी लोकोक्ति प्रसिद्‌ध है–"शेखे मारी पालखी, में बूठाँ ही चालसी" अर्थात् शशक ने प्रतिज्ञा करके आसन जमा लिया है, अब मेह बरसने पर ही चलेगा।

वाहवियै (डिं.)=(सं. वह) हिंदी में हल बाहना = हल चलाना, हल जोतना। हिं. हाथ वाहना, हाथ चलाना, प्रहार करना। हिं. में इस अर्थ में 'वाहना' प्रयुक्त होता है।

उदाहरण—1. वाहत अस्त्र नृपति पहँ आये। (पद्माकर)

2. वहइ न हाथ दहइ रिस छाती।। (तुलसी)

वाहने के साधारणतः तीन अर्थ होते हैं—

1. चलाना, फेंकना, प्रवाहित करना।

2. गाड़ी, घोड़ा हाँकना।

3. हल चलाना, खेत जोतना।

जीपिस्यै (डिं.)=जीतेंगे। हिं. 'जीत' का डिंगल रूपांतर 'जीप' है।

नोट—वर्षाकालीन व्यापारों और युद्ध के व्यापारों का यह रूपक अत्यंत सराहनीय है। प्रधान रस—शृङ्गार को विस्मृत होने से बचाने के लिए कवि ने जान-बूझ कर वर्षा के रूपक को व्यवधान की तरह खड़ा किया है। परंतु स्वभाव-वीर और राजपूत होने के कारण वे युद्ध के वर्णन को बिना किये ही संतुष्ट नहीं रह सकते थे। इस रूपक के संबंध में विशेष ज्ञातव्य विषयों के लिए भूमिका देखिए।

दोहला—124

विसरियाँ विसर (डिं.)=बीती हुई वेला को बिसार कर। (सं. वि + स्मरण) प्रा. विम्हरण, विस्सरण, हिं. बिसरना।

हिं. उदाहरण—"सुरति श्यामधन की सुरति बिसरेहू बिसरैन।" (बिहारी)

बीजिजै=(सं. बीज) हिं. बीजिये=बोइये, बीजारोपण करिये।

खल़ाँह (डिं.)=(सं.) खलों को, दुष्टों को, अर्थात् हमारे वैरियों को।

हाल़ाहल़ाँ (डिं.)=हलाहल की तरह, विष की तरह।

खारी (डिं.)=(हिं.)=कड़वी। ध्यान में रखना चाहिए कि यह शब्द स्त्री प्रत्ययान्त इसलिए हैं, क्योंकि इसका संबंध दोहला— 123 के 'आ वेल़ा' (स्त्री) से है।

त्रूटै (डिं.)=(सं. त्रुटन्ति) हिं. टूटै=टूटते हैं।

कंधमूल (सं. स्कंध + मूल)=1. कंधा 2. वृक्ष की पैंडी।

उदाहरण 1. "वृषभ कंध केहरि ठवनि, उर भुज बाहु विशाल"। (तुलसी)

2. अव्यक्त मूल मनादि तरुत्वच चारि निगमागम भने। षट कंध शाखा पंचबीस, अनेक पर्ण सुमन घने। (तुलसी)

3. "तीव्राघातप्रतिहततरुस्कंधलग्नैकदंत।। (शाकुन्तल)

मूल = जड़। कंध-मूल = कंधे की जड़।

हलधर = (सं.) बलराम।

वाहताँ = (हिं.) चलाते हुए, हल चलाते हुए। देखो नोट दोहला– 123 में।

अलंकार = श्लिष्टरूपक।

नोटः—कवि ने इस दोहला– में प्रायः सभी खेती-संबंधी विशिष्ट शब्दावली का प्रयोग किया हैः—बीज, बीजिजै, खारी, हल़ाँह, खल़ाँह, कन्ध, मूल, जड़, हलधर, वाहताँ। अतएव, मुद्रालंकार गर्भित है। इनमें से कई एक शब्द श्लिष्ट भी हैं।

विसरियाँ विसर = मिलाओ "बीती ताहिं बिसार दै, आगे की सुध लेहु।" डॉक्टर टैसीटरी को इन शब्दों और 'खारी' के प्रयोग के संबंध में बड़ा संशय है। हमने जो अर्थ किया है उसमें किसी प्रकार के संशय को स्थान नहीं है।

दोहला–125

घटि घटि = (सं.) शरीर-शरीर में। हिं. उदाहरण—"अन्तर्यामी घटघटवासी।"

घण = (सं. घन) बहुत ज़्यादा। हिं. उदाहरण—"उतै रुखाई है घनी व्योरे मुख पै नेह।" (बिहारी)

घाउ = हिं. घाव।

छिंछ (डिं.) = (अनु. शब्द) = छींटा, फव्वारा, धार। हिं. उदाहरण— 1. शोणित छिंछ उछरि आकाशहिं गजबाजिन सिर लागी। (सूर)

2. अति उच्छलि छिंछ त्रिकूट छयो, पर रावन के जलजोर भयो। (केशव)

पिड़ि (डिं.) = (सं. पिंड) = 1. वृक्ष की पेंड़ी, तना।

2. मनुष्य के शरीर का ऊपरी भाग—धड़।

नीपनौ (डिं.) = (सं. निष्पद्यते। (प्रा. णिपज्जइ) हिं. निपजना। उत्पन्न हुए। हिं. उदाहरण—"उलटा सुलटा नीपजै, ज्यों खेतन में बीज।" (कबीर)

प्रवाल़ी = (सं.) 1. मूँगा, विद्रुम।

2. किशलय, कोंपल, नवीन उगे हुए कोमल पत्ते।

सिरा (डिं.)=(हिं. सिरा=1. ऊपर का भाग, शीर्ष भाग। (सं. शिरा)=2. रक्तनाड़ी—मनुष्य-शरीर में जाल के समान गुँथी हुई शिराएँ होती हैं। मानवशरीर की आठ प्रधान शिराएँ हैं और आठों दिशाओं के स्वामियों के पीछे उनका नाम है यथाः—आग्नेयी, ऐन्द्री, महाशिरा इत्यादि। (डिं. सिरा)=3. धान्य के भुट्टे, सिट्टे, बाल, बाली। श्लिष्ट अर्थ में 1. और 3. अर्थ लग सकता है।

हंस (डिं.)=जीव, जीवात्मा। हिं. उदाहरण—"सिर धुनि हंसा चले हो रमैया राम।" (कबीर)

तीसरै (डिं.)=(सं. निः + सरण)=निकलना।

नोट—इस दोहला में प्रधान रस शृंगार का लोप होकर, बीभत्स का आरोप होता है। मम्मट के अनुसार, "अंगिनः अननुसंधानम्" दोष यहाँ लागू होता है।

अलंकार=उत्प्रेक्षा, स्वभावोक्ति, श्लेष (शब्द)।

दोहला—126

पहरन्तै (डिं.) (प्र + हरति)=नष्ट करते।

बिजड़ा (डिं.)=1. तलवार। 2. हँसुआ। धान्य काटने का औजार (Siekle); श्लिष्ट।

सिराँ (डिं.)=1. सिरों का, मुंडों का। 2. बालों का, भुट्टों का; श्लिष्टार्थ में।

बेड़ते (डिं.) हिं. बिड़ारना=भयभीत करते हुए, नष्ट-भ्रष्ट करते हुए, छिन्न-भिन्न करते हुए।

हिं. बिडवना=तोड़ना, नष्ट करना।

हिं. उदाहरण—1. "कुंभकरन कपि फौज बिड़ारी।" (तुलसी)

2. "घूँघट पट वागुर ज्यों बिड़वत जतन करत शशि हारे।" (सूर)

परि (डिं.)=प्रकार से, रीति से। देखो पूर्व दोहला— 25, 42 में।

अलंकार=यमक—'बल' में—बळदेव, महाबळ, भुजा बलि़।

रूपकातिशयोक्ति। श्लिष्टरूपक।

दोहला–127

गाहटतै (डिं.) = (सं. गाह्) = विलोड़ना, गोता लगाकर मथना। नष्ट-भ्रष्ट करना। उदाहरण–"समगाहिष्ट चाम्बरं!" (भट्टिकाव्य)

खलाँ (डिं.) = खलिहान में, धान्यपूर्ण खेत में।

राम (सं.) = बलराम।

मेढ़ि (डिं.) = (हिं. मेढ़) मिट्टी डाल कर बनाई हुई खेत की सीमा या पानी का बाँध।

चड़ियै (डिं.) चढ़कर।

फिरि संघार फेरताँ = फिरा-फिरा कर संहार (नाश) के कार्य में फेरते हुए।

केकाणाँ (डिं.) = घोड़े। उदाहरण–"बापू मत कह बखतसी, काँपत है केकाण।।"

सुगह (डिं.) = भली प्रकार से गाहटन।

इस दोहला– में भी कृषि-कार्य में उपयुक्त विशिष्ट शब्दावली का कवि ने श्लिष्ट अर्थ में समावेश किया है। गाहटतै, खलाँ, मेढ़, फेरताँ, केकाण, सुगह–ये शब्द कृषि-प्रयोज्य हैं।

अलंकार = श्लिष्टरूपक।

दोहला–128

कण एक लिया = कई एक कण (धान्य) रूपी योद्‌धाओं को पकड़ लिया।

एक कण-कण किया = कई एक (योद्‌धाओं) को कण-कण–टुकड़े-टुकड़े–करके नष्ट कर दिया।

भिड़ = (हिं. भिड़ना) = भिड़ करके (युद्‌ध में भिड़ करके)।

भंजिया (डिं.) = भगा दिया।

भर खञ्चे = भार खिंचा; धान्य का भार गाड़ियों में लादा जाकर खींचा गया।

खलै (डिं.) = खलिहान में।

खलाँ (डिं.) = शत्रुओं के।

ग्रीधणी (डिं.) = हिं. गिद्‌धनी, एक प्रकार का स्मशान-पक्षी–विशेष।

चिड़ (डिं.) = चिड़ियाँ। खेत में धान्य-कण चुगने को आने वाली साधारण चिड़ियाँ।

पल़ = (सं.) मांस; मरे हुए शवों का मांस।

चारौ (हिं.) = चिड़ियों के चुगने का चारा।

अलंकार = रूपक।

दोहला–129

लोह साहिये (डिं. मुहाविरा) = लोहा साधते हैं, लोहा लेते हैं = युद्ध करते हैं। हिंदी में 'लोहा लेना' 'लोहा बजाना' मुहाविरे इसी अर्थ में प्रयुक्त होते हैं। उदाहरण–"1. सनमुख लोह भरत सन लेऊँ।" (तुलसी)

2. "जासों कीजै मोह तासों लोह कैसे गहिये"। (हनुमन्नाटक)

विरुधि (डिं.) = (सं.) विरोध में, विरोध करने के लिए, शस्त्रों द्वारा बचाव करने में।

संस्कृतटीका–"विरुद्धो यमो" यह अर्थ करती है।

बड़फरि (डिं.) = ढाल को।

ऊछजतै (डिं.) = (सं. उत् + सज्जतः) = ऊपर उठा कर, बचाव के लिए तैयार करते हुए।

भलाभली सति = "भलाभली इत्यादि" वाली कहावत सत्य है। राजस्थानी में प्रचलित कहावत है, "भलाभली प्रिथमी छै" जिसका आशय यह है कि पृथ्वी पर एक से बढ़कर एक महापुरुष हैं। यहाँ पर यह कहावत सत्य यों हुई कि दुर्योधन और जरासंध वीरता और पराक्रम में अब तक अद्वितीय समझे जाते थे, परंतु बलराम इनसे भी बढ़कर योद्धा निकले, जिन्होंने इन दोनों को परास्त किया। अतएव, "भलाभली पृथ्वी" वाली कहावत को बलभद्र ने चरितार्थ कर दिखाया।

भंजिया (डिं.) = (सं. भग्न) = भाँग दिया, तोड़ दिया, पूर्णतया परास्त कर दिया। दोहला 128 में 'भंजियौ' भगा दिया, के अर्थ में प्रयुक्त हुआ है। संस्कृत में यह धातु 'भगाना' और 'तोड़ देना' दोनों अर्थ में प्रयुक्त होता है।

तोई ज (डिं.) = (सं. तदा + एव) तभी तो।

दोहला–130

वीर (डिं.)=भाई। हिं. उदाहरण–"वे हलधर के वीर।" (बिहारी)

आडोअड़ि (डिं.)=बीच में अड़कर, आड़ा आकर, रुकावट करके। हिंदी में अड़, आड़, आड़ा, प्रयुक्त होते हैं। हिं. उदाहरण–

1. सात समुद आड़ा पड़ै, मिले अगाऊ आय। (कबीर)

2. विरहा सेती मत अड़ै, रे मन मोर सुजान। (कबीर)

एकाएक (डिं.)=हिं. एकाएक, यकायक, अकस्मात्, अचानक।

वाग्यो (डिं.)=(सं. वाक्) बोला।

अबल़ा=(सं.) सार्थक विशेष्य है; निस्सहाय, निर्बल स्त्री।

पग माँडि (डिं. मुहाविरा)=पैर रोक, खड़ा रह, पैरों को स्थिर कर, भागना बंद कर।

मा. पृथ्वीराज ने डिंगल के मुहाविरों का बहुतायत से प्रयोग कर भाषा का प्रसादगुण और बढ़ा दिया है।

इ=(सं. भूमि)।

दोहला–131

विल़कुल़ियौं (डिं.)=रक्तवर्ण हो गया; क्रोध से तमतमा गया।

वाकार्‌यो (डिं.)=राजस्थानी में 'बकारना' हिं. ललकारना, प्रचारना, चुनौती देना, के अर्थ में प्रयुक्त होता है।

पुणच (डिं.)=(सं. पनच) प्रत्यंचा, धनुष की डोरी।

आउध (डिं.)=(सं. आयुध) शस्त्रास्त्र, हथियार।

बेलखि (डिं.)=बाण का फर, पुङ्खस्थान।

प. मारवाड़ी टीका–"जिहाँ शर थापी नइ खांचीयइ ते वेलख।"

अणी=शर का आगे का तीव्र भाग।

मूठि=(सं. मुष्ठि)=मुट्ठी। उदाहरण– "मूठि कुबुद्धि धार निठुराई। धरी कूबरी शान बनाई।।" (तुलसी)

द्रिठि (डिं.)=(सं. दृष्टि) दृष्टि में।

नोट–डॉ. टैसीटरी ने अंतिम पंक्ति में 'द्रिढ' पाठांतर लिया है। हमारी समझ में 'द्रिठि' पाठ ज़्यादा उपयुक्त और चमत्कारपूर्ण है। 'द्रिढ' लेने से 'यथासंख्य' और 'दीपक' अलंकार की हानि होती है।

अलंकार = यथासंख्य-'बेलखि' को 'मूठि' में और अणी को 'द्रिठि' में बाँधा।

दीपक = 'बंधि'—दोनों तरफ़ लगता है।

दोहला–132

आरणि (डिं.) = हिं. ऐरण = लोहार का घन जिस पर रख कर तपे हुए लोहे को पीटा जाता है। (सं. अयस् + घन) = लोहे का घन।

तपत = 1. संतप्त, क्रोध के मारे तपा हुआ।

2. तपाया हुआ (लोहा)।

प्रसन (डिं.) = (सं. प्रस्त्रवण) गिरना, अश्रुमोचन।

2. द्रवीभूत होते हुए।

निय (डिं.) = (सं. निज) = अपने।

तणु (डिं.) = (सं. तन) = 1. शरीर।

2. संबंधकारक का विभक्ति-चिह्न—का (देखो पूर्व दोहला– 3 में प्रयोग)।

साँडसी (डिं.) = हिं. सँडसी। एक प्रकार का औजार जिससे लोहार तपे हुए लोहे को पकड़ कर घन पर रखता है।

किउ (डिं.) = हिं. कियहु = किया।

नोट—कवि ने लोहार के व्यापारों से रूपक बाँध कर स्पष्ट कर दिया है कि जीवन के निम्न से निम्न व्यापार को कविता में प्रयुक्त करके कवि उसे कितना चमत्कृत रूप दे सकता है। कवि के अनुभव और मौलिक प्रतिभा की प्रशंसा करते ही बनती है।

अलंकार = रूपक।

दीपक—'किउ' का संबंध 'मन' और 'शरीर' दोनों तरफ़ है।

दोहला–133

सगपण (डिं.) = संबंध की आत्मीयता; संबंध।

सनस (डिं.) = (सं. संशय) हिं. संस = संशय, आशंका, संकोच, लज्जा। हिं. उदाहरण—"करुणा करी छाँड़ि पगु दोनों, जान सुरन मन संस।" (सूर)

सन्निधि = (सं.) = शुद्ध संस्कृत प्रयोग; निकट, समीप।

अणमारिबा (डिं.) न मारने का। 'अन' उपसर्ग 'नहीं' के अर्थ में। यथा संस्कृत–हिंदी में–'अनर्थ,' 'अनशन'।

आलोजि (डिं.)=(सं. आलोच्य)=विचार से। देखो. पूर्व प्रयोग दोहला 64 में, "अन्तरजामी सूँ आलोज"।

आखियात (डिं.)=(सं. आख्यात=स्तुति की हुई) आश्चर्यजनक बात। प.मारवाड़ी टीका–आखियात आश्चर्य्यकारी बात। सं. टीका–ख्यातिराश्चर्य्यस्तुतियोग्या वार्त्ता।

आउधि (डिं.)=(सं. आ + युधि) युद्ध में।

सो जि (डिं.)=(हिं. सो + जु) वह भी, वही।

सजै=(हिं.) सजता है, प्रयोग करता है।

नोट–इस दोहला– में 'भावसबलत्व' का चमत्कार देखने योग्य है।

दोहला–134

सोनानामी=(सं. सुवर्णनाम्नः) सोने का पर्यायवाची है नाम जिसका। अर्थात्–'रुक्मि'। सं. रुक्म=सुवर्ण।

विरूप (सं.)=विकृत रूपवाला, कुरूप।

छिणियै जीवि=(सं. क्षण + जीवि) क्षण भर का ही जीवन है जिसका।

जीव=(सं.) प्राण, जीव, जीवित।

छण्डियौ=हिं. छाँड़ियौ=छोड़ दिया।

नोट–केश उतार कर रुक्मि को कुरूप करना, कवि का कल्पित वृत्त है। भागवत में इसका उल्लेख नहीं मिलता।

दोहला–135

अग्रज=(सं.)=ज्येष्ठ, बड़ा, जिसका जन्म पहले हुआ है। 'अनुज' का आपेक्षिक शब्द है।

आखै (डिं.)=(सं. आख्याति) प्रा. आक्खाइ कहता है। पंजाबी में 'आखना' इसी अर्थ में प्रयुक्त होता है।

हिं. उदाहरण–1. "बार-बार का आखियै मेरे मन की सोय।" (कबीर)

2. "सत्यसंध साँचे सदा, जे ओखर ओखे" (तुलसी)।

दुसट सासना (सं. दुष्ट + शासन) = दुष्टोचित दंड।

पासै (डिं.) = (सं. पार्श्वै) = पास में, नज़दीक।

बैसारी (डिं.) = (सं. वेशनम्) = बैठाना (प्रेरणार्थक)। हिं. उदाहरण—"ऐसी को ठाली वैसी है, जो तोसों मूँड़ खवावै" (सूर)

भलौ ....भई = यह प्रचलित वक्रोक्ति है। हिंदी में भी प्रयोग होता है, यथा, भला भई, भला काम किया।

अलंकार = वक्रोक्ति (आर्थी)

दोहला–136

आदेस (सं.) = आज्ञा।

पालिबा (डिं.) = पालने के लिए। हिं. उदाहरण—"किंकरी करि पालिबी करुणामई।" (तुलसी)। अवधी प्रयोग।

मिरिगाखी = (सं. मृगाक्षी) = मृग के समान सुंदर नेत्रवाली।

मन राखिबा = मन रखने के लिए। यह मुहाविरा हिंदी में भी प्रयुक्त होता है = मन की बात करना।

पुंडरीकाख = (सं. पुण्डरीकाक्ष) = कमलनयन, भगवान् श्रीकृष्ण।

सुसमित (डिं.) = (सं. सुस्मित) मुस्कराते हुए।

सुनमित (डिं.) = (सं. सु + नम) मुख को नीचा किये हुए (संकोच और लज्जा से)।

सुब्रोड़ित (डिं.) = (सं. सु + ब्रीड़ित) भली-भाँति लज्जित होकर।

थिया (डिं.) = हुए।

अलंकार = स्वभावोक्ति।

समुच्चय = उत्तराद्र्ध में।

दोहला–137

अकरण करण (सं.) = अकारण को करने वाले; असम्भाव्य को संभव करने वाले। न्याय में 'करण,' कार्य को करनेवाले 'कारण' को कहते हैं।

क्रित अन्नथा करणं = किए हुए कार्य को अन्यथा करने वाले, सम्भाव्य को असंभव करने वाले।

सगले (डिं.) = (सं. सकल) = तमात, समस्त।

थोके (डिं.) = (सं. स्तोमक = समूह) = तमाम बातों में, कुल बातों में।

ससमत्त्थ (डिं.) = (सं. ससामर्थ्य) = सामर्थ्ययुक्त, समर्थ, योग्य।

हा लिया (डिं.) = डिं. लिया हा = लिये थे, उतार लिए थे। 'हा' = डिंगल में यह क्रियाचिह्न 'है' वर्तमानकालिक एकवचन क्रिया के बहुवचन और भूतकालिक रूप में प्रयुक्त होता है। इसे हिंदी, 'था' 'थे' क्रिया का रूपांतर समझना चाहिए। बोलचाल की राजस्थानी भाषा में अब तक यह क्रिया इस अर्थ में प्रयुक्त होती है।

डॉक्टर टैसीटरी को इस शब्द के अर्थ के विषय में संशय है। वे इसे डिं. 'हालणो' =चलना क्रिया से बना हुआ समझ कर संदेह में पड़ गए हैं। वास्तव में यह क्रिया दो पदों से बनी है 'लिया + हा,' जैसा कि हम ऊपर स्पष्ट कर चुके हैं। संस्कृत टीकाकार भी उसी प्रकार भ्रम में पड़ कर "हा इति खेदमाकलय" यह अर्थ करते हैं।

डॉ. टैसीटरी ने इस पंक्ति का पाठ ही ऐसा लिया है जो भ्रमपूर्ण है– "हालिया जा इलगाथा हूँता"।

थापे (डिं.) = स्थापित किए; रक्खे।

हत्त्थ (डिं.) = (सं. हस्त) हाथ।

अलंकार = विरोधाभास–पूर्वाद्र्ध में।

व्याघात–उत्तराद्र्ध में।

दोहला–138

परदल = (सं.) शत्रुदल। शत्रु के अर्थ में 'पर' यथा, परंतप।

पिण (डिं.) = भी। वाक्य में किसी शब्दविशेष अथवा अर्थ पर ज़ोर देने अथवा विशेषता प्रकट करने के लिए डिंगल में यह अव्यय प्रयुक्त होता है। पण, पिण = भी।

जीपि = हिं. जीत कर। देखो पूर्व दोहला– 3 में "जाणे वाद माँडियो जीपण।"

परणे (डिं.) = (सं. परिणयन) = ब्याह किया।

उभै (डिं.) = (सं. उभय) = दोनों।

एकार (डिं.) = हिं. एक बार = एक ही साथ। 'हेकार' रूपांतर भी मिलता है। उदाहरण—"गंगाजल़ हेकार, श्रवण सुणै जु साँभल़ै"। (पृथ्वीराज)

वादो वदि = हिं. बदाबद, बदाबदी = हठपूर्वक, उत्साह और स्पर्धापूर्वक। हिं. उदाहरण—"बदाबदी जिय लेत हैं ये बदरा बदराह"। (बिहारी)

बाधण (डिं.) = (सं. वर्द्धन) = बढ़ना। देखो—पूर्व प्रयोग दोहला— 13 में "अनि बरस बधै ताइ मास बधै ए"।

बधाइहार = (हिं. बधाईदार) = बधाई देने वाले, मंगलसंवाद सुनाने वाले। उदाहरण—"जब ते राम ब्याह घर आए, नित नव मंगल मोद बधाए"। (तुलसी)

नोट—द्‌वितीय पंक्ति के कई एक पाठांतर मिलते हैं। हमने ढूँढाड़ी प्रति का पाठांतर सर्वोपयुक्त समझ कर लिया है। डॉ. टैसीटरी ने "सत्रु सिरि अधिक वावरे सार" यह पाठांतर लिया है। जो "परदल़ पिण जीपि" प्रथम पंक्ति के आशय की पुनरावृत्ति करता है, अतएव, अनावश्यक है।

दोहला–139

भूलिग्या (डिं.) = भूल गए। अब तक प्रचलित राजस्थानी में 'गया' क्रिया संयुक्त रूप में बोली जाती है; बैठग्या, उठग्या, चलग्या इत्यादि।

ग्रिहगति (सं.) = ज्योतिष के अनुसार ग्रहों की निमित्तसूचक स्थिति।

पूछीजै = (सं. पृच्छ्यते) प्रा. पुच्छिज्जइ-पूछीजै। पूछे जाते हैं। कर्मवाच्य में प्रायः सभी डिङ्गल अक. क्रियाओं के अंत में 'जै' लगता है। यथाः करीजै, खावीजै, बैठीजै, उठीजै इत्यादि।

मन ....मारग = भगवान् के मार्ग की ओर उत्सुकतापूर्वक मन लगाए हुए। प्रेमपूर्वक प्रतीक्षा का कैसा स्वाभाविक और मनोरम चित्र है।

प्रज (डिं.) = (सं. प्रजा)।

ओटे चड़ी = (हिं. ओट-ओटा) = 'आंटा'-उस परदे की दीवाल को कहते हैं जो परदे के निमित्त बनाई जाती है; कोई ऊँचा स्थान, कोठा, छत पर चढ़ी हुई।

चाहे (डिं.) = (हिं. चाहना = इच्छा करना, चाहपूर्वक देखना)—देखती है। देखो पूर्व प्रयोग दोहला— 106 "चालिया चंदाणणि मग चाहि।"

"बेलियो गीत" की मात्रा-गणना के अनुसार इस दोहला— की 2 और

4 पंक्ति में 14 मात्रा होनी चाहिए। परंतु हैं 13 ही। स्पष्टीकरण के लिए देखो भूमिका।

दोहला–140

ऊतामल़ा (डिं.)=(सं. उत् + त्वर)=जल्दी-जल्दी चलना। हिंदी में प्रयोग होता है, यथा–

"कोउ गावत कोउ वेणु बजावत, कोउ उतावल धावत।" (सूर)

झँखाणा (डिं.)=(हिं. झंखना)=खीजना, बहुत अधिक दुखी होकर पछताना। हिं. उदाहरण–1. बरस दिवस धण रोयकर, हार पड़ी चित झंख। (जायसी)

2. उड़ि मुनिया डारी पर बैठे, झंखन लागै सारी दुनिया। (कबीर)

झल़ (डिं.)=हिं. झल, झार=1. ताप, दाह, आँच, जलन 2. उग्रकामना, उत्कट इच्छा।

हिं. उदाहरण–"साहब मिलै न झल बुझै, रही बुझाय बुझाय।" (कबीर)

नील़ (डिं.) (हिं. नीला=आसमानी रंग)। राजस्थानी में 'नीला' 'लीला' सघन हरे, वानस्पत्य रंग के लिए सर्वदा प्रयुक्त होते हैं।

करि (डिं.)=(सं. 'कर,') सप्तमी विभक्तयन्त=हाथ में।

नील़ाणा (डिं.)=(सं. नीलायित)=हरे हो गये। व्यंग्य अर्थ में, हृदय में प्रसन्न हो गए। हिंदी में यह मुहाविरा इस व्यंग्य अर्थ में प्रयुक्त होता है। "श्याम हरित दुति होय" (बिहारी)।

कुशसथली वासी=कुशस्थलीनिवासी, द्वारिकावासी।

नोट–राजस्थान में यह प्रथा बरती जाती है कि शुभ-संवाद अथवा बधाई ले जाने वाले अपने हाथ में वृक्ष की हरी डाली ले जाते हैं। जिसका आशय यह होता है कि जिस प्रकार वृक्ष हरा-भरा रहता है वैसा ही अमुक कुटुंब समृद्ध-सुखी रहे। यह प्रथा–पुत्रजन्म, विवाह, शत्रुविजय इत्यादि शुभ अवसरों पर मानी जाती है। कवि ने 'उर मठी झळ' और 'नीलाणा' में देशीय मुहाविरेदार भाषा का प्रयोग किया है। दोनों में उत्तम व्यंग्यार्थ है।

अलंकार=रूपक, 'कुससथळी वासी कमळ' में।

दोहला–141

सहू (डिं.)=सभी। देखो पूर्व प्रयोग पूर्व दोहला– 72 में।

साऊजम (डिं.)=(सं. स + उद्यम) प्रा. साउज्जम-साऊजम=उद्यमशील, कार्य-तत्पर।

वधावण (डिं.)='बधाई' देकर स्वागत करना। स्वागतपूर्वक अगवानी करना।

रेस (डिं.)=के लिए। अपभ्रंश भाषा में इसी अर्थ में इसी प्रकार इस शब्द का प्रयोग हुआ है। उदाहरण–"हउँ जिज्झउँ तउ केरि पिय तुअ पुण अन्नह रेसि"। अन्नह रेसि=दूसरे के लिए।

लहरीख=(सं.) लहरियों का रव जिसमें होता है अर्थात् समुद्र।

लहरिउँ लियै (डिं. मुहावरा)=लहरें लेता है 1. तरंगित होता है। 2. आह्लादित होता है।

हिंदी में भी "लहरें लेना" आनंद की उमंग का अनुभव करने के अर्थ में मुहाविरे की तरह प्रयुक्त होता है।

लहरिउँ........राकेस=विज्ञान और समुद्र-शास्त्र की दृष्टि से देखने पर यह एक प्राकृतिक तथ्य है। चंद्रमा की ज्योत्सना के प्रभाव से समुद्र में लहरें बढ़ती हैं। उन्हें ज्वार 'जलजोर' (देखो पूर्व दोहला 23 में) कहते हैं।

अलंकार=उत्प्रेक्षा।

दोहला–142

अखित (डिं.)=1. (सं. अक्षत)=चावल, मांगलिक चावल।

2. (सं. अक्षत)=निरंतर, अनवरत।

द्रोब (डिं.)=(सं. दूर्वा)=दूब, दूर्वा।

हलिद्र (डिं.)=(सं. हरिद्रा)=हलदी, एक प्रकार का पीला मसाला।

ऊछव (डिं.)=(सं. उत्सव) प्रा. उच्छव, ऊछव।

उत्तराद्र्ध का दूसरा अर्थ यों भी किया जा सकता हैः–"उत्सव हुए; मांगलिक चावल, हरी दूब, केशर और हलदी उछाले गये।।"

राजस्थान के शुभ अवसरों पर अक्षत, हलदी, दूब, केशर, कुंकुम इत्यादि मांगलिक पदार्थों को उछालने की प्रथा अब तक बरती जाती है।

दोहला–143

क्रमिया (डिं.)=(सं. क्रमण) चले, चलते थे।

ऊछाह (डिं.)=(सं. उत्साह) प्रा. उछ्छाह, ऊछाह=उत्साहसहित; उमंग-सहित।

अङ्कमाल=(सं.) अंक में माला की तरह धारण करना। आलिंगन करना।

नयर (डिं.)=(सं. नगर) प्रा. नयर=नगर।

आपिवा (डिं.)=लगाने के लिए; प्राप्त करने के लिए। गुजराती में इसी अर्थ में प्रयुक्त होता है।

तिकरि (डिं.)=के लिए। (सं. त्वत्कृते=तुम्हारे लिए) हमारा अनुमान है कि यह शब्द 'त्वत्कृते' का डिंगल में रूपांतर है। संस्कृत और प. मारवाड़ी टीकाकारों ने इसका क्रमशः 'त्वत्करे' और 'करि हाथइ' अर्थात् हाथ में–ऐसा अर्थ किया है, जो अनुपयुक्त है। डॉ. टैसीटरी का अनुमान, कि यह शब्द संभवतः 'अतकरि' का रूपांतर हो सकता है, ऊहात्मक है। देखो प्रयोग दोहला– 234, 279 में।

पसारी (डिं.)=(सं. प्रसारित) फैलाई।

बेउ (डिं.)=(सं. द्वि + अपि)=दोनों।

नोट–कवि ने अपनी कल्पना में द्वारिका के आदर्श नागरिक सौंदर्य का नक्शा चित्रित किया है। वर्तमान समय के बड़े-बड़े शहर इस आदर्श तक पहुँचने की कितनी चेष्टा कर रहे हैं, परंतु यह कष्ट-साध्य अवश्य है। फिर उत्तराद्र्ध में जो उत्प्रेक्षा की गयी है वह तो अत्यंत मौलिक एवं मनोरम है। म. पृथ्वीराज की प्रतिभा की मौलिकता के विषय में किसी को भी संदेह नहीं हो सकता, जब इस प्रकार के प्रमाण देखे जाएँ।

अलंकार=उत्प्रेक्षा।

दोहला–144

दंड=(सं.) खंभे, धातु के बने लंबे-मोटे छड़।

झालरिये (डिं.)=(सं. झल्लरी) झालर से। किसी छोटे शामियाने के किनारे पर शोभा के लिए लगाया हुआ लटकता हुआ हाशिया 'झालर' कहलाता है। कभी-कभी इसके किनारे पर मोती भी लगाए जाते हैं।

झड़ण = गिरना, झड़ना, बौछाड़ में गिरना।

छत्रे = (सं.) तंबू या शामियाने की छतों से।

औछायौ (डिं.) = (सं. आच्छादित) छाया हुआ, ढका हुआ।

घण वरण घण आयो = घने (बहुत से) वर्णों के (रंग-बिरंगे) बादल आये हैं।

अलंकार = रूपक—पूर्वाद्‌र्ध में।

उत्प्रेक्षा—उत्तराद्‌र्ध में।

दोहला—145

प्रोळिमै (डिं.) = (सं. प्रतोली + मय) प्रा. पओली-पोलि (हिं.) = फाटक, प्रवेशद्वारयुक्त।

मुकरमै = मुकुरयुक्त, दर्पणयुक्त, काँच जड़े हुए, दर्पण से सुसज्जित।

मारग (डिं.) = (सं. मार्ग) इसको डिंगल में स्त्रीलिंग माना है। इसीलिए इसके लिए 'अबीरमई' स्त्रीलिंग विशेषण प्रयुक्त हुआ है।

पैसार्‌यो (डिं.) = (सं. प्रसारित, प्रविष्ट) प्रेरणार्थक अर्थ में = प्रविष्ट करवाया।

नोरोवरि (डिं.) = समुद्र। जिस प्रकार 'सर' से 'सरोवर' उसी प्रकार मिथ्या-सादृश्य (false analogy) के नियम से, 'नीर' से नीरोवर, बना हुआ प्रतीत होता है।

नई (डिं.) = (सं. नदी) प्रा. णई = नदी, सरिता।

अलंकार = एकावलि—पूर्वाद्‌र्ध में।

उपमा—उत्तराद्‌र्ध में।

दोहला—146

जस धवलि़त = (सं.) यश से उज्ज्वलीकृत। 'यश' का वर्ण उज्ज्वल मानकर संस्कृत कवियों ने बहुतायत से प्रयोग किया है—

1. "महाराज श्रीमन् जगति यशसा ते धवलिते।" (भोजप्रबंध)

2. "स्वामिकाजि करिहौं रन रारी, जस धवलिहौं भुवन दशचारी"। (तुलसी)

सधण (डिं.)=(सं. स + धनी (युवती स्त्री)=स्त्रीसहित, वधूसहित।

हिं. उदाहरण–1. नूपुर पाँय उठे झननाय, सुजाय लगी धण धाय झरोखे। (देव)

2. पुनि धन भरि अंजुलि जल लीना। (जायसी)

धवलहरे (डिं.)=ऊँचे श्वेत प्रासाद, भवन। देखो प्रयोग पूर्व दोहला–41 में।

नागर धण=सं. नगर की अथवा नागरिकों की स्त्रियाँ।

धवल़ दियै=धवल मंगलाचार करके, 'धवलमंगल़' के मांगलिक गीत गाने लगी। देखो प्रयोग पूर्व दोहला 113 में।

सबळ=(सं. स + बलदेव) बलदेवसहित। अल्परूप में 'बलदेव' के लिए 'बल' प्रयुक्त हुआ है।

सिरि सामल़=श्री श्यामळ, अर्थात् श्रीकृष्णा के शरीर का वर्ण श्यामल है।

पुहप (डिं.)=(सं. पुष्प) प्रा. पुम्फ, हिं. पुहप।

अलंकार=अनुप्रास की छटा सब दोहलों में देखने योग्य है।

रूपक–'पुहप-बूँद' में।

यमक–'धवल' के अनेक प्रयोगों में। प्रथम पंक्ति में।

दोहला–147

पै वारि=पानी वार कर, पानी न्योछावर करने की प्रथा करके। राजस्थान में शुभ अवसरों पर 'लूण-पाणी' नमक और पानी वार कर फेंकने की प्रथा अब तक प्रचलित है। कोई महत्त्वपूर्ण काम करके आने के बाद पुरुष या स्त्री पर पानी वारा जाता है। डॉ. टैसीटरी को उपर्युक्त अर्थ में संशय है। वे 'पै' को 'परि' का रूपांतर लेते हैं और पानी के अर्थ में लेने के लिए यह आशंका प्रकट करते हैं कि उस दशा में–'वारि' की वृथा पुनरुक्ति हो जाएगी। हमारे अन्वयार्थ को देखने पर उनकी आशंकाएँ निर्मूल प्रमाणित होंगी।

वारि=उत्सर्ग करके, वार कर।

वारै=(हिं.)=वारना लेती है; बलैयाँ लेती है, न्यौछावर करती है; उत्सर्ग करती है।

हिं. उदाहरण–1. "तो पर वारौं उरवसी सुन राधिका सुजान।" (बिहारी)

2. "कोशल्या की कोषि पर तोषि तन वारियै री। राम दशरत्त्थ की बलाय लीजै आलि री।" (तुलसी)

आरती उतारि=शुभ मांगलिक अवसरों पर आरती उतारने की प्राचीन हिंदू प्रथा है। राजस्थान में वैवाहिक अवसरों पर वर-वधू की आरती अब तक उतारी जाती है।

अलंकार=वीप्सा।

दोहला–148

वधावे (डिं.) = स्वागत कृत्य (हो रहे हैं) देखो प्रयोग पूर्व दोहले 141 'बधावण' वाजित्र (डिं.) = हिं. बाजै = बजते हैं।

अभिन वाणि = एक ही वाणी अर्थात् भगवान् के यशगान का अभिन्न वाणी।

राजान (डिं.) = (सं. राजानः) राजा लोग। देखो पूर्व प्रयोग दोहले 41 में "राजान जान सँग हुता।"

राजरमणि = राजा की रानियाँ। श्रीकृष्ण की अन्य रानियाँ।

गृह = (सं.) = अंतमुर में

नोट–इस दोहले की चमत्कारपूर्ण संगीतमय शब्द योजना ध्यान देने योग्य है। शब्दालंकार का चमत्कार भरा पड़ा है।

दोहला–149

दैवज्ञ=(सं.) ज्योतिषी निमित्तज्ञाता, शुभाशुभ दैवफलज्ञाता।

तेड़ि (डिं.)=बुलाकर। यह राजस्थानी देशीय शब्द है। अब तक इसी अर्थ में प्रचलित भाषा में प्रयुक्त होता है।

ई (डिं.)=यही, ही।

लगन (डिं.)=(सं. लग्न)=मुहूर्त, साइत, विवाह का शुभ मुहूर्त।

कइ (डिं.)=(सं. कदा) कब, किस समय। राजस्थान की प्रचलित भाषाओं में 'कब' के आशय में 'कद', कदि क्रि. विशेषण प्रयुक्त होते हैं।

दियौ (डिं.)=दो; बतलाओ (आज्ञा का रूप)। मारवाड़ी भाषा की शाखा, चूरू-शेखावाटी प्रांत की भाषा में इस क्रिया का आज्ञा में यही रूप बनता है।

दोहला–150

वेदोगत (डिं.)=(सं. वेदोक्त)।

कंपित चित्त=(सं.) आशंकित चित्त, भयभीत चित्त होकर।

भयभीत इसलिए होते थे क्योंकि पुनः पाणिग्रहण न करने की व्यवस्था दे रहे थे। वेदविद् ब्राह्मण, भगवान् का रुक्मिणी के साथ विष्णु-लक्ष्मी का पूर्व-संबंध जानकर संकुचित होते थे।

हेकणि (डिं.)=‘एकणि’=एक के साथ (सप्तम्यन्त)।

सुत्री (डिं.)=सं. ‘स्त्री’ का डिंगल रूपांतर है।

सरिस (डिं.)=(सं. सदृश) के साथ।

नोट–पाणिग्रहण का शाब्दिक अर्थ होता है ‘हाथ पकड़ना’। वह तो हरण के समय हो ही चुका था। भगवान् ने ‘पाणिग्रहण’ करके रुक्मिणी को रथ में बिठलाया था। इस शाब्दिक अर्थ को देखते हुए पुनः पाणिग्रहण कराना, अनुचित ही था। क्योंकि यह पुनर्विवाह होता।

दोहला–151

सगळे दोख (डिं.)=(सं. सकल दोष)=सब दोषों से।

साही (डिं.)=विवाह आदि शुभ कार्यों के लिए निश्चित लगनवेला या मुहूर्त।

जई (डिं.)=(सं. यदा)=जब। देखो पूर्व दोहला– 62 में प्रयोग ‘जई-तई’।

हूँतौ (डिं.)=था।

दोहला–152

हथलेवौ (डिं.)=(सं. हस्त + लेपन) हिं. हाथ + लेना पाणिग्रहण हिंदू विवाह के समय की एक प्रथा है जब वर-वधू एक-दूसरे का हाथ पकड़ कर संस्कार करते हैं।

उदाहरण—“हियो दियो सँग हाथ के, हथलेवा ही हाथ”। (बिहारी)

सेस संसकार = पाणिग्रहण को छोड़ कर विवाह-वेदी में होने वाले वैदिक धर्मोक्त सभी संस्कार।

हूवइ (डिं.) = (सं. भवति) प्रा. भोदि, होइ = होंगे।

सहि (डिं.) = सभी। देखो पूर्व प्रयोग “सहू, सहु”।

नोट—ब्राह्मणों ने पहले तो 'पाणिग्रहण' को पुनः करवाना शास्त्रविरुद्ध समझ कर दोहला 150 वाली व्यवस्था दी थी। परंतु बाद में आपस में परामर्श करके 'सेस-संसकार' करने की आज्ञा दे दी। देश-काल का विचार करके और भगवान् की नरलीला का ध्यान करके उन्होंने ऐसी व्यवस्था दी होगी।

दोहला—153

आद्र = (सं. आर्द्र) = गीले, हरे, ओदे।

अर्जुनमै = (सं. अर्जुन + मय) = 1. उज्ज्वल, स्वच्छ, शुभ्र, चाँदीयुक्त। 2. एक वृक्ष-विशेष जो दक्षिण से अवध तक नदियों के किनारे होता है।

वेह (डिं.) = विवाह-वेदी के चारों ओर जो मंडप होता है उसमें हरे बाँसों के बीच में चित्रित तथा सुसज्जित, सोने-चाँदी के अथवा मिट्टी के मंगल-कलश रखे जाते हैं। उन्हें “वेह” कहते हैं।

अरणी अगनि (डिं.) = (सं. अरण्याग्नि) = यज्ञा।

अरणी = एक काठ का बना हुआ पात्र जो यज्ञों में आग निकालने के काम आता है। इसके दो भाग होते हैं। 'अरणि' या अधरारणि तथा उत्तरारणि। यह शमीगर्भ अश्वत्थ से बनाया जाता है। अधरारणि के छेद के ऊपर उत्तरारणि रख कर कपास मथा जाता है जिससे उसमें आग लग जाती है। ऋत्विक् लोग मथते समय वेद-मंत्रों का उच्चारण करते हैं। यज्ञों में प्रायः यही अग्नि काम में आती है।

अगरमै = (सं. अगरु + मय) एक प्रकार की सुगंधित लकड़ीयुक्त।

अछेह (डिं.) = (हिं.) निरंतर, लगातार।

हिं. उदाहरण—“आठों जाम अछेह, दृग जु बरत बरखत रहत”। (बिहारी)

नोट—इस दोहला में राजस्थान में बरते जाने वाले विवाह-संबंधी प्रथा और संस्कारों का हू-ब-हू चित्र खड़ा किया गया है। यों तो प्रायः सभी वैदिक

धर्मावलंबी किसी न किसी रूप में इनमें से बहुत से संस्कारों को करते हैं परंतु 'बसआद्र'–'वेह'– 'आरणीअगनि'–ये शब्द राजस्थानी 'चमरी' अर्थात् विवाह-मंडप के साथ ही विशेषतः संबंध रखते हैं।

दोहला–154

पृठ (डिं.)=(सं. पृष्ठ) प्रा. पुट्ठ-पिट्ठ, हिं. पीठ।

परठित (डिं.)=(सं. प्र + स्थित, प्र + स्थापित)=स्थापित किया हुआ है; सुसज्जित किया हुआ है, सुशोभित है। देखो प्रयोग पूर्व दोहला– 108 में "परठि द्रविण सोखण सर पंच"।

आतपत्र=(सं.)=छत्र, चंदोआ।

मधुपर्कादि संस्कार=यज्ञ में दही, घी, जल, शहद और चीनी का मिश्रण देवताओं को चढ़ाया जाता है। पूजा के षोडश उपचारों में से देवताओं को प्रसन्न करने का यह भी एक उपचार है। इस उपचार के करने से करने वाले के लिए सुख-समृद्धि, सौभाग्य और मोक्ष की प्राप्ति मानी गई है। धार्मिक दृष्टि से पवित्र करने वाला कोई भी वर्णाश्रम-धर्मानुसार विधान संस्कार कहला सकता है।

त्री. (डिं.)=(सं. स्त्री) वधू।

वैसाणि (डिं.)=(सं. वेशन)=बिठलाई। देखो प्रयोग पूर्व दोहला 135 में "बैसारी"।

दोहला–155

आरोपित=(सं.) स्थापित, लगी हुई।

मछे (डिं.)=(सं. मत्स्य)=मछलियों से।

गृहीत=(सं.)=पकड़ा हुआ, घिरा हुआ।

अंगणि=(सं. अङ्गना)=स्त्रियाँ, औरतें।

ओटे चढ़ि चाहै=छत पर चढ़ कर बड़े चाव (बड़ी चाह) से देखती हैं (निरखती हैं) देखो नोट पूर्व दोहला– 139 में "चाहै प्रज ओटै चड़ी"।

मङ्गऌ करि (डिं.) मंगलाचरण की रीति करके। देखो नोट पूर्व दोहला– 42 में "धवळ मंगऌ"।

गरभ ....गृहीत—द्विवितीय पंक्ति में कवि ने जो उत्प्रेक्षा कल्पित की है वह साहित्य में अनूठी है। मौलिक एवं तत्त्वदर्शिनी प्रतिभा का प्रत्यक्ष उदाहरण है। अत्यंत मनोज्ञ एवं मनोहर है। सच्चे रहस्यवाद का लक्षण है।

अलंकार = उत्प्रेक्षा।

दोहला—156

फेरा (डिं.) = (हि. फिराना, फिरना, फेरा (संज्ञा) = प्रदक्षिणा, परिक्रमा, भाँवर फिरना। राजस्थानी में 'भाँवर' को 'फेरा' कहते हैं। यहाँ पर कवि ने देशीय प्रथा का निर्देश किया है। राजस्थान में विवाह-वेदी के चारों ओर वर-वधू चार भाँवरें देता हैं जिनमें पहली तीन में तो वधू-वर के आगे होती है। और चौथे में वर-वधू के आगे हो जाता है। तदुपरांत आजीवन जीवन-यात्रा में पति-पत्नी का स्थान-क्रम यही रहता है।

प्री (डिं.) = (सं. प्रिय) = प्रियपति, पति।

आगळै (डिं.) = आगे। देखो प्रयोग दोहला 18 में "आगळि पितमात" इत्यादि।

सांगुष्ट कर सूँ = सांगुष्ठ कर से, अँगूठे सहित पूरे हाथ के पंजे से।

चम्पियौ (डिं.) = (सं. चप) हिं. चँपना—दबना, दबाना = दबाया।

अलंकार = उत्प्रेक्षा—उत्तरादृर्ध में।

दोहला—157

पधरावि (डिं.) = (सं. प्र + धृ) हिं. पग धारण; प्रेरणार्थक अर्थ में = स्थापित करके, बिठला कर।

प्रभणावै (डिं.) = (सं. प्र + भण्) (प्रेरणार्थक) = कहलाते हैं; उच्चारण करवाते हैं।

लाधी वेळा (डिं.) = (सं. लब्धवेला) = उपलब्ध सुकाल, पाया हुआ अच्छा अवसर।

पाठके, नवे = यह 'पाठक' और 'नव' शब्द के एकारांत बहुवचन प्रयोग हैं। एकारांत बहुवचन डिंगल में साधारणतया प्रयुक्त होता है।

अर्थ—पाठकों ने नवों निधि ....

माँगी = (हिं.) = मुँहमाँगी, इच्छानुकूल।

लाधी (डिं.) = (सं. लब्ध) प्रा. लब्ध = प्राप्त की।

हि. उदाहरण—"इन सम काहु न शिव अवराधे, काहु न इन समान फल लाधे।" (तुलसी)

वाच परसपर यथा विधि = ऊपर के कई दोहलों में कवि विवाह-संबंधी देशीय अनुष्ठानों, प्रथाओं तथा विधानों का उल्लेख करते आए हैं। यहाँ विवाह-वेदी के सामने वर-वधू के प्रतिज्ञाबद्ध प्रश्नोत्तर का उल्लेख किया गया है जो भारत में सार्वदेशिक हिंदू-विवाह-वेदियों में प्रचलित है। इसे शास्त्र में सप्तपदी वचन कहते हैं, जो क्रमशः ये हैं—

पत्नी से पति को—

तीर्थव्रतोद्यापनदानयज्ञान्, मया सहार्धं यदि कान्त कुर्याः।
वामाङ्गमायामि तदा त्वदीयं, जगाद वाक्यं प्रथमं कुमारी।।

पति से पत्नी को—

मदीयचित्तानुगतं स्वचित्तम्, सदा मदाज्ञा परिपालनं च।
पतिव्रताधर्मपरायणं चेत्, कुर्याः तदा सर्वमिदं प्रदत्तम्।।

दोहला—158

सूणहर दिसि (डिं.) = (सं. स्वप्न + गृह), प्रा. सुवण + हर, सूणहर (डिं.) = सोने के महलों की ओर, शयनागार की ओर।

क्रम दीन्हा (डिं.) = (सं. क्रमण = चलना) = चल दिए, धीरे-धीरे चल पड़े।

चौरी (डिं.) = राजस्थान में विवाह-मंडप के लिए साधारण बोलचाल में 'चौरी'—'चँवरी' 'चमरी' शब्द प्रचलित हैं। हिंदी में भी यह शब्द इसी अर्थ में प्रयुक्त होता है। उदाहरण—"रची चौरी आप ब्रह्मा चरित खंभ लगाइ कै।" (सूर)

अञ्चला = (सं. अंचल) साड़ी का छोर, पल्ला, वस्त्र का छोर।

मनबन्धे अञ्चला मिसि = विवाह-वेदी से उठने पर वर के दुपट्टे का छोर वधू के अंचल के छोर से बाँध दिया जाता है। तब वे देवयात्रा, देवदर्शन इत्यादि धार्मिक कृत्य करते हैं। ऐसा प्रतीत होता है, मानो अंचल के मिस दंपति के मन बँध गये हैं।

अलंकार = कैतवापह्नुति—उत्तराद्र्ध में।

दोहला–159

केलिगृह (सं.)=केलिभवन, दंपति के एकांत में निवास करने का महल।

करेण (सं.)=शुद्ध संस्कृत विभक्तियुक्त पद का प्रयोग। तृतीया विभक्ति=हाथ से।

अंगण (डिं.)=(सं.) आँगन।

मारजण (डिं.)=(सं. मार्जन) साफ़ करना, स्वच्छ करना, धोना।

वियाज (डिं.)=(सं. व्याज) मिस से। अपह्नुति का चिह्न।

तसु (डिं.)=(सं. तस्य)=उसके।

नोट–यह दोहला संस्कृत प्रयोगों से भरा है। कवि ने अपनी भाषा को ओजस्वी, अधिक परिमार्जित एवं साहित्यिक बनाने के लिए जगह-जगह संस्कृत शब्दावली का प्रयोग किया है। किसी भी भारतीय देश-भाषा का काव्य संस्कृत के इस दैन से नहीं बचा है। यह संस्कृत भाषा के काव्य के उच्च आदर्शों के कारण है, जिनका सभी देश-भाषाओं ने अनुकरण किया है।

इस दोहला– में कवि ने भगवान् श्रीकृष्ण के शेषशायी विष्णुरूप की ओर निर्देश किया है।

अलंकार=कैतवापह्नुति। उत्तराद्‌र्ध में।

दोहला–160

सूध मणि (डिं.) (सं. सौधमणि)=प्रासाद श्रेष्ठ, सर्वश्रेष्ठ महल।

अनि अनि रँगि रचित=अन्यान्य रंगों में या रङ्गों से रचित; भिन्न-भिन्न रंगों से चित्रित।

मणि दीपक करि=मणिमय दीपको करके, अर्थात् मणि-दीपकों से।

आभा=(सं.) शोभा, कांति, प्रतिबिंबित शोभा।

माँडि रहे=मँडे हुए, चित्रित, खिंचे हुए, लिखे हुए। डिङ्गल में 'माँडणो', लिखना, अंकित करना के अर्थ में प्रयुक्त होता है। संस्कृत में चित्रित करने के लिए 'लेखनम्' पर्यायवाची क्रिया का प्रयोग होता ही है।

चन्द्रवा=हिं. चँदवा, चँदोवा।

1. एक छोटा-सा सुसज्जित मंडप जो राजसिंहासन या राजगद्दी पर चाँदी या सोने के चार चोबों पर खड़ा किया जाता है। चंदोवा, वितान।

2. मोर पंख की चंद्रिका। उदाहरण—"मोरन के चंदवा माथे बने राजत रुचिर सुदेश री। (सूर)

3. (डिं.) मोरपंख की चंद्रिकाओं की आकारवाली, छत की दीवाल पर चित्रित, चंद्रिकाएँ। राजस्थान में राजाओं के अंतःपुर के महलों में प्रायः इस प्रकार की चंद्रिकाएँ छत के अंदर की ओर चित्रित देखी जाती है। कवि को अपने महलों की चंद्रिकाओं का स्मरण हो जाना अत्यंत स्वाभाविक है। उन्हीं की उपमा शेष के सहस्त्रफणों से दी गई है, जो अत्यंत उपयुक्त है। 'चन्द्रवा' के पहले दो अर्थ हिंदी में अकसर प्रयुक्त होते हैं परंतु यहाँ उनसे आशय नहीं है।

अलंकार=कैतवापह्नुति, उत्तरार्ध में।

नोट—संस्कृत टीका "सूधमणि" का "शुद्ध मानसा" अर्थ करके उसका संबंध शेषनाग से संयोजित करती है, जो अनुपयुक्त है।

दोहला–161

संसकृत (डिं.)=(सं. संस्कृति)=संस्कार।

खिणन्तरि (डिं.)=(सं. क्षणान्तरे)=क्षणेक के बाद, थोड़े समय के बाद।

रति सु तणु संसकृत=रति है जो, उसके संस्कार करने—अर्थात् रति-संस्कार करने।

मिल़िवा (डिं.)=मिलने के लिए। डिंगल में 'वा' प्रत्यय क्रिया के अंत में जोड़ कर, 'के लिए,' 'के निमित्त'—यह अर्थ लिया जाता है। देखो पूर्व प्रयोग दोहला– 136 'पालिवा, करिवा' इत्यादि।

विचित्रे सखिये=विचित्र सखियाँ। सखियों के लिए 'विचित्र' विशेषण अत्यंत आशय-गर्भित है। यहाँ उन विचित्र स्वभाव वाली सखियों से मतलब है जिन्हें साहित्य में नायिका भेद के अंतर्गत 'दूती' भी कहते हैं। एकारांत बहुवचन द्योतक है।

मंदिरन्तरि (डिं.)=अंतर पर स्थित, पृथक्-पृथक् मंदिरों में अर्थात् जुदा-जुदा महलों में।

'अंतर' शब्द संस्कृत में कई अर्थों में प्रयुक्त होता है। यथा–अवकास, भेद, दूसरा, पीछे इत्यादि। यहाँ 'दूसरे' का अर्थ लेना चाहिए, यथा–गृहांतर, स्थानांतर।

नोट–इस दोहला–में सुहाग-रात्रि का वर्णन है। यूरोपीय देशों में इसे Honeymoon night कहते हैं। कवि ने अपने अनुभव से विचित्र सखियों–दूतियों–के कर्म की बड़ी सूक्ष्म विवेचना की है। उन्होंने दंपति को 'मंदिरंतरि किया' पृथक्-पृथक् मंदिरों में रखा; उनका चिर-वियोग करने के मतलब से नहीं, बल्कि, 'खिणन्तरि रति संसक्रित करण मिलिवा,' क्षणेक के बाद पुनः मिलाने के लिए। रसज्ञ जानते हैं कि संयोग शृंगार का पूर्ण आनंद तभी प्राप्त होता है जब उसके पहले, थोड़े समय के लिए वियोगजनित प्रेम-प्रतीक्षा हो चुकी हो। काव्य में इसी गुण को लाने के लिए कवि ने 'विचित्रे सखिये' द्वारा यह व्यापार करवाया है।

दोहला–162

संकुड़ित (डिं.)=(सं. संकुचित) हिं. सिकुड़ा हुआ=संकुचित, संकोचमय। यह शब्द वाच्य और लक्ष्य दोनों अर्थों में प्रयुक्त हुआ है। संध्या के संकोच के संबंध में तो सिकुड़ने, कम होने का अर्थ है और रुक्मिणी के संबंध में, लज्जा, संकोच, शील का आशय है।

पंखियाँ (डिं.)=(सं. पक्षी बहु. व.) पंखधारियों, पक्षियों। उदाहरण– "पंखिन देखि सबै डर खावा।" (जायसी)

किरणि (डिं.)=सूर्य की किरण।

इकारांत का प्रयोग 'रमणि' से तुक मिलाने को किया गया ....शब्द का लिंगभेद द्योतक नहीं है।

.... = (सं. वाञ्छति) डिंगल में मध्य स्थित मिलित वर्णों ....वाले दीर्घ को ह्रस्व कर दिया जाता है। .... प्रति का पाठांतर 'वञ्छित' ग्रहण किया। .... पंक्ति का यह अर्थ भी हो सकता है।

रुक्मिणी-रमण अर्थात् भगवान् श्रीकृष्ण के हृदय में भी रतिकाल को सन्निकट आया जान, रति की इच्छा हो रही है।

नोट–मानव प्रकृति और बाह्य प्रकृति के अन्योन्याश्रित संकोच के भावों

का कवि ने किस सूक्ष्मता के साथ विवेचन किया है, यह सहृदय रसज्ञों के मनन करने योग्य है। हम 162 तथा 163 दोहला वाले वर्णनों को एक उच्च रहस्यवादी प्राकृतिक कवि की प्रतिभा की उत्कृष्ट सूझ समझते हैं।

अलंकार = दीपक।

दोहला–163

पेखण (डिं.) = (सं. प्रेक्षण) प्रा. पेक्खण = देखने के लिए। हिं. उदाहरण–"श्रमकण सहित स्याम तनु देखे, कहँ दुख समउ प्राणपति पेखे।" (तुलसी)

निसा तणौ मुख = 1. रात्रि का मुख। 2. निसा-मुख, संध्या की वेला, गोधूलिवेला।

निसाचार = (सं. निशाचर) = रात्रि को चलने-फिरने वाले यथा, राक्षस, शृंगाल, गीदड़, उल्लू, सर्प, चक्रवाक, भूत-प्रेत, कुलटा स्त्री, अभिसारिका, पिशाच इत्यादि।

दीठ (डिं.) = (सं. दृष्टः) प्रा. दिट्ठ = दिखाई दिया। हिंदी में भी इसका प्रयोग होता है। बहुधा संज्ञा की तरह दृष्टि के अर्थ में आता है। कभी-कभी क्रियार्थक भी उपयुक्त होता है। उदाहरण–"तहँ शाख बैठो नीठि, तब पर्‍यो बानर दीठि।" (केशव)

निठ, नीठ (डिं.) = (सं. अनिष्टि) प्रा. अनिट्ठि–प्रथम 'अ' का लोप। हिं. मुश्किल से, कठिनता से, अत्यंत श्रम के बाद। हिंदी-काव्य में भी यह शब्द प्रयुक्त होता है। उदाहरण–1. चकी जकी सी ह्वै रही, बूझे बोलति नीठि। (बिहारी)

2. सदा समीपिन सखिनहूँ, नीठि पिछानी जाय। (बिहारी)

द्रवड़ित (डिं.) = हिं. दौड़ना। डिंगल में शब्दों में रेफ लगा कर उनको विकृत करने का साधारण नियम है। जैसे, 'कर्म' से 'क्रम,' 'तूटै' से "त्रूटै"। इसी प्रकार हिं. दौड़ना से द्रवड़णउ, द्रौड़णौ।

अभिसारिका = (सं.) अवस्थानुसार नायिकाओं के दश भेद होते हैं। उनमें से एक यह भी है। वह स्त्री जो प्रेमी से मिलने के लिए स्वयं संकेतस्थल पर जाए या स्वयं उसे बुलावे उसे 'अभिसारिका' कहते हैं। 'शुक्ला' और 'कृष्णा' ये दो अभिसारिकाओं के भेद हैं। कई एक तीसरा भेद 'दिवाभिसारिका'

भी मानते हैं। शुक्लपक्ष की रात्रि में प्रिय से मिलने वाली को शुक्ला और कृष्णपक्ष की अँधेरी भयावनी रात्रि में प्रेमी से संकेतस्थल में मिलने वाली को कृष्णाभिसारिका कहते हैं। दिवाभिसारिका का लक्षण केशवदास ने यों लिखा है–

1. चकित चित्त साहस सहित, नीलवसनयुत गात।
कुलटा संध्या अभिसरै, उत्सव तम अधरात।।

अभिसारिकालक्षण–

अभिसारिका बुलवै पियहिं कै आपुहि चलि जाय।
करि-सिंगार भूषण पहिरि तिया चली हरषाय।। (भानु)

कुलटा= (सं.) बहुत से पुरुषों से प्रेम रखने वाली। पुँश्चली, व्यभिचारिणी, स्वैरिणी। परकीया नायिका का एक भेद।

लक्षण–

कुलटा कुल बोरनि करै, बहु लोगन सों प्रेम।
फरैं सरस जन द्रुमन सों, हे विधि कर अस नेम।। (भानु)

साहित्य में नायिका-भेद इस प्रकार माना गया हैः–

(1) प्रकृत्यनुसार–1. उत्तमा 2. मध्यमा 3. अधमा नायिकाएँ।

(2) धर्मानुसार–1. स्वकीया 2. परकीया या अन्या 3. सामान्या या गणिका।

(3) वयक्रमानुसार–1. स्वकीया–मुग्धा, मध्या, प्रौढ़ा, धीरा, अधीरा, धीराधीरा, ज्ञातयौवना और अज्ञातयौवना उपभेदों-सहित। 2. परकीया–ऊढ़ा और अनूढ़ा (अविवाहिता) भेदों-सहित।

(4) व्यापारभेदानुसार–नायिकाओं के अगणित भेद और नाम हैं जिनमें दस मुख्य हैं, यथा–कलहान्तरिता, मानिनी, खण्डिता, प्रोषितपतिका, अभिसारिका, वासकसज्जा, विप्रलब्धा, उत्कंठिता, स्वाधीनपतिका, प्रवत्स्यत्पतिका।

नोट–इस दोहला में प्रकृति में विस्तार के भाव का दिग्दर्शन किया है। यह चित्र दोहला 162 वाले चित्रफलक की दूसरी ओर के दृश्य का प्रतिबिंब है। दोनों दोहलों को मिला कर प्राकृतिक विस्तार और संकोच के भावों का अध्ययन करना चाहिए और साथ ही मानवप्रकृति में इन्हीं भावों का प्रतिबिम्ब पृथक्-पृथक् श्रीकृष्ण और रुक्मिणी के हृदय में देखना चाहिए

और उन दोनों के हृदय के भावों के सम्मिश्रण से क्या सुखद दृश्य उपस्थित होता है, उसकी भी कल्पना करनी चाहिए।

अलंकार = दीपक।

दोहला–164

चक्रवाक (सं.) = चकवा-चकवी का जोड़ा। कवियों ने रात्रि में इनका वियोग माना है।

अनि (डिं.) = (सं. अन्य) = दूसरे।

असन्धे (डिं.) = (सं. अ + संधि) पृथक् हो गए, जुदा हो गए।

लाया दीपकाँ = जलाए हुए दीपकों, लगाए हुए दीपकों। 'लाया,' 'लाये', क्रिया का 'जलाये' 'प्रज्वलित किये' के अर्थ में हिंदी में प्रयोग होता है–हिं. 'लाय' 'लाई' = अग्नि।

हिं. उदाहरण–1. "तब लंक हनुमत लाइ दई।" (केशव)

2. लगा लगी इन लोचननि, उर में लाई लाय। (बिहारी)

3. कबीर चित चंचल किया, चहुँ दिशि लागी लाय। (कबीर)

नोट–रात्रि के आरंभ का वर्णन है। कवि ने कल्पना की है कि यह दिवसरूपी कामी पुरुष और रात्रि रूपिणी कामिनी स्त्री के सम्मिलन का समय है।

अलंकार = व्याघात–पूर्वार्द्ध में।

कैंतवापह्नुति–उत्तरार्द्ध में।

दोहला–165

ऊभी (डिं.) = (सं. उत् + भव) प्रा. उब्भउ, डिं. ऊभौ, ऊभी (स्त्रीलिङ्ग) = खड़ी हुई। हिंदी में भी कभी-कभी प्रयोग होता है–

उदाहरण–1. विरहिन ऊभी पंथ सिर, पंथी पूछे धाय। (कबीर)

2. चौदह सहस सुंदरी ऊभी, उठै न कंत महा अभिमानी। (तुलसी)

क्रितारथी = (सं. कृते + अर्थे) = लिए, निमित्त। दोनों अव्ययों का एक ही अर्थ होने से, एक यहाँ अनावश्यक है। 'कृते' या 'अर्थे' दोनों में से एक भी अर्थ व्यक्त करने को पर्याप्त था।

(ऊभी) कृत = (सं.) की गयी—खड़ी की गई।

अटत = (सं.) घूमते हैं; फिरते हैं।

उदाहरण—"जाग जोग जप विराग, तप सुतीर्थ अटत।" (तुलसी)

स्त्रुति = (सं.) कान।

आहुटि (डिं.) = (हिं. आहट, संज्ञा, स्त्री.) चलने का शब्द, पदचाँप, पदध्वनि। उदाहरण—"आहट पाय गोपाल की ग्वालि गली मँह जाये के धाय लियौ है।।"

सप्तमी इकारांत होने के कारण = आहट में, आहट पर।

समाश्रित = (सं.) भली प्रकार आश्रित, स्थित। शुद्‌ध संस्कृत प्रयोग।

अलंकार = स्वभावोक्ति।

दोहला—166

वाधाऊआ (डिं.) = बधाईदारों। बधाई से डिं. बधाऊ, बधाऊ + आ (बहुवचने)

जेही (डिं.) = (सं. यादृशी) जैसी, की भाँति, की तरह। 'जेहड़ी' 'जेहवी' का यह रूपांतर-मात्र है। देखो प्रयोग दोहला 168 में।

सूँधा वास (डिं.) = सौंधे की सुगंधि, सुगंधित द्रव्यों की सुगंधि। 'सौंध' का प्रयोग हिंदी में भी होता है।

उदाहरण—1. सौंधे की सुवास आस पास भरि भवन रह्यो। भरत उसास वास बासन बसत है। (देव)

2. सौंधे सनी सुथरी बिथुरी अलकैं हरि के उर आलो। (बेनी)

नेउर = (सं. नूपुर) हिं. नेवर, नूपुर = पैंजनी, घुँघरू। उदाहरण—"चीटी के पग नेवर बाजे।" (कबीर)

सद (डिं.) = (सं. शब्द प्रा. सद्द) = शब्द।

क्रमि (डिं.) = (सं. क्रम् धातु = चलना) चलकर। देखो पूर्व प्रयोग 'क्रमिया' 143 दोहला— में।

अनै, थ्या (डिं.) = गुजराती प्रयोग, पूर्व दोहला में भी हुए हैं।

हँसा गति = (सं.) हंसगमनि, हंस के समान मनोहर चाल वाली। साहित्य में नायिका की मनोहर गति की उपमा हंस की गति से दी जाती है। यह काव्य-प्रसिद्‌ध रूढ़ि है।

कहे (डिं.)=कहा। अन्यत्र एकारांत क्रिया का ऐसा रूप पूर्वकालिक में प्रयुक्त हुआ है; परंतु कहीं-कहीं निश्चयवाचक भूतकाल की संपूर्ण क्रिया के लिए भी यह रूप प्रयुक्त होता है।

अलंकार–उपमा–दूसरी, तीसरी पंक्तियों में।

योक्ति–उत्तराद्‌र्ध में।

दोहला–167

मदवहती=(सं.) मद को धारण करने वाली। नायिका के पक्ष में यौवनमद से युक्त। गजपक्ष में मदजलयुक्त।

गयगमणि=(सं. गजगामिनि) हाथी के समान (झूमती-झामती) चाल वाली। साहित्य में यह बहुप्रयुक्त उपमा है।

लोह लंगरे=लोहे की बेड़ियाँ या साँकल जो हाथी के पैरों में उसे एक जगह स्थिर करने के लिए डाली जाती है।

लाज लोह लंगरे लगाये=लाजरूपी लोहे के लंगर पैरों में डाले हुए।

हिंदी-काव्य में यह उपमा कई कवियों-द्‌वारा प्रयुक्त हुई है। बिहारी के एक दोहे में हू-ब-हू इन्हीं शब्दों में यह भाव प्रकट किया गया है। और भी उदाहरण हैं:–

"लाज की निगड़ गड़दार अड़दार चहूँ चौंकि चितवनि चरखीन चमकोरे है।" (देव)

गय (डिं.)=(सं. गज) प्रा. गय। हाथी। आणी (डिं.) = (सं. आ + नी)=लाई। उदाहरण–"कपि मुद्रिका मेलि मुख आनी।" (तुलसी)

नोट–उत्तराद्‌र्ध में कवि ने श्रीरुक्मिणी के संकोचभाव की उपमा, "लाज लोह लंगरे लगाए गए जिमि" से दी है। यह अत्यंत मनोहर और समयोपयुक्त है। इस उपमा को ध्यान में रखते हुए कवि ने रुक्मिणी का 'पग पग' पर 'ऊभी' रहना और 'अवलम्बि सखी कर' चलना बड़ी युक्ति और कौशल के साथ, उनकी लज्जा के भाव को सांगोपांग चित्रित करने के लिए वर्णित किया है तथा साथ ही उनकी हलचलों को मदमस्त हाथी की हलचलों से पूर्णरूपेण मिला दिया है।

अलंकार=रूपकगर्भित उपमा।

दोहला–168

देहली = (सं.) हिं. देहरी = द्वार के चौखट के नीचे की लकड़ी अथवा पत्थर जिसे लाँघ कर बाहर से भीतर और भीतर से बाहर आते-जाते हैं।

उदाहरण–"एक पग भीतर सु एक देहरी पै धरे, एक कर कंज एक कर है किँवार पर।" (पद्माकर)

धसति (डिं.) = (हिं. धँसना) = घुसते, प्रवेश करते हुए। हिं. उदाहरण– "मकराकृत गोपाल के कुंडल सोहत ....धसत डयौढ़ी लसत निसान।" (बिहारी)

जेहड़ि (डिं.) = जैसी ही, ज्योंही। सं. टीकाकार ने "चरणाभरण विशेष इति" कह कर अनुमान लगाया है।

अमाप (डिं.) = (हिं. अ + माप) नहीं है तौल जिसका; अतुलित, बेहद, अपरिमित।

ऊपनौ (डिं.) = (सं. उत्पन्न) प्रा. उप्पण्ण, ऊपण = उत्पन्न हुआ। उदाहरण–

1. वन-वन वृच्छ न चंदन होइ, तन तन विरह न उपनै सोइ। (जायसी)

2. तस सुख में दुख ऊपनै, रैन माँझ दिन होय। (जायसी)

ऊभा (डिं.) = खड़ा। देखो नोट पूर्व दोहला– 165 में 'ऊभी' पर।

नोट–प्रेम में हृदय के उत्साह की सीमा नहीं रहती। भगवान् ने केवल पैरों पर खड़े होकर ही नहीं, बल्कि उनके शरीर के प्रत्येक रोम ने खड़े होकर प्रेयसी रुक्मिणी का स्वागत किया है। धन्य।

अलंकार = अतिशयोक्ति–पूर्वाद्र्ध में।

पर्यायोक्ति–उत्तराद्र्ध में।

दोहला–169

दीहां (डिं.) (सं. दिन, दिवस) दीहड़ा, दिहाड़ा, दियअड़ा, दिवहड़ा इन रूपांतरों का प्रयोग भी डिंगल में इसी अर्थ में देखा जाता है।

अन्तरै (डिं.) = (सं. अन्तर) बाद, पीछे।

आपे (डिं.) = लेकर, स्थापित करके। गुजराती में भी प्रयोग होता है।

पधरावी (डिं.) = (सं. प्र + धृ) = स्थापित की, रखी।

अलंकार = प्रहर्षण।

दोहला–170

माहव ....त्रिपतमन = यद्यपि माधव, (विष्णुरूप भगवान्) श्रीकृष्ण तृप्तमन हैं अर्थात् वे सर्वदा निष्काम अथवा पूर्ण काम रहते हैं। भगवान् का विगम-काम होना ऐश्वरीय गुण है।

अतिरूप प्रेरित = अत्यंत रूपवाली रुक्मिणी की ओर चल कर लगी हुई। इससे यह स्पष्ट होता है कि रुक्मिणी की रूप-छटा ऐसी आकर्षक थी कि स्वभावतः निष्काम प्रकृति वाले भगवान् की आँखों को भी उसने आकर्षित कर लिया।

धण (डिं.) = स्त्री। देखो नोट पूर्व दोहला 146 में।

अलंकार = विरोधाभास–पूर्वार्द्ध में।

उपमा–उत्तरार्द्ध में।

दोहला–171

आजाति जाति (डिं.) = (सं. आयाति + याति) = आते-जाते हैं।

घूँघट पट (डिं.) = (सं. अवगुंठन पट) = स्त्रियों के मुँह पर लज्जा निवारणार्थ अंचल का छोर परदे की तरह ढका रहता है, उसे घूँघटपट कहते हैं। उदाहरण–"घूँघट के पट खोल री, बोल री तोहिं राम मिलेंगे।"

अन्तरि = (सं.) अंदर। देखो दोहला 161, जहाँ पर यह अव्यय दूसरे अर्थ में प्रयुक्त हुआ है। उदाहरण–"बसत सुचित अंतर तऊ, प्रतिबिम्बित जग होइ।" (बिहारी)

अमिळी (डिं.) = (सं. अ + मिलित) हिंदी में 'अमिल' का प्रयोग होता है। उदाहरण–1. "हरखि न बोली लखि ललन, निरखि अमिल सँग साथ।" (बिहारी)

2. "निपट अमिल वह तुम्हैं मिलिबे की जक, कैसे कै मिलाऊँ गति मोपै न विहँग की।" (केशव)

मेळण (डिं.) = (सं. मिल) प्रेरणार्थक मिलाना, संयुक्त करना, इकट्ठा करना। उदाहरण–"सिय जयमाल राम उर मेली।"

कटाछि=(सं. कटाक्ष) हिं. कटाछ, कटाछि। तिरछी आँखों से देखना। उदाहरण–"कटाछनि" घालि कटा करती है।" (बिहारी)

नली=(सं. नलिका) हिं. नरी, नली। जुलाहों का नली के आकार का एक यंत्र जिसमें सूत लपेट कर इधर से उधर फेंकते हैं और कपड़ा बुना जाता है। अँगरेज़ी में Shutile-fly कहते हैं।

सूत्र नियमन=धागे अथवा कपड़े के तन्तुओं को क्रमबद्ध अथवा नियमबद्ध करने वाली।

सं. नियम कोई व्यवस्थित परिपाटी अथवा क्रम। इससे क्रिया बनी 'नियमन'=नियमबद्ध करने वाला।

दूति (सं.) प्रेमी-प्रेमिकाओं को मिलानेवाली साहित्य-प्रसिद्ध स्त्री को दूती कहते हैं। स्वभाव के अनुसार ये तीन प्रकार की होती हैं 1. उत्तमा, 2. मध्यमा, 3. अधमा। यहाँ रुक्मिणी के घूँघट-पट में इधर से ऊधर जाने वाले नेत्रों का कटाक्ष ही दूती का कार्य कर रहा है।

मन=1. नायक और नायिका के मन ('दूति मै' संबंध में)

2. सूत्र के ताने और बाने के दो धागे ('नली' संबंध में)

नोट–दोहला– 132 में तो कवि ने अपनी मौलिक कल्पना के बल पर लोहार के कार्य को उपमान के रूप में संयोजित करके चमत्कारपूर्ण किया था। इस दोहला– में जुलाहे के कार्य को अमर किया है। सच्चा कवि वही है जो जीवन के साधारण से साधारण व्यवसायों को काव्य में उपयुक्त करके अपनी प्रतिभा के प्रकाश से उन्हें सौंदर्य और प्रकाशपूर्ण कर दे। कबीर ने भी इसी व्यवसाय को लेकर अध्यात्म विषय पर कविता बनाई–"झीनि 2. बीनी चदरिया" (कबीर)

अलंकार=रूपक।

दोहला–172

विलासा=(सं.) अंग की मनोहर चेष्टाएँ, भाव-भंगिमा, हाव-भाव, विकार इत्यादि। संयोग के समय अनेक प्रकार के हाव-भाव अथवा प्रेम सूचक इतर क्रियाएँ शरीर के अंगों में होने लगती हैं, जो एक-दूसरे प्रेमी की अनुरक्ति का कारण होती हैं। इन्हें 'विलास' कहते हैं। हिं. उदाहरण–"भ्रुकुटिविलास जासु जग होई"। (तुलसी)

जई (डिं.)=(सं. यदा) जब, जिस समय। देखो पूर्व प्रयोग दोहला–62, 151, में।

हेक हेक हुइ=एक-एक होकर, एक-एक करके, क्रमशः।

अलंकार=स्वभावोक्ति, सूक्ष्म।

दोहला–173

एकन्त उचित क्रीड़ा=एकांतोचित क्रीड़ा। रहस्य में करने योग्य क्रीड़ा अर्थात् रति-क्रीड़ा।

कहणौ आवै (डिं. मुहा.)=कहने में आवे, कहते बने। हिंदी में भी यह मुहाविरा प्रयुक्त होता है।

सुजि (डिं.)=वही ही अर्थात् दंपति श्रीकृष्ण-रुक्मिणी, देखो प्रयोग पूर्व दोहला 79 में। सुजु, सोज इत्यादि इसके रूपांतर हैं।

दोहला–174

प्रारथित=(सं.) प्रार्थिता (कर्मवाच्य प्रयोग)=प्रार्थना की जाती हुई।

केहवी (डिं.)=(सं. कीदृशी) कैसी। केही, केहड़ी रूपांतर भी मिलते हैं। जिस प्रकार–जेही, जेहड़ी, जेहवी।

श्री=(सं.)=शोभा, कांति।

विगलित=(सं.)=शिथिल, म्लान, बिगड़ी हुई।

उदाहरण–"ऋतुपति तरु विगलित सुदल, तहँ कुरूपता वास।"

गति=(सं.) दशा, हालत। उदाहरण–"भइ गति साँप छछुंदर केरी।" (तुलसी)

सुरत (सं.) रति-क्रीड़ा, संभोग। उदाहरण–"सुरत ही सब रैन बीती, कोक पूरण रंग।" (सूर)

अलंकार=उत्प्रेक्षा।

दोहला–175

मयण (डिं.)=(सं. मदन) प्रा. मयण, मअण=कामदेव।

उदाहरण–"जाहि दीन पर नेह, करहु कृपा मर्दन मयन।।" (तुलसी)

कुंदण = हिं. कुंदन = बहुत अच्छे और साफ़ सोने का पतला पत्तर जिसे लगा कर जड़िये उस पर नगीना जड़ते हैं। स्वच्छ, खालिस, बढ़िया स्वर्ण।

मिल़िया (डिं.) = (सं. मिलिता) हिं. मिलाया = एकत्रित किया।

अलंकार = उत्प्रेक्षा—रूपकगर्भित।

दोहला—176

ध्रगध्रगो (डिं.) = (अनुकरण शब्द) हिं. धगधगी। डिंगल में रेफ का आगम करने का नियम है। हृदय का धग्-धग् करके धड़कना।

उदाहरण—1. "आवत देख्यौ विप्र, जोरि कर रुक्मिणी धाई।

कहा कहैगो आनि, हिये धगधगी लगाई।।" (सूर)

2. दशकंधर उर धकधकी अब जनि धावै धनुधारि। (तुलसी)

हुह (डिं.) = हिं. हुआ। 'हुव', 'हुअ' रूपांतर का भी प्रयोग होता है।

चख (डिं.) = (सं. चक्षु) आँखों में।

कण्ठ-कुह = पक्षियों के मधुर और ललित स्वर से बोलने को 'कुहुकना' कहते हैं। मधुरभाषिणी स्त्रियों की वाणी की उपमा कोयल के कुहुकने से देते हैं। अतएव, यहाँ पर रुक्मिणी के मधुर कोकिल कण्ठ के स्वर को 'कुह' कहा गया है।

निवारण = (सं.), रोकना, हटाना, स्थगित करना।

उदाहरण—1. "पौंछि रुमालन सों श्रमसीकर, भौंर की भीर निवारत ही रहै। (हरिश्चन्द्र)

2. "सैनहिं लखनहिं राम निवारे"। (तुलसी)

नोट—इस दोहला— में कवि ने सुरतान्त में रुक्मिणी का वर्णन करते हुए कुछेक स्वाभाविक सात्विक-भावों का निदर्शन किया है। दोहला— 57 में भगवान् श्रीकृष्ण के शरीर में सात्विक भावों का निदर्शन किया था।

सात्त्विकभावाः—

स्तंभस्वेदोऽथ रोमाञ्चः स्वरभंगोऽथ वेपथुः।

वैवर्ण्यमश्रु-प्रलय इत्यष्टौ सात्विकाः स्मृताः।

यहाँ पर पीतता (वैवर्ण्य), चित्तव्याकुलता, हिये ध्रगध्रगी (वेपथु) और खेद—सात्विकभावों के लक्षण हैं।

अलंकार = समुच्चय।

देहरीदीपक–उत्तरादृर्ध में (निवारण करे)।

दोहला–177

तालि (डिं.) = (सं. ताल) संगीत में समयसूचक विराम को 'ताल' कहते हैं। यहाँ पर सिर्फ़ 'समय में' का अर्थ लिया है।

घणा घाति वल़ = बहुत से बल डाल कर, बहुत टेढ़ी होकर, हिंदी में 'बल खाना' मुहाविरा है जिसका अर्थ घुमाव के साथ टेढ़ा होना होता है। 'बल'–लचक, ख़म को भी कहते हैं। उदाहरण–"बल खात दिग्गज कोल कूरम शेष सिर हालत मही।" (विश्राम)

केलि = (सं. कदली प्रा. कयली) हिं. केली (स्त्री)।

तेहि (डिं.) = उस प्रकार, वैसी। 'तेहवी' का भी प्रयोग होता है। एहवी, जेहवी, केहवी और एही, जेही, केही की तरह।

अवलंब = (सं.) = सहारा, आश्रय, आधार। हिं. उदाहरण–"नहिं कलि कर मन भगति विवेकू, रामनाम अवलंबन एकू।"

अलंकार = उपमा।

दोहला–178

पधरावी (डिं.) = हिं. 'पधारना' का प्रेरणार्थक = स्थापित की, पहुँचाई।

कन्है (डिं.) = पास, निकट, समीप। प्रचलित मारवाड़ी में प्रयुक्त होता है। हिंदी में भी कहीं-कहीं प्रयोग देखा जाता है।

उदाहरण–1. मीत तुम्हारा तुम कन्हैं, तुमही लेहु पिछान।

2. "खरी जरी तिनके कनें, खोटी कहत गँवार।" (विश्राम)

त्रूटी (डिं.) = (सं. त्रुट्) हिं. टूटी = टूट गयी। अन्यत्र 'त्रूटै' भी मिलता है। यथा–देखो पूर्व प्रयोग "त्रूटै कंध मूल जड़ त्रूटै"।

कस (डिं.) = (फारसी. कश) = खिंचाव, यथा 'कशिश' = आकर्षण। राजस्थानी में शरीर के वस्त्र को बाँधने के लिए कपड़े का बना हुआ रस्सी के आकार का जो लम्बा बंधन होता है उसे 'कस' कहते हैं। उसी अर्थ में यहाँ प्रयुक्त हुआ है। सं. टीका "कस इति कञ्चुकबंधनानि"।

छुद्रघंटिका=(सं. क्षुद्रघंटिका) घूंघरूदार मधुर शब्द करनेवाली करधनी।

सहित लाज भय प्रीति=लज्जा, भय और प्रीति सहित। भावसंधि का अच्छा उदाहरण है। मिलाओ–

उदाहरण–1. "नत मुख हो विहँसी पिया, नयनन में भय प्रीति।" (रतिरानी)

2. "दुहुँ समाज हिय हर्ष-विषादू।" (तुलसी)

दोहला–179

मनरखिए (डिं.)=मन रखने वाली, इच्छानुवर्तिनी। ढूँढाड़ी टीका–मन की राखणहार। सं. टीका–छन्दोवर्त्तिनीभिः।

सँघट=(सं. संघट्ट)=समूह, पुंज, झुंड।

चित्रसाळी (डिं.)=(सं. चित्रशाला) वह महल जिसमें दीवारों पर चित्र बने हों अथवा टँगे हों। लका-कांड में तुलसी ने मंदोदरी की चित्रसारी का वर्णन किया है।

चौकि (हिं.)=(सं. चतुष्क) प्रा. चउक्क। आँगन; घर के बीच कोठरियों या बरामदों से घिरा हुआ वह चौरस स्थान जिस पर छत न हो; सहन।

उदाहरण–"कदली खंभ चौक मोतिन के, बाँधे बंदनवार"। (सूर)

कहकहाहट (डिं.)=(अनुकरण शब्द) अट्टहास, ठट्ठ, ज़ोर की हँसी। कहकहा मार कर हँसना।

दोहला–180

राता (डिं.)=(सं. रक्त)–अनुरक्त, रँगे हुए, तन्मय, तल्लीन हुए।

उदाहरण–1. "जिन कर मन इन सन नहिं राता, तिन जग वंचित किये विधाता।" (तुलसी)

2. "रँग राती राते हिये, प्रीतम लखी बनाय।" (बिहारी)

तत (डिं.)=(सं. तत्त्व)=तत्त्व, ब्रह्म। उदाहरण–"यह तत वह तत एक है"। (कबीर)

बिन्हे गण (डिं.)=दोनों प्रकार के समूह अर्थात् पुरुषवर्ग।

जामिए (डिं.)=(सं. यमी)=संयमी पुरुष। डिंगल में एकारांत, संज्ञा

शब्दों को बहुवचन बनाने के प्रयोग में आता है। यथा दोहला– 179 में "सखिए, मनरखिए"।

कामिए (डिं.) = (सं. कामी) = कामी पुरुष।

जागरण = (सं.) = किसी धार्मिक उपलक्ष्य में जागना। देवताओं के स्तुति-संकीर्तन के लिए मंदिरों में भक्त जागरण करते हैं। उदाहरण–"बासर ध्यान करत सब दीत्यौ, निशि जागरण करत मन भीत्यौ"। (सूर)

महानिशि = (सं.) 1. रात्रि का मध्यभाग, अर्धरात्रि, निशीथकाल। 2. कल्प के अंत में होने वाली प्रलय-रात्रि। इस दोहला में कवि ने अपने दार्शनिक रहस्यवाद से परिपूर्ण गंभीर आशय का परिचय दिया है। 'कामिए' और 'जामिए' 'बिन्हे गण' के विभिन्न सांसारिक लक्ष्यों की ओर निर्देश करके कवि ने प्रवृत्ति और निर्वृत्ति मार्ग के आदर्शों पर अपने विचार प्रकट किए हैं। कवि के विचार से दोनों मार्ग एक ही लक्ष्य के साधक हैं परंतु उनके साधनों में बहुत भेद है। हम नहीं कह सकते कि कवि कौन-से मार्ग के विशेष पक्षपाती रहे होंगे। उनके जीवनचरित से तो ज्ञात होता है कि वे दोनों मार्गों पर पर्याप्त यात्रा कर चुके थे।

अलंकार = यमक–पूर्वाद्र्ध में।

यथासंख्य।

दोहला–181

लिखमीवर (डिं.) = (सं. लक्ष्मीवर) = भगवान् श्रीकृष्ण (विष्णु के अवतार में)

हरख निगरभर (डिं.) = (सं. हर्ष + निकर + भर भरित) = हर्ष के समूह से भरे हुए; हर्षोल्लासपूर्ण।

रयणि (डिं.) = (सं. रजनी) प्रा. रयणी = रात्रि।

त्रूटन्ति (डिं. मुहा.) टूटती हुई, समाप्त होती हुई। राजस्थानी में 'टूटती रात', 'टूटतौ दिन'–रात और दिन के पिछले भागों के वास्ते मुहाविरे की तरह प्रयुक्त होते हैं।

किरीटी = (सं. किरीटिन्) कोई मुकुटधारी जीव। यह इन्द्र, अर्जुन या राजा के लिए विशेषण की तरह प्रयुक्त होता है। कुक्कुट को भी 'किरीटी' कहते हैं।

जीवितप्रिय = (सं.) जिसको जीवन प्रिय है।

पोकार (डिं.) = हिं. पुकार = बोली।

घड़ियाल = (सं. घटिकावलि) प्रा. घड़िआलि = समय-सूचना के लिए बजाये जाने वाला टकोरा या घंटा।

एक दूसरे प्रकार से भी इस दोहला– का अन्वयार्थ किया जा सकता है। यथा–(हरख निगरभर लिखमीवर त्रूटन्ति रयणि (त्रूटन्ति) आयु इम लागी, जिम क्रीड़ाप्रिय किरीटी पोकार, जीवितप्रिय घड़ियाल) हर्षोल्लास से पूर्ण लक्ष्मीवर श्रीकृष्ण को टूटती (पिछली) रात्रि में बीतता हुआ समय इस प्रकार लगा जिस प्रकार विलासी पुरुष को मुरगे की पुकार और जीवनप्रिय पुरुष को घड़ियाल का शब्द लगता है। अर्थात् बड़ा अप्रिय लगा।

अलंकार = उपमा।

ढूँढाड़ी टीका उत्तरादृध का यों अर्थ करती हैः–जिस्यो ज्याँहने घणा दिन जीववो प्यारो होय त्याँहने घड़ियाल़ को साद लागै छः तिस्यौं बुरो किरीटी कहताँ मुरगा को साद लागै छइ। परंतु यह अर्थ इतना स्वाभाविक अथवा अनुभव-सिद्‌ध नहीं है जितना हमारा अन्वयार्थ।

दोहला–182

गल़न्ती (डिं.) = (सं. गरण) = जीर्ण होते हुए, नष्ट होते हुए, धीरे-धीरे नष्ट होते हुए–जिस प्रकार बर्फ़ पिघल कर धीरे-धीरे नष्ट होती है। 'रयणि गळन्ती' उसी कोटि का मुहाविरा है जिस कोटि का 'रयणि त्रूटन्ति'–ऊपर के दोहे में।

मन्दा (डिं.) = (सं. मंद) = धीमा, सुस्त, उदास, फीका अतएव अस्वस्थ। (फारसी. माँद) = थका हुआ, बीमार, अस्वस्थ। हिं. में 'थका-माँदा,' 'भला-माँदा' शब्द-युग्म प्रयुक्त होते हैं।

सइ (डिं.) = हिं. सती = सती, साध्वी।

वरि (डिं.) = (डिं. वर = पति–स्त्री. 'वरि' = पत्नी) = स्त्री, पत्नी।

दीपै = (सं. दीप्) प्रकाशित करता है। उदाहरण–"द्वार में दिसान में दुनी में देस देसन में देख्यो दीप दीपन में दीपत दिगंत है।" (पद्माकर)

नासफरिम (डिं.) = नाश हो गया है 'फरिम'–शासन–जिसका। = (फारसी.

फ़रम) आज्ञा, शासन, हुकूमत। इस शब्द से बने हुए शब्द हैंः—फ़रमाबरदार, फ़रमाइश, फ़रमान, फ़रमाना।

ढूँढाड़ी टीका—"सफरिम पाखै जिसौ सूरतन मरद को डील देखीजै छइ।"

सं. टीकाः—"सफरिम अदातृत्वेन" (कंजूसी)।

हि. उदाहरण—"आमिलहू छिन पौन प्रवीन लै, नाफरमाँ फरमानु पठायौ।" (गुमान)

सू रतनि नरि=(सं सु + नररत्न)=नरश्रेष्ठ। रत्न का अर्थ 'अपनी जाति में श्रेष्ठ' होता है। यथा ग्रंथरत्न, कविरत्न इत्यादि।

परजल़तौ इ (डिं.)=(सं. प्रज्वलतः अपि)=प्रज्वलित भी, जलता हुआ भी।

अलंकार=उपमा—पूर्वाद्र्ध में।

विरोधाभास—तृतीय पंक्ति में।

उपमा—उत्तराद्र्ध में।

दोहला—183

मेली (डिं.)=(सं. मिलित) मिली, पूर्ण हुई।

साध, साध्र (डिं.)=(हिं. साध) डिंगल की प्रथानुसार 'ध' में रेफ़ का आगम किया गया है। साध=इच्छा, कामना, ख़्वाहिश। उदाहरण—"जेहि अस साध होइ जिव खोवा।" (जायसी)

'साध पूरना' अथवा 'साध पुराना',—मुहाविरे एक और विशिष्ट अर्थ में भी प्रयुक्त होते हैं। गर्भाधान से सातवें महीने में गर्भिणी स्त्री के लिए गृहस्थ में एक उत्सव मनाया जाता है जिसमें उसकी 'दोहद' संबंधिनी इच्छाओं की पूर्ति का आयोजन किया जाता है।

कोक=(सं.)—1. चकवा-चकवी। उदाहरण—"कोक शोकप्रद पंकज द्रोही"। (तुलसी)

2. कोक देव नाम के पंडित जो रतिशास्त्र के आचार्य माने गए हैं।

3. संगीतशास्त्र का छठा भेद जिसमें नायिका-नायक, रस, रसाभास, अलंकार, उद्दीपन, आलंबन, समय, समाजादि का शास्त्र-विवेचन किया गया है।

नोट—प्रथम पंक्ति के 'कोक' का अर्थ 1. लिया गया है। द्वितीय पंक्ति के 'कोक' का अर्थ 2. और 3. लिया गया है।

रही = हिं. रह जाना = निवृत्त हो जाना, रुक जाना। देखो पूर्व दोहला—में प्रयोग—"रहिया हरि" (70) "रह रह ....वह रहे रह"। (46)

ग्रहणे = हिं. गहना। डिंगल रेफ के आगम से रूपांतर।

प्रफूले फूले = प्रफुल्लित पुष्पों ने। डिंगल में एकारांत बहुवचन का चिह्न होता है।

अलंकार = व्याघात।

दोहला—184

अनाहत धुनि = (सं.) = योग का एक साधन। वह नाद या शब्द जो दोनों हाथों के अँगूठों से कानों को बंद करके ध्यान करने से अंतःकरण में सुनाई देता है। कबीर के दोहों में तथा पदों में 'अनहद नाद' का प्रसंग बहुतायत से आया है। "अनहद की धुनि प्यारी, साधो"। हठयोग के अनुसार शरीर के छह चक्रों में से यह एक है। इसका स्थान हृदय, रंग पीला, लाल और दलों की संख्या 12 हैं।

जोग अभ्यास (डिं.) = योगाभ्यास की शास्त्रोक्त आठ विधियाँ हैं, जिन्हें अष्टांग—योग कहते हैं। योगी लोग उन्हीं साधनों से योगाभ्यास-द्वारा ब्रह्म की प्राप्ति करते हैं—

"यमो नियमश्वासनं च प्राणायामस्ततः परम्।
प्रत्याहारो धारणा च ध्यानं सार्धं समाधिना।।
अष्टांगान्याहुरेतानि योगिनां योगसिद्धये"।।

निसामै = (सं. निशामय) रात्रिरूपी।

मायापटल़ = (सं.) अविद्या, अज्ञान अथवा भ्रम का परदा जो बुद्धि के वास्तविक ज्ञान को ढक लेता है।

उदाहरण—"सुर मायावश केकई, कुसमय कीन्ह कुचाल।" (तुलसी)

नोट—वेदांत-दर्शन ने प्रकृति तथा असंख्य पुरुषों का एक ही परमतत्त्व ब्रह्म में अविभक्त रूप में समावेश करके, जड़-चेतन के द्वैतभाव के स्थान पर अद्वैत ब्रह्म की स्थापना की है। इस दर्शन में सांख्यों के अनेक पुरुषों

का खंडन किया गया है और चेतन-तत्त्व का एक और अविच्छिन्न रूप सिद्‌ध करते हुए यह बताया गया है कि प्रकृति अथवा माया की अहंकारगुणरूपी उपाधि से ही एक के स्थान पर अनेक पुरुषों या आत्माओं की मिथ्या–प्रतीति होती है। इसी मिथ्या-प्रतीति को इस दोहला– में 'माया-पटल़' कहा है। यह अनेकता माया-जन्य है–असत्य है–भ्रमात्मक है। योग-दूवारा चित्तवृत्तियों का निरोध करके अष्टांग साधनों से योगी इस भ्रम, मिथ्या-प्रतीति का नाश करता है–अर्थात्‌ 'मायापटल' को हटाता है। गीता का भी यही उपदेश है।

मंजै = (सं. मार्जन) = मार्जन कर देता है, साफ़ कर देता है, हटा देता है।

प्राणायामे = (सं.) प्राणायाम में। अष्टांग योग का चौथा अंग प्राणायाम है। इसमें श्वास-प्रश्वास की गति का निरोध किया जाता है। इसकी तीन वृत्तियाँ–बाह्य, आभ्यंतर और स्तंभ हैं, जिनका नाम रोचक, पूरक और कुंभक भी है। इसके अतिरिक्त एक और शक्ति है जिसे बाह्याभ्यंतर विषयाक्षेपी कहते हैं। इसमें श्वास-प्रश्वास की बाह्याभ्यंतर वृत्तियों का निरोध करके रोक देते हैं। पतंजलि ने इसका मूल यह माना है कि इससे ब्रह्म-प्रकाश का व्यवरोध अथवा आवरण ("मायापटळ") क्षीण होकर "धारणा" में स्थिति होती है और "ज्योतिप्रकाश" की ओर प्रवृत्ति होती है। प्राणायाम त्रिकालसंध्या का प्रधान अंग है। शास्त्रों में इसे सर्वश्रेष्ठ तप कहा है।

ज्योति प्रकाश = (सं.) परब्रह्म की अखंड ज्योति का प्रकाश।

नोट–दोहला 299 में कवि ने "ज्योतिषी वैद पौराणिक जोगी" इत्यादि के ज्ञान से वेलि पढ़ने वालों की जाँच रखी है। वह मिथ्याभिमान नहीं है। 'योगी' के संबंध में यह दोहला प्रमाण है। अन्यान्य शास्त्रों के लिए अन्यान्य वेलि के दोहले यथा–स्थान नोटों में निर्दिष्ट किए गए हैं।

अलंकार = रूपक।

दोहले–185

दिणयर = (डिं.) = (सं. दिनकर) प्रा. दिगाअर, दिणयर = सूर्य के।

रई (डिं.) = मंथन-दंड। देखो प्रयोग पूर्व दोहले 62 में।

कैरव श्री = (सं.) कुमुदिनी की शोभा।

एतला (डिं.) = इतनों को।

मोखियाँ (डिं.) = (सं. मोक्ष) मोक्षाद्प्राप्त वस्तुओं को, मुक्त चीजों को।

बंध (डिं.) = (सं. बंधन)।

हट = (सं. हट्ट) = हिं. हाट = दूकान, बाजार। उदाहरण—"पंडित होइ सो हाट न चढ़ा"। (जायसी)।

गो-घोख = (सं.) = गोशाला। उदाहरण—देखत रह्यौ घोष के बाहर, कोउ आयौ सिसुरूप रच्यौ रो। (सूर)

ताल़ (डिं.) = हिं. ताले।

ऊगि (डिं.) = (सं. उद्‌गमन) प्रा. गग्गवण, हिं. उगना। = उदय होकर। उदाहरण—"उगेहू तात देखहु रवि ताता"। (तुलसी)

मोख (डिं.) = (सं. मोक्ष) मुक्ति।

अलंकार—व्याघात।

यथासंख्य।

दोहले—186

वाणिजाँ वधू (डिं.) = वणिकों की स्त्री (बहुवचन)। कहीं कहीं समस्त पदों को इस प्रकार पृथक्-पृथक् डिंगल में लिखते हैं। देखो पूर्व प्रयोग "जादवाँ इन्द्र" दोहले 45 में।

वाछ (डिं.) = (सं. वत्स)—बछड़े।

असइ (डिं.) = (सं. असती) प्रा. असई—असै = कुलटा स्त्री।

वटि = (सं.) नाटक-साहित्य में एक प्रकार का नायक, जो विषय-भोग में संपत्ति नष्ट कर देता है। वेष-भूषा में चतुर और रसिक होता है।

वेल़ (डिं.)= (सं. वेला) समुद्र की लहर, तरङ्गें।

समपिया (डिं.) = (सं. समर्पित) = समर्पण किया, दिया।

अलंकार = व्याघात।

यथासंख्य।

दोहला—187

राह किय = 'राह करना' 'राह बनाना'—हिंदी मुहाविरे में भी प्रयुक्त होते हैं, यथाः—रास्ता बनाया, मार्ग बनाया। (फ़ारसी. राह = रास्ता)।

दीह (डिं.) = (सं. दीर्घ) प्रा. दीह = खूब बड़ा। उदारहण—
"बहु तामँह दीह पताक लसै"। मिलाओ प्रयोग 'दीह' का दोहला 66 में, जहाँ दीह = दिन, दिवस।

गाढ = (सं.) गाढ़ापन, घनत्व, ठोसपना। उदाहरण—'क्षेत्र अगम गढ़ गाढ़ सुहावा'। (तुलसी)।

द्रव = (सं.) द्रवण का भाव, द्रवत्व, वहाव, तरलत्व, पिघलने की योग्यता।

सूर = सूर्य। उदाहरण—"सूर सूर तुलसी शशी"।

हेमगिरि (डिं.) = (सं. हिमगिरि) = हिमालय पर्वत, जो बर्फ़ से ढका रहता है। 'हेम'—सोने को भी कहते हैं। अतएव सुमेरुगिरि का भी अर्थ हो सकता है। 'हेमसुता' पार्वती के लिए भी प्रयुक्त हुआ है। इससे यही आशय निकलता है कि कवियों ने हिमालय और सुमेरुगिरि में विशेष भेद नहीं माना है। कइयों ने तो एक ही दिशा—उत्तर—में दोनों को स्थित किया है। देखो पूर्व दोहला 12 में 'सुमेरु' पर नोट। डिं. में 'हिम' और 'हेम' के उच्चारण में बहुत कम अंतर किया जाता है। अतएव, यह सादृश्य।

अलंकार = व्याघात।

दोहला—188

विहित = (सं.) = ठीक, यथावत्। सं. विहितमेव = ठीक ही है।

केहवो (डिं.) = कैसा, कौन-सा। केहो, केहड़ी, केहवो का भी प्रयोग होता है।

हेम दिसि (डिं.) = (सं. हिम + दिशा) यहाँ भी 'हेम' हिम, बर्फ़ के अर्थ में प्रयुक्त हुआ है। हिमदिशा = उत्तर।

हेम दिसि सरण लीधौ = अर्थात् सूर्य उत्तरायण में है। ग्रीष्म के आरंभ में सूर्य उत्तरायण में होते हैं।

ब्रिख (डिं.) = (सं. वृष, वृक्ष)—1. वृषराशि, ज्योतिष के अनुसार मेषादि बारह राशियों में से दूसरी राशि। ग्रीष्म में सूर्य वृषराशि पर आते हैं और आतप बढ़ जाता है।

2. वृक्ष।

सूरिज ही व्रिख आसरित = 'व्रिख' पर श्लेष होने से श्लेष की ध्वनि

से यहाँ यह अर्थ भी निकलता है कि 'आकुल थ्या लोक' को ही 'छाया बंछित' नहीं है; अर्थात् केवल मनुष्य ही वृक्षों का आसरा (छाया के लिए) नहीं देखते हैं, बल्कि सूर्य भी वृष (वृक्ष) राशि का आश्रय ले रहे हैं। उनका वृष पर आना मानो गरमी से तप कर वृक्ष की छाया का आश्रय लेना है। 'सूरिज ही' पर ज़ोर इसी अर्थ की ध्वनि को स्पष्ट करने के लिए दिया है। 'सूरिज' पद का दुहराना भी यही आशय रखता है।

अलंकार = परिकशंकुर—'हेमदिशि'—आशयगर्भित है।

श्लेष—'ब्रिख' में।

दोहला—189

श्रीखंड = (सं.) = चंदन।

कुमकुमौ (डिं.) = गुलाबजल, देखो इसी अर्थ में प्रयोग पूर्व दोहला—102 में।

सरि = (सं.) सर में। सप्तमी इकारांत डिंगल में, में, पर का अर्थ देता है।

दळि = (सं. दल = अवयव, भाग) शरीर पर। देखो प्रयोग दोहला—231 में।

आहरण (डिं.) = (सं आभरण) = आभूषण।

जुगति (डिं.) = (सं. युक्ति) = प्रकार, ढंग, उपाय से।

एही = (हिं.) = इसी। उदाहरण—"एहि विधि राम सबहिं समुझावा।" (तुलसी)

मुगता आहरण दुति = इस पंक्ति का टीकाकार भिन्न-भिन्न अर्थ करते हैं, यथा—1. ढूँ. टीका—"ग्रहणा सब मोतियाँ का ई धारण किया छइ।"

2. सं. टीका—"द्युतेः कान्त्या आहरणे आनयनार्थ पीठिकामध्ये मौक्तिकानि दलयित्वा संचूर्ण्य पिण्डीकृतानि।"

3. पश्चिमी मा. टीकाः—"शरीर दुतइ शरीर कान्तइ करि बा पीठी उतारिबा भणी मुगता मोती दळि करी दुति कांति आहरण आणवा।"

इनमें अर्थवैभिन्य विचारणीय है।

अलंकार = उदात्त।

दोहला–190

माह (डिं.)=(सं. माघ) माघ मास। राजस्थानी बोलचाल भाषा में अब भी 'माघ' का 'माह' कहते हैं।

माहुटि (डिं.)=(सं. माघ + घटा) माघ मास के बादलों की घटा को डिंगल में 'माहुटि' कहते हैं। राजस्थानी बोलचाल में "माहुट-पोहट" अर्थात् माघघटा + पोषघटा प्रचलित है।

मसि व्रन (डिं.)=(हिं. मसि + वर्ण)=कृष्णवर्ण, काली रंग की। 'वर्ण' को 'व्रन' बनाने में डिंगल के साधारण परिवर्तन से रेफ का स्थान-परिवर्तन किया गया है।

उदाहरण–"जनु मुँह लाई गेरु मसि, भये खरनि असवार।" (तुलसी)

प्रति=संस्कृत अव्यय का प्रयोग=अपेक्षा।

न्रीजनपणि=(हिं. निर्जनपना) रेफ का परिवर्तन, यथा–ऊपर 'व्रन'।

तपन (सं.)=सूर्य।

अलंकार=व्यतिरेक।

दोहला–191

नैरन्ति (डिं.)=(सं. नैऋत्य)=दक्षिण-पश्चिम के बीच की दिशा या कोण–वहाँ से चलने वाली वायु को नैऋत्य-वायु कहेंगे।

प्रसरि=(सं. प्र + सृ) चलकर।

झोल़े (डिं.)=अत्यंत शीतल अथवा अत्यंत उष्ण वायु–पाला अथवा लू–के चलने से वृक्ष एकबारगी सूख जाते हैं। अतएव, झोले की हवा वृक्षों के लिए एक रोग गिनी जाती है। "झोला मार जाना" हिंदी का मुहाविरा यही आशय रखता है।

हिं. उदाहरण–1. "याकी खेती देखि कै, गरबै कहा किसान।
अजहूँ झोला बहुत है, घर आवै तब जान।" (कबीर)

2. "तिन अति बोलि झोलि तनु डार्‌यौ, अनल भँवर की नाँई।।" (सूरी)

झंखर (डिं.)=(हिं. झंखाड़) अनुकरण शब्द प्रतीत होता है। पत्र पुष्प से रहित झड़ा हुआ विशीर्ण वृक्ष।

वाइ (डिं.)=(सं. वायु)–हवा।

लू लहर = लू (अत्यंत गरम हवा) की लहर या झोंका।

उदाहरण—"सुनि के राजा गा मुरझाई, जानो लहर सुरज कै आई।" (जायसी)

लवली = (सं.) एक लताविशेष। यहाँ साधारणतः सभी लताओं के अर्थ में प्रयुक्त है।

देखो उत्तरचरित में—"मया लब्धः पाणिर्ललितलवली कंदलनिभः।"

निरधण (डिं.) = निः + धण = स्त्री रहित। (निर्धन नहीं!)

धण (डिं.) = (सं. धनि) पत्नी, स्त्री। उदाहरण—"धनि वे धनि साँवन की रतियाँ" इत्यादि।

धणी (डिं.) = 'धण' का पुल्लिंग। पति, स्वामी।

उदाहरण—"सो राम रमा-निवास संतत दास वस त्रिभुवन धनी।" (तुलसी)

भजै = (सं. भजति) प्रा. भजइ = सेवन करते हैं।

उदाहरण—1. "विधि वश हठि अविवेकहिं भजहीं।" (तुलसी)

2. "तजौ हठ आनि भजौ किन मोहि।" (केशव)

नोट—"नैरन्ति..........नीझर"—का सं. टीका ने दूसरा अर्थ लिया है। यथा—"तत्र मासि निर्धना गिरिनिर्झरप्रसरे वहति पानीये नैरन्तीति सुखमनुभवन्ति"। 'नैरन्ति' शब्द का अर्थ ऊहा से 'सुखमनुभविन्त' लिया है। कष्ट कल्पना है।

दोहला—192

कसतूरी = एक प्रकार का सुगंधित द्रव्य जो हिमालय में पाए जाने वाले एक प्रकार के मृग की नाभि से निकलता है।

गारि = (हिं. गारा, गारना) जिससे मकान में ईंटों की जोड़ाई होती है उसे 'गारा' कहते हैं।

विहाणै (डिं.) = (सं. विधानै) = विधि, भाँति, ढङ्ग, तरकीब से।

परि (डिं.) = विधि, भाँति। 'वरि' का भी इसी के रूपांतर में प्रयोग होता है।

धवळहरि (डिं.) = महल में। देखो नोट पूर्व दोहला— 41 में।

नोट—प्रथम पंक्ति के भाव—सादृश्य को मिलाओ दोहला— 39 की प्रथम पंक्ति के भाव से।

अलंकार = उदात्त

दोहला—193

ऊपड़ी (डिं.)=(सं. उत्पटन) प्रा. उप्पड़ण, हिं. उपड़ना=उखड़ना, रेत का उड़ना। देखो पूर्व प्रयोग दोहला— 115 में।

धुड़ी (डिं.)=(सं. धूलि) रेत, (हिं. धूरि)। उदाहरण—"पद्मिनि गवन हंस गए दूरी, हस्ति लाज मेलहि सिर धूरी।" (जायसी)

अम्बरि=(सं.)=आकाश में। उदाहरण—अम्बर के तारे डिगैं, जूआ लाड़े बैल।"

खेतिए (डिं.)=(सं. क्षेत्रकाः)=खेतिहर, किसान।

ऊजम (डिं.)=(सं. उद्यम) प्रा. उज्जम, ऊजम=उद्यम में लगे।

खाद्र (डिं.)=(सं. खात् या) खड्डे, गड्ढे।

वाजि (डिं.)=(हिं. बजना)=बज कर। राजस्थानी में 'हवा का बाजना' मुहाविरे की भाषा में प्रयुक्त होता है=हवा चल कर।

किंकर (डिं.)=(सं. किंकर्तव्यविमूढ़) का अल्प रूपांतर=हक्का-बक्का, घबराए हुए।

आर्द्र (डिं.)=गीली, तर, भीगी हुई।

मृगशिर=मृगशिरा नक्षत्र 27 नक्षत्रों में पाँचवाँ नक्षत्र है। इसके पूर्वार्द्ध में वृष राशि और अपराद्र्ध में मिथुन होती है। इस नक्षत्र के योग में चलने वाली अत्यंत उष्ण और तेज़ हवा को इस नक्षत्र ही के नाम से मरुस्थल में 'मिरग' कहते हैं। जब यह चलने लगती है तब सब घबरा कर कहने लगते हैं "मिरग वाजै छइ"। मिरगों के बाजने की अवधि सात दिन समझी जाती है और उस बीच में वे जितने ही प्रचंड रूप में चलेंगे, उतने ही भावी वर्षा के शगुन प्रबल समझे जाएँगे। यह लोकविश्वास है।

आद्रा=आर्द्रा—27 नक्षत्रों में छठा है। प्रायः आषाढ़ के प्रारंभ में लगता है। इस नक्षत्र से वर्षा योग प्रारंभ होता है। किसान इसी नक्षत्र में धान्य बोते हैं। उनका विश्वास होता है कि इस नक्षत्र का बोया हुआ धान्य श्रेष्ठ होता है।

उदाहरण—"अर्द्रा धान पुनरवसु पैया, गा किसान जब बोवा चिरैया"।

नोट—'भरिया खाद्र'—का एक और अर्थ हो सकता है—"किसानों ने खेती के लिए उद्यमशील होकर खेतों में खाद भरी"।

अलंकार = यमक = मृगशिर—मृग, आद्रा-आर्द्र।

दोहला—194

बग.......बैठा = बगुले ग्रीष्म में पिपासित इधर-उधर पानी की खोज में डोलते थे। अब पावस आयी जानकर तालाबों पर स्थिर हो गए। ऋषि-मुनियों ने चातुर्मास्य के कारण भ्रमण स्थगित कर दिया। राजा लोग युद्धादि कार्यों से निवृत्त हो गये क्योंकि वर्षाकाल आने पर पानी से राजमार्ग रुक जाने से सेना का संचालन होना कठिन हो जाता है।

सूता (डिं.) = सो गये। हिंदी में भी 'सूतना' क्रिया इस अर्थ में प्रयुक्त होती है। उदाहरण—1. "सूते सपने ही सहै, संसृत संताप रे"। (तुलसी)

2. "मोर तोर मह सबै बिगूता, जननी रार्भ उदर महँ सूता।" (कबीर)

थिउ (डिं.) = हुआ। थियउ, थियौ रूपांतर भी प्रयुक्त हुए हैं।

सर (डिं.) = (सं. स्वर) = शब्द।

हरि = (सं.) = इंद्र, आकाश का अधिष्ठातृ देवता, बादलों का राजा।

बलाहकि = (सं.) बादल। उदाहरण—"गुणगाहक यार बलाहक जू, लगे नाहक पवन की बातन में।"

अम्बहर = अंबर। 'ह' का आगम बिना प्रयोजन किया गया है। मिलाओ दोहला— 14 के प्रयोग से "उडियण वीरज अम्बहरि" जहाँ डॉ. टैसीटरी इसी प्रकार 'अंबरि' शब्द में निष्प्रयोजन 'ह' का आगम बताते हैं। परंतु वहाँ हमने अम्ब + हरि पृथक्-पृथक् शब्दार्थ किया है।

सिणगारै (डिं.) = (सं. शृङ्गारयति) प्रा. सिंगारइ = सजाते हैं, सुसज्जित करते हैं।

सूर सुता .... = ज्योतिष के अनुसार विष्णु भगवान चातुर्मास्य में शयन करते हैं। कार्तिक शुक्ल एकादशी, जिस दिन भगवान् जागते हैं, देवोस्थान एकादशी कहलाती है।

दोहला–195

काँठलि़ (डिं.) = (सं. कण्ठ + अवलि = कण्ठमाला) = गले का एक वर्तुलाकार गहना; पक्षियों के गले का रेखाकार गंडा। राजस्थानी में वर्षा-संबंधी यह विशिष्ट शब्द है जिससे आशय होता है, "वर्तुलाकार वर्षाकालीन मेघों का समूह"।

ऊजल़ (डिं.) = (सं. उज्जवल)।

कोरण (डिं.) = (हिं. कोर, कोरण) = किनारा, हाशिया, सिरा। यह शब्द भी राजस्थानी का वर्षा-संबंधी विशिष्ट शब्द है। कोर अथवा कोरण (गोटन) के आकार के सफ़ेद बादलों के समूह को कहते हैं। यह शब्द अब भी प्रचलित है।

धरहरिया (डिं.) = (अनुकरण शब्द) = 'धरहर' शब्द किया। धर-धर करके गाजने लगे।

धारे = (सं. धार) एकारांत डिं. बहुवचन का चिह्न है। = वृष्टिधार।

गळि चालिया (डिं. मुहा.) = गल चले, गलकर गिरने लगे।

जळग्रभ = (सं. जलगर्भ) वह बादल जिसके गर्भ में जल है।

थंभि न = (सं.) रुकते नहीं, ठहरते नहीं।

नोट–काँठलि़, कोरण, जल़ग्रभ–ये राजस्थान के देशीय, वर्षा-संबंधी आशय-गर्भित शब्द हैं।

अलंकार = रूपक–उत्तराद्र्ध में–"विरहिण-नयण थिया"।

दोहला–196

दड़ड़ (डिं.) = (अनुकरण शब्द) दड़ड़ शब्द करते हुए, बड़े जोर-शोर से।

नड़ (डिं.) = (सं. नड = नरसल–नडिनी = नदी) = नाले, स्रोत।

उ.नड़ (डिं.) = पर्वत।

वाजिया (डिं.) = बाजे = शब्दायमान हो गए। देखो पूर्व प्रयोग दोहला–115 में 'वाजन्ति'।

गुहिर (डिं.) = (सं. गंभीर)। उदाहरण–"मन कुंजर मयमंत था, फिरता गहर गँभीर"। (कबीर)

(हिं. गुहराना, गुहार) = पुकारना, पुकार। उदाहरण–"नीकी दई अनाकनी फीकी परी गुहारि।" (बिहारी)

सामाइ (डिं.) = (हिं. समाना = आ जाना) हिं. उदाहरण–"हरख न हिये समाय"।

जल़वाल़ा = (सं. जलबालिका) = बिजली, विद्युत्।

सदि (डिं.) = (सं. शब्द) प्रा. सद्द = शब्द।

अलंकार = अधिक।

दोहला–197

निहसे (डिं.) = (सं. निधृर्ष) निर्घोष, शब्द करके। देखो पूर्व प्रयोग दोहला– 38 "नीसाणै पड़ती निहस" में।

वूठौ (डिं.) = बरसा, वर्षा की। देखो पूर्व प्रयोग "वूठै वाहविये आ वेल़ा" दोहला– 123 में।

घण (डिं.) = (सं. घन) = बादल–'घण' अधिक के अर्थ में क्रिया-विशेषण प्रयोग में भी आता है।

बिणु नील़ाणी = (सं. विना + नीलायमान) बिना हरियाली। हरियाली रहित। डिंगल और राजस्थानी भाषाओं में 'नीला' हरे रङ्ग के लिए प्रयुक्त होता है। इससे हिंदी में 'आसमानी' रङ्ग का आशय लिया जाता है। वास्तव में दोनों रंगों में बहुत थोड़ा अंतर है। घना हरा वानस्पत्य रङ्ग 'श्याम' होकर आसमानी से मिलने लगता है।

वसइ (डिं.) = (सं. वसति) प्रा. वसइ = है, स्थित है, पड़ा है।

प्रथम समागम = (सं.) = प्रथम-मिलन, संयोग, भेंट।

वसत्र (डिं.) = (सं. वस्त्र) डिंगल में रेफ का स्थान-विपर्यय

ग्रहणा (डिं.) (हिं. गहना) होता है।

पदमणी = (सं. पद्मिनी) सौंदर्य और गुणों की दृष्टि से सर्वोत्कृष्ट श्रेणी की स्त्री 'पद्मिनी' कहलाती हैं। स्त्रियाँ चार जाति की होती हैं, पद्मिनी, चित्रिनी, शंखिनी, और हस्तिनी।

"अल्प रोष रति सुंदरी, पद्मिनि तन सुकुमार"। (भानु)

लसइ = (सं. लस्) शोभा देती है। उदाहरण–"लसत चारु कपोल दुहुँ बिच सजल लोचन चारु"। (सूर)

अलंकार = उत्प्रेक्षा।

दोहला–198

तृणे (डिं.)=(सं. तृण) घास के तिनके। एकारांत बहुवचन द्योतक है। दोहला– 1 में 'त्रिण हे' संख्यासूचक 'त्रि' से बना है अतएव, सादृश्य होते हुए भी वह भिन्न शब्द है।

नील़म्बर न्याइ=नीले वस्त्र के न्याय से अर्थात् नीली (हरी) साड़ी की भाँति। जिस प्रकार हिंदी-संस्कृत में घुणाक्षरन्याय, अरण्यरोदनन्याय, काकतालीयन्याय आदि दृष्टांत–पदों का रूढ़ अर्थ में प्रयोग होता है उसी प्रकार यहाँ जानो।

अल़ंकार=रूपक। पृथ्वी नायिका को कवि ने कैसे सुंदर-सुंदर प्राकृतिक आभूषणो से सजाया है। शोभा देखते ही बनती है।

दोहला–199

काजल़ गिरि=(सं. कज्जलगिरि) एक काल्पनिक काला पर्वत।

काजळ करि रेख= (सं. कज्जल + कृत + रेखा) स्त्रियाँ नेत्रों का सौंदर्य बढ़ाने के लिए काजल का अंजन आँखों में लगाती हैं।

कवियों ने नायिकाओं की काजल-रेख का बड़े चाव से साहित्य में वर्णन किया है।

डिं. उदाहरण–"काळी काळी काजळिये री रेख, भूरोड़े बुरजाँ में चमकी बीजळी"। (ग्रामगीत)

सं. उदाहरण–"अद्यापि तां बिभ्रतकज्जललोलनेत्राम्"। (चौरपंचाशिका)

हिं. उदाहरण–भृकुटि कामकोदण्ड नैन सर, कज्जलरेख अनी। (हितहरि)

करि=यह डिंगल में षष्ठी के विभक्ति चिह्न की तरह कभी-कभी प्रयुक्त होता है। सं. 'कृत्'–प्रत्यय से बना है–जिसका अर्थ होता है 'की–का–के'। हिंदी में भी 'करि' का प्रयोग इस प्रकार मिलता है। यथा–"राम ते अधिक राम कर दासा"। (तुलसी)

कटि=(सं.) 1. कमर, लंक।

2. कटिप्रदेश अथवा पार्श्वस्थ देश, सीमाप्रांत।

मामोलौ (डिं.)=(देशीय शब्द) हिंदी में बीरबधूटी, इन्द्रवधू कहते हैं।

यह एक छोटा रेंगने वाला लाल चमकीला मखमली रङ्ग का कीड़ा होता है जो वर्षा होने पर ज़मीन पर इधर-उधर रेंगता दीख पड़ता है। बिन्दुली को 'मामोला' की उपमा देना अनूठा और निराला है। कवि की सूझ की प्रशंसा करनी चाहिए।

बिन्दुलौ = (सं. बिन्दु) स्त्रियों के माथे में लगाने का गोल कुंकुम अथवा हिङ्गुल की बिन्दी के आकार का टीका। उदाहरण—"बदन बिंदुली भाल की भुज आप बनाए"। (सूर)

निलाट पटि = (सं. ललाट पट्ट) ललाट का चौड़ा स्थान।

उदाहरण—"तिलक ललाट पटल दुति कारी"। (तुलसी)

अलंकार = रूपक।

दोहला—200

ऊपटि = (सं. उत्पटन) उमड़ कर, उपड़ कर। देखो पूर्व प्रयोग दोहला—115, 193 में।

बिथुरी = (सं. वितरण) हिं. बिथुरना, बिथुराना = छितराना बिखरना। उदाहरण—"हार तोरि बिथराय दयो, मैया पै तुम कहत चली कत दधि माखन सब छीनि लयौ"। (सूर)

धण, धणी = पति-पत्नी। देखो नोट दोहला 191 में।

धाराधर = (सं. धराधर) = पर्वत।

जमण (डिं.) = (सं. यमुना) हिं. जमुना।

करंवित = (सं.) मिश्रित; गुथी हुई।

उदाहरण—"स्फुटतरफेनकदम्बकरम्बितमिव यमुनाजलपूरं"। (गीतगोविन्द)

वेणी = (सं.) 1. त्रिवेणी, गंगा-यमुना-सरस्वती के संगम को 'त्रिवणी' कहते हैं।

2. स्त्रियों की चोटी।

उदाहरण—"मृँदि न राखत प्राति अली यह मृँदि गोपाल के हाथ की बेनी" (मतिराम)

वणो (हिं.) = शोभित है (सं. वर्णन, प्रा. वण्णन, हिं. बनना), सजना, चित्रित होना।

उदाहरण—1. "आजु नीकी बनी राधिका नागरी।"

2. "ब्रज नव तरुनि कदम्ब मुकुटमनि, श्यामा आजु बनी।" (हितहरि)
अलंकार = रूपक (उत्प्रेक्षा गर्भित)

दोहला–201

स्याम तर = श्याम की भाँति। 'तर' अरबी 'तरह' शब्द से बना प्रतीत होता है।

घेघूँचे (डिं.) = (देशीय शब्द) मिल गये, आलिंगित हो गये। सं. टीकाकार "घेघुञ्चितौ एकीभूतौ", अर्थ करता है।

गलिबाहाँ = (सं. गल + वाहु) हिं. गलबाँहो = गले में हाथ डालकर आलिंगन करना।

उदाहरण–"सुमनकुंज विहरत सदा दै गलबाँही माल।"

घाति (डिं.) = डालकर। राजस्थानी में इस अर्थ में अब भी प्रचलित है। मिलाओ मराठी–'घेत-घेतलें'।

भ्रमि = भ्रम में, भ्रम से।

रिखिय = (सं. ऋषयः) ऋषिलोग।

अलंकार = पूर्वार्द्ध–उपमा।

उत्तरार्द्ध–भ्रान्तिमान।

नोट–ऋषियों का इस प्रकार भ्रांति में पड़कर भूल जाना कविवर कालिदास ने अपने काव्यों में वर्णन किया है; "अकाल संध्यामिव धातुमत्तां।"

दोहला–202

रूठा = (सं. रुष्ट) अप्रसन्न होना। उदाहरण–1. "अजहुँ सो देव मोहिं पर रूठा।" (तुलसी)

2. "हरि के रूठे ठौर है, गुरु रूठे नहिं ठौर।" (कबीर)

पै (डिं.) = (सं. पद) प्रा. पय, पअ।

मनावि करै = हिं. मनाना, मनौआ करना, मनावा करना।

उदाहरण–कै तो मनावै पाँव परि, कै तौ मनावै रोइ।
हिन्दू पूजै देवता, तुरुक न काहुक होइ।। (कबीर)

रस करै = (सं. रस = प्रेम) प्रेम करते हैं। उदाहरण–"और को जानै रस की रीति"। (सूर)

रस–प्रेमक्रीड़ा विहार, कामकेलि, को भी कहते हैं।

आभ (डिं.)=(सं. अभ्र)=आकाश।

अलंकार–हेतु।

दोहला–203

काजल=(सं.)=कज्जल की तरह काले, श्याम। उदाहरण–"यह मथुरा काजर को कोठरि जे आवहिं ते कारे"। (सूर)

जल जाल़ (डिं.)=बादल, जल का समूह है जिनमें।

श्रवति=(सं.) गिरता है। उदाहरण–"रात दिवस रस स्रवत सुधामय कामधेनु दरसाई"। (सूर)

राता (डिं.)=(सं. रक्त) लाल। उदाहरण–"भ्रकुटि कुटिल नैन रिस राते"। देखो पूर्व प्रयोग "राता तत चिंता रत" दोहला 180 में।

पहल (डिं.)=(सं. पटल या फारसी. पहलू)=पार्श्व, तरफ़, एक तरफ़, एक बाजू में। आपेक्षिक अर्थ में यहाँ "दूसरी तरफ़" अर्थ लक्ष्य है।

आधोफरै (डिं.)=(देशीय शब्द) छज्जों पर।

ऊधसता (डिं.)=(सं. उत् धृषतः उद्धर्पण) रगड़ खाकर ऊपर चलते हुए।

राजै=(सं. राजते, प्रा. राजइ) शोभा देते हैं। हिंदी में प्रयोग होता है। उदाहरण–1. "मन्दिर मँह सब राजहिं रानी" (तुलसी)

2. प्रकट ब्रह्म राजत द्वारावति वेद पुरान उचारेउ। (सूर)

नोट–'पहल' शब्द का अर्थ हमें स्पष्ट नहीं है। अनुमान से उसका लाक्षणिक अर्थ किया गया है। टीकाकारों से इस शब्द के समझने में विशेष सहायता नहीं मिलती।

दोहला–204

पाँचि=(सं. पंचरत्न)=धार्मिक अनुष्ठानों में पूजार्थ माने हुए पाँच रत्न यथा–सोना, हीरा, नीलम, लाल और मोती।

पट=(सं. पट्ट) हिं. पाट, पटड़े, पाटिये। छत में लगाने के लकड़ी के तख्ते, जो पंचरत्नों से जटित हैं।

गौख=(सं. गवाक्ष) हिं. गौख, गोख, अटारी पर की खिड़की।

पदमराग=(सं. पद्मराग)=माणिक्य अथवा लाल। माणिक्य कई रंग के होते हैं। तीन जाति के माणिक्य प्रसिद्ध होते हैं—1. पद्मराग—जो लाल कमल के रंग का होता है।

2. सौंगधिक=गहरा लाल, नीलापन लिये रंग का।

3. कुरुबिन्द—जो टेसू के फूल के समान रंग का होता है।

नील़मणि=(सं.)=नीलम।

कादी (डिं.)=(सं. कर्दम) प्रा. कद्दम, कद्दव-कादउ-कादौ=कीच, कीचड़, गारा।

कुन्दण=निखालिस सुवर्ण, सोना।

सिखि=(सं. शिखिन्) मोर। उदाहरण—"सिखी सिखिर तनु धातु विराजति।" (सूर)

रमै (डिं.)=(सं. रम्) क्रीड़ा करते हैं, रमते हैं। उदाहरण—"फल फूल सों संयुक्त, अलि यों रमैं जनु मुक्त।" (केशव)

शिखरि=शिखर पर। मंदिर के ऊपर गुंबज के पर जो कलश होता है उसे भी 'शिखर' कहते हैं।

लाल=(फारसी. लाल) एक प्रकार की लाल वर्ण की मणि, जो माणिक्य का एक भेद मानी जाती है।

"यह ललित लाल कैंधों लसत दिग्भामिनि के भाल को।" (केशव)

नोट—ढूँढाड़ी टीका अंतिम पंक्ति का यों अर्थ करती है—"घराँ ऊपर मोर नृत्य करै छइ"। हमने अंतिम पंक्ति का पाठांतर इसी टीका के आधार पर लिया है। डॉ. टैसीटरी को इस अर्थ में आपत्ति है। न जाने क्यों? हमारी समझ में अर्थ इतना स्पष्ट है कि संशय को कोई अवकाश नहीं है।

अलंकार=उदात्त।

दोहला—205

धरिया (डिं.)=(सं. धृ) धारण किए हुए। देखो पूर्व प्रयोग दोहले 95 में "धरिया सु उतारे नवतनु धारे।"

सौंधा=(हिं.)=सुगंधित द्रव्य, इत्र, फुलेल आदि। देखो पूर्व प्रयोग दोहले 166 में।

प्रखोलित (डिं.) = (सं. प्रक्षालित)–छिड़के हुए, बसाये हुए। सुवासित।

भर श्रावणि भाद्रवि = श्रावण भाद्रपद भर। भर = पर्यंत, समस्त में। हिं. में 'भर' का ऐसा प्रयोग मुहाविरे में होता है। उदाहरण–"अति करुणा रघुनाथ गुसाँई, युग भर जात घड़ी।" (सूर)

भोगविजै (डिं.) = (सं. भुज्यते) डिं. 'भोगणी' क्रिया का कर्मवाच्य प्रयोग में यह रूप बनता है। 'भोगा जाता है' यह अर्थ होगा।

रुख = (फारसी) = प्रकार से, इस दृष्टि से, इस ढङ्ग से।

दोहला–206

वयणा वयणि (डिं.) = (सं. वचन, प्रा. वयण) = वचनों द्वारा अर्थात् अनेक प्रकार के वचनों द्वारा। डिंगल में यह मुहाविरे की तरह प्रयुक्त होता है। जिस प्रकार "दण्डादण्डि" संस्कृत में।

वल़ती (डिं.) = (सं. वलयन) आते ही, लौटते ही, लौट कर आते ही।

वाखाणि (डिं.) = (सं. व्याख्यान) प्रा. वाक्खाण, डिं. बखाण = बखान किया गया है। उदाहरण–"ताते मैं अति अल्प बखाने।" (तुलसी)

नीखर (डिं.) = (सं. नि + क्षरण) मैल छँट कर साफ़, स्वच्छ, निर्मल हो जाना। यथा–"निखरी हुई चाँदनी।"

निवाणें (डिं.) = (सं. निम्न) = नीची ज़मीन, जहाँ पानी ढल कर एकत्रित हो जाता है। राजस्थानी में प्रचलित शब्द है। ज़मीन के ढालूपने को "निवाण" कहते हैं।

निधुवनि = (सं.) = रति में, संभोगकाल में।

अलंकार = दीपक। 'रहिउ' का दोनों उत्तरादर्ध पंक्तियों में प्रयोग है।

दोहला–207

पील़ाणी (डिं.) पीली हो गयी, ज़र्द हो गयी। रक्ताभाव से निस्तेज हो जाने को भी "पीला पड़ जाना" कहते हैं। जिस प्रकार 'नीला' से 'नीळाणी' उसी प्रकार 'पीला' से 'पीळाणी' बना है।

ऊखधी (डिं.) = (सं. ओषधि) = वनस्पति, वनौषधियाँ।

निसुर (डिं.) = (सं. नि + स्वर) शब्दरहित, मौन।

सुत्री (डिं.) = (सं. सु + स्त्री) सुंदर स्त्री।

अलंकार–उपमा।

दोहला–208

वितए (डिं.) = (सं व्यतीते) व्यतीत होने पर।

गुडळपण (डिं.) = हिं. गुदलापन, गँदलापन। पानी का मैलापन, विलोड़ित होने पर मिट्टी से मिले हुए पानी का भूरा और मटमैला रङ्ग हो जाता है, उसे 'गुदलापना' कहते हैं।

मिल़े (डिं.) = हिं. मिल जाना। मिल कर अदृश्य हो जाना, विलीन हो जाना।

ग्यान-दहण = (सं. ज्ञान + दहन) = ज्ञानाग्नि, ज्ञानरूपी भाग।

कलुख (डिं.) = (सं. कलुष) = पाप।

दीपति (डिं.) = (सं. दीप्ति) = प्रकाश, आलोक।

नोट–इस दोहला– में कवि ने प्रकृति वर्णन करते हुए उपमा के रूप में नीति-शास्त्र के सिद्धांतों का उपयोग किया है। तुलसीदासजी ने भी किष्किन्धाकाण्ड में वर्षा-वर्णन में नीति के उपदेशों को उपमान रूप में प्रकट किया है। एक श्रेणी के काव्यालोचकों को कविता में इस प्रकार का नीति का प्रयोग खटकता है। परंतु तभी तक, जब तक वे भावों की गहराई में नहीं पैठते।

अलंकार = उपमा।

दोहला–209

वली (डिं.) = (सं. वलयन) आई, लौटी।

रस श्रवति = (सं.) देखो, पूर्व प्रयोग दोहला– 203 में, 'श्रवति'। उदाहरण– "रातिदिवस रस स्त्रवत सुधामय कामधेनु दरसाई।" (सूर)

उदगिरति = (सं.) उगलती है, देती है, निकालती है।

उदाहरण–"अरध उरध लै भाठी रोपी, ब्रह्म अगिन उदगारी।" (कबीर)

पोइणिए (डिं.) = (सं. पद्मिनि) प्रा. पोइणी। एकारांत बहुवचन है। उदाहरण–"पोइणि फूल प्रताप सी।" (पृथ्वीराज के दोहे)

श्रगलोग वासिए (डिं.)=स्वर्ग-लोकवासी (एकारांत बहुवचन)। डिंगल के नियमानुसार रेफ का स्थान-विपर्यय हुआ है।

पितरे (डिं.)=(सं. पितृ) बहुवचन। मरे हुए पूर्वज जिनका प्रेतत्व छूट गया हो, जिनको श्राद्र्ध-तर्पणादि दिया जाता है, उन्हें 'पितृ' कहते हैं।

मृत लोक (डिं.)=(सं. मर्त्यलोक) मनुष्यलोक, पृथ्वीलोक।

ही (डिं.)=हिं. भी।

अलंकार=समासोक्ति–पूर्वाद्र्ध में।

दोहला–210

तिसी (डिं.)=(सं. तादृशी) प्रा. ताइसी=ऐसी, तैसी।

बे (डिं.)=(सं. द्वि)=दोनों। गुजराती में भी प्रयोग होता है।

गमै (डिं.)=1. हिं. गुमना, गुमाना, गँवाना=खोना, भूल जाना।

2. अरबी ग़म=शोक, दुःख रंज।

हिंदी में 'गम' का खोने के अर्थ में प्रयोग होता है। उदाहरण–"कीनी प्रीत प्रगट मिलिबे की अँखियन शर्म गमाए" (सूर)

राजस्थानी में खोने के अर्थ में 'गमना' क्रिया का इतना बहुतायत से प्रयोग होता है कि हमें यही अर्थ लेना उचित प्रतीत होता है, यद्यपि अन्यान्य टीकाकारों ने शब्द के अर्थ के विषय में आश्चर्यजनक कष्ट-कल्पनाएँ की हैं।

गमै=आत्मविस्मृति किये हुए, अपने-आपको भूले हुए।

मुहुरमुह=(सं. मुहुर्मुहः)=बारम्बार।

पासै=(सं. पार्श्वे)=नज़दीक, पास में।

अलंकार=मीलित।

दोहला–211

उजुयाळी (डिं.)=हिं. उजियारी, चाँदनी।

उदाहरण–1. कबहुक रतन महल चित्रसारी, सदर निसा उजियारी। (सूर)

2. आय सरद रितु अधिक पियारी, नव कुआर कातिक उजियारी। (जायसी)

ऊजळे (सं. उज्जवल) उज्जवल वस्तुएँ। एकारांत बहुवचन द्योतक है। 'उज्ज्वल' विशेषण शब्द का विशेष्य की तरह प्रयोग हुआ है।

सोळह कळा ससि=चंद्रमा की षोडशकलाएँ मानी गईं हैं। वे ये हैं–

अमृता, मानदा, पूषा, तुष्टिः, पुष्टिः, रतिर्धृतिः।

शशिनी चन्द्रिका कान्तिर्ज्योत्सना श्रीः प्रीतिरेव च।

अंगदा च तथा पूर्णा पूर्णामृता षोडश वै कला।।

कृष्णपक्ष में चंद्र के संचित अमृत को एक-एक कला करके देवता पी जाते हैं और उनके द्वारा वे कलाएँ पुनः पृथ्वी के पदार्थों में औषधि, दूध इत्यादि के रूप में आती हैं।

ऊजासहि=(हिं.) उजेला, प्रकाश। उदाहरण–"नित प्रति पूनौं ई रहै, आनन ओप उजांस"। (बिहारी)

अलंकार=मीलित।

दोहला–212

तुलि (डिं.)=(सं.) तुला राशि पर। ज्योतिष की 12 राशियों में से सातवीं 'तुला' राशि है। मोटे तौर से सवा दो नक्षत्रों की एक राशि होती है। तुला में स्वाती और विशाखा के आद्य 45-45 दंड तथा चित्रा के 30 दंड रहते हैं। इसका आकार तराजू हाथ में लिये हुए मनुष्य की तरह माना गया है। अतएव, इस राशि में लोग तुलादान कर ग्रहों को तृप्त करते हैं। मनुष्य के तौल के बराबर द्रव्य या पदार्थ दिया जाता है। तीर्थों पर राजा-महाराजा लोग ऐसा दान करते हैं।

तरणि=(सं.) सूर्य

तुलिया=बराबर हुए।

कणय (डिं.) (सं. कनक) प्रा. कणअ, कणय=सोना। हिं. उदाहरण– "कनक कनक ते सौगुनी मादकता अधिकाय"। (बिहारी)

भाति=(सं.)=शोभा देते हैं। हिंदी काव्य में प्रयोग होता है।

उदाहरण–हय गय सहन भँडार दिए, सब फेरि भेंट से भाति। (सूर)

प्रामै (डिं.)=पाते हैं, प्राप्त करते हैं।

गौरव=(सं.)=वृद्धि।

नोट–कवि ने अनुभव-सिद्ध ज्योतिष ज्ञान की ओर ध्यान देना चाहिए। तभी तो उन्होंने दोहला– 299 में "ज्योतिषी वैद पौराणिक जोगी" कहा है।

अलंकार = श्लेष–'तुलि' में।

हेतु और व्याघात–उत्तरार्द्ध में।

दोहला–213

दीधा (डिं.) दिए गए अर्थात् जलाए गए। "दीवा देना" अर्थात् दीवा जलाना–मुहाविरा भी है।

थका (डिं.) = होते हुए, रहते हुए। 'थका' का इस अर्थ में प्रयोग राजस्थानी भाषाओं में अब तक बहुत प्रचलित है।

भासै = (हिं.) = प्रकाशित होते हैं। (सं. भासते, प्रा. भासइ)

समाणियाँ (डिं.) = (सं. समान स्त्री. बहुवचन) क्रिया-वि. 'समान' का विशेष्य की तरह प्रयोग हुआ है। जैसे हिंदी में–"समानो (पुल्लिंग) में वह श्रेष्ठ है।" अर्थात् समान पुरुषों में वह श्रेष्ठ है। = समवयस्का सखियों में।

लाजती (डिं.) = हिं. लजाती। उदाहरण–"जेहि तुरंग पर राम बिराजे, गति विलोकि खग नायक लाजे"। (तुलसी)

अलंकार–उपमा।

दोहला–214

मंडियै (डिं.) = (सं. मंडन) बनाये जाते हैं, सजाये जाते हैं, मनाये जाते हैं।

कुमारी = (सं.) 12 वर्ष तक की उम्र वाली कन्या को शास्त्र में 'कुमारी' कहा है।

थिर चीत्रन्ति = स्थिरचित्त होकर चित्रित कर रही है।

चित्राम थई = स्वयं चित्र बनी हुई अर्थात् चित्रलेखन में इतनी तल्लीन कि निश्चल चित्र की तरह स्वयं दिखाई देने लगीं।

उदाहरण–"राम बदन बिलोकि मुनि ठाढ़ा, मानहुँ चित्र माँझ लिखि काढ़ा।" (तुलसी)

अलंकार = विरोधाभास।

दोहला–215

रासि = सं. रास। गोप-गोपियों की श्रीकृष्ण के साथ एक प्रकार की

क्रीड़ा हुआ करती थी जिसमें वे घेरा बाँध कर नाचते थे। कहते हैं, इस क्रीड़ा का आरंभ श्रीकृष्ण भगवान् ने कार्तिकी पूर्णिमा की अर्धरात्रि से किया था। पीछे से अन्यान्य पूजाएँ भी 'रास' में मिल गयीं।

भुगति (डिं.)=(सं. भुक्ति) विषयोपभोग करना, लौकिक सुख भोगना।

नवै प्रति नवा=नये से नये, नये-नये, नित नये।

जग चाँ मिसि वासी जगति=सांसारिक सुखों के मिस से संसार-स्वरूप द्वारिका के निवासी सेवन करते हैं।

इस पंक्ति में कवि ने 'जगति' शब्द की सार्थकता सिद्‌ध की है। इस प्रकार "जग चाँ मिसि" यह पद 'जगति' शब्द का अर्थ स्पष्ट करता हुआ उसका व्यंग्य अर्थ 'द्‌वारिका' स्थापित करता है। कवि ने कोरी कल्पना के बल से ही 'जगति' को द्‌वारिका का पर्याय-शब्द नहीं लिया है, बल्कि उसको सार्थक भी प्रमाणित किया है।

दोहला–216

भीरि (डिं.)=(हिं. भीर, भीड़) भीर पड़ना; मुसीबत, कष्ट पड़ना। भीर आना=विपत्ति में सहायतार्थ आना, दुःख में काम आना, मदद देना।

भीड़, भीर=1. कष्ट, दुख, विपत्ति।

2. पक्ष, मदद, सहायता।

उदाहरण–1. "अपर नरेश करै कोउ भीरा, बेगि जनाउब धर्मज तीरा।" (सबल)

2. "भीर बाँह पीर की निपट राखी महाबीर।" (तुलसी)

कजि (डिं.)=(सं. कार्य) प्रा. कज्ज=कार्य से, कारण से, हेतु से, के लिए, वास्ते। यहाँ विभक्ति-चिह्न की तरह यह शब्द प्रयुक्त हुआ है। हिंदी में भी ऐसा प्रयोग मिलता है–

1. "रोए कंत न बहुरै, तो रोए का काज।" (जायसी)

2. परस्वारथ के काज सीस आगे धरि दीजै। (गिरधर)

धनञ्जय=(सं. धनंजय)–अर्जुन।

जनारजन (डिं.)=(सं. जनार्दन)–विष्णु, कृष्ण।

मींट (डिं.)=(देशीय शब्द)–नींद की झपकी। 'मींट लागणी,' राजस्थानी में मुहाविरा है।

भीर कजि आयाँ धनञ्जय अनै सुयोधन=महाभारत के आरंभ में पाण्डवों की ओर से अर्जुन और कौरवों की ओर से दुर्योधन भगवान् कृष्ण के पास युद्ध में पक्ष-याचनार्थ आए थे। उस समय उन्हें श्रीकृष्ण सोते हुए मिले। दुर्योधन तो अपने राज्यमद और प्रभुत्व के गर्व में आकर भगवान् के सिरहाने बैठ गया और अर्जुन पैरों के पास। जब भगवान् जागे तो पहले-पहल उनकी दृष्टि अर्जुन पर पड़ी और तब दुर्योधन की ओर देखा। प्राकृतिक न्याय के अनुसार अर्जुन सहायता का भागी समझा गया और दुर्योधन को केवल भगवान् के सैन्य की सहायता मिली। अतएव, अर्जुन की विजय हुई। इसी प्रकार देवप्रबोधिनी एकादशी के दिन भगवान् के चतुमार्स के अनंतर जाग कर उठने पर मार्गशीर्ष मास सामने आया। इसीलिए वह "मासे मगसिर भलउ"–"मासानां मार्गशीर्षोऽहं" मासोत्तममास कहा गया।

दोहला–217

फिरियौ (डिं.)=(सं. स्फुरित) प्रा. फुरियः हिं. फिरा=बदला, दिशा-परिवर्तन की। उदाहरण–"जो यह मारग फिरिय बहोरी, दरसन देव जान निज दासो"। (तुलसी)

पछिवाउ (डिं.)=(सं. पश्चिम वायु) पश्चिम से बहने वाली हवा।

फरहरियौ (डिं.)=(अनुकरण शब्द) फरफराकर चला, वेग से चला।

उदाहरण–1. "भीमसेन फरके भुजण्डा, अधर फरहरत रोम प्रचंडा।"

2. "सिर केतु सुहावन फरहरै, जेहि लखि परदल थरहरै।" (सबल)

सहुए (डिं.)=सभी। एकारांत बहुवचन चिह्न है।

सूहव (डिं.)=(हिं. सधव)–सधवा स्त्री।

सं. टीका. "सर्वेषां नराणां सधवस्त्रियामुरांसि"।

सरग (डिं.)=(सं. स्वर्ग)

पुड़ (डिं.)=हिं. परत, पड़त=पृथ्वी की सतह, तह। देखो प्रयोग दोहला–282 में "जग पुड़ि वाधै वेलि जिम"।

विवरे=(सं. विवर) 1. बिल, गर्द, छिद्र, गुफा, गड्ढा।

2. लाक्षणिक अर्थ में तहख़ाने, तलघर।

बरग (डिं.)=(सं. वर्ग) एक जाति की वस्तु, जाति।

भुयँग धनी .....वरग=इन पंक्तियों में कवि ने धनियों और सर्पों को एक कोटि में रख कर, 'प्रथमी पुड़ भेदे', 'विवरे पैठा', 'बे वरग' इत्यादि पदों का प्रयोग दोनों के लिए किया है, जो साभिप्राय है। इनसे हास्य की ध्वनि निकलती है। कवि ने धनियों की हँसी उड़ाई है; यह स्पष्ट है। रसवैभिन्य की दृष्टि से यह दोहला तथा दोहला 113-114 अत्यंत चमत्कारपूर्ण हैं।

अलंकार=परिकराङ्कर।

दोहला–218

हेम, हेमाळै (डिं.)=(सं. हिम, हिमालय) 'हेम' के बर्फ़ के अर्थ में प्रयोग के लिए देखो दोहला 187 "गाढ धरा द्रव हेमगिरि"।

वधण (डिं.)=(सं. वर्द्धन) प्रा. वढ्ढण, डिं. वधणो=बढ़ने। देखो प्रयोग पूर्व दोहला– 13, 23 में।

थायै (डिं.)=हुई, हुए (बहुवचन)। गुजराती में भी प्रयोग होता है।

थूळ (डिं.)=(सं. स्थूल) मोटा।

थण (डिं.)=(सं.स्तन) प्रा. थण=उरोज, कुच, वक्ष। हिंदी में गाय, भैंस, चौपायों के स्तनों को थण, थन कहते हैं–स्त्रियों के नहीं।

अलङ्कार=उपमा।

व्याघात–पूर्वार्द्ध में।

दोहला–219

भजन्ति=(सं.) सेवन करते हैं, रहते हैं,। देखो 'भजै' दोहला– 191 में।

निसि मिलि=रात्रि के मिलने पर, अर्थात् रात पड़ने पर।

वहे (डिं.)=(सं. वह) चलते हैं। पूर्व दोहला में कई जगह इस अर्थ में प्रयोग हुआ है। राजस्थानी बोलचाल की भाषाओं में 'वहणी' चलने को कहते हैं।

कम्बळि=हिं. कम्बल–सरदी में ओढ़ने का एक ऊनी वस्त्र।

भारियौ रहन्ति=भार से भारी रहते हैं, लदे रहते हैं। डॉ. टैसीटरी ने द्वितीय पंक्ति का पाठांतर, "मलिन सुतनु केइ वहै मगि" लिया है, जिसका अर्थ इतना उपयुक्त एवं रोचक नहीं है। हमने ढूँ प्रति का पाठांतर अच्छा समझ कर लिया है।

दोहला–220

रिणाई (डिं.)=(सं. ऋणदायिन्)=ऋणदाता।

रिणी=(सं.) कर्ज़वाला। उदाहरण–"पूरब तप बहु कियौ, कष्ट करि, इनको बहुत ऋणी हौं"। (सूर)

क्रमि क्रमि=(सं.) क्रम-क्रम से, क्रमशः, धीरे-धीरे।

"क्रम क्रम करि डग डग पग धरै"। (सूर)

पूर्व दोहले 166 में "क्रमि" का चलने के अर्थ में भी प्रयोग हुआ है।

संकुड़िणि (डिं.)=हिं. सिकुड़ना। देखो प्रयोग पूर्व दोहला– 162 में। "सकुडित सम समा संध्या समयै"।

नीठि (डिं.)=मुसकिल से, देखो नोट पूर्व दोहले 163 में।

करषणि (डिं.)=(सं. कर्षण)=खींचना, तानना।

प्रौढ़ा=अधिक उम्र वाली स्त्री। साहित्य में वह नायिका जो कामकलाओं में दक्ष हो। इसकी अवस्था का परिमाण 30 से 50 तक है। इस नायिका के 1. रतिप्रीता और 2. सम्मोहिता, दो भेद हैं। अन्य प्रकार से 1. धीरा, 2. अधीरा, 3. धीरा-धीरा तीन भेद और भी हैं।

स्वभावानुसार 1. अन्यसुरतदुःखिता, 2. वक्रोक्तिगर्विता और 3. मानवती–तीन भेद होते हैं।

1. स्वकीया, 2. परकीया, 3. सामान्या। तीन और भी भेद हैं।

प्रौढ़ालक्षण="प्रौढ़ा लज्जा ललित कछु, सकल केलि की खानि।
तिय इकन्त में कन्त कहँ, अंक भरति मनमानि।।" (भानु)

पङ्गुरिणि (डिं.)=देशीय शब्द=वस्त्र।

अलंकार–उपमा।

दोहला–221

उलझाया=क्रि. सक. प्रेरणार्थक रूप। (सं. अवरुन्धन) प्रा. ओरुज्झणा =गुँथा देना, अटका देना, एक-दूसरे में लिप्त कर देना। उदाहरण–"जीव जँजाले मढ़ि रहा, उलझानो मन सूत।" (कबीर)

विहत=(सं. वि + हन्) दूर करने के लिए।

मा. टीका. "विहत शीत गमायउ तन मन एकठा करी नइ"

सं. टीका. "यथा शीतं विहितं दूरीकृतम्"।

वरि = (सं. वर) पति, श्रीकृष्ण ने। इकारांत 'परि' के साथ तुक मिलाने को 'वर' को भी इकारांत किया है। अन्यथा 'वरि' का पूर्व प्रयोग स्त्रीलिंग में पत्नी के अर्थ में हुआ है। देखो पूर्व दोहले 182 में।

परि (डिं.) = भाँति, रीति से।

'वाणि अरथ जिमि' से मिलाओ "वागर्थाविव संपृक्तौ।" (रघुवंश)

अलंकार—मालोपमा।

दोहला—222

मकरध्वज = मकरकेतु, मकरांक, मकरपति—कामदेव के नाम हैं। कामदेव की रथ की ध्वजा पर मकर के चिह्न वाली पताका मानी जाती है—न कि कामदेव का वाहन मकर माना जाता है। मकर, गंगाजी और वरुण का वाहन माना जाता है।

वाहणि (डिं.) = (सं. वाहन) = सवारी।

अहिमकर = सूर्य।

वाउ (डिं.) = (सं. वायु) हवा।

वाए (डिं.) = बाजै (डिं.) का रूपांतर = चलकर।

बाळि (डिं.) = हिं. बारना, बालना = जलाना, प्रज्वलित करना।

यथा—दीपक बारना। यहाँ पूर्वकालिक रूप है।

अम्ब (डिं.) = (सं. आम्र)—आम का पेड़।

मकरध्वज वाहणि = मकर राशि। यह 12 राशियों में से 10वीं राशि है, जिसमें उत्तराषाढ़ा नक्षत्र के अंतिम तीन पाद, पूरा श्रवण नक्षत्र और धनिष्ठा के आरंभ के दो पाद आ जाते हैं।

अलंकार—रूपक

व्याघात।

दोहला—223

पारथिया (डिं.) = (सं. प्रार्थितः) याचित, माँगने पर, माँगा हुआ।

अम्बह विण (डिं.) = (सं. आम्रस्य + बिना) आम्रवृक्ष के बिना, या 'अंब' को छोड़ कर। ठीक अपभ्रंश भाषा की तरह यह 'अम्बह' षष्ठी का

रूप है। यथा उदाहरण– "तुअ पुण अन्नह रेसि।" यहाँ 'अन्नह' का षष्ठी प्रयोग 'अम्बह' की भाँति ही हुआ है।

जल़ण (डिं.) = (सं. ज्वलन) = अग्नि।

प्रति = (सं.) अव्यय। यहाँ कर्म विभक्ति के चिह्न की तरह प्रयुक्त हुआ है। "लोग प्रति"–लोगों को। हिं. उदाहरण–"दूती का वचन नायिका प्रति।"

वण (डिं.) = (सं. वन)।

पारथिया कृपण वयण दिसि = प्रार्थित कृपण के वचन की दिशा की ओर अर्थात् 'उत्तर' दिशा की ओर। प्रार्थना अथवा याचना करने पर कृपण क्या वचन कहता है? वह खाली उत्तर देता है। राजस्थानी में 'उत्तर' अथवा 'ऊतर' का रूढ़ अर्थ 'नाहीं' का होता है। यथा उदाहरण–"उणाँ तो उत्तर देय दीन्हों"–का मतलब होता है, "उन्होंने तो नाँही दे दी।"

कवि ने सीधे आशय को एक शब्द में न कह कर घुमा-फिरा कर एक जटिल वाक्य में कहा है। सूरदास के कूट पदों का स्मरण होता है।

अलंकार–'चित्र' अलंकार–प्रथम पंक्ति।

विरोधाभास–अंतिम पंक्ति।

दोहला–224

निय (डिं.) = (सं. निज) अपना।

नील़ा (डिं.) = (सं. नील) हरे। देखो नोट पूर्व दोहले में 'नीलाणी।'

थकी (डिं.) = स्थित। देखो पूर्व प्रयोग दोहले 213 में।

पातिग (डिं.) = (सं. पातक) पापकर्म, वह कर्म जो नरक में गिराने का कारण हो।

पैसे (डिं.) = (सं. प्रविशति) प्रा. पइसइ = पैठता है, प्रवेश करता है, घुसता है।

मँजियै (डिं.) = (सं. मज्जन) धोना। हिं. उदाहरण–"मंजण फल पेखिय ततकाला।" (तुलसी)

मलि़ (डिं.) = (सं. मल) कल्मष, दोष। उदाहरण–"कलिमलहरणि तुलसी कथा रघुनाथ की।" (तुलसी)

नोट–'सीत' को पातकी कैसे ठहराया ? उसका नाम 'शीत' है, उसे तो

पदार्थों को शीतल करना चाहिए। परंतु वह अपनी प्रकृति के विरुद्ध जलाने का कार्य करता है। इसीलिए ऐसे पातकी का द्वारिका जैसे पुण्य स्थान में प्रवेश करने देना मना है। बात भी वास्तव में सत्य है, द्वारिका समुद्र के समीप होने के कारण सरदी और गरमी कम पड़ती है। यह एक भौगोलिक तथ्य है। परंतु कवि ने कल्पना के बल पर विचित्र ही कारण बताया है।

अलंकार–विभावना–पूर्वाद्र्ध में।

हेतूत्प्रेक्षा–उत्तराद्र्ध में।

दोहला–225

प्रतिह्रार करै = प्रतिहारपने का कार्य करता है; पहरेदारी करता है।

प्रताप = (सं.) 1. (प्र + ताप) = सूर्य की तेज़ धूप।

2. पराक्रम, पौरुष।

उदाहरण–"बल प्रताप विक्रम बड़ाई, नाक पिनाकहिं संग सिधाई। (तुलसी)

सी (डिं.) = सं. शीत, प्रा. सीअ = सरदी। प्रचलित राजस्थानी में प्रयोग होता है। उदाहरण–1. "कीन्हेसि धूप सीउ औ छाँहा।" (जायसी)

2. "जहाँ भानु तहँ रहा न सीऊ।" (जायसी)

पाले (डिं.) = बरजता है। राजस्थानी भाषाओं में इसी अर्थ में अब तक बोल-चाल में प्रचलित है।

वारै (हिं.) निछावर करता है, उत्सर्ग करता है।

उदाहरण–"चितै रही मुख इन्दु मनोहर, या छबि पर वारत तन को।" (सूर)

अहोनिशि = (सं. अहर्निश) रात-दिन।

उदाहरण–"मुयो मुयो अहनिशि चिल्लाई।" (जायसी)

धूप = (हिं. धूप)–1. सूर्यातप, सूरज की धूप।

2. धूप, "धूपदीपनैवेद्यं"–पूजा के समय जलाने का सुगंधित द्रव्य और उसका धुआँ।

अलंकार = कैतवापन्हुति–उत्तराद्र्ध में।

रूपक–पूर्वाद्र्ध में।

दोहला–226

कळासि=(सं. कलश-'कुंभ' का पर्याय शब्द)=कुंभ राशि पर। यह 11वीं राशि है; धनिष्ठा नक्षत्र के उत्तरादूर्ध में और शतभिष और पूर्वभाद्र के तृतीय चरण तक रहती है। प्रति बारहवें वर्ष जब सूर्य कुंभराशि पर होता है तब हरिद्वार में मकर संक्रांति पर्व पर कुंभ का मेला लगता है।

पालट (डि.)=(सं. पर्य्यस्त, प्रा. पलट्ट) परिवर्तन।

उदाहरण–1. "बिनही प्रिय आगमन के पलटन लगी दुकूल।" (बिहारी)

2. "नर तनु पाय विषय मन देही, पलटि सुधा ते सठ विष लेही।" (तुलसी)

ठरे (डिं.)=(देशीय शब्द) अत्यंत शीत से ठिठुरना।

ठंठ (डिं.)=हिं. ठंठ, ठूँठ=सरदी से डाली और पत्तियाँ सूखा हुआ वृक्ष; ठूँठ। उदाहरण–"तस सिंगार सब लीन्हेसि कीन्हेसि मोंहि ठंठार।" (जायसी)

डहकियौ (डिं.)=(अनुकरण शब्द) पुनर्जीवित हो जाना, पुनः फूलना-फलना, फैलना। हिंदी में भी 'डहकना' इसी अर्थ में प्रयुक्त होता है। देखो, उदाहरण–

1. "चंदन कर्पूर जलधौत कलघौत धाम,
उज्ज्वल जुन्हाई डहडही डहकत है।" (देव)

2. "फिरत सबन में डहडही वहै मरगजी बाल।" (बिहारी)

नोट–डॉ. टैसीटरी ने 'डहकियौ' की जगह "द्रहकियौ" पाठांतर लिया है, जिसका अर्थ संस्कृत और मारवाड़ी टीका के आधार पर यों किया है–सं. टीका–1. "द्रहा ह्रदा ठण्ठीकृता अकम्पनकरा कृता यतः कुम्भे शीतं च जर्जरम्।"

2. मा. टीका. "पाणी का द्रह निवाण ठण्ठ कहताँ जामी नइ पाल़उ थयउ।"

पाठक दोनों अर्थों को विचार कर देख सकते हैं कि कौन से पाठांतर का अर्थ ज़्यादा स्वाभाविक और ऋतुपरिवर्तन के अनुकूल पड़ता है।

ऊडण (डिं.)=(सं. उड्डयन) उड़ने के लिए।

कल़कण्ठ=(सं.) मधुर कंठ अथवा बोली वाली। रूढ़ार्थ में कोकिल। हिं. उदाहरण—"काका कहहि कलकण्ठ कठोरा।" (तुलसी)

समारि (हिं.)=(सं. संवर्णन)=ठीक करना, अलंकृत करना, सजाना।

इस दोहले में ऋतु-परिवर्तन के प्राकृतिक लक्षणों का बड़ा स्वाभाविक चित्र अंकित किया गया है।

अलंकार—स्वभावोक्ति।

दोहला—227

बीणा डफ महुयरि बंस=वाद्यों के नाम। वीणा, डफ, महुअर नाम का बाजा और बंशी या बाँसुरी।

महुवरि—हिं. उदाहरण—"सूरश्याम जानि चतुराई, जेहि अभ्यास महुवरि को।" (सूर)

करि रोरी=हाथ में रोली। रोली—हल्दी और चूने से बने लाल रंग के गुलाल को कहते हैं।

उदाहरण—"मुख मंडित रोरी रंग सेंदुर माँग छुही।" (सूर)

डॉ. टैसीटरी ने "री री" पाठांतर लेकर संस्कृत और मारवाड़ी टीका के आधार पर "री री इति बाढ़स्वरेण" अर्थ लिया है। 'री री' करके गवैये राग को अलापते हैं यह अर्थ भी लिया जा सकता है।

दुतरणि (डिं.)=(सं. दुस्तरण, दुस्तर) बड़ा कठिन, दुःखदायी।

फाग (डिं.)=(सं. फाल्गुन) हिं. 'फाग'—फाल्गुन मास का वह उत्सव जिसमें गुलाल डाल-डाल कर प्रेमी परस्पर क्रीड़ा करते हैं और साथ-साथ वासंतिक गीत गाते हैं। उदाहरण—"आछन्द सदा सुगंध, वह जनु वसंत औ फाग"। (जायसी)

पंचमराग=संगीतशास्त्र के सात स्वरों में से पाँचवें स्वर 'प' को पंचम कहते हैं। इसका उच्चारण नाभि, उरु, कण्ठ, हृदय और मूद्र्धा पाँच स्थानों की वायु को संचारित करने से होता है और संगीताचार्य दामोदर के मतानुसार प्राण, अपान, समान, उदान और व्यान ये पाँचों वायु इसमें लगते हैं। अतएव 'पंचम' नाम पड़ा। पंचम स्वर जिसमें प्रधान हो वे सब रागिनियाँ साधारणतया पंचम राग कहला सकती हैं।

2. कई आचार्यों के मत से 'पंचम राग' वह राग है जो छह रागों में तीसरा राग है। इसके विषय में मतभेद है। कई इसे हिंडोल राग का पुत्र मानते हैं और कई भैरव राग का। कुछ लोग इसे ललित और वसंत के योग से बना हुआ और कुछ हिंडोल, गांधार और मनहर के योग से बना हुआ मानते हैं। सोमेश्वर और ब्रह्मा के मतानुसार इसके गाने की ऋतु शरद् और प्रातःकाल समय है। इसकी छह रागिनियाँ ये हैंः—विभास, भूपाली, कर्णाटी, बड़हंस, मालश्री और पटमंजरी। कुछ लोग इसे ओड़व जाति का (अर्थात् पाँच स्वरों का) राग मानते हैं और इसमें ऋषभ, कोमलपंचम और गांधार वर्जित मानते हैं।

3. छह रागों के नामों के संबंध में संगीताचार्यों में बड़ा मतभेद है। कइयों ने 'पंचम' को छह रागों में गिनाया है, कइयों ने नहीं। हनुमत के मत से—भैरव, कौशिक (मालकोश), हिंडोल, दीपक, श्री और मेघ—ये छह राग हैं। ब्रह्मा के मत से—श्री, वसंत पंचम, भैरव, मेघ और नटनारायण। नारद-संहिता के मत से मालव, मल्लार, श्री, वसंत, हिंडोल और कर्णाट।

स्वरभेद से राग तीन प्रकार के होते हैंः—1. संपूर्ण—सात स्वरों का राग, 2. षाड़व (छः स्वरों का), 3. ओडव (5 स्वरों का)।

मतंग के अनुसार 1. शुद्‌ध, 2. छायालग या सालक (जिसमें दूसरे किसी राग की छाया मिली हो), 3. संकीर्ण (कई रागों के योग से बना हुआ राग)—ये रागों के तीन विभाग हैं।

प्रत्येक राग की छह रागिनियाँ होती हैं—यह सोमेश्वर का मत है और यही आज तक प्रचलित है।

दोहला—228

अजहुँ = (सं. अद्यापि) हिं. अजहुँ, अज्यों, अजौं।

उदाहरण—"अजहुँ सो देव मोहिं पर रूठा।" (तुलसी)

थोड़ (डिं.) = (सं. स्तोकम्) प्रा. थोअ हिं. थोड़ा।

गादरित (डिं.) = (अनुकरण शब्द) गदगदाना, स्थूल हो जाना।

(हिं. गदराना) युवावस्था के आरंभ में शरीर का पुष्ट और सुडौल होना।

अकीधे (डिं.) = (सं. अ + कृत) प्रा. अकद, अकिद, अकिध। = नहीं किए हुए।

सोहति (हिं.) = (सं. शोभते) उदाहरण—"सोहत ओढ़े स्याम पट श्याम सलोने गात"। (बिहारी)

अलंकार—उपमा, विभावना—उत्तरादूर्ध में।

दोहला—229

समापित (डिं.) = (सं. समाप्ते) = समाप्त होने पर।

मुणणन्ति (डिं.) = (अनुकरण शब्द)—गुंजार करते हुए। भ्रमरों के मुन-मुन शब्द करते हुए।

कूजति = (सं.) मधुर बोलना, गूँजना, कूजना, ध्वनि क़रना।

उदाहरण—1. "जल खग कूजत गुंजत भृंगा।" (तुलसी)

2. "कलरव कूजत बाल मराल।" (सूर)

3. "कोकिल कूजति कुंज कुटीर।" (हरिश्चन्द्र)

कठिण वेयणि = (सं.) = कठोर (वेदनापूर्ण) वचन।

उदाहरण—"महाकष्ट दस मास गर्भ बसि अधोमुख सीस रहाई।

इतनी कठिन सही तब निकस्यौ, अजहुँ न तू समुझाई।।" (सूर)

प्रसवती = (सं.) बच्चा जनती है, पैदा करती है।

डॉ. टैसीटरी ने 'रति' पाठांतर लिया है। हमने ढूँढाड़ी प्रति के अर्थानुसार 'रित' पाठांतर ज़्यादा उपयुक्त समझा है।

इस दोहे में कवि ने वनस्पति देवी की प्रसव-वेदना का अत्यंत स्वाभाविक चित्र अंकित किया है। 'मन व्याकुल' 'मुणणन्ति', 'कठिण वेयणि' शब्दों की आयोजना उस वेदना के भाव को व्यंग्य करने के लिए अत्यंत उपयुक्त है।

अलंकार—समासोक्ति।

दोहला—230

कसटि भँगि = (सं. कष्ट + भंग) राजस्थानी में 'कसट' विशेषरूप से 'प्रसव वेदना' को व्यक्त करने के उपयोग में आता है।स्त्री = प्रसव वेदना के दूर होने पर।

प्रसूतिका = (सं.) जच्चा, प्रसव करने वाली स्त्री।

होळिका प्रब = सं. होलिका पर्व।

कवि ने अपने कल्पनानुसार कथाप्रसंग से 'होली' के त्योहार की उत्पत्ति मनगढंत कर ली है। परंतु कल्पना इतनी वास्तविक प्रतीत होती है कि सत्य मालूम पड़ती है। मानो वनस्पति देवी की प्रसव-वेदना-शांति के उपलक्ष्य ही में होलिका पर्व को हम इस प्रकार मनाते हैं। पुरातन प्रथा के अनुसार प्राचीन काल में मदनोत्सव अथवा वसन्तोत्सव होता था। उसी की परंपरा आज तक मानी जाती है। साथ ही होलिका राक्षसी की शांति का वृतांत भी मिला दिया गया है।

प्रब (डिं.)=सं. पर्व। डिंगल के नियमानुसार 'रेफ' को स्थानांतरित किया गया है।

धर्म-पुण्य कार्य अथवा उत्सव आदि मनाने के पुण्य अवसर को पर्व कहते हैं। पुराणों के अनुसार चतुर्दशी, अष्टमी, अमावस्या, पूर्णिमा और संक्रांति ये सब पर्व हैं, जिनमें उपवास, नदीस्नान, दान, जपादि किया जाता है।

वनसपती=वनस्पति को यहाँ प्रकृति देवी का स्वरूप देकर उसके गर्भ से वसंतकुमार की उत्पत्ति कराई है।

दोहला–231

दलि (डिं.)=(सं. दल=शरीर के अवयव, भाग)=शरीर पर।

देखो पूर्व प्रयोग दोहले 189 में "दलि़ मुगता आहरण दुति"।

'दल' का अर्थ पत्ता, किशलय भी होता है।

ढूँ. टीका–"दल कहताँ शरीर थी"।

त्रिगुण=(सं.) सत्व, रज, तम, प्रकृति के तीन गुण (सांख्यमतानुसार) हैं। वायु के संबंध में त्रिगुण वायु–शीतल, मंद, सुगंध वायु को साहित्य में त्रिगुण वायु कहते हैं।

त्रिस=(डिं.)=(सं. तृषा) प्यास। उदाहरण–"देखि कै विभूति सुख उपज्यौ अभूत कोऊ, चस्यौ मुख माधुरी के लोचन तिसाये हैं।" (प्रियादास)

रूँख राइ (डिं.)=(सं. वृक्षराजि) प्रा. रुक्ख राइ–वृक्षों की पंक्ति, श्रेणी।

नोट–'लागौ' और 'परसतै' दोनों का एक ही अर्थ है। अतएव प्रस्तुत अर्थ में एक का उपयोग अनावश्यक सा प्रतीत होता है। परंतु कवि ने,

संभव है, रूपक के दोनों अंगों को स्पष्ट करने के लिए ये दो समानार्थवाची शब्द पृथक्-पृथक् प्रयुक्त किये हों।

अलंकार = कैतवापह्नुति' रूपक।

दोहला–232

घराघरि (डिं.) = घर-घर में।

रमै (डिं.) = (सं. रम्) = रमण करता है, विहार करता है। उदाहरण– "गोपिन सँग निशि सरद की, रमत रसिक रस रासि।" (बिहारी)

वास = हिं. वास, सुवास = सुगन्धि, सौरभ।

नोट–और किसी राजकुमार के जन्म की बधाई तो कान से सुनी जाती है, परंतु सुगंधिरूपी बधाईदार ऋतुराज के जन्म की बधाई की सूचना लोगों को नासिका के मार्ग से देते हैं यह भी विचित्रता है।

अलंकार–रूपक।

अनुप्रास की छटा पूर्वाद्र्ध में देखते ही बनती है।

दोहला–233

मौर = (सं. मुकुल) प्रा. मउल़। हिं. मौर = मंजरी। उदाहरण–"मनो अंबदल मौर देखि कै कुहकि कोकिला बानी है"। (सूर)

तोरण = (सं.) गृहद्वार की एक प्रकार की विशेष सजावट जो मंगल अवसरों पर की जाती है।

राजस्थान में वैवाहिक घरों के द्वार पर एक विशेष प्रकार की सजावट की जाती है। लकड़ी का बना हुआ एक 'तोरणा' जिसमें मोर चित्रित होते हैं, गृहद्वार के ऊपर लटकाया जाता है।

साधारण अर्थ में 'तोरण'–वंदनवार को भी कह सकते हैं।

अजु (डिं.) = और जो।

मंगळ करि कल़स = 'मंगल' अर्थात् धवल-मंगल प्रथा करने का जलपूर्ण कलश, जिसमें हरी डालियाँ रहती हैं। इसे 'मंगल-कलश' भी कहते हैं।

वन्नरवाल़ (डिं.) = (सं. बंदनमाला) फूल, पत्तों, दूब आदि की बनी वह माला जो मंगल कार्यों के समय द्वार पर लटकाई जाती है।

वल्ली = (सं.) लता।

बियै = (सं. दुविितीय) दूसरे। देखो नोट दोहला– 5 में।

अलंकार–रूपक।

दोहला–234

वानरेण = (सं.) शुद्ध संस्कृत विभक्तिप्रयोग।

फुट (डिं.) = (सं. स्फुटनं, स्फोटनं) फोड़ा हुआ।

कच (डिं.) = हिं. 'कच्चा'–का अल्प रूप।

नालिकेर फल = (सं. नारिकेल)–नारियल का फल पवित्र मानकर पूजा में काम में आता है। राजस्थान में मांगलिक पूजाओं में इसका सर्वत्र प्रयोग होता है। उदाहरण–"नालिकेर फल परठि दुज, चौक पूरि मनि मुत्ति।

दई जु कन्या वचन वर, अति अनंद कर जुत्ति"। (चन्द)

मज्जा = (सं.) भीतर का भाग, गूदा। साधारणतः हड्डियों के अंदर के गूदे को मज्जा कहते हैं। फल के आंतरिक भाग के लिए यह बहुत कम प्रयुक्त होता है।

तिकरि (डिं.) = (सं. तत्कृते) तिणि करि (डिं.), हिं. 'तिन करि' = उनकी, के लिए। यहाँ संबंधकारक षष्ठी विभक्ति के चिह्न की तरह प्रयुक्त हुआ है। देखो पूर्व प्रयोग दोहला– 143, 279।

अखित (डिं.) = (सं. अक्षत) = चंदन व केसर में रँगे हुए चावल पूजा के लिए काम में लाये जाते हैं।

उदाहरण–"सेवा सुमिरन पूजिबो पात अखित थोरे।" (तुलसी)

अलंकार–रूपक।

दोहला–235

इलि (डिं.) = (सं. इला) = पृथ्वी पर।

पोइणि (डिं.) = (सं. पद्मिनी) = प्रा. पोयणि। उदाहरण–"पोयण फूल प्रतापसी"। (पृथ्वीराज)

भामिणि (डिं.) = (सं. भामिनि) सुसज्जित स्त्रियाँ।

मोतिए थाल भरि..... = राजस्थान में राजकुलों में बधाई देने की यह

प्रथा है कि थाल में मोती भर कर बधाई दी जाती है। राजस्थानी साहित्य में 'मोतिए थाल' का प्रसंग अकसर उपलब्ध होगा।

काचमै वणे = काँच के बने हुए।

अलंकार = उत्प्रेक्षा।

दोहला–236

करणि (डिं.) = (सं. कर्णिकार) = कनक चम्पा, एक प्रकार का पुष्प, जो पीले रङ्ग का होता है।

केसू (डिं.) = (सं. किंशुक) = ढाक अथवा टेसू के पुष्प।

करि = षष्ठी का विभक्तिचिह्न–'के'। हिंदी में भी प्रयोग होता है। "राम ते अधिक राम कर दासा।" (तुलसी)

कामदुधा = (सं.) पुराणों के अनुसार समुद्र मंथन के उपरांत चौदह रत्नों में निकली हुई एक गाय, जो मनोवांछित पदार्थ माँगने पर देती है।

कामा = (सं.) कामनाएँ, मनोरथ।

वरखन्ती (डिं.) = (सं. वर्षन्ति) = बरसाती हुई, बौछाड़ करती हुई, बहुतायत से देती हुई।

पीला वसन = पीत वस्त्र, पीले रंग के वस्त्र। पीला रंग मांगलिक समझा जाता है। राजस्थान में प्रथा है कि प्रसव-अवधि की समाप्ति हो जाने पर माता को पीले मांगलिक वस्त्र पहनाये जाते हैं। उसी का उल्लेख कवि ने उपमा के रूप में यहाँ किया है।

कामा.........कामदुधा वसंत ऋतु में वनस्पतियों में अनेक प्रकार के फल-फूल लगते हैं। जिसकी जैसी रुचि होती है उसको वैसे ही फूल-फलों की प्राप्ति इस ऋतु में होती है। अतएव, वनस्पति देवी का 'कामदुधा' होना असंदिग्ध है।

अलंकार–उपमा।

वनस्पति देवी की प्रसूति का ऊपर के कई दोहलों में वर्णित रूपक प्रकृतिसिद्ध एवं स्वाभाविक है। कवि की सूझ अनूठी है। साहित्य में यह एक नवीनता है।

दोहला–237

कणियर (डिं.)=(सं. कर्णिकार–प्रा. कणियार) हिं. कनियार या कनेर=कनक चम्पा। यह कर्णिकार की जाति का एक पुष्पवृक्ष होता है।

सेवंती (डिं.)=(सं.) एक प्रकार का पुष्प, गुलाब का एक भेद, सफ़ेद गुलाब, चैती गुलाब, शतपत्री।

कूजा (डिं.)=(सं. कुब्जक)=मोतिया या बेले का पुष्प। उदाहरण–"कोइ कूजा सतवर्ग चमेली, कोई कदम सुरस रस बेली। (सूर)

जाती=(सं.) मालती, चमेली। देखो पूर्व प्रयोग दोहला– 99 में–"कीर सु तसु जाती क्रीड़न्ति।" (वेलि)

सोवन=हिं. सोहना। एक प्रकार का पुष्पवृक्ष विशेष। भारत के दक्षिण के जंगलों में पाया जाता है।

गुलाल=(फारसी गुल + लाल) एक प्रकार का लाल पुष्प। उदाहरण– जेहि चम्पकवरनी करै, गुल्लाला रग नैन। (बिहारी)

ईए (डिं.)=इसने (अर्थात् वनस्पति देवी ने)। मारवाड़ी भाषा में अब तक इस सर्वनाम का इसी अर्थ में बोलचाल में प्रयोग होता है।

नोट–तृतीय पंक्ति में वयण-सगाई का यथावत् साधारण प्रयोग न करके कवि ने आंतरिक वयण-सगाई का प्रयोग किया है। इसके स्पष्टीकरण के लिए देखो भूमिका। कवि ने वनस्पति-वर्णन में अपने वानस्पत्य वस्तु-ज्ञान के अनुभव का पर्याप्त परिचय दिया है। हिंदी कवियों में जायसी की दक्षता इस ओर ख़ूब बढ़ी-चढ़ी है। प्रत्येक प्रकार की वस्तुओं का सविस्तार वर्णन पद्मावत में ख़ूब मिलेगा। पाठकों को यह वर्णन जायसी के पुष्प-वर्णन से मिलाना उपयोगी सिद्ध होगा।

अलंकार=उत्प्रेक्षा।

दोहला–238

बधावे (डिं.)=हिं. बधावा, बधाई। बधाई देने की विविध प्रकार की रस्में, प्रथाएँ। देखो पूर्व प्रयोग "विधि सहित वधावे वाजित्र वावै।" दोहा 148।

हुलरावणे (डिं.)=अनुकरण शब्द। हिं. हुलराना=प्यार से

हुलरायो = झुलाना, गीतवाद्यादि के साथ बालक को प्रसन्न करना। 'हुलरावणे' (संज्ञा) झूले के अर्थ में भी प्रयुक्त होता है।

राजस्थानी में 'हुलल हुलल' शब्द के साथ माता के बालक को लोरी देने को भी 'हुलराना' कहते हैं।

उदाहरण–1. "मदन महीप जु को बालक बसंत,
ताहि प्रात हुलरावै गुलाब चत्कारी दे।" (देव)

2. "लै उछंग कबहुक हुलरावै,
कबहु पालने घालि झुलावै।" (तुलसी)

3. "जसुदा हरि पालने झुलावैं,
हलरावैं, मल्हरावै जोइ सोइ कछु गावै।" (सूर)

भालिम (डिं.)=भलापन, अच्छापन। सौंदर्य, कांति आदि सभी गुणों में भलापन होने को 'भालिम' कहते हैं। सं. टीका–"भालिम इति भाषायां भव्यतया।"

भरण (डिं.)=हिं. भर जाना। लाक्षणिक अर्थ में–शरीर का भरा-पूरा होना–मांसल और शक्ति-संपन्न होना। हिंदी में प्रयोग होता है। यथा "पहले तो वे अत्यंत कृश थे, परंतु अब तो शरीर में कुछ-कुछ भर गये हैं।"

गहवरिया (डिं.)=(सं. गह्वर) हिं. गहराना, गहरा होना=सघन हो जाना। पत्तों से लदा हुआ सघन वृक्ष जिसकी छाया सघन हो। किसी प्रकार की गहराई अथवा सघनता के लिए उपयुक्त हो सकता है।

सं. टीका "गहवरिया इति गर्वितैः पुष्पादि समृद्धिमद्भिस्तरुभिस्तरुणैरिव।

अलंकार–परिकर–'तरुण' अभिप्राय गर्भित है।

दोहला–239

मयण (डिं.)=(सं. मदन) प्रा. मयण=कामदेव।

धर सधर (डिं.)=सं. धराधर=पर्वत।

माथे (डिं.)=(सं. मस्तके) सिर पर, ऊपर।

उदाहरण–"सो जनु हमरे माथे काढ़ा,
दिन चलि रायहु ब्याज बहु बाढ़ा।" (तुलसी)

मंडाणा (डिं.)=(सं. मंडित)=मँडे हैं, सजे हैं, लगे हुए हैं, तने हुए हैं।

चमर=(सं. चामर) हिं. चमर, चाँवर, चामर। सुरा गाय की पूँछ के बालों का गुच्छा चाँदी-सोने की डाँड़ी में लगा कर राजाओं या देवताओं के सिर पर पीछे से अथवा बगल से डुलाया जाता है।

उदाहरण–"चँवरदार दुइ चँवर डीलावहिं।" (जायसी)

ढलि (डिं.)=हिं. ढुलाना, इधर-उधर हिलाना, डुलाना।

उदाहरण–1. "धुजा फहराइ छत्र चौर सो ढुराइ, बागे वीरन बनाइ, यों चलाइ दाम चाम के।" (हनुमान)

2. "सूर श्याम श्यामावश कीन्हो,
ज्यों संग छाँह ढुलावै हौ।" (सूर)

अलंकार–रूपक।

नोट–इस दोहले से आगे कवि मदन महीपति के वासन्तिक दरबार का रूपक स्थापित करता है।

दोहला–240

दाड़िमा (सं.) अनार।

दीसै (डिं.)=(सं. दृश्यते, प्रा. दीसइ, डिं. दीसै)=दीखते हैं।

उदाहरण–"विदुसन प्रभु विराट सम दीसा।" (तुलसी)

निउँछावरि (डिं.)=(सं. न्यास + आवर्त्तः न्यासावर्त्त), (अरबी. निसार), हिं. न्योछावर। किसी प्रेमी अथवा श्रद्‌धाभाजन के ऊपर किसी बहुमूल्य द्रव्य का उत्सर्ग करना। प्रथा यह है कि आनंद के अवसरों पर प्रेमी अपने प्रेम-पात्र के ऊपर से द्रव्य, रुपया, पैसा, अशर्फी अथवा अन्य प्रकार का कोई मूल्यवान द्रव्य घुमा कर डाल देता है अथवा भाट, वंदीजन को दान कर देता है। राजस्थान में वैवाहिक अवसरों पर यह प्रथा अच्छे कुलों में अब तक बरती जाती है।

नाँखिया (डिं.)=(सं. नाश)=1. नष्ट किया। 2. फेंका। राजस्थान में बोलचाल की भाषा में अब तक फेंकने के अर्थ में यह शब्द प्रयुक्त होता है।

हिं. उदाहरण–"जो उर झारन ही झरसी मृदु मालती माल वहै मग नाखै।"

नग (डिं.)=(फारसी. नगीना), (सं. नग) बढ़िया शीशा अथवा क़ीमती पत्थर जो जड़ने के काम का हो। नग=रत्न।

लुञ्चित

चुम्बित

मुञ्चन्ति

सिञ्चन्ति

शुद्ध संस्कृत प्रयोग। कवि ने अपनी भाषा को पांडित्यपूर्ण और परिमार्जित करने के लिए संस्कृत प्रयोगों का बहुत कुछ सहारा लिया है। कई अंशों में डिंगल-काव्य में यह आपत्तिजनक है।

अलंकार—रूपक।

दोहला—241

एण = (सं.) एक काले रङ्ग का हरिण जिसकी आँखें बड़ी और पैर छोटे होते हैं।

पदाति = (सं.) = पैदल सिपाही।

हथ लास = (सं. हय + लास्य—लासक) लास्य = एक प्रकार का नाच, अतएव हयलास्य = घोड़ों को नचाने वाला, घुड़सवार या साईस। लास (डिं.) = घोड़ों को लासने अर्थात् बाँधने की घुड़साल, पायगह।

डॉ. टैसीटरी प्राचीन मा. टीका के आधार पर—"घोड़ानो ल्हासि घोटकशाला पायगह" अर्थ करते हैं। सं. टीका—"लासिरिति मन्दुरा।" अँगरेज़ी में 'लेसिङ्ग' जहाज़ बाँधने अथवा जानवर बाँधने के मोटे रस्से को कहते हैं)।

पूठि (डिं.) = (सं. पृष्ठ) प्रा. पुट्ठ या पिट्ठ, डिं. पूठ, हिं. पीठ; पृष्ठ।

उदाहरण—"देखादेखी पकरिया, गयी छिनक के छूटि।

कोई विरला जन ठहरे जाकी ठकोरी पूठि।।" (कबीर)

ढल़कावै (डिं.) = (हिं. ढरकावै) = किसी आधार से गिराना, लुढ़काना।

गय (डिं.) = (सं. गज) प्रा. गय, हिं. गज = हाथी।

उदाहरण—"हय गय बसह हंस मृग जावत।" (सूर)

खजूरि = (सं. खर्जूर) हिं. खजूर। एक प्रकार का ताड़ की जाति का वृक्ष, जो गरम देशों में समुद्र के किनारे मैदानों में होता है।

सिणगारिया (डिं.) = (सं. शृंगारिता) = शृंगारे हुए, सजाए हुए।

अलंकार = उपमा।

नोट—यहाँ से आगे ऋतुराज वसंत की सेना का रूपक बाँधा गया है। राजा की सेना भी होनी चाहिए।

दोहला—242

पसरन्ता (डिं.)=(सं. प्रसरतः) हिं. पसरे हुए, फैलते हुए, पसरते हुए।

सरला=(सं. सरल)=सीधे, एकदम सीधा ऊँचा गया हुआ (वृक्ष)

तरला=(सं. तरल)=हिलता-डोलता, चंचल, अस्थिर, चलायमान।

उदाहरण—"लसत सेत साड़ी ढक्यौ, तरल तर्यौना कान।" (बिहारी)

तड़ि (डिं.)=(सं. तट) डिंगल में 'तड़ी'—लम्बी छड़ी को कहते हैं। जिसके मारने से 'तड़तड़' शब्द हो, ऐसी लम्बी लकड़ी को 'तड़ी' कहते हैं।

डिं. उदाहरण—तड़ी तड़ी कर तड़ी ध्रीवियो, बड़ी बड़ी बालियौ बपु। (पृथ्वीराज)

सरगि (डिं.)=(सं. स्वर्ग) स्वर्ग में; आसमान तक।

उदाहरण—"मूल पताल सरगि वहि साखा"। (जायसी)

पाटि (डिं.)=(सं. पट्ट) सिंहासन, राज्यासन, राज्यपाट, गद्दी।

जगहथ पत्र (डिं.)=जगत को हस्तगत करने के लिए घोषणा-पत्र। संसार का दिग्विजय करने के लिए चुनौती देते हुए घोषणा-पत्र।

प्राचीन काल में भारतीय चक्रवर्ती राजा दिग्विजय करने के लिए घोषणा करते थे। यह घोषणा कई प्रकार से हुआ करती थी। या तो राजसूय अथवा अश्वमेध जैसा महायज्ञ किया जाता था जिसमें आधिपत्य स्वीकार करने वाले तमाम राजाओं को निमंत्रित किया जाता था, अथवा और किसी रीति से अथवा पत्र-द्वारा घोषणा की जाती थी।

ऋतुराज वसंत ने भी इसी प्रकार दिग्विजय की घोषणा की है।

सं. टीका. "जगद्धस्ता, पत्रावलम्बनानीव बद्धा इव अस्माकं यो जयतु तेनागन्तव्यमिति।"

अलंकार=उत्प्रेक्षा।

संबंधातिशयोक्ति—पूर्वाद्र्ध

दोहला–243

आगलि (डिं.)=आगे। देखो नोट पूर्व दोहला 18 में–"आगलि़ पित मात रमन्ती" उदाहरण–"आगल से पाछल भयो, हरि सों कियो न हेत"। (कबीर)

मंडियौ (डिं.)=(सं. मण्डितः) सुसज्जित हुआ। देखो पूर्व प्रयोग दोहला–90 में।

अवसर (डिं.)=(सं.)=समय, विशेष अवसर। प्रसंग से यहाँ लाक्षणिक अर्थ में–'महफिल', 'उत्सव' का अर्थ है।

मंडप=(सं.) किसी उत्सव या समारोह के लिए ऊपर से छाकर बनाया हुआ चारों ओर से खुला स्थान, शामियाना।

रङ्ग वसुह (डिं.)=(सं. रङ्ग + बसुधा=रङ्गभूमि) अभिनय, समारोह अथवा उत्सव होने का स्थानविशेष।

मेल़गर (डिं.)=(सं. मोलक=समूह)=मेला, जमावट, मिलने वाले अर्थात् दर्शकगण–जाणगर=जाने वाले मेलगर=मिलने वाले।

नायक=महफिल, उत्सव अथवा अभिनय का प्रधान पुरुष अथवा पात्र।

नीझरण (डिं.)=(सं. निर्ज्झरण)=झरना, निर्झर।

पंचबाण=(सं.) कामदेव। कामदेव के पाँच बाण पूर्व दोहला– 109 के प्रसंग में नोट में दिये गये हैं।

अलंकार=रूपक।

दोहला–244

कल़हंस=(सं.)=राजहंस। उदाहरण–"सजि सी सिंगार कलहंस गतो सी, चलि आइ राम छबि मंडप दीसी"।

जाणगर (डिं.)=हिं. जानकार=कलाविज्ञ, ज्ञाता, चतुर, कलाकुशल। मिलाओ 'मेलगर' दोहले 243।

सं. टीका–"कलहंसा ज्ञातारो भव्यभव्येति भाषका"। अर्थात् 'वाह वाह', 'क्या ख़ूब', 'वल्ला', 'बहुत अच्छा' कह कर सराहना करने वाले चतुर द्रष्टा या श्रोता।

आरि (डिं.)=(देशीय शब्द)=झिल्ली, झींगुर।

सं. टीका—"आरिशब्देन काचिच्चटिका जातिविशेषः" इस प्रकार अनुमान से "कोई पक्षीविशेष" अर्थ लिया है।

तन्तिसर (डिं.)=(सं. तंत्रीस्वर) तार के वाद्यों का स्वर, सितार, सारङ्गी, बीणा, वेला, दिलरुबा इत्यादि का शब्द।

उदाहरण—"तंत्री नाद कवित्त रस सरस राग रति रङ्ग"। (बिहारी)

ताल=(सं.)=1. संगीत में 'ताल'—समय-विराम को कहते हैं। अतएव 'तालधर'=ताल का समय देने वाले।

2. करताल, मजीरा इत्यादि ताल देने के वाद्य विशेष।

नोट—नाचने या गाने के समय काल और क्रिया का परिमाण बताने के लिए बीच-बीच में हाथ पर हाथ मार कर करतल ध्वनि द्वारा सूचना देते हैं। भरताचार्य के अनुसार 1. मार्ग और 2. देशीय, दो प्रकार के ताल हैं। पहले के 60 और दूसरे के 120 भेद हैं। इनमें से बहुत थोड़े ताल प्रचलित हैं।

उदाहरण—"कृजहि काँख बजावहि ताला।" (सबल)

उपंगी=(सं. उपाङ्ग)=नसतरंग को बजाने वाला। नसतरंग एक वाद्य-विशेष का नाम है।

उदाहरण—1. "उघटत श्याम नृत्यत नारि। धरे अधर उपंग उपजैं लेत हैं गिरधारि।" (सूर)

2. "चंग उपंग नाद सुर तूरा, मुहर वंस बाजै भल तूरा।" (जायसी)

उघट=(सं. उत्कथन या उद्घाटन)=हिं. उघटना। संगीत में ताल की जाँच के लिए मात्राओं की गणना करके शब्द संकेतों द्वारा नियमानुसार 'बोल' बोले जाते हैं और उनके अनुसार ताल दी जाती है। इसे 'उघटना' कहते हैं।

उदाहरण—"कोउ गावत कोउ नृत्य करत, कोउ उघटत कोउ ताल बजावत। (सूर)

तीवट (डिं.)=(सं. त्रिवट) 1. संपूर्ण जाति का एक राग विशेष, हिंडोल राग का पुत्र, दोपहर के समय गाया जाता है।

2. 'तिरवट' नामक एक राग 'तिल्लाने' का भेद भी है।

3. एक जाति का ताल जिसे तेवर, तेवरा भी कहते हैं।

यह 14 मात्राओं का माना जाता है। इसके तबले के बोल ये हैं—धिन, धिन, धाकेटे, धिन, धिन, धा। तिन्, तिन् ताकेटे, धिन धिन था।।

चकोर=चकोर एक पक्षी विशेष का नाम है। इसकी बोली तीन भागों में विभक्त होती है और 'त्रिवट' ताल के बोलों से मिलती है। अतएव, साम्य स्पष्ट है। कवि की कल्पना सराहनीय है।

नोट—इस दोहला— में संगीतशास्त्र का आंतरिक अनुभव भरा पड़ा है। कवि के सङ्गीतशास्त्र के अनुभव के संबंध में कोई संदेह नहीं हो सकता। दोहा 299 वाली—"संगोती तारकिक" वाली गर्वोक्ति ? अत्यंत सत्य है।

अलंकार=रूपक।

दोहला—245

विधि पाठक=(सं.) शास्त्र की रीति, नियम, प्रणाली का पाठ करके बताने वाला।

कोविद=(सं.)=पंडित, विद्वान, कृतविद्य, चतुर, कलाकुशल।

खंजरीट=(सं.) 1. खंजन पक्षी। यह पक्षी बहुत चंचल होता है। आँखों के उपमान की तरह साहित्य में प्रयुक्त होता है। 2. संगीत में एक प्रकार के ताल का नाम भी है।

गतिकार=(सं.)=तालस्वर के अनुसार अंगों के संचालन को 'गति' (हिं. गत) कहते हैं; गतिकार=गतें बताने वाला। नृत्य की कई गतें होती हैं। यथा, मेंढक की गति, थाली की गति इत्यादि।

उदाहरण—1. "सब अँग करि राखी सुघर नायक नेह सिखाय।
रस जुत लेत अनंत गति पुतरो पातुर राय।।" (बिहारी)

2. "अनुहारि ताल गतिहि नट नाचा।" (तुलसी)

पारेवा (डिं.) (सं. पारावत) हिं. परेवा=कबूतर।

उदाहरण—"हारिल भई पंथ मैं सेवा, अब तोहिं पठ्यौ कौन पारेवा। (जायसी)

प्रगल्भ=(सं. पग्रल्भ)=चतुर, विज्ञ, ज्ञाता।

विदुर=कौरवों के सुप्रसिद्ध मंत्री, विदुरजी राजनीति, धर्मनीति और अर्थनीति में परम निपुण थे। ये धर्म के अवतार माने गये हैं। महाभारत

के अनुसार जब सत्यवती ने अपनी पुत्र-वधू अम्बिका को दूसरी बार कृष्णद्वैपायन के साथ नियोग करके पुत्रोत्पत्ति करने की आज्ञा दी, तो वह उनकी भद्दी शक्ल देख कर घबरा गई और अपने बदले अपनी दासी को उनके पास भेज दिया। इस दासी से विदुर का जन्म हुआ। अतएव विदुर शब्द-दासीपुत्र-विदूषक, राजाओं के चाकरों को भी कहते हैं। 'विदुर' के पर्याय में 'विदुष' का भी प्रयोग होता है। वेश-भूषा और नक़ल करने में चातुरी द्वारा लोगों को हँसाने वाले, राजा लोगों के "प्रिय वयस्य" को भी, विदूषक, विदुष, विदुर कह सकते हैं।

लाग दाट (डिं.)=नृत्य की दो प्रकार की भाव बताने की क्रियाएँ। उदाहरण— "अरु लाग धाड़ रायउ रँगाल।" (केशव)

सं. टीका—"दाटिर्गुटककथनं प्रगल्भलागिर्भ्रमरीस्फुरणवृत्त्या मूर्छना विष्करणं।"

ढूँ. टीका—"लागदाट पारेवा ल्यै छै भाँति भाँति की जैसे नटवा संगीत की लागदाट ल्यै तिहिं तिहिं भाँति की मानों पारेवा ल्यै छै

कोविद............गतिकार=खंजन पक्षी की चाल अत्यंत मनोहर होती है अतएव उसका गतिकार होना उपयुक्त है।

अलंकार=रूपक।

दोहला—246

तिरप=नृत्य में एक प्रकार का ताल जिसे त्रिसम या तिहाई भी कहते हैं।

उदाहरण—"तिरप लेति चपला सी चमकति झमकति अंग"। (सूर)

उरप=(देशीय शब्द)=उड़प, उडुप, उरप। एक प्रकार का नृत्य विशेष। उदाहरण—"बहु उडुप तियगपति अति अड़ाल, अरु लाग धाड़ रायउ रँगाल।" (केशव)

मरुत चक्र=(सं.)=वातचक्र, बगूला, बवंडर।

मरू (डिं.)=(सं. मूर्च्छना) संगीत में एक ग्राम से दूसरे ग्राम तक जाने में सातों स्वरों का आरोह-अवरोह करना, 'मूर्च्छना' कहलाता है। ग्राम के सातवे भाग का नाम मूर्च्छना है। भरत के मत से गाते समय गले को कँपाने से ही मूर्च्छना होती है और किसी-किसी का मत है कि स्वर के सूक्ष्म विराम को भी मूर्च्छना कहते हैं। तीन ग्राम षड़ज, मध्यम और गांधार के अनुसार 21 मूर्च्छनाएँ होती हैं।

उदाहरण—"सुर मूर्च्छना ग्राम ले ताला,
गावत कृष्ण चरित सब काला।" (रघुराज)

लियत (डिं.)=ली जाती है।

रामसरी=1. एक राग जो हिंडोल का पुत्र गिनाया जाता है।

2. एक प्रकार की चिड़िया।

खुमरी (डिं.)=(अरबी) पंडुख की जाति की एक चिड़िया जो सफ़ेद कबूतर और पंडुख से उत्पन्न होती है। इसके गले में कंठी अथवा हँसुली होती है। इसकी बोली बड़ी गंभीर और मधुर होती है। यह "केशव तू तू" रटन लगाया करती है।

माठा धूया (डिं.)=(सं. मधुर ध्रुपद)। यह ध्रुपद राग का एक भेद है।

चन्द धरु (डिं.)=(सं. चन्द्रक ध्रुपद) यह भी ध्रुपद राग का एक भेद है।

नोट—ध्रुपद संगीत-शास्त्र में एक राग है जिसे ध्रुवक अथवा ध्रुवपद भी कहते हैं। ध्रुपद एक पृथक् ताल भी होता है। इस गीत के चार भेद हैं—अस्थायी, अंतरा, संचारी और आभोग। द्रुत और विलंबित दोनों लय में गाया जाता है। ध्रुपद सब चौताल ताल पर गाये जाते हैं। इसके भेद, ध्रुपद कान्हड़ा, ध्रुपद केदारा, ध्रुपद एमन इत्यादि अनेक हैं जिनमें से दो वेलि में वर्णित मधुर (माठा) और चन्द्रक (चंद्र) ध्रुपद भी हैं। संगीताचार्य दामोदर के अनुसार ध्रुपद के 16 भेद हैं यथा—जयन्त, शेखर, उत्साह, मधुर (माठा), निर्मल, कुंतल, कमल, सानन्द, चन्द्रक, सुखद, कुमुद, जयी, कंदर्प, जयमंगल, ललित, तिलक।

माठा (डिं.)=ठस बोलने वाला, मंद या मधुर बोलने वाला। जैसे—"तबला माठा बोलता है।"

रट=(सं. रटन)=बोलना। उदाहरण—"केशव वे तुहिं तोहिं रटैं, रट तोहिं इतै उनही की लगी है।" (केशव)

नोट—कवि ने "तिरप, उरप, मरू, धुआमाठा, चन्द्रधरू" संगीत-शास्त्र की विशिष्ट शब्दावली का प्रयोग करके अपने संगीतकला के आंतरिक ज्ञान का परिचय दिया है। देखो दोहले 299 की गर्वोक्ति?

अलंकार=रूपक।

दोहला–247

निगरभर (डिं.)=(सं नि + गहुर) ख़ूब सघनता से भरे-पूरे हुए। देखो प्रयोग पूर्व दोहले 181 में।

"लिखमीवर हरख निगर भर लागी।" (वेलि)

सधण छाँह=घनी छाया। उदाहरण–"सघन कुंज छाया सुखद शीतल, मंद समीर।" (बिहारी)

दीपगर (डिं.)=(सं. दीपगृह)–दीवट, दीपकों का समूह।

मौरित=(सं. मुकुलित)–मंजरीयुक्त।

उदाहरण–"विलोके तहाँ अम्ब के साखि मौरे, चहूँधा भ्रमैं हुंकरै भौंर बौरे।" (गुमान)

रीझ=(सं. रंजित) हिं. रीझना=मोहित होना, मुग्ध होना।

उदाहरण–1. "रीझहिं राजकुँवर छबि देखी।" (तुलसी)

2. "जा तन हेरौं निमिष कै रीझहु रीझी जात।" (रसनिधि)

दोहला–248

कोक=संगीतशास्त्र का छठा भेद जिसमें नायिकाभेद, रस, रसाभास, अलंकार, विभाव, अनुभाव, समय समाजादि का शास्त्रविवेचन किया गया है। देखो पूर्व प्रयोग दोहलें 183 में।

जवनिका=(सं. यवनिका)–नाटक का परदा। प्राचीन काल में नाटक के परदे संभवतः यवन देश के ढङ्ग पर अथवा यवन देश से आये हुए कपड़े पर बनते थे। इसीलिए यवनिका नाम पड़ा।

पात्र=(सं.) अभिनेता, नाटक के पात्र, कार्यकर्ता। नट, नर्तक आदि।

नाँखी (डिं.)=डाली, गिराई। देखो पूर्व प्रयोग दोहला– 240 में।

पहुपंजलि (डिं.)=सं. पुष्पांजलि; पुष्पों से भरी भेंट; पूजार्थ अंजलि।

निज ......परि=प्राचीन काल में राजाओं के दरबार में जब अभिनय होते थे तो राजा स्वयं देखने आते थे। अभिनय के प्रारंभ में सूत्रधार प्रधान पात्रों सहित आकर राजा का उचित अभिवादन कर उसको पुष्पांजलि भेंट करता था। तदनंतर नाटक होता था। उसी प्रथा के अनुसार ऋतुराज के आगे महफिल में अभिनय हो रहा है।

अलंकार=रूपक।

दोहला–249

उदभिज=(सं. उस्द्भिज)=वृक्षलता गुल्मादि पृथ्वी फोड़कर उस पर उगने वाले सृष्टि के पदार्थों को उद्भिज कहते हैं; वनस्पति। सृष्टि के चार प्रकार के प्राणियों मे से यह अंतःसत्व श्रेणी की सृष्टि कही गई है। इनमें ऐसी संवेदना या चेतनाशक्ति है जिसे यह प्रकट नहीं कर सकते। अब तक आधुनिक पाश्चात्य वैज्ञानिकों का भी यही मत था। परंतु श्री जगदीशचन्द्र बोस की इस ओर खोजों के बाद अब इस श्रेणी के पदार्थों में भी अन्य जीवधारी प्राणियों की तरह संवेदना और चेतनाशक्ति मानी जाने लगी है।

प्रज (डिं.)=(सं. प्रजा) प्राणीसमूह; ऋतुराज वसंत के संबंध में सृष्टि के सभी प्रकार के जीव और पदार्थ "प्रजा" ही हैं।

दुरीस=(सं. दुः + ईश)=दुष्ट शासक, दुष्ट राजा।

ऊथापिया (डिं.)=(सं. उत्थापितः) उखाड़ दिया; स्थान, पद अथवा अधिकार से च्युत कर दिया।

उदाहरण–"उथपे तेहि को जेहि राम थपै, थपिहै पुनि को जेहिं वे टरिहैं।" (तुलसी)

असन्त=(सं.)=दुष्ट, अनिष्टकारी।

ऊतर (डिं.)=(सं. उत्तर)=लाक्षणिक अर्थ में–उत्तर दिशा का पतन अर्थात् शिशिर का शीत वायु जो उत्तर दिशा से चलता है।

प्रसन (डिं.)=(सं. प्रसन्न) प्रसन्नता-उत्पादक, सुखद, प्रसन्न करने वाली।

प्रवर्त्त्यौ=(सं.) प्रवर्त्तित किया, प्रचार किया, चलाया।

अलंकार–रूपक।

अपह्नुति (कैतवा)

नोट–डॉ. टैसीटरी ने 'ऊतर' शब्द का संस्कृत और मारवाड़ी टीकाओं के आधार पर 1. उत्तर दिशा का पवन और 2. 'उत्तर' अर्थात् 'नाँही'–अस्वीकृति–दोनों अर्थ लिये हैं, जो संभव हैं। पिछले अर्थ का प्रयोग पूर्व दोहला– 223 में हुआ है। "पारथियां कृपण वयण दिसि"

दोहला–250

खाडिया (डिं.)=(सं. खात्) खड्ड, खड्डा, गड़हा, गर्त (संज्ञा)। क्रियाप्रयोग में, खड्डे में गड़ा हुआ। हिं. 'उखाड़ना' शब्द इसी का उलटा है। खाड़ना–'उखाड़ना'

द्रव (डिं.)=(सं. द्रव्य) धन, संपत्ति, दौलत।

मांडिया (डिं.)=(सं. मण्डिताः) किये, बनाये, सजाये, प्रकट किये।

उदाहरण–1. "मनोज मख मांडयौ नाभि कुंड में।" (देव)

2. "हौं तुमसों फिर युद्धहि मांडौं।" (केशव)

ऊखेलि़ (डिं.)=(सं. उत् + क्षालनम्) हिं. उखाड़ना, उखेलना। हिं. उदाहरण– "कियो उपाय गिरवर धरिबे को, महि ते पकरि उखेरो।" (सूर)

दीपक दीधा (डिं. मुहाविरा)=दीपक दिया, दीवा जलाया, दीपक लगाया।

कोड़ि (डिं.)=(सं. कोटि)=करोड़ों।

नोट–प्राचीन काल में लक्षपति धनिक लोग अपने ख़ज़ाने पर अखंड दीपक जलाया करते थे और करोड़पति ध्वजा गाड़ते थे। उसी प्रथा के अनुसार ऋतुराज की धनिक प्रजा के लखपतियों और करोड़पतियों ने किया। चम्पक के पुष्प प्रज्वलित दीपक के समान होते हैं और कदली के पत्ते ध्वजा से समानता रखते हैं अतएव उपमा अत्यंत युक्तिसंगत है।

अलंकार = रूपकातिशयोक्ति–उत्तरादृर्ध में।

अपह्नुति (कैतवा)। पूर्वार्ध में।

दोहला–251

मल़यानिल़ = (सं.) मलय पर्वत से बहने वाला सुगंधित वायु। साहित्य में यह त्रिविध–शीतल, मंद, सुगंध प्रसिद्ध है। इसे वसंत वायु, दक्षिण वायु भी कहते हैं।

वाजि (डिं.) = (सं. बाद्य) हवा के ज़ोर से शब्द करके चलने को डिंगल में "बाजना" कहते हैं। राजस्थानी में, "हवा बाजै छइ" प्रयोग प्रचलित है।

सुराज = (सं.) = अच्दा, उत्तम राज्य, जिस राज्य में प्रजा संतुष्ट हो।

विलागी (डिं.) = (सं. विलग्ना) = लगी।

अङ्क भरि (हिं. मुहा.) अङ्क भर लेना = आलिंगन करना।

नोट—ऋतुराज के सुराज्य में प्रजाजीवन के आनंद, चैन और संतोष का कैसा अच्छा चित्र दिया है। जिसमें प्रजाजन पारस्परिक प्रेमबंधनों से बँधे हों और उनके हृदय में आनंद उत्साह हो, वास्तव में वही सुखी राज्य है। वृक्ष पति है और वेलें पत्नियाँ।

अलंकार = रूपक।

समासोक्ति।

दोहला—252

पहिलौ = (हिं.) पहले का, विगत, व्यतीत, गुजरा हुआ। हिंदी में भी यह शब्द बहुधा इस अर्थ में प्रयुक्त होता है।

दाखि (डिं.) = देख कर।

टाल्यौ = (देशीय शब्द) टाल दिया, दूर कर दिया, हिं. 'टारा' 'टाला'।

उदाहरण—"करम गति टारी नाहिं टरै।" (हरिश्चन्द्र)

व्याए (डिं.) = (सं. विवाह) हिं. व्याहना, व्याहे।

(1) विवाह करना (2) संतान उत्पन्न करना। विशेषतः पशुजाति के लिए इस (2) अर्थ में प्रयुक्त होता है यथा—"गाय व्याई छै।"

राजस्थानी में यह शब्द दूसरे अर्थ में ही बोलचाल में प्रयुक्त होता है। हिंदी में भी प्रयोग मिलता है। यथा उदाहरण—"न तरु बाँझ भलि छाँडि बियानी, राम विमुख सुत ते हितहानी।।" (तुलसी)।

वैसाखि = (सं.) 1. बैसाख का महीना, 2. शाखाओं से जिसकी उत्पत्ति है।

नोट—हेमंत और शिशिर के अन्याययुक्त शासन के नीचे वृक्ष-लतादि वानस्पत्य प्रजा अत्यंत दुखी थी। ऋतुराज के राज्याभिषेक से वह दुख दूर हुआ। प्रजा सुखी हुई लताएँ निर्भय होकर अपने पतियों-वृक्षों के संयोग में दांपत्य-सुख-लाभ करने लगीं। इस सम्मिलन के फलस्वरूप बैसाखरूपी संतान का जन्म हुआ। चैत मास के बाद बैसाख का जन्म होता ही है। वही मानो चैत में लताओं के वृक्ष की शाखाओं का सहवास करने से शाखा-जात 'बैसाख' मास के जन्म का कारण है। इसी कारण इस मास का नाम 'बैसाख' पड़ा। यह कवि को कल्पना है।

अलंकार = परिकराङ्कूर—'बैसाख' अभिप्राय गर्भित है।

दोहला–253

डंक (डिं.) = (सं. देश) हिं. डंक = विषैले जंतुओं का काटना और काटकर शरीर में ज़हर का प्रवेश कर देना।

ग्रहणि = (सं. ग्रहण) ग्रहण करने में (डिं. सप्तम्यन्त इकारान्त)

मवरि (डिं.) = हिं. मौर (सं. मुकुल–प्रा. मउर, मउल–डिं. मवर, मौर)

गानगर (डिं.) = (सं. गानकराः)–गायक, गाने वाले, यथा–पूर्व दोहला–में 'जाणगर' निरतगर इत्यादि।

परवरि (डिं.) = (सं. प्रवर्त्तिता)–डोलने लगे, फिरने लगे।

करग्राही = (सं.) कर, राज्य का लगान लेने वाले, लगान उगाहने वाले। डॉ. टैसीटरी ने 'डङ्कन' को एक शब्द मान लिया है और संस्कृतटीका के आधार पर "डङ्कनं स्तोकं स्वादुमात्रं दीयते दण्डः सर्वथा लुण्टनरूप न दीयते"–यह अर्थ लिया है। हम नहीं समझते कि 'डङ्कनं' का अर्थ "थोड़ा स्वाद देना" हो सकता है। हमने 'डङ्कनं' को पृथक्-पृथक् करके "डङ्क नहीं दिया जाता" अर्थ किया है जो अत्यंत सरल शब्दार्थ है। ढूँढ़ाड़ी टीका ने यही अर्थ लिया है यथा–"वनस्पती नैं कोइ डंक न देयैं छः जैसे प्रजा नैं सुराज्य माहैं डण्ड नहीं छै।"

अलंकार = रूपक।

दोहला–254

पसाइ (डिं.) = (सं. प्रसाद) प्रसाद से, कृपा से, अनुग्रह से। उदाहरण–"भरा मंजु मंगल सगुन गुर सुर शंभु पसाउ।" (तुलसी)

भरिया = (सं. भरिता) भर गए हैं, लद गये हैं, समायुक्त हो गए हैं। देखो पूर्व प्रयोग दोहला– 238 "भालिम......भरण।"

वहे (डिं.) = (सं. वह) = चलने से, हिलने से। देखो पूर्व प्रयोग दोहला–46 में "रह रह कोइ वह रहे रह।"

वेसन्नर (डिं.) = (सं. वैश्वानर) = अग्नि।

भुरड़ीतौ (डिं.) = (हिं. भुरता, भुड़ता) किसी वस्तु के दब कर, कष्ट पाकर अथवा अग्नि में तप कर अथवा कुचली जाकर विकृताकार प्राप्त कर लेने

को "भुड़ता हो जाना" कहते हैं। हिं. मुहावरा भी है। "बैंगन का भुरता"। यहाँ पर अर्थ है—अग्नि तापते हुए।

रहे=श्लिष्टार्थ में प्रयोग है 1. भुरडीता रहे=ताप रहे हैं।

2. भुरडीता रहे=तापने से रह गए हैं, तापना बंद कर दिया है।

'रहे' के इस प्रयोग के लिए देखो पूर्व दोहला— 46 में "रह रह कोइ वह रहे रह।"

वलि़ ....जगि='रहे' का श्लिष्टार्थ लेने पर दूसरा अर्थ यों हो सकता है=वसंत में ऋतुराज की कृपा से लोगों ने शीतकाल की तरह अग्नि से तापना छोड़ दिया है परंतु अब वे एक दूसरी प्रकार की अग्रि से तापते हैं—वह है कामाग्नि। यहाँ 'वेसन्नर' का अर्थ 'कामाग्नि' लिया जाएगा।

अलंकार=उत्प्रेक्षा।

पर्यायोक्ति—उत्तराद्र्ध में।

दोहला—255

तिम=(हिं.) त्यों। उदाहरण—"तिमि तुम्हार आगमन सुनि भये नृपति बलहीन।" (तुलसी)

जिमि—तिमि—आपेक्षिक हैं।

कोलाहल=(सं.)=शोरगुल।

सेव (डिं.)=सेवा।

अलंकार=व्यतिरेक—पूर्वाद्र्ध में।

उत्प्रेक्षा—उत्तराद्र्ध में।

दोहला—256

ओटि (डिं.)=(सं. उट=घास-फूस) हिं. ओट=आड़, व्यवधान, रुकावट; मिस से, बहाने से। उदाहरण—"तृण धरि ओटि कहति वैदेही।" (तुलसी)

सं. टीका "कुसुमायुधस्य कामस्येयम्, ओटिआश्रयस्थानं।"

मा. टीका. "ओटि कहताँ आश्रय बिशेष ठाँमइ।"

ढूँढारी टीका ने 'ओटि' के स्थान में 'उदै, उदौ' पाठांतर लिया है जिसका अर्थ यों किया है—"कुसुमायुध कहताँ कामदेव ते कै उदै करि केलि विलास खेल।"

कंत=(सं. कान्त)=पति। उदाहरण—"इँचे खिँचे इत उत फिरत ज्यों दुनारि को कन्त।" (पद्माकर)

कृत=(सं. कृते)=के लिए, वास्ते।

किंसुख=(सं. किंशुक)=टेसू। पलाश के फूल सुग्गे की चोंच की तरह टेढ़े और लाल होते हैं, इसलिए उनको देखकर सुग्गे का भ्रम होता है। इसीलिए किं शुक ? यह नाम पड़ा। यहाँ पर कवि ने अपनी कल्पनानुसार इस शब्द की 'किंसुख' ? व्युत्पत्ति की है।

पलास=(सं.) टेसू। "पलं मासं अश्नाति इति पलाशः"=मांसाहारी।

नोट—कवि ने संयोगिनी और वियोगिनी नायिकाओं की भावनाओं की अच्छी कल्पना की है। एक ही टेसू का वृक्ष उन्हें अपनी-अपनी भावनाओं के अनुसार सुखमय और दुखमय दिखाई दिया। 'पलाश' की दो प्रकार से व्युत्पत्ति बड़ी युक्तिपूर्ण है।

अलंकार=उल्लेख।

श्लेष—'पलास'—'किंसुख' शिलष्ट शब्द हैं।

दोहला—257

मालि़णि (डिं.)=हिं. मालिन। साहित्य में एक विशेष प्रकार का दूती जिसका वर्णन कहीं-कहीं बड़ा सुंदर किया गया है। उदाहरण—"मद सों भरी चलि जात मालिनियाँ।"

वीणति (डिं.)=(सं. विनयन=चुनना) हिं. बीनना; चुन-चुन कर एकत्रित करती है। उदाहरण—"सुंदर नवीन निज करन सों बीनि बीनि येला की कली ये आजु कौन छीन लीन्हीं है।" (प्रताप)

करपल्लव=(सं.) हाथ के वाचक शब्दों के साथ 'पल्लव' का समास होने से, 'उँगलियाँ' का अर्थ होता है। यथाः—पाणिपल्लव। रूपक की सार्थकता स्पष्ट है; खुले हाथ की उँगलियाँ और 'पल्लव' के आकार में बहुत सादृश्य है।

वणि वणि=सज-सजकर। देखो, पूर्व प्रयोग दोहला 200 में।

तसु (डिं.)=(सं. तस्य) उसके। हिंदी में 'तासु', 'तसु' का प्रयोग काव्य में इस अर्थ में होता है।

केसरि=(सं.)=1. फूल के बीच में बाल की तरह पतले-पतले पीले रङ्ग के सींके होते हैं, उन्हें केशर कहते हैं।

2. एक प्रकार के फूल का केशर जिसका पौधा बहुत छोटा होता है और पत्तियाँ घास की तरह लंबी और पतली होती हैं। यह फारस, स्पेन, चीन और कश्मीर में होता है। कश्मीर का केशर सर्वोत्तम माना जाता है। इसका फूल बैंगनी रंग की झाँई लिये हुए कई रंग का होता है। पौधे में फूल लगने के बाद पत्तियाँ आती हैं। प्रत्येक फूल में केवल तीन केशर होते हैं। इसलिए आधी छटाँक केशर के लिए प्रायः 4000 फूलों की आवश्यकता होती है। केशर ले लेने के बाद फूलों को सुखा कर कूटते और पानी में डाल देते हैं। जो अंश नीचे बैठ जाता है उससे मध्यम श्रेणी की केशर, 'मोंगला' निकलती है। ऊपर का अंश पुनः सुखा कर और कूट कर पानी में डाला जाता है। उससे जो केशर बनती है उसे 'नीबल' कहते हैं।

म. पृथ्वीराज ने स्वयं अपनी आँखों से कश्मीर में केशर की खेती होती हुई देखी होगी। इसी कारण इतना स्वभावसत्य चित्र अंकित किया है। कोई चित्रकार यदि रंगों में इस चित्र को बनाता तो कितना रोचक चित्र बनता, अनुमान करना चाहिए। म. पृथ्वीराज के जीवन-चरित से मालूम होता है कि बादशाह की प्रेरणा से उन्हें काबुल जाना पड़ा था। अतएव, राह में कश्मीर-यात्रा करना सम्भाव्य है।

अलंकार = उपमा—पूर्वाद्र्ध में।

भ्रान्तिमान्—उत्तराद्र्ध में।

दोहला—258

सबल़ = (सं.) बलयुक्त, मन में विश्वास और संतोष का बल लिए हुए।

जल़ सभिन्न (डिं.) = जल से भीगा हुआ। हिं. भीना, भीगा हुआ। उदाहरण—"कौन ठगौरी भरी हरि आजु बजाई है बाँसुरिया रसभीनी।" (रसखान)

डिगमिगि (डिं.) = हिं. डिगना, डिगमिगाना, डोलना, लड़खड़ाना। उदाहरण—"डिगमिग हालै मोरी नैया रे कन्हैया बिनु।"

हूँत (डिं.) = प्राकृत विभक्ति—चिन्ह "हिन्तो" का डिंगल में रूपांतर अवशिष्ट है = से। पुरानी हिंदी में यह पंचमी और तृतीया के विभक्ति-चिह्न की तरह प्रयुक्त होता था।

उदाहरण—"जब हुँत कहिगा पंखि विदेशी, तब हुँत तुम बिन रहै न जीऊ।" (जायसी)

कामदूत=कामदेव का संदेशवाहक।

हालियौ (डिं.)=(सं. हल्लान) हिलना डोलना, झूमते चलना।

उदाहरण—1. "हालति न चंपलता डोलत समीरन के, बानी कल कोकिल कलित कण्ठ परिगौ"।

2. "भूतल भूधर हाले अचानक, आप भरत्त्थ के दुंदुभि बाजे।" (केशव)

नोट—साहित्य में मलयानिल अपने त्रिविध-शीतल, मंद, सुगंध गुणों के लिए प्रसिद्ध है। इस दोहले में कवि ने उसे 1. 'जलसभिन्न', (शीतल) 2. 'सुगंध भेंट सजि' अतएव, सुगंधित और 3. "डिगमिग पाउ वाउ क्रोध-डर"—अतएव मंद—वर्णित किया है। इसके अतिरिक्त कवि ने इस मलयानिल से दूति कार्य कराया है। इसे शिव भगवान् को प्रसन्न करना है। पहले कामदेव ने उनकी समाधि भंग करके शिवजी को क्रुद्ध कर दिया था। फलतः भस्मसात् किया गया था। उसी अपराध के प्रक्षालन करने का उपाय किया जा रहा है।

अलंकार=समुच्चय।

परिकार—'कामदूत'-साभिप्राय है।

स्वभावोक्ति।

दोहला—259

तरतौ=तैरता हुआ।

ऊतरतौ=(सं. उत्तरण क्रि. सक.) नदी पार करके उतरता हुआ। उदाहरण—"लखन दीस पय उतरि करारा।" (तुलसी)

विलग्ग (डिं.)=(सं. विलग्न) प्रा. विलग्ग=लगते हुए।

पग्ग (डिं.)=(सं. पदक) प्रा. पअग=पाँव, पैर।

तणाँ, तिणि (डिं.)=देखो. प्रयोग दोहला— 303 में।

आवतौ (डिं.)=हिं. आवत=आता हुआ।

वहै (डिं.)=(सं. वह्) चलते हैं।

उदाहरण—"अस कहि चढ़यौ ब्रह्म रथ माँहीं, श्वेत तुरंग बहै रथ काहीं।" (रघुराज)

नोट—इस दोहले में भी शीतल, मंद, सुगंध त्रिविध-पवन का वर्णन है। कवि ने पवन को शठ नायक बनाया है, जो अन्यत्र विहार करने के कारण अपनी प्रेयसी से मिलने में संकुचित और लज्जित होता है।

शठ नायक का लक्षण—

"शठ साधत निज काज, मुख मीठो हिय कपटमय।

प्यारी गारी आज, मिसरी तें मीठी लगैं।।" (भानु)

अलंकार=समासोक्ति।

दोहला—260

कुंद, केवड़ा केतकी=ये सभी फूल सफ़ेद रंग के और एक ही मौसम के हैं।

1. कुंद—जूही की तरह का एक पौधा जिसमें सफ़ेद पुष्प लगते हैं। इनकी सुगंध बड़ी मीठी होती है। यह कार्तिक से फाल्गुन तक फूलता है।

उदाहरण—"कुंद इन्दु सम देह, उमारमण करुणायतन"।। (तुलसी)

2. केतकी का झाड़ या पौधा छोटा होता है जिसकी पत्तियाँ लंबी, नुकीली, चपटी, कोमल, चिकनी, और किनारे और पीठ काँटेदार होती है। केतकी दो प्रकार की होती है। 1. सफ़ेद 2. पीली। सफ़ेद को हिंदी में केवड़ा (सं. केविका) कहते हैं और पीली या सुवर्ण रंग वाली को केतकी कहते हैं। इसमें बरसात में फूल लगते हैं।

श्रम-सीकर=(सं.) पसीने के बिंदु या कण। उदाहरण—"श्रम स्वेद सीकर गंड मण्डित रूप अम्बुजं।" (सूर)

गन्धवाह=(सं.)=गंध को ले जाने वाला अर्थात् पवन।

गन्धवाह—नाक, नासिका को भी कहते हैं।

नोट—इस दोहला— में भी पवन के त्रिविध गुणों का पृथक्-पृथक् कथन किया है।

अलंकार=हेतु—उत्तराद्र्ध में।

दोहला—261

रेवा=(सं.) रेवा नदी, नर्मदा। उदाहरण—"रेवारोधसि वेतसीतरुतले चेतः समुत्कण्ठते।" (काव्यप्रकाश)

रसलोभी = रस का लोभी।

सरति = (सं.) चलता है। शुद्ध संस्कृत क्रियारूप का प्रयोग।

सापराध पति = अन्यत्र रतिक्रीड़ा करके अपनी नायिका के पास आए हुए अपराधी पति को 'सापराध' कहते हैं। नायकों में यह एक प्रकार का नायक माना जाता है और 'धृष्ट' नायक के भेद के अंतर्गत आता है। यथा :–

"धृष्ट कलंकी निलज पुनि, करै दोष निरशंक।
ज्यौं ज्यौं बरजत ताहि तिय, त्यौं त्यौं लागत अंक।।" (भानु)

अलंकार = उपमा।

दोहला–262

पुहपवती (डिं.) = (सं. पुष्पवती) 1. फूलों वाली 2. रजस्वला, ऋतुमती।

सं. उदाहरण–"पुष्पवत्यपि पवित्रा।" (कादम्बरी)

पमूँके (डिं.) = (सं. प्रमुक्त) प्रा. पमुक्क, डिं. पमूक = छोड़ता है।

मधुपान = (सं.) पुष्पों की मदिरा का पीना, पुष्पासव का पान। मिलाओ– "मधु द्विरेफः कुसुमेकपात्रे पपौ प्रियायामनुवर्तमानः।" (कुमारसम्भवः)

पय (डिं.) = (सं. पद) प्रा. पअ = पैर, पग, पद।

ठाइ (डिं.) = (सं. स्थान) प्रा. ठाण। उदाहरण–"नाहिन मेरे और कोउ बलि चरन कमल बिनु ठाँह।" (सूर)

मंडै (डिं.) = (सं. मंडन) = माँडता, स्थापित करता, धरता, रखता है।

वमन करतौ = गिराता हुआ, उदिग्रण करता हुआ।

मतवाळौ = मदमत्त, नशे में चूर, मदिरा में धुत्त।

नोट–इस दोहले में भी शीतल, मंद, सुगंध त्रिविध पवन का उल्लेख है। अलंकार–समासोक्ति।

श्लेष–'पुहपवती' में।

दोहला–263

तोय = (सं.) = जल।

छंटि (डिं.) = (हिं. छाँटना) छाँटता हुआ, फैलाता हुआ, छींटों छींटों में विस्तरण करता हुआ।

ऊघसत (डिं.) = (सं. उत् + घर्षतः) घिसता हुआ, रगड़ खाता हुआ। देखो नोट पूर्व दोहले 203 में "आधोफरै मेघ ऊघसता।"

मलय तरि = (सं.) मलयाचल पर बहुतायत से उगने वाला चंदन वृक्ष। कहते हैं इसकी शाखाओं पर साँप लिपटे रहते हैं।

रजधूसर = (सं.) धूल से भर कर धूल के मटमैले रङ्ग का हो जाना।

उदाहरण—"धूसर धूरिभरे तनु आये, भूपति बिहँसि गोद बैठाये।" (तुलसी)

मातंग = (सं.) बड़ा हाथी। उदाहरण—"मदमत्त यदपि मातंग संग"। (केशव)

मल्हपति (डिं.) = (सं. आलपति) आनंद की मौज में कुछ-कुछ शब्द करते चलना। हिं. मल्हाना, मल्हराना, मल्हारना प्रायः इसी प्रकार के अर्थ में प्रयुक्त होते है—

उदाहरण—"हलरावै दुलरावै मल्हावै, जोइ सोइ कछु गावै।" (सूर)

नोट—इस दोहला— में भी शीतल, मंद, सुगंध पवन का वर्णन है।

अलंकार = रूपक। उत्तरादूर्ध में अनुप्रास की छटा देखने योग्य है।

दोहला—264

उभयपख = (सं. उभयपक्ष) = दोनों पक्षों में अर्थात् संयोगिनी और वियोगिनी दोनों के संबंध में पृथक्-पृथक्।

हिं. उदाहरण—"उभै बीच अन्तर कछु बरना।" (तुलसी)

भख = (सं. भक्ष्य) हिं. भख = खाद्य पदार्थ। उदाहरण—1. "पट पाखै भख काँकरै, सफर परेई संग।" (बिहारी)

2. "अब भख जनम जनम कहँ पावा।" (जायसी)

गिलि़ (डिं.) = (सं. गिलन) = निगलकर, खाकर।

ऊगळित (डिं.) = (सं. उद्गिरन) प्रा. उग्गिलण, हिं. उगलना। वापिस निकालना; वमन करना; निकालना।

गरळ = (सं.) = विष।

वाद = (सं. वाद) हिं. वाद = बहस, हठ, तर्क।

उदाहरण—"प्रभु सों विवाद कै के वाद ना बढ़ायहों।" (तुलसी)

ए (डिं.) = (सं. एष) = यह। हिंदी में भी प्रयोग होता है।

उदाहरण—"1. दुरै न निघट घटै दिए, ए रावरी कुचाल।" (बिहारी)

2. "ए हलधर के बीर"। (बिहारी)

भुयंग = (सं. भुजङ्ग) हिं. भुयंग = सर्प, साँप।

नोट—इस दोहला का उत्तरार्द्ध ठीक दोहले 256 के उत्तरार्द्ध के ढङ्ग का है। "कंत सँजोगणि किंसुख कहिया, विरहणि कहे पलास वन।"

अलंकार = उल्लेख।

वृत्यानुप्रास की छटा समस्त दोहला— में देखने योग्य है।

दोहला—265

किहि (डिं.) = (सं. कस्मिन्) प्रा. कहिं, हिं. किंहि = किसी।

सरस = (सं.) = रसयुक्त, आनंदयुक्त।

बे-बिहूँ = (सं. द्वि) हिंदी में 'बे-बिहूँ' का 'दो-दोनों' के अर्थ में बहुतायत से प्रयोग होता है। देखो नोट पूर्व दोहले 82 में।

ताइ (डिं.) = (सं. सर्वनाम ता + हि (प्रत्यय) हिं. ताहिं, ताइ। देखो नोट पूर्व दोहले 4 में। उदाहरण—"ताइ प्रात हुलरावै गुलाब चटकारी दै"। (देव)

सूधति (डिं.) = (सं. शोध्) = शुद्ध कर देता है। हिंदी में इस अर्थ में प्रयोग होता है। उदाहरण—"सिय लौं सोधति तिय तनहि लगनि अगनि को ज्वाल।" (बिहारी)

सारिखौ (डिं.) = (सं. सदृशकः) प्रा. सरिखउ, हिं. सरीखौ = समान।

नोट—डॉ. टैसीटरी 'सूधति' क्रिया पद को पृथक्-पृथक् करके 'सूध ति' पाठांतर लेते हैं। इससे उनका क्या आशय है, हमें समझ में नहीं आता। इस पाठांतर के अन्यथा स्पष्ट अर्थ के संबंध में अनावश्यक संशय उत्पन्न हो जाता है।

अलंकार = व्यतिरेक।

दोहला—266

निमिख पल़ = (सं.) = दोनों समय के सूक्ष्म परिमाणसूचक शब्द हैं।

दाखै (डिं.) = दिखाते हैं, बताते हैं। देखो नोट पूर्व दोहला— 252 में।

थायै (डिं.)=थिउ, थियउ क्रियाओं का सम्मानसूचक प्रयोग है।=हो गये, हो रहे। गुजराती में भी प्रयोग होता है।

अलंकार=अन्योन्य।

दोहला–267

ओढण (डिं.)=(सं. उपवेष्टन) प्रा. ओवेड्ढण, हिं. ओढ़ना। ओढ़ने का वस्त्र। उदाहरण–"सोवत ओढ़े पीत पटु स्याम सलोने गात।" (बिहारी)

पाथरणि (डिं.)=(सं. प्रस्तरण) प्रा. पत्त्थरण, हिं. पाथरण=बिछौना। तुलसीकृत रामायण में इस शब्द का कई स्थानों पर प्रयोग हुआ है।

हिण्डति (डिं.)=(सं. हिण्डनम्)=झूलते हैं। देखो पूर्व दोहले 92 में "मणिमैं हीँडि हींडलै मणिधर"।

हिँडोलि (डिं.)=(सं. हिन्दोल)=झूले में।

पुहपाँ सरणि (डिं.)=(सं. पुष्पशरणा)=पुष्पों की शरण; पुष्पों पर आश्रित हैं। अर्थात् सखियों को पुष्प लाने ले जाने का ही कार्य रहता है। अतएव, उनकी जीविका पुष्पों पर निर्भर है, वे पुष्पों की शरण में हैं।

अलंकार=उदात्त।

नोट–इस दोहले के 'सरणि' शब्द के विषय में डॉ. टैसीटरी को संदेह है। शब्द का अर्थ और दोहला– में प्रासंगिक प्रयोग इतना स्पष्ट है कि किसी प्रकार के संशय को अवकाश नहीं हो सकता।

दोहला–268

पौढाड़ै (डिं.)=(हिं. पौढ़ना) प्रेरणार्थक–पौढ़ाना=लेटाना, सुलाना। डिङ्गल में क्रिया का प्रेरणार्थ रूप बनाने में 'अड़' आड' प्रत्ययों का प्रयोग होता है। हिंदी में इनके स्थान में 'अल' 'आल' का प्रयोग होता है। दोनों में भेद थोड़ा ही है। भाषा में 'ड' और 'ल' का अभेद माना गया है। यथा–हि. बैठना, बिठलाना या बैठालना। डिं. पौढणौ–पौढाड़णौ। हिं. उदाहरण–"एक बार जननी अन्हवायें, कर सिंगार पालन पौढाये"। (तुलसी)

परबोधै (डिं.)=(सं. प्रबोधनम्) 1. जगाना 2. समझाना, चेताना।

वाग=1. (सं. वाक्)=वाणी, सरस्वती 2. बाग़, बगीचा। ढूँढाड़ी टीका

'वाग' का द्वितीय अर्थ लेकर यह अर्थ करती है:—"नित्य बागाँ कै विषै बिहार कहताँ निवास करै छे"। परंतु 'नाद' और 'वेद' के ओजस्वी प्रसंग के देखते हुए हमने प्रथम अर्थ का प्रयोग किया है—अर्थात् जहाँ भगवान को "नाद पौढाड़े" और "वेद परबोधै" वहाँ 'वाग' सरस्वती देवी का नित्य विलास होता है। सरस्वती देवी भी भगवान् के गुणानुवाद करने को रात-दिन मौजूद रहती हैं।

माणै—माणग (डिं.)=रसिक; 'माणने' वाला अर्थात् सुख-समृद्धि का भोग करने वाला। राजस्थानी में "माणै" क्रिया श्रृंगार-रस-संबंधी सुखों का उपभोग करने के अर्थ में अब तक प्रचलित है। 'माणग' का रूपांतर 'माणीगर' भी डिंगल काव्य में प्रयुक्त होता है।

मयण (डिं.)=(सं. मदन) प्रा. मयण. हिं. मैन=कामदेव।

अलंकार=उदात्त।

दोहला—269

अवसरि=(सं.)=1. काल, समय, 2. अवकाश में, भीतर, अंदर। पृथक्-पृथक् यहाँ दोनों अर्थों में प्रयोग हुआ है।

पसरि (डिं.)=(सं. प्रसर)=पसर कर, बढ़कर, विस्तृत होकर।

गया=(सं. गता) गये हुए, नष्ट हुए, खोए हुए।

उदाहरण—"गयी बहोरि गरीबनिवाजू।" (तुलसी)

जुड़िया (डिं.)=(सं. युक्ता) प्रा. जुता। हिं. जुटना, जुड़ना।=संयुक्त, जुड़े हुए। उदाहरण—"दृग उरझत टूटत कुटुम, जुरत चतुर चित प्रीत"। (बिहारी)

जठरि=(सं.) पेट में।

अनंग=(सं.) कामदेव। हरकोपालन से कामदेव भस्म होकर अंगविहीन हो गए थे। अनंग के वे विशृंखलित अंग अब रुक्मिणी के गर्भ में पुनः संयुक्त हुए।

मोहिया (डिं.)=(सं. मोहता)=मोहित कर लिया।

उदाहरण—"मोहे श्याम धनी"। (हितहरि)

हाइ भाइ=(सं. हाव-भाव) 'हवा' की परिभाषा साहित्यकारों ने इस प्रकार की है—

**"ग्रीवा रेचकसंयुक्तो भ्रू नेत्रादिविकासकृत्
भावादीषत्प्रकाशो यः स हावः इति कथ्यते।।"**

(उज्ज्वलमणि)

भाव की परिभाषाः—"निर्विकारात्मके चित्ते भावः प्रथमविक्रिया।"

(सा. दर्पण)

और भी—"प्रकट सुभाव तियान के, निज सिंगार के काज।
हाव जानिये ते सबै, यों भाषत कविराय।।"

(भानु)

साहित्य में हाव 12 गिनाए गए हैंः—लीला, विलास, विच्छित्ति, विभ्रम, किलकिञ्चित, ललित, मोट्टायित, विव्वोक, विकृत, कुट्टसित, हेला और बोधक।

भाव-विधान में हाव 'अनुभावों' के अंतर्गत हैं।

विश्वनाथ हाव की व्याख्या यों करते हैं—

**"भ्रू नेत्रादिविकारैस्तु संभोगेच्छाप्रकाशकः।
भाव एवाल्पसंलक्ष्य विकारो हाव उच्यते।।"**

(सा. दर्पण)

2. भाव के साहित्यकारों ने तीन भेद माने है—1. स्थायीभाव 2. व्यभिचारीभाव 3. सात्विकभाव। क्रमशः इनकी संख्या 9, 33, और 8 है।

स्थायीभाव :—रति, हास, शोक, क्रोध, उत्साह, भय, जुगुप्सा, विस्मय और निर्वेद।

व्यभिचारीभावः—निर्वेद, ग्लानि, शङ्का, असूया, श्रम, मद, धृति, आलस्य, विषाद, मति, चिंता, मोह, स्वप्न, विबोध, स्मृति, अमर्ष, गर्व, औत्सुक्य, अवहित्था, दीनता, हर्ष, ब्रीड़ा, उग्रता, निद्रा, व्याधि, मरण, अपस्मार, आवेग, त्रास, उन्माद, जड़ता, चपलता, वितर्क।

सात्विकभाव—स्वेद, स्तंभ, रोमांच, स्वरभंग, वेपथु, वैवर्ण्य, अश्रु और प्रलय।

दोहला—270

वसुदेव=यदुवंशियों के कुल के एक राजा। ये श्रीकृष्ण के पिता थे। इनके पिता का नाम देवमीढ़ और माता का नाम मारिषा था। अपने पिता

के ये ज्येष्ठ पुत्र थे। इनकी 12 स्त्रियाँ थीं। जिसमें से रोहिणी के गर्भ से बलराम और देवकी के गर्भ से कृष्ण का जन्म हुआ था। वसुदेव की बहन कुन्ती थीं, जिसके पाँच पाण्डव पुत्र थे।

प्रदुमन=प्रद्युम्न; श्रीकृष्ण के बड़े पुत्र का नाम। ये कामदेव, कंदर्प, अनंग के अवतार माने गए हैं।

देवकी=वसुदेव की स्त्री और श्रीकृष्ण की माता। जब वसुदेव के साथ इनका विवाह हुआ था तब नारद ने आकर मथुरा के राजा कंस को कहा था कि तुम्हारी चचेरी बहिन देवकी के आठवें गर्भ से तुम्हारा मारने वाला उत्पन्न होगा। कंस ने एक-एक करके देवकी के छहः बच्चों को मरवा डाला। सातवें गर्भ को योगमाया ने देवकी से आकर्षित करके रोहिणी के गर्भ में स्थिर कर दिया, जिससे बलराम उत्पन्न हुए। आठवें गर्भ से भादों कृष्ण अष्टमी को कृष्ण जन्मे। उसी रात नन्द की स्त्री यशोदा के कन्या जन्मी। वसुदेव ने रातों रात पहुँच कर पुत्र से कन्या की अदला-बदला कर ली। इस कन्या को कंस ने पछाड़ मारा। कृष्ण बच गए।

रामा=लक्ष्मी का अवतार रुक्मिणी। पुराणों के अनुसार सीता, रुक्मिणी, राधा—ये लक्ष्मी के अवतार में विष्णुपत्नियाँ मानी गई हैं।

रति=कामदेव की स्त्री और दक्षप्रजापति की कन्या थी। दक्ष ने अपने शरीर के पसीने से उत्पन्न कर इसे कामदेव को अर्पित किया था। यह संसार की सबसे अधिक रूपवती स्त्री मानी गई है। इसे देखकर सब देवताओं को अनुराग उत्पन्न हुआ। अतएव, इसका नाम 'रति' पड़ा। शिवजी के तृतीय नेत्र की अग्नि से भस्म होने पर अपने पति कामदेव के लिए अत्यंत विलाप कर इसने शिवजी को प्रसन्न किया। शिवजी ने वरदान दिया कि अब से वह सदा के लिए अनंग कामदेव के साथ रहेगी।

सासू (डिं.)=(सं. श्वश्रु) हिं. सास।

सु बहू=(सं. सु + वधू) यहाँ बहू का अर्थ पुत्रवधू से है। दूसरे 'बहू' का अर्थ 'बधू' अर्थात् पत्नी है।

नोट—इस दोहला— में कवि ने भगवान् के प्रशस्त कुटुंब की वंशावली वर्णन की है। भगवान् की वंशावली वर्णन करने के लिए भक्त कवि को यदि 'बहीभाट' भी बनना पड़े तो उसे सहर्ष स्वीकृत होता है।

दोहला–271

लीलाधण (डिं.)=(हिं. लीला + धनी)=लीला के स्वामी, सांसारिक लीला करने वाले, मायापति। श्रीकृष्ण का विशेषण है। वेदांतिक मायावाद के अंतर्गत भगवान् के अवतार को संसार में आत्मविलासहेतुक और लीलामय माना है। राम को मर्यादा-पुरुषोत्तम और कृष्ण को लीला-पुरुषोत्तम कहा है।

मानुखी-लीला=संसार का मनुष्योचित उपभोग करना। मनुष्य के समान संसार का सेवन करना।

जगवासग वसिया जगति='जागति' शब्द को द्वारिका के अर्थ में पुष्ट करने का यह दूसरा प्रमाण है। जो संसार तथा समस्त ब्रह्मांड को अपने शरीर में बसाते हैं वे 'जगति' संसार स्वरूप द्वारिका में बसे। अर्थात् आश्रयदाता आश्रित होकर रहे अथवा आधारस्वरूप भगवान आधेय बन कर रहे। यही आश्चर्य है। यही भगवान् की मानुषी-लीला का उदाहरण है।

अनिरुद्ध=ये श्रीकृष्ण के पोते और प्रद्युम्न के पुत्र थे।

ऊषापति=बाणासुर की कन्या उषा, कृष्ण के पौत्र अनिरुद्ध के साथ ब्याही था। देखो कथा–"अनिरुद्ध-उषा-आख्यान" प्रेम सागर में।

वासग (डिं.)=(सं. वासकः) वास करने वाला; बसाने वाले।

अलंकार=विरोधाभास। पूर्वार्द्ध में।

दोहला–272

कहिसु (डिं.)=(सं. कथिष्यामि)=कह सकूँगा, कहूँगा, कहूँ।

नारायण=मनुस्मृति में इस शब्द की व्याख्या यों की है–

आपो नारा इति प्रोक्ता आपो वै नरसूनवः।

ता यदस्यायन पूर्वं तेन नारायणः स्मृतः। मनु. 1।10।

अर्थात् 'नर' परमात्मा का नाम है। परमात्मा से सबसे प्रथम जल की उत्पत्ति हुई। अतएव, उसका 'नारा' नाम पड़ा। जल जिसका प्रथम अधिष्ठान या अयन है वही 'नारायण' हुए। और कई प्रकार से भी इस शब्द की व्याख्या की गयी है।

निरगुण=सत्त्व, रज, तम प्रकृति के इन तीन गुणों से परे।

निरलेप = रागद्वेषादि सांसारिक गुणों से निर्मुक्त; अनासक्त।

अलंकार—अतिशयोक्ति (सबन्धा) पूर्वार्द्ध में।

दोहला—273

लोकमाता = विष्णुपत्नी होने के कारण लक्ष्मी जगत्जननी हुई, क्योंकि विष्णु संसार के पालनकर्त्ता हैं।

सिंधुसुता = समुद्रमंथन से उत्पन्न हुई लक्ष्मी।

उदाहरण—"चौंर ढारत सिंधुजा जय शब्द बोलत सिद्ध।" (केशव)

लक्ष्मी = सौंदर्ययुक्त, शोभायुक्त (शब्दार्थ)।

उदाहरण—"मलिनमपि हिमांशोर्लक्ष्मलक्ष्मीं तनोति।" (शकुन्तला, मालती-माधव)

अवरगृहे अस्थिरा = (सं. अपरगृहे अस्थिरा) = विष्णु के सिवाय दूसरे किसी के घर में स्थिर ने रहने वाली अतएव 'चंचला।'

इन्दिरा = प्रभुत्वशालिनी (सं. इन्द = प्रभुत्व; जैसे 'इन्द्र' में)

रमा = (सं.) भगवान जिसमें रमण करते हैं।

श्री = शोभा, सौंदर्य, ऐश्वर्य इन गुणों का स्थान—लक्ष्मी।

प्रमा = (सं.) न्याय और तर्कशास्त्र के अनुसार—'प्रमा' यथार्थ ज्ञान को कहते है। अलग-अलग श्रेणी के दार्शनिकों ने 'प्रमा' के पृथक्-पृथक् साधन अथवा कारण जिन्हें 'प्रमाण' कहते हैं, माने हैं। यथा—

नैयायिकों ने 'प्रमा' के साधन—1. प्रत्यक्ष, 2. अनुमान, 3. उपमान, 4. शब्द। ये चार प्रमाण माने हैं।

सांख्यकों ने 1. प्रत्यक्ष, 2. अनुमान, 3. शब्द। तीन प्रमाण माने हैं। इसी प्रकार दूसरों-दूसरों ने।

अमरकोश में लक्ष्मी के पर्यायवाची नाम इस प्रकार गिनाए हैं।

"लक्ष्मी पद्मालया पद्मा कमला श्रीर्हरिप्रिया।
इन्दिरा लोकमाता मा क्षीरोदतनया रमा।।"

कवि की नामावली उपर्युक्त नामावली से बहुत कुछ मिलती है।

दोहला–274

कंदर्प = इसकी व्याख्या और व्युत्पत्ति यों की गई है–

कंदर्पयामीति मदाज्जातमात्रो जगाद च।

तेन कंदर्पनामानं तं चकार चतुर्मुखः।।

हिं. उदाहरण–"कंदर्प अगणित अमित छबि नव नील नीरज सुदरं।।" (तुलसी)

संबरारि = कामदेव ने शंबरासुर को मारा था। रामायण और महाभारत में इसे कामदेव का शत्रु माना है।

उदाहरण–"शम्बर ज्यों शम्बरारि दुःख देह को दह।" (केशव)

समर = स्मृतिजन्य अर्थात् प्रेमस्वरूप कामदेव; स्मर।

मदन = (सं. माद्यति अनेन–मद् करणे ल्युट्) मदमत्त करने वाला।

मार = (सं मृ-धञ्) मारक, मारने वाला।

देखो प्रयोग–"श्यामात्मा कुटिलः करातु कबरी भारोऽपि मारोद्यम।" (गीतगोविन्द)

पंचसर = कामदेव के पाँच बाण पूर्व दोहला– में प्रसंगवंश गिनाए गए हैं। देखो दोहला– 109 का नोट।

तनुसार = 1. (सं. तनु + सृ (धातु) 1. शरीर में व्याप्त होकर रहने वाला 2. बलवान् शरीरवाला।

मिलाओ अमरकोष की नामावली–

मदनो मन्मथो मारः प्रद्युम्नो मीनकेतनः।

कंदर्पो दर्पकोऽनंगः कामः पञ्चशरः स्मरः।

शम्बरारिः मनसिजःकुसुमेषुरनन्यजः।

पुष्पधन्वा रतिपतिर्मकरध्वज आत्मभूः।।

दोहला–275

चतुर्मुख...इत्यादि = अनिरुद्ध की पर्यायवाचिनी इस नामावली से प्रतीत होता है कि कवि ने अनिरुद्ध को ब्रह्मा अथवा ब्रह्मात्मा का अवतार माना है। इसकी पुष्टि के लिए हमको कोई प्रमाण नहीं मिलता। ऐसे प्रतीत होता

है कि कवि ने अपनी कल्पना के बल से अनिरुद्ध को ब्रह्मा का अवतार मान लिया है। जितने पर्यायों का उल्लेख है वे सभी ब्रह्मा पर घटते हैं।

दोहला–276

सुंदरता ..... इत्यादि = लक्ष्मी की अवतार रुक्मिणी में सर्वदा स्थाई इन विशिष्ट गुणों को कवि ने अपने कल्पना बल से सहचरी का रूप दे दिया है। पुराणें में इन सखियों का कहीं नामोल्लेख नहीं मिलता।

दोहला–277

सुपहु (डिं.) = (सं. सुप्रभु) = श्रेष्ठ प्रभु।

गृह-संगृह = (सं.) गृहस्थ के श्रेष्ठ गुणों का संग्रह करना; लोक संग्रह। देखो, 'लोकसंग्रहमेवापि' इत्यादि (गीता)

गिणि = (सं. गणना) हिं. गनि = गिनकर, समझकर।

मूँकिया (डिं.) = (सं मुच्) हिं. मूकना = छोड़ना, त्याग देना।

उदाहरण–"पाल्यौ तेरे टूक को परेहू चूक मूकिये न।" (तुलसी)

देखो पूर्व दोहले 262 में 'पमूँकै' का प्रयोग।

चंडालि = (सं. चाण्डाल) पतित, दुष्ट, दुष्टात्मा, दुरात्मा। 'चाण्डाल' एक नीच शूद्र जाति का नाम विशेष भी है।

अलंकार = रूपक उत्तरादूर्ध में।

दोहला–278

रस = (सं.) = प्रेम; शृंगाररस (रतिमूलक)।

खेत्र = (सं. क्षेत्र) = 1. रणक्षेत्र 2. खेत।

उदाहरण–"हतिहौं खेत खिलाइ खिलाइ"।(जायसी)

बैसे (डिं.) = (सं. वेशन) = बैठना, बैठकर। देखो अन्यत्र पूर्व दोहला–112, 135 में प्रयोग।

उदाहरण–देखा कपिन जाइ सो बैसा, आहुति देत रुधिर औ भैंसा। (तुलसी)

पारकी (डिं.) = (सं. परकीय) दूसरों की।

खगि (डिं.)=(सं. खड्ग) प्रा. खग्ग। तलवार।

डिं. उदाहरण—"दुइ सेन उदग्गन खग्ग सुमग्गन बग्ग तुरग्गन अग्ग लई।"

चात्रण (डिं.)=सं. चात्र (संज्ञा)=अग्निमंथन यंत्र; 'आरणि' का एक अवयव। यहाँ 'चात्र' (संज्ञा) का अकर्मक क्रिया प्रयोग है। अतएव, यह अर्थ हुआ जिस प्रकार चात्र यंत्र से अग्नि मथी जाती है उसी प्रकार शत्रुदल का मंथन करना।

नोट—इस दोहला— से वेलि-पाठ का माहात्म्य प्रारंभ होता है। मिलाओ भर्तृहरि का श्लोक—"यदि हरिस्मरणे रतिः स्यात्"........इत्यादि। कवि का यह दावा कि वेलि-पाठ से मनुष्य रसज्ञ, योद्धा और वक्ता बन सकता है—कहाँ तक सत्य है, हम नहीं कह सकते। पाठक स्वयं प्रमाण ढूँढें।

दोहला—279

भावी=(हिं.) भविष्यत्काल, आने वाला समय। भवितव्यता। उदाहरण—"भावी काहू सों न टरै।"

भुगति (डिं.)=(सं. भुक्ति) भोक्तव्य; संसार में भोगने योग्य सुख, विषय इत्यादि; लौकिक साधनों का उपभोग और सुख-लाभ।

उवरि (डिं.) = (सं. उदर (सप्तम्यन्त) उदर में, हृदय में, अंतःकरण में। सं. टीका—उवरि अभ्यन्तरे। मा. टीका—हीयइ।

तिकरि (डिं.) (सं. तत्कृते, त्वत्कृते)=के लिए, के वास्ते, देखो पूर्व प्रयोग दोहले 143, 234 में।

त्याँ (डिं.)=उनको, उनके।

दोहला—280

सुई (डिं.)=हिं. 'सोइ'=सोकर, लेटकर।

अपरस (डिं.)=(सं. अस्पृश्य)=अछूत, शुद्ध।

पढन्ताँ (डिं.)=पढ़ने वालों को, के लिए।

वंछित (डिं.)=(सं. वांछित)=इच्छित, ईप्सित।

नोट—पूर्वार्द्ध में कवि ने उपासनाः मार्ग के कर्मकाण्ड का जिस प्रकार उल्लेख किया है उससे उनके वैष्णव भक्त होने में किसी प्रकार का संदेह नहीं रह जाता।

दोहला–281

ऊपजै (डिं.) = (सं. उत्पद्यते) = उत्पन्न होती है।

उदाहरण–"उपजै बिनसै ज्ञान जिमि पाइ कुसंग सुसंग।" (तुलसी)

आप आप में (डिं. मुहा.) = परस्पर। हिंदी में भी यह मुहावरा प्रयुक्त होता है। यथा :–"यह वस्तु आप आपमें बाँट कर खा लो।"

रति = (सं.) प्रेम, प्रीति।

लहै = (सं. लभ्) हिं. लहना = प्राप्त करना।

उदाहरण–"नाचत ही निसि दिवस मर्‍यो, पै नहिं सुख कबहूँ लह्यौ।" (सूर)

परणी (डिं.) = (सं. परिणीता) = ब्याही हुई स्त्री।

कुमारी = (सं.) अविवाहिता कन्या।

नोट–वेलि-पाठ के माहात्म्य के इस अंश को अक्षरशः सत्य माना जाए अथवा नहीं, यह पाठकों की रुचि पर निर्भर है। परंतु इतना अवश्य सत्य है कि कवि ने भगवान् श्रीकृष्ण और रुक्मिणी के प्रेम के रूप में संसार के सामने आदर्श दांपत्य प्रेम का जो विशुद्‌ध एवं उच्च आदर्श स्थापित किया है वह मानव-समाज एवं वेलि-पाठकों के लिए अत्यंत हितकर है।

अलंकार = अन्योन्य-पूर्वाद्‌र्ध में।

दीपक–उत्तराद्‌र्ध में।

दोहला–282

पड़पोत्रे (डिं.) = (सं. प्रपौत्र) पौत्र का पुत्र।

साहण (डिं.) = (सं. साधन = सिद्‌धि के सहायक हेतु)

सं उदाहरण–"शरीरमाद्यं खलु धर्मसाधनम्"। (कुमार)

हिं. उदाहरण–"आये निशाचर साहनि साजे।" (रघुराज)

'साहण' के कई अर्थ हैं–1. साथी, संगी। 2. सेना, फौज। 3. परिषद, 4. हाथी-घोड़े इत्यादि विजय या सफलता-प्राप्ति के साधन।

यहाँ अंतिम अर्थ में प्रयोग हुआ प्रतीत होता है। सं. टीकाकार भी 'साहणैर्गजाश्वरथरूपै' अर्थ करके इसी आशय का समर्थन करता है।

जग पुड़ि (डिं.)=संसार के पुड़त, पृथ्वीतल, जगतीतल पर। 'पुड़ि' के इस अर्थ में प्रयोग के लिए देखो पूर्व प्रयोग दोहला– 217 में।

बाधै (डिं.)=(सं. वर्द्धते) बढ़ते हैं। पूर्व दोहला– में कई जगह प्रयोग हुआ है।

अलंकार=उपमा।

विशेष (दूसरा)।

दोहला–283

पेखे (डिं.)=(सं. प्रेक्ष्य) देखकर।

हिं. उदाहरण–"मज्जन फल पेखिय तत्काला।" (तुलसी)

वगि (डिं.)=(सं. वर्ग) प्रा. वग्ग=वर्गीकृत, एकत्रित, इकट्‌ठा।

कवण (डिं.)=हिं. कवन=कौन, कौन से। उदाहरण–"कारण कवन नाथ मोहिं मारा।" (तुलसी)

क्रम (डिं.)=(सं. कर्म) डिंगल के प्रथानुसार रेफ को स्थानांतरित किया गया है।

जाणियै (डिं.)=(सं. जाने) प्रा. जाणे=ऐसा प्रतीत होता है, जानो।

अलंकार=अनुमान प्रमाण।

दोहला–284

चतुरविध वेद प्रणीत चिकित्सा=वास्तव में आयुर्वेद में अष्टांग चिकित्सा गिनाई गई है। परंतु कवि ने उनमें से मुख्य चार लेकर यहाँ पर अपने ही ढङ्ग से गिनाई है। शास्त्रोक्त अष्टांग चिकित्साओं के नाम ये हैं

1. शल्य, 2. शालाक्य, 3. कायचिकित्सा, 4. भूतविद्या, 5. कौमारभृत्य, 6. अंगदतंत्र, 7, रसायनतंत्र, 8. वाजीकरणतंत्र।

चिकित्सा–आयुर्वेद के दो विभाग हैं, 1. निदान, जिसमें रोगों की पहचान और उनका वर्णन है। 2. चिकित्सा, जिसमें भिन्न-भिन्न रोगों पर भिन्न-भिन्न औषधियों की व्यवस्था बताई गई है। चिकित्सा के 3 उपभेद हैं–1. दैवी, जिसमें पारदादि रसायनों का प्रयोग हो, 2. छः रसों द्‌वारा की हुई मानवी चिकित्सा, 3. आसुरी–अस्त्रप्रयोग द्‌वारा चीर-फाड़ कर की हुई चिकित्सा।

परंतु कवि ने इन चिकित्सा के विभागों को न मानकर स्वयं अपना काल्पनिक विभाग किया है।

यथा–1. शस्त्र 2. औषधि 3. मंत्र 4. तंत्र।

उपचार = (सं.) = उपाय, दवा, इलाज।

उदाहरण–"ग्रह ग्रहीत पुनि वातवश तेहि पुनि बीछी मार।

ताहि पियाइय वारुनी, कहहु कौन उपचार।।" (तुलसी)

सुवि (डिं.) = हिं. सभी।

हुवि (डिं.) = होता है।

तंत्र = यह हिन्दुओं का उपासना-संबंधी एक प्राचीन शास्त्र है। इसे शिवप्रणीत माना है। तंत्रशास्त्र तीन भागों में विभक्त है–1. आगम, 2. यामल, 3. मुखतंत्र।

जिसमें, सृष्टि, लय, मन्त्रनिर्णय, देवताओं का संस्थान, यंत्रनिर्णय, तीर्थ, आश्रमधर्म, कल्प, ज्योतिषसंस्थान, व्रत, कथा, शौच, अशौच, स्त्री-पुरुष-लक्षण, राजधर्म, दानधर्म, युवाधर्म, तथा इतर आध्यात्मिक विषयों का वर्णन है, वह तंत्रशास्त्र कहलाता है। इस शास्त्र का सिद्धांत है कि कलियुग में वैदिक मंत्रों और यज्ञादिकों का कोई फल नहीं होता। इस युग में सब प्रकार के कार्यों की सिद्धि तंत्रशास्त्र में वर्णित मंत्रों और उपायों से हो सकती है। इसके सिद्धांत बड़े गुप्त रखे जाते हैं। इसके लिए मनुष्य को पहले दीक्षित होना पड़ता है। प्रायः आजकल लोग मारण, उच्चाटन, वशीकरणादि तथा इतर हीन सिद्धियों के साधन के लिए ही तंत्रोक्त क्रियाओं का प्रयोग करते हैं। यह शास्त्र प्रधानतः शाक्तों का है और इसके मंत्र प्रायः अर्थहीन और एकाक्षरी होते हैं। यथाः ऊँ ह्रीं, क्लीं, श्रीं, शूं इत्यादि। तांत्रिकों का पंचमकार मद्य, मांस, मदिरा, मुद्रा और मैथुन है। प्रसिद्ध चक्रपूजा में उपरोक्त पदार्थों का प्रयोग होता है। यद्यपि अथर्वसंहिता में मारण, मोहन–उच्चाटन, वशीकरण ादि का वर्णन है, परंतु आधुनिक तंत्र से उनका बहुत थोड़ा संबंध है। भारत में चौथी-पाँचवीं शताब्दी में इस मत का प्रचार हुआ था।

अलंकार = विशेष (दूसरा)

दोहला–285

आधिभूतक आधिदेव अध्यातम त्रिविधताप = शास्त्र में तीन प्रकार के सांसारिक दुख अथवा ताप गिनाए गए हैं।

उदाहरण—"दैहिक, दैविक, भौतिक, तापा, रामराज काहुहि नहिं व्यापा।" (तुलसी)

1. आधिभौतिक=व्याघ्र सर्पादि जीवधारियों द्वारा प्राप्त दुख। सुश्रुत में रक्त तथा शुक्रदोष अथवा आहार-विहार से उत्पन्न व्याधियों को भी आधिभौतिक ही कहा है।

2. आधिदैविक=देवता, यक्ष भूत-प्रेतादि द्वारा प्राप्त दुख। सुश्रुत में सात प्रकार के दुःख गिनाए गए हैं। उनमें से तीन इसी वर्ग के अंतर्गत हैं यथा—1. कालबलकृत—बर्फ़, ओले, वर्षादि से उत्पन्न, 2. देवबलकृत यथा—बिजली पड़ना, पिशाचादि लगना, 3. स्वभावबल कृत यथा—भूख प्यासादि लगना।

3. आत्मा, मन एवं देह-संबंधी दुःख, यथा—शोक, मोह, ज्वर इत्यादि हो जाने को आध्यात्मिक ताप कहते हैं।

पिंड=(सं.) शरीर। देखो पूर्व दोहले 113 में।

प्रभवति=(सं.)=होने वाले।

कफ वात पित रोग त्रिविधमै=वैद्यक में ये तीन प्रकार के रोग माने गए हैं।

1. कफ=वैद्यक के अनुसार शरीर में एक धातु जिसके रहने का स्थान आमाशय, हृदय, कंठ, शिर और संधियाँ हैं। इनका क्रमशः नाम क्लेदन, अवलंबन, रसन, स्नेहन और श्लेष्मा है। आधुनिक पाश्चात्य मत से इसका स्थान साँस लेने की नलिकाएँ या आमाशय है। कुपित अथवा अनवस्थित होने पर 'कफ' दोष गिना जाता है और रोग का कारण बन जाता है।

2. वात=वैद्यक के अनुसार यह शरीरस्थ एक वायु है। इसके कुपित होने से अनेक रोग होते हैं। शरीर में इसका स्थान पक्वाशय माना है। शरीर की सब धातुओं और मलादि का पाचन इसी से होता है। श्वास, प्रश्वास, वेग, चेष्टा और कार्य भी यही करती है।

3. पित्त=वैद्यक के अनुसार पित्त शरीर के स्वास्थ्य और रोग के कारणभूत तीन प्रधान तत्त्वों और दोषों में से एक है। जिस प्रकार रस का मल कफ होता है। उसी प्रकार रक्त का मल पित्त होता है, जो यकृत अथवा जिगर में उससे पृथक् किया जाता है। यह उष्ण, द्रव, लघु, सत्त्वगुणयुक्त, स्निग्ध और कटु होता है। यह अम्ल, अग्निस्वभाव वाला, तरल पदार्थ है

जो शरीर के अंदर यकृत में बनता है। अग्निस्वभाव होने के कारण इसे अग्नि, उष्ण, तेजस् भी कहते हैं। इसकी बनावट में कई प्रकार के लवण और दो प्रकार के रंग पाए जाते हैं। यकृत के कोष्ठों से रस लेकर दो विशेष नालियों द्वारा पक्वाशय में आकर यह आहाररस से मिलता है और वसा और चिकनाई को पचाने में सहायक होता है। इस क्रिया के लिए उसमें पित्त का यथेष्ट मात्रा में मिलना अत्यंत आवश्यक होता है। इसके कई कार्य हैं। आमाशय से पक्वाशय में आये हुए आहाररस की खटाई को दूर करना; आँतों में भोजन को सड़ने न देना; शरीर का तापमान (Temperature) स्थिर रखना। पित्त की कमी से पाचन-क्रिया बिगड़ जाती है और मंदाग्नि, कब्ज और अतीसारादि रोग हो जाते हैं। इस प्रकार के विकार में ज्वर, दाह, वमन, प्यास, मूर्च्छा और चर्म रोग होते हैं। जिसका पित्त बिगड़ जाता है उसका रंग पीला पड़ जाता है।

शरीर में पित्त के पाँच स्थान हैं—आमाशय, यकृत-प्लीहा, हृदय, दोनों नेत्र, और त्वचा। इनमें रहने वाले पित्त के नाम क्रमशः ये हैं—पाचक, रेचक, साधक, आलोचक और भ्राजक। शरीर में इनकी पृथक्-पृथक् क्रियाएँ एवं कर्तव्य हैं। अँगरेज़ी में पित्त को Bile कहते हैं, जो क्रोधप्रधान प्रकृति माना गया है। अरबी में सफ़रा और फ़ारसी में तलख़ा कहते हैं।

नोट—दोहले 299 "ज्योतिषी वैद पौराणिक जोगी" में कवि ने वैद्यक के ज्ञान की चर्चा की है। इस दोहले में वैद्यक शास्त्र की कुछ सूक्ष्मताओं का उल्लेख है। आंशिक रूप में गर्वोक्ति सत्य है।

दोहला—286

रुषमिणी-मंगल=जिस ग्रंथ में श्रीरुक्मिणी का मंगल अर्थात् श्रीकृष्ण के साथ विवाह वर्णित है; अर्थात् 'वेलि'। 'रुक्मिणी-मंगल' कवि के समसामयिक एक चारण कवि के काव्य का नाम भी था। कहते हैं यह ग्रंथ 'वेलि' की तुलना में बादशाह के सामने रखा गया था। कथा के लिए देखो भूमिका।

थाइ (डिं.)=होता है। गुजराती में भी प्रयोग होता है।

दुरदिन=(सं.) बुरा समय, आपत्तिकाल।

दुरग्रह=(सं.) ज्योतिष के अनुसार दुष्ट ग्रहों का कोप।

दुरदसा = (सं.) बुरी दशा।

दुसुपन = (सं. दुःस्वप्न) = निमित्तसूचक बुरे-बुरे स्वप्न।

दुरनिमित = (सं.) भविष्य में होने वाले अनिष्ट को सूचित करने वाला अशकुन; बुरे शकुन।

नोट—हमें ज्ञात है कि राजस्थान के कई धार्मिक प्रकृति के पुरुष 'वेलि' का नियमपूर्वक पाठ करते हैं और उनका विश्वास है और कथन है, कि वेलि-पाठ से उनको बहुत से आध्यात्मिक एवं भौतिक लाभ हुए हैं। यह असंभाव्य नहीं है। कलियुग में विश्वास और जप का बड़ा माहात्म्य है। इसमें किसी को संदेह नहीं है।

दोहला–287

छलन्ति, भणन्ति, नमसि = (सं.) शुद्ध संस्कृत प्रयोग।

अलंकार = अत्युक्ति।

दोहला–288

सन्यासिए, जोगिए, तापसिए = एकारांत डिंगल में बहुवचन-द्‌योतक होता है। संन्यासियों, योगियों, तपस्वियों को।

1. संन्यासी = गीता में इसकी व्याख्या की गई है—काम्यानां कर्मणां न्यासं (त्यागं) संन्यासं कवयो विदुः। (गीता)

ज्ञेयः स नित्यसंन्यासी यो न द्वेष्टि न कांक्षति। (गीता) सांसारिक प्रपंचों के त्याग की वृत्ति को 'सन्यास' कहते हैं; वैराग्र। प्राचीन भारतीय आर्यों के जीवन की चार अवस्थाओं में से अंतिम अवस्था। पुत्रादि के सयाने हो जाने पर मनुष्य गृहस्थाश्रम को छोड़ कर एकांतवास और ब्रह्मचिंतन के निमित्त परलोकसाधनार्थ जंगल में निवास करता था। किसी आचार्य-द्‌वारा दीक्षा लेकर सिर मुँड़ा कर, दंड ग्रहण कर भिक्षावृति से आत्मनिर्वाह करता था। संन्यास दो प्रकार के माने गए हैं—1. संक्रम—अर्थात् क्रमागत काल में ब्रह्मचर्य, गृहस्थ और वानप्रस्थ जीवन के उपरांत संन्यास ग्रहण करना। 2. अकम—बीच ही में जब वैराग्य हुआ तभी संन्यास ले लेना।

2. योगी—आत्मौपम्येन सर्वत्र समं पश्यति योऽर्जुन।
सुखं वा यदि वा दुःखं स योगी परमो मतः।।

(गीता)

जो भले, बुरे, सुखदुखादि द्वंद्वों को समान समझे, उनमें आसक्त न हो। वह आत्मज्ञानी जिसने योगाभ्यास-द्वारा सिद्धि प्राप्त की है। योगदर्शन में अवस्था भेद से चार प्रकार के योगी माने हैं। यथा—1. काल्पिक—जिसने योगारंभ किया है, 2. मधुभूमिक जो भूतों और इन्द्रियों पर विजय चाहते हैं, 3. प्रज्ञाज्योति—जिन्होंने भली-भाँति इंद्रिय-निग्रह कर लिया है; 4. अतिक्रांत भावनीय—जिन्होंने सब सिद्धियाँ प्राप्त कर ली हों, परंतु अब तक चित्तलय बाकी है।

3. तापसी = तपस्वी, तप करके शरीर को कष्ट देने वाला कठोर व्रत नियमादि का पालन करके चित्त को शुद्ध और इंद्रियों को विषयों से निवृत्त करने वाला।

प्राचीन काल में हिंदुओं, बौद्धों, जैनों, यहूदियों और ईसाइयों में बहुत से लोग ऐसे होते थे जो इंद्रियों को वश में करने और सांसारिक विषय-वासनाओं से मन को हटाकर चित्त-शुद्धि करने के लिए, धार्मिक विश्वास के अनुसार नगरों से दूर जंगलों, पहाड़ों में जाकर रहते थे। वहाँ घास-फूस का आवास बना कर कंद-मूल फल खाते और तरह-तरह के कठोर व्रत उपवासादि किया करते थे। पुराणों में इस प्रकार के तपस्वियों की कथाएँ भरी पड़ी हैं। कभी-कभी किसी अभीष्ट प्राप्ति के लिए अथवा किसी देवता को प्रसन्न करके वर प्राप्ति करने के लिए भी तप किया जाता था। यथा—गंगा को लाने के लिए भागीरथ का तप, शिव को ब्याहने के लिए पार्वती का तप। पतंजलि के अनुसार ऐसे तप को क्रिया-योग कहा है। गीता में तीन प्रकार के तप गिनाये हैं, 1. कायिक, 2. वाचिक, और 3. मानसिक।

हठ-निग्रह = हठयोग; वह योग जिसमें चित्तवृत्ति हठात् बाह्य विषयों से हटा कर अंतमुर्ख की जाती हैं और जिसमें शरीर को साधने के लिए कठिन-कठिन आसनों और मुद्राओं को साधना पड़ता है। नेती, धौती आदि क्रियाएँ हठयोग के अंतर्गत हैं। इनके लिये देखो हठ-प्रदीपिका—स्वात्मारामविरचित, जो इस योग का प्रधान ग्रंथ है। मत्स्येन्द्रनाथ, गोरखनाथादि योगीश्वर इसके आचार्य

हैं। पतंजलि के योगसूत्र के दार्शनिक अंश को छोड़कर 'साधना', अंग पर हठ-योग आश्रित है।

काँइ (डिं.)=डिंगल में प्रश्नवाचक सर्वनाम है=क्या। राजस्थानी बोलचाल की भाषा में अब तक प्रयुक्त होता है।

इवड़ा (डिं.)=ऐसा, इतना। 'ऐहड़ा' का भी प्रयोग होता है।

पार थिया पार थिया=इन शब्दों की पुनरावृत्ति निश्चयार्थद्योतक है। अर्थात् निश्चय ही पार हो गए। जैसे हिंदी में 'पार हो गए और फिर हो गए।' अर्थात् इसमें संदेह नहीं है।

डॉ. टैसीटरी ने अंतिम पंक्ति 'तरि पार' के स्थान में 'ऊतरे' पाठांतर लिया है। पुनरावृत्ति को बचाने के लिए उन्होंने इस बहुसम्मत पाठांतर को छोड़ दिया है। हमारी समझ में काव्य में उपयुक्त स्थान पर पुनरावृत्ति करने से चमत्कार की वृद्धि ही होती है–जैसी कि इस दोहले में।

अलंकार=प्रतीप।

दोहला–289

जोग=पतंजलि का योगदर्शन समाधि, साधन, विभूति और कैवल्य इन चार विभागों में विभक्त है। समाधि-भाग में योग के उद्देश्य और लक्षण और उसका साधन बताया गया है; साधन-भाग में क्लेश, कर्म-विपाक और कर्म-फलादि का विवेचन किया गया है; विभूति-भाग में योग के अंग, उनका परिणाम क्या है और उनके द्वारा अणिमा महिमादि सिद्धियों की प्राप्ति कैसे होती है इत्यादि का विवेचन है। कैवल्य-भाग में मोक्ष का विवेचन किया गया है।

योगदर्शन का संक्षेप में यह मत है कि मनुष्य को अविद्या, अहंकार, राग, द्वेष और अभिनिवेष–ये पाँच क्लेश होते हैं। उनसे बचने के उपाय पतंजलि ने योगसाधनों द्वारा बताए हैं। योग के अंगों को सिद्ध कर मनुष्य अंत में मोक्ष पा लेता है। योग दो प्रकार का माना गया है–1. संप्रज्ञात और 2. असंप्रज्ञात। जिस अवस्था में ध्येय का रूप प्रत्यक्ष रहता है उसे प्रथम और जिसमें किसी प्रकार की चित्तवृत्ति का उदय नहीं होता अर्थात् जिसमें ज्ञाता और ज्ञेय का भेद नहीं रहता, केवल संस्कार-मात्र बने रहते

हैं, उसे असंप्रज्ञात कहते हैं। योगसाधनों का सिद्धांत यह है कि प्रथम स्थूल विषयों का आधार लेकर क्रमशः सूक्ष्म विषयों पर चित्तवृत्ति को स्थिर करना और अंत में विषयों का इंद्रियों से परित्याग करना, जिससे आत्मा में चित्तवृत्ति का निवेश किया जा सके। आठ प्रकार के योग साधन हैं, जिन्हें अष्टांगयोग कहा है, यथा—

यमो नियमश्वासनं प्राणायामस्ततः परम्।
प्रत्याहारो धारणा च ध्यानं सार्धं समाधिना।
अष्टांगान्याहुरेतानि योगिनां योगसिद्धये।।

जाग=(यज्ञ सं.) प्राचीन आर्यों का एक प्रसिद्ध वैदिक कृत्य जिसमें प्रायः हवन-पूजन होता था। देवताओं को प्रसन्न करने, पुत्रजन्म, विवाह, अन्य समारोह, अंत्येष्टि क्रिया, पितरों का श्राद्ध आदि के समय पर यज्ञ करने की प्रथा थी। यज्ञ कई प्रकार के होते थे, यथा—सोमयज्ञ, अश्वमेध, राजसूय, अग्निष्टोम इत्यादि। ब्राह्मणों की नित्यक्रिया में पंचमहायज्ञ का निर्देश था। वैदिककाल में यज्ञ में पशु-बलि की प्रथा भी पड़ गयी, जो पीछे बहुत बढ़ गई और जिसका विरोध करने के लिए बौद्धमत का प्रचार हुआ। ब्राह्मणों और श्रौतसूत्रों में यज्ञविधि और कर्मकाण्ड की विवेचना की गई है।

जप=किसी मन्त्र का बार-बार, धीरे-धीरे पाठ करना। यह भी उपासना का एक साधन है। पुराणों में जप तीन प्रकार के माने गए हैं—1. मानस, 2. उपांसु, 3. वाचिक। प्रथम में, मन ही मन मंत्र का अर्थ मनन करना और धीरे-धीरे ऐसा उच्चारण करना कि होंठ और जिह्वा न हिलें; द्वितीय में जिह्वा और होंठों को कुछ-कुछ हिलाते उच्चारण करना, जो थोड़ा सुनाई दे। तृतीय में वर्णों का स्पष्ट उच्चारण करना होता है। जप करते समय जप की संख्या पर ध्यान रखना होता है। अतएव, 'जपमाला' की आवश्यकता पड़ती है।

तीरथ=वह पवित्र या पुण्यस्थल जहाँ धर्मभाव से लोग यात्रा, पूजा और स्नानादि के लिए जाते हैं। यथा—काशी, प्रयाग, गया, जगन्नाथ, द्वारिका इत्यादि।

हिंदू शास्त्रानुसार तीर्थ तीन प्रकार के हैं—1. जंगम—ब्राह्मण साधु आदि, 2. मानस—जैसे, सत्य, क्षमा, दया, दान, ब्रह्मचर्य, ज्ञान, धैर्य, मधुरभाषणादि गुण, 3. स्थावर, जैसे, काशी, गया, प्रयागादि पुण्यस्थान।

व्रत=किसी पुण्य तिथि को अथवा पुण्यप्राप्ति के निमित्त नियमपूर्वक उपवास करना। हिंदू व्रत के दिन प्रायः कुछ नहीं खाते या कोई विशिष्ट पदार्थ खाते हैं। साधारणतः प्रत्येक एकादशी को व्रत रखते हैं। किसी व्रत में केवल फलाहार होता है; प्रदोष के व्रत में अन्न भी खाया जाता है। निर्जला एकादशी को जल भी नहीं पीते। कुछ व्रत ऐसे हैं जो महीनों चलते हैं, यथा–चांद्रायण, चातुर्मास्य आदि। स्त्री और पुरुषों के लिए पृथक्-पृथक् व्रत निर्दिष्ट हैं। व्रत के दिन आचार-व्यवहार, विचारादि की पवित्रता पर ज़्यादा ध्यान दिया जाता है।

दान=वह धर्मार्थ कृत्य जिसमें श्रद्धा या दयापूर्वक धर्मभाव से अप्रत्युपकारी को धनादि पदार्थ दिया जाए। स्मृतियों में इस पर बड़ा विचार किया गया है। दान देते समय दान-ग्रहीता की पात्रता पर बड़ा ध्यान रहना चाहिए। दानों का विशेष विधान यज्ञ, श्राद्धादि धर्मकृत्यों के बाद होता है। दान देते समय दाता में श्रद्धा होनी चाहिए। गीता में सात्विक, राजस और तामसी–तीन प्रकार के दान कहे गये हैं।

आश्रम–स्मृतियों में हिंदू-धर्म के चार आश्रम बताये हैं,–ब्रह्मचर्य, गार्हस्थ्य, वानप्रस्थ और संन्यास।

वरणा=प्राचीन आर्यों ने हिंदू-समाज के चार विभाग किए–ब्राह्मण, क्षत्रिय, वैश्य, शूद्र। ऋग्वेदीय काल में भारतीय आर्य-जनता के दो वर्ग थे–1. आर्य 2. दस्यु। आगे चलकर यही वर्गीकरण व्यवसाय के आधार पर हुआ है। पुरुष-सूक्त में आलंकारिक ढंग से पहले पहल चार वर्णों का सूत्रपात हुआ है। ब्राह्मण ईश्वर के मुख से, क्षत्रिय बाहु से, वैश्य जंघा से और शूद्र पैरों से उत्पन्न हुए। अलग-अलग वर्णों का धर्म और कर्तव्य, व्यवसायादि भी पृथक्-पृथक् निर्दिष्ट हो गए। वर्णाश्रम की व्यवस्था हिंदू-धर्म की ख़ास व्यवस्था है। अतएव, हिंदू अपने धर्म को 'वर्णाश्रमधर्म' नाम से कहते हैं।

कलपसि=(सं. कल्पन=(दुख की उद्भावना करना) बिलखना, विषाद करना। उदाहरण–"नेकु तिहारे निहारे बिना कलपै जिय क्यों पल धीरज लेखौं।" (पद्माकर)

सं. टीका="किं कलपसि किं याचसे इत्यर्थः।"

अलंकार=प्रतीप।

दोहला–290

भजै=(सं. भजति)=सेवन करती है, सेवा करती है, आश्रय लेती है। उदाहरण–"तजो हठ आनि; भजो किन मोहि।" (केशव)

अतारू (डिं.)=अ़तारू=नहीं तैरने वाला। देखो 'तारू' का प्रयोग पूर्व दोहले 6 में "तारू कवण जु समुद्र तरै।"

बोलै (डिं.)=हिं. बोरना=डुबोना, जलमग्न करना।

उदाहरण–1. "कपट बोरि बानी मृदुल, बोलेउ कपट समेत।" (तुलसी)

2. "लागी जबै ललिता पहिरावन, कान्ह को कंचुकी केसर बोरी।"

ग्रब (डिं.)=(सं. गर्व) देखो डिंगल प्रथानुसार रेफ का स्थानांतरित होना।

म (डिं.)=सं. मा (निषेधात्मक) का अल्परूपांतर।

वाहणी (डिं.)=(सं. वाहिनी)=1. बहने वाली, 2. सेना।

आणाँ (डिं.)=(सं. अन्यत् प्रा. अण्ण, हिं. आन)=दूसरा, अन्यत्र।

सूँ=गुजराती प्रयोग। गुजराती के बहुत से प्रयोग राजस्थानी और डिंगल में पाए जाते हैं। वास्तव में इन पड़ोस की भाषाओं का बड़ा निकट संबंध है। गुजराती में 'सूँ' प्रश्नवाचक सर्वनाम है–कैसे, क्यों, किस प्रकार–अर्थ में प्रयुक्त होता है। यहाँ वही अर्थ है।

भागीरथी=सूर्यवंश के राजा भगीरथ गंगा को स्वर्ग से पृथ्वी पर लाए थे, अतएव, उसका यह नाम पड़ा। राजा सगर के साठ हज़ार पुत्रों को कपिल के शाप ने भस्म कर दिया था। अपने इन पूर्वजों के उद्धार के लिए अयोध्या के सूर्यवंशी राजा और सगर के प्रपौत्र भगीरथ ने बड़ा तप किया और गंगाजी को पृथ्वी पर लाए। पृथ्वी पर आने पर शिवजी ने गंगा को जटा में धारण कर लिया। वहाँ से गंगासागर की ओर जाते हुए जह्नु ऋषि ने इसे पी लिया। प्रार्थना से निर्मुक्त होने पर गंगा ने सगर के पुत्रों को पुनर्जीवित किया। स्वर्ग, पृथ्वी और पाताल में गंगा की तीन धाराएँ मानी गई हैं। जिनको क्रमशः (मंदाकिनी) आकाशगंगा, भागीरथी और भोगवती कहते हैं।

बे हरि हर भजै=गंगा ने विष्णु और शिव दोनों की सेवा किस प्रकार की यह प्रसंग हरिश्चन्द्र की 'गंगा की शोभा' कविता में यों वर्णित है–

"श्रीहरिपदनख चन्द्रकान्तिमणि द्रवित सुधारस।
ब्रह्मकमण्डलुमण्डन भवखण्डन सुख सरबस।।
शिवसिरमालति माल, भगीरथ नृपति पुण्यफल।।"

ढूँढाड़ी टीकाकार ने इस दोहला– में गंगाजी की निंदा होना समझ कर अर्थ देना उचित नहीं समझा है–"गंगाजी की निंदा करी छै। ताके लियां या दुवाला को अरथ मैं नहीं लिख्यौ छै।" हमें तो इस दोहला– में किसी प्रकार से गंगा की निंदा नहीं दिखाई देती। इतना तो निश्चय है कि कवि कृष्ण की भक्ति को गंगा की भक्ति से ज़्यादा व्यापक एवं श्रेष्ठतर समझता है, जो युक्त ही है। इसीलिए तुलना में भगवत्स्तुतिरूप 'वेलि' को गंगा से ज़्यादा व्यापक एवं श्रेष्ठ माना है। इससे यह प्रमाणित नहीं होता कि कवि को गंगाजी की भक्ति न थी। उनके स्फुट काव्य में 'भागीरथी' और 'जाह्नवी' के दोहे अत्यंत भक्तिपूर्ण हैं। गंगाजी के माहात्म्य की स्तुति करने में भी कवि ने कोई कसर नहीं रखी है। देखें भूमिका में 'गंगा के दोहे।'

अलंकार=प्रतीप।

दोहला–291

वायौ (डिं.)=(डिं. वाहणो (क्रिया))=खेत जोता, खेत बोया, जोता। देखो पूर्व दोहले 123, 124 में प्रयोग "वूठै वाहवियौ आ वेऌा" और "हऌधर काँ बाहताँ हऌाँह"।

थाणौ (डिं.)=(सं. स्थान) प्रा. थाण-ठण, हिं. थाला, थाँवला=आलवाल, वृक्ष के चारों ओर का पानी रहने का नीचा स्थान।

दास प्रिथु=भगवान् का दास कवि पृथ्वीराज राठौड़, भक्त पृथ्वीराज। पृथ्वीराज अपने आपको भक्त कवियों की श्रेणी में मानते हैं। इसी प्रकार तुलसी, सूर, कबीरादि ने अपने आपको 'दास' कहा है। भक्तमाल में नाभादासजी ने इनको इसी श्रेणी में माना है। भक्त के हृदय की नम्रता इसी से प्रकट होती है कि 'पृथ्वीराज' न कहकर 'प्रिथु दास' कहा।

भागवत=श्रीमद्भागवतपुराण, जो वेलि के कथानक का मूलाधार है। देखो दोहले 98 "भजति कि सुक मुखि भागवत।"

ताल = संगीत का काल-परिमाण। 'ताल' इसलिए कहा, क्योंकि 'वेलि' का पाठ 'वेलियो गीत' में गाया जाता है। इतर काव्य की तरह केवल पढ़ा जाने के लिए ही यह काव्य नहीं है। ताल स्वर से गाने के लिए 'वेलियो गीत' का प्रयोग है।

मंडहै (डिं.) = मंडप पर। उदाहरण—"मंडये तर की गाँठ में, गाँठ गाँठ रस होय।" (रहीम)

नोट—इस दोहले में कवि ने 'वेलि' के नाम के अंतर्गत रूपक का अपनी कल्पना से स्पष्टीकरण किया है। यह भी स्वीकार किया है कि इस ग्रंथ की मूलकथा श्रीमद्भागवत, दशमस्कंध से ली गई है। इस रूपक के विषय में विशेष ज्ञातव्य देखो भूमिका में।

अलंकार = रूपक।

दोहला–292

अक्खर (डिं.) = (सं. अक्षर) प्रा. अक्खर। शुद्ध प्राकृत और अपभ्रंश से यह स्पष्टतः प्रमाणित होता है कि इस भाषा ने उस समय स्वरूप ग्रहण किया जिस समय प्राकृत और अप्रभ्रंश काल को छोड़कर भारतीय देशभाषाएँ अथवा प्रांतीय बोलचाल की प्राकृतें नवीन स्वरूप ग्रहण कर रही थीं। यह वही समय है जब पूर्व में अवधी, पूर्वी और पश्चिम में व्रज-भाषा, राजस्थानी भाषाएँ बनीं।

द्वाला (डिं.) = दुआला, दोहला। डिंगल में यह एक छंदविशेष है। 'वेलि' का प्रत्येक छंद दोहला है, जो वेलियो गीत के अंतर्गत पड़ता है। हिंदी के 'दोहे' से यह भिन्न है। परंतु दोहा और दोहला नाम में इतना कम अंतर है कि दोनों का एक होना अनुमानित होता है।

उदाहरण—"सतसैया के दोहरा ज्यों नावक के तीर।"

रसिक = जिस पुरुष को रस-संबंधी बातों में रुचि हो; सहृदय, रसज्ञ, काव्यमर्मज्ञ।

उदाहरण—"सूरदास रास रसिक बिनु, रास रसिकिनी विरह विकल करि भई है मगन।" (सूर)

व्रिधि (डिं.) = (सं. वृद्धि) = बढ़ना। स्थानांतरित रेफ का प्रयोग।

तन्तु=(सं.)=बेल के ताँते, डोरे।

नवरस=साहित्य में आत्मा को आनंद देने वाली वह चित्त-वृत्ति या अनुभव जो विभाग, अनुभाव और संचारी भाव से युक्त स्थायीभाव को व्यजित करने में समर्थ हो–'रस' कहलाती हैं। रस नौ हैं–

रस–शृंगार, हास्य, करुण, रौद्र, वीर, भयानक, बीभत्स, अद्‍भुत, शांत।

स्थायीभाव–रति, हास, शोक, क्रोध, उत्साह, भय, जुगुप्सा, आश्चर्य निर्वेद

नोट–'वेलि' में इन नव-रसी का न्यूनाधिक रूप में जहाँ-तहाँ उद्‍भास हुआ है। विशेष स्थलों को रसज्ञ पाठक ढूँढ़ निकालेंगे। हमने जहाँ-तहाँ नोट में इनके संबंध में निर्देश कर दिया है।

अलंकार=रूपक–दोहले 291 में प्रारंभ किया हुआ 'वेलि' का रूपक इस दोहला– में भी चालू है।

दोहला–293

कलपवेलि=पुराणानुसार देवलोक का एक वृक्ष। समुद्रमंथन के समय 14 रत्नों में यह निकला था और इंद्र को यह दिया गया। यह विश्वास है कि इससे जो वस्तु माँगी जाए, मिलती है। यह कल्पान्त में भी नाश नहीं होता। इसें कहीं-कहीं लता और कहीं-कहीं वृक्ष भी कहा है।

कामधेनुका=यह भी देवलोक की एक गौ है, जो समुद्र-मंथन से निकली थी और अभीप्सित फल देती हैं।

चिन्तामणि=यह एक कल्पित रत्न है। पुराणों में यह विश्वास प्रख्यात है कि इससे जो कुछ माँगा जाए, मिलता है।

उदाहरण–"रामचरित चिन्तामणि चारू"–तुलसी

सोमवल्लि=(सं.) प्राचीन काल की एक लता का नाम जिसका रस सुवर्ण रंग का और मादक होता है। इसका रस यज्ञ में देवताओं को चढ़ाया जाता था और अग्नि में हवन किया जाता था। ऋग्वेद में सोमरस का बड़ा गुणगान है। यह यज्ञ की आत्मा और अमृत कहा गया है। वैद्यक में सोमलता को दिव्यौषधि कहा है।

चत्र (डिं.)=(सं. चत्वार)=चारों, चार।

पृथुमुख पंकज=इस प्रकार की कल्पनाओं को देखकर पाठकों को शायद

कवि के आत्माभिमान और आत्मश्लाघा का अनुमान हो। वस्तुतः ऐसी बात नहीं है; 'दास प्रिथु' से यह आशा नहीं की जा सकती। कवि ने 'वेलि' को इतना पवित्र स्वरूप दे दिया है कि उसके संबंध में सभी वस्तुओं को अलंकृत रूप देना पड़ता है। यह 'पृथु' की प्रशंसा नहीं, बल्कि भगवद्‌भक्ति की प्रशंसा है, जिसके लिए कोई भी प्रशंसा अत्युक्ति नहीं है।

अलंकार = अपह्नुति।

दोहला–294

मुगति तणी नीसरणी मंडी = मुक्तिप्राप्ति के लिए मानो निसैनी बनी या सुशोभित है। निसैनी से, ऊँची रखी हुई वस्तु की प्राप्ति सरलता से हो सकती है।

उदाहरण–"सुभग स्वर्ग सोपान सरिस सब के मन भावति"।

(गंगा-शोभा "हरिश्चन्द्र")

आगम = (सं.) = शास्त्रग्रंथ।

नीगम = (सं.) = वेद।

नीसरणी (डिं.) = (सं. निःश्रेणी) हिं. निसैनी–सोपान, सीढ़ी।

सोपान = (सं.) = सीढ़ी, निसैनी।

कजि (डिं.) = (सं. कार्ये = कार्य-सिद्‌धये) विशिष्ट अर्थ में यहाँ 'कार्य'-कार्यसिद्धि के अर्थ में प्रयुक्त हुआ है।

इल़ (डिं.) = पृथ्वी, देखो पूर्व दोहला– 235 में नोट "आयो इळि बसन्त।"

नोट–इस दोहला– में कवि ने अपने काव्य की स्वयं आलोचना की है। हमारा तो ख़याल है कि जब कवि को अपने प्रयास की पूर्ण सफलता का विश्वास हो गया है, तो आलोचना करना उसका अधिकार है। तुलसीदासादि ने भी ऐसा किया है। इसमें मिथ्या आत्मश्लाघा का दोष नहीं लग सकता है।

अलंकार = रूपक।

दोहला–295

बिसाहण (डिं.) = (सं. व्यवसाय (संज्ञा) से क्रिया बनी है)–हिं. बिसाहना = दाम देकर ख़रीद करना।

उदाहरण—1. "जिन एहि हाट न लीन बिसाहा, ताकँह आन हाट किन लाहा।" (जायसी)

2. "मेरे जान जब ते हौं जीव ह्वै जनम्यौ, तब ते बिसाहो दास लोभ को हो काम को।" (तुलसी)

कुण, मूँकै (डिं.)=कौन, छोड़े। देखो नोट पूर्व दोहला– 277 में।

अनूप=(सं.) अनुपम। उदाहरण—"अरथ अनूप सुभाव सुवासा।" (तुलसी)

चालणी (डिं.)=(सं. क्षरण, क्षरणी) हिं. छलनी, चलनी। =छानने का बर्तन-विशेष।

सूप=(सं. सूर्प)=छाज, हिं. सूप।

उदाहरण—"भरिगे रतन पदारथ सूप हजारहों।" (तुलसी)

सोझण (डिं.)=(सं. शोधन)=शुद्ध करना, संशोधन। भिन्नार्थ में पूर्व प्रयोग 'सोझै' देखो दोहले 4 में।

उदाहरण—"सोधि अवनि जग्य लगि, जोजन चार प्रमान।"

कण=(सं.)=मोती का कण; हिं. 'मोती का दाना' प्रसिद्ध ही है।

मूझ (डिं.)=(सं. भरम्) प्रा. महाम् हिं. मज्झम, मूझ।=मेरा, मेरे। पूर्व दोहला– में कई बार प्रयोग हुआ है। देखो नोट दोहले 59 सूप और चालनी वाली यह सूझ अनूठी है। कवि ने साधारण जीवन के वृत्तों को उपमाओं में प्रयुक्त कर अपनी सहृदयता एवं व्यापक प्रतिभा का प्रमाण दिया है। साधारण जीवन से स्त्री हुई ऐसी बहुत-सी उपमाएँ 'वेलि' में प्रयुक्त हैं—जैसे लोहार के व्यवसाय की उपमा दोहला– 132 में।

सुकवि ....सूप=इसी प्रकार तुलसी ने भी अपने रामचरितमानस को सज्जन और दुर्जन दोनों प्रकार के आलोचकों के सामने रखा है।

अलंकार=दृष्टांत।

यथासंख्य।

दोहला–296

मूँ (डिं.)=मेरी। देखो प्रयोग पूर्व दोहले 103 में "मति तै बाखाणण न मूँ।" यहाँ पर संबंधकारक में प्रयोग हुआ है। परंतु दोहला– 62 "महण

मथे मूँ लीध महमहण" में 'मूँ' का कर्मकारक में प्रयोग हुआ है। प्राकृत और अप्रभंश व्याकरण में शब्दों का षष्ठी रूप साधारणतया सभी विभक्तियों में प्रयुक्त होता था। देश भाषाओं में उसका कुछ आभास रह गया है।

वाणी (डिं.)=(सं.)=कविता, काव्य-रचना। यथा 'कबीर की बानी'।

असै–सई (डिं.)=(सं. अ + सती, सती)=असाध्वी, साध्वी स्त्री।

दूषण=(सं.)=दोष, कलंक, अपमानरोपण।

अलंकार=उपमा।

दोहला–297

भाषा=(सं.)=प्रचलित देश भाषा; देश की बोलचाल की भाषा, उदाहरण– "भाषाबद्ध करब मैं सोई।"

प्राकृत=(सं.) भाषा-विज्ञान में प्राकृत से दो आशय लिए गए हैं– 1. बोलचाल की भाषा जिसका किसी प्रांत में प्रचार हो, या रहा हो; प्रकृति से उत्पन्न या प्रकृतिसंबंधिनी; स्वाभाविक, नैसर्गिक भाषा। 2. एक प्राचीन साहित्य भाषा जिसका प्रचार पुरातनकाल में भारत में था। यह प्राचीन संस्कृत-नाटकों में कई भिन्न भिन्न रूपों में पाई जाती है और स्त्रियों और साधारण श्रेणी के पात्रों द्वारा बोली जाती है। भारत की आधुनिक प्रांतीय भाषाएँ पहले की बोलचाल की प्राकृतों से बनी हैं। प्राकृत के वैयाकरणों ने प्राकृतों के कई भेद माने हैं, जिनमें छह प्रधान हैंः–महाराष्ट्री, सौरसेनी, मागधी, अर्धमागधी, पालि और अपभ्रंश। इनके उपरांत शकारी, चांडाली, आभीरी, ढक्की, द्राविड़ी, और पैशाची, चूलिका पैशाची इत्यादि अनेक विभाषाएँ प्राकृतों के भेद प्रचलित थे। महाराष्ट्री प्रकृष्ट प्राकृत समझी जाकर साहित्य में अधिक प्रयुक्त हुई। हेमचंद्र प्राकृतों का प्रधान वैयाकरण है।

संस्कृत=परिमार्जित और संस्कार की हुई आर्यों की प्राचीन साहित्य प्रयुक्त भाषा, जो कभी बोली जाती थी, परंतु अंत में साहित्य स्थिर हो गई। यह भाषा वेदों की भाषा से भिन्न है। वेदों की संस्कृत सबसे प्राचीन बोलचाल की संस्कृत का रूप है जो पीछे से संस्कृत होकर पाणिनि और यास्क के हाथों व्याकरण नियमबद्ध हो गयी। यह व्याकरणबद्ध तब हुई थी जब भारतीय इतर अनार्य द्राविड़ादि भाषाओं का इस पर दूषित प्रभाव

पड़ने लगा था। उन्हीं के दूषित मिश्रण से बचाने के लिए यह प्रयास था। अतएव, संस्कृत नाम पड़ा।

भारती = (सं.) = सरस्वती, वाणी।

रसदायिनी = (सं.) = आनंददायिनी।

रसदायिनी...भूमि सम = इसी प्रकार का भाव जगन्नाथ पंडित राज ने 'भामिनि-विलास' में 'यवनी' के वर्णन में लिखा है—उदाहरण—"यवनी नवनीतकोमलांगी शयनीये यदि नीयते कदाचित् अवनीतलमपि साधुमन्ये..."

नोट—इस दोहला— में कवि ने, "भाव अनूठे चाहिएँ भाषा कोऊ होय" वाले सिद्धांत का प्रकाश किया है। भाषा कैसी ही क्यों न हो, परंतु उसमें रसपूर्ण काव्यमयी भावनाओं का समावेश होना चाहिए, तभी उस कृति को काव्य कह सकते हैं।

अलंकार = उदाहरण।

दोहला–298

करणि = (सं. करणीय) = करतूत, काम।

उदाहरण—1. "अपने मुख तुम आपनि करनी, बार अनेक भाँति बहु बरनी।" (तुलसी)

2. देखो करनी कमल की जल सों कीन्हों हेत। (सूर)

प्रामिस्यौ (डिं.) = (सं. प्राप्स्यसि) पाओगे, पा सकोगे। गुजराती में शब्द के मध्यवर्त्ती 'व' का 'म' उच्चारण होता है, जैसेः—डिं. पावणौ, गुजराती पामणुँ।

ओछे (डिं.) = न्यून, कम, कमती। उदाहरण—"ओछे बड़े न ह्वै सकै, लगि सतरौहें बैन।" (बिहारी)

इते (डिं.) = (सं. इतः) = इससे, इतने से।

दोहला–299

ज्योतिषी = (सं.) ग्रहों, नक्षत्रों, शकुनों आदि का मनुष्य पर प्रभाव जानने वाला; दैवज्ञ।

वैद = आयुर्वेदान्तर्गत वैद्यक-शास्त्र का ज्ञाता और अनुभवी वैद्य।

पौराणिक = पुराणवेत्ता; पौराणिक गाथाओं का जानने वाला।

जोगी, संगीती तारकिक=योगशास्त्र, संगीतशास्त्र और तर्कशास्त्र–इन सब का ज्ञान रखनेवाला।

भाखाचित्र=भाषा का चमत्कार उत्पादन करने वाला, चतुर कवि; शब्दालंकार, अर्थालङ्कार और चित्रालंकार के प्रयोग में निष्णात कवि।

भाट=एक जाति का नाम जो राजाओं का यश-वर्णन और कविता करती हैं। इनकी अनेक जातियाँ हैं।

चारण=राजपूताने की एक काव्य-प्रिय जाति-विशेष। चारण लोग अपने आपको राजपूत कहते हैं। इनका व्यवसाय राजाओं की ख्यात लिखना और गुणगान करना है। हिंदी में चारण काव्य का बड़ा महत्त्व है। चन्दबरदाई श्रेष्ठ चारण कवि हो गये हैं। प्रायः प्रत्येक राजपूत राज्य में राज्याश्रित चारण कवि नियुक्त रहते हैं।

एकठा (डिं.)=(सं. एक + स्था) हिं. इकट्ठा=एकत्रित।

नोट–'वेलि' का अर्थ समझने के लिए वास्तव में पाठक को अनेक शास्त्रों का ज्ञान और अनुभव होना अत्यावश्यक है। यह केवल कवि की आत्मश्लाघापूर्ण उक्ति नहीं है; बल्कि सत्य है। हमने नोटों के पूर्वांश में जहाँ-तहाँ जिन-जिन शास्त्रों का उल्लेख और प्रसंग आया है, व्याख्या करने की चेष्टा की है। कवि ने इस दोहे में जितने शास्त्रों के ज्ञान का होना वेलि-पाठक के लिए आवश्यक बताया है, प्रायः उन सबका आंतरिक प्रसंग कहीं न कहीं वेलि में आ चुका है। विशेष स्थल के लिए पाठक नोट देखें।

दोहला–300

ऊग्रहिया (डिं.)=(सं. उत + ग्रहीत या उदगिलित)=उगल दिया; वापिस निकाल कर बाहर कर दिया।

मोटाँ=(हिं. मोटा)=मोटे पुरुषों का, प्रतिष्ठित पुरुषों का। उदाहरण– "मोटी दसकंधर सो न दूबर विभीषण सो।" (तुलसी)

ऐठौ (डिं.)=झूठा, उच्छिष्ट, स्पर्श किया हुआ, एक बार उपभोग किया हुआ।

आतम सम=(सं. आत्मसम)=अपने समान।

गिणि = (हिं. गनि) = सोचकर, समझकर।

प्रसाद = (सं.) = वह वस्तु या पदार्थ जो देवता या बड़े आदमी को भेंट की जाऐ या चढ़ाई जाए और वह प्रसन्न होकर उसे पुनः अपने भक्तों या सेवकों में बाँट दें।

उदाहरण—"यह मैं तो ही में लखी भक्ति अपूरब बाल।

लहि प्रसाद माला जु भो, तन कदम्ब की डाल।" (बिहारी)

नोट—जिन लोगों को वेलि के उत्तरांश में कवि की आत्मश्लाघा और मिथ्याभिमान पर आपत्ति होती हो, वे इस दोहले की कवि की विनयोक्ति पर मनन करें। नम्रता और विनयशीलता की पराकाष्ठा है। इस 'वेलि' की सफलता अथवा रचना का गौरव कवि अपना न समझ कर, "ग्रहिया... ऊग्रहिया" और "मोटाँ तणौ प्रसाद" समझते हैं। आलोचकों की शंकाओं का पूर्णतः परिहार हो जाता है।

अलंकार = उल्लेख।

दोहला—301

हालिया (डिं.) = चले। देखो पूर्व प्रयोग दोहले 37 में।

अम्हीणा (डिं.) = (सं. आत्मानकं = प्रा. अम्हाणअं या अस्माकं = प्रा. अम्हाअं) = हमारा। देखो दोहले 69 में नोट।

तम्हीणै (डिं.) = "अम्हीणा" के साथ मिथ्या सादृश्य false analogy के प्राकृतिक भाषाशास्त्र-नियम के अनुसार 'तम्हीणा' बना = तुम्हारे।

मो (डिं.) = (सं. मम, मे) मेरा, मेरी। उदाहरण—"मो संपति यदुपति सदा, विपति विदारनहार।" बिहारी)

वीनती (डिं.) = (सं. विनय) हिं. बिनती = विनयपूर्वक निवेदन।

उदाहरण—"वितनी करत मरत हौं लाज।"

सदोख = (सं. सदोष)—दोषयुक्त, अपूर्ण।

नोट—कवि ने विनय की पराकाष्ठा कर दी है।

अलंकार = समासोक्ति

रूपक—'श्रवणतीरथे' में।

दोहला–302

रहसि-रस = (सं.) रहस्य–एकांत में की हुई केलि का आनंद। रहस्य–एकांत के अर्थ में हिंदी-संस्कृत में बहुधा प्रयुक्त होता है।

उदाहरण–"मिले रहस चाहिय भ दूजा" (जायसी)

तासु = (हिं.) = उसके (सं. ता (सर्व. स्त्री) + सु, विभक्तिचिह्न षष्ठी) हिंदीकाव्य में 'तासु' का बहुतायत से प्रयोग होता है।

महे (डिं.) = (सं. मध्ये) प्रा. मज्झे, महे, हिं. मँह = में, अंदर।

तेम (डिं.) = हिं. तिमि। गुज. तेम। उदाहरण–"तिमि तुम्हार आगमन सुनि, भये नृपति बलहीन।" (तुलसी)

रस = (सं.) कामकेलि, कामक्रीड़ा। इस अर्थ में हिंदी में प्रयोग देखो, उदाहरण–"दलित कपोल रद ललित अधर रुचि रसना रसनि रस रस में रिसाति है।" (केशव)

सरसै (डिं.) = (सं. सरस्वती) प्रा. सरस्ई।

नोट–कवि ने पाठकों के मन में संभाव्य इस संदेह को दूर करने की चेष्टा की है कि जगन्माता और जगत्पिता श्रीरुक्मिणी-कृष्ण का अनुचित श्रृंगार वर्णन करके उसने अपराध किया है। अतएव, कवि ने सरस्वती की शरण ली है। कवि का, कुछ अपराध हुआ या न हुआ, यह तो रसज्ञ जानें। परंतु यदि कल्पना से किसी दोष का परिहार हो सकता है, तब तो यह अच्छी दलील है।

दोहला–303

कुण (डिं) = 'कवण' का भी पूर्व-प्रयोग कई बार हुआ है। राजस्थानी बोलचाल में 'कुण' का ख़ूब प्रयोग होता है।

क्रम (डिं.) = (सं. कर्म) उदाहरण–"भूंडा क्रम भागीरथी" (पृथ्वीराज)।

भलौ = (सं. भ्रद, प्रा. भल्ल) = हिं. भला = हितकर, अच्छा।

उदाहरण–"एकहि भाँति भलेहि भल मोरा"। (तुलसी)

भूँडौ (डिं.) = राजस्थानी देशीय शब्द = ख़राब, अनिष्टकर। उदाहरण– "भूँडौ जकौ हमीणौ भाग।" (पृथ्वीराज)

माहरो (डिं.) = मेरे, हमारे। उदाहरण–"माहरे" सदा ताहरी माहब। रजा सजा सिर ऊपर राम"।। (पृथ्वीराज)

अलंकार = काकु वक्रोक्ति। पूर्वाद्र्ध में।

दोहले 302 में वेलि-निर्माण में सरस्वती ने कवि को जो सहायता दी है, उसी के प्रति धन्यवाद के भाव कवि ने इस दोहला– के उत्तराद्र्ध में व्यक्त किये हैं।

दोहला–304

कहिवा (डिं.) = इस शब्द का स्वरूप अवधी रूप से मिलता है। तुलसी में ऐसे बहुत प्रयोग हैं।

सामरथीक (डिं.) = (सं. समर्थ + अक (प्रत्यय) = सामर्थ्यवान्।

जाइ (डिं.) = (सं यानि) प्रा. जाणि = जितने (गुणों) को। देखो प्रयोग दोहला– 104 में।

तिसा (डिं.) = (सं. तादृशा) प्रा. ताइसा। हिं. तैसा = वैसे ही अर्थात् उतने ही। यह शब्द 'जाइ' के आपेक्षिक 'ताइ' अर्थ में प्रयुक्त हुआ है। डिं. जाइ-ताइ, जिसा-तिसा।

जम्पिया (डिं.) = (सं. जल्पिता) प्रा. जम्पिया, जम्पिदा, जम्पिआ = बके हैं, कहे हैं, भद्दे ढङ्ग से कहे हैं। विनयोक्ति है।

उदाहरण–"जनि जल्पसि जड़ जंतु कपि, सठ विलोकु मम बाहु" (तुलसी)

राणी = (सं. राज्ञी) (हिं. रानी) प्रा. रण्णी।

गोविंदराणी = भगवान् गोविन्द-कृष्ण की रानी = रुक्मिणी।

दोहला–305

अचल़ = पर्वत। पुराणानुसार पर्वत असंख्य हैं। परंतु प्रधान पर्वतों की संख्या सात मानी जाती है। वे सात प्रसिद्ध पर्वत ये हैं–महेन्द्र, मलय, सह्य, शुक्ति, रिक्ष, विन्ध्य और पारिपात्र। अतएव 7 की संख्या हुई।

गुण = गुण तीन हैं। सत्त्व, रज, तम। अतएव 3 की संख्या।

अंग = वेदांग से आशय है। वेदांग छह हैं–शिक्षा, कल्प, व्याकरण, निरुक्त, छंद, ज्योतिष। अतएव छह की संख्या।

ससी = चन्द्रमा एक संख्याद्योतक है।

नोट—काव्य में संवत् की संख्याएँ उलटी लगाई जाती हैं। यह काव्य-प्रथा है। अतएव 7361 का उलटा 1637 संवत् हुआ।

तवियौ = (डिं.) = (सं स्तवन) प्रा. तवण = स्तुति की।

कण्ठ करि (डिं. मुहा.) = कंठ करना; कंठस्थ करना। हिंदी में भी मुहाविरा है।

पामै (डिं.) = हिं. पावै, गुज. पामै = पावै, पाता है। 'प्रामै' का पूर्व प्रयोग हुआ है।

❑❑

वेलि क्रिसन रुकमणी री

राठौड़ महाराज पृथ्वीराजजी कृत

(राजस्थानी (डिंगल) का विश्वख्यात काव्य)

भाग–3

संशोधक तथा संपादक

प्रो. त्रिभुवननाथ शुक्ल डी.लिट्.

आचार्य एवं अध्यक्ष, हिंदी एवं भाषाविज्ञान विभाग

रानी दुर्गावती विश्वविद्यालय, जबलपुर (म.प्र.)

वाणी प्रकाशन

वाणी प्रकाशन

4695, 21-ए, दरियागंज, नयी दिल्ली 110 002

फ़ोन : +911123273167 फ़ैक्स : +911123275710

शाखाएँ

अशोक राजपथ, पटना 800 004, बिहार

कॉफ़ी हाउस कैम्पस, महात्मा गांधी मार्ग, इलाहाबाद 211 001, उत्तर प्रदेश

महात्मा गांधी अन्तरराष्ट्रीय हिन्दी विश्वविद्यालय, वर्धा 442 001, महाराष्ट्र

सुल्तानिया रोड, मोतिया पार्क, भोपाल 462 001, मध्य प्रदेश

www.vaniprakashan.in

marketing@vaniprakashan.in

sales@vaniprakashan.in

VELI KRISAN RUKMANI RI-3
Edited by Prof. Tribhuvannath Shukla

ISBN : 978-93-88684-85-9
Poetry/Criticism/History

प्रथम संस्करण 2019
आवृत्ति 2019

प्रत्येक भाग मूल्य : ₹ 450
तीनों भागों का मूल्य : ₹ 1350

सिटी प्रेस, दिल्ली-110 095 में मुद्रित

वाणी प्रकाशन का लोगो मक़बूल फ़िदा हुसेन की कूची से

अनुक्रम

भाग-1

भाग-2

भाग-3

डिंगल शब्दकोश

डिंगल शब्दकोश

अ

अँतहकरण	अंतःकरण, हृदय के भाव 172
अंतहपुरि	अंतःपुर में 52
अंति	अंत में 174, 207
अंधारी	कुंभस्थल का आवरण 90
अंब	आम के पेड़ 50, 222, 239, 247
अंब	माता 79
अंबर	आकाश 85
अंबरि	आकाश में 193
अंबह	आम्र वृक्ष 223
अंबहर	आकाश वृक्ष 194
अंबहरि	आकाश में 14
अंबि	आम्र में 50
अंबिका	अंबिका देवी 79, 108
अंबिकालय	अंबिका देवी का मंदिर 66
अँबु	पानी 34
अंबुज	कमल 233
अउर	और 222
अकरण	असंभाव्य, अघटनीय 137
अकास	आकाश 144
अकीधै	बिना किए, नहीं किए हुए 228

अक्खर	अक्षर 292
अखरावलि़	अक्षरसमूह, अनश्वर वस्तु-समूह, 293
अखित	अक्षत, चावल, लाजा 142
अखियात	स्तुत्य, आश्चर्यजनक 133
अगनि	अग्नि में 60, अग्नि 143, 225
अगर	एक सुगंधित द्रव्य 153
अग्रज	बड़ा भाई 135, 136
अग्रि	आगे 98
अचंभ	आश्चर्यजनक 39
अचिरज	आश्चर्य 73, 78, 188
अचल	पर्वत, सात संख्यासूचक 305
अछेह	निरंतर, अधिक 153
अजहुँ	अभी तक 228
अंजु	जो, और जो 233
अजे	अभी (तक) 123
अटत	घूमता है 165
अणमारिबा	नहीं मारना 133
अणियाल़ा	अनोदार, तीक्ष्ण 86
अणी	नोंक 131
अतारू	तैरना नहीं जानने वाला 290
अति	बहुत 10, 19, 22 इत्यादि
अत्रिपत	अतृप्त 170
अदरसणि	अदर्शन (हो रहा है) 211
अदिठ	अदृष्ट, जो कभी देखा नहीं 173
अधम	नीच 300
अधिकार	योग्यता, गति, आधिपत्य 28
अधोअधि	आधो आध, बीचोंबीच, ठीक मध्य में 85
अध्यातम	आध्यात्मिक, आत्म-संबंधी ताप 285
अनंग	कामदेव 269, प्रद्युम्न का नाम 274

अनँत	अनंत, बहुत 28
अनँत	विष्णु, कृष्ण 121, 28
अनड़	पर्वत 196
अनाहत	अनहद नाद 184
अनि	और, दूसरे 13, 42, 77, 164, भिन्न 160
अनिरुध	अनिरुद्ध, कृष्ण के पौत्र का नाम 271 और
अनै	11, 65, 121, 166, 216, 303
अन्नथा	अन्यथा, और तरह 137
अबल़	अवली, पंक्ति 101
अबीरमई	अबीरमय 145
अभिन	अभिन्न, एक ही 148
अमरावती	इंद्रपुरी 51
अमिल़ी	नहीं मिले हुए 171
अमाप	असीम, मापरहित 168
अरक	सूर्य 115, 225
अरगजौ	अरगजा 102
अरजुन	बाँस, सोना-चाँदी 153
अरणी	अग्नि उत्पन्न करने वाले दो काष्ठ-खंड 153
अरथ	मतलब, अर्थ 67, 221, 291, 298, 299
अरथ	मनोरथ 73
अरध	आधा 93
अरपण	अर्पण, देना 139
अरपण कीधे	दिए हुए, लगाए हुए, 139
अरि	शत्रु 111
अरु	और 282
अरुण	लाल 16
अरुणोद	अरुणोदय 16
अलंक्रित	सुसज्जित 192
अलक	केश, अलकैं 89

अल़गी	दूर 116
अलल	बहुत से आला दर्जे के 113
अवर	और, दूसरे 60, 76, 273
अवलंबि	सहारा लेकर, पकड़कर 167
अवसरि	समय 269, भीतर 269
अवसर	महफिल 243
अवलंब	सहारा 177
असंत	दुष्ट 249
असंधे	जुदा हुए 164
अस	अश्व, घोड़े 111, 114
असरण	जिसकी कोई शरण न हो 58
असुभकारियौ	जनता का अहित चाहने वाले 120
असै-असइ	असती, कुलटा 186, 296
अश्रुत	अश्रुतपूर्व 173
अहि	शेषनाग 10, 272
अहिमकर	सूर्य 222
अहीर	ग्वाल, गुवाल 130
अहीराँ	अहीर जाति के लोग, गुवालों के 32
अहोनिसि	दिन रात 164, 225, 266, 292
अह्म	हमारे 60
अह्मां	हमारे 31
अह्मीणा	हमारे 301
अह्मीणो	हमारा 69

आ

आंगणि	आंगन में 246
आँसू	अश्रु, आँसू 43
आ	यह (स्त्री.) 51, 66, 123

आइयौ	आया, आ गया 65
आइस	आज्ञा 36
आइस्यै	आज्ञा 104
आउध	आयुध 131, 133
आउधि	युद्ध में 133
आदेस	आज्ञा 136
आकरषण	आकर्षण, काम का एक बाण 109
आकृति	आकृति वाले, शक्ल के 122
आखर	अक्षर 300
आखाढसिध	युद्धभूमि में सिद्धहस्त 74
आखै	कहता है 79, 135
आगम	आगमन 141, धर्म शास्त्र 294
आगमन	आना 166
आगमि	आगमन पर 38
आगळि	आगे, सामने 18, 83
आगळै	आगे 156
आगै	आगे, पहले, सामने 78, 166
आचरताँ	आचरण करते हुए, आचरण करने से 283
आजाति	आते हुए 171
आडँग	वर्षा का आसार 117
आडा	बीच में 66
आडो अड़ि	तिरछा होकर 130
आणँद	आनंद 57, 168, 235
आणँदमई	आनंदमई 214
आणाँ	अन्यत्र 290
आणी	लाई 167
आणे	लाये, एकत्र किएये 62
आणै	लाए 60
आतपत्र	छत्र 154

आतम	आत्मा 300
आतमा	आत्मा 279
आतिथ	आतिथ्य 54
आतुर	उत्कंठायुक्त 163, 166
आतुरी	व्याकुल 65
आदरस	आदर्श, शीशा 83
आदरी	अंगीकार की 3
आद्र-आर्द्र	आर्द्र, गीला 153, 193
आद्रा	आर्द्रा नक्षत्र 193
आधिदेव	आधिदैविक 285
आधिभूतक	आधिभौतिक 285
आधोफरै	छज्जों से 203
आप आप में	परस्पर 221
आपड़े	आ करके 130
आपणै	अपने 211
आप पर	परस्पर 77
आपाणा	अपना 269
आपिवा	देने के लिए 143
आपे	देकर 169
आपो आप सूं	स्वयमेव, मन ही मन 53
आभ	आकाश 202
आभरण	गहने 101
आमहो सामुहै	आमने सामने 117
आयाँ थई	आने पर 216
आयै	आए, आने पर, आने से 88
आरँभ	शुरू 3, शुरुआत 173
आरँभि	शुरू में 156
आरँभिया	शुरू किए 80
आरणि	लोहार के ऐरण पर 132

आरात	पास 66
आरि	झिल्ली 244
आरोपित	धारण किया हुआ 94, लगी हुई 155
आलाप	मधुर शब्द 50
आलि	सखी 159
आली	सखी 83
आलूदा	बने ठने, सजे हुए 113
आलोचै	विचार करता है 53
आळोज	मन के भाव 64
आलोजि	विचार से, विचार में 133
आवतौ	आता हुआ 54, आता है 17
आवरित	आवृत, बंद 92, ढका हुआ 103
आवासि	भवन में 78
आविसि	आऊँगी 66
आवूं	आऊँ 79
आवै	आती है 18
आसन्नो	निकट 71
आसाढ	आषाढ़ महीना 190
आसोज	आश्विन महीना 208
आहरण	आभरण, गहने 189
आहुटि	आहट पर 165

इ

इंद्र	इंद्र, प्रभु 45
इँद्री	इंद्रिय 280
इंधण	ईंधन 153
इ	ही 36
इ	पादपूर्त्यर्थ 32, 183

इअे	इससे 298
इक	एक 99
इणि-इण	इस 56, 103, 156
इतरै	इतने में 83
इता	इतने 32
इते	इतने 298
इभ	हाथी 90
इम-इमि	ऐसे 31, 51, 69, 76, 103, 164, 181, 213, 282
इळ-इळि	इला, पृथ्वी 235, 294
इवड़ी	इतनी, ऐसी 70
इवड़ा	ऐसे 288
इसी	ऐसी 31
इसै	ऐसे 68
इहाँ	यहाँ 9

ई

ई	यही, ही 39, 149, 160, 267
ईंट	ईंट 39, 192, 204
ईए	इसी ने, इसने 237
ईखे	देखकर 30

उ

उघट	ताल देने वाला 244
उच	कहा जाता है 21
उजाथर	उजागर, धीर वीर 74
उजुयाळी	उजियाली 211

उठी	उत्पन्न हुई 140, 184
उडीयण	उडुगण, तारे 14
उतमंग	सिर पर 85
उतर	उत्तर दिशा 261
उतामऴा	उतावले, शीघ्रतायुक्त 140
उतारि	उतार कर, करके 147
उतारे	उतार दिए, रख दिये 95
उदगिरति	उगलती है 209
उदभिज	वनस्पति सृष्टि, वृक्ष लतादि 249
उदरि	उदर में 9
उदित	प्रकाशित 101
उदौ	प्रकट हुआ 22
उनमादक	उन्मत्त बनाने वाला, काम का एक बाण 109
उपंगी	नसतरंग बाजा बजाने वाला 244
उपचार	इलाज 284
उभै-उभय	दो, दोनों 264
उरप	नृत्य का एक भेद 246
उरस्थळ	हृदयस्थल 94
उरि	हृदय में 140
उलझाया	गुंफित किया 221
उवरि	हृदय में, (उदर में) 279
उषध-उखध	औषधि 284
उहास	उजास, प्रकाश 22

ऊ

ऊँच	ऊँचा 125
ऊँचा	ऊँचे, लंबे 242
ऊंधा	उलटे, उलटे हुए 122

ऊकसै	उठते हैं 121
ऊखधी	औषधियाँ 207
ऊखापति	उषा के पति, अनिरुद्ध का नाम 271
ऊखवतै	उखेलते हुए, तेज़ी से दौड़ाते हुए 116
ऊखेलि़	उखाड़ कर 250
ऊगि	उदय होकर 185
ऊगलि़त	उगला हुआ 264
ऊग्रहिया	उगल दिया 300
ऊघसत	घसता हुआ 263
ऊछजतै	उठाई जाती हुई 129 तैयार किये जाते हुए
ऊछलै़	उछलता है 125
ऊछव	उत्सव 38, 142
ऊजम	उद्यम, कामकाज 193
ऊजल़	उजली 195
ऊजळियाँ	उजली 120
ऊजळे	उजली वस्तुएँ 211
ऊजास	प्रकाश 211
ऊठिया	उठे 54
ऊडण	उड़ने के लिए 226
ऊतर-उत्तर	उत्तर दिशा 271, 222, 249
ऊतरतौ	उतरता हुआ, फाँदता हुआ 259
ऊतरि	उतर कर 83
ऊथापिया	दूर किया, पदच्युत किया 249
ऊधरी	उद्धार की गयी 61, 63
ऊधसता	रगड़ कर चलते हुए 203
ऊपजै	उत्पन्न होता है 281
ऊपड़ी	उठी 115, 193
ऊपनी	उत्पन्न हुई 29

ऊपनौ	उत्पन्न हुआ 168
ऊपरि	ऊपर 27, 118
ऊफणियो	उफना, कुद्ध हुआ 34
ऊभा	खड़े हुए 78,
ऊभी	खड़ी हुई 165, खड़ी 167
ऊरध	ऊपर को उठनेवाला 21
ऊवड़ियौ	उमड़ा 120

ए

ए	ये 1
	यह 13, 51, 72, 133, 135, 264, 279, 297
एकन्त	एकांत में 173
एक	एक ही, अकेले 74
एकठा	एकत्र 299
एकण	एक को 266
एकणि	एक (से) 84
एकत्र	इकट्ठे 293
एकसंथ	एकमत, एक रीति का अनुसरण करने वाले 8
एका	एक (से) 233
एकाएक	एकाएक, सहसा 130
एण	हरिण 241, इस 268
एणि	इस 235, 238, इसने 283
एतला	इतनों को 185, 186
एम	इस प्रकार 56, 130, 144, 145, 152
एरिसा	ऐसे 30
एहवा	ऐसे 74
एह	यह, इस 18, 19
एहवी	ऐसी 15ए 205ए 207

एहवी	ऐसा 115
एहिज	यही, इसी 216
एही	यही 189
एहु	इस (में) 180

ऐ

ऐठित	उच्छिष्ट वस्तु 60
ऐठौ	जूठा, उच्छिष्ट 300

ओ

ओछे	कम होने पर 298
ओछौ	कम, अधूरा 298
ओटे	अटा पर, ऊँचा स्थान 139, 155
ओढण	ओढ़ने का वस्त्र 267
ओपति	शोभा देता है 27
ओलाँडे	छोड़ कर, छोड़ दिया 32

औ

औ	यह 69, 71, 77
औछायो	छाया हुआ 144
औझड़ै	शस्त्रप्रहार का शब्द करते हुए 121

क

कंचुकी	काँचली नाम का छाती पर पहनने का एक वस्त्र 90

कँठ, कण्ठ	कंठ, गला 20, 57, 84, 91, 176, 305
कण्ठसरी	कंठी 91
कंठि	कंठ में 279
कंत	पति 256, 266, 268
कंता	कांता, पत्नी 266
कंदरप	कंदर्प, काम या अनिरुद्‌ध का एक नाम 274
कंध	कंधा 124
कंपित	काँपता हुआ 150
कंबळि	कंबल में 219
कइ	कब 149
कई	कभी 70
क	अथवा, मानो 90
कच	कच्चा 234
कजि	लिये 60, 97, 216
कजि	कार्य 294
कटकि	कटक, सेना 138
कटि	कमर में 25, 96
कठ	काठ 2
कठचीत्र	काष्ठ में अंकित 2
कठठी	आगे बढ़ी 117
कठिण-कठिन	कठोर 24, 229
कण	धान्य के कण 128, मोती के दाने 295
कणियर	कनेर का फूल 237
कणय	कनक से 212
कथ	कथा, यश, 11, 73, 298
कनक	सुवर्ण 12
कनकबेलि	सुवर्ण की लता 12
कन्है	पास 178
कपाट	दरवाज़ा 39

कपिल	कपिला गाय 59
कफ	कफ 285
कबरी	वेणी 85
कमलिणी	कमलिनी 174
कमोदणि	कुमुदिनी 22
करंती	करती हुई को 18
करंबित	फूलों के गुच्छों से गुँथी 85, 200
कर	करने को 258
कर	लगान, टैक्स 253
करषणि	कर्षण, खींचा जाता हुआ 220
करग	हाथ, पंजा, कराग्र 23
करगि	हाथ में 102, 254
करण	करने वाले 137, करने 82
करणि	कर्णिकार 236, 237, करने वाली 291
करणि	करणी, कार्य 298
करभ	कलभ, हाथी का बच्चा 26
करल	मुष्टि (से) 96
करि	से 30
करि	हाथ से 2, 87
करि	हाथ में 6, 59, 140
करि	करती हुई 12, करके 49, 195, समझकर 277
करी	हाथी 24
करुणाकरण	करुणा करने वाले 63
करुणामै	करुणामय 61
करे	करके 3
कामअँकुर	काम के अंकुर, चिह्न 21
कामणि	कामिनी, स्त्री 23
कामधेनुका	कामधेनु नामक गौ 293
कामा	कामनाएँ 236

कामागनि	कामाग्नि 164
कामि	कामी, कामुक, भोगी 164
कामिए	कामी लोगों के 180
काया	शरीर 284
कारणै	वास्ते 82
कारियौ	करने वालों के 120
कारीगर	नग जड़ने वाला कारीगर 175
काल़ाहणि	काली घटा, प्रलयकारी सैन्यदल 117
कालिंद्री	कालिंदी, यमुना 84
काल़ि	समय में 207
काल़ी	काली 195
किं	क्या 272, 289
किंकर	किंकर्तव्यविमूढ़ 193
किंजळक	पराग 99, 234
किंसुख	पलास का एक नाम, थोड़ा सुख 256
कि	या 4, 27, 84, 90, 191, 41
किउ	किया 132, 135
किण	किसने 61
किणै	किसने 62
किना, किनौ	या 51, 41
किम	कैसे 4, 150
किमत्र (किं+अत्र)	कैसे यहाँ 95
कियौ-किय	किया 2, 187
किरण	किरण, प्रकाश 46, 119
किरि	मानो 2, 12, 16
किरीटी	कुक्कुट 181
किसी	कौन सी 31
किसूं	कैसे, क्या 64, 66, 211
किसौ	कौन सा 5

किहि	किसी के 265, 102
की	संबंधबोधक विभक्तिचिह्न 92
कीजै	किया जाता है, करना चाहिए 8, 50
कीध	की, किया 36, 70, 193
कीधाँ	किये 7
कीर	शुक पक्षी 99
कीरतन	यश का कीर्तन 7
कीरति	कीर्ति, यश 3, 91, 276
कुंत	भाले 119
कुंद	एक फूल 260
कुंदण	सोना 38
कुंदणपुर	कुंदनपुर 10, 38
कुंभ	कुंभस्थल (हाथी का) 90
कुँअरि	कुमारी 13, 14
कुँअर	कुमार 11
कुकवि	बुरा कवि 295
कुण	कौन 6, 295
कुत्र	कहाँ 55
कुमकुमै	गुलाब-जल से 81, 205
कुंआरमग	आकाशगंगा, शिशुमार चक्र 85
कुलटा	कुलटा, असती 163
कुल़पांति	कुल श्रेणी 31
कुळ	कुल में 14
कुसळ	कुशल में 286
कुससथळी	द्वारिका में 72, 140
कुसुमायुध	कामदेव 274
कुहकबाण	तोप 118
कूंकूं	कुंकुम 87
कूजति	कूजन 229

कूजा — एक फूल 237
केकाणाँ — घोड़े 127
केतकी — एक फूल 260
केतला — कितने, कितने ही 37
केन — किससे 55
केम — कैसे 7
केळि — कदली, केला, खेल, क्रीड़ा 250
केवड़ा — एक फूल 260
केवी — दुरात्मा, दूसरे, कई 76
केसरि — केशर, पीत पराग 257
केसरिया — केशर के-से रंग की पोशाक 113
केसव — केशव, विष्णु 303
केसू — टेसू 236
केहवो — कौन-सा 188
कोक — चकवा-चकवी, रतिशास्त्र के आचार्य का नाम 183
कोड़ि — करोड़ों 250
कोपि — कुद्ध होकर 34
कोरण — काले बादलों के किनारों पर के सफ़ेद बादलों की घटा 41, 195
कति — क्रीड़ा 12
क्रम — पैर 158, कर्म 283, लीलाएँ 303
क्रमि — चल कर 166
क्रमि 2 — क्रम-क्रम से, धीरे धीरे 220
क्रमिया — चले 143
क्रमियौ — पास गया 52
क्रिगल — कवच 113
क्रित-कृत — कृत, किया हुआ 137/247 की गई, लिए 165

कृतारथ	कृतार्थ, कृतकृत्य 53
क्रितारथी	कृतार्थ, के लिए (कृत के अर्थ में) 165 मनोरथ किये।
कृपणा	क्षुद्र, दीन 289
क्रिपा	कृपा 276
कृस	कृश 218
किसन-कृसन	कृष्ण 7, 30, 72
क्रिसा	कृश 96
क्रीडंति	क्रीड़ा करता है 99
क्रीड़ता	क्रीड़ा करते हुए 174

ख

खंचे	खींचे 128
खंजरीट	खंजन पक्षी 245
खँति	उत्सुकता 68
खंभ	स्तंभ 26
खगि	तलवार से 278
खजूरि	एक पेड़ 241
खट	छह 28
खट अंग	वेद के छः अंग 28
खळ	शत्रु 278
खळाँ	शत्रुओं को 127, 128
खळाँह	दुष्टों को, शत्रुओं को 124
खळै	खलिहान में 128
खाडिया	गड़ा हुआ 250
खाद्र	खड्डे 193
खारी	कड़वा 124
खिणंतरि	क्षणांतर में 161

खीण	क्षीण, कृश 25, 256
खीर	दूध 209
खुधा-षुधा	क्षुधा, भूख 231
खुमरी	एक चिड़िया 246
खुरसाण	सान देने का चक्का 86
खेड़ि	चलाकर 111
खेड़ै	हाँकते हैं 68
खेतिए	किसान 193
खेत्र	क्षेत्र, रणक्षेत्र 125, 278

ग

गंग	गंगा 200
गंधवाह	हवा 260
गयी	अस्त हो गयी 46
गजरा	गजरे (हाथ का एक गहना) 93
गड़ड़ै	गड़गड़ाहट, गड़गड़ाता है 120
गढ़	क़िला, दुर्ग 63
गण	गण, समूह 180
गति	चाल 19, 105, 139
गति	प्रकार 37
गति	गम्यस्थान 111
गतिकार	गत लेने वाला (संगीत में) 245
गदगद	गद्गद 57
गमै	भूले हुए, भग्न 210
गय	हाथी 241
गयण	गगन, आकाश 6
गया	गये हुए, नष्ट हुए हुए 269
गरकाब	समाये हुए 104

गरभ	गूदा 26, गर्भ 229
गरभ	गर्भ में 155
गरळ	विष 264
गळन्ती	गलती हुई, क्षीण होती हुई 182
गळि	गल कर 195
गळि	गला 88, गले में 251
गळिगलें	गले-गले में 259
गलित	बहाते हुए 105
गळित्रागो	यज्ञोपवीतधारी, ब्राह्मण 44
गलिबाहाँ	गलबाहीं 201
गवरि	गौरी, पार्वती 29
गहमह	दीपकों की जगमगाहट 46
गहवरिया	पत्र पुष्पों से भर गये 238
गाइजै	गाइये, गाना चाहिए 1
गाजँते	गर्जना से 120
गाढ	गाढ़ापन, घनत्व 187
गात्र	गात, शरीर 105
गादरित	हरित 228
गादी	गद्द, आसन 83
गानगर	गायक, गुंजार करने वाले 253
गारि	गार 39, 192
गाळि	गाली 277
गावण	गाने को 2
गाहटतै	मथते हुए, अनाज मींड़ते हुए 127
गिणि	जानकर, समझ कर 19, 202
गिरोवर	गिरिवर, पर्वत 105 (पर्वतों के समान)
गिळि	निगलकर 264
गिळित	निगला हुआ 300
गुंथित	गूँथा हुआ 85

गुडन्ता	झूमते हुए, गिरते हुए 105
गुण	डोरा, गुण मोती (मोती की एक जाति) 81
गुण	गुण 6, 19, 221, 304
गुणनिधि	गुण के ख़जाने 2
गुणमै	गुणमय, 'गुण मोती' 98
गुणि	गुण के 266
गुणी	गुणवान् 221
गुणे	गुणों के 266
गुरु	गुरु 1, 35, माता पिता 35, भारी 260, 35
गुहिर	गंभीर 196
गूँथियै	गूँथा जाये, रचा जाए 8
गेहि	घर 35
गै-गाय	हाथी 167
गैगमणि-गयमणि	हाथी की सी चालवाली 167
गैगहण	गहगहाने का (आकाश को गुंजाने का) गंभीर शब्द 118
गो	गाय 185, 186
गोख-गौख	गौंखा, झरोखा 204
गोखे-गौखे	झरोखे में 42
गोघोष-गोघोख	गायों का बाड़ा 185
गोर	गोरा 92
ग्याति	ज्ञाति, जाति 31
ग्यान	ज्ञान 15, 208, 279
ग्यौ	गया 52
ग्रंथे	ग्रंथ में 37
ग्रब	गर्व कर 290
ग्रभ	गर्भ, भीतरी हिस्सा 195
ग्रहगण	ग्रहावली 96
ग्रहगति-गृहगति	ग्रहफल 139

ग्रहणा	गहने 197, 251
ग्रहणे	गहने ने 183, गहने 296
ग्रहणै	गहना 267
ग्रहि-गृहि	घर में 50, 60
ग्रहित	लिया हुआ 264
ग्रहि	ग्रहण करे 295
ग्रहिया	पकड़ा, लिया 254, 300
ग्रहियौ	पकड़ा, लिया 84, 260
ग्रही	पकड़ी, ग्रहण की 183
ग्रहीत-गृहीत	ग्रस्त, घिरा हुआ 155
ग्रहे-गृहे	घरों में 46
ग्राही	लेने वाले 253
गृह-	गृह 39, 159, 267, 283
गृहि	घर में, घर को 147, 279
गृहे	घर में 273
ग्रीधणी	गिद्धनी 128
ग्वालाँ	ग्वालों की 31

घ

घंटिका	करधनी 178
घटा	मेघघटा 117
घटि	शरीर में 125
घटै	कम होता है 187
घड़ियाळ	घंटे का शब्द 181
घड़ी	घड़ी, वेला 169
घण	मेघ 197
घण-घणा	बहुत 169, 177
घणघोर	घनघोर 40

घणसार	कर्पूर 153
घणी	बहुत 108,
घणूँ	अधिक 66, 211
घणै	अधिक 37, 108, 211
घणौ	अधिक 94
घराघरि	घर-घर में 232
घरि	घर में 165, 169
घाइ	घाव 125
घाउ	घाव 125
घात	षड्यंत्र 66
घाति	डालकर 177/201
घुरै	बजते हैं 40
घूंघट	घूँघट 171
घूघरा	घूँघरू 97
घेघूंचे	एक हो गये 201
घोख	शाला, बाड़ा, 185
घ्रित-घृत	घी 153

च

चंचल़	चलायमान, चपल, गतिशील, 194
चांडाल़	चांडाल 59
चँडालि़	चांडाल 277
चंद	ध्रुपद का एक भेद 246
चंदण	चंदन 39
चंद्रवा	चँदौवा 160
चंदाणणि	चन्द्रवदनी 97, 106
चंपक	चम्पा 49, 250
चंपियौ	पकड़ा 156

चमर	चमर 239
चकडोऴ	डोली, जनानी पालकी 103
चकव	चकवा 186
चक्र	विष्णु का एक आयुध 64
चक्र	पहिया 89, बगूला 115, 246
चक्रवाक	चकवा 245
चख	नेत्र 176
चड़ियै	चढ़ कर 127
चड़ी	चढ़ी हुई 139
चढतौ	चढ़ता हुआ 15
चढि	चढ़ कर 155, 238, 278
चढिया	चढ़े, चढ़ाई की 74
चढ़यौं	चढ़ा 222
चतुर	चार 275
चतुर जुग विधायक	चारों युगों के करने वाले 275
चतुरदस	चौदह (विद्या) 28
चतुरमुख	चारमुख वाले, ब्रह्मा 275
चतुर वरण	चार वर्ण 275
चतुरविध	चार प्रकार का 284
चतुरातमक	कुशल बुद्धिवाला 275
चत्र	चार 293
चत्रभुज	चतुर्भुज 64
चरणे	चरणों में 97, चरणों से 240
चलि	चलती हुई 239
चळपत्र	पीपल 71
चा-चाँ	का 37, के 215
चाचरि	युद्धभूमि में 121
चात्रण	मारने के लिये 278

चामाकर	सोना 97
चारण	एक (कवि) जाति 299
चारौ	भोजन, चारा 128
चालणी	चलनी 295
चालियौ	चल 46
चालै	चलता है, 122
चाहि	उत्कंठापूर्वक, ओर 106
चाहै	देखती है 139, 155
चिंतवती	सोचती 70
चिड़	चिड़िया 128
चितवणि	चितवन, देखना 109
चित्र	चित्र कविता 299
चित्र	चित्र 160
चित्रण	चित्रित या अंकित करने 2
चित्रसाळी	चित्रशाला 179
चित्राम	चित्र की तरह, चित्रवत् 114, 214
चित्रारे-चीत्रारै	चित्रकार को 2
चिहुरे	केशों से 81
चीत्रंति	चित्र बनाती हैं 214
चुंबित	खाये हुए 240
चुणी	चुनी गयी 39
चुवण	चूना 81
चै	के 82
चोटियाळी	खुले केशों वाली (योगिनियाँ) 121
चौ-ची	का-की 12, 67, 87, 133, 148, 173
चौकि	चौक 179
चौथी	चौथी 64
चौथे	चौथी दफा 156

चौंरी	चँवरी, विवाहमंडप 158
चौसठि	चौंसठ कलाएँ 28, चौसठ योगिनियाँ 121
च्यारि	चार 28
च्यारे	चारों 277

छ

छंडि	छोड़कर 60, छोड़ो 69
छंडियौ	छोड़ा 134
छंडी	छोड़ी 183
छछोहा	शीघ्रता से फव्वारे की तरह (छूटना) 81
छत्रे	मंडपों से 144
छबि	शोभा 214
छळंति	छलता है 287
छांह	छाया 187
छाइजै	छाये जाते हैं 38
छिंछ	फव्वारे 125
छिणियै	क्षण भर ही 134
छिपाड़ण	छिपाने के लिए 18
छींक	छींक 70
छीणे	टूटने से 81
छुडै	छूटता है 220
छुद्रघंटिका	मेखला, करधनी 178
छूटा	छूटे, गिरने लगे 81
छूटी	छूटी, खुल गई 178
छूटै	छूटने पर 158
छेदण	छिन्न करने के लिए 131
छेदै	काट देते हैं 133

ज

जंगम	चलते-फिरते, संन्यासी 49
जंघ	जंघा 26
जंत्र	यंत्र, जतंर-मंतर 287
जंप	शांति 17
जंपिया	कहे, वर्णन किये 304
जंपियौ	कहा 51
जई	जब 62, 151
जग	जगत् 215
	जगत् में 282
जगतपति	जगत् के स्वामी 54, 270
जगति	द्वारिका में 47, 215
जगदीस	जगत्पति 271
जगदीसर	जगदीश्वर 302
जगन	यज्ञ 50
जगनि	यज्ञ में 50
जगवासग	जगत् के निवास, जगत को बसाने वाले 271
जगहथ	दिग्विजय 242
जगि	जगत् में 7, 242
जठरि	पेट में 269
जड़	मूल 124
जण	जानकर 17, सज्जन 74, जन 78
जण	लोग 254
जणौ जणौ	जना जना 78
जत्र	जहाँ 45, 237
जथाविधि-यथाविधि	विधिपूर्वक 157
जद्यपि	यद्यपि 170
जनम	जन्म 7

जनमियौ	जन्मा 232
जनारजन	जनार्दन, विष्णु, कृष्ण 216
जनेन	व्यक्ति द्वारा 55
जपंत	जपते हुए 285
जपंति	जपते हैं 283, जपने से 284
जमण	यमुना 200
जमुण	यमुना 85
जरासिंधु	जरासंध 147
जल़	पानी 23, 122, 132, 196, 223, 258
जळग्रभ	बादल, जलगर्भ 195
जळजाळ	जलधारा 203
जळजोर	ज्वार 23
जळण	अग्नि 223
जळद	बादल 40
जळदि	बादल में 196
जळधर	बादल 201
जळनिधि	समुद्र 196
जळबाला़	बिजली 196
जळहरी	चंद्रमा की चौतर्फ कुंडली 107
जळि	पानी में 208, 224, 287
जवनिका	यवनिका 248
जस	यश, 5, 124
जसु	जिसका 33
जाँ	जहाँ 50
जाइ	जा 45, जाने की 104
जाइ	जिसको, 98 जितने, जिनको 304
जाइ	जाता है 112
जाग	यज्ञ 289
जागरण	रात को जगना 180

जागवै	प्रज्वलित की जाती है 50
जागिया	जगे 16, 216
जाग्रति	प्रकट होता, जगता 15
जाणगर	जाननेवाला, ज्ञाता, समझने वाला 244
जाणणहार	जाननेवाला 67, 173
जाणि	जानकर 28
जाणि	मानो 24, 81, 107
जाणियै	जान पड़ता है 283
जाणियौ	जाना 70
जाणे	मानो 3, जानकर, 17
जाति	जाति, ज्ञाति 31, जाते हुए, जाता है 171
जाती	मालती फूल 99, 237
जात्र	यात्रा 79
जादवाँ	यादवों के 45
जान	बरात 41
जामिए	योगी, योगाभ्यासी 180
जाल़ी	जाली, झरोखा 43
जाळै	जलाता है 224
जावणहार	जाने वाला 17
जि	ही 15, 133, 173
जिका	जो 29
जिणि	जिसने, जिससे 5, 7, 269
जित	जीते हुए 280
जितइँद्री	जितेंद्रिय 280
जिम	जैसे 69, 71
जिवड़ी	जीव को 9
जीपण	जीतने को 3
जीपि	जीत कर 138
जीपिस्यै	जीतेंगे 123

जीपे	जीक कर 147
जीव	जीव 17, जीवि 134
जीवि	जीवी, जीने वाला 134
जीवित	जीवन 181
जीवितप्रिय	जीवनप्रिय 181
जीह, जीहा	जिह्वा 5, 7
जु	जो 3, 6, 133 इत्यादि
जुअळि	दोनों, युगल 26
जुग	युग 275
जुगति	युक्ति 189, 279
जुड़िया	जुड़े 269
जूं	बैलों पर का जूआ 89
जूंसहरी	जूवे के सदृश 89
जूजुआ	जुदा-जुदा 75
जूता	जुते हुए हैं 89
जेठ	ज्येष्ठ मास 189
जेणि	जिसने, जिससे 2, 36
जेम	जैसे 131
जेहड़ि	जैसी 168
जेही	जैसा, जैसे 166, 170, 220
जैदेव	जयदेव 8
जो	जो 9, यदि 59
जोइ	जो ही (स्त्री) 40
जोग	योग 76, 184, 289
जोगिणि	योगिनी 117, 122 वर्षासूचक योग अथवा युद्ध की योगिनियाँ
जोगिए	योगी 288
जोगी	योगी 299
जोगेसवर	योगीश्वर 76

जोड़ि	जोड़कर 78
ज्योतिख	ज्योतिष 149
जोतिखी-ज्योतिषी	ज्योतिषी 299
जोध	योद्‌धा 104
जोवण	यौवन 23, 17
जोवनागमि	यौवनागमसमय 218
जोर	शक्ति, बल 23
जोवणि	यौवन ने 24
जोवै	देखती है 43, 50

झ

झंखर	झंखाड़, पुष्प-पत्रविहीन 191
झड़	झड़ी 121
झड़ण	झड़ने, टूट कर गिरने 144
झरणि	झरना, निर्झर 263
झळ	ज्वाला 140
झाँखाणा	कुम्हला गये 140
झालरिए	झालर से 144
झोळै	तरी को शुष्क करने वाली वायु 191

ट

टाल्यौ	टाला, दूर किया 252

ठ

ठंठ	झंखाड़ वृक्ष, ठूँठ 226
ठरे	ठंडे, ठंडे हो गये, ठंडे हुए 226

ठाइ	ठौर, स्थान पर, 262
ठाकुर	सरदार 113
ठाहे	स्थान पर, बदले 113

ड

डंक	डंक 253
डफ	डफ, एक बाजा 227
डर	भय 258, 287
डहकियौ	अंकुरित हुआ, डहडहा हुआ 226
डाकिणि	डाकिनी 287
डाळ	डाली 228
डिगमिगि	डगमगाते हुए 258
डेडराँ	मेंढकों के 5
डोर	रस्सी, डोरी, पाश 23

ढ

ढऴकावै	लटकाते हैं 241
ढळि	ढलता है 239
ढऴियै	गिरते हैं 121
ढालि	ढाल 241
ढील	देरी 45
ढूलड़ी	गुड़िया 13
ढेरवियाँ	रोक लीं 116

त

तंडब	तांडव नृत्य 40
तंति	तार के बाजे 244

तंतिसर	तार के बाजों का स्वर 244
तंतु	लतासूत्र 292
तंत्र	मंत्र-तंत्र 287
तंबोल	तांबूल, पान 99
तई	तब 61, 62
तट	नदी तट 200
तड़ि	पेड़ी 242
तण	शरीर 257
तणा	के, की 208, 23, 97, 122, 215, 259, 260, 303, 304
तणी	की 3, 303 इत्यादि
तणु	का 132, 161
तणु	देह 132, 225
तणै	के 57, 59
तणो, तणौ	का 7, 23, 52 इत्यादि
तत	तत्त्व 1, 180
ततकाळ	फ़ौरन 67, 151
ततसार	सार तत्त्व 1
तत्त	तत्त्व 76
तथापि	तो भी 65
तदि	तब 123, 183
तनि	शरीर में 15, 205
तनुसार	काम या प्रद्युम्न का एक नाम 274
तपत	जलते हुए, क्रुद्ध 132
तपन	सूर्य 190
तपि	तपकर 190
तम	अंधकार 212
तरणि	सूर्य 212
तरतौ	पार करता हुआ 259

तरळा	चंचल 242
तरि	पेड़ पर 232, 233, पेड़ से 263
तरि	तैर करके 122
तरितरि	पेड़-पेड़ में 232, पेड़-पेड़ पर 259
तरुवरां	पेड़ों के 251, 252
तरुवर	पेड़ 247
तरै	पार करे 6
तवति	स्तवति, गान करता है 6
तवियौ	गाया (स्तु) 305
तसु	उसका 26, 43, 159, 257
तह	चेतना, होश 110
त्याँ	वहाँ, उनके 279
ताइ	उसको 4, उसके, उनके 11, उसका 12
ताइ	वह, वही 13, 303
ताकि	देख कर 104
ताटंक	कर्णफूल 89
ताप	कष्ट, दुःख 285
तार	नक्षत्र, प्रकाश 27
तारकिक	तार्किक, नैयायिक 299
तपन	सूर्य 190
तारू	तैराक 6
ताळ	ताल (संगीत) 244, 291
ताळ	एक पेड़ 242
ताल	ताला 185
तालधर	ताल देने वाला 244
तालि	समय 177
तासु	उसका 52
ताहरै	तेरे 45
तिकरि (सं. तत्कृते)	के लिए 143, 279

तितरै	इतने ही में 44
तिणि	उसने उसको 5, 51, 168, वह, उससे 8
तिणि	उस 7, 57, 177, 192, 201, 267, 269 इत्यादि
तिणि	तिससे, इसलिए 94, 12 इ.
तिमि	वैसे 70, 104 इ.
तिरप	नृत्य की एक ताल (त्रिसम) 246
तिलक	टीका, एक आभूषणविशेष 87, 88
तिसा	वैसे 304
तिहाँ	वहाँ 253
तिहि	उसको 256
तीरथ	तीर्थ, घाट 49, 186, 289
तीरथे	तीर्थ में 301
तीवट	त्रिवट नामक ताल 244
तुम्ह	तुमको 60
तुम्हां	तुमको 62
तुम्हांसूं	तुमसे, तुमको 61
तुलता	तुलते हुए 212
तुळसी	तुलसी 59
तुलि	तुला राशि पर 212
तुलिया	बराबर हुए 212
तूं	तू 4, 290, 303
तूंतणी	तेरी (रुक्मिणी) 303
तूझ	तेरी 6, 58
त्रूटी	टूटी 178
ते	इसलिए 290, अपने 210
ते	वे 8, वह 173
तेड़ि	बुलाकर 149
तेणि	उससे 54, जिससे 122, उस 160

तेही	तैसी, उस प्रकार 177
तै	उसको 95, 103
तो-तौ	तो 78, 79, 95, 298
तोईज	तभी तो 129
तोय	पानी 263
तोरण	तोरण 40, 233
त्रिकाल़	तीन काल 151
त्रिकुट गढ़	लंका 63
त्रिगुण	सत्व, रजस्, तमस् 21, 231
त्रिगुणमै	तीन गुणयुक्त (शीतल, मंद, सुगंध वायु) 21
त्रिणि	तीन 66
त्रिणे-तृणे	तृण, तिनके, घास 198
त्रिह्वि	तीन 156
त्रिह्वे	तीनों 1
त्रिपत	तृप्त, संतुष्ट 170
त्रिभुवन	स्वर्ग, भूमि, पाताल 111
त्रिया	स्त्री 65, 157, 163
त्रिबलि़	पेट के तीन बल 25
त्रिविध	तीन प्रकार की 285
त्रिस	प्यास 231
त्री	स्त्री 8, 154, 169, 303
त्री बरणण	स्त्री का वर्णन 8
त्रूटंति	टूटती हुई; व्यतीत होती हुई 181
त्रूटै	टूटता है 124

थ

थंभ	थंभा, खंभा 204
थंभि	बंद होते हैं, ठहरते हैं 195, रोका 69

थई	हुई 46, 70, 177, पर 216
थका	होते हुए भी 213
थकी	स्थित 224
थण	स्तन 218
थयौ-थयो	हुआ 19, 29
थळि	स्थल में, जगह में 197
थाइ	होता है 286
थाकौ	थक गया 272
थाणौ	आलबाल, थाला 291
थापे	रखकर, रखे 137
थाये	होता है, होते हैं 218, 266
थाल	थाली, थाल 235
थिउ	हुआ, हुई 256
थिय	हुआ 238
थिया	हुए 136, 251, 270, 288
थियौ	हुआ 52, 182, 184, 226
थिर	स्थिर 127, 214
थी	हुई 236
थूळ	मोटा 218
थोके	बातों में 137
थोड़	थोड़े 228
थ्या	हुए 166, 188
थ्यौ	हुआ 16

द

दँड	दंड, सजा 253, डंडे 144
दई	दो 135
दक्खिण, दखिण	दक्षिण 10, 21, 259

दखिण	दक्षिण की पवन, मययानिल़ 261
दखिणानिल़	दक्षिण की हवा 261
दड़ड़	मेघगर्जन का शब्द 196
दधि	समुद्र 98
	दही 234
दरब	द्रव्य, वस्तु 230
दरसणि-दरसण	दर्शन होने पर 141, 220
दरसे	दर्शन किए 108
दल़	एत्ता 27, 49, 292
दल	शरीर के अवयव समूह 20, 27, 49
दळां	फ़ौजों का 116
दळिद्र	दरिद्रता 142
दस	दश 9
दहण	अग्नि 208
दहन	जलाना 191
दायिनो	देने वाली 297
दाखि	देख कर 252
दाखै	देता है, दिखाता है 266
दाट	संगीत का भाव-विशेष 245
दाड़िमी	अनार का फल 240
दाण	मद, दान, मदजल 24
दादुर	मेंढक 198
दाहक	जलाने वाला 223
दिखालिया	दिखलाया 24
दिणयर	दिनकर ने, सूर्य ने 185
दिन	दिया, दी 59, दिन को 151
दियौ	दो 149
दीठ	दिखाई दिया 111, 163
दीठा	देंखे 140

दीठी	देखी 168
दीठौ	देखा 98
दीध	दिया, दी 7, 61, 90
दीध	देकर 41
दीधा	दिए (जलाये) 250
दीन्हा	दिए 158
दीपगर	दीवट, फानूस 247
दीपति	चमकता है, शोभित है 10
दीपमाळा	दीपकों की माला 101
दीपति	दीप्ति, प्रकाश 208
दीपै	प्रकाश करता है 182
दीसै	दिखाई देता है 41, 240
दीह	दिन 66
दीह	दिन 187
दीहां	दिनों में 169
दुआरामती	द्वारामती, द्वारिका 51
दुख	दुःख 252
दुज	द्विज 46, 71
दुजि	द्विज ने 173
दुतरणि	दुस्तर 227
दुति	द्युति, कांति 99, 144
दुरग्रह	दुष्ट ग्रह 286
दुर दिन	ख़राब दिन 286
दुरनिमित्त	अशुभ शकुन 286
दुरी	अशुभ, दुष्ट, बुरा 65
दुरीस	दुष्ट राजा 249
दुलहणि	दुलहिन 158
दुवारिका	द्वारिकापुरी 44
दुसट	दुष्ट को 135

दुसह	दुःसह 286
दुँह	दोनों 116
दूखण	दोष 296
दूजण	दुर्जन 75
दूति	दूती 171
दूरंतरी	दूर से 54
दूरा	दूर पर 41
दूरि	दूर 47, 65, 248
दूलह	दुलहा, वर 158
दूवै	आज्ञा के 58
दूवौ	आज्ञा 80
दे	देकर 7
देइ	दे 45
देखतां	देखते हुए 140
देखि	देखकर 54
देखे	देखकर 71
देठाळौ	देखादेखी 116
देण	देने को 232
देतौ	देता हुआ 262
देव	देवता, महाराज 51
देवाधिदेव	देवताओं के प्रभु 58
देवाऌै	देवालय 108
देवि	देवी 100
देव	देवता ने 173
देसपति	राजा 37
देह नायक	देह का स्वामी 275
देहरा	मंदिर 100, 109
देहळी	देहली 168
देहि	दे 44

दैवग्य	ज्योतिषी 149
दोख	दोष 151
दोर	भुजा 23
द्रव	पिघलना 187
द्रब	द्रव्य 250
द्रवड़ित	फैली हुई 163
द्रविण	द्रवित करने वाला 109
द्रिठ	दृष्टि 163
द्रिठि	दृष्टि 162, 131
द्रोब	दूब 142
द्वारि	दरवाजे में 109
द्वाल़ा	दोहले, दोहे (वेलि का छंद) 292

ध

धजा	ध्वजा 250
धड़	शिरहीन शरीर, कबंध 121
धड़ि धड़ि	शरीर-शरीर पर 119
धण	स्त्री, पत्नी 146, 191, 200
धणी	पति, मालिक 191, 200
धनंजय	धनंजय, अर्जुन 216
धनी	धनवान् 217
धबकि	चमकने लगीं 119
धर	पृथ्वी 68, 193, 200, 206
धर	धारण करने वाला 200
धरम	धर्म 150
धर सधर	पर्वत 239
धरहरिया	जल प्लावित करने लगा 195
धरा	पृथ्वी 187, 207

धरि	धारण करके 9, 81, 176
धरिया	धारण किये हुए 95, धारण किये 205
धरी	धारण की 107
धरू	ध्रुपद 246
धवल़	सफ़ेद 41, 146 मांगलिक गीत 113, 146
धवळागिरि	धवल गिरि पर्वत, श्वेतपर्वत 41
धवळहर	धरहरे, महल 41, 146
धवल़ित	सफ़ेद किया हुआ, स्वच्छ 146
धसति	प्रवेश करती हुई 168
धार	धारा 119
धाराँ	धाराओं से 120
धाराधर	बादल 200
धारूजळ	तलवार 119
धारे	धाराओं से 195
धारै	धारण करती है 95
धावंति	दौड़ते हैं 68
धावतौ	दौड़ता हुआ 4
धुड़ी	धूल, रज 193
धुनि	ध्वनि, शब्द 176, 184
धूया	ध्रुवा रागिणी 246
धूप	धूप, एक सुगंधित वस्तु 102, सूर्यातप 225
धूपणै	धूप देने के 82
धूम	धुँआ 87
धूसर	भूरे रंग का 263
धोया	धोए हुए 205
धौत	धुले हुए, श्वेत 81
ध्रगध्रगी	धकधकी (हृदय की) 176
ध्रम	धर्म 54
ध्रू	मुंड 107, 121

धूमाळा	मुंडमाल 107

न

न	नहीं 4, 103
नई	नदी 145
नखित्र	नक्षत्र, तारे 93
नग	हीरे 101, 240
नड़	पर्वतीय नाले 196
नद	आवाज, शोर 48
नदि	नदी 106, 187
नदिमै	नदीमय 198
नभि	आकाश में 208
नमे	झुककर 73
नयण	नयन 20, 22
नयर	नगर 66, 48
नयरे	नगर में 249
नर	मनुष्य 33, वीर 35,
नरवर	नरश्रेष्ठ 275
नरवै	नरश्रेष्ठ के 114
नरि	मनुष्यों में 182
नरेस	राजा 75
नल़णी	नलिनी 224
नल़ी	कपड़ा बुनने की नलिका 171
नव	नया 5
नवग्रही	नवरतनी 93
नवनवौ	नया-नया 5
नवनवा	नये-नये 214
नवी	नई 20, 24, 126

नवीनवी	नई-नई 214
नवै	नवों 157
नवै	नये 192
नह	नहीं 46, 74, 110
नहि	नाथकर, बनाकर, रखकर 62
नाँखी	डाली 248
नाँखै	डालता है 94
नायक	नायक, आचार्य 243
नाँखिया	डाले 240
नाग	नाग, साँप 33, 62, हाथी 105
नागर	चतुर, नागरिकों की 146
नाद	शब्द (अनहद नाद) 268
नारि	स्त्री (रुक्मिणी) 172
नालि़	नलिका, बंदूक 118
नालिकेर	नारियल 234
नासफरिम	जिसकी आज्ञा भंग हो 182
नासां	नथुने 115
नासा	नासिका 98
नाह	नहीं 30
नाह	पति, नाथ, वर 30
निंदा	चुगली, निंदा 277
निउँछावरि	न्यौछावर में 240
निकुटी	गढ़ी थीं, बनाई थीं 110
निगम	वेद 157
निगरभर	निर्भर, निमग्न, भरे हुए 181, 247
निगुण	निर्गुण, गुणहीन 2
निग्रह	संयम 288
निठ	कठिनता से 163
नितंबणी	नितंबिनी, स्त्री 26

नितु	नित्य 268
निदरसी	दर्शक 151
निधुवनि	रतिसमय में 206
निमिख	निमेष, क्षण 266
निय	निज, अपना 132, 171, 224, 225
निरखे	देखकर 151
निरगुण	निर्गुण 272
निरणै	निर्णय 151
निरतकर	नर्तक 244
निरधण	पत्नीरहित 191
निरलेप	निर्लेप्त, अलिप्त 272
निराउध	आयुधरहित 134
निरूपम	उपमारहित, सुंदर 26
निलाट	ललाट 87
निवाणे	नीचे स्थान में 206
निवारण	बंद 176
निसामै	रात्रिरूपी 184
निसुर	निःस्वर, निःशब्द 207
निहखरता	निकलते हुए, पीछे दौड़ते हुए 114
निहस	चोट 38
निहसति	झूलता है 98
निहसे	गर्जना से, गर्जना के साथ 197
नीखर	निखर कर, स्वच्छ होकर 206
नीगम	वेद 294
नीझर	झरना 191
नीझरण	झरने 243
नीठि	कठिनता से 220
नीपनौ	उत्पन्न हुआ 125
नीपायौ	बनाया था 110

नीर	पानी 27, 187
नीरासइ	तालाब में 174
नीरोवरि	समुद्र में 145
नीळवर	नीले वस्त्र 101, 198
नीळकण्ठ	महादेव, एक पक्षी 84
नीलमणि	नीलम 204
नीला	हरे-भरे 224
नीळाणी	हरित (नीली) हुई 197, 198
नीळाणा	हरे हो गए, प्रसन्न हो गए 140
नीसरणी	निसेनी 294
नीसरे	निकलकर 46
नीसरै	निकल रहे हैं 125
नीसाण	निसान, नगारे 40, 48, 115
नीसाणे	नगाड़ों पर, नगाड़ों की 38, 120
नूपुर	एक गहना 97
नेउर	नूपुर, नेवरी 166, 176
नैड़ी	पास 116
नैड़ो	पास 47
नेड़उ	पास 65
नेत्रे	मथने की रस्सी में 62
नैरन्ति	नैऋत्य दिशा 191
न्याइ	समान 198
न्रिमल	निर्मल 27
न्रीजनपणि	निर्जनता 190

प

पंख	पाँख 20, 162, 226
पंखि	पक्षी 164

पंखियाँ	पक्षियों 162
पंखी	पक्षी 6
पंगु	लँगड़ा, गतिहीन 110
पंगुरिणि	वस्त्र 220
पंगुलौ-पांगुलउ	लँगड़ा 4
पंच	पाँच 11, 109
पंचबाण	कामदेव 243
पंचम	पाँच स्वरों वाली (ओड़व जाति की) रागिनी, बसंत आदि 227
पंचमी	पाँचवीं 277
पँचविधि	पाँच प्रकार का 294
पंडिता	हे पंडितों! 301
पंथी	पथिक 43
पकवाने	व्यंजनों से 230
पख	पक्ष 264, महीने के पक्ष 265
पगवंदण	चरणवंदना 45
पगि	पग पर 167
पग्ग	पैर 259
पछि	पश्चिम का 217
पच्छिम	पश्चिम 154
पट	वस्त्र 38, 204
पटल़	समूह 49, आवरण, पर्दा 184
पड़ती	पड़ती है 38
पड़ी	पड़ी, प्याप्त हुई 139
पड़पोत्रे	प्रपौत्र 282
पड़ै	गिरता है 120
पढ़ँता	पढ़ते हुए 280
पढि	पढ़, पढ़ो 278
पढे	पढ़कर 248

पणिहारि	पनिहारी 49
पत्र	पत्ता 71, 95, 115, 162, 244, 292 चिट्ठी 45, 55, पात्र, खप्पर 122
पथि	मार्ग में 232
पदमिणी-पदमिणि	
पदमणी	पद्मिनी, सुंदर स्त्री 14, 24, 42, 197
पदमराग	पद्मरागमणि 204
पदमा	लक्ष्मी 273
पदमाळया	लक्ष्मी 273
पदाति	पैदल 241
पधरावि	स्थापित कर, बिठाकर 157
पधरावी	बिठाई 169, पहुँचाई 178
पधारया	पधारे 75
पनाँ	पन्ने (मणि) 39
पमूंकै	छोड़ता है 262
पयोधर	कुच 25
पयोधि	समुद्र 199
पयोहर	कुच 16, 95
परजळतौ	जलता हुआ 182
परठि	धारण करके 109
परठित	स्थापित 154
परठीजै	बाँधे जा रहे हैं 40
परणी	विवाहिता 281
परणै	ब्याहे 59, 149
परदळ	शत्रुसेना 138
परनाळे	मोखों से 120
परबोधै	जगाते हैं 268
परभाते	प्रभातसमय 47
परमेसर	परमेश्वर 1

परवरिया	घूमने लगे 253
परस	स्पर्श 262
परसण	स्पर्शन, दर्शन 80
परसपर	आपस में 157
परि	ऊपर, पर 169, 174, 248
परि	जैसे, तरह, ज्यों, मानो 14, 15, 25, 42, 126, 192, 216, 221, 235
परिग्रह-परिगह	परिचरवर्ग 19
परिपाळै	परिपालना करती है 9
परियासि	जाते हो 55
पळ	क्षण 15, 266, मांस 128
पलव-पल्लव	पत्ता 27, 228
पळास	पलाश वृक्ष, मांसभक्षी 247, 256
पल्लवित	पल्लवयुक्त 198
पवणै	पवन ने 223
परसतै	लगते ही 231
पसरंता	फैले हुए 242
पसरि	प्रसरित होकर 269
पसाइ	कृपा से 254
पसारी	फैल कर 143
पहरतै	प्रहार करते हुए, प्रहार करते हैं 126
पहरि	पहर में 13
पहल	दूसरे 203
पहि	परंतु 4
पहिराइत	पहरेदार 97
पहिरायौ	पहनाए 237
पहिलुं	पहले 36
पहिलौ	पहले 8, 16, 149, 252
पहुचेस्यां	पहुँचेंगे 47

पांतरि	मूर्खता कर 33
पांतरिया	सठिया गये 32
पांति	पंक्ति, श्रेणी 31
पापणि	पलकें 20
पाइ	पैरों से 127, पैरों में 198
पाइक	सिपाही 105
पाइदळ	पैदल सेना के 105
पाकी	पकी 207
पाखाणमै	पत्थरमय 110
पाँचि	पंचरत्न 204
पाट	शहतीर 39, रेशमी डोरा या फुँदना 92
पाटि	सिंहासन पर 242
पाठक	वाचक, बताने वाला 245
पाठके	पाठकों ने 157
पाणि	हाथ 150
पातां	पत्तों के 250
पात्र	भाजन, योग्य पुरुष (कुपात्र) 59
पाथरणि	बिछौना 267
पान	पत्ता 12, तांबूल 102
पान	(मदिरा का) पीना 262
पाने	पत्रों से 230
पामै	पाता है 305
पायौ	पाया 5
पार	पार, सीमा, अंत 5
पारकी	पराई, दूसरों की 278
पारथिया	प्रार्थना करने पर 223
पाखती	चारों ओर 107
पारस	पास 107
पार, पारि	पार 288

पारेवा	कपोत 245
पालट	परिवर्तित, परिवर्तन 226
पालटै	बदलता है 113
पालि़	पालकर, रक्षाकर 222
पालै	रोकता है 225
पावन्न	पावन, पवित्र करनेवाली 85
पावसि	वर्षा ऋतु में 194
पास	पाश, समूह 82
पासै	निकट में 135, 210
पिंड	शरीर 113, 285
पिंडि	शरीर में 296
पिड़ि	पेड़ी वृक्ष की 125, 126
पिण	यद्यपि, परंतु 75, भी 138
पित	पित्त 285
पित	पिता 18, 270
पितरे	पितर, पितृगण 209
पितामह	दादा 271
पीड़ंति	पीड़ा देते हुए 252
पीतता	पीलापन, वैवर्ण्य 176
पिअति	पीते हैं 246
पीळा	पीले कपड़े, लाल रंग के कपड़े 97, 203
पीळाणी	पीली हुई 207
पुंडरीकाख	पुंडरीकाक्ष, श्रीकृष्ण 136
पुड़	सतह 217
पुड़ि	सतह पर 282
पुणच	प्रत्यंचा 131
पुणि	फिर 1
पुणै	कहते हैं 77
पुनरभव-पुनर्भव	नख 27

पुनह पुनह	बार-बार 150
पुरखोतम	पुरुषोत्तम 66
पुरतो	सामने, पास 55
पुरि	पुर में 75
पुरुख	पुरुष 232
पुरोहित	पुरोहित 35
पुहतौ	पहुँचा 36
पुहपंजलि़	पुष्पांजलि 248
पुहपवती	रजस्वला, पुष्पवती 262
पुहपां	फूलों के 250
पुहप	पुष्प 95, 146, 221, 228
पुहपित	कुसुमित 247
पूछत	पूछता हुआ 52
पूछि	पूछ 71
पूछीजै	पूछा जाता है 139
पूछै	पूछती है 79
पूजियै	पूजा जाता है 230
पूजै	पहुँचे 4
पूठ	पीठ 154
पूठि	पीछे 88, पीठ पर 241
पूत	पुत्र 9, 33
पूतल़ी	पुतली 2, मूर्ति 110
पूरब	पूर्व दिशा 154
पूरबक	पूर्वक 58
पूरै	पूरे होने पर 298
पूरौ	पूरा-पूरा 298
पेखण	देखने को 163
पेखतां	देखते हुए 9
पेखि	देखकर 14, 132

पेखे	देखकर 16, 283
पै	पय, जल 147
पै-पय	पैर 202, 262
पैठा	प्रविष्ट हुए 217
पैसि	प्रवेश करके 108
पैसे	प्रवेश करता है 224
पोइणि	पद्मिनी, कमलिनी 235
पोइणिए	कमलिनी की 209
पोकार	पुकार, शब्द 181
पोखण	पोषण 7
पोत	पवित्री, गले में पहनने का काला रेशमी डोरा 84
पोतौ	पौत्र 271
पोत्रे	पौत्र 282
पोस	पौष मास 220
पौढाड़े	सुलाते हैं 268
पौराणिक	पुराणज्ञ 299
प्रकटित	प्रकट हुई 293
प्रखोलित	छिड़के हुए 205
प्रगटिया	प्रकटे 248
प्रगटी	प्रकट हुई 91
प्रगटे	प्रकट होने पर 208
प्रगलभ	चतुर 245
प्रज	प्रजा 139, 249
प्रणपति	प्रणाम 44
प्रणवि	प्रणाम करके 1
प्रति	की अपेक्षा, से 9, 190, 215
प्रति	प्रति, को 223, 283
प्रतिबिंब	परिछाया 104, 257

प्रतिहार	पहरेदार 225
प्रदुमन	प्रद्युम्न; कृष्ण के पुत्र 270
प्रफूले	प्रफुल्ल, खिले हुए 183
प्रब	पर्व, त्यौहार 230
प्रणाळी	रीति, मार्ग 294
प्रभणंति	कहता है, बोलता है 31
प्रभणावै	कहलाते हैं 157
प्रभणै	कहते हैं 33
प्रभवति	होते हैं, होने वाले 285
प्रमा	लक्ष्मी का नाम 273
प्रमुदित	प्रसन्न 234
प्रवर्त्त्यौ	प्रचार किया, फैलाया 249
प्रवाळी	मूँगा, एक रत्न 39, नवीन पत्ते 125
प्रविसंति	प्रवेश करती है 145
प्रवेस	प्रवेश 75
प्रसन	प्रसन्न, निर्मल 136, 249, 258
प्रसरि	चलकर 191
प्रसवती	प्रसव करती हुई 229
प्रसिध	प्रसिद्ध 294
प्रसेद	पसीना 175, 207
प्रापति	प्राप्ति, पाना 29
प्राणायामे	प्राणायाम में 184
प्रामिस्यौ	पाओगे 298
प्रामै	पाता है, पाए 212, 280
प्रारथित	प्रार्थना की हुई 174
प्रासै	खावे, भक्षण करे 59
प्रथमी-प्रथिमी	पृथ्वी 111, 198, 217
प्रिथी-पृथी	पृथ्वी 208
प्रिथु-पृथु	पृथ्वीराज, ग्रंथकर्त्ता 293

प्रिथुदास	पृथ्वीराज 291
प्रिथुवेलि	पृथ्वीराज की वेलि 294
प्रियाग	प्रयागतीर्थ 25
प्री	प्रियतम 80, 156, 165, 228, प्यारा 209
प्रेरित	चलायमान 170
प्रेषितं	भेजा गया 55
प्रोंचिया	पहुँचियाँ 93
प्रोंचे	पहुँचों में 93
प्रोलि	द्वार 40
प्रोहित	पुरोहित 36, 67

फ

फण	फन (साँप का) 5, 160
फणि	फण में 5, साँप 160
फरहरियौ	फहराया, चलने लगा 217
फळे	फल में 230
फहराणी	फहराई 250
फाग	फगुआ, फाल्गुन मास का गाना, बजाना इत्यादि 227, 238
फागुण	फाल्गुन मास में 227
फिटकमै	स्फटिकमय 39
फिरि	फिरा फिरा कर 127
फिरि	फिर करके 156
फिरियौ	घूम गया, रुख बदला 217
फुट	फूटा हुआ (स्फुट) 234
फुल्ल	फूला हुआ 255
फूल	पुष्प 159
फूलि	फूलते हैं 20

फूले	फूलों ने 183
फूलै	फूलती हैं 42
फेण	फेन 85, 159
फेरता	फेरते हुए 127
फेरा	भाँवर 156

ब

बँदि	बन्दीजन 255
बंध	संग्रह 74
बंध	बंधन 185
बन्धण	बंधन 90
बँधाणी	बाँधी गई 233
बंधि	बाँधी 131
बंधि	बँधी 241
बंधियाँ	बँधे हुओं को, बंद हुए को 185
बंधिया	बाँधे 242
बंधे	बाँधे, पहने 92
बँधे	बंद हुए 164
बंभण	ब्राह्मण 73
बकूँ	बकती हूँ, कहती हूँ 65
बत्रीस	बत्तीस 13
बळ	बल, शक्ति 126, 287
बल़देव	बलराम, श्रीकृष्ण के बड़े भ्राता 126
बळभद्र	बलभद्र, बलरामजी का नाम 123, 128, 126, 129
बळाहक-बलाहकि	श्रीकृष्ण के एक घोड़े का नाम 68, बादल 194
बळि	बलि, भाग 59, बलिराजा 59, 112, बल से 126

बळिबँध	बलि राजा के बाँधने वाले ने, श्रीकृष्ण ने 112
बहिनि	बहन, भगिनी 135
बहिरि	बाहर 91
बहु	बहुत 17
बहुरूप	अनेक रूप वाले, बहुरूपिए 113
बाजूबंध	भुजबंध, भुजा में पहनने का एक गहना 92
बाजोटा,	चौकी 83
बाझै	बाँधे जा रहे हैं 38
बापूकारे	उत्साहित करते हैं, प्रेरित करते हैं 123
बारगह	तंबू, पटकुटी 90
बाळ	बाल्य 12, 13, 17
बाळक	बच्चा 12
बाळकति	बाल्य क्रीड़ा 12
बाळ पण	बालकपना 17
बाळ लीला	बाललीला 13
बाळसँघाती	बाल्य काल का साथी 17
बाळा	बाला स्त्री 17, बालिका 196
बाळि	जलाकर 222
बाळिया	जलाए 223
बाहां	भुजाएँ 201, 143
बाहरि-बाहिरे	बाहर 172, 213
बिंदुलौ	बिन्दिका 199
बिंब	प्रतिबिंब 91
बि	दो 5
बिजड़ां	तलवार 126
बिन्है	दोनों 180
बियै	दूसरे 233
बिहूँ-बिहूँ	दोनों 12, 82, 92, 265

बीजिजै	बोया जाता है, बोइए, बोना चाहिए 124
बीजौ	दूसरा 59, 73
बीड़ौ	पान का बीड़ा 99
बीरज	रजरहित, निर्मल 14 (द्वितीया, बीज)
बूँद	बिन्दु 118
बे	दो, दोनों 87, 117, 210, 217, 265
बेउ	दोनों 143
बेग	तेज़ चाल से 68
बेपुड़ी	दोहरी, दोनों तरफ़ से 117
बेलखि	शरपुंख 131
बेली	साथी, सहायक 123
बैठा	बैठ गये 194
बैठौ	बैठा, स्थित हुआ 212, 226
बैसारी	बिठाई 112, 135
बैसे	बैठकर 278
बोलंत	बोलते हैं 255
बोलंति	बोलते हैं 210
बोलण	बोलना, बोलने के लिए 278
बोलिया	बोले 69
बोलै	बोलता है 34
बोळै	डुबा देती है 290
ब्रह्मसू	वेदों को उत्पन्न करने वाला, ब्रह्मा 275
ब्राहमण	ब्राह्मण 44, 49, 58
ब्रूहि	(तू) बोल, बोलो 55

भ

भँगि	भंग पर, मिटने पर 230
भंजियौ	भँगा, भगा दिया 128

भई	भाई, भई (संबोधन) 135
भई	हुई 251
भख	भक्ष्य 264
भगति	भक्ति 148, 279, 305
भजति	सेवन करते हैं 219
भजति	भजता है, भजन करता है 98
भजै	भजते हैं, सेवन करते हैं 191
भणंति	पढ़ने से 287
भणंता	कहते हुए 297
भणि	कहती है 264
भति	समान 47
भमर	भ्रमर 97, 177, 185, 244
भर	भार 128, 254
भर	तमाम 205
भरण	भरण-पोषण, पालन 7
भरतार	पति 305
भरि	भर करके, लेकर के 251
भरिया	भर गये 193, 254
भला	वाह 135
भला भली	अच्छी से भी अच्छी वस्तु पृथ्वी पर है (एक कहावत) 129
भली	अच्छी 135
भलौ-भलउ	अच्छा 135, 216
भवति	होता है (संस्कृत) 285
भाँति	प्रकार 156
भाइ	भाव 269
भाखा-भाषा	भाषा 297, 299
भाखि	कही जाती है 148
भाग	भाग्य 88

भागि	भाग, हिस्सा 84
भाजै	भागते हैं 287
भाट	भाट जाति का पुरुष 299
भाति	शोभित होते हैं 212
भाद्रवि	भाद्रपद का महीना 205
भामिणि	भामिनी, स्त्री 235
भार	भार, समूह 251, बोझ 260
भारती	वाणी 297, सरस्वती 303
भारियौ	भारयुक्त, ओढ़े हुए, लपेटे हुए 219
भालियळि	ललाट में 88
भाव	प्रेमभाव 108
भावी	होनहार, सौभाग्य 96, भविष्य (में) 279
भासै	मालूम होता है 213
भिड़	भिड़ कर, युद्ध करके 128
भिन	भिन्न, पृथक् 148
भिन्न	भीगा हुआ 258
भिळित	मिला हुआ 43
भींति	दीवार 39
भीखमक	भीष्मक, रुक्मिणी के पिता का नाम 10
भीरि	सहायता 216
भुइँ	पृथ्वी (दूरी) 130
भुगति	भुक्ति, भोग 215, 279
भुयँग-भुयंग	भुजंग, साँप 217, 264
भुरड़ीतो	तपता हुआ, सन्तप्यमान 254
भुवणि	घर में 43
भूंडो	बुरा 303
भूखण	भूषण, गहना 95
भूत	भूत-प्रेत 287
भूला	भूल गये 201

भूली	भ्रांत बन गई, भ्रम में पड़ गयी 257
भेख	भेष, रूप 113
भेट	भेंट 258
भेदे	भेदन करके 217
भेरि	भेरी (एक बाजा) 184
भेळा	एकत्र 96
भै-भय	डर 178, 219
भो	हे! 55
भोगविजै	भागे जाते हैं 205
भौ	भय 47
भ्रमि	भ्रांति में (से) 201
भ्रमिया	मँडराए 20
भ्रूहारे	भौंहें 20
भ्रूह	भौं 89
भ्रूहे	भौंहों में 172

म

मंगळ	शुभ, कल्याणमय 1, 233 उत्सव धवल मंगल 42, 155 : मंगलगान 286
मंगळचार	मंगलाचरण 1
मंगळिक	मंगलमय, शुभ 234
मंजण	मज्जन, स्नान 106
मंजरि	मंजरी 239
मंजियै	साफ़ किए 224
मंजे	साफ़ हुए, हटे 184
मंजै	स्नान करता है 280
मंडप	मंडप, वितान 38, 90, 243
मंडहे	मंडप पर 291

मंडाणा	तने हुए हैं 239
मंडिजै	मनाए जाते हैं 38
मंडियै	आरंभ किए जाते हैं 214
मंडियौ	लगा 243
मंडी	स्थापित की 294
मंडे	सजाए 90
मंडै	चित्रित किए जाते हैं 40
मंदिर	महल 204
मंदिरंतरि	अलग-अलग मंदिर में, मकान में 161
मंदा	मंद, अस्वस्थ 182
म	तत 45, 77, 290
मई	मयी, युक्त 145, 214
मखतूल	काला रेशम 81
मगसिर	मार्गशीर्ष महीना 216
मगि	मार्ग में 43, 219
मछे	मछली से 155
मज्जा	गरी गूदा, 234
मझि	मध्य में, में 99, 115
मठ	मंदिर 110
मणिमै	मणियों का बना 92
मतवाल़ौ	मतवाला 262
मति	नहीं, मत 32; बुद्धि 6, 19, 103, 276
मथे	मथकर 62
मद	रस 263
मद	मद, गर्व 167;, हाथी का मद, दान 105, 263
मदन	काम 82, 274
मदोनमत्त	मदमत्त 263
मधि	मध्य में, में 28, 175
मधु	चैत्र, वसंत 248

मध्याहन	मध्याह्न, दुपहर 190
मनमथ	कामदेव 274
मनरखिए	मन रखने वाली, मनोऽनुकूल चलने वाली 179
मनसि	मन में 72
मनावि	मनाकर 202
मनि	मन में 29, 183, 213
मनु	मानो 90
मनुहार	मनुहार, आतिथ्य 78
मनै	मानो 42
मयण	काम 175
मरजादा	मर्यादा 276
मरम	मर्म, रहस्य 297, 300
मळय	चंदन 263
मळयाचळ	मलयगिरि 21, 258
मलि़	मैल को 224
मळयानिळ	मलयानिल 231
मलै़	मलयाचल 21
मल्हपति	मल्हाता हुआ चलता है 263
मवरि	मौर 253
मसि	स्याही, कालिमा 43, 190
मसिब्रन	काला 190
महंति	माहिती, खबर, संवाद, सूचना 72
महण	महार्णव 63, समुद्र 118
महति	महिमा 276
महमहण	समुद्रमंथन करने वाले, विष्णु 63
महर	अहीर 114
महानिसि	प्रलय रात्रि, निशीथ काल, 180
महियारी	ग्वालिन 114
महुयरि	अलगोजा एक वाद्य विशेष, 227

महे	में 302
महोछव	महोत्सव 214
माँगी	माँगी हुई वस्तु 157
मांडि (पग मांडि)	रोक 130
मांडिरहे	चित्रित हुए 160
मांडियौ	किया, शुरू किया, 3 लगी 121
मांडिया	प्रकट किये 250
मांहि, माहि	में 56
माँखण	मक्खन 114
माघि	माघ मास में 223
माठा	मधुर ध्रुपद, ध्रुपद राग का एक भेद 246
माणग	रसिक, भोगी 268
माणिक	एक मणि 175
माणै	भोगते हैं 268
मात	माता 9, 18, 231
मातौ	गहरा 121
माथै	ऊपर 239
मानसरोवरि	मानसरोवर में 12
मानुखी	मानुषी 271
मापित	मापा हुआ 96
मामोलौ	वीरबहूटी 199
मारकुए	आक्रमणकारी लोग, हरण कर ले जाने वाले 116
मारगि	मार्ग में 50, 143
मारजण	मार्ज्जन, सफ़ाई 159
माळ	माला 192, पंक्ति 241
माळिणि	मालिनी 257
मावीत्र	माता-पिता 34
मासि	महीने में 13, 189

मासे	महीनों में 216
माह	माघ महीना 190
माहरै	मेरे 45
माहरौ	मेरा 303
माहव	माधव 1, 64, 114, 132
माहि	में 56, 213
माहुटि	माघ की मेघ घटा 190
माहे	में 118
मिथ्या	झूठ 302
मिरिगाखी	मृगनयनी 136
मिळण	मिलन, मिलने को 165
मिळि	मिलकर 190
मिळित	मिला हुआ 43
मिळिया-मिळियाँ	मिले, मिलाया 175, 186, 200
मिळिवा	मिलने के लिए 161
मिळियै	मिलाते हुए 200
मिसि	बहाने 73, 160, 164, 215, 229, 249, 250, 292
मींट	निद्रा 216
मुंचंति	छोड़ते हैं, टपकाते हैं 240
मुखा	मुख से 300
मुखि	मुख में 7, 16, 279; मुख से 300
मुगता	मुक्ता, मोती 189
मुगता	छूटे हुए, खुले हुए 82
मुगतावळि	मुक्तावली 178
मुगति	मुक्ति 279
मुणणंति	गुंजार 229
मुताहळ	मुक्ताफल, मुक्तावलि 98
मुहरमुह	बार-बार 210

मूँ	मुझे 62, 302
मूँ	मेरी 103, 296, 300
मूंकिया	छोड़ दिए 277
मूंकै	छोड़े 295
मूझ	मुझे 59, मेरा, 295, 297, 298
मूठि	मुष्टि में 131
मूढ	मूर्ख 4
मूरछित	मूर्च्छित 110
मूरति	मूर्ति, मूर्तिमान 153
मूळ	जड़ 124, मूलपाठ 291
मे	मेरे 55
मेखला	मेखला, करधनी 96, 199
मेघ	बादल 203
मेघपुहप	मेघपुष्प, कृष्ण का एक घोड़ा 68
मेटि	मिटाकर, दूर कर 34
मेढ़ि	मेड़ 127
मेन	अंधकार, 22
मेरु	मेरु पर्वत 6, 12
मेळ	मिलन 186
मेळगर	दर्शकगण 243
मेळण	मिलाने को 171
मेली	पूर्ण की, पूर्ण हुई 183
मेल्हियौ	भेजा 56
मेह	मेह, वर्षा, मेघ 118
मैं	मैंने 2, 302, 304
मै	मय, 21 इत्यादि
मै	रूप की तरह 171
मै	में 221
मो	मेरी 301

मोख	मुक्ति के लिए, मुक्त करो 301
मोखियाँ	मुक्त 185
मोटां	बड़े 300
मोतिए	मोतियों को 295
मोतियाँ	मोतियों की 91
मोती	मुक्ता 81, 94, 100
मोर	मयूर 40, 194, 244
मोरै	मंजरीयुक्त (उमंगित) होता है 21
मोहिया	मोहित किया, 269
मौर	मञ्जरी 233
मौरित	मंजरीयुक्त 247
मौरिया	मंजरीयुक्त हुए हैं 50
म्रजाद	मर्यादा 34
मृग	मृग 82, 89, 193
मृगशिर	मृगशिर के वायु ने 193
मृत्तलोक	मृत्युलोक, पृथ्वी 209
मृदंग	मृदंग 243
म्लेच्छां	म्लेच्छों के 60

र

रंक	ग़रीब 6, 170
रंगि	रंगों में, रंगों से 160
रंभ	केला 26
रई	मंथन दंड 62, 185
रजी	धूल 115
रटति	शब्द करता है, कूकता है 231
रणि	रण में 63
रतनमै	रत्नमय 88
रत	रति, लगा हुआ 180

रत	रक्त 117, 125
रति	सूरत 161, 162
रति	प्रद्युम्न या काम की स्त्री 270
रथी	रथ का सवार, सारथी 89
रद	दाँत 22
रमतां	रमण करते हुए 297, 302
रमंति	खेलती हैं 13
रमंती	खेलती हुई 18
रमण	प्रेमी, पति 183, 215
रमणी	रमणि प्रेयसी 162, 167
रमै	विहार करता है 232
रयणि	रात्रि 181, 182
रळतळिया	बह निकला 122
रविकिरण	सूर्यप्रकाश 46
रस	इच्छा 83; रस 209, 301; नवरस 292, आनंद 265, 302
रसदायिनि	रस या आनंददायिनी 297
रसवंछक	रस के इच्छुक 245
रहंति	रहते हैं 219
रहती	रहती हुई 167
रह	राह 46
रहरह	रह रह कर 46
रहसि	एकांत 302
रहिया	रह गए, आए नहीं 70
रही	रही 110
रहे	रहे हैं 226
रहे, रहै	रह गये 254
राइ	राजि, श्रेणी 231
राइहर	राजा, राज्यकुल (राज्यधर) 77
राखि	रखकर 148

राखे	रखी 79
राखे	रखा 43
राजकुँअरि	राजकुमारी 13, 14, 83
राजति	शोभित है 10, 14, 22, 241
राजरमणि	रानी 148
राजवियां	राजवंशियों में 31
राजान	राजे 41, 148, 194
राज	आप 56
राजै	शोभित है 203
राणी	रानी 79, 304
राता	रत, लगे हुए, लीन 180; लाल 203
राति	रात 212
रातिराति	प्रतिरात, रात-रात 212
राम	बलराम 127
रामसरी	एक चिड़िया 246
रामा	लक्ष्मी 12, 270, 273
रामा (अवतारि)	राम 63
रायंगणि	राजा के आँगन में 14
रिखपंति	नक्षत्रपंक्ति 22
रिखि	ऋषि 194
रिखिय	ऋषिगण 201
रिण	रण 122, 127
रिणाई	ऋणदाता, महाजन 220
रिणी	ऋणी कर्ज़दार 220
रितु-रित	ऋतु 229, 248
रितुराउ	वसंत 19
रितुराय	वसंत 243
रीझ	प्रसन्न होकर 247
रुकम	रुक्मक, रुक्म, रुक्मि, भीष्मक का ज्येष्ठ पुत्र 11

रुकमइयौ	रुक्मक, भीष्मक का बड़ा पुत्र 11
रुषमणिरमण	कृष्ण 132
रुकमकेस	भीष्मक का चौथा पुत्र 11
रुकम बाहु	भीष्मक का दूसरा पुत्र 11
रुकम रथ	भीष्मक का पाँचवाँ पुत्र 11
रुकमाळी	भीष्मक का तीसरा पुत्र 11
रुख	सिर 26
रुख	भाँति 42, 205
रुहिर	रुधिर, रक्त 122
रुँख	पेड़ 231
रूठा	रूठे हुए 202
रूप	आकृति 91
रूप	सौंदर्य से 170
रै	के 78
रे	अरे 112
रेख	रेखा 199
रेवा	नर्मदा नदी 241
रेसि	लिये 141
रोमांचित	पुलकित शरीर 57
रोमाँसूं	रोमों से 168
रोरी	रोली, अबीर 227

ल

लंगरै	सांकल 167
लखण	शुभ लक्षण 304
लखण	लक्षण 13, 57
लखे	देख 201
लगन	लग्न, मुहूर्त 36, 66, 149
लगाए	लगाई हुई, बाँधी हुई 167

लाग	योग्य, लगती 104
लगि	तक 108, 123, 296
लगी, लगै	तक 44, 103, 56
ललाटि	भाल में 41
लवली	लता 191
लसइ	शोभित है 197
लसणि	शोभा, लास्य, अंगभंगी 109
लहर	तरंग, लपेट 191
लहरिउँ	लहरें 141
लहरीख	समुद्र 141
लहि	पाकर 94
लहै	पाता है 94, 281
लाखे	लाखों पर, लाख संख्यक द्रव्य पर 250
लागा	लगे 144, 220
लागी	लगी 2, 44, 231, 246
लागे	लगे, लगने पर 231
लाजती	लजाती हुई 213
लाजवती	लज्जाशील 18
लाडी	पत्नी 33
लाधी	उपलब्ध, पाई, मिली हुई 157, 202
लाधै	मिलता है, मिले; मिलने पर, मिले पर 58, 73
लाधो	पाया, मिला 157
लाया	जलाए हुए, लगाए 164
लास	घुड़साल, पायगह पंक्ति 241
लारोवरि	पीछे 114
लिखमी	लक्ष्मी 33, 73
लिखि	लिखकर 43
लिखिया	लिखे हुए, चित्रित 114
लियत	ली जाती है 246
लियै	ले रहा है, लिये हुए 141

लियौ	लिया 34
लिलाट-निलाट	भाल में, 175, 199
लीध	लिया 62
लीधे	ले लेने, उतार लेने पर 197
लीधै	वास्ते 82
लीला	खेल 13, 271
लीलाधण	लीलापति, विष्णु 271
लुंचित	नीचे हुए 240
लू	गर्म हवा 191
ले	ले कर 83
लेइ	ले कर 130
लेखणि	लेखनी 43

व

वंछिति	इच्छा करती हुई 162
वंछइ	चाहता है 278
वंछित	इच्छित, इष्ट 280
वंदण	वंदना, प्रणाम 16, 54
वंदै	वंदना करती है 73
वंसा	बाँस 153, बाँसुरी 227
वखणि	बखान करती है 24
वगि	एकत्र 283
वजाए	बजाते हुए 227
वटाऊ	पथिक 44
वडगिरि	हिमालय 84
वडफरि	ढाल 129
वडौ	बड़ा 34
वण	वन 224
वणतौ	बनता हुआ 98

वणराय-इ	वनराजि 248
वणि	वन में 257
वणी	बनी, शोभित हुई 200
वणे	बने 235
वणै	बनता है 57
वदनि-वदन	मुख में 60, 176
वधंति-वंधती	बढ़ता है 13, बढ़ते हुए 23
वधण	बढ़ने 218
वधाइहार	बधाईदार 138
वधाई	बधाई 232
वधाउआँ	बधाईदारों को 142
वधाए	बधाई दी 238
वधावे	बधाई देता है, बधावे, बधाइयाँ 238 148
बधिया	बढ़े 23
वधू	दुलहिन, स्त्री 162, 186
वधे, वधै	बढ़े 187; बढ़ता है 13
वनसपती	वनस्पति 229, 230
वनि	वन में 232
वयणा, वयण	वचन 5, 223, 295, 301
वयणे	वचनों से 206
वयणी	वचन से 26
वर	दुलहा, पति 29, 35, 60, 112, 172, 181, 182, 281
वर	श्रेष्ठ 29
वरजित	बंद 119
वरण	वर्ण, रंग 49, 144
वरणण	वर्णन 8
वरणा	वर्ण (से) 289
वरणि वरणि	वर्ण-वर्ण के 237
वरसतै	बरसते हुए, बरसने से 196

वरसाल	बरसाने वाला 34
वरसि	वर्ष में 13, 305
वरसि	बरस कर 193
वरसै	बरसता है 117
वरहासा	घोड़ों के 115
वरि	भाँति, मानो 15, 34, पर, के ऊपर 86
वरि	सुंदरी, पतिव्रता 182
वरि	वर ने 221
वरिखा	वर्षा 206
वरुण	एक देवता 23
वरै	विवाह करे 35
वळती	आने पर 206
वळि	फिर, और 293
वल़ित	गूँथी हुई 93
वली	वलित किया, परिवेष्टित 84
वली	लौटी 209
वल़े	फिर 9, 86
वळै	वलय, कंकण 93
वेलि	वेलि, लता 293
वल्ली	वेलि 233, 291
वसंति	पीला 115, बसंत में 266
वस	वश 5
वसइ	स्थित है, रहता है 197
वसत	वस्तु 81
वसत्र	वस्त्र 95, 197, 205, 237
वसत्रे	वस्त्र से 219, 230
वसन	वस्त्र 236
वसि	वश में 36, 266
वसिया	बसे, रहे 269, 271
वसी	आई, हुई 31

वसीकरण	वशीकरण 109
वसुदेव	कृष्ण के पिता 142, 270
वसुधा	पृथ्वी 197
वसुह	वसुधा, भूमि 243
वहंति	बहता है 265
वह रहे	चलते रुक गये 46
वहती	धारण करती हुई 167
वहतै	चलते हुए 138
वहि	वही 169
वहे	मारा 63; चलते हुए 166; चलने या हिलने से 254
वहै	चलता है, 106, 117, 219, 259
वांकिया	धनुषाकार लकड़ी (रथ के पहिये में) 89
वाचत	पढ़ते 57
वांछता	चाहते थे ...
वाइ	वायु 191
वाउ	वायु 119, 222
वाउवा	सन्निपात (वात) वश, 4
वाउळौ	बावला, पागल 4
वाए	चल कर 222
वाकार्‌यौ	पुकारा, ललकारा 131
वाखाण	बखान 211
वाखाणण	बखानना 95
वाखाणे	बखानते हैं 26
वाग	वाटिका, सरस्वती, वाणी 268
वागहीणि	वाक्‌हीन, गूँगा 3
वागां	घोड़े की रासें 116
वागुरि	जाल 82
वागेसरी	वागीश्वरी, सरस्वती 3
वाग्यो	बोला 130

वाच	वाणी 157
वाचण	बाँचने 58
वाजंति	बजता हैं 115
वाजित्र	बाजा 148
वाजिया	बजे 196
वाढ	धार 86
वाणि	वाणी 24, 148, 221
वाणिजाँ	बणिकों को 186
वात	बात 36; वायु 115; वादी 285
वातचक्र	बगूला 115
वाद	विवाद 3
बादळ	बादल 208
वादोवदि	बदाबदी से 138
वाधण	बढ़ने 138
वाधाऊआ	बधाईदार 166
वाधै	बढ़ता है 282
वाम	बायाँ 99
वामे	बायीं ओर 157
वायौ	बोया 291
वार	बार, दफ़ा 64
वार वार	बार बार 147, 170
वारि	वार करके 147
वारै	वारते हैं, न्यौछावर करते हैं 147, 225
वाळियौ	दिया, डाला 86
वाळी	बाली, बालियाँ 89
वावे	बज रहे हैं 148
वास	सुगंध 183
वासग	बसानेवाले 271
वासना	इच्छा 31
वासिए	निवासियों को 209

वासुदे	वासुदेव 270
वाहणि	वाहन पर 222
वाहणी	बहने वाली 290
वाहताँ	चलाते हुए 124
वाहर	सहायतार्थ चढ़ाई 64, 112
वाहरुए	सहायतार्थ चढ़ने वालों ने 116
वाहळा	बादल या नाला, तुच्छ नदी 34
वाहवियै	चलाने से, हल चलाने वाले 123
वाहिस्यइ	चलावेगा 123
(हाथ) वाहिस्यइ	शस्त्र प्रहार करेगा 123
विगलित गति	म्लान दशा को प्राप्त 174
विचारि	विचारी 36
विचित्रे	विचित्र 161
विट	लंपट, कामी 186
विण	बिना, सिवा 223
विणु	बिना 7, 197
वितए	बीतने पर 208
वितीत	व्यतीत 19
विथुरी	बिखरी 200
विदरभ	विदर्भ देश 10
विदुख	विद्वान 26
विदुर	स्वाँग बनाने वाला, विदूषक 245
व्रिधपणै	बुढ़ापे में 32
विधायक	करने वाले 275
विधि	रीति, प्रकार 18; विधान 148, 157
विधिपाठक	शास्त्ररीति बताने वाला 245
वियाज	ब्याज से, बहाने से 159
विरहिण	विरहिणी 195
विरहि	विरही 227
विरहियाँ	बिछुड़े हुओं को 186

विराजति	शोभित है 24
विराजै	शोभित 89
विराजौ	विराजते हैं 65
विराम	निवासस्थान 18
विरुधि	युद्ध में 129
विळकुळियौ	क्रोध से रक्त हो गया 131
विलखी	विलखित हुई, व्याकुल हुई 17
विलग्ग	लगकर 259
विलासा	विलास 172
विलोकन	देखना 170
विवरजित	रहित, बंद 119, 151
विवरे	बिल में 217
विसतरण	फैलाने 82
विसतरियाँ	फैलाये 252
विश्वकृत	विश्वकृत, विश्वनिर्माता 275
विसहर	विषधर, साँप 89
विसिख	विशिख, बाण 119
विसेखि	विशेष 54
विहत	निवारण के लिए 221
विहाणै	प्रातःकाल 192
विहित	ठीक है 188
वीखियै	देखकर 53
वीछड़तै	बिछुड़ते समय 17
वीजलि़	बिजली 144
वीणति	चूँटती है, एकत्र करती है 257
वीणि लियो	चुन लिया, निकाल लिया, उठा लिया 98
वीनती	विनती 301
वीनवियौ	विनती की 58
वीर	भाई 44, 75, 130
वीवाह	विवाह 30, 161

वूठै	वर्षा होने पर 123
वूठौ	बरसने लगा, बरसा 197
वेयणि	वेदना पूर्ण वचनों से 229
वेगि	वेग से, 106
वेड़तै	युद्ध करते हुए, काटते हुए 126
वेदवँत	वेदवित् 76
वेदविद	वेदज्ञाता 150
वेदारथ	वेदार्थ 76
वेदी	वेदिका 153
वेदे	वेद में 54
वेदीगत	वेदोक्त 150
वेधियौ	वेधा 93
वेल़	लहर 186
वेल़ा	समुद्र की वेला 63, समय 123
वेळाहरण	समुद्र 63
वेलि	वेलि, लता 12, 259
वेली	सहायक, साथी 123, लता 251, 252
वेस	अवस्था 15
वेसासौ	विश्वास करो 32
वेसि	उम्र में 14, 23
वेह	विवाहवेदी के चारों ओर स्थापित कलस 153
वैद	वैद्य 299
वैसाखि	वैशाख को 252
व्याए	जन्म दिया, जना 252
व्रन	वर्ण 190
व्रह्मसू	व्रह्मसू, वेदों को उत्पन्न करने वाला 275
व्राहमण	ब्राह्मण 44
व्रिख	वृक्ष 188
व्रिख	वृषराशि 188
व्रिधि	वृद्धि 292

व्रीड़ित	लज्जित 136

स

संकरखण	संकर्षण, बलराम 74
संकर	शंकर ने 107
संकुचणि	संकोच 109
संकुड़िणि	संकुचित होने, घटने 220
संकुड़ित	संकुचित हुए 162
संखधर	शंख धारण करने वाले, विष्णु 84
संखेप	संक्षेप में 272
सँगि	साथ में 14, 37, 41
संगीती	सांगीतिक, गानविद्या का पंडित 299
संग्रहि	संग्रह करे, स्थापित करे 60
संग्रहि	पकड़ या धारण करके 131
संघट	समूह 179
संघाती	साथी 17
संच	चली, संचार किया, प्रवेश किया 109
संजोई	जलाई 101
संयोग	मिलन 264
संजोगि	संयोगिनी 222
संजोगिणि-संयोगिणि	संयोगिनी 185, 256, 264
संझा	संध्या 16
संझावंदण	संध्यावंदन 16
संथ	रहे हैं, हुए हैं 8
संधि	मेल, मिलना 15; संधान करके 131
संध्या	साँझ 162
संन्यासिए	संन्यासियों 288
संपेखी-संपेख	देखकर 104, 107
संप्रति	प्रत्यक्ष 51, फिर 87

संबरारि	शंबर का शत्रु, काम, प्रद्युम्न 274
संभऴत	सुनते हुए 113
संभळि	सुनकर 113
संभळी	समझकर 73, सुना 111
संभु	शंभु 90
संवति	संवत् में 305
संसकार	संस्कार, विधियाँ 152, 154
संसक्रित	संस्कार, विधि 161
संसार	जगत् 277
सकंति	सकती है 71
सकति	शक्ति 221
सकतिवन्त	शक्तिमान 221
सकुसल़	सकुशल 146
सकूं	सकती हूँ 65
सकै	सकती है 71, 201
सखिए	सखिओं ने 161
सगपण	संबंध 133
सगळे	तमाम 137
सगाई	संबंध, वाग्दान 32
सघण	घना 247
सजि-सज	सजा कर 86, 97
सजै	प्रयोग करता है 133
सतगुरु	सद्‌गुरु 208
सइ-सई	सती 182
सति	अस्ति, है 125
सत्र	शत्रु 123
सद	शब्द 48, 166
सदल़	दल (सेना) सहित 146
सदोख	दोषसहित 301
सधण	पत्नीसहित 146

सधर	कठिन 25, धारण करने वाला 238
सनस	संकोच से, लिहाज से 133
सन्निधि	पास 133
संपेखतै	देखते हुए 110
सबळ	बलरामसहित 146
सवे	सभी 215
सभिन्न	भीगा हुआ 258
समझण	समझने को 278
समये	समय में 162
समरण	याद करने को, भजन के लिये 278
समरवै	चमक रही है 119
सममत्थ	समर्थ 137
समरि	युद्ध में 126
(समसरि)	बराबरी की शोभा 290
समरपित	दी हुई, पहनाई हुई 96
समवेग	कृष्ण के एक घोड़े का नाम 68
समसमा	समान 162
समाइ	समाता है 211
समागम	समागम समय 197
समाचार	ख़बर, संदेश 56
समाणिआँ	समवयस्का 213
समाणी	बराबर उम्र की 14
समापित	पूर्ण होने पर 229
समारि	सँवारी हुई 85, सँवार 226
समावृत्त	घिरी हुई 161
समाश्रित	आश्रित, स्थित, चले जाते हैं 165
समी	सामने 33
समुहै	समाने हुए 117
समै	बराबर 84
सम्रिति	स्मृति, धर्मशास्त्र 28

सर	स्वर 20, 113, 194; बाण 109, 118
सरग-सरगि	स्वर्ग 217; स्वर्ग तक 242
सरगलोक	स्वर्ग 294
सरण-सरणि	आसरा, शरण 58, 188, 267
सरति	चलता है 261
सरधा	श्रद्धा, शक्ति, 276
सर्बजीव	सर्वजीव, ब्रह्मा का एक नाम 275
सरयू	सरयू नदी 106
सरला	सीधे, लंबे 242
सरवरि	रात्रि, सरोवर 23
सरसै	सरस्वती 302
सरसति-ती	सरस्वती 1, 4, 91, 276
सरि	समान, बराबर 34, 30
सरिखाँ	बराबरी वालों 129
सरिस	समान, से 32, के साथ 150
सरिसौ	समान 4
सरि	डोरा, एक गहना 91
सरीख	सदृश 48, 281
सरै	बने 7
सरोवरि	तालाब में 12
सवारि	सँवार कर 20
ससत	सत्य ही, निस्संदेह 98
ससत्र	शस्त्रचिकित्सा 284
ससिहर	शशधर, चंद्र 27
ससी	चंद्र, एक संख्यक 305
सहचरिए	सखियों 272
सहस	सहस्त्र 5
सहसफणि	शेष 160
सहसे	सहस्त्रों से (युक्त) 160
सह	साथ 272

सहि	सब 299, 267, 56
सहि	अवश्य 152
सहित	साथ 178
सहु	सब, सभी 110, 165
सहु	सभी 141, 155
सहै	सहन करती है 296
सांगुष्ट	सांगुष्ठ, अँगूठे सहित 156
सांझ	संध्या 47
सांडसी	सँड़सी 132
सांभलि़	सुनकर 29, समझ कर 67
सांवल़	श्यामल 40
सा	वह 178
शाकिणि	शाकिनी 287
साखियात	साक्षात् 98
साथ	संग 123
साथि	साथ में 67
साध	लालसा, मन की इच्छा 183
साध्र	साध, लालसा 183
सापराध	अपराधी 261
साबतौ	सही-सलामत 123
सामरथीक	सामर्थ्यवान् 304
सामळ	श्यामल, साँवला, काला 146
सामुहै	सामने 117
सायर	सागर 48
साराँग	शारङ्ग धनुष 67
सार	सार वस्तु 1
सारथी	सारथी 67, 69
सारिखा	समान 8
साळिगराम	शालिग्राम 60
साळै	साले के 137

सावक	बच्चा 27
सास	स्वास 21
सासत्र	शास्त्र 28
सासना	शासन, सजा, शिक्षा 135
सासू	सास 270
साहस	हिम्मत 301
साहण	गज, अश्वादि साधन 282
साहियै	साधते हैं, लेते हैं 129
साहुळि	पुकार 113
साऊजम	सोद्यम, कार्यव्यस्त 141
साहे	साधे, पकड़े हुए 112
साहौ	लग्न 151
सिँगार	श्रृंगार 8
सिंघ	सिंह 59, एक राशि का नाम 96
सिंघासण	सिंहासन 238
सिंधुसुता	लक्ष्मी 273
सिख	शिखा 88
सिखरि	शिखर पर 204
सिखि	मोर 204
सिणगार	श्रृंगार 80, 100
सिणगारै	सजाता है 194
सिणगारिया	श्रृंगारे 241
सिद्धि	सिद्धि 276
सिध	सिद्ध, सिद्धहस्त 74
स्याल़	सियार, गीदड़ 59
सिरहर	शिरोधर, सरताज 10
सिरां	सिरों के, धान के बालों के 126
सिरा	धान की बाली 125
सिर	ऊपर 94, 204
सिरि	श्री, शोभा 248

सिरि	पर, सिर पर, चोटी पर 86, 114, 187
श्रीषंड	चंदन 92
सिलह	कवच 104
सिल्हाँ	कवचों 118
सिला	शिलहाँ 238
सिळाउ	(विद्युत) शलाका, बिजली 119
सिळीमुख	बाण 67
सिळी	शलाका 86
सिळी	धार देने का पत्थर 86
सिसिर	शिशिर ऋतु 19, 248
सिसुपाल़	शिशुपाल 34, 35
सिहरि	शिखर पर 119
सी	शीत 225
सीकर	बिंदु, कण 260
सीख	शिक्षा 61, 63
सीखव्या	सिखाया, शिक्षा दी 62
सीखावि	सिखाकर 79
सीत	ठंड 219, 221
सीतळताइ	शीतलता 183
सीळ	शील 103
सीळि	शील में 14
सीस	मस्तक पर 49
सुं	से 103
सुंदरि-सुंदरी	सुंदरी 109; सुंदरी 297
सुँधा-सौंधा	सौंधा, सुगंधित वस्तुएँ 205
सु	अच्छा 6, अपने 112
सु	सो 15, 19, 22, 23, 26, 32, 39, 94
सुकदेव	शुकदेव 8
सुकळ	शुक्ल, श्वेत 210
सुकवि	श्रेष्ठ कवि 8

सुख	सुख 69, 173, 179, 291
सुखपति	सुषुप्ति 15
सुगह	अच्छी तरह मंथन 127
सुगृह	अपने अपने गृह 219
सुग्रीवसेन	कृष्ण का एक घोड़ा 68
सुजि	वही 79
सुयोधन	दुर्योधन 216
सुणति	सुनाई देती है 48
सुणि	सुनकर 52
सुणिजै	सुना जाता है 115
सुणै	सुनते हैं 77
सुतन, सुतनु	सुंदर शरीर 21, 43
सुतरु	सुंदर पेड़ 187
सुत्री	सुंदर स्त्री 150, 207
सुथिर	दृढ़, सुस्थिर 291
सुदरसण	सुदर्शन, अच्छा दर्शन 52
सुइ	सोकर 280
सुद्धि	शुद्ध 286
सुध	शुद्ध, श्रेष्ठ 30
सुनमित	नीचा किया हुआ 136
सुपहु	सुंदर प्रभु, अच्छा राजा 277
सुपुत्री	अच्छी बेटी 11
सुपुहपे	सुंदर फूलों से 230
सुबहू	सुंदर पतोहू 270
सुब्रीड़ित	लज्जायुक्त 136
सुभ	श्रेष्ठ 283
सुरँग	सुंदर रंग का 145
सुरँगे	सुंदर रंग के 230
सुरमण	सुंदर रति करने की 183
सुराज	सुराज्य 251

सुवि	सभी 284
सुसमित	सुस्मित, मुस्काते हुए; 136
सुसरि	सुंदर लड़ी या माला 91
सुसा	बहन 35
सुस्त्री	सुंदर शोभा 209
सुहाइ	सुहावना 20
सुहाग	सौभाग्य 213, 281
सुहिणा	स्वप्न नामक अवस्था 15
सुहिणौ	स्वप्न 51
सूं	से 53, 64, 103
सूं	क्यों, क्योंकर 290
सूचक	बताने वाले 96
सूझै	दिखाई देता है 4, 30
सृणहर	शयनगृह 158
सूता	सोये 194
सूतौ	सो गया 46, 47
सूत्र	डोरा 171
सूद्र	शूद्र 60
सूध-ति	शुद्‌ध करता हुआ 265
सूधाँवास	सौंधावास, सुगंधित गंध 166
सूप	छाज 295
सूर	सूर्य 42, 187
सूरिज	सूर्य 162, 188
सूहव	सधवा नारी 217
सेन	सेना 107
सेवंति	सेवा करता है, भोगता है 215
सेवंती	सेवती का फूल 237
सेव	सेवा 33, 255
सेस	शेष 5; बाकी 152
सैल़	पर्वत 264

सैसव	बाल्यकाल 15, 19
सोइ	वही 40
सौखण	शोषण, काम का एक बाण 109
सौच	शुद्धि 261
सोझण	संशोधन करने को 295
सोनानामी	रुक्मकुमार 134
सोमबल्लि	सोमलता 293
सोळह	सोलह 211
सोवन	सोन चमेली, एक फूल 237
सोहंत	सोहता है 92
सोहति	सोहती है 228
स्याम	श्याम, कृष्ण 179
स्यामतर	श्याम जैसे 201
स्यामता	कालापन 24
स्यामा	श्यामा स्त्री, रुक्मिणी 29, 72, 87, 201
स्त्रगलोग-श्रगलोग	स्वर्गलोक 209
स्त्रब	सर्व, सब 230
स्त्रम-श्रम	उद्योग, परिश्रम 7
स्त्रवणि	कानों से 52, 73
स्त्रवति-श्रवति	वरसाता है 203, झरती है 231
स्त्रिंगार	शृंगार 83
स्त्रीपति-श्रीपति	लक्ष्मीपति, भगवान 6
स्त्रुति	कान 165
स्त्रोणि	नितंब 25

ह

हँस, हंस	हंस 12, 100, 210; प्राण 125, ब्रह्मा 275
हँसणी-हंसणी	हंसनी 210
हंसागति	हंस की सी गतिवाली 166

हए	मारा 61
हठ	हठयोग 288
हत्थ	हाथ 137
हथनालि़	बंदूक 118
हथलेवौ	पाणिग्रहण 151
हय	घोड़ा 241
हर	महादेव 29
हर	अभिलाषा 29, 77
हरख-हरखि	हर्ष में, हर्षित होकर 37, 247
हरण	हरना 151
हरि	हरकर 112
हरि	हरी 112, 143, 52
हरि	इंद्र 194
हरिणाकस	हिरण्याक्ष 61
हरिणाखी	मृगनयनी 91
हरिबल्लभा	लक्ष्मी, विष्णुप्रिया 273
हरी	हरित 142
हल़	हल 123
हळधर	बलराम 124
हलांह	हलों से 124
हळिद्र	हल्दी 142
हलिया	चले 105
हवाई	एक अग्न्यस्त्र 118
हसणि	हास्य, मुसकान 109
हसति	हँसते हुए 105
हसि	हँसकर 172
हसत	हस्त, हस्तनक्षत्र 93
हा	थे, था 137
हाइ	हाव 269
हाथा	हाथों (में) 108

हाथालगि	हस्तगत 108
हाथे	हाथ से 108
हाळाहळाँ	हलाहल विष (जैसे) 124
हा लिया	लिए थे 137
हा लिया	चले 301
हालियौ	चला 37
हास	हँसी 22, 247
हिडंति	झूलती है 267
हिंसा	जीवहिंसा 277
हित	उपकार 34, प्रेम 108
हिमकरि	चंद्रमा को 93
हिमाचल	हिमालय 258
हियौ	हृदय, मनोभाव 134
हिळवळिया	जल्दी-जल्दी, हड़बड़ाए 105
हिव	अब 15, 45, 53
हींगलू	हिंगुल, सिंदूर 39
हींडलै	झूलते हैं 92
हींडि	झूले पर 92
ही	ही, भी, 5, 137, 209
हीर	हीरा 27
हीलोहल	हलचल, लहरों का शब्द 48
हुँता	से 45, 56
हुह	हुआ 176
हुआ	हुए 37
हुइ	होकर 37
हुइ	होकर 157, हो 179
हुइस्यै	होगी 53
हुए	होकर 45, 61
हुए	होने से 152
हुँता	थे 41

हुलरायौ	लोरी दी गयी 238
हुलरावणै	गान द्वारा, प्रेम से 238
हुवइ	होंगे 152, होती है 218
हुवि	चलने का शब्द 118
हुवि	हो, होता है 284
हुवै	हो 35
हुऔ, हुवौ, हूऔ	हुआ 52, 53, 152
हूँ	मैं 2, 51, 53; मुझे 61, 63
हूं	से 61, 122
हूंता	से 72; थे, था 137
हूती	से 63, 91
हूतौ	था 88,
हेक	एक 35, 44, 203
हेकणि	एक (से) 150
हेकमन	एक मन 45
हेका	एक ओर 48
हेत	प्रेम 9
हेतु	कारण, लिये 73
हेमंति	हेमंतऋतु में 219
हेम	हिम, हिम दिशा (उत्तर) 188, 226, 218
हेमगिरि	हिमालय 187
हेमाल़े	हिमालय पर 218
होइसै	होगा 15
होड़	स्पर्धा 100
होमै	होमे, होमता है 60
होलिका	होली 230

प्रथम पंक्ति-सूची

प्रथम पंक्ति-सूची

अ

आ

इ

ई

उ

ऊ

ए

क

ग

घ

च

छ

ज

त

द

ध

न

प

भ

म

र

ल

व

स

ह

परिशिष्ट

(क) ढूँढाड़ी टीका

1—प्रथमही परमेस्वर कौं नमस्कार करै छै। पाछैं सरस्वती कौ नमस्कार करै छै। पाछैं सदगुरु कौं नमस्कार करै छै। ए तीने ततसार छै। मंगलरूप माधव छै। तै कौ गुणानुवाद कीजै छै। या उपरांत मंगलाचार को नहीं छै।

(संवत् 1673 की ढूँढाड़ी (पूर्वीय राजस्थानी) टीका में प्रथम दोहले की टीका नहीं मिलती। इसलिए यह टीका संवत् 1826 में खुवास श्री आसांजी द्वारा लिखाई हुई असली ढूँढाड़ी टीका की नक़ल से ली गई है।—संपादक।)

2—कवि कहै छै। जिं मुनै उपायौ। जे परमेस्वर सुगुणां की निधि छै। जाके गुण कौ पार कोई न पावै। में निगुण थकौ ते कौ गुण कहिवा कौ आरंभ कीयो। ता कौ दृष्टांत। जैसें काठ की पूतली कों कारीगर करै। फेरि कारीगर कों पूतली चित्रणे वाहै। तेसें परमेस्वर कर्त्तमकर्त्ता मुनें उपायौ। अर हों परमेस्वर कौ गुण कह्यो चाहू। ग्रंथकर्त्ता इह आंपणी लघुता करै छै।

3—कमलापति जु ईस्वर। तिहि की कीरति कहिवा कौ जु में आदर कियो छै। सू जीभ विना जाणें सरस्वती सूं वाद करै छै।

4—कवि आंपणा मननै कहै छै जा वात कौ सरसती पार न पावै छै। ता वात कों तू साझै छै। आंपण मनने कहै छै। तुं वाउलौ हुओ छै। जैसे पांगुलो मन की बराबरि दोड्यो चाहै तो कहां पुहचै।

5—जिणि सेषनाग रै सहस फण छै। फणि फणि दोइ जीभ छै। दौय हजार जीभां करि नित नवौ जस कहै छै। तिण पणि त्रीकम जे परमेस्वर का जस को पार न पायो तौ मो मीडका कौ किसौ वस छै। जा मीडका कै ऐक ही जीभ नहीं छै।

6—कवि कहै छै। श्रीपति इसी कुंण की मति छै जु तुहारौ गुण कथै। अर इसौ कुण तारू छै जु समुद्र तरै। अर इसो कवण पंषी छै जु गगन

कहतां आकास लग पूहचे। अर इसो कुण गरीबा सामर्थ छै जु सुमेर ने उठावै। जो अैसौ असामर्थ छै तौ बेसि रहै जस न कहै। ताकौ जबाब आगला दुवाला मांहि कहै।

7—कवि कहै छै। जिहां परमेस्वरि पहिले जन्म दीयौ। जिण मुष रै विषे जीभ दीधी। पाछे भरण पोषण करै। तिहां परमेस्वर को गुणानुवाद आपणि मति कै सारै श्रम काधा विण केम सरै। वुधि कै अनुमान कह्यो चाहिजै।

8—कवि कहै छै। सुषदेव व्यासदेव जइदेव आदिदे अनेक सुकवि हुआ छै। पणि रीति सब ही की येक ही छै। श्री कृष्णदेव तें पहिलौ ज रुकमणी जा कौ वर्णन कीयउ। सुया वासतैं जु शृंगार ग्रंथ कीजै तौ पहिलैं श्री कौ वर्णन कीयौ चाहीजे। शृंगार श्री कों सोभित विसेष छै। वडा वडा कवि यों कहिआ छै।

9—पहिलैं माता दस मास उदर विषै गर्भ धारण करै। पछे दस बरस लगि पालण पोषण करि वडो करै। इतनी ऐक परिपालै। तो पुत्र कों हेत विचारतां पिताथी माता वडी। तेहि हित करि माता को वर्णन पहिलउ कीयउ।

10—दषिण दिसा। तिहां विदर्भ नामा देस अतिहो सौभत। ता देस माहे कुंदणपुर नाम नगर। सु नगर अति इसउ उतम। तिहां राजाजी भीषमक नाम राज करै। सु राज किसउ विराजै छै। नागलोक का राजा थैं सिरहर। नरलोक। देवलोक। असुरलोक। सब ही तइ अधिक अधिक सोभति छै।

11—तिहि राजा रै पांच पुत्र छठी पुत्री। एक कउ नाम रुकम। दूजौ रुकमबाह। तीजौ रुकमाली। चौथौ रुकमकेस। पांचमो रुकमरथ। ऐ पांच बेटांका नाम कह्या छै।

12—रामां कहितां लक्ष्मी जी तिहिकौ अवतार। ताकउ नाम रुकमणी। सु किसी छइ। जिसौ मानसरोवर विषैं हंस कउ बालक होय। कै सुमेरु कै विषै जिसी सुवर्ण की वेलि। दुदुं पानां हुइ होय। इसी रुकमणी जी देषीयइ छै। बाल अवस्था माहे इसी सोभित छै।

13—ओर बालक जितरौ वरसदिन माहे वधै। तितरै रुकमणीजी एक महीना माहें वधै। और महीना माहे वधै। तितरौ रुकमणीजी ऐक पुहर माहे वधै। लषण बत्रीस संयुक्त। बाललीला माहे राजकुआरि ढूलडिया रमै छइ।

14—रुकमणीजी कइ साथि जु सषी छै सु सीलै करि कुलै कर नै वै करि एक समान छै। जैसें कमल नी पांषूडी सर्व वराबरि छै। राजकुआंरि

राय आंगणि कै विषै सषो विचि इसी सोभा पावै छै। जिसी आकास के विषै तारा मध्य द्वितीया को चंद्रमा कों सोभा पावै।

15—सैसव कहतां बालक अवस्था। तें माहे थकउ बालक जाणे सृता बराबरि छै। जौवन आवै तब जाणे जाग्यो। सु इह तौन बालक अवस्था माहे सूऐ छै। नै यौवण आये जागै छै। इहि विचि की संधि सु वयसधि कहावै। जैसें सुपिनो। न सौवै छै न जागै छै। आगे पल पल चढतौ होसी। पिणि हिवै वैसंधि को इसौ प्रथम ग्यांन ताकी इसी परिछै।

16—पहिलें मुषकै विषै अरुणता दीसण लागी। जैसें सूर्य कै उदय पूर्व दिसा कौ आकास देषीये। इसी मुषि विषै आरक्तता दीसइ छैं। पयोहर जु उठ्या छै। योवन अरु बाल अवस्था की संधि माहे कैसे उठ्या छै। जैसें रिषीस्वर राति अर दिन की संधि संध्यावंदण उठ्या होइ। रिषिस्वर की ओपमा कुचां ने दी। सु ए आवास तैं। जु राति अरु दिन की संधि संध्या वंदण उठै। अर ए बाल अवस्था योवन की संधि उठैं। तातें यो भाव लीयो। दूसरो यो भाव जु रिषिस्वरां को नाम सद्वृत कहीजै छै। इति अर्थः।

17—जोवण आवंतो जाणि जीव नइ जंप नहीं छै। सु किसै आंटै। योवण आवै छै। पणि जावणहार छै। योवण आसी रहसी नही। तै आंटै तौ जीव नें जंप नही। अरु विलषी देषी जै छै सु कुंण वासतै। बालसंघाती बालपण बीछड़े छै। बालसंघाती बीछड़े छै। तातें घणुं विलषी छै। सुए आंटै छै।

18—माता पिता कै आगै षेलतां। कामरा जु विराम छैं। सु छिपाया चाहिजै। सु कामरा विराम कुण। जु ऐक तउ कुच प्रगट हुया। नेत्रां चंचलता हुई। नितंब भारी दीसै लागा। ए काम का विराम। पहिलें बालकपाणें निषंक षेलती थी। अब इया बातरी लाज कीधी चाहीजै। एती क्यौं डील में लाज जु लाज करंता लाज आवे लागी।

19—सैसव जु बालकपणो सोई तौ ससिर रिति हुई। सीत रिति सुतौ वितीत हो गयो। हिवइ रितिराउ कहतां वसंत रिति सरूपियौ जोवन सु आपणा नाना प्रकार गुणगतिमति सहित यौं परिगह ले आयो।

20—हिवै वसंत आयौ। योन फूलिजै छै त्यां सरीर फूल्यउ। नेत्र सोई कमल हुआ। मधुर वाणी बोलै छै। सु कोकिला हुई कण्ठरै विषै। पलक छै नेत्रां की इही तउ पांष हुई। भ्रूंह सू भ्रमर आयो बसंत कौ परगह।

21—मलयाचल पर्वत सोई तौ रुषमणीजी को सरीर। उठै ज्यों मलयतरु मौरजै छै। त्यौं अठे मन मौर्‌यों मार्‌यां पाछे कली हुवै। कुच येही कली हुई। कांमकी जौ दषिण दिसा हुती त्रिविध पवन सीतमंदसुगंध प्रगटै छै। त्यों चतुर को नाम दक्षण कहावै छै। तौं रुषमणीजी छै सु चतुर छै। तिन रउ जु ऊर्ध सांसु उहैं पवन हुवो।

22—इहाँ रुषमणीजी कउ मुष पूर्ण चंद्र करि वर्णऔ छै। रुषमणीजी का योवन आयो अणंद प्रकट हुओ। इहाँ तो चंद्रमा को उदौ। रुषमणीजी को मंद हास्य छै। सोई चंद्रमा को प्रकाश भयो। रुषमणीजी की दंति पंकति सोभित छै। सोई तारा हुया। नेत्र प्रफूलित हुआ सुइ है कमोदनी। राति कै विषै दीप चाहिजै। सु रुषमणीजी की नासिका इहो दीप। राति कउ अंधकार चाहिजै। तौ केसपास छै सौइ राति भई। राका कहतां पूर्णिमा ताको ईस चंद्रमा सौई मुष हुऔ।

23—अइ तौ सरीर रै विषै वधीया। अर उवै सरोवर रै विषै वधै। सु आंपणी वधती वैस विषै। अइ जीवन रै जौरि बधीया। नइ उवे पाणी रै जोरि वधै। सु वधीया सु कांय बधाइया। हाथ वधीया....सु कमल करि वर्णया। अर ए बाह सु कमलरी नालि वर्णई। कामरा बाण कह्या छै। सु कमल।

24—एजु रुषमणीजी कै कठिन स्तन छै सु करि कहतां हस्ती तिण का कपोल करि वर्णया छै। नवी वेसका कवि कहै छै। वाणी करि रूड़ा वषाणी। स्तनां उपरि स्यामता सौभै छै। सु जाणो जीवन का दाण दिषालिया छै।

25—धरधर कहावै सुमेरु सु ए रुषमणीजी का स्तन छै। सुमेरु का शृंगार करि वर्णया छै। कटि छै सु घणौ षीण छै अरु अति ही सुघट छै। पदमनी रुषमणीजी कौ जु नाभि सु प्रियाग करि वर्णयो। नाभि कै विषै जु त्रिवलि छै सु त्रिवेणि करि वर्णवो छै। श्रोण कहतां नितंब सोई तट हुउ।

26—जंघस्थल किसौ छै। जिसौ करभ। करभ कांई कहिजै हाथरी चीटी आंगुली थी लै अर पुंहचा तांई इह तौ गूदौ। इह करभ कहीजै। दूसरा दृष्टांत जिसउ कैलि कौ पेड़ होय। विपरीत रुष कहतां उलटउ कीयउ। आगइ पींडी कइसो जैसो केलि कौ गर्भ। विदुष कहतां पंडित सुवचना करि वषाणै।

29—पदपल्लव कहतां पगां की आंगुली। पुनरभव कहतां नष। आंगुलि उपरि नष छै। सु किसा सोभै छै। जैसइ उजल कमल उपरि जइसी पाणी की

बूंद होय। बहुरि दूसरो दृष्टांत। कि इह तेज करि रतन हइ। वीजो दृष्टांत। कि तार कहतां रूपौ हइ। किना इह तारा छै। कइ हरिहंस कहतां सूर्य कै ताक कै ससि कहतां चंद्रमा। सावक कहतां बचा छै। कै ए हीरा छै।

28—कोई कहसी रुषमणीजी श्रीकृष्णजी सों अनुराग हुअउ सु विण देष्यां क्यौकरि हुऔ। तिकौ जबाब देई छै। रुषमणी जी व्याकर्ण पढ़या। पुराण पढ़या। ईतनां सबही मांझ ऐक परमेस्वर ही कौ अधिकार पायो। तब कह्यो सु परमेस्वर कोंण। तब पंडिता कह्यउ सु श्रीकृष्णजी। वसुदेवजी रा पुत्र। मनुष्य कै विचारि करि तौ इहिं भाँति अुनराग हुअउ। अर उवइ जातिस्मर हूंता ही। उनको पहिलां जनमां की पहिचाणि हुंताही।

29—सास्त्र माहे सांभलि सांभलि रुषमणीजी रै कृष्णजी में अनुराग वध्यो। वर प्राप्ति हुआ वर की वांछा करै छै तिहि समय परमेसर रा गुण भणि जिकाई इच्छा उपनी छै। तिण पारबती अर महारुद्र की पूजा करण लागा। इच्छा सोई हर कहिजै।

30—ईषे कहताँ देषितां माता इसा चिह्न देष्या। तब वीवाह करण रौ घणउ विचार हुवौ। तब कह्यो सुंदर सील कुल करि सुध। इतरां सिगलां थोकां करि ऐक कृष्णजी छै। ओरतउ इसो बींद सूझइ नही। रुषमणीजी का माता पिता यो विचारयौ जु कृष्णजी ने दीजै।

31—रुषमणीजी कउ भाई रुकमइयौ। सो राजा भीषम सों अरु माता सुं कहै छै। जु मुनै तौ इह अकल उपजै छै। जु राजवियां ने खालां किसी ग्याति। कुण जाति कुण पांति। राजवीयां री सगाई तौ राजवीयां सुं बूझै छै।

32—वले रुषमइयौ कहै छै। इतना राजवंस छोडि नें अहीर सुं सगाई करै। सू बूढा हुआं कौ वेसास को मत करो। देषौ माता पिता कितरउ चूकै छै।

33—रुषमणीजी कउ पिता माता बेटा सों जबाब करै छै। कहै बै तूं पातरि मां भूलि मां। सुरनर नाग तीन्यों लोक जाकी सेवा करै सौई इह वासदेव कृष्णजी। जा रुषमणी छै सु लषिमी। तूं अह सगाई वरजि मां।

34—तब रुषमइयो म्रजाद मेटि बोल्यौ। सु ससिपाल बराबरि वींद कोई नही। अति रोस करि जैसउ उलट्यौ ज्यो वरसाला कउ वाहल्यो उफणइ। ताको अर्थ जो पूर्ण गंभीर नही। हलूओ छै।

35—तव रुषमइयो गुर कै घरि गयो। पणि वात समझी नही। चूक

गुर कहतां निगुरुउ थकउ गयो। दमघोष इसी नाम परोहित तको घरि जाय बोलयौ। कह्यउ परोहित। वडौ हित यौ ही छै। सुसा कहतां बहिनि। जउ ससिपाल नै ब्याही जै तौ ए षारिसउ हित बीजो नहीं छै।

36—ब्राहमण ढील न कीधी। हुकम रै सारै थो। क्यों भली बुरी बात विचारी नहीं। लगन ले सिसुपाल कै नगरि प्रोहित चंदेरी पुहतउ।

37—तव घणो आणंदित होइ ससिपाल विवाहण चाल्यो। ज्यों ग्रंथि विषै गायो छै। जितनो एक परिगह कह्यो छै। तिहिं भांति होय चाल्यो। अनेक राजा देस देसिका ससिपाल साथे चाल्या। जाण चाल्यां री गणती कोण करि सकै। वडा देसाधिपति साथि होइ नें चाल्या।

38—ससिपाल आवतौ सुणि। राजा भीषमक कै अनेक उछव होण लागा। अनेक बाजा बाजै छै। पटंबर का मंडप छायजै छै। कुंदणपुरि सुवर्ण का कलश चहोडीजै छै।

39—घरि घरि कै विषै भींति। हीगुंलुरी गारि सों लीपै छै। फिटक की ईटां सों भींति चुणै छै। पाट चढीया छै सु चंदण का छै। षूभी सु पंना की छै। थांभा छै सु प्रवाली का छै।

40—रंगरंग रा समीयाना उभा कीया छै। सोई मांनुं बादल हुआ। दमामां ढोल नीसाण अनेक नाना भांति का वाजा बाजै छै। सोइ मानुं मेघ गाजै छै। प्रोलि प्रोलि तोरण परठीया छै। सोई मानुं मोर नृत्य करै छै।

41—ससिपाल के संगि जु राजा हुंता। सु कुंदणपुर के निकट आया। तब निलाड़ि हाथ दे देषण लागा। कहै छै। दूरि तें देषिजे छै। सु ऐ नगर छै। कि बादल छै। कि धवल़ागिरि पर्वत छै। कि धउल़हर छै।

42—अस्त्री अनेक गोषां चड़ी छै। मंगल गावै छै। ससिपाल छै। सु सूर्य आवै छै। यों जाणै छै सकल श्री जितनी छै। तितनी कमल पदमनी सूर्य कै उदै फूलौं त्यांस मस्त फूलै छै। एक रुषमणीजी कमोदिनी ज्यों सूर्य कइ उदइ सकुंचै। त्यों सकुचै छै।

43—जाली कै पेंडै बैठी रुषमणी देषै छै। जाणै छै इसौ कोई लहां जु कागल़ कृस्नजी ने लेई जाय। रुषमणीजी रो तन मन छै। सु कृस्नजी नै मिल रहीयो छै। कागल लिषि राष्यो छै। नष ही लेषणी। आंसू अरु काजल़ मिलि त्या ही मसि (हुई) तासुं कागल़ लिषै छै।

44–तितरे ऐक पवित्र ब्राहमण जनेऊ सहित देष्यो। तेंने नमस्कार कर्‌यो। एक म्हारउ संदेसउ द्वारिका लगि जाय कहि। भाई ब्राहमण जाय कहि।

45–रुषमणीजी ब्राहमण नै कहै छै। तूं ढील मतां करै। एक मतो हो या कार्य कई तांई। जहां जादवेंद्र श्रीकृष्ण छै। तहां सुं जाजे। माहारे मुषि हुतां तुं पगवंदण कहिजे। अनें यो कागल़ दीजे।

46–सूर्य अस्तमित हुऔ धरां कै विषै गहमहाट होइ रहौ छै। मारग मारग थें पंथी आय विश्राम कीयउ। पंथ चालता रह्या। ब्राह्मण पुर हुंतां बाहरि चाल्यो। पणि राति पड़ो तवै सूतो। आगें चाल्यो नहीं।

47–ब्राहमण सूतौ थको सोंच करण लागो। लगन को दिन नेड़उ आयउ अर द्वारिकाजी दूरि। क्यों पुहचीजसी। इसो सोचि ब्राहमण कुंदणपूरि सूतउ। प्रातकाल जाग्यौ तौ द्वारिकाजी माहे जाग्यो।

48–ब्राहमण कुंदणपुर सूतौ थौ। सू द्वारिका माहें जाग्यो। तब वेद धुनि सुणै लागो। संष धुनि झालर बाजती सुणी। दमांमा वाजता सुण्यां। हेक तरफ द्वारिकाजी को कह कहतां सोर नगरा रा लोकां (रौ) सूणै। हेक तरफ समुद्र की लहरि कौ आघात सूणे। नगर कौ अर समुद्र कौ एक सब्द होइ रह्यो छै। ब्राहमण मनि इसो अचरज ? होण लागौ। जु हों यह कासुं सूणूं छों। उठि करि देषै लागौ।

49–पाणीहार्‌यां का समूह देषै लागौ। त्यांह को वरण चंपाके फूल सारिषौ सौ सबही पणिहार्‌यां कै माथै कलस छै। सु सुवर्ण का छै। अर सही कां हाथां कमल छै। तीरथ जिहें घाट घाट तिहां जंगम तीरथ कहतां अनेक तपसी देषीयत हुइ। विमल़ कहतां उजल ब्राहमूण। अरु उजल ही जल। तिहां घणा ब्राहमूण स्नान संध्या करै छै। तब नगर कों चाल्यौ।

50–आगे देख्यउ तौ हि गृहि गृहि विषै जग्य होय छै। जग्य जग्य रै विषै तप जाप होइ छै। नगर का मार्ग विषै अंबा मोर्‌यां छै। आंब आंब रै विषै कोकिला बोलै छै। ब्राहमूण कुं बिस्मय होण लागो।

51–ब्राहमूण कहै छै। ए वात देषां छे सु सही छै। कि सुपनो छै। कि हुं अमरावती कहतां वैकुंठ आयौ छूं। इसो भ्रम ज उपज्यौ। तब एक कों पूछ्यो। जु हों कोण ठोर छों। तब उनि कह्यो जु देवता या श्रीद्वारिकाजी छै।

52–जब इह वात सुणी जु हों द्वारिका आयो तब मन माहि संतोष

हुऔ। जिण द्वारिका कहो तिण ने नमस्कार करि आघौ चाल्यौ। बहुरि पूछतो (पूछतो) दरिबारि गयो। जातां ही श्रीकृष्णजी को दरसण हुओ।

53—कंवल सरीषो मुष श्रीगोविंद देव रउ देषि। आपणा मन स्युं आलोच ब्राह्मण आलोचै लागौ। जु रुषमणीजी कृतारथ होस्यें। हों तौ कृतारथ हुऔ।

54—अंतरजामी पूर्ण ब्रह्म तहां पहिले ही जाण्यौ। जु यौ ब्राहमूण यें ही काम आयो जो जाणि नै उठीया। दूरंतरी आवतउ देषि ब्राहमण का पगां वंदनां कीधी। करि नइ जिहि भांति वेदे कह्यो छै। तिहि भांति ब्राहमूण को आगत स्वागत आतीथ ध्रम कीधौ।

55—श्री कृष्णदेव ब्राहमूण ने संहस्कृत भाषा करि पूछै छै। तुम्हारौ आगमन क्यां हुऔ। कह कहतां कहि। किल कहतां निश्चय। कस्मात् कहतां कुण थल थे आयो। किमर्थं कहतां कुण कार्य। केन कहता कुणै मोकल़्यो। कितीक दूर थैं आयौ छै। परिजंति कति को यो अर्थ। जु तुहारौ ग्राम कितीक दूरि छै। ब्रूहि कहतां कहि। जनने कहतां जिहां तुम्हारइ हाथि संदेसो कह्यो है। हे ब्राहमूण पुरतो अम्हे कहतां मेरे आगे जिहां पठयो हइ। अर जु कुछु संदेसउ कह्यो सु कहि। श्री कृष्णजी पूछै छै। कहां थे आयो। कुण कार्य। कुणइ मेल्ह्यो। कुण कन्हा आयो। किसै कामि यै बात तुम्ह कहि।

56—तब ब्राहमूण बोल्यो। कुंदणपुर हुतां आयो। वसुं पणि कुंदणपुरि। यों कहि ठाकुरजी के हाथि कागल़ दीयो। यों कह्यो राज लगे रुषमणीजी मेल्हीयो। समाचार इणि कागल़ माहि सहु छै।

57—कागल़ हाथि लेतां ही महा आणंद उपज्यो। रोमांचित हौण लागौ। आष्यां आँसू आवण लागा। कंठ कै विषै गदगद वाणि हुईए अति हीं हर्ष्ष का लष्यण छै। तिण कागल़ वाच्यो जाय नहीं। तब कागल़ कृष्णजी ने ब्राह्मण रै हाथि दीयो।

58—देवाधिदेव श्रीकृष्णजी की आग्या पाय कागल़ वाचण लागौ। विधि पूरवक जक्यो कागल़ माहै वडाई लिषजै छै सु वांची आगे इह वीनती। जु असरणसरण तुम्हारो विरद छै। अर हुँ तुमारै सरणि आई छों।

59—ए कागल़ का समाचार रुषमणीजी वीनती करै छै। जु बलि वंधण इहो जु संघ की बलि छै। सु स्याल षासी। जो मुनैं बीजो कोई परणस्यै। तो इह महा अजोग्य वात होसें। जैसें कपिला गाइ दान दीजै। अर कसाई कों

दीजै। कै जाणे तुलसी का दल चंडाल के हाथ दीजै। इसी अजोग्य होस्यैं जो मुनै काई ओर परणस्यै।

60—रुषमणीजी कहै छै। तुम विना यो कोई और कोई भरतार म्हारे कारणैं आणसी। ईसो अजाग्य छै। जिसो अग्नि माहि उचष्टि होम करै छै। कि जिसो सालिग्राम सूद्र का ग्रह कै विषै। कि जिसो मलेछ के मुषि वेदमंत्र।

61—रुषमणीजी कागल़ माहे लिषोयो छै। जु हरिजा तुम्ह वाराह रो रूप धरि। हरिणाकसि मारि। अर पाताल थे म्हारो उधार कीयो। करणामय कहा तो तदि थानें कुणै सीष दीधी हुती।

62—देव दाणव भेल़ा करि सृप को नेत्रो करि। मंदराचल पर्वत को मंथाण करि समुद्र माह थी काढि लीधी। तब थानै कुंणै सीष दीधी जु यो कार्य कीज्यौ।

63—रामा अवतार कै विषै। रावण मार्‌यो। सु थाने कुंणै सीष दीधी। त्रिकुटगढ जो लंका तिहि माहि थी माहरौ उधार कीयो। अरु वेलाहरण कहतां समुद्र बाध्यो।

64—रुषमणीजी कहै छै। ज्यों उवे तीनि वेर म्हारो उधार कीयों थौ त्यों चौथी या वेलां आवणी छै। च्यारि हुँ भुजा। च्यारि हुँ आहुध लेहु। संष चक्र गदा पद्म ले अर म्हारी बाहर करौ। तुम्ह तो अंतरयामी छौ। थांसु मुष करि किसी वात कहीजै। जु आप ही थें अंतर्गति जाणौ।

65—कोई कहसी जों अंतरजामी छै। तौ इनसूं तु कांई कहै। रुषमणीजी कहै छै। तथापि हुँ रहि नहीं सकीं छों। अर बकों छूं कहतां कहों छों। एक तो हों स्त्री अर प्रेम करि आतुर हुई। अर द्वारिका दूरि छै। सु राजि तहां विराजौ छो। अर विवाह रउ दिन नेड़ौ आयो। अर दुसमन आय नेड़ौ वइठौ।

66—जब कागल़ लिष्यो छै। तब लगन आडा तीन दिन था। या घात छै। घणउ किसो कहुँ। इसी घात ओर नहीं छै। पूजा रै मिसि अंबिका रै देहरै नगर बाहिरि हुँ आवुं छुं। इतनी सहेट बताई। कागल़ का समाचार इतना सुण्या। समाचार सुणत ही चल्या।

67—सारंग धनुष हाथि लीयो। सिलीमुष वाण लीयो। सारथी साथि लीयो। व्राहम्ण आयो थो सु साथि लीयो। कागल़ क अरथ सुणी करि तत्‌काल़ रथ बैठा। कृपानिधि रथि बैठि चाल्या।

68–कृष्णजी रै रथि घोड़ा जूता छै। त्यांह रा नाम सुग्रीवसेन। मेघपुहप सम उ बलाहिक (सम) महावेग सुं चालै छै। त्रिभुवन कहतां श्रीकृष्णजी पांति लागा रथ घणौ उतावला षेड़ै छै। जाणिजै छैं धरतीं पर्वत रूंष साम्हा दोड़्या आवै छै। जाय पुंहच्या।

69–सारथी नै कह्यो जु रथ ऊभो राषि। व्राहमूण नै कह्यो रथ थी उतरि। कृष्णजी यों कह्यो जु योही कुंदणपुर छै। व्राहमूण स्युं कहो हमारी नाम ले आया कहि। ज्यौ रुषमणीजी सुष मानै।

70–रुषमणीजी जाण्यौ जु कृष्णजी रह्या इतनी ढील म्हांहरै सहाइ नै दौड़तां कदेन कीधी थी। चिंतातुर होय महा दुष करि चिंतवन लागा। तितरैई छींक हुई। छींक होत हीं रुषमणीजी धीरज वांध्यौ। तितरै व्राहमूण आवतउ रुषमणीजी री दृष्टि पड़्यो।

71–व्राहमण दृष्टि पड़्यो तव रुषमणी कौं मन ज्यों पीपलपान वाउ को मार्‌यो डोलै त्यों डोलिवा लागौ। न तौ बूझै न रह्यो जाय लोक पासै बैठा छै। त्यांह कै संकोचि पूछ्‌यो न जाय। अर मन माहि डर छै। कदाचित यों कहै जु नाया। ज्यों ज्यों व्राहमण नजीक आवै छै। त्यों त्यों रुषमणीजी व्राहमूण का मुष की धारणा ताकै छै। यो ले आयो होसो। तो मुष की धारणा रूड़ी होसी।

72–व्राहमण आयो सु विचार करण लागौ।। रुषमणीजी रै संगि सखी संत जण बैठा छै। व्राहमण मन विचार कीयौ। जु इहि भांति कह्यों जिह भांति ए आदमी यो न जाणै। जु कृष्णजी नै व्राहमण लेण गयो थौ। तब कह्यो व्राहमण जु द्वारिका तैं कृष्णजी कुंदणपुर पधारीया छै। लोक इसी बात कहै छै। इतनी दुराव राष्यो।

73–तब रुषमणीजी बांभण कुं नमस्कार कीयो। लोकं जाण्यो व्राहमण निमित वंदणा कही। पणि हेत इहै जु व्राहमण कृष्णजी नै ले आयो। इह हेत वंदना करी। व्राहमण री कही कांन सुणी। कोई कहसी व्राहमण नै क्युं दीयो। जो लक्ष्मी ओरां सू एक कटाक्ष चित्तवै ताको दळिद्र दूरि होय। तौ जाकै पाय लषमी आंप लागा। तिण रै अर्थ रो कौण अचिरज।

74–कृष्णजी ने चढ्या सुणि। बलिभद्रजी चढीया। उतावलि सुं चड़िया। सु साथ बलिभद्रजी पणि। एकठो करि न सक्यो। अर साथि लिया तिके

इसा लिया। जो उण माहे एक ही होय तो इतरा कांम एकेलोई करै। इसा कलह विषै साथी। आषाढसिध लीया।

75—मारग विषै भेला होय न सक्या नगर मांहि पैठा तव दून्यो भाई एकठा होय पैठा। सजन दुरजन नर नारी नाग रिषीस्वर राजा समस्त देषै लागा।

76—कृष्णजी का जुदाजुदा रूप देषण लागा। कामिनी कहइ काम आयो। शत्रु कहण लागा काळ आयो। और जिकेइ विरोधी न था त्यांह श्री नारायण को सरूप जाण्यो। वेद कां अरथी थां। त्यांह कह्यो मूर्त्तवत वेद आयो। योगीस्वरां जाण्यो जोगतंत योही।

77—वसुदेव कुमार श्रीकृष्णजी को मुष देषि। लोक आंप माहि परस्पर बात कहण लागा। रुषमणीजी सो यो वर परणीजसी। और राजा हर मत करौ।

78—वडै महलि ले जाय उतार्या। इकेक ठाकुर आगे दोइ दोइ आँणि आँणि हाथ जोड़ि ऊभा रह्य छै। बलिभद्रजी अर श्रीकृष्णजी राजा रे आया। तौ मनुहारि री कुण अचिरज छै।

79—रुषमणीजी आंपणी सषी सिषाई रांणी पासि मोकली। जो आज थे मुनै हुकम करो तो अंबिका री जात्र करि आवों।

80—राणी दुऔ दीधौ। रुषमणीजी ने। पति पूछि सुत पूछि। समस्त परिवार पूछि। दुऔ दीधौ। कह्यो अंबिका की जात्र करि आवौ। पूजा को मिस छै। कार्य छै। सु श्रीकृष्णजी परसण को छै। रुषमणीजी शृंगार आरंभिया।

81—कुमकुमो कहतां गुलाब री पांणी। तिहां सूं स्नान कीयो। धोया वस्त्र अंगोछिवा निमित्त पहिर्या। त्यांथे पांणी की बूंद पड़ै छै। सु किसी देषिजै छै। जैंसे मषतूल कौ डोरी तूटी छै अर गुणमोती छछहा कहतां उतावला छिटकि छिटकि पड़ै छै। इसी सोभा देषिजै छै।

82—रुषमणीजी स्नान कीयो। ता पाछै सषी धूप देई छै केस पास मुगता करै छै। दुहुं हाथा सों केस पास जु उरला करि धूप देवै छै। ताको दृष्टांति। मृग स्वरूपी औ मन बांधिवा नै कांमदेव की वागुरि मांडी छै।

83—वाजोट थी उतरि रुषमणीजी गादी आय बैठा। सिंगार कै रसि इतरै इक सषी आरसी ले मुह आगइ आय उभी हुई।

84—पइहिली ही पोति आंणि गलै बांधी। ताकौ दृष्टांत। जैसे कपोत

कहतां कंमेडा का कण्ठ को स्याह लोक देषीयै। दूसरो दृष्टांत। जिसौ महारुद्र कै विषै विष की स्यांमता। तीसरो दृष्टांत। जु सुमेर पाषती कालिंद्री फिरै छै। चौथो दृष्टांत। समै भाग करि संष कृष्णजी एकै आंगुली सुं पकड्यौ छै।

85—कवरी कहतां चोटी फूल दे दे गूंथी छै। सु मांनु यमुनाजी कै उपरि उजल फेण चढ़्या छै। उतिमंग कहतां माथो। तिह कै अधोअधि मांग सवारी छै। सु जैसौ अंबर कहतां आकास विषै कुमारमग इसी सोभित छै।

86—अणियाला़ तीषा नयण। सु ए बाण करि वर्णया छै। तीर रौ लोह तब ही तेज होइ जन षुरसाण चढ़ाईयै। सु कुंडल़ ही षुरसाण हुआ। अर सिलो करि नेत्रांजण करै छै। सु पाथर की सिली करि हथियार बाढि दीजे। सु इहीं सिली करि नेत्रां नू वाढ दीयो छै। हथियार संवारै छै। तव कहै छै जु पांणी नीको चाला छै। सु काजल दीयो सु योही जाणे पाणी चालीयो छै।

87—कमनीय कहतां सुंदर कुंकु को तिलक जु कीयो छै। सु प्रतषि महादेव का मुष का आरष कहतां चिहन। आंपणै मुषि आणि वणाया छै। रुषमणीजी को निलाट सु योही चन्द्रमा हुऔ। महादेव कै तीसरै नैत्र अग्नि वसै छै। तिहि की जु ज्वाला उठै छै। इहै तिलक हुऔ। महारुद्र के ललाटि चन्द्रमा छै। ता उपरि अग्नि की सिषा नीकलै। भृगुटी थै तिलक कीयो छै। निलाट लगै इह चंद्रमा थै कलंक दूरि कीयो छै। अर अग्नि निर्धूम की छै। उवा चन्द्रमा मांहे कलंक छै। अग्नि माहे धूम छै। सु इहां कलंक अर धूम दून्यों काट थां सुदूरि कीया छै। इसौ तिलक कौ भाव कह्यो।

88—निलाट अर मस्तक की संधि कै विषै। जड़ाव कौ टीकौ दीयौ छै। मानो इह टीको नहीं छै। ससिपाल कै आगमि भाग्य गुदी पाछै जाय रह्यो थौ। सु कृष्णजी रे आगमि। मांग के पेंडै होय। सनमुष आई भालीयल विषै भाग्य उदै हुऔ छै। यौ टीका नहीं छै।

89—चन्द्रमा प्राय सरीषौ मुष छै रुषमणी कौ। सु रथ करि वर्णयौ छै। भूहां छै सु जूड़ो हुऔ। चन्द्रमा कै रथ हिरण छै। सु नैत्र छै सु ये ही मृग हुवा छै। चन्द्रमा के रथि रासि सर्प की छै। सु इहां कुटिल अलक छै सु इहै रासि हुई। गाडी कै वांकीया हुहि छै। सु वाळी कानां की एई वांकीया हुआ। चन्द्रमा रथ हुऔ (?) कुंडल छै सोई रथ का पहीया आछै। तथा चन्द्र छैं सोई सारथी हुऔ छै।

90—रुषमणीजी कंचुकी पहिरो छैं सुमांनु इभ कहतां हस्ती ते कै कुंभस्थल उपरि अंधारी राषी छै। दूसरो दृष्टांत। जाणे महादेव जी केवच पहिर्‍यो छै। श्रीकृष्णजी का मन के तांई मंडप छायो छै। जु मन आय वइसिसी। चौथौ भाव यौ। जु मन वांध्यो चाहिजै। त्यैं कै कारणै या वारिगह दीधी छैं।

91—हिरणाषी रुषमणीजी त्यांका कण्ठ कै विषै। अंतरि जु सरसती थी। सु मानों बाहरि लाल रूप करि प्रगट हुई छै। जुइह कण्ठसरी गळै बांधी छै। सु कण्ठसरी कै दूहुँ तरफां कु मोती लागा छै। सु परमेस्वर की कीरति छै। कीरति छै सु उजल छै। मोतीयां सरूपिणी कीरति लीयां। सरसती कण्ठ थे बाहरि प्रगट हुई छै। या कण्ठसरी नहीं छै।

92—वाजूबंध बांहां जि बाध्यां छै। सु गौर बांहां छै। मषतूल सों पोया छै। सुगौरता उपरि स्यांमता किसी सोभै छै। जैस्यै मणीमै हीडोलै मन धरि हींडै छै। मणि को हीडोलो वांध्यौ छै। मणिधर सर्प हीडै छै। अर श्रीषंड चंदन की साषा हीडौलौ बाध्यौ छै।

93—गजरा नवग्रही पुंचीया ए प्रोंचा कै विषै। आपणी आपणो ठोड़। विधि विधि सो वणाया छै। ता कौ दृष्टांति। हस्त नषत्र जाणों चन्द्रमा कै वीचि वेध्यौ छै। दूसरो भाव। जाणे आधा कमळ कै विषै। अलि कहतां भ्रमर तांहकी पंकति फिरी छै। हाथ कों आधो कमल करि वर्णयो छै।

94—रुषमणीजी मोतीयां कौ हार पहिर्‍यो छै। इहां घणो फरष पड्यौ छै। हस्ती कै कुभस्थलि। अर रुषमणीजी कै उरुस्थलि़। तिसौ ही मोत्यां कौ हार रुषमणीजी का कण्ठ कै विषै छै। अर तिस्या ही मोती हस्ती का कुंभस्थल़ विषै छै। पणि सोभा वैसी नहीं। जैसी रुषमणीजी का उरुस्थळ विषै छै। तिसी सोभा न पाई। तवै हीं षुणस का लीया। हस्ती माथा ऊपरि रज नांषै लागौ।

95—जु धोया वसत्र स्नान करि पहिरीया था। सु ऊतारिया नौतन वसत्र पहिरीया त्यांह को वर्णन करिवा कवि कहै छै। हों सामर्थ नहीं। तथापि दृष्टांत कहै छै। भूषण जि ग्रहण तेई तो पुहप हुआ। अर स्तन ऐई फल़ हुआ। रुषमणीजी को सरीर याही वेलि हुई। वस्त्र एई पान हुआ। नीलंबर वसत्र पहिर्‍या छै। पहिलै जु रुषमणीजी कनंक वेलि करि वर्णी थी त्यांह को यो निरवाह कीयो।

96—रुषमणीजी कटि विषै। कटि मेषला जु पहिरी छै। कटि किसी छै। महा कृस छै। करला ऐक कै मापि छै उपरि कटि मेषला छै। सु किसी सोभित छै। जाणे नवे ग्रह। जोग कै प्रमाणि करि। भेला होय सिंघ रासि आया छै। कटि प्रदेश तौ संघ कौ लंक ताकी उपमा दी जै छै। तातै संघ रासि कौ भाव कह्यौ छै।

97—चरणां विषै चामीकर कहतां सुवर्ण का नूपुर। अर घूंघरा बांध्या छै। चन्द्राणणि कहतां चन्दवदनी रुषमणीजी। ए मानौ घूघरा नहीं छै। ए पीळा भ्रमर छै। ए पहिरायति छै। चोकीदार छै। रुषमणीजी का चरणकमळ त्यैं को मकरंद जि रस। त्यें का रषवाला छै।

98—दधि कहतां सु समुद्र सोधि। अर जु मोती लीयो थौ। जु वणतौ देष्यो सष्यात। गुणमै सु सत्यं या बात सही। नासिका आगे मोतीं जु झूलै छै। सु किसी सोभा पावै छै। जैसे सुकिदेवजी कै मुषि श्रीभागवत सोभै छै।

99—रुषमणीजी का मुष विषै। तंबोल को जु रस। कोकनद कहतां कमल। कमल सरूपी या मुष माहे। कमल माहे कंजुळिकं हुअै तैसें ए माहे दंत। दुति कहतां सोभा कांति। वांम करकै विषै एक बीड़ौ सु किसो देषिजै छै। जिसौ कीर कहतां सुऔ। सु जातां हाथि सोभै छै। केळि का पातकौ पेषरौ तासों बीड़ौ। सु मानुं सुआ हाथ कै विषै क्रीडा करै छै।

100—रुषमणीजी समस्त शृंगार संपूरण करि देविका देहरा दिसि मन कीयो। मोतीयां जड़ित पाणही पहिरी छै। सु ए पाण ही नहीं छै। ए मांनुं चालि चालिवा की होड छांडि। हंस आणि पगां लागा छै। इसी चालि हमारै कहै चाली नहीं (?) इसी जाणि हंस आणि पगां लागा छै।

101—रुषमणीजी नीलम्बर पहिरीयो छै। तिहि माहे जु ग्रहणा पहिरीया छै। सु अंग अंग कै विषै। सु नग रतन उदोत करै छै। सु किसा देषिजै छै। मांनु सदनि कहता घर घर कै विषै। कामदेव दीवाळी कीधी छै। आनंदित होय कै।

102—कुमकुमा कहतां गुलाब। एक कै हाथि केसरि एक कै हाथि फूल। एक कै हाथि कपूर। एक कै हाथि पांन। एक कै हाथि अरगजउ। एक कै हाथि धूप। ए सषी सब सांमग्री लीयां छै।

103—चौडोल लगें रुषमणीजी जिहिं भांति चाल्या छै। सु कवि कहै

छै। इहि भांति वर्णिवा तों मेरी मति समर्थ नहीं। सषीयाँ का घणा समूह मांहे। रुषमणीजी किसी देषिजै छै। जैसें घणा लाज रै बीचि सील देषीज्यै।

104—जिके रुषमणीजी का साथि नै चढि चढि आया। ले ले घोडा का तंग। जैसें ताक कहतां ताला सा जडीया छै। इसा दृढ़ तंग लीया छै। जोधा जि बड़ा बड़ा घोड़ा चढ़ौ आया। सु सिलह मांहि इसा गरकाब हुआ छै। जैसें आरसी मांहि प्रतिबंब लोह बीचि समाइ जाइ छै। त्यों लोह मांहि नष सिष लगै गरकाब छै।

105—जु रुकमणीजी का साथ कों रष्यां को पाइदळ पाइक बिदा हुआ छै। हलवलीया कहतां घणो उतावळा छै। हाथी जु साध नैं मोजूद कीया छै। हालीया छै आगे होइ सु किसा देषिजे छै। ठौड़ ठौड़ चाल्या छै मदि बहता देषिजै छै त्यां का गात्र जिसा पहाड़ जिसी सरप (?) की सी छै।

106—घोड़ा छै सु महावेगवंत छै। रथ छै सु महा अंतरिष वहे छे। चन्दाणणि कहतां रुषमणीजी कै साथि ए चालीया। सु किसा दीसे छै। जिसा अयोध्या का वासी बैकुंठ तै। देही चालता दीसै छै। सारा दधि मांहि सनान कीयो। अर विमांण बैसि बैकुंठ ने चालता दीसै छै। इसी सोभा दीसै छै।

107—अंबिका कौ पारस पाषण को जु देहरी छै। त्यैं कौं जु सेन्या घेरि रही छै सु किसी देषिजे छै। जैसी चन्द्रमा कै पासि जळहरी सौभे छै। कि सुमेर पाषती नषत्रां की माळा सोभै छै। किना महादेव कै कंठि जैसी रुंडमाळा सोभै छै।

108—रुषमणीजी देवाळा माहि पधारि अंबिकाजी कौ दरसण कीयो। पूजा की घणें भावसूं। घणीं प्रीति सूं। अंबिकाजी आपणा हाथ सूं पूजि। जु वस्त आपणा मन नइ प्यारी थी। सु वस्त अपणै हाथि की। पूजा कौ फळ हाथि आयो।

109—रुषमणीजी जाण्यौ पहिली ही लड़ाई पड़सी। ठाकुर कौ दरसण विणहीं कीयां तब पहिले ही रुषमणीजी सेन्यां चितलाया। देवळाथे बाहरि आइ। समस्त सेनां दिसि दृष्टि करि देष्यौ। पाछे क्यों थोड़ो सो हस्या। पछै क्यों थोड़ो सौ आळस कीयौ। अंग विस्फोटता कीया। जंभाई आई पाछे क्यों थोड़ा थोड़ा (?) चाल्या गति दिषाई। पाछै क्यों एक संकुच्या। ए पाँचों बाण सेनां ने लागा। देषतां ही मन आषर षिलीयो। हस्तां वस्य होइ गयो।

आलस्य कै मोड़ि वै मतवाळा हुआ। चलिवें जेती सेना हुंती तेती सहु पघळि गयी। सकुचि वै सबही की देह सोषी। निरजीव हुआ देहरा कै द्वारि आइ। ए तौ उद्यम कीयौ।

110—रुषमणीजी के देषतां ही सगळी सेना जि हुती तितरां मन पंग हुआ। सहु सेना मूरछित हुई। देषतां ही कहुंने संग्या रही नहीं। सु उवै किसा देष जै छै मांनु जिंहि दिन देवाळो करायो थौ। तिन दिन एही पाषण का घड़ि कै वणाय राष्या छै।

111—तितरै श्रीकृष्णजी घोड़ा तेज षड़ि कै। सत्रु की सेन्याकों मंडल थौ ते माहि आया। यों न जाण्यौ जु पृथ्वी कै पेंडै आया कि आकास कै पेंडै आया। एसै तेजि आया तीन लोक का नाथ कै रथ की आवाज सुणी कि दृष्टि हो देष्यौ। इसी तेजि आया।

112—वळि को बंधणहार। सब ही बात सामर्थ। श्रीकृष्णजी रुषमणीजी कौ बांह पकड़ि रथ उपरि बैसाणी। तबै वाहर वाहर हुई। कहण लागा जु कोई होय सु दोड़िज्यौ। हरणांषी कहतां रुषमणीजी हरि कहतां कृष्ण हरि ले गयो।

113—जहाँ जहाँ बैठा धवल मंगल सर सांभळिता था। तहाँ तहाँ पुकार सांभळो। जिके अलवेला ठाकुर जुवांन तिके केसरिया वागां पहिरे बैठा था त्यांह वेगिदे सघळां ही वगतर पहिर्या। ताको इष्टांत। जैसें बहुरूपिया सांग बदळै। त्यैसें सांग बदळि गया। केसरियां पहर्यां था सु बगतर पहिर्यां दीसै लागा।

114—चढि दौड्याा छै। बडा बडा जे जोधा आगै पाछैं जु दौड्या छै। सु असवार किसा दीसै छै। जिसा चित्रामइ लिषीया। निहषरता कहां तेजि जावे छै। मुहडै बकता आवै छै। जु हिवें जानीजसी।

115—धूळि जु ऊडी छै। त्यैं षेह माहे। सूरज किसौ देषिजे छै। जैसे वद्धूलिया (वघूलिया?) माहे पात दीसै। निवै हजार वाजित्र वाजे छै। सु सूणिजे न छैं। सु कुण वासतैं जु घोडांरी नासा वाजै छै। त्यांहरो आघात सबद होइ छै। जु इतरों कटक भेळौ हु आयौ छै।

116—जु घणी छैती हुंती बिहुं कटकां सु घोड़े तेज चालते नैड़ी कीधा। बिहू फोजां आय देठाळौ हुऔ। जब कृष्णजी के साथि घोड़ां का मुंह फेरि

साम्हां किया। तब बाहरू तेज उतावला़ आवता था। सु वागां पाछा सु साम्हां हुआ।

117—धिकै चाली। आम्ही साम्ही सुतौ जाणे काल़ी घटा मेघ कै हुई। सु मेघ को आड़ंग जाणे जोगिणी आवी छै। रत कहतां लोही वरससी वेपुड़ी कहतां वादल को पणि बेपुड़ी बहै छै। सु दोवड़ा वादल आम्हां साम्हां हूया। तब कहे जु मेघ वरससी तैसे फौज पणि बेपुड़ी वहै छै। सु जाणीजै जु रगति वरससी।

118—हथनाल़ि हवाई कुहक बांण यांको सोर आघात होण लागौ वीरजु वडा वडा जोधा। त्यांकी वीर हाक होण लागो। गय हस्ती त्यांकी गहणि हुई। गहण कहतां भीड़ हुई। सिलह का लोह ऊपरि। जु बीरां का लोह लागौ छै। सु मेघ की बूंद समुद्र माहि पड़े। ज्यों पाणी माहे पाणी मिलतौ जाय। त्यों लोह माहैं लोह तीरां को मिलतौ जाय छै।

119—बरछीयांरा अणी चमचमाट जु करै छै। सु ए जाणौं किरणां तपइं छै। जबलग तपइ नहीं तबलग वरसै नहीं। किरण तपै छै सु बरछी किरण हुई कळि कहतां लड़ाई उकळिवा लागी। काइरता थी सु दूरि करी। जैसें वाउ थंभै तो मेह वरसै। त्यों अठे असषपणौ दूरि हुऔ? (संवत् 1826 में की गयी इस टीका की नक़ल से इस पंक्ति का अर्थ इस प्रकार है—"त्यौं अठे विसिष कहतां तीर चलावणों रहि गयो—"जो शुद्ध और स्पष्ट है)। धड़ां उपरि ऊजल़ी धारां तरवार्यां की चमकण लागी। सु याही मानों बीजळी चमकण लागी छै। अैठै काळा जीणसालिया का डीलइ हे वादला। धड़ां उपरि तरवारि चमकै छै सुइ है वीजुल़ी।

120—कायर छै त्यांका हांथ कांपिवा लागा। जु असुभकारी यो वरसण लागो। ढोल दमामां नीसाण वाजै छै। सु योही मेघ गाजै छै। ऊजळ धारां जु वरसै छै। सु जांणे मेघ धारां छै। शसत्र वृष्टि होय छै। परनाळा सु एही जोधां का अंग त्यां जु लोही पड़े छै। सु योही जल़। (सं. 1826 की नक़ल में इस प्रकार दिया है—"अवै संग्राम अरु वर्षा बराबरि करि वर्णवै छै। अठै कायर छै त्यांह का उर कांपण लागा। धड़धड़ाट करण लागा। उठै वर्षा विषै असुभ कारिया कहतां वाणीया जिके दुकाल़ हुवौ चाहै धांन संचौ करै यौं जाणे दुकाल़ पड़ै तौ अन्नरो घणो द्रव्य उपजै। त्यांहरा मेह वरसतां उर

कांपण लागा। अठै नीसाण कहतां जुद्धरा वाजित्र वाजता। उठै मेघ घड़ड़ाट करतां। उठै ऊजळी धार कहतां तरवारां सूं लोही पड़े छै। उठै ऊजऴीधार कहतां जलधारा त्यांसूं परनाऴां विषै पाणी पड़ै छै।")

121—रुधिर षेत माहे एकठो हुऔ छै। अर ऊपर जु रुधिर की बूंद पड़ै छै। त्यांह की जु ऊँची बूंद ऊछऴै छै। सु चोटीयाऴी कहावै इहै चोसठि योगणि हुई। हरषत हुइ नाचै छै। माथा छिटकि पड़ै छै। अर धड़ उठि उठि ऊभा हुआ छै। अनंति जु श्रीकृष्णजी अरु ससिपाळ औझड़ां कौ झड़ लागौ छै।

122—रणि का अंगण कै विषै घणो जु रुधिर वहि चाल्यौ छै। सु कुण वासतै। जु घणा हाथां थे घणा जोधा पड्या। इसी लोही की नदी वहि चाली। त्यां ऊपरि जोगण्यां का पत्र ऊंधा पड्या वह्या जाय छै। सु किसा दैषिजै छै। मानों नदी माहि पाणी का बुदबुदा दीसै छै। त्येंसें जोगण्यां का पत्र वहिया जाय छै।

123—आपणा जु बेली कहतां साथी था तांहने बऴिभद्रजी पचार्या। कहीयो जु देषां अजैलग सत्रां रो साथ सावतौ ऊभौ छै। वूठै उपरि वाह देणरी इहै वेऴा छै। सेई जीपसी जु हाथ वाहसी।

124—बऴिभद्रजी फिरि दूसरौ जु लोहीरौ (?) उथऴौ दीयौ। सु जाणे वाह उपरि बीज नै अर जसरौ बीजजै छै। सु धरती किसी बीजजै छै। जु दुसमनां नै षारो जहर लागै छै। बऴिभ्रदजी कां हऴां सुं दुसमनां का माथा टूटै छै। जैसें बीजां हलां सों रूषां का मूल जड़ त्रूटतां आघात होय। इणि भांति हऴिधरिजी कौ हळ वहै छै।

125—घणां डीला जोधां कां घणां घाउ लागा। घणां घावां तैं घणौ लोही नीसरीयो। घणां धड़ां थै ऊंची छींछ ऊछळै छै। षेत मांहि जु लोही भेऴो हुऔ छै। सु लोही नहीं छै मानों प्रवाली को षेत नींपनौ छै। अर ऊंची छींछ ऊछऴै छै सु जाणे प्रवाली की कांवां छै। जहां षेती पाकै तहां सिरा नीसरै सु ऐ जोधां का हंस नीसरै छै। सु मानों सिरां नीसरै छै।

नोट—दोहले 126-127 की टीका छोड़ दी गयी।

128—षेती नीपंजै तहां तौ कण आवै। सु वडा वडा जोधा मार्या सु एही मानुं कण लीया। भाजि गया सु जाणे कण कण किया। फोजां का समूह भागा सु एहि नाज का गाडा षांच्या। भर षंच्यौ। जहां षळौ होय तिहां

चुणिवानै आय बैठै। बलिभद्र रै षऌे। वह कहतां दुरजनां ऊपरि ग्रीध आणि बैठी छै। मांस चुगै छै। ग्रीधणि ही चिड़ी हुई। अर मांस ही नाज हुऔ।

129—समस्त लोक यो कहै छै। जु जरासंधि ससिपाळ सरीषां। बळिभ्रद सो लोंहे साहीयै। अनै वडै विरध ऊपजतै भागा छै। तौ औ औषाणौ साचो छै। जु वडां वडी प्रथमी एक वडां थे बडा पणि छै। जरासंधि नै ससिपाळ भागा छै। तौ यौ औषाणौ सही।

130—बऌिभद्रजी जुध कीयो। कृष्णजी रथि बैठा रुषमणीजी नै लीयां आगै अकेला ही लीया जाता था। रुषमइयो रुषमणीजी को भाई। अकेलौ ही फिर आगै कृष्णजी नै पुहतौ। मुंहडा थी यों वाक्य बोल्यौ। अवला असत्री नै लियां घणो भोंय अहीर तूं आयौ छै। अब हूं आयौ छूं। पगमांडि नहीं जाण पावै। कृष्णजी सौं कहतो हुऔ।

131—जब रुषमइयै कृष्णजी वाकारे। तब कृष्णजी को मुहडो तेजि होय आयो। धनुष हाथि लीयौ। बाण पुणच सुं सांध्यो। सु काहे कौं बाण सांध्यों। रुषमइयां का बाण काटिवाकी तांई। सिस्ति बांधी। अणी मूठि द्रिढि एक सिस्ति की।

132—जब कृष्णजी रुषमइयै औड देष्यैं छैं। तब तौ मन तपि उठै छै। जाणै छै जु मारूं। अरु रुषमणीजी की औड देष्यैं छैं। तब मन ताढो (सं. 1826 'सीतल') होइ छै। जाणै छै जु ए का भाई नै क्यों मारूं। ताको दृष्टांत। जैसे लोहार लोहा घड़ै छै। जब आगि माहे लोह पकड़िनै संडासी देई तबतो बहुत तप आवै। अरु ढिग पाणी को वासण राषै छै। तिहि मांहि दे संडासी ताढी करै। सु लोहार कौ जु वामो हाथ। सोइ कृष्णजी रो डील हुऔ। रुषमइया की तरफ देषै छै तब तपि आवै। रुषमणीजी की तरफ देष्यें सीतल होय आवै।

133—एकतौ सगाई की सनस मन मांहि आवै लागी। और रुषमणीजी गोडि बैठा छै। सु मारिवा कौ तौ मतौ छोड्यो। जु न मारूं इह अदभुत ज वात छै। जोई बांण रुषमइयौ सांध्यौ। सोई बांण सुं काटि नाषै।

134—सोना कौ नाम छै रुषमइयो निराउध कीयो। आवध काटि नांष्या। एकड्यो पकड़ि केस उतार्‌या। तब विरूप दीसै लागौ। आंपणों जीव षिज्यां थका जु रुषमइया कौ जीव छोड्यौ सु रुषमणीजी को अंतकरण जाणि कै। जु ए दुष वावसी। रुषमणीजी का मन राषिवा कै आटै जीव न मार्‌यौ।

135—इहि समै बळिभद्रजी लड़ाई जीति कै आय पुहता। सु अग्रज वडो भाई कहावै। अनुज लहुड़ो कहावै। बलि़भद्रजी कृष्णजी नै कहै छै। जु या अयोग्य वात करी। तिहि नै इसी सजा दीनी। दुष्ट सासना कहतां बुरी सजा दीन्ही। तिहि की बहिन पासि वैसारी छै। भलो काम कीयो भलेंजी। यों कहि उलाहणो दीयौ।

136—जब बळिभद्रजी आई उलाहणो दीयौ। तब कृष्णजी लजाय कै नीची दृष्टि करी। पुंडरीकाष षहतां कंवळ नयण प्रसंन हुआ। कुण कारण प्रसन्न हुआ। प्रथम तौ बलि़भद्रजी की आज्ञा मानी चाहियइ। बीजौ रुषमणीजी कौ मन राष्यो चाहिजै।

137—करता अकरता कीयो होय सु मेटे सबही बातां सामर्थ। कृष्णजी जु हाथ साला़ नैं महकम करि लगाया था सेई हाथ माथा ऊपरि दीया। थाप्यौ भिवाजि चाल्यौ।

138—एक तो बड़ो लड़ाई जीपजै। तब बडो आणंद होय छै। अर एक रूड़ो विवाह होयै छै। तब बडी आणंद हुयै छै। सु दून्यो ही आणंद एक ही दिन भेला़ हुआ। जरासंधि ससपाल़ जीता अर रुषमणीजी सारीषी परणी। इसौ आणंद देषि कै कटक माहे थै वधाऊहार आगें वादीवादि दौड्या।

139—द्वारिकाजी मांहि। लोगांने घरां का कारज भूलिगा घरघर कै विषै महाग्रह सौ पड्यौ छै। जोई आवै छै। त्यांनै पूछि जै छै। महा चिंतावंत हुआ छै। सघलां ही को मन उवै पेंडै लागो छै। जिहि पेंडै श्रीकृष्ण पधार्‌या छै। समस्त प्रजा उंच्यां अटाल्यां चढि चढि मारगे जोवै छै। मनां मांहि जाणै छै। सु थोड़ा साथ स्युं पधार्‌या छै। अर आगे दुसमण घणा छै। तिण द्वारिकाजी माहें लोग चिंतातुर हुआ वाट जोयै छै।

140—पेंडो देषतां केई जु घणू तेज उतावला़ आवता देष्या। तब पेट मांहे झल उठी। जु ए उतावला़ आवै छै। न जांणां कांई कहसी। तब उणारे हाथां नीली डाल़ देषी। तब कुससथली कहतां द्वारिकाजी का वासी नीलाणा कहतां षुसी हुआ। मन मांहि आनंद हुऔ। सही नीली डाळी हाथां छै सु कुसल छै। जब कोई बधाईहार भली वधाई ल्यावै। तब नीली डाल़ हाथि लै। इह रीति हइ सदाही मुषकरि कितना एक आदम्यां नै जवाब दे। डाळ देष्यां सब ही को मन आंणंद्रति होय।

141–कृष्णजी कौ आगम सुणि। नगर मांहिं सहु किंही लोगा नै। उदम हुओ छै। कृष्णजी रुषमणीजी का वधावण कै कारणै। सहु कोई नगर माँहैं फिरै छै। महा आणंद हुऔ छै। सु किसौ देषिजै छै। जिसौ पूर्णिमासी कै विषै दिन चंद्रमा कै दरसणि। समुद्र लहरें लेतौ देषिजै। तैसौ नगर देषि जै छै।

142–जके वधाईहार आया था। तांहारे घरे द्वारिकरा वासीयां दलिद्र कौ दलिद्र दीयौ। बारे घर विषै दलिद्र न रह्यो। उछव मंगळाचार हुआ। अषत हरी द्रोब केसरि हळिद्र स्युं लोग षेले छै। घर घर मंगल़ हुऐ छै।

143–एकैं मारगि पुरष येकै मारगि स्त्री। उछाह करि कै साम्हा चाल्या छैं। श्रीकृष्ण रुषमणीजी साम्हां चाल्या छै। जाण्यौ ए साम्हां नहीं चाल्या छै। ये द्वारिकाजी दून्यो बाहां पसारी छै। कृष्णजी ने मिलिवा नै।

144–छत्र जु रंगरंग का ऊभा कीया छै। त्यांह का डांडा जु जड़ाव का। तिणि का नग चमकै छै। सु याही मानुं बीजली चमकै छै। मोती झालरियां थें झड़ि पड़ै छै। सुही मानु मेघ की बूंद पड़ै छै। छत्र रंगरंग का इतना उभा हुआ छै सु आकाश आछादित हुऔ छै। सु जाणे अनेक रंगरंग का बादळ हुआ छै। रंगरंग का बादळ छै सु येही मेघ हुऐ।

145–जहां जहां प्रोलि़ छै तहां आरसी ही की प्रोलि़। जितना मारग छै तितरां सघलां प्रोलि़ छै। पैंडा जितना छै। तितना सघळां ही रंगरंग का अबीर बिछाया छै। रज उडै सु अबीर ही उडै। सैन्या सहर मांहे पेसती किसी सोभै छै। ताकौ दृष्टांत। जैसे समुद्र मांहे नदी आय मिलै छै।

146–धवल़हरां चढी गीत गावै छै। नागर कहतां चतुर स्त्री छै। सु जसि करि कृष्णजी उजळ हुआ छै। आवता देषि गीत गावै छै। सु धण रुषमणीजी सहित कुसल़ सहित। बळिभद्रजी सहित। सिघळी ही सेना सहित। इसा श्रीकृष्णजी आया देषि ऊपरि पुहप वृष्टि होय छै।

147–सिसु कहतां बाळक बेटौ। तिकोई जुध रे विषै। ससिपाल़ नैं जरासंधिनें जीति ने घरे आया छै। तब आरती उतारै छै। अर वसुदेव देवकी श्रीकृष्णजी को मुष देषि। वार वार पाणी उआरि पीयै छैं।

148–यथा विधि छै त्यां करि वधावो कीयो। वाजित्र अनेक बजाया। समस्त मनुष्यां कै मुष एक भाँति मंगळाचार बालै छै। कहे छै इह जोड़ी अविचल होहु आदर करै छै। राजांन छै सु तो श्रीकृष्णजी री भगति करै छै घर कै विषै पधराया छै।

149—समस्त जोतिगी बुलाया वसुदेव देवकी मुंहडा आण बुलाय बूझया। जु लगन नीको देखि देउ जोतिष ग्रंथ देषि विचार कहो। जु रुषमणीजी कौ किसै दिन विवाह होय।

150—जु वेदवंत भला ब्राह्मण था। त्यां वेदरो वेदाकित विचार्यौ। वात पणि कही चाहीजै अर मन मांहे भय उपनो छै। मत वसुदेवजी बुरौ मांनै पणि जरूर हुई। ब्राह्मण जु कछु धर्म्म होय कहै। तब कह्यो एक स्त्री सु वार वार पाणीग्रहण न होय। हथलेवो एक ही वार होय।

151—ब्राह्मण जके त्रिकालदरसी हुँता। ज्यां नै तीन काल री बात सूझै। भूत भविष्यत् वर्तमान। भूत स पहिलो होय गयो। भविष्यत सो जु पाछै होसी। वर्तमान सु जु हिवै होवै छै। ऐ तीन्यो काल जांनै सूझता था तिए निरणै करि कह्यो। जब रुषमणीजी रो हरण हुऔ छै। तव सगळा दोषे रहित निरमळो साहो थौ।

152—वसुदेवजी सौं देववी सौं ब्राह्मणे आप माहे विचारि कह्यो। हथलैवौ तो हरण कै समै होइ नींबड्यो। और जकेई संसकार करणा होइ सु करौ।

153—अब विवाह कौ आरंभ भयौ। ब्राह्मण विवाह करण नै किसा आणि बैठा छै जिसा साक्षात मूर्तिवंत वेद। वेदी छै सु रतन जड़ित छै। नीला बांस छै। अरजन (अरण?) कहतां रूपा का कलसां की वेह छै। काष्टमयी ततकाल अगनि काढी छै सु अगनि। लाकढ़ी गर की छै। आहुति दैण नै घी अर कपूर घणौ होमज्यै छै।

154—पछिम दिसा अरु पूरब सनमुष पाट मांडयौ छै। ऊपरि छत्र ऊभा कीया छै। मधुपरक आदि दे। अर सब सहसकार सासत्र कीया। वर कन्या तहां बैठाड़ि सब विधि कीधो।

155—समस्त मनुष्य छै त्यां सिघळां हरी आंषि श्रीकृष्णजी रा मुष सों दृष्टि लागि रही छै। ताकौ दृष्टांत। जैसें समुद्र कै विषै चंद्रमा का प्रतिबिंब नै मछली सब लागि रहैं छै। आंणि पासि घेरि रहै छै। इह भाँति सबही का नैत्र कृष्णजी का मुषारविंद नै आरोपित कीया छै। अर अटाळ्यां चडिचडि यौं मुष देषै छै। अर मुषि करि मंगळ गीत गावै छै।

156—त्रिण्हि फेरि फैरीया। चौथे फेरे दुलह आगें हुऔ। दुलहणि पाछी हुई। हथलेवौ कृष्णजी आंगुंठा सहित पाकडूयो। जैसे हाथी सुंड सूं कमल पाकड़ै। इह दृष्टांत।

157—तब रुषमणीजी डावे पासै बैसाण्यां। ज्यों विधि छै त्यों बोल वाचा लै। ज्यों कही छैं त्यों करि नै विवाह पूरण कीयो। तिहि वेळां वेद का पठणहारां। मुंहमांगी सु नव ही निधि पाई।

158—श्रीकृष्णजी आगै। रुषमणीजी पाछै होय रहवा कौ महल थौ तेनें चाल्या। चोंरी छोड़ी हथलेवो छौड्यौ। अंचल गांठि दीधो छै। सु जाणे या मन की गांठि छै। अंचल नहीं वांध्या छै। सु जाणे कि मन बांध्यो छै।

159—सषीयां आगै जाय केलिगृह कहतां रहस्य मंदिर सयन मंदिर तिहिकौ अंगण मारजण कहतां संवारयो। सेज विछाई छै। सु मानो षीर समुद्र छै। ऊपरि फूल बिछाया छै सु मानो समुद्र का फेण छै।

160—आभा कहतां सोभा सु तौ महल मोहें। अनेक अनेक रंग का चितराम छै। त्यांह की कांति सोभे छै। मणि छै। वडा वडा रतन छै। एही मानो दीपक हुआ। मनि सहि करि कीया छै। चंदूआ ऊपरि ऊभा कीया छै। सु एही मानो सेष नाग का फण छै। जलसाई पोढे छै। तव सेष नाग फणकरि छाया करे छै।

161—इहां कृष्णजी केलि मंदिर विषै बैठा छै। रुषमणीजी नै सषीयां बीजै मंदिर पधराया छै। जुदा तौ कीया छै। पणि वेगा मिलवा के अर्थि। चतुर सषी छै त्यां मिलिकै विवाह रौ सहंसकार समस्त पूरण कीयौ। अब रति कौ सहंसकार करिवा कै अरथि सषीयां उद्यम कीयौ छै।

162—संध्या कौ समय हुऔ छै। कृष्णजी रति वांछै छै। जिहिं संध्या कै समय इतरी वात संकुड़ी छै। ज्यांका भरतार परदेसी था। त्यांह की दृष्टि पेडा दिसे पसरी थी सु संकुड़ी जाण्यो जु आज नाया। बीजी पंषीयां की पांष पसरी थी सु संकुड़ी। कमळां की पांषुड़ी विकसी थी सु संकुड़ी। सूरज की किरण पसरी थी सु संकुड़ी।

163—कृष्णजी छै। सु रुषमणीजी का मुष देषण नै। अति आतुर हुआ छै। रात्रि कौ मुष चाहि करतां नीठ पायौ छै। ज्यों पहिला दुआळा (दोहला) माहें कही जु च्यारि वात पसरी थी। सु संकुड़ी कही। त्यों ये दुआळा माहे च्यार वात संकुड़ी थी सु पसरी। चांद किरण संकुड़ी थी सु पसरी। कुलटा कहतां विभचारिणी की दृष्टि संकुड़ी थी सु पसरी। निसाचर कहतां राति कै विषै जु विचरै छै। त्यांह की दृष्टि पसरी। अभिसारिका कहतां जिह नै सहेट वदी थी। त्यांह की दृष्टि पसरी।

164—बीजा तौ पंषी छै। तितरा भेळा होय संजोग होय। चकवा छै सु बीछुड़ै। नेस कहतां घरां कै विषै। राति अर दिन की संधि। कामनी जु स्त्री तहां जु दीपक जगाया छै। सु एक मानुं दीपक नहीं छै। जके कामी पुरुष छै। तिण कौ कामागनि करि मन जगायक छै। त्यांह का मन जगाया छै।

165—जठे सृणहर छै। तठा नैं रुषमणीजी नै सषी पधरावै छै। मन माहे भय उपनौ छै। तिहिं कै लीयै उभा हुइ रहीया छै। सषी प्रसंसा करै छै। सु रुषमणी कृतारथ तो हुई छै। आपणा प्रीय मिलण री कृतारथ रह्यौ छै। रुषमणीजी तो इह भांति छै। अर कृष्णजी छै सु षवास पासवान सब दूरि कीया छै। वाट चाहै छै। एक वार तौ द्वारे आय कान दे आहाट सुणै छै। बहुरि सेज छै। तठै पधारै छै। अैसें द्वारि अर सेज विचि पधारिबो करै छै। वार वार फिरै छै। कब जुं सिज्या आय वैसै छै। कब जुं द्वारें आय कान दे सुणै छै।

166—हंसागति जु रुषमणीजी। तिहि नै देषवा कै तांई आतुर हुआ छै। श्रीकृष्णजी जैसे कोई आणि वधाई दे छै। तइसें सोंधा के वासि। अर नूपुर कै सब्दि। आँणि वधाई दीन्ही। आगम कह्यो।

167—सषा जु लीयाँ आवै छै। तांह का हाथ षांचि षांचि उभा रहै छै। ज्यों मदिवहतौ हाथी ब्रीष (पेंड) दोय चलै। अर वळे मुरड नै ऊभो रहै। त्यौं रुषमणीजी ऊभा रहता जाय छै। अर सषी चलावै छै। लाज का लोह लंगरां लगाया। ज्यों मदवहतो हाथी आणीजै। त्यों गजगमणी रुषमणीजी नै सषी ले आई।

168—जब देहळी भीतर रुषमणीजी आया। तब देहळी लांघतां पग आघौ दीयौ। तठे जेहड़ि पग की श्रीकृष्णजी की नजरि पड़ी। जे हरि देषतां जु कोई आणंद उपज्यौ। तिहि की मरजादा नहीं। इतरो आणंद अधिक उपज्यौ। जेहड़ि कै दैषत हीं कृष्णजी कै रौमांचि हुऔ। सो ए मानों रोम ऊभा नहीं हुआ छै। ये आदर देण कूं आपही ऊभा हुआ छै। जैसें कोई ओर भी वल्हम हित् आवै छै। त्यों ते ऊभा हुज्यै छै। त्यों इहां रुषमणीजी कै आयां तै कृष्णजी रोमांच कै उठिवै आदर दीयो।

169—जिहं घड़ी नै घणुं वांछता था घणा दिन लगें। सु घड़ी आण मिली। आंपण कृष्णजी अंकमाळ भरि कै रुषमणीजी सेज ऊपरि पधराया।

170—कृष्णजी की आंषि जु रुषमणीजी कै रूपि करि प्रेरी छै। सु आष्यां

नै देषिवा की त्रिपति होय नहीं। जदपि मननै त्रिपति हुई छै। वारवार मुषकी ओड देष्यै छै। जैसें निरधन कौ धन प्रापति होय। अर वारवार देखिवौ करै।

171—जु रुषमणीजी कै पट घूंघट छै। तिं माहि एक बार कटाछि करि देषै छै अर बहुड़ि दृष्टि दुरावै छै। कटाछि एक वार उहां जाय छै एक वेर फिरि इहां आवै। तौ जाणिजै छै इह दुहुं का मन दंपित छै तो ये कटाछि नहीं छै। ए दृती छै विचि फिरै छै। यांने मेलि एक करणा। याँ दुहुं का मन सूत छै तौ या नळी छै। तौ पणि वणाई एक करसी।

172—ये जु पासि सषी त्यां जब श्रीकृष्णजी अर रुषमणीजी कौ आंषिया थे अर मुष का विलास थें अंतहकरण जाण्यौ। तब ये भ्रुहां ही में थोड़ो थोड़ो हसि। अर एक एक होय गृह थें स जु वाहरि गयी।

173—एकांति कै विषै जु विधि छै। तिह करि क्रीड़ा कौ जु आरंभ हुऔ सु न किन ही देवतां दीठौ। न किन ही रिषीस्वर दीठौ। तौ कवि कहै छै। अणदीठौ। अणसुण्यौ क्यों वरण्यौ जाय। उहि सुष नै वे ईस्वर ही जाण्यौ।

174—तब श्रीकृष्णजी पवन चाहै छै। धौल़हर कै छाजै आय ऊभा हुआ छै। रुषमणीजी सिज्या विषै पउढ्या छै जिसौ कोई निजीव मार्‌यो थकौ पड्यो होय। सुत कै अंति सिज्या विषै पौढ्यां किसा देषिजै छै। जैसे मदोन्मत्त हस्ती समुद्र माहे षेलतौ थकौ कमळनी नै त्रोड़ि जाई। अर कमल़नी पाछे पाणी उपरि थरकि रहै। इसी सिज्या विषै रुषमणीजी देषजै छै।

175—रुषमणीजी का लिलाट कै विषै। जु कुंकु की विदुंली छै। अर आसि पासि प्रसेद का कण चढ्या छै। सु किसा देषिजै छै। जैसे मध्य नायक तौ मांणिक छै। अर कुंदण के बीचि जड्यो छै। आसि पासि हीरा लागा छै। इसौ निलाड़ सौभा पावै छै। जु तौ कुंकु की बिंदली उहै तौ माणिक हुऔ। रुषमणीजी कौ निलाट उहै कुंदण हुऔ। आसि पासि प्रसेद का कण छै। उहै हीरा हुआ। अर उही को कारीगर जड़णहारो कामदेव हुऔ।

नोट—दोहले 176 की टीका छोड़ दी गयी है।

177—तिहि समै सषी कै गल़ि लागि सिज्या थें रुषमणीजी उठया छै। ताकौ दृष्टांति। जैसैं भमर आई बैसें। अर भमर का भार सूं बल्ली की लता धरती पड़ै। केलि का पेड को अवलंब लहि। पेड सों लपटाय वल़े ऊची चढै। तैसे रुषमणीजी सषी कै गल़ि लागि ऊभी हुई।

178—मंदिरांतर विषै सषी श्रम मेटिवा नै ले गई थी। सु प्राणनाथ श्रीकृष्णजी त्यां कन्है वऴे रुषमणी कों ले आई। कैसी लाज भय प्रीति। तीन्यों वातां सहित ले आई। माथा का केस मुगता हुआ। छूटी छै मुगता निबोल हार थौ सु छूटो छै। कंचुकी की कस छूटी छै। अर कटि मेषला बंधण थे छूटी छै।

179—केलि कहतां क्रीड़ा त्यें कौ घणौ सुष पायो। स्याम कृष्णजी। स्यामा रुषमणीजी के संगि। सषी जु मन की राषणहार त्यां कौ घेरउ जुड़ रह्यो छै। मनयै समये उपरि बात कहि के जु हासि करै छै चित्रसाऴी कै विषै येक कहकहाट होय रह्यो छै।

180—येक तौ तत चिंता सों राता छै। परमेस्वर स्यूं लीन हुआ। अर दूसरा रति सौं राता छै। जु स्त्री विषै आसक्त हुआ छै। वे तौ गिरि कंदरि विषै। अर ये आंपणा गृहि विषै। ये बिन्है गण जांहरा। समस्त संसार निद्रा कै वसि हुआ छै। महा निसि कहतां अर्ध राति कै विषै सब कोई सोयै छै। तब कै जोगीस्वर जागै छै। कै कामी जागै छै। वांका मन परमेस्वर सों लागा छै। यांका मन रति सों लागा छै। ये दून्यो जागै छै।

181—लषजी जु रुषमणीजी श्रीकृष्णजी का हरष आणंद का समूह माहे मगन होय रहें छै। ज्यों 2 राति घटै छै। सु जाणे आउरदा (आयु?) घटै छै। मत प्रभात होय अर घड़ी ही को विछोड़ो होय ।इह बीचि अरणौद होण लागौ। मुरगो बोलि उठ्यो। जांह नै विषै रसि करि पेलिवो प्यारौ लागतो थो। त्यांह नै मुरगा कौ साद किसो लागौ। जिसौ जांह नै घणो दिन जीव तौ प्यारौ बहुत होय। घणो दिन जीवौ चाहित होय। तिहा नै जिसौ घड़िया वलि को सद लागै। यैसौ बुरौ किरीट कहतां मुरगा को साद बुरो लागै छै।

182—प्रभां कहतां जोति सो चंद्रमा की गई। जब राति वितीत होण लागी। तब चंद्रमा किसौ दीसै छै। जिसौ भरतार असमाध्यां थकां सती कौ मुष देषिज्यै। जब पिउ वै माहे सक्त छै। चंद्रमा माहि ज्योति छै। औ दुष का मारयां अर ये दिन की जोति नजीक आयां। दूत्यो बिसोभित सा देषिजै छै। दीपक समीप सांझ जिसौ जऴतौ थौ तिसो ही जऴै छै। पणि सोभा न पावै किसो देषिजै छै। सफरिम पाषै? (विना) जिसो सूरतन मरद कै डीलि देषियै। दीवा पाछिली राति इसौ झांषो दीसै छै।

183—अरणौदे कै विषै चकवां की साध (कहतां वांछा) मिली संजोग हुऔ। अर कोक का रमणहार। तांह की साध रहित हुई। प्रभात हुऔ। और ही उद्यम लागा। फूल जु संकुच्या था। अर वास नै ग्रही रहीया था। त्यांह तौ वास छोडी। विकस्या। अर ग्रहणा हुता तेहै सीतल़ता ग्रही ठंढा हुआ।

184—संष धुनि अर भेरि सबद जु हुआ। येही मांनुं अनाहत सबद हुऔ। अरणोदे हुऔ सु इहि जोगाभ्यास हुऔ। जैसै जोगेस्वरां कै माया का पटल दूरि वै छै। तैसैं ही तौ रात्रि दूरि हुई छै। अर प्राणायाम योगेस्वरां का इहै जोति प्रकाश हुऔ।

185—जांह का भरतार तौ घरे था। तांह स्त्रीयां का तौ वस्त्र रई कहतां मथाणी जिहि सुं दही मथिजै। चंद्र विकासी कमल़। त्यांह की श्री कहतां सोभा। ये तीन्यों वस्तु छूटी थी सु सूर्य कै उदै बांधी। अने घरां हाटां का ताल़ा भमरां की पांष। अनै गऊ ये तीन्यो वस्तु बांधा था। सु सूर्य कै उदै छूटी। अर वे तीन्यो छूटी थी सु बांधी।

186—जके व्यापार करै छै। त्यांह की स्त्री गाय अर बछड़ा। बिभचार ही करणहारी स्त्री अर लंपट। ये तीन्यो रात्रि कै समै भेळा हुता त्यांह नै वियोग हुऔ। चोरां की स्त्री अर चोर चकवा अर चकवी ब्राह्मण अर तीरथां का जल। ये तीन्यों वीछड्या था सु सूरिजि कै उदै मिल्या। अर वे तीन्यो मिल्या था सु वीछड्या। सूर्य कै प्रकासि मिल्या था। त्यांह वियोग हुओ। वियोगी था त्यांह नै मेल हुऔ।

187—नदी अर दिन वधन लागा तल़ावां रो पाणी अर राति घटण लागी। धरा कहतां प्रिथी गाढ पकड्यौ कठोर हुई। हेमाचल़ पर्वत परघल्यौ। जगत कहतां संसार का मुष था सु रूषां की छाया माथे राषण लागा। सीतकाल़ माहै सूरिज तिरछै पडै चलतौ थौ। सु धूपकाल कै विषै सूरज माथा ऊपरि चालण लागौ। तैं आंटे माथा रूषां की छांह नीचै राषण लागा। राह कहतां पैंडो सूधौ आकास पाकड्यौ।

188—मनुष्य जु गरमी करि व्याकुल़ हुवै छै। अर रूंषा की छाह वांछे छै। सु ये वात रौ न्याउ छै। इसी गरमी हुई छै। जु सूर्य पणि हेमाचल़ कौ सरणौ पकड़े छै। अर सूरज ही वृषि आया छै। और तौ सब मनुष्य तौ रूंषे आवै ही आवै। मानुं सूरज वृष रासि नहीं आयौ छै। व्रिष कहतां रूंष की छांह आयौं छै।

189—जल़क्रीड़ा को वर्णन हुऐ छै। श्रीषंड कहतां चंदण कौ कादो छै। कमकमौ गुलाब तै कै पाणी तलाउ भर्‌यौ छै। ग्रहणा सब मोतीयां ही का छै। जेठ मास कै विषै इ भांति जलक्रीड़ा श्रीकृष्णजी करै छै।

190—आसाढ का दिनां को तपन कहतां सूरजि। इसो अधिक ताप्यौ छै। दुपहरा की वरीयां यैसौ नीजण होय गयो छै जु कोई मनुष्य फिरै डोलै न छै कैसी भांति जैसी माह की राति होय। मेघ बरसतो होय। अर अंधारो पष्य होय। वैसी आधी राति जौ कोई फिरतौ देषिजे तौ कोई आसाढ की दुपहरी फिरतौ दैषिजै छै। इसौ धूप तप्यौ छै। नीजणि कहतां कोई मनुष्य चलै न देषीयौ। वैसी माह की अधराति जैसी नीजणि होय छै। तिण थी अधिक दुपहर आषाढ़ कौ नीजणि हुऔ छै।

191—निरति कूण कौ वाउ वाजै छै। जु निरधन छै। सु परवतां का झरणां छै। तहां जाय वास कीयौ छै अर धनवत छै सुषी छै। सु आंपणे गृह कै विषै। अस्त्रीयां का पयोधर सेवै छै। सु जिसी अग्नि की लपट होय। तिसी लू वाजै छै।

192—मंदिर किसा छै। कसतूरी की गारि। कपूर की ईंट। नित नित नवा महल सवारिजै। फूलां की माळा सों चौगरद आछादित कीया छै। इसा महल माहें श्रीकृष्णजी क्रीड़ा करै छै।

193—धूलि़ उठी छै। अंबर कहतां आकाश जाय लागी। षेत्री छै जु किसांण त्यां षेत्री री उद्यम कीयौ छै। षाडा नाडा भरीया देषि। सहु किसाण षेत्री कौ उद्यम करण लागा छै। मृगसिर नक्षत्र वाउ वाज्यौ सु मृगां कौ वइरी हुऔ छै। त्रिषा करि व्याकुल हुऔ छै। इहि बीचि आद्रा बूठौ छै। सु भुंइ सहु आली कीधी छै।

194—बग रिषीसर राजा। ये तीन्यो पावसिं वैठा। सुर कहतां देवता पौढ्या। मोर बोलण लागा। बाबीहा (पपीहा) बोलण लागा। बुगली फिरण लागी। उद्यम कीयो चाहो जै। अनेक रंग-रंग का जु सिहर उठै छै। सु ये मेघ मानुं आपणा घर संवारै छै। भांति भांति की विचित्र रचना करै छै।

195—काल़ी काल़ी घटा करि। उजळा वादळ। वाउ सों डोलता उवै आगै। श्रावण का मेह धारां वरसण लागा। दिसा दिसा हुता जु जळग्रभ गल़ि पड़ै छै। सु थंभै नहीं छै। जिसी विरहणी का नेत्र विरह व्याकुल़ थका थंभै नहीं। इहि भांति श्रावण की धारा वरसै छै।

196—मेघ जु वरसण लागा। तांह का पाणी पर्वतां कां कंदरा थें अर नाल़ां थें पाणी चाल्यो छै। सु आघात सबद हुयै छै। गुहिरै सादि मेघ गरजै छै। सु समुद्र माहे पांणी समावै नहीं। इतरां जळ हुआ छै। बीजुळी सहरां मांहे समावे नहीं छै। सहरां बाहरि झब झवाट करि रही छै।

197—मेघ घणौ वूठो। धरती अजें नीली नहीं हुइ छै। त्रिणि अंकुर नहीं हुआ छै। जहां कहीं ऊंठै ची भुइ छै। तठै भुंइ उघाड़ी छै। नीची भुंइ जहां छै तहां पाणी भरि रही छै। कहुँ ठोड़ उघाड़ी छैं। तहां भुंइ गोरी छै। कहां ठै पाणी झलकै छै। जैसें प्रथम समागम कै विषै। नाइका का वस्त्र उतारि लीया हुइं। अर कहुं। कहुं गहणा रहि गया हुइं। तैसी प्रिथवी देषियै छै जु तौ उघाडी धरती छै सु तौ जांणे गसैास आंग हुऔ। अर पांणी छै सु तौ जांणे ग्रहणो पैहिर्‌यो छै। इसी सोभित छै।

198—रुषांवलीयां पल्लव फूटा। विणा अंकुर हुआं धरती नीली दीसै लागी। सु मानों प्रथमी नीली वस्त्र ऊढ्या छै। ठोड़ ठोड़ थें नदी चालै दै। सु ये ही मांनो कण्ठ विषै हार पहिर्‌या छै। दादुर कहतां मींडका बोलै छै। सु येही मांनो प्रिथवी पगां नूपुर पहिर्‌या छै।

199—जु तौ काल़ी पर्वतां की धार छै सु प्रथमी का काजल़ की रेषा हुई। समुद्र एही प्रथमी कटि मेषळा हुई। मांमोल्या रातो सोई प्रथवी कै कुंकुं की बिंदली हुई।

200—दूनों तटां जु नदी उपरि वही छै सु जाणे चोटी विथुरी छै। विथुरी काहे तै। पृथी जु स्त्री त्येंने धाराहार मेघ जब भरतार मिलीयौ छै। तब चोटी विथुरी। जमुनांजी रौ स्यांम जल़। सु तौ जाणे केस हुआ। गंगाजी रो जळ ऊजल़ सु फूल हुआ। जाहां त्रिवेणी हुई तहां जाणे चोटी गुंथी इह पृथ्वी की चोटी हुई।

201—धरती जु पृथी तैसो स्यांम जु तर वृक्ष। जलधर मेघ गर्ज रव कीया। आपसमै मिल गया छै लपटाय रह्या छै। ऐसौ अंधारौ हुय गयो छै। जु रषीस्वर छै सु संध्यावंदण कौ समय चूक चूकि जाय। रिषीसर पणि राति अर दिन की षवर नहीं पावै छै।

202—जके नाइक नाइका आपस मांहे रूठा था। तांह तौ पगां लागि लागि मनावणो कीयौ। कह्यो देही लाधी को तौ लाहो यो ही छै। जु इसी

हवा माहे मिलीयै। परस्पर आलिंगन देन लागा। जब आकास अर धरती आंपण मांझ आलिंगण देन लागा।

203—जल़ रा जु वादल। सु जल़ां नूं श्रवै छै येक स्यांम येक सेत। येक पील़ा। येक लाल। इसा जु रंग रंग का वादल़ छै। महलां का दुहुं तरफां लागि लागि नै चलै छै छाजां सों। ताह करि महाराज श्रीकृष्णजी का महल धवळहर छै। सु विराजै छै। महल किसा छै।

204—नीलमणि की ईंट। कुंदण की गारि। लाल का थंभ। पाचि का पाट। सु धरीया छै। जु थिर छै। मंदिरां विषै गोषा छै। सु पदमराग मणि का छै। धरां ऊपरि मोर नृत्य करै छै। आणंदित हुआ बोलै छै। सोभित दीसै छै।

205—वसत्र जु पहिर्‍या छै सु कुमकुमौ कहतां गुलाब। तिंह सों धोईजै छै। अनेक सुगंध वस्त सुं अरगजा सों अरगजा सों षवलित कीजै छै। महलां कै विषै अनेक सुष भोगविजै छै। श्रावणि अर भाद्रवै कै विषै रुषमणीजी अर कृष्णजी इह विधि विलास करै छै।

206—वरिषा रित हुती सु गई। सरद रित आवी। कवि कहै छै। तै कौ वर्णन करौं छो। पृथी समस्त जळमई होय रही थी। सुं पांणी छोड़ि कै तल़ाव माहे जाय रह्यो। नीषरि कहतां धरती निर्मळ हुई। ताकौ दृष्टांत। जैसे निधवन कहतां सुरत सु भोग के विषै अस्त्री की लाज सर्व सरीर छोड़ि कै नेत्रां माहे जाय रहै छै। तैसें पृथी छांडि तल़ावां पाणी जाय रह्यो छै।

207—धरती हरी थी सु पील़ी हुई। त्रिण अन्न समस्त पाका। सरद काल़ कै विषै पृथी की सोभा किसी देषिजै छै। कोकिला बोलती रही। कोकिला जु बोलती रही। सु मानों नायका रति समै घणौ बोलती सु बोलती रही। औस जु पड़्यो छै मानुं नायका नै प्रस्वेद का कण हुआ छै। सुरत कै अंत जिसी नायका को मुष देषीयै। तिसी सरद कै समै पृथी देषिजै छै। नायका कौ मुष पील़ो हुऔ सुरत कै अंति तैसे पृथी की पीलाई की। कोकिला बोलती रही। सोही जाणो निसुर हुई। ओस कां कण इहे मानों प्रसेद का कण छै। इह आरिष करि पृथी नै नायका कौ दृष्टांत कीयौ।

208—आसोज आवतां ही नभ कहतां आकास थै वादल़ दूरि हुआ। पृथी तै पंक कहतां कादौ दूरि हुऔ जल की गुडळता दूरि हुई। निर्म्मळ हुऔ। ताकौ दृष्टांत जिम सत गुरु मिल्यां थै। जाणीजै छै मनुष्य कौ सत

गुरु मिल्यां ग्यान की दीपति हुई। इहां आसोज मिल्या थै बागनि माहे जोति अधिक हुई छै। सु इहै मानों ग्यान की दीपति हुई छै।

209—गऊ छै सु अधिक दूध श्रवै छै। धरा कहतां प्रथी अनेक भांति का रस दे छै। (पोइणी विषै भली सोभा हुई छै)। अन्नादिक सुं पितर छै तिणि कौ मरतलोक प्री लागै छै।

210—मुहरमुह कहतां बारबार हंस अर हंसणी बोलें छै। विरह ऊपजै है सु बोलि बोलि कै विरह टालै छै। सरदकाल़ की इसी उजल़ी राति छै जु एकठां बैठा हंसणी हंस नें न देषै। हंस हंसनी नें न देषै। जब न देषे तब विरह होइ। जाणै कि इहां तो नहीं। जब बोलै हैं तब विरह जाय छै। सबद करि जाणे छै जु इहां छै।

211—उजल़ी जु वसत छै सु काई निजरि आवै नहीं। इसो उजल़ राति और घणो किमौ वषाण कीजै। जो सोलह कला संपूर्ण पूर्णिमा कौ चंद्रमा थौ। सु पणि आपणी उजल़ता करि आकास सों मिलि गयौ है। एती विगति नहीं लाभै छै। जु इह आकास छै। कि चंद्रमा छै। सरदकाळ की इसी रात्रि उजळ छै।

212—सूर्य तुळ संक्रांति आयो। तेज कहतां दिन। तम कहतां राति। ए दून्यों बराबरि तुलीया। अर राजा छै सु सुवर्ण सों तुलै छै। नाना भाँति कै। तातें दिन तौं नित नित संकुचिवा लागौ। अर राति वधिवा लागी। सु काहेतें। दिन कों तो इह संकोच भयौ। जु मोकों राति बराबरि तोल्यो। ताते घटिवा लागौ। अर राति कौं इह फूलि भई। जु देषौ हौं दिन की बराबरि जुषी। इहि हरष तै रात्रि बढिवा लगी। अर उहिं दुष तैं दिन घटिवा लागौ।

213—मणि मै जु मंदिर छै। तां मांहे जु कार्त्तिक कै विषै दीपक जो छै। छें तौ वे घरां मांहे पणि वांकी जोति बाहर देषीयै छै। जैसे सषियां का समूह बीचि बैठी नाइका लज्या करि आषणौ सोहाग दुरावें छै। अर उवें की झलक मुष विषै पाईयै। तैसें घर मांहे थकां दीपकां की जोति बाहिर देषिजै छै। जैसें नायिका लज्या करि दुरावैं छै। अर उवह सोहाग की कांति मुष कै विषै जैसें प्रगट होइ छै। स्यों घरां मांहे थका दीपक वाहरि दीसै छै। सु दुरावे काहे तें। जु अपणी समाणी सषी। तांह का समूह माहे छै। तांह का लीयां दुरावे छै।

214—नवी नवी सोभा सहित पृथी कै विषै नवा नवा महोच्छव। आणंदमई हुई छै। इसों जु कात्तिक छै। तिंहि कै विषै आपणा आपणा जु मंदिर छै। तांह कौं जु चित्राम करैं छै। सु वे कुमारिका। आपणा आपणा घर का द्वारां चित्राम करती उवे ही चित्र की सी लिषी देषिज्यै छै।

215—नाना प्रकार का जु सुष। नित नित नवा नवा। संसार का सुषां कै मिसि वैकुंठ का सुष छै। सु द्वारिकाजी का वासी भोगवै छै। अर रुषमणीरमण श्रीकृष्णजी। सरद रिति की जु राति छैं। सु तौ रास की क्रीड़ा करि समस्त वितीति हुऔ छै। राति रासां करि दिन भगति करि।

216—अरजण अर दुरजोधन सहाव मांगिवा कै काजि। श्रीकृष्णजी कन्हे आया। तब पणि इहै विधि हुई। कह्यो थो जु कोई पहिली आणि मिलसी तेंह की भीर हों आविस। श्रीकृष्णजी पौढ्या था। दुरजोधन पहिलौ ही सिरहांणा दिसि आइ बैठो। अरजुन पगां की तरफ आइ बैठो। जागतां ही पहिलें अरजुन दृष्टि पड़्यो। तब अरजुन की सहाइ हुआ। अरजुन ही कौ अधिकार हुऔ। तैसैं चौमासे ठाकुर पौढ्या था। अर कार्त्तिक सुदि एकादसी कौं जाग्या। जागतां ही मासां मांहि मागसिर पहिले हीं आयौ। तौ मागसिर भलो मास। तौ न्याय बडाई पाई उहां अरजुन बडाई पाइ। इहां मागसि बडाई पाई।

217—सरद कै विषै पछि वाउ जु वाजतौ सु थंभीयौ तिणि थंभ्या उतर वाउ वाजै लागो। तब सूहव जु नायिका तांह का उरस्थल वैकुंठप्राय हुई रहोया छै। अर उहि रिति कै आवणे भुजङ्ग जु सर्प था। अर धनवंत मनुष्य था त्यां पृथी का पुड़ विवरण करि ऊंडी ठौड़ां सबांरि तहां ए दृन्यों वरग विवर कहतां भुंहिरा निखात ठोड़ तहां जाइ रहवासि कीधा।

218—नदी जु पूर वहतीं थी सु घटि होण लागी। अर हिमांचल़ पर्वत का शृंग वधण लागा। जैसे जोवन कै आयें नायिका की कटि षीण होइ। त्यों नदी षीण हुई। अर नितंब कहतां जंघस्थळ अर उरस्थ कुच ए वढे। ज्यों कटि षीण होइ। त्यों नदी षीण हुई। ज्यों जंघस्थल़ अर उरस्थल़ वधै। त्यों हेमाचळ का शृंग वधै लागा।

219—मनुष्य छै सु सबै कोई घर सेवै छै। हेमंत जु महा सीत तेंकै डरि कोई निसि कहतां राति कै पैंडै नहीं चालै छै। कोई कोमळ नरम वसत्रां करि अर कोई कांबळां करि। सब कोई मनुष्य भार लीयां फिरै छै सीत की रिष्या निमित्त।

220—दिन तौ यैसें संकुचवा लागौ जैसें रिणाई को देषें दाम कौ देणहार संकुचै। क्रमि क्रमि यों दिन सकुचै छै अर पोस कै विषै रात्रि छै सु आकास कों निठि छोड़े छै। जैसे प्रऊढा नाइका नाइक कौं। आकर्षे मोड़ा छांडै। (सं. 1826 की नक़ल में इस प्रकार—"जैसें प्रऊढा नायिका को वस्त्र भर्त्तार आकर्षे कहतां षैंचै सु मौड़ौ छुटै") तैसे रात्रि आकास कौ मौड़ौ छांडै छै।

221—सीतकाल़ कै विषै श्रीरुषमणीजी अर कृष्णजी आपणा तनमन उल़झाया कहतां लपटाया छै। सु एक हु रइया छै। कैसें वाणि कहतां सबद नै अर्थ। पराक्रम नै पुरुष। पुहप नै वास। गुण नै गुणी। ज्यों औ एक होय रह्या छै। त्यौं नाइक नाइका आपणा तनमन एक कीया छै।

222—अहिमकर कहतां सूर्य जब मकर सक्रांति आणि चढ्यौ। तब उतर को वाउ प्रबल़ वाजण लागौ। तिणि वाउ कमळ था सु बाळि इसा कीया जु। जिसौ विरहणी कौ मुष। आंब था सु इसा कीया जिसो संजोगिणी कौ उरस्थल़।

223—कृपण नै जब प्रारथज्यै मांगजे छै। तब उहिका मुह माहें थे वचन कुण नींकलै। उतर। तिहि दिसा कौ पविन आंबा बिना जितना वृष्यथा तितना सब जल़ाया। माघ कै लागतां हीं। लोगा नै पाणी थौ सु इसौ लागै छै। जिसी अगनि छै। अर अगनि यैसी लागै छै जिसौ सीतल़ पाणी।

224—नांम कहावै सीत अर जलावै नीला रूंष। अर पाणि मांहि थकी नल़िनी जाल़ै ऐसौ कपटी नाम सीत कहावै। तें दोष कां लीयां द्वारिका जी तांई पुहचि न सकै। (हि) रिदा कौ मळ दूरि करि न सकै। कपट दूरि न करै तैं वासतें द्वारिका लगि सीत जाण न पावै।

225—ठाकुर को प्रताप ज हुऔ तिणिही तौ सीत पाल्यों आघौ आवण न दीयौ। रुषमणी अर श्रीकृष्ण ऊपरि दसौ दिसा आपणौ सरीर उवांरे छै। और अगनि अर सूरज ए आपणो सरीर उवांर छै। अगनि धूप कै मिसि सरीर उवांरै छै। सूर्य दीपक कै मिसि सरीर उवांरे छै। रात्रि दिन उवारै छै।

226—सूरज कळसि बैठौ सु कुंभि आयो। रिति पालटि होण लागी। समस्त सीत बाल़ीया था सु ठंढा होण लागा। भमर छैं सु उडण नै पांष संवारी छै। कोकिला बोलिवा नै कण्ठ संवारि रही छै।

227—वीणा। डफ। महूअरि वंस बजावै छै। पंचम राग मुष करि सुर

नीकै करि गावै छैं। तरुणी स्त्री अर तरुण पुरष। जु फागुण विरही जण नै दुस्तर छै। तें फांगण के विषे घरि घरि फाग षेलें छै।

228—वृष्यां कै विषै अजहुँ फूल नहीं हुआ छै। पल्लव नहीं नीकल़्या छै। थुड़ कहतां पेड़ डाल़ ए गादरित कहतां हस्या हुआ छै। सौभित दीसै लागा छै। जैसे भरतार के आगमि। विना सिणगार कीयां स्त्री सोभा पावै। तैसें पानां फूलां विना हीं वसंत के आगमि सकल वृक्ष सुंदर देषिज्यै छै।

229—वनसपती गर्भवती जु हुई थी सु दसमास पूरा हुआ। जु वनसपती गर्भ धार्‌यो थौ। जारां गर्भ पूरण हुई छै। तब गर्भवती को मन व्याकुल हुयै छै। ए जु भमर बोलिवा नै मणणाट करै छै। सु मानुं गर्भवती व्याकुलता जणावै छै। जब बेयण लागै छै प्रसूत हुइवा की तब गर्भवती कूजै छै। विलाप करै छै। सु ए कोकिला बौलै। सोई मानूं वनसपती ने वेयण लागी छै। अर कूजै छै। इहिं समै वनसपती वसंत जायो।

230—वसंत कौ जनम जब हुऔ। तब जैसे दाई नै वसत्र द्रव्य देहि अर उहि की पूजा करैं छै। तैसें इहां होळी सोई दाई हुई। अर वनसपती कौ कष्ट भंग हुऔ। तब पकवान पान फूल। जु होळी ने चढ़ावें छै। सु ए होल़ी नहीं छै ए दाई छै। वनसपती कौ कष्ट भंग हुऔ छै। सु ए दाई नें संतोषै छै। मनुहारि हुवै छै। होल़ी नहीं पूजे छै।

231—दल़ कहतां सरीर ए जु बाल़क जब उपजै छै तब कलि़ रो जु वाउ लागै छै तब ही उह बाळक नुं भूष त्रिस लागि छै। ऐसे त्रिगुण कहतां। सोत। मंद। सुगंध। मळयानिळ लीगौ सोई। त्यांही वसंत नै जनमत ही भूष त्रिस लागी छै। ए जु भमर बोलै छै। सु ज्यों बाळक रोवै छै। त्यो वसंत रोये छै। अर वनसपती जु रस चुवै छै। सु जाणी माता दूध श्रवै छै।

232—अब वसंत जनमी त्याका वधाईहार दोड़ैं छै। वन-वन कै विषै। नगर नगर विषै। घर घर कै विषै। रूंष रूंष के विषै। सरोवरां कै विषै। पुरष करि। असत्री करि। नाक के पेंडै। वसंत जायां की वधाई। वास ही वधाई दीनी। और वधाईहार रथि चड़ि दौड़ें यें कै पवन ही रथ हुऔ। पवन ही चड़ि दौड़ी और वधाई कांन कै पैंडै सुणिज्यै। इह वधाई वासकरि नाक कै पैंडे मालूम हुई। समस्त ही जाण्यो। सु वसंत जनम्यो।

233—घणां जु आंब मोर्‌यां छै। सु एही तोंरण। कमल़ की जु कळीं

नीकली छै। सोई कळस हुआ। वेलि जु एक रूंष थें दूसरै रूंष जाइ लागि छै सु वंदरवाल़ बंधाणी छै।

234—वांनरे जु आलि करतां जु काचा नाल़ेर फाड़ि 2 नाषीया छैं। सोई दधि मङ्गल़िक हुऔ। कुंकुं अर अषित चाही यैं तहां तराग अर किजल़िक। एही कुंकुं अर अषित हुआ। कमळ कै विषै पराग अर कंजुळिक हुये छैं एही कुं कुं अषित हुआ। कोकिला आनंदित अतिही बोलै छै। सोई मानुं गीत गान करै छै।

235—वसंत जनमीयो छै। तैनें वधावण ने आवै छै। पोइण्यां का जु पत्र छै ता उपरि पाणी की जु बूंद छै। सु जाणे भामिनी कहतां असत्री सेई मानूं मोतीए थाल़ भरि काच का आंगणा कै विषै आणंदित थकी वधावानै आवी छै।

236—नाना प्रकार का जु वनसपती फल़ दियै छै जैसे कामधेन मनवंछित अर्थ देइ। तैसे पुत्रवती वनसपती मन प्रसन्न हुआ। जोई जिसौ फल़ मांगै छै। तैनें तिसौ दे छै। करणकार केसु कहतां। वनसपती नाना प्रकार का। रंग रंग का फूल हुआ छै। सोई वसत्र पहिऱ्या छै। अर केसू फूल्या छै। सु प्रसवती ने पीळा वसत्र पहिराया छै।

237—कणेर वृक्ष करणी सेवंत्री। कूजा जाय सोवन जाइ। गुलाल। जु फूलि रह्या छै। सु वनसपती कै पुत्र प्रसव हुऔ। सु मानो रंग रंग के वसत्रे आपणो परिवार पहिरायो छै। वरण 2 का वसत्र पहिराया छै।

238—इहिं विधि सों वसंत को बधावौ कीयौ। दिन दिन भलाई का समूह वडता गया। ए जु फाग लोक षेले छै। अर फाग का गीत गावै छै। सु मांनो वसंत हुलाइजै छै। तरु कहतां जि वृक्षां गहवर पाकड्यौ छै। सु वसंति तरुणिता पाकड़ी छै।

239—हिबै वसंत की साहिबी वरणै छै। वसंत महीपति कहतां राजा हुऔ। कामदेव मंत्री प्रधान हुऔ। पर्वतां की सिला आछी सुंदर रहि गयी छै। यही सिंघासण हुआ। आंब जांह की बराबरि साषा मिली छै। छत्राकरि जु हुइ रह्या छै। एही मानों माथे छत्र धरे है। वाउ का झकोल़्या। आंबा का मंजर गिरि गिरि पड़े छै। एही मानू चमर हुआ।

240—पाका दाड़िमां का बीज। जु छिटकि पड़्या छै। एही वसंत पाट

वैठे नै निवछावलि़ कीया छै। सु ए मानूं नग जवाहर विथुरो छै। और जु भांति भांति का फल़ वृष्यां कै विषै लागा छै। तांह ने पंषी पगां की नहरां सों तोड़ छै। मुषि चांचां सों करि तोड़ै छै। तांह को जु रस चुइ पड़ै छै सोई मानों छिड़काव होइ छै। मार्ग छांटिजै।

241—हिरणां क जु जूथ देषीजै है सोई मानों पाइदल़ हुआ। वृक्षां का जु कुंज वण्या छै। एही रथ हुआ। हंसां की माळ पंकति देषीयै छै। एही घोड़ां की पाइगह हुई। पर्वतां कै ऊपरि षजूर चढी छै। एही जाणे हाथीयां उपरि ढाल मांड़ी छै। अर ए जु पर्वत छै सोई हस्ती सिणगारी या छै।

242—ताड़ का वृक्ष जु वध्या छैं। सु अति ही उँचा वधीया छै। जु सरंग ने पसर्‌यौ चाहे छैं। ए मानों ताड़ नहीं छै। वसंति पाटि बैठै। ए जगहथ ऊभीया छै संसार ऊपरि हाथ उठायौ छै। जु मेरी बराबरि। कहीं बात कोई करि सकै नहीं।

243—अब वसंत कै आषाड़ौ होत है। तिहिं आषाड़ा कौ वर्णन होति है। आषाड़ा को मंदिर चाहिए। वृक्षां कौ वन समूह इहि तौ मंडप घर हुआ। पाणी का नीझरणां चलै छै। ताह को जु सबद छै। इहै मानों पषावज हुऔ। नाइक चाहीयै। सु कांम का पंचबाण छै। इहै नाइक हुआ। कोकिला ही गायण हुई। पृथ्वी पै रंग भौमि हुई। पंषी है इहै मेल़गर हुआ। मेलगर इहै जु आषाड़ी की सब सामग्री ताइफौ।

244—हंस तो सब विधि कौ जाणनहार हुऔ। मोर नृत्यकारी नाचै। पवन तालधारी हुऔ। रूंषा का पत्र एही ताल़ हुई। आडि जु बोलै छै इहै तंति कौ सुर हुऔ। भमर बोलत है। सोई उपंगी हुउ। चकोर बोलै छै सोई जांणे तेवरि उघटत है।

245—विधि बतावै छै सूआ इहै पाठक वकता हुऔ। सारस छे स रस वांछक छै। श्रोता छै। कोविद कहतां चतुर। इसा जु षंजरीट कहतां कौडीया। सौई गतिकार हुआ। गति नींकी चाले छैं। प्रगलभ कहतां विस्तीर्ण लाग दाट परेवा ल्यैछैं। भांति भांति की। जैसें नटवा संगीत की लाग दाट ल्यैं। तिहिं तिहिं भांति की मानों पारेवा ल्यै छैं। लाग। दाट। जु रमई। दीं की। अडवाई। तिरप। उपर? (उरप)। सुलप। वाली। मुरू। डलथा। पलथा। ए संगीत का भाव छै। सु समस्त गति प्रगट करै छै। विदुर वेस कहतां। चकवा कहें। इहै विहार हुआ। विहार कहतां विचित्र चालि चालता हुआ।

246—आंगण माहें जल़ छै। सु पवन कौ प्रेरयो चालै छै। इहै तिरप उरप हुई। मरुत चक्र कहतां वाउ कौ चक्र वधूलियौ। इहै मुरू हुऔ। रामसरी बोलै इहै मानों धूवा माठा हुआ। षूमरी बोलै छै। इहै मानों चन्द धुरू संगीत का सबद हुआ।

247—अब आषाड़ौ राति बूझियौ। सु जु वृक्षां को समूह घमंड छै त्यांह की जु छाया सोई राति हुई। रात्रि माहे दीवो चाहीजै सु पलास फूल्या छै केसूं छै। सोई मानों दीवा हुआ। जहाँ आषाड़ो होइ तहां कोई रीझया चाहियै। अर जहां रीझै तहां रोमांचित होइ तो ए अंब मोरया छै। सु ए रीझ कै रोमांच हुआ छै। अर बहुरि रीझि माहे हास्य चाहियै। तौ ए कमळ विकस्या छैं सु ए मानों वसंत हरषि नै हस्यौ छै।

248—मधिकोक कहतां वसंत प्रगटि वै संगीत अनेक भेदां करि प्रगट हुऔ छै। जब आषाढै पात्र आवै छै। तब जवनिका छै परीयछि कौ नाम। सु आडी दीयां राजा कै आगे पात्र आवै छैं। सु रिति छै ससिर इहै जवनिका हुई। पात्र पुहपां सुं अंजलि भरि। अर मन्त्र पढै छैं। बीचि थें परीयचि षांचि ल्यैछैं। तब पुहपांजलि़ होइ छै। सु राजा उपरि नाषैं छै। ससिर रिति थी जवनिका सु तो दूर कीधी। या रिति ही पात्र हुई तिणि मन्त्र पढि अर पुहपांजल़ी वनसपती उपरि नांषी छै।

249—उदभज कहिजै रूंष एही तो प्रजा हुई। सुसिर जु रिति जैं का राज मांहे। प्रजा नै दुसमन थकौ दुष देतौ थौ। सु उतर वाउ असंत कहतां दुष्ट सु तौ उथापीऔ। दूरि कीयौ। जु वनसपती सरूपिणी। प्रजा नै दुष देतौ थौ। जु रूड़ौ राज हुऔ छै। नै पहिल का राज की अनीत मेटि नें प्रजा नें सुष दै छै। त्यों इह प्रसंन वाउ वाजै छै। वृक्षां नै सुष देई। सु जाणे प्रजा माहे न्याव प्रवरत्यौ छै। त्यों जाणे वसंत वन वन कै विषै राज करै छैं। नें प्रजा ने सुष दै छैं।

250—एक तौ वृक्ष फूलीया छैं। एज ज्यां उपरि पांन था सु पानां करि हऱ्या हुआ छै। राज जब बुरो होइ। तब द्रव्य सब कोई गाडि राषै छै। राजा को डरपतौ। सु ए जाणे फूल्या छै। अर ए पांन नहीं छै। ए द्रव्य जु आपणां आपणो डर का लीयां गाडि मेल्हयो। सु भलौ राज जाणि नैं। द्रव्य उषेलोयो छै। बारे काढि मांड्यो छै। ए जु चंपा फूल्या छै। सु ए लषेस्वरी छै। त्यारै

लाष उपरि दीवा बलै छै। अर ए जु केलि़ का पान फहरावै छैं। सु कोड़ि द्रव्य ज्यांका घरां माहै छै। त्यें कै कोड़ि उपरि धजा बांधी छै। या कहावति छै। जै रै लाष द्रव्य होइ। तेहरै लाष उपरि दीवो बळै छै। अर कोड़ि द्रव्य होइ। तै कै कोड़ि उपरि धजा बंधाई छै।

251—मल़याचल़ पर्वत छै। तहां थे पवन आवै छै। सु मल़यानिल़ पवन कहीजै। सु वाज्यो छै। अर वसंत कौ भलो राज हुऔ छै। वनसपती नें डर थौ सु भागौ। रूड़ो राज हुऔ। ग्रहणा काढि काढि प्रजा पहिरै लागी। वृक्ष छैं एही पुरंष हुआ। वेलि छैं सु अस्त्री हुई। सु वेलि नैसंक हुई। आप आपणा भरतार नें आलिंगण देण लागी। वेलि छैं एही नाइका हुई। फूल छै एही ग्रहणा हुआ। वृक्षां कों लपटाणी छै सु जाणें भरतारां नें आलिगन देये छै।

252—सुसिर रिति कै विषै। हेमंत कहतां सीत। तिणि वृक्षानें बहुत पीड्या था। दुष दीयौ थौ। सु वसंत आइ हित देनें दुष दूरि कीयौ। वेली थी सु व्याई। साषा वृष्यां की पसरी छैं। सु जाणां बाहां की औलादि वैसाष हुई। वैसाष मासि साषां कौ विसतार हुओ।

253—इहि वनसपती ने कोई डंक न देयै छै। जैसें प्रजा नें सुराज मांहे डंडै नहीं छै। मवरित रूंष छै। एही तौ लेषागर हुआ अर भमर छैं एही उगाहा हुआ। अर भला भला फूलां की वासल्यै छै। सु एही हांसिल कर लीजै दैं।

254—वृक्ष पुहपां रै भारि भारिया था सु भार उतर्‌यौ। पुहप छैं सु काम रा बांण छैं। सु काम आपणा बाण हाथ लीया। रितिराइ कहतां वसंत तें कै पसाइ करि जन मनुष्य आगि सों सपरस करता था सु तें दुषतें रहता हुआ। समस्त नर जगत्र वैसानर परसतौ रहीयौ।

255—वरिषा ज्यो सरवत्र वरसै। अर चात्रिग नें नचाहै त्यां वसंत रै विषै कोई भूप्यौ तिस्यौ न रहै छै। पंषी जु वसंत कै विषै पांषां फूलावै छै तांह आपणी सेवा को फल़ पायौ छै। राज हुऐ छै तठै वंदीजन बोलै छैं। सु इहां पंषी बोलं छै। सु जांणे बंदीजना कौ कोलाहळ होइ छैं।

256—कुसमित कहतां फूली। कुसमायुध कहतां कामदेव तें कै उदै करि केलि विलास षेल तें कै अरथि जांहका भरतार घरै छै। सु तौ वसंत विषै फूली छै। काम कौ उदौ देषि देषि। अर जहां का भरतार परदेसी छै। सु षीण हुई छै। संजोगिणी कहें छें एक फूल्यां सु केसू छैं। अर विरहणी कहै

छै ए पलास छैं। पलास राक्षस कौ नाम छै संजोगणियां ने प्यारा लागै छै। अर विजोगणियां नै ते राषस सारीषा लागै छै।

257—जांह का सरीर कै विषै केसरि का रंग कौ वासौ छै। केसरि कौ सो ज्यां कौ रंग छै। केसरि किसी वास छै। करपल्लव कहतां हाथां की आंगुळी किसी छै नरम जिसा फूल इसी। (इसी) जु मालिण छै सु वनि वनि रै विषै केसरि चुणै छै। त्यांह का इसा उजळा नष छैं। ज्यां मांहे केसरि की पांषुड़ीयां रौ प्रतिबिंब दीसै छै। तांह कौ उवां नै भ्रम उपजे छै। जांणे छै ए केसरि ही की पांषुड़ी छै। तांह नैं भूलि हाथ वाहें छैं।

258—कांम की दूज जु प्रधान महादेवजी कन्है जाइ छै। पवन जाइ छै। प्रसन्न कहतां संतुष्ट करण नैं जाइ छै। तीन गुण सहित। सीत। मंद। सुगंध। एक तीन्यों गुण कहे छै। जळ पीवन ने साथि लीयो छै। यौ ही तौ सीत हुऔ। भेट के तांई सुगंधता ले चाल्यो छै। अर मन मांहे डरे छै। जु महादेवजी कांयुं कहसी। सु इसो डगमगाट करे छै। इहै मंद गुण हुऔ। ए तीन्यों गुण सहित। मलयाचळ हुता। पवन हेमाचळ नै चाल्यौ छै।

259—पवन जु चाल्यो छै। सु नदिनादि कै विषै तिरतौ आवै छै। रूंष छै त्यां कै विषै विलंबतौ आवै छै। वेल्यां सौं लपटातौ आवै छै। दक्षण हुंता जु उत्तर दिसा ने चाल्यौ छै। सु पवन का पग आधा नहीं पड़ै छै। नदी का परस तें सीत हुऔ। वृक्ष वल्ली का परस ते सुगंध हुऔ। लतां कां मन मांहे संकोच छै। पग न वहै इहै मंदता हुई। एही त्रिगुण कहिजे।

260—केवड़ा केतकी कुंद। यांका वास को भार लीयो छै। सगंधता तौ पार ही मांझ हुई। श्रम हुऔ छै। एही सीतता हुई। अर घणौ भार कांधे लीयौ छै। तिहिं थी मंदगति हुई छै। ए तीन्यों गुण सहित पवन चाल्यौं छै। यां दून्यों दुवाळा को भाव एक हा छै।

261—वनसपती कौ वास लीयौ छै। इहैं रसलोभ हुऔ। रेवा नदी कै विषै जल परस कीयौ है। सोई जांणे सौच कीयो है। दक्षण दिसा का पवन उत्तर दिसा नें आवै छै। सु मंद भाव सों आवै छै। जैसें सापराध नाइक नाइका सनमुष आवै। इहां तीन्यों भाव आया। सीत मंद सुगंध।

262—लता जु पुहपवती छै। सु ए रजस्वळा कही छै। तांह सों पवन परस करै छै। इह मतवाला को अंग छै। जु वेलियां सों परस करै छै। सु

आलिंगन दे दै। पग डगमगाट करैं छै। सु एही मतवाल़ा को भाव छै। मतवाळा का पग आधा पाछा पड़ै। रस जु लीयौ थो वनसपती कौ। तें कजु वास का झोला नांषतो जाइ छै। सोई मांनूं पवन वमन करै छै। परस ल्यै छै त्यों ही पांन करतो जाइ छै। ए मतवालो करि वर्णयो। एही तीन्यो गुण करि वर्णया।

263—इहां पवन हस्ती करि वर्णयौ छै। जहां पाणी का झरना छै। तहां डील छाटै छै। इहै सीत गुण आयो। मलयतरु चंद (न) का वृक्षां सौं घसै छै। इहै तौ सुगंध गुण आयौ। पराग जु पुहपां सों लागौ छै। इहै हस्ती धूळि धूसर हुऔ छै। (मकरंदं लै छै पुहपां को रस) इहै हाथी मदि चुऐ छै। मंदगति वहतो मारुत कहतां पवन हस्ती करि वर्णयो।

264—इहां पवन उपरि वाद हुऔ छै। जु संजोगिणी छै। सु कहे छै चंदन छै। विरहणी कहे छै जु ए विष वाउ छै। सर्प गिल्य़ो थो सु पाछौ नांष्ये छै। एक कहे छै सुगंधकौ गुण छै सु ग्रह्यो छै। दूसरी कहै छै। ए विष गल्य़ौ थौ सु पाछौ उगल्य़ो छै। ए दुहुँ वात को वाद होइ छै। श्रीषंड कहतां चंदन सु संजोगिणी कहै छै ए चंदन को संजोग छै। विरहणी कहै छै भुजंग कौ विष छै। वाउ नहीं छै।

265—एक रिति इसी छै जु दिन कै विषै रस पाईजे छै। कोई रिति राति कै विषै रस पाईजे छै। किंहि रिति संध्या कै विषै रस पाईजे छै। कवि यौ कहि गया छै। विहुँ पषां। बिसुध। बिहुँ मासां। बिहुँ राति दिन। वसंति सारीषौ रस निरवाह छै।

266—निमिष पल़ वसंत रै विषै रात्रि अर दिन सरीषा निरवहै छै एकै थे एक कहुँ वात जणावै नहीं छै। ताकौ दृष्टांत। जैसे नाइक रै गुणि करि नाइका वसि हुऔ नाइका रै गुणा करि नाइक वस हुऔ। अैसैं राति दिन वसंत रै विषै एकसा रस दाईक छै।

267—वसंत रै विषै। श्रीकृष्ण रै घर पुहुप ही का छै। ओढणा विछावणा पणि पहुपां ही का छैं। पुहपाहिं कै हींडोले श्रीकृष्ण हींडइ छै। सषी छैं सो भी सब पुहपां माहैं छै।

268—मूरतिवंतौ नाद छै। सोई तौ पौढाड़ै छै। वेद मूरतिवंत छै सु जगावै छै। रातिदिन वाग कै विषै। विहार कहतां विलास करैं छैं। अनेक

रस को माणिक मयण कहतां कामदेव की सी मूरति इसा जु श्रीकृष्णजी अर रुषमणीजी वसंत रिति रै विषय विलास किया (करै छै)।

269—इहिं समै कै विषै रुषमणीजी सौं श्रीकृष्णजी कै महा प्रीति अधिक वधी छै। मन लीन हुऔ छै। जेता एक नाइका का हाव भाव कह्या छै। तांह करि कै मोहित हुआ छै। सु कुणी रै हाइ भाइ करि मोहिआ छै। कामदेव का अंग अंग जु टूट टूट जुदा हुआ छै। जें के पेट वसि नें उवै जुड़ीया। अनंग जु काम तं का अंग महादेव जुदा जुदा कीया था। सु जे का जठर कहतां पेट कै विषै वसि ने जुड़िया। श्री रुषमणीजी कै हाइभाइ करि। श्रीकृष्णजी मोहित छैं।

270—वसदेव पिता हुआ तेंके घर बेटो हुऔ तौ वासदेव श्रीकृष्णजी हुऔ। देवकी सासू हुई। त्येंके घरि बहु हुई तौ रामा कहता लषमी तैं को अवतार रुषमणीजी कै घरि बहु हुइ तौ रति हुई प्रदमनजी की स्त्री।

271—लीलाधण कहतां ईश्वर जग का वसावण हार। सु मानुषी लीला को संग्रह करि। अर जगती रै विषै वसीया सु कोण पितामह तौ जगदीस श्रीकृष्ण। पिता तौ प्रदिमन पोत्रौ अनिरुध। उषा कौ पति जें कै भारज्या उषा हुई।

272—कवि कहै छै तों कितौ एक कहिसि अहि जु सेष दे जेंके दोइ हजार जीभ छै। सोई कहि कहि थाकौ छै। नारायण जु निरलेप निराकार। तें कौ वर्णन कौंण करि सकै। रुषमणि प्रदिमन अनिरुध का नामां कौ संषेप मात्र। अर सषीयां कौ नाम कहे छै।

273—समस्त रुषमणी का नाम। लोकमाता। सिधु कहतां समुद्र की सुता। श्री। लिषमी। पद्मालया। अपर गृहे कहतां और घर कै विषै अथिर छै। थिर रहे नहीं। इंदरा। रामा। हरिवल्लभा। रमा। ये रुषमणीजी का नाम कह्या।

274—ए प्रदिमन का नांम जु कामदेव कौ अवतार। दरपक। कांम। कुसमायुध। संवरारि। रतिपति। तनसार। समर। मनोज। अनंग। पंचसर। मनमथ। मदन। मकरधज। मार। ए प्रदिमन का नाम।

275—ए अनिरुधजी का नांम। चतुरमुष। चतुर वरण। चतुरातमाविग्य। चतुर जुग विधायक। सर्वजीव विस्वकेत। ब्रह्म सू। नरवर हंस देहनायक।

276—ए समस्त सषीयां का नाम। अष्टादस सषीयां का नांम कह्या।

277—अषिल जु संसार रौ धणी। तिणि जब ग्रह संग्रह कीयौ छै। तें द्वारिका माहें। ए पांच चंडाळी करि राषी छै। एक तौ गाळि। एक मदिरा। एक रीस। एक हिंसा। एक निंदा। ए पांचो चंडाळीं करि मूंकी छै।

278—परमेश्वर की भगति की चाहे। हरिणाषी जु नायिका कौ रस समझयो चाहै। षेत्र चढ़ि दुसमन जीत्यो चाहै। पराई सभा माहै वैसि बोल उपर कीयो चाहे। इतरी बात चाहै छै तौ वेलि पढ़ि।

279—कहै छै। वेलि पढ्यां इतरा थोक हुऐ। कण्ठ रै विषै सरसती को वासौ होइ। आगें अनायास ही मुगति पावै। घरि लषमी होइ। मुष रै विषै सोभा होइ। मुगति हाथि होइ। उदर विषै ग्यान पावै? आतमा छै सु परमेस्वर की भगति सौ लवलीन छैं। वेलि पढ्यां इता पदारथ पावै।

280—अब ए वेलि पढ़िवा की जुगति कहै छै। छ मास लगि धरती सयन करै। सवारौ ही उठि प्रात स्नान करै। अपरस थको इंद्रिजित। इहि प्रकार जो वेलि पढै। स्त्री पढै तौ मन वांछित भरतार पावै। पुरष पढै तो मन वांछित स्त्री पावै।

281—वांछित वर पायां पाछै। आप माहे प्रीति राति दनि इसी उपजै। जिण सो सुष पावै। अर भलो पुत्र पावै।

282—इतरा थोक वेलि पढंतां बधै। परिवार पूत पोत्रां करि पड़पोतां करि। घोड़ां करि द्रव्य करि। जन जु मनुष्य सु जो रूषमणि अर कृष्णजी की वेलि पढै तौ। इतरा थोक यो वधै। ज्यां वेलि वधै।

283—कवि कहै छै। केई एक दोइ मनुष्य आपमाहे वातां करै छै। कहुँ कै घरि अनेक मङ्गल़चार। अनेक सुष एकठा देषि। अर कहै छै यें तइरा सुष एकठा लाधा छै। सु कुण पुण्य कीयौ थौ। दूसरौ कहै छै जाणिजै सु वेलि पढ़ै छै। तिंहि पुन्य हुंता इतरा पदारथ पावै।

284—चारि विधि की चिकिछा वेछै कही छै। जितनां एक सरीर मांहे रोग छै। त्यां सिघल़ां ऊपरि। सु कोंण चिकछा। एक तौ ससत्र कर्म जासौं चीरें। पाछै दागै। दूजौ प्रकार औषध अनेक प्रकार का। तीसरौ मन्त्र। चौथौ तंत्र। सु कहै छै ए च्यारों विधि को चिकिछा सरीर नैं उपचार कीजै छै। अर जु फल़ गुण होइ छै। तिसों एकही वेलि जो पढै तौ चिहुं बराबरि को एकली वेलि थें गुण होइ।

285—आधिभूतग। आधिदैव। अध्यातम। ए तीन्यों ताप छै। संसार माहै कफ वात पित। ए तीन्यौं रोग छै। सु कहै छै जिकोई नित उठ कै वेलि पढै तौ। ए तीन्यों ताप न होइ। अर तीन्यों रोग न व्यापें।

286—मन सुध एकाग्रचित करि रुषमणीजी कौ। जु मङ्गल वेलि तैनै जौ पढ़ै तौ इतरा थौक होइ। निधि संपति होइ। सदा कुसल होइ। इती बातां हुए। अर इतरी वातां दूरि हुअै। दुर दिन कहतां बुरा दिन जांइ। बुरा ग्रह होइ त्यांकौ नास होइ। बुरी दिसा होइ सु जांइ। बुरा सुपना दीठा होइ सु टऴै। और ज कोई बुरा निमित्त होइ सु टऴे।

287—मन्त्र तन्त्र जंत्र। अमङ्गल। वेलि पढतां कोई न होइ। कोई विघन करि सकै नही। थऴि जऴि आकासि कोई छळ छिद्र होंण न पावै। डाकिणि साकिणी। भूत प्रेत समस्त उपद्रव वेलि पढतां भाजै।

288—संन्यासिए जोगीए तपसिए। ए वडा हठ निग्रह काहे कों करै। जु प्राणी मात्र छैं। ते नें जु संसार स्वरूपी यौ सागर छै। ते नें जु वेलि पढै छै हतां ई तो संसार सागर पार हुइ। और हठ निग्रह काहे कौ करै। वेलि पढै थें पार होइ।

289—जोग काहे कूं साधे। ज्याग कहो कों करै। जप तप तीरथ। व्रत। दांन। आश्रम। वरण धरम। ए किती एक वात। जु रुषमणी कृष्ण रौ मंगऴ जु वेलि। त्यें ने मुष करि निरंतर पढिवौ करै। प्राणी नें कहै छै। रे प्रांणी कृपण तूं काहे कों कऴपै छै।

290—गंगाजी की निंदा करी छै। ताके लीयां या दुवाऴा कौ अर्थ में नहीं लिष्यौ छै। (टीकाकार ने इस दोहले में गंगाजी की निंदा होना समा कर इसका अर्थ देना उचित नहीं समझा। परंतु यह कहने में कि गंगा एकदेशीय है और 'वेलि' सार्वदेशिक है, गंगा की कोई निंदा नहीं दिखाई देती। सं. 1826 की टीका में इस दोहले का अर्थ इस प्रकार दिया है—हरि कहतां श्रीकृष्ण। हर महादेव। इयां बे ऊँनै सेवै छै। अतारू नै बौड़े। गंगाजी री लघुता अर वेलिरी बडाई मोनैं कहणो युक्त न थी। पिण गंगाजी एक देश वहै। नै वेलि सगऴै देस पसरी छै। तिण वासतै कहूं छूं। जु भो भागीरथ राजा तू गंगाजी आणी यैरो मन में अहंकार मत करे। जु गंगा एक देस वाहणी छै। नै म्हारी कीधी वेलि सिगऴै देस प्रसरै छै। तिण करि नैं सुरसरि वेलि बराबर नहीं। किउं कि वेलि अधिकी)

नोट—वेलि की संवत् 1673 की ढूँढाड़ी टीका में केवल 290 दोहले

तक की टीका पाई जाती है और इससे आगे 14 दोहलों का मूल पाठ दिया गया है—टीका नहीं की गयी। इस प्रति में केवल 304 दोहले पाये जाते हैं। इसके अंत में संवत् और कवित्त इस प्रकार दिये हैं—

सम्वत् 1673 वर्षे मार्गशिरमासे शुक्लपक्षे पूर्णम्यां तिथौ भूमवासरे घटी 19 पल 12 मृगसिरनषित्रे घटी 36 पल 3 शुभ नामा योग घटी 24 पल 36 महाराजाधिराज महा श्री 2 सूर्यसिंहजी विजै राजै।।श्री।।

कवित्र

वेलि बाज जल विमल सकति जिणि रोपी साद्धर
पत्र दोहा गुण पुहप वास लोभी लषमीवर।।
प्रघटी दीप प्रदीप अधिक गुहिर आडंबर
जे जांणे मन शुद्ध उच्च फल पांमे अम्मर।।
विसतार कीध जुग जुग विमल
धणी क्रिसन कहणार धन।।
अमृत वेलि पीथल अचल
ते रोपी कल्याण तन।।

संवत् 1826 की प्रति में इसकी टीका इस प्रकार है—वेद तौ बीज हुऔ। वचन रूपी यौ जल़ हुऔ। जसरूपी यौ मांड हौ हुवौ। द्वाल़ा जिके पत्र हुआ। गुणरूपी या फूल हुवा। फूलां री वासना रा लैणहारा श्रीकृष्णजी हुंवा। इसी वेलि दीप प्रदीप रै विषै प्रगट हुई छै। जिके इण वेलि नै मन सुद्ध समरण करै। तिके अमर फल़ कहतां स्वर्ग फल़ पावै। जुग जुग विस्तार कीयौ छै। इसी अमृत वेलि अचल। तै पृथीराज कल्यांणमल्ल रा पुत्र। वेलि रोपी छै। यह कल़श किण ही कवीश्वर चहोड्यौ छै।

संवत् 1826 की प्रति में 302 दोहले पाये जाते हैं और सबकी टीका भी दी गयी है। परंतु आगे के दोहले सरल होने के कारण 1826 की प्रति में की हुई उनकी टीका देना यहाँ उचित नहीं समझा गया।

(ख) 'सुबोधमंजरी' संस्कृत टीका

श्रीपार्श्वजिनमानम्य गोपेज्यं दशजन्मकम्।
पृथ्वीराजः शुभावल्लीं विवव्रेऽर्थफलाप्तये।।1।।
गुणिनो वहवः सन्ति संस्कृतज्ञा महाशयाः।
परं प्राकृतलोकोक्तिभाषास्वल्पधियो बुधाः।।2।।
तेषां प्रार्थनयाऽऽरम्भो मया स्वमतिसारतः।
हर्षप्रकर्षमाश्रित्य कृतो ब्राह्म्यनुभावतः।।3।।
लाक्षाभिधेन भाषायां चतुरेण विपश्विता।
चारुणेन कृतो बालावबोधोऽर्थसुलब्धये।।4।।
परं न तादृगर्थोक्ति-पटुत्वं वितनोत्ययम्।
तेन संस्कृतवाग्युक्तां टीकामेनां करोम्यहम्।।5।।

चतुःश्लोके संबंधः—

1—तत्रादौ प्रथमे द्वाले तावद् ग्रंथकर्त्ता मङ्गलादिचतुःप्रकारकथनाय, प्रथमं मङ्गलार्थं च, चत्वारि मङ्गलाचरणान्याविःकरोति। मङ्गलरूपो माधवो मया गीयते वर्ण्यते इत्यन्वयः। किं कृत्वा परमेश्वरं प्रणन्य अलक्ष्यरूपं नत्वा। 'आदरेण वीप्सेति वचनात् प्रत्येकं नमस्कारवाक्यम्। पुनः सरस्वतीं प्रणम्य, सद्गुरुं विद्यादातारं च प्रणम्य। एतानि त्रीणि तत्त्वसाराणि इहलोक-परलोक-सुखदायीनि। चुतर्थं मङ्गलं मङ्गलरूपः साक्षात् माधव एव गीयते। अतश्चत्वार्यपि मङ्गलाचरिणानि अभिधेयानि परमेश्वरसरस्वतीगुरुमाधवानां नामानि, संबंधः तत्त्व-प्ररूपणं, प्रयोजनं श्रीभगवद्गुणवर्णनम्।

यदुक्तम्—

मङ्गलं चाभिधेयं च संबंधश्च प्रयोजनम्।
चत्वारि कथनीयनि शास्त्रस्य धुरि धीमता।।

इति प्रथमद्वालकार्थः।

2—कविः स्वगर्वपरहारं कुर्वन् द्वालकत्रयमाह—येनाऽहं उत्पादितः तं गातुं, तस्य यशो निरूपयितुं, मयाऽऽरंभः कृतोऽस्ति। तं कर्त्तारं कीदृशं, गुणनिधिं समस्त-गुणयुतं सत्त्वरजस्तमोरूपम्। कीदृशेन मया, निर्गुणेन न किंचिदपि ज्ञानवता। अतो विपरीतविधिकरणे दृष्टांतं दर्शयति—**किरीति** उत्प्रेक्ष्यते, काष्टघटिता चित्रपुत्तलिका स्वकरेण, स्वहस्तेन, स्त्रचित्रकारं चित्रितुं लग्ना, प्रवृत्ता, इति असंभावनं इति रहस्यम्।

3—कमलापतेः श्रीपतेः कीर्त्तिकथनं मयाऽऽदरं कृतवा आदृतं तदा किमारब्धमिति दृष्टांतः—अहं एवं जाने वाग्हीनेन मूकेन वागीश्वर्या सरस्वत्या सह स्वयं जेतुमनसा वादः प्रारब्ध इवेत्यपि असंभावना।

यदुक्तम्—

मन्ये जाने ध्रुवं शङ्के यथा खलु वतिव वा।
नन्विवेतीति तु प्राज्ञाः उत्प्रेक्षारूपकं विदुः।।

4—अथ सर्वथा सर्वेषां असामर्थ्यमाविर्भावयितुं कथयति—सरस्वत्या यत्र शुध्यति, वागपि स्तोतुमशक्ता, तद्यशः कथनं त्वं शोधयसि अंगीकरोषि तदा **रे वावला** त्वं किं गर्ग इव जातः। तत्र दृष्टांतः—मनोवेगेन धावन् उद्यायन् मेरुगिरिमुद्दिश्य पथि मार्गे पंगुः पादहीनः कथं मेरुं यावद् गच्छति, एतदपि असंभाव्यम्।

5—यस्मिन् शेषनागे सहस्त्रफणाः, फणे फणे द्वे द्वे जिह्वे, जिह्वायां जिह्वायां नवं नवं पृथक्-पृथक् यशः संस्तौति तेनापि हे त्रिविक्रम, तव यशः पारो न प्राप्तः, तदा वचनैः मण्डूकानां, यशः प्ररूपयितुं किं वशित्वं किं सामर्थ्यं, न किंचिदपि मण्डूकानां **जिह्वैरिव** नाऽस्ति इति कविसमये लोकोक्तिरवधार्या।

6—पुनर्विज्ञप्तिद्वारेण वदति—हे श्रीपते हे प्रभो, स कः कविः तव गुणान् यः स्तौति इति। स कस्तारको नदी तडागादिजलतरणज्ञो यः समुद्रं तरति। कश्च पक्षी बह्वुच्चैर्गतिकारः परं गगनांतं ज्योतिष्कादिमंडलं यावद् याति। को रंकः लघुपर्वतमुत्पाटयितुमशक्तः, कथान्तरे गोवर्धन कैलाशं कृष्णन रावणेन उत्पाद्य दोर्भ्यां धृत इति श्रूयते, मेरुमुत्पाटयितुं को रंकः करं प्रसारयति न कोऽपि इति तत्त्वार्थः।

7—इदानीं कीर्त्तिकरणे स्व श्रमं सफलं कर्त्तुमग्रेतनं द्वालकं वक्ति येन कृष्णेन भवभ्रमणतो जगति दुष्प्राप्यं सर्वोत्तमं नरजन्म दत्तम्। मुखे जिह्वां दत्त्वा निष्पाद्य तथा

आनिषेकान्मातृजठरवसतिं मर्यादीकृत्य भरणमहारादिपूरणं, ततो जननानंतरं पोषणं शरीररक्षादि। भुक्तिवस्त्रसमृद्धिप्रदाने सावधानत्वमंगीकृतं, तस्य कीर्त्तनकथनाय कीर्त्तिकृते स्वजिह्वां। सफलीकर्त्तुं श्रमकरणं विना कथं **सरइ** इति अलं कथं भवेदित्युपदेशः परेषामपि। यदुक्तम्–

दूहा–

सेंण वयणि न संतोषीयइ। षट मिठ लीन न साउ।
जिहीं जगदीस न जंपीयइ। सु रसना किन जरि जाउ।।

8–अथ चास्मिन् ग्रंथे प्रथमं रुक्मिणीवर्णनं कृतम्। तत्र स्वकामुकत्सोल्लुंठ-वचनप्रपंचं निराकरोति।

शुकदेवः व्यासुतः व्यासोपि अथ च गीतगोविंदकर्त्ता जयदेव इत्यादयोऽन्येऽपि विष्णुभक्तिपरायणाः सुकवयः अनेके वाल्मीकिशनकशंकराचार्यादयः सर्वेऽपि एक **संथ** इति एकः केवलः पुरुषप्रधानः श्रीगोविंदः तस्यैव स्तुतिं कृतवन्तः आदौ भगवद्रूपवर्णने कृतोद्यमाः, परं मया तावत् स्त्रीवर्णनमतः क्रियते यतः शृंगारगंथो ग्रथ्यते, यदुक्तं शृंगारे स्त्रप्रधानत्वम्, अतो मह्यं दूषणं न देयम्।

9–अथ च प्रकारान्तरेण पुनः स्त्रीवर्णनं दृढयति।

हाँ इत्यकस्मादाचर्यामंत्रणे। 'हे सुजन, त्वं पश्ये'त्यध्याहारः, प्रतिभूकरणवचनं विचारय चेतसेत्यपि शेषः। पुत्रोपरि हेतु स्नेहकारणं समीक्षतां नृणां पितुः स्वभावात् मातेव **बडीति** पूज्यत्वेन मान्या। तत्र हेतुभाह। या माता मासदशकं यावत् उदरे धरति कष्टेन रक्षति। पुनः प्रसूत्यनंतरं दशवर्षं लालनपालनं करोतीत्याधिक्यम्। यदुक्तम्–

पतिता गुरवस्त्याज्या माता नैव कदाचन।
गर्भधारणपोषाभ्यां तेन माता गरीयसी।।

पुनश्च।

सुधा मधु सुधा ज्योतिमृद्वीका शर्करादपि।
वेधसा सारमुद्धृत्य जनितं जननीमनः।।

10–अथ पारंपर्येण ग्रंथे कथाप्रसंगं वक्ति।

दक्षिणस्यां दिशि विदर्भनामा देशः दीप्यतीति सर्वोत्कर्षेण शोभते। तत्र देशे कुंडिनपुर नगरं राजतेतरां सर्वद्ध्र्या पूर्णम्। तत्र भीष्मकाभिधो राजा राजते राज्यं करोति। कीदृशो राजा। अहयः शेषनागादयः तेषामपीत्यनेन

पातालवासिनामपि मान्यः, नराः मनुष्याः असुराः भूतव्यंतरादयः अथ च दैत्यराक्षसादयः सुराः देवाः स्वर्गवसिनः एतेषां **सिरहरः** स्वयशः प्रसिद्ध्या प्रकटनामान्वयः कारणविशेषे मान्योऽपीतितत्त्वार्थः।

11–तस्य राज्ञः पुत्राः पंच, षष्ठी पुत्री। अनुक्रमेण पुत्राणामभिधानानि प्रथमः कुमारो रुक्मनामा नामांतरेण विमलकथोपि कथ्यते। द्वितीयो रुक्मबाहुः पुनस्तृतीयो रुक्ममाली। चतुर्थो रुक्मकेशः। पंचमो रुक्मरथः, एते पंचापि।

12–षष्ठी पुत्री स्त्रीलिंगत्वावतारेण तस्यां नाम रुक्मिणीति प्रसिद्धो लक्ष्म्याः अवतारोऽपि द्वितीयोऽर्थः। तत्र जननसमयबाल्यं वर्णयति। 'हे लोकाः यूयमेवं जानीते' त्यध्याहार्यम्। उत्प्रेक्षते। मानसे सरसि तत्कालोत्पन्ना हंसबालिकेव। किंवा, मेरुगिरौ निर्गता कनकवल्लीव अंकुरिता, पत्रद्वयसंयुता जातेव। अतो भाविनीवृद्धिः समीचीना संभावयतेति।

13–अन्या कन्या वर्षेण यावन् मात्रं वर्द्धते शरीरावयवान् पुष्णाति, तावन्मात्रमियं मासेन वर्द्धते पुष्टा दृश्यते। अन्या मासेन वर्द्धते तद् वृद्ध्या प्रहरेण वर्द्धते। अधिकं सामुद्रलक्षणैर्द्वात्रिंशता युक्ता केनाप्यंगगुणेनान्यूना सती बाललीलामयी बालक्रीड़ापरायणा राजकुमारी **ढूलड़ीभिः** वस्त्रादि परिकररचितपुत्तलिकाभिः रमते स्मेति। शैशवे सर्वोऽपिजनश्चञ्चलत्वमाविः करोतीति वयःस्वभावः।

14–साऽथ किमेकाकिन्येव रमते, इति शङ्कानिराकरणायातो वक्ति। संगे स्वसार्थे सख्यः सन्तीति। कीदृश्यः शीलमाचारः कलुं वेश इति वयः, तैः समाना सादृश्यः ताभिः क्रीडतेस्मेति सुसंगतिदर्शनम्। तत्समयं वोक्ष्य जनाः एवं जानन्ते स्म। पद्मिनी कमलिनी केलिकाभिर्वृतेव उपमा। तथा राजकुमारी राजांगणे रमती राजते एवं शोभते, ननु उडुगणे तारकगणमध्ये अंबरे नभसि **बीरज** इति द्वितीया चंद्रस्य लेखेवेति शिशुत्वं दर्शितम्।

15–अधुना वयःसंधि वर्णयति। ऊमायानमिति (?)

शैशवं बाल्यं तत् तनौ शरीरेण सुसुप्तं गतप्रायमिति, तथा च यौवनं न जाग्रतं न तादृशं प्रकटितम्। अतो वयःसंधिः समुत्पन्नः कियद्वारं स्थायी **सुहिणा सुवरीति** स्वप्नप्रायः यथा **वरि** शब्द औपम्ये स्वप्नं दृष्टं स्तोककालं तिष्ठति तथा वयोयुगांतरमपि तल्लक्षणं चेदम्। यदुक्तम्।

न दंतुरमुरस्थलं वचसि नाश्रिता चातुरी।
विकारि न विलोकितं भ्रुवि न वक्रिमोपक्रमः।।
तथापि हरिणीदृशो वपुषि कापि कांतिच्छटा।
पटावृतमहामणिद्युतिरिवाभिसंलक्ष्यते।।

परमेवं ज्ञायते। सांप्रतं यौवनं पलेन पलेन घटी षष्टिभागमात्रेण वृद्धिं करिष्यतीति। कविः स्वनाम्ना **पिथमेति** पृथ्वीराजस्येदृशं ज्ञानं परिस्फुरतीति परोपदेशवृत्त्या स्वसंदेहनिराकृतिः।

16—अधुना तत्कालागतं यौवन व्याख्याति। प्रथमं मुखे रागो रक्तत्वं प्रकटितं तत् ज्ञायते प्राची भागः सरागो जातः इति। समये प्राक् पूर्वदिशि रक्तत्वं भवति। उत्प्रेक्षते। अंबरे गगने अरुणोदय इव रविसारथिरुदित इव। ततः प्रातः प्रभाते ज्ञात्वा प्रेक्ष्य। उच्छितौ पयोधरौ ऋषीश्वराविवेति साम्यम्। प्रातः संध्यावंदनार्थं ऋषयः समुत्तिष्ठन्तीति नित्य कर्मप्राधान्यम्।

17—वयःसंधौ जीवस्य **जंप इति** स्वास्थ्यं नास्ति तत्कथमित्याह। यौवनरूपं प्राघूर्णिकं जनं यायिनं स्तोककालं स्थायिनमिव चलनपरं इव ज्ञात्वा विचिंत्य यातु मनसा सबर्द्धं का प्रीतिः। बालमित्रे इव बाल्यत्वे गतवति सति एषा बाला बहुतरं विलक्षिता उन्मनीभूता। यती बालकालिकवयस्य विरहे चिंतातुरत्वं युक्तमिति। उभयोरपि प्रीत्यलब्धौ मनिस उद्वेगः।

तथाहि—

मातर्मे न भृशं शरीरपटुता, कार्श्यं कटौ रक्तता-
ऽस्ये श्यामं भृकुटीयुगं कुटिलितं नेत्रद्वये दीर्घता।
द्वौ जातौ हृदि गोलकावतितरां गुर्वी नितम्बस्थली,
वैद्यस्ते दयितः सुतेतिचतुरस्तस्मै तनुं दर्शय।।

18—अथ च पुष्टं जातं तारुण्यमिति लज्जा प्रकारं कथयति।

प्रथमं बाल्ये मातृपित्रोरग्रे यथाकथमुद्घाटितदेहावयवा सत्यरमतं क्रीडामकरोत्। अधुना कामस्य विरामा उल्लसितानि नवनवांगानि, तेषां गोपनकृते दर्शयितुमनिच्छती सती लज्जावती जायते। यतः शरीरांतर्भावानां वस्त्रादिभिराच्छादनं तदेव प्रथमं लज्जानिदानं मां गोपितांगां दृष्टा किं वितर्कयिष्यतः पितराविति त्रपाप्रसंगः।

19—अथ यौवनं वसंतोपमं प्रदश्र्य वर्णयति। यत् शैशवं व्यतीतं तत्

शिशिर ऋतुरिव गतः। तन्निर्गतं ज्ञात्वा विगणय्य सर्वं स्वकीयं परिग्रहं समुदायं नवकुसुमभ्रमरकोकिलाजल्पनादि लक्षणं लात्वा, यौवनपक्षे तु शरीरावयवचिह्नलक्षणसामग्री, गृहीत्वा तारुण्यं देहांतरलक्षणे वने ऋतुराड्रूपं समागतमिवेति द्वयोः साम्यम्।

20—अधुना तयोश्चिह्नान्युपक्रमान्युक्त्याः दर्शयति। वसंते वने दलानि नवपल्लवानि पुष्पाणि च विमलानि सद्यस्कानि जायन्ते तथास्याः शरीरे वयनकमलदले प्रफुल्ले निर्मले दीर्घेप्रादुर्भूते। कण्ठे वाग्मधुरत्वं कोकिलवत् जल्पनमेव कोकिला। स्त्रीणां मधुरस्वरत्वं प्रसिद्धम्। पुनः **पांपिणीति** नयनपक्ष्मरूपाः ता एव पक्षाणि सज्जीकृत्य। नवीनयुक्त्या भृकुटीद्वयं भ्रमरवद् भ्रांतम् अतएव श्यामत्वं कुटिलत्वं सुशोभितमिति द्वयोः सदृशचिह्नोपमानम्।

21—पुनरुभयोः साम्यम्। अस्या रुक्मिण्याः शोभना तनुः सैव मलयाचलस्तत्र मनः मलयजं चंदनमिव **मुकुरितं** सुष्ठुतया प्रादुर्भूतं कुचद्वयोत्थानं किंचित्तीक्ष्णाग्रभागं कामांकुरस्य कलिके इव निर्गताग्रभागवत्। तथास्याः ऊर्द्धर्वश्वासः दाक्षिणात्यपवन इव। कीदृशः पवनः गुणत्रयमयः शीतो मंदः सुरभिश्च चिन्त्यः, उच्चः ऊर्ध्वः स्थित्यावहमानः। श्वासे सौरभ्यं पद्मिनीलक्षणम्।

22—अत्र चन्द्रोदय साम्यरूपतया मुखस्यैवोपमानं वदति। मनस्यानंदी यौवनस्वभावोऽयमेवासन्नोदयः। अथ च हास्यं स्मितरूपं अवकाशः अदृष्टे चन्द्रे प्राक् प्रकाशः तत्र रदाः दंताः स्मितेन प्रकटिता एव, **रिखपंति रुखेति**, नक्षत्रतारापंक्तिसदृशा राजन्ते। तत्र नयने कुमुदिनीप्राये चन्द्रोदये प्रफुल्लिते। नाशिकादीपशिखेव दीपोपमेया। सेनकेसेति। केशाः रात्रिरूपाः इत्यपि। मेनशब्देन चारणभाषया भुजङ्गसदृशाः, प्रायः शरदि दीप्तिमति रवौ दिने सर्पाणां बहिनै निर्गमः रात्रावेव प्रकटनं पश्चास्त्भागे स्थितताया वेण्या अदर्शनेन। नाशादीपस्य विच्छायत्वं न स्यादिति नौपम्ये दोषप्रसंगः। मुखं राकेश इव विशेषेण शारदी पूर्णिमा चन्द्रसदृशम्।

23—तनुरूपे ससि सरोवरे वद्धिते वयसि यौवनरूपजलस्य **जोर इति** बलेन कामिन्याः करगाः हस्तद्वये दशांगुलीरूपाः कामस्य वाणाः वर्द्धिता इव यतः कामस्य वाणाः कुसुममयाः करयोरपि कमलोपमा सौकुमार्येणेति, एकैकस्मिन् हस्ते पंचांगुलीरूपं बाणपंचकं व्याख्येयम्। अथ चोपरि भागे बाहुद्वयस्य **डोरिणोपमानमिति** किं दृढ़रज्जु सदृशमिव आलिङ्गनसमये श्रीकृष्णस्य कण्ठे

बंधनं कृते आनीतमिवोत्प्रेक्ष्यते वरुणस्य प्रचेतसः पाशाविव। वरुणस्य शस्त्रं पाश एव तं दूरीकर्त्तुं जगतापिन शक्यते तदिवंदमपि बंधन कृष्णस्य दृढं भावीति रहस्यम्। यदुक्तम् कुमारसंभवे—

शिरीषपुष्पाधिकसौकुमार्यौ बाहू तदीयाविति मे वितर्कः।
पराजितेनापि कृतौ हरस्य यौ कण्ठपाशौ कमरध्वजेन।।

24—क्रमेण कामिन्याः कुचौ स्तनौ पीनौ जातौ। कीदृशौ कठिनौ उत्प्रेक्ष्यते। करिणः गजस्य कपोलौ कुंभाविव। कदा, **वेस नवीति** चटितयौवनवयसि अतो विधिनादृष्टरीत्या वाव्या वचनचातुर्येण व्याख्यानं वर्णनं क्रियतामिति शेषः अथ तयोरुपरि अतिश्यामता श्यामचूचुकयुगं किमिव भाति। उत्प्रेक्ष्यते। यौवनेन कुंतारूपेण दानं मदः प्रदर्शितम्, प्रादुः कारितं पुंतारास्तु करिणां भैषज्यादिप्रयोगेण असदपि दानं मदं प्रकटयन्तीति सत्यम्।

25—अथ तस्याः अंगेषु तीर्थभावं दर्शयति। तस्याः पीनौ पयोधरौ स्तः कीदृशौ धराधरः पर्वतः तस्य शृंगे इव। प्रायो गिरिशृंगं देवतीर्थमयं स्यात्। अतः कीदृशौ स्तनौ सधरौ माहात्म्यवंतौ, स्पृष्टौ दुष्कर्महारिणाविति। **कवि** (कवेः) राधिक्ये सदृशोपमाने स्थूलवर्त्तुलोञ्च्त्वगुणेन अतिशयाश्चर्यकारि वाक्येन न दोषाः। कवीनां वर्णनसमये सविशेषभावादिति। घनं क्षीणा मुष्टिग्राह्या। यदग्रे वक्ष्यति **कृशाङ्गि मापित करलेति**, पुनरतिसुघटातिसुंदररूपा, कटितटं गिरितटमिव चिन्त्यं तदपि पुण्यक्षेत्रमिव ज्ञेयम्। अथ च पद्मिन्याः नाभिमण डलं गभीरं प्रयागतीर्थम्। यदुक्तम् सौंदर्यलहरी स्तोत्रे।

ततं लिङ्गाकारं किमपि तव नाभीति गिरिजे।
बिलद्वारं सिद्धेर्गिरिशनयनानां विजयते।।

विलोकनयोग्यं न त्यजनयोग्यमिति। तदुपरि वलित्रयं त्रिवेणीनां गंगायमुनार- सरस्वतीनामेकस्थाने मेलस्तत् सदृशम्। श्रीणिर्नितंबः नदीनां तटमिव सेवनयोग्यं पापदुष्कहरम्। एतत् कथनेन, स्वमात्रा सदृश्यां रुक्मिण्यामकामुकत्वेन, तीर्थभूतोपमा पातकश्छेदनीति विज्ञाय। शृंगाररसभावं पुपोषेति कवेः निष्पापत्वम्।

26—नितंबिन्याः जंघायुगं लोकोत्तया ऊर्वोर्युगं कीदृशं करभवत् करभोस्यादाकनिष्ठं मणिबंधादारभ्य कनिष्ठांगुलिं यावत् चटाहोत्तारेण साम्यम्। अथवा अधोमुखीकृतौ **रंभास्तंभाविक** द्वितीयोपमा। कीदृशं निरूपमं

आभ्यामप्यतिसुंदरं तदधःस्थं जंघायुगलम्। **जुअलिनालीति** नाम्ना लोकप्रसिद्धं कीदृशं, तस्याः कदल्याः गर्भसदृशं विशेष-सौकुमार्येण नीरोमत्वमपि प्रकाशितं अतो विद्वांसः शास्त्रज्ञाः एवं वर्णयन्ति व्याख्यायन्ति।

27–पदपल्लवानां चरणांगुलीनामुपरि पुनर्भवाः नखाः प्रतिभान्ति। तत्र किमुपमानम्। यथा निर्मलं स्वच्छं, कमलपत्राणामुपरि, नीरं जलविंदवः तेषां तेजः सुश्रीकत्वमिव विराजते इत्यर्थः। अथ च नखानां तेजस्वितया रक्तताश्वेतत्ववर्तुल्यादिगुणैरुत्प्रेक्षाषट्कम्। तदेवाह। उत्प्रेक्षते। रत्नानीव, तारं रोप्यमिव, तारका इव, **हरिहंस**श्चारणभाषया सूर्यनामः हरिहंससावकाः सूर्यस्य लध्वपत्यानीव अणुसूर्याः, शशधराश्चंद्रा इव, हीराः वज्ररत्नानोवेति। स्वत्वगुणस्वभावो विचार्यः।

28–अथ रूपातिशयोपेता परमपठिता विद्याविहीना तदा किं वर्ण्यते। यदुक्तम्–

रूपयौवनसंपन्ना विशालकुलसम्भवाः।
विद्याहीना न शोभन्ते निर्गंधा इव किंशुकाः।।

अथ चातुर्यमूलं विद्यापठनमाविःकरोति। व्याकरणान्यष्टौ, पुराणाः अष्टादश, स्मृतयोऽष्टादश, अन्यः शास्त्रविधिः भू धर्माधर्मकाममोक्षमयः चत्वारो वेदाः, अंगानि षट्, तेषां विचारः अर्थरीत्या विवेचनं संख्यामीलनेन तया ज्ञानवत्या चतुर्दशापि विद्याः चतुःषष्टिसंख्याः कलाः अपि ज्ञाताः तासां मध्ये अनेके अनेकेऽधिकाराः स्वयं ज्ञातुं योग्यास्तेपि शिक्षिताः इति बुद्धि मत्त्वं प्रकाशितम्।

29–सांप्रतं वर-प्राप्त्यवसरो जातस्तदा किमजनि। कदाचित्कयापि सख्या हरिर्वसुदेवपुत्रो वर्णितः। तद्गुणान् श्रुत्वा तदुपरि अनुरागो वरणेच्छा जातः, वरवांछत्याः रुक्मिण्याः। हरिगुणभणनेन या **हरः** मनसि वांछा उत्पन्ना तथा वांछया गौरीं पार्वतीं हरं शंभुं च वंदते स्म। अद्यापि होलिकानंतरं कन्याभिगौरीपूजिते व्रतं वितन्यते ईप्सितवरप्राप्तिनिमित्तम्।

30–पिता च माता चेदृशान् देहावयवान् दृष्टा विवाहकृते विमलं सम्यक् सुख-कारिणं विचारं विमर्शनं कुरुतः स्म। सांप्रते कुत्रापि पुत्री विवाह्यते तदैव चारु। यदुक्तम्–

माता चैव पिता चैव ज्येष्ठो भ्राता तथैव च।
त्रयोऽपि नरकं यान्ति दृष्टवा कन्यां रजःस्वलाम्।।

तत्र विचारणे। कन्यानमित्तं नाथो वरः कृष्णतोऽधिकः न मनसि परिस्फुरति कीदृशः कृष्णः सुंदरः रूपवान् सूरो बलवान्, शीलं आचारस्तेन शुद्धः सदाचारवान् कुलेन वंशेन शुद्धः सुवंशजातः करेण शुद्धः त्यागवान् एतैर्गुणैः पूर्णः अयमेवेति निर्णीतम्। यदुक्तम्—

"कुलं च शीलं च सनाथता च विद्यां च वितं च" विचार्य ज्येष्ठपुत्राय निवेदितम्। आवाभ्यामिदं विचारितम्। तदाकर्ण्य पुत्रः किं प्रस्तुतवाचचक्षे तदेवाह।

31—पुत्रा वदंति मातरं पितरं प्रति चैतत्। किमित्याह—हे पितरौ। अस्माकं पंचानामपि पुत्राणापीदृशी वासना मंत्रबुद्धिः यद् राज्ञां क्षत्रियकुलजानां नृपाणां ग्वालानां गुर्जरजातीनां परस्परं च का ज्ञातिः किं सज्जनवत्वम्। तथा जात्यंतरेण का कुलपंक्तिः एकत्र जेमनादिकं कथं स्याद इति मंत्रो दर्शितः।

32—पुनरपि पुत्राः कथयेति। यौ मातापितरौ एतानि षड्त्रिंशद्राजकुलानुल्लंघ्य अवगणय्य यद् **अहीरै**र्गुर्जरैः साकं सज्जनवत्वं कुरुतः तदैवं ज्ञायते वृद्धत्वे कस्यापि केनापि न विश्वसनीयः विश्वासी न कार्यः तत्कृतो मंत्रो वृथा भावीति। कथमित्याहुः यदास्माकं मातापितरौ अपि पांतरीआ इति बुध्या विहीनौ जातौ तथा चलकाख्यानं ....। साठीका सरकलीया (?) इति सत्यम्। परं एतेषां सोल्लुंठवचनमवधार्यम्। यदुक्तम्—

यदेकः स्थविरो वेत्ति न तत्तरुणकोटयः।
यो नृपं लत्तया हंति वृद्धवाक्यात् स पूज्यते।।

33—एतद्वचनं श्रुत्वा बहुहठकरं ज्येष्ठपुत्रं प्रति मातापितरौ प्राहतुः। रे पुत्र रे रुक्म! त्वं मा **पाँतरीति** मा मुह्यथा मा मूर्खो भव। तत्र कारणमाह। यस्य कृष्णस्य सुराः देवाः नराः मनुष्याः नागाः पातालवासिनः शेषादयः सेवां कुर्वन्तीति त्रिभुवनपतित्वमुक्तं तस्य निंदाकरणं वृथेति मूर्खत्वहेतुः तत्र परिणीता रुक्मिणी कन्या लक्ष्मी समाना वधूर्भवित्रा यतः वसुदेव पुत्रः वासुदेवो वैकुंठवासी तेन समः सदृशः। यदुक्तम्— 'अन्येत्वंशावतारास्तु कृष्णस्तु भगवान् स्वयम्।'

34—तथापि मूर्खोपदेशो न श्रेयानिति।

मातृपित्रोः मर्यादां मान्यलक्षणरूपां विमुच्य मुखे एवं जल्पितवंतः किमिति। अद्य पृथ्वीमंडले शोभनो वरः शिशुपालापरः प्रधानः कोऽपि नास्तीति। तदाहमेवं जाते। कुमारोऽतिकोपेनैवमुच्छलितः करौ प्रास्फाल्योच्छितः यथा वर्षाकाले अंबुबलेन वाहल़स्तुच्छनदी बहिस्तटं वहतीति भावार्थः।

35—अथाकथनकरं पुत्रमवेत्य गृहकलिमाकलय्य पितृभ्यां मौनमालंबितम्। यदुक्तम्—

धिक्कष्टं जरसाभिभूतपुरुषं पुत्रोऽपि नाज्ञायते।

पुत्रस्तु तदा किं कृतवानित्याह। रुक्मनामा सुतः स्वगुरुः पुरोहितो दमघोषनामा नृणमानंदकरः तस्य गेहे सद्मनि गतः किं कृत्वा गुरोः पितुः **गुरुचूकमिति** महामौर्ख्यं ज्ञात्वा। तं गुरुं प्रत्येवमवादीत् हे पूज्य, एकं महत् हितं सुखदायि कार्यं भवति यदास्माकं स्वसारं भगिनीं शिशुपालो वरति परिणयति, अतस्तत्र—भवता गंतव्यमित्यादेशो निवेदितः।

36—विप्रेणेति वचः श्रुत्वा विलंबो न कृतः। तत्कालं चलितुं प्रवृत्तः। येन कारणेन सत्वादेशवशः। यदुक्तमुपाख्यानम्। आदेशेन ज्योतिषमिति। परं भव्याभव्यत्वमविचार्य नो विमृश्य। यदुक्तम्—आज्ञा गुरूणां ह्यविचारणीया। प्रथममेव लग्नं लात्वा पुरोहितश्चंदेरीनामनगरीं प्राप्तवान्।

37—शिशुपालेनोदंतं श्रुत्वा किं कृतमित्याह। जातहर्षभरेण संजात-निवड़ानंदं यथा स्यात्तथा भूत्वाः शिशुपालश्चलितः। ग्रंथे माघादिशास्त्रे यथोक्तस्तथैव। परं को जानीते, कः संख्ययति, यत् कियंतो देशदेशानामधिपा सार्थेऽभूवत्।

38—अथ चागामिनं शिशुपालं ज्ञात्वा किं जातमित्याह। शिशुपालस्यागमं प्राक् कुंडिनपुरे उत्सवो मंड्यते स्मेति विवाहवर्द्धापनकं प्रारब्धम्। किमिति। विविधवादित्राणां नितोषः समजायतेति। पदमंडपाः छायार्थं यत्र तत्रोस्त्ज्ञाविताः, पुनः कांचनमयाः कुंभाः कलशाः मंगलार्थं स्थाने स्थाने निवेशितः।

39—अथ गृहाणि वर्णयति। गृहगृहाणां भित्तिनिस्पादने, गारि शब्देन प्रलेपनोपायः, हिंगुलूकस्यैव कृतः इष्टिकाः स्फटिकमयाश्चुणिताः खचिताः कीदृश्या **असंभाः**(?) सुघटिताः, पट्टाः सुचंदनतरुमयाः, कपाटान्यपि चंदनजोनि, स्तंभतले खुंभीपना नाम्नो रत्नदलस्य तदुपरि स्तंभा प्रवालीमयाः। एवं पुरस्य बहुसामर्द्धयं निवेदितम्।

40—जोइ इति स्त्रीपर्यायः। स्त्रीणां श्यामोज्ज्वलरक्तपीतनीलरंगानि वस्त्राण्येव, उत्प्रेक्ष्यते, जलदपटलानीव पृथक्वर्णान्यभ्रवृं दानीव। तत्र वादित्राणां निनादः स एव घनघोरो गर्जनमिव। प्रतोल्यां प्रतोल्यां तोरणानां परिष्ठापनं वंधनम्। तत् उत्प्रेक्ष्यते। मेघागमे हर्षिताः मयूराः एव गिरिषु तांडवं नृत्यं मंडयंतीव। अत्र सर्वत्र मेघागमेन साम्यं, पुररूपवर्णन ज्ञेयम्।

41—अथ च शिशपाले नगरासन्नसमागते किं वितर्कणमभूदिति दर्शयति। ये राजानः शिशुपाल राज्ञः **जानीति** परिणयनसमये स्वजनसम्बन्धिबंधुवर्गसमुदायः तत्संगे मेलायके आगता आसन् ते तु नगरं दूरतो दृष्टा ललाटे करं धृत्वा एवमवदन् इदं नगरं दृश्यते वाथवा **कोरणं** नवीनमेघवर्षणसमयात्प्राक् सरजोवायुशुभ्राभ्रदर्शनमिति शंकात्वमंगीकुर्वंति साश्चर्यविलोकनेन मतिभ्रमः। तथा किं धवलगिरिर्हिमाचलो दृश्यते। किमथवा एतानि धवलगृहाण्येव। त्रिचतुः पंचसप्तभूमिकानि सुधाधवलितानि हर्म्माणीत्यपि मनोभ्रांतिः। किमित्युत्प्रेक्षापदम्।

42—तत्रस्थाः पुरस्त्रियः मंगलाचारपुरःसरं गवाक्षे चटित्वा समारुह्य गायंति गानमारभंते ताः स्त्रियो दृष्टमात्रे शिशुपाले तन्मुखं सूर्यसदृशं मन्यंते प्रोद्दामतेजसूचनया सूर्यदर्शनमिव जानंति अतः पद्मिन्य इव प्रफुल्ल्यंते स्म हर्षविकाशमाप्नुवंत्यः। तथा केमाप्युपायेन रुक्मिणी शिशपालवदनं रविरूपं पश्यंती कुमुदिनीव विलक्षीभूता। कुमुदिन्याः रविदर्शनं म्लानिजनकमिति तत्त्वार्थः।

43—अथ च रुक्मिण्या चिंतातुरया सदा किमकारोति। सा कुमारी गवाक्षजालि- कामार्गे वारंवारं चटित्वारुह्य भुवने जगति सर्वतः पांथं प्रेष्यरूपं नरं विलोकयति। यतस्तया सुतनुना, मानसेन तस्मै हरये मिलितया, नखरूपया लेखिन्या कृत्वा साश्रुनेत्रकज्जलरूपमस्या कद्गलं लिखित्वा पार्श्वेरक्षितमासीत्। कंचित इष्ट्वा प्रदास्यामि इति वितर्कितम्।

44—तस्मिन्नेव क्षणे एकस्तु प्रेष्य वेषभाक् पवित्रः षट्कर्मचतुरो **गलित्रागु** इति विप्रो दृष्टः। तस्मै प्रणिपतिं कृत्वा एवं जल्पिवती वक्तुं लग्ना। किमुवाचेत्याह हे वीर! इति भ्रातृपर्यायवचनं हे भ्रातः हे वटाऊ हे प्रवासिन् आदरेण वीप्सेति हे ब्राह्मण मत्प्रेरणया त्वं द्वारिकां यावत् गत्वा मम संदेशं भगवते देहि समर्पयेति।

45—ब्राह्मणेनापि तस्या महत्त्वदानेन अविमर्शितकृत्यं यथा स्यात्तथा पत्रं गृहीतं तदा रुक्मिणी तं शिक्षयति। हे देव, त्वमेतत्पत्रप्रदाने विलंबं मा कृथाः। संप्रत्येकचित्तवृत्तिमाश्रित्य यत्र यादवेंद्रः श्रीमुरारिस्तत्र याहि, गत्वा च मम सुखात् श्रुतं चरणवदनं त्वया स्वमुखेन कथयित्वा पत्रं देयम्। इति शिक्षा।

46—अधुना रविकिरणाः गताः लंबमानाः जाताः, ग्रहेषु तारकेषु **गहमहेति** ज्योतिः प्रार्दुर्भूतम्। रहःरहः इति यो यत्रोषितुमनाः स स तत्र गंतुकामो भूत्वा। चिन्तितं स्थानमाम्रयत्। अतो मार्गवहनं लोकैर्निरस्तम्। सोऽपि द्विजः पुरान्निर्गत्य चलचित्तो वहिः सुप्तः। निशा पतिता, तेन न चलितः।

47—तत्र शयनादनंतरं गतिनिद्रश्चिंतापरोभूत। यदुक्तम्।

अष्टौ मनुष्याः न लभंति निद्रां। प्रवासिको व्याधिजनः सरोषी।
विद्यार्थवांछी परनारिरक्तः। प्रियासुसक्तश्च वियोगितोऽपि।।

इत्यनिद्रताहेतुः तत्किंचतानित्तं (?) इत्याह। साप्रतं विप्रेण विमर्शितं। लग्नस्यांतरे त्रीणि दिनानि। पुनः द्वारावती तु दूरेऽस्ति बहुदिनैर्गमनयोग्या। भऊ इति सभयाश्चर्ये, कया रीत्वा प्रकारेण अहं प्राप्स्यामीति। स द्विजः संध्यायां शोचयित्वेति विचिंत्य कुंडिनपुरे सुप्तः। परं श्रीपुरुषोत्तमप्रभावतः प्रभाते जगति द्वारिकायामजागरीत् समीपं प्रबुद्धः एष महतामतिशयः।

48—अधुना द्वारिकास्वरूपमाह। कुत्रचिद्वेदध्वनिं श्रृणोति। कुत्राचिच्छंख-स्वनं च। कुत्रचित् झल्लरीनिनादं। कुत्रचित् वादित्राणां निर्घोषं। एकतः कथाप्रसंगं **कहकह भूतं** एकतः **हीलोहलं** जनानां संघट्टविधि समाकर्णयतीति सर्वत्र योजना। सागरस्य च नगरस्य च सदृशः शब्दः। पार्श्वे स्थितस्य जलधेर्गर्जनं लहरीभिर्जलोत्पतनं जलचरजी- वनिनादैर्व्याप्त। ईदृशं स्थानमस्तीति। सादृश्यवर्णनं विचार्य ब्राह्मणस्याश्चर्यप्रसंगः।

तदा द्विजेनोत्थाय सविशेषमालोकनं कृतं। यावत् द्विजः पश्यति पुरं, तावत्

49—जलहारिणीपटलं समूहस्तस्यापि यत्र तत्र दलं लारिबंधं पश्यति स्मेति बहुजलाश्रयवत्वं यासां वर्णश्चंपककुसुमोपमा मस्तकेषु कुंभाः फलशाः समीचीनाः बहुमौल्याः सौवर्णिकाः रत्नखचिताः इति यावत् करे कमलानि कृत्वा मंदं मंदं चलंतीतिशेषः। तथान्यार्थे, करा सौकुमार्येन कमलसदृशाः इत्यपि। पुनश्च तीर्थे तीर्थे जंगमतीर्था इति योगध्यानलीना योगीश्वराः अथ च ब्राह्मणाः विमलाः वेदशास्त्रपाठकाः निष्पापा। जलमपि विमलं पाहरं गोमतीसमुद्रसंगमजम्।

50—गृहे गृहे यज्ञान गरयंति याज्ञिकाः शाश्वताग्नि निर्धूमं प्रकाशयंति। यज्ञे यज्ञे जपाःतपांसि च क्रियंते। मार्गे मार्गे वायु दक्षिणतः आम्राः मंजरिताः आम्रे आम्रे कोकिलानामालापः कुहू-कुहू शब्दः मधुरजल्पनमिति पुर्याः विशेष शोभावाचकोक्तिः।

51—तदाश्वर्यनिरीक्षणे विप्रश्चिन्तयति। इदं सांप्रत्यंक्षं द्वारकादर्शमन्। किमिति वितर्के। एनं स्वप्नमहं लभे किंवारागवत्यामागतोऽस्मीति चिन्तते। कश्चित्पुमान् नगरवासी दृष्टः तस्मै इति पृष्टं इयं का पुरी। ततस्तेनोक्तं हे देव, एषा द्वारावति संदेह निराकृतिः।

52—अथ च मार्गहिंडनं विना चिंतितस्यानप्राप्त्या किं जातमित्याह। एतद्वचनं पूर्वाभिसकाशात् श्रुत्वा मनसो अंतःसुखं समजायत। तस्य नरस्य प्रणतिं कृत्वा अग्रे क्रमितश्चलितः पुरांतः पृष्टं पृष्टं श्रीकृष्णस्यांतःसभासन्मुखं गतवान्। तत्र हरेः सुष्ठुतया दर्शनमजनि।

53—तत्र श्रीहरिं दृष्ट्वा विप्रेण किं विचिंतितामित्याह। श्रीगोविंदस्य वदनकमले वीक्षिते सति विप्रः स्वयमात्मना सहालोचयति। अहो मम भाग्यं, यतः रुक्मिणी अतः परं कृताार्था सफलजन्मका भाविनी, परमहमस्याः प्रेष्यभावेन संप्रति प्रागेव कृतार्थोऽभूवं सफलजन्मा जातः मस सकलपापक्षयोऽभवदिति।

54—अथ च विप्रं दृष्ट्वा अंतर्यामिना परमेश्वरेण ज्ञातमयं रुक्मिणीदूत इति विचिंत्य किमकारि तदाह। श्रीजगतपतयः आसनादुत्थिताः पूज्यत्वे बहुवचनं कीदृशाः अंतरयामिनः परचित्तवार्ता ज्ञानविशेषतः जानन्तीति शंकानिराकारः, किं कृत्वा, दूरांतराद् द्विज आगच्छन्तं दृष्ट्वा उत्थाय च वंदन नमस्कारं कृत्वा अतिथिधर्मः प्राधुणिकाय- महत्त्वदानं यथाविधि वेदोक्तं कृतं। ब्राह्मणाय क्षत्रियाणां वंदना अर्थपूजादिकरणं न्याय्यम्।

55—अथ च संस्कृतभाषया श्रीकृष्णदेवो भूदेवं परिपृच्छति स्म। किमुवाचेत्याह। हे मित्र त्वं कस्मिन् पुरे वससि, किमर्थनिहागमः, केन सह तव कार्येः अये कुत्र परियासि, तत्त्वं ब्रूहि ममाग्रे निवेदय तव करस्थं पत्रं केन जनेन कस्मै प्रेषितम् इति देवभाषा, संस्कृतमेव प्रश्नम्।

56—अथोत्तरं। वयं कुंडिनपुरादिहागमामः, आगतास्मः, तत्रैव वसामः, इति आत्मनि बहुवचनं पामरोक्तिः। एवमुक्तवा कग्दलं श्रीकृष्णाय प्रदतं। दत्वावक्। रुक्मिण्या भीष्मकपुत्र्या भवतः सकाशे पार्श्वेऽहं प्रेषितः सर्वे समाचाराः कार्यसाधकाः अस्य पत्रस्य सध्ये संतीति प्रस्तुतप्ररूपणम्।

57—आनंदलक्षणे रोमांचे जाते सकरकंपं सहर्षाश्रुनयनत्वेन श्रीकृष्णस्य कद्रलं वाचयितुं न वणत इति न शक्यत्वं संभवति तेन कारणेन करुणाकरेण तम्यैव द्विजस्य करे तत्पत्रं वाचनाय प्रदत्तम्।

58—अथ देवाधिदेवस्य आदेशं प्राप्य ब्राह्मणः पत्रं वाचयितुमारेभे। किं किं लिखितमिति कथयेति। हे अशरणशरण, विधिपूर्वकं मम जन्मनि-जन्मनि तवैव शरणं अन्यः कोऽपि रक्षाकरो नास्तीति स्वदीनत्वं विज्ञाप्तम्।

59—अथ च स्वविज्ञप्तिविधिः लिख्यते। हे बलिबंधन, एतदामंत्रणे नारिमर्द्दकत्वमुक्तं। यदि मां कोप्यन्यः परिणयति तदा जंबुको बलं बद्ध्वा सिंह **प्रासइ** इति खादेदित्यनाहूतविधि संभावनं। वाक्यं पुनः। कपिलाधेनुः शौनिकाय पात्रं मत्वाः समर्प्येत इति चिंतनं घटमानमेव। अथवा चंडालक्ष्य करे तुलसीमोचनमि- त्यप्ययोग्यम्।

60—अथ च स्वभ्रातरमुद्दिश्य पैशुन्यवचो वक्ति। हे स्वामिन् मदर्थं त्वां परित्यज्य ये अपरमन्यं वरं शिशुपालसंज्ञमानयंति ते उत्प्रेक्षते अग्नौ उच्छिष्टं होमतद्रव्यं होयंति जुहयुरिवेति, अग्निस्तु साक्षाद्देवमुखं तत्रानुच्छिष्टं हुते देवानां प्रीत्यै। तत्र वैपरीत्यं नोचितं। पुनरनुचितकर्मारंभं वक्ति। शालिग्रामं गल्लकीनद्युत्पनं शूद्रगृहे संग्राहयंति ददते इव, म्लेच्छानां मुखे वेदमंत्रपाठनं, तदप्ययुक्तं इति भ्रातृणां दोषनिदर्शनम्।

61—अधुना लेखोदंतैः स्वार्थविधिकृते हरिं प्रेरयति। हे हरे, त्वया वाराहरूपेण तृतीयावतारं भूत्वा हरिणाक्ष्यं (क्षं) दैत्यं हए इति हत्वा पृथ्वीरूपाहं पातालं गच्छंती दाढाग्रेणोद्धृता स्वस्थानं स्थापिता। हे केशव, हे करुणामय, हे कृपानिधे, त्वमेव कथय तदा भवतां केन शिक्षा प्रदत्ता। यद्यूयमेवं कुरुत दीनबंधुत्वेन स्वयं कृतवान। इति कारुण्यं दर्शिते। पुनः स्वभक्तरक्षातत्परत्वं वक्ति।

62—सुरांश्च असुरांश्च आनीत्वा एकत्र मेलयित्वा शेषनागं नेत्ररूपं **नहि** इति प्रकल्प्य चर्मरज्जुवत् कृत्वा। मंदरोमेरुः **रई** इति मंथे च रक्षितः जलांतः क्षिप्त एवं विधिना **महण** इति समुद्रं प्रध्य **हे महमहेणेति** कृष्णनाम्ना त्वयाहं लक्ष्मीरूपा बहिर्निष्कासिता तई इति तदापि यूयं केन शिक्षिताः न केनापीति स्वतः कार्यकारित्वं प्ररूपितम्।

63—अथ पुनर्वक्ति। रामावतारे **वेलाहरणं** समुद्रं बद्ध्वा सेतुबंधे रचयित्वा

रणे संग्रामे रावण **वहे** इति हत्वा च अहे सीतारूपा त्रिकूटगढ़तो लंकादुर्गाद् उद्धृता पश्चादानीता तदापि हे कृपानिधे युष्मभ्यं कस्य शिक्षा न कस्यापीति तत्वम्। प्रधानपुरुषभावेन सर्वत्र बहुवचनम्।

64—हे चतुर्भुज, त्वं मम चतुर्थ्यामपिवारं वेलायां **बाहरिं** गृह्यमाणवस्तुनः पश्चाद्वालनोपायं कुरु शंखं चक्रं गदां कमलं च धृत्वा इति भुजचतुष्टये आयुधग्रहणं वीररससूचकं। अथ हे माधव मया मुखेन कृत्वा किमालोचनं मंत्रणं कथ्यते त्वया सहेति, यतः कीदृशेन, अंतर्यामिना सर्वेषामंतर्वर्त्तिवार्ता जानता, इति स्वलज्जाप्रति- पादकवचः।

65—तदांतर्यामित्वं जानंत्या त्वया पत्रं कथं अप्रेषीति शंकानिराकरणाय पुनर्लिखति। जानंत्यप्यहम् अधृतिमती सती तेन कारणेन **बकुं** इति स्वदीनत्वं प्रकाशितवती येनाहं स्त्रीत्वधारिणी प्रायश्चपलवृत्तिः अन्यच्च प्रेम्णातुरा व्याकुलीभूता यतः श्रीकृष्णः मम कार्यविधये नायात्यपीति वितर्कवशतः। पुनः हे राजन् हे प्राणनाथ भवानपि द्वारिकायां विराजमानोऽस्ति। अनासन्नवसनेन चेतसि भ्रांतिरिति। अयं मम लग्नसमयस्य दिवसो समीपमायातोऽस्तिं कीदृशः सांप्रतं दुरीति दुष्कोत्पादकः त्वदागमनमन्तरेति अस्वास्थ्येन सरणरणकं कद्गलं प्रेषितमिति स्वदोषनिवाणो साभिप्रायं वाक्यम्।

66—दिनस्य आसन्नत्वं श्रावयति। तस्य लग्नस्य वेलायाः अंतरे त्रीणि दिनानि वर्त्तन्ति इत्यवधिदर्शनं। किं बहुनोक्तेन। या **घात** इति अयमेव मम शीघ्रचिंताकरणसमयः तत्र मिलनार्थं संकेतस्थानं दर्शयति। मम नगरस्य आरात् निकटे बहिः अंबिकायतनमस्ति। तत्राहं पूजाव्याजेन। अर्चनमिषेणायाम्यामीति। निश्चितम् मया गन्तव्यं भवदागमश्रुत्यनंतरम्।

67—अथ च श्रीकृष्ण एवं निशम्य किमकरोदित्याह। शाङ्गधनुः। शिलीमुखान् बाणान्, गृहीत्वेतिशेषः, एकसारथिसहायः सन् कृपानिधिः कद्गलस्य परमार्थं श्रुत्वा पुरोहितं पथो मार्गस्य ज्ञातारं रथे स्थापयित्वा स्वयमपि निर्विलंबं रथेऽतिष्ठत् विलंबो न कृतः। यदुक्तम्—

कार्याकार्यविचारणा यदि कृता स्नेहाय दत्तोऽञ्जलिः।

68—चारणेनैवमुक्तमस्ति। सुग्रीवसेनः 1. मेघपुष्पः 2. वेगवान् 3. बलाहकः 4. एते कृष्णस्य रथे चत्वारोऽश्वाः। परं मम मनसि नैवं स्फुरति यतो ज्ञायते सर्वमप्येतद्रथस्य चपलगतिवर्णनं। तेन रथः कीदृशो वहति यादृशम्

वानरसैन्यमुत्सुकं। अथ च **नइ मेघ पुहप** इति नदीजलं पूरसमये यादृग्वहति। अथवा बलाहकानां वर्षाभ्राणां यादृशम् वेगवत्वं इति रथगतिराधिक्यं। तत्र सारथिं दूर कृतवा स्वेच्छया त्रिभुवनपतिः स्वयं रथं खेटयितुं लग्नः। अयो ज्ञायते धरापृथ्वीगिरयः पर्वताः पुराणि मार्गनगराणि श्रीकृष्ण सन्मुखं ....समागच्छंतीव। महति जने अभ्यागतवति सन्मुखमागमनं महत्त्वप्रदानं। अनयोक्त्या महावेगवत्तया रथम्य निर्गमोऽवगंतव्यः।

69—अत्र श्रीकृष्णातिशयानुभावतः तत्कालं मार्गाविक्रमो जातः नदी कृष्णः किं कृतवानिति। हे सारथे, त्वं रथं थम्भि चलंतं रक्ष। हे विप्र त्वं रथं छंडि ....। एवं श्रुत्वा विप्रे साश्चर्ये जाते पुनः हरिरवोचत् किमिति हे विप्र इदं नव पुरं समायातं इति......त्वं गत्वा रुक्मिणीं प्रति अस्माकं नामोक्त्वा कथण यत् हरि आगतः इति श्रावयित्वा श्यामायाः सुखं देहि।

70—तत्प्राक् समये रुक्मिण्याश्चिन्तनं कविर्वक्ति। रुक्मिण्याचिन्तितं। हरयः स्थिताः अत्र नागताः तत्कथं। पूर्वे रक्षासमये एतावन्मात्रो विलम्बः कदापि न कृतः। इति चिन्तातुरा चेतसि चिन्तयंती कयापि कृतां छिंकां क्षुतं श्रुत्वा धीरा जाता। विश्वस्ता छिंकाशकुने सत्यमवगम्य। कृष्णागमने प्रत्ययः समागमिष्यमंतीति निर्णीतम्।

71—तल्लक्षणं चेदं दूतो विप्रो दृष्टः तदा किंजातमित्याह। द्विजं दृष्ट्वायांत तस्याश्चितं चलपत्रः पिपलतरुः तस्य पत्रवत् चपलं विह्वलं समभूत्। तदा मौनमवलंब्य स्थातुमपि न शकोति। अहं पृच्छामीति ब्याकुला परं प्रष्टुमपि न शक्ता। येनाग्रे वक्ष्यति। महत्तराभिर्वेष्टितेति। तदा किं कृतवती यथा यथा स दूतः आसन्नो निकटं समायाति तथा अस्य मुखस्यं धारणां कांति तर्कयति सविशेषं पश्यति। दूतस्य मुखे निर्मलता कार्यसिद्धिर्लक्षणं। प्रतीतं सुमुखं विप्रं वीक्ष्य हर्षितेति तत्त्वार्थः।

72—दूतोऽपि चतुरः समयोचितमाह च। रुक्मिण्याः संगे पार्श्वे सखीजनः तथा पूज्यस्थानीयाः महत्तराः स्त्रियः संतीति समयं विचार्य मंदवचस। एवमवादीत्। किमिति सांप्रतमेवं श्रूयते किंवदंत्या यत् लोकाः वदंति। कुशस्थलोतः द्वारिकातः श्रीकृष्णदेवः समागतोऽत्रेति। वाग्युक्त्या अन्यासां मनसि शंकानिवारणम्।

73—एतत् श्रुत्वा रुक्मिणी प्रसन्नास्या स्वकार्यसिद्धिमवेत्य किंकृतवतीत्याह। उत्थाय ब्राह्मणमिषेण सन्मुखदिशसुद्दिश्य वंदते परं हेतुरन्यः कृष्णाय नमोऽस्तु, ब्राह्मणेनोक्ता कथा प्रियागमरूपा वार्त्ता श्रवणे श्रुताः। किंचित् किंचिदपि लघुरीत्या पुनः स्वयमपि परिपृच्छ्य निर्णीतं। ततोऽनेन दूतेन किं प्राप्तमिति। यदा साक्षाल्लक्ष्म्येव रुक्मिणी नतिपूर्व चरणयोर्लग्ना पतिता तदार्थलब्धे किमाश्चर्यं परिपाद्यं प्रियागतो (?) बहुधनप्राप्तिर्लब्ध्वा। तथ च लोकोक्तिः स ब्राह्मणो जात्यानंदबाणकः अद्यापि तेषामयाचकव्रतमिति प्रसिद्धं दृश्यते।

74—अथ च कियत्कालानंतरं हरिं श्रीकृष्णं चटितं श्रुत्वा संकर्षणबलिभद्रोऽपि चटितः। परं कटकबंधः सेनासमुदायो बहुर्न कृतः कीदृशाः सार्थे गृहीता एके ये **उजाअरइ** इति संग्रामे धीराः, पुनः **एवाहा** इति अग्रेसरणयोग्याः, स्वामिभक्ताः **आखाढसिद्धा** इति द्वित्रिचतुर्वारं जितशत्रुपक्षाः। एवमवधार्यं, तेन रामस्यातिशयसेवा भक्तित्वं ज्ञेयं।

75—पथि मार्गे अग्रतः पश्चात् पृथक्-पृथक् चलनेन वीराविति द्वावपि भ्रातरौ। भिन्नावमिलितावलेव समायातौ परं कुंडिनपुरमध्ये एकत्र भूत्वा प्रविशतः स्मेतिबलिनः विशेषणोत्सुकतया गमनमुक्तं। प्रविष्टौ तौ प्रति, जनाः आगमनहृष्टाः लोकाः सज्जनाः अथो दुर्ज्जना वीक्षणेन बाढमुद्वेजिता। सर्वेऽपि विलोकयितुं लग्नाः साश्चयं दृष्टवंतः आसन्, पुनः के नराः अन्यग्रामवासिनः, नार्यः स्त्रियः, नागरिकाः कुंडिनपुरीयाः, नरेशाः स्थानस्थानादागताः नरेशाः राजानोऽपि।

76—तदादृष्टमात्रें यदुनाथे लोकानां का भाषा संजातेत्याह। कामिन्यः तरुण्यः कथयंति अयं किं कामः। **केवी** दुर्ज्जनाः कालं यमरूपं कथयंति। अपरे नराः श्रीनारायणं ब्रुबंति। वेदविदो द्विजाः साक्षाद्वेदार्थ एवागत इति वदन्ति। योगीश्वराः जितेंद्रियाः योगतत्वं स्वप्रणिधानफलमेवामन्यन्त।

77—पुनः किं किं जल्पंति जनाः। जनाः द्रष्टारो लोकाः **आप पर** इति परस्परमेव पुणिं (?) इति कथयंति शृण्वन्ति चान्योक्तिं। किं कृत्वा। वसुदेवपुत्रस्य मुखं वीक्ष्य विलोक्य। किं किमित्याह। रुक्मिण्याः वरः परिणेता सांप्रतमयं समागतः अतोऽन्ये राजानः शिशुपालादयः **हर** इति वांछा मा कुरुष्वं। अन्येषामागमनं निष्फलं तर्कितम्।

78—अथ च भीष्मः सन्मुखं गत्वा प्रविश्यानन्तरं आवासस्थित्यां अवतार्य

राजसार्थः सर्वेऽपि जनाः तस्य सर्वजननानामग्रे करान् संयुज्य नमस्कृतिपूर्वं कर्मकरा इव स्थितवन्त आसन् यतः रामकृष्णौ द्वावपि ....यदुक्तं। दूहा।

आइति सारू आंपणी, कीजइ त्यांकी सेव।

जिके जिआंरइ पाहुणा, तिके तिआंरइ देव।।

79–अथ च रुक्मिणी हरिमागतं श्रुत्वा किमकरोमत्कथयति। तत्क्षणे रुक्मिण्याः सख्यः विज्ञप्तिद्वारेण स्वयं शिक्षितास्ताः गत्वा जननीमेवं प्राहुः। हे राज्ञि, तव पुत्री पृच्छति हे मातर्यदि यूयं कथयत तदाहं स्वयं अंबायाः यात्रायै चैत्यं गत्वा त्वरितमागच्छा- मीत्यादेशमार्गणम्।

80–राक्षा वदादेशो दत्तः पुत्रीप्रेमवश्त्रेन। किं कृत्वा पतिं राजानं सुर्त रुक्मनांसानं दृष्ट्वा (पृष्ट्वा)। पुनः परिवार स्वजनवर्गमापृच्छ्य। अथ च प्राप्तादेशया तथा श्यामाया रुक्मिज्या–(यदुक्तं श्यामालक्षणं–

श्यामा च श्यामचर्णा च श्यामा मधुरभाषिणी।

अप्रसूता भवेत्श्यामा श्यामा षोडशवार्षिकी।।

या शीते चोष्णशरीरा उष्णे शीतशरीरिणी।

मध्यकाले भवेन्मध्या सा श्यामा इत्युदाहृता।।

प्रस्नावाल्लिखितं श्लोकयुग्मं) पूज्याव्याजेन अर्चनछद्मना प्रवम्य कृष्णस्य दर्शनकृते मिलनार्थ तथा शृंगाराः समारब्धाः, यतश्चतुराः स्त्रियः प्रायो मंडनप्रिया भवंति तथाहि, "आदौ सज्जन चारुचीर", प्रसिद्धं।

81–अथ शृंगारपद्धतिः। प्रथमं जलस्थाने कमकमेन सुगंध पुष्परसविशेषेण मज्जनं स्नानं कृत्वा। ततो धौतान्युज्ज्वलानि वस्त्रणि परिधाय। स्थिताचेति शेषः। तदा चिकुरेभ्यो बालेभ्यो जलबिंदवश्चोतितुं क्षरितुं लग्ना ता इति वितर्क्वाहमेवं जाने। गुणमुक्ता क्षीणैर्निर्बलैर्मकतूलगुणैः श्यामपट्टदवरकैः छिछीहा इति शिथिलं प्रोताः छुटिता इव पतितुं लग्ना इव। सादृश्ये उत्प्रेक्ष्वा।

82–अथ केशेष धूपनकं अहीतुकामा रुक्मिणी स्वयमेव द्वाभ्यां कराभ्यां केशपाशस्य पृथक् करणे प्रवृत्ता। बालान् भिन्नं नस्य कामस्य वागुरायाः जालिकायाः विस्तरणमिव केशवपाशी विरलीभूतः संलक्ष्यते प्रियस्य गमन एव मृग वशीकर्त्तुमिति।

83–अनुक्रममासनादुत्तीर्थ राजकुमारी गादोति वस्त्रमयी सतभृता तस्यानासीना किमर्थ। शृंगाररसकृते। तस्मिन क्षणे सेवापरायण एका आलो इति सखी आनाप्रे मुखसन्मुखं आदर्श लात्वा आगतोद्र्ध्व स्थिता।

84—कंठे प्रथमं सौभाग्यचिह्नं पोतशब्देन चीडीउं इति नामाभरणं बद्ध मितिशेषः तदुपमां वर्णयति। उत्प्रेक्ष्यते। कपोतः पत्ति विशेषस्तस्य कंठ इव कंठो भातीव श्यामलत्वेन सादृश्यं। अथवा हरस्य शंभोः कंठ इव विषावस्थानात् श्यामत्वयुगिति। तथा वडगिरौ हिमाचले कालिंदी यमुनापरितो वलितेव। अथवा श्रीशंखधरेण एकया तर्जिन्यंगुल्या समभागेन मध्यभागेन शंखो गृहीतस्तोलित इव। कंठस्य कंबुनासाम्यं कनीनामिति उत्प्रेक्षा चतुष्टयं वाच्यम्।

85—अथ च। कुसुमैर्मिश्रिता कजरी इति वेणी ग्रथिता बद्धेति। उत्प्रेक्ष्यते। जगत्पावन्या गंगायाः फेनयुक्तया यमुनेव ततः उतमंग इति उत्तमांगं अर्द्धार्द्ध समभागतः कृत्वा मन्ये सीमंतो मुक्तामयो रचितः तन्नोत्प्रेक्ष्यते। श्रद्धेअर्द्धऽम्बरे आकाशसमभागार्द्धे कुमारमार्यः स्वर्गदंडक इव आश्विनेकार्त्तिके मासि नीरजस्के गगने श्वेतदंडो दृश्यते।

86—अथ लोचनवर्णनं। नयने आकर्णांते तीक्षणये तस्याः, किमिति, वाणाविव। कीदृशौ वाणौ। कुंडलरूपेण खरखाणेन सज्जितावुल्लिखिताविव, पुनः रंजनपालाकारूपशिलया सविशेषं निघृष्योत्तेजिताविव। तदनु कज्जलरूपं जानं वालितं दत्तमिव। अतएव विशेषलक्ष्यभेदकत्वेन नयनयोर्बाण साम्यम्।

87—अथ च कामिन्याः आत्ममुखे शंभूपमे तत्र ललाटे रोल्याः कुंकुमस्य तिलकं उद्भासितं, कलंकं धूम्रंच द्वयमापै काट शब्देन दोषं निःकास्य। अतस्तदेव विवृणोति तदेवं तर्क्यते। रक्तत्वेन शंभुतृतीयलोचनरूपे तिलंके अग्नौ तदंगो धूसो निर्द्धारितः। निर्धूमस्तृतीयलोचनाग्निः। कृत इव। अथ च ललाटरूपेऽर्द्धचंद्रे कलंकः श्यामत्वं दूरीकृतमिवेति भावार्थः।

88—मुखशिखासंधौ मर्यादायां तिलकोद्धतं रत्नजटितं तिलंक मंडितं बद्धं तत् दृष्ठैवं वितर्क्यते। इदं रुक्मिण्याः भाग्यमिव भलिअलि इति ललाटे समायातमिव। किमिति यत् शिशुपालागमे भाग्यं नष्ट्वा पृष्ठौ कंधरास्थाने स्थितिमकारीत्। यथालोकोक्ति। “निलाड सुं गुदड़ी गयुं”। इति। तत् कृष्णे समायाते मांगमगि इति सीमंतमार्गेण पश्चाद्वलित्वा सांप्रतं पुनर्ललाटे स्थितं। अनेन शुभदशासमयो निरूपितः।

89—अथ च पूर्णमुखं वर्णयति। भ्रु वौ **झूंसरे** इव नयने मृगाविव युक्तःन्मैव वक्राः अलकाः ललाटोपरि सद्यः पृथक् निर्गताः विषधराणां **राशिः** रज्जुरिव। बाल्यः स्वर्णमय्यः कर्णरोपिता बांकिया इति रथस्यैकतरमंगमिव। चंदरथी

इति चंद्रस्य सारथिसादृश्यं ताटंक युगलं कर्णकुंडले चक्राविव पेटकाविवेति। पूर्णमुखस्य सर्वांगैः रथेन सादृश्यं। यदुक्तम्–

"जूआ वणावत चंद्रमा। चपल होंति सारंग"। इति। "रथ बेठउ मांनुं इंदु"।

90–अथ स्तनवर्णनं। तथा कंचुकी निबिड़बंधैर्बद्धा परिहिता। तत्रोपमितिः। उत्प्रेक्ष्यते। गजकुंभोपरि अंधारी इति शुंडाच्छादनविशेषाभरं ढालितमिव। अथवा शंभुना हरेण कामेन सह कलिं कर्त्तुमनसा कवचः सन्नाहो धृत इव। प्राकृत कविसमये कुचस्य शंभूषमा प्रसिद्धा। अथवाद्दमेवं मन्ये। उत्प्रेक्ष्यते। हरेरागमे मंडपौ छायागृहे चवरकरूपं निस्यदिताविव। तथा च बारगहशब्देन पटकुटीयुगलं रचितमिव उत्प्रेक्ष्या चतुष्टयं।

91–अथ च। हरिणाक्ष्याः मृगनयनायाः मुक्तासरी आभरणविशेषः मौक्तिकमयः। अथापि। कण्ठसिरी सापि पृथक् रचना विशेषतः मौतिकाभरणं। द्वयमपि कण्ठे स्थितमेवं प्रतिभासतेन्म। उत्प्रेक्ष्यते। अंतरिखहुंता इति पूर्वं कण्ठांतर्गुप्ते अदृश्ये अधुना तु सस्त्र्ज्ञान्यभाविते द्वे अपि बिंबरूपे रूपांतरिते वाहिः प्रकटं। एका सरस्वती द्वितीया हरिकीर्तिः गुणस्तुतिः प्रकटिते आविर्भूते इव दत्तदर्शने इव। यतः कविः सरस्वती कीर्त्तिं च उज्ज्वले वर्णयति इति ज्ञेयम्।

92–द्वयोर्गौरयोर्वाह्वोरुपरि **बाजूबंधौ** अंगदेव द्वे श्यामपट्टसूत्रेण ग्रथिते। अतस्तयोःस्थितिःकीदृशीं श्रियं दत्ते। उत्प्रेक्ष्यते। मणिमय हींड इति दोलयोः हिंडोलयोरुपरि श्रीखंडश्चंदनं तस्य शाखयोर्बद्धयोः मणिधरौ कृष्णसर्पोः हींडूल इं इति प्रेंखतः हिंचत इव सर्वांगिणोपमेयम्।

93–नवीन **गजरेति** सोहतीनामामरणं मुक्ताखचितं हन्तबाहुसंधौ कलाचिकायां नवीनं सद्यस्कं महोज्ज्वलमिति यावद् आरोपितं। पुनः प्रुंचीया इति मकतूलमया तथा च वलयः श्यामपट्टसूत्रग्रथितः विधिविधि यथास्थानं निवेशिताः चंद्रेण हस्तनक्षत्रं विद्धसिवेति। गजरा हस्तसंगोपमा। अथवा पुनः उत्प्रेक्ष्यते। कमलार्द्ध अलिभिर्भ्र मरैरावृतं व्याप्तमाच्छादितमिव। हस्तकमलप्रोंचिकवलयसंयोगोपमा।

94–अथ चोरसि हारे मुक्तामये आरोपिते सति। अद्येति तस्मिन् समये उरः स्थलः–कुंभस्थलयो साम्योपमेययोः। परं वह्वतरमति पृथक् त्वं जातमिति कथमिति। तत् भद्रजातिक करिकुंभद्वयं सुजु मोती लहि इति अंतर्गुप्तानि मुक्ताफलानि लब्ध्वा बहिः प्रकटं लोकावलोकनयोग्यां शोभां

नालभत, स्तनद्वयेन स्वतः असत्तयापि मौक्तिकानां श्रीर्लब्धेति दुष्कदुखितः करी स्वशिरसि रजः क्षिपतीवेति चिन्त्यम्।

95–अतः प्रथमं धृतान्याभरण्यान्युत्तार्थ विशेषशोभानिमित्तं नवीनानि धृतानीति। तेषां भूषणानां कविरत्र ग्रंथे किं व्याख्यानं कुर्यात्। अतः कथाश्रोरितिसूचनं। तथापि किंचिदाह। रुक्मिण्याः गात्रं वल्ली च भूषणानि पुष्पाणीव पयोधरौ फलमति इति फलसदृशौ वस्त्राणि पत्राणि वेति वल्लीसाम्येन। ग्रंथस्यापि नाम वल्ली प्रसिद्धम्।

96–अथ च श्यामया कट्यां कटिमेखला विविधरत्नखचितेति शेषः समर्पिता। कीदृशी कटिः। अंगेन कृशा तन्वी अतो मापित करल इति मुष्टिग्राह्या। किमेतदिति। शंकानिराकरणाय वक्ति। उत्प्रेक्ष्यते। भावीसूचकाः अनागतभाग्याविर्भावकथका सिंहराशौ ग्रहगणः सकल इति सर्वे ग्रहाः अवस्थिताः इव कट्याः सिंहकटिसाम्ये सिंहराशित्वमेवोक्तं। यतो रुक्मिण्याः तुलाराशिः तस्याः सिंहस्थाः सर्वेग्रहाः एकादशाः ज्योतिःशास्त्रे श्रेष्ठफलदायिनः मनोवांछितं ददते। अतः श्रीकृष्णस्योत्संगे निवेशनं भावीति महस्त्र्ज्ञाग्योदयत्वं दर्शितुं अयमेकोर्थः। एकस्यां राशौ स्थिता सर्वे ग्रहाः जन्मसंज्ञकाः। भावीशोचकाः इति पाठे दुर्दशा दर्शकाः। तस्याः राशेः क्षीणत्वप्रतिपादकः अतः कटिक्षीणा जातेतीदमपि वितर्कणं न्याय्यं। ग्रहाणाभपि विविधवर्णत्वं अवगंतव्यम्।

97–चंद्रानना रुक्मिणी स्व चरणयोः चामीकरं स्वर्ण तन्मये नूपुरे मंजीरे पुनश्च घूघरा इति लघुघंटिकाः विनस्य स्थितेतिशेषः। उत्प्रेक्ष्यते। ये श्यामाः स्वाभाविकाः भ्रमरास्ते तु कमलरसग्राहिणः अतः स्ववशीकृतवस्तु दूषकाः, एवं वितर्क्य रुक्मिण्या पदकमलमकरंद रक्षायै नवीना पीताः भ्रमरा रक्षितारो यामिकाः कृता इव। यतोऽननुमृत स्वादुरसिकतः सुवस्तुनि न दोषः संपद्यते इत्यवसेयं। द्वितीयेर्थे उत्प्रेक्ष्यते। पदकमलस्य रक्षितारो भ्रमराः श्यामाः कंजेन कमलेन स्वयं मकरंदेन पीताः वर्णांतरं प्रापिता इव यथा कश्चित् सुस्वामी स्वभक्तिपरायणान् सेवकान् यथाकथंचिद्रंजयति अवस्थांतरं प्रापयतीत्यपि तत्वार्थः।

98–अथ च नासाग्रे मुक्ताफलं वेसरसंज्ञकं लटकदासीत् तत् दधितः समुद्रात् चुणित्वा चारुज्ञात्वा ग्रहीतं। शोभमानं सुश्रीकं साक्षात् त्रिगुणरूपं श्वसत् इतस्ततश्चलदृष्टं ततः उत्प्रेक्ष्यते। शुकदेव मुखे भागवतं शास्त्रं

भजते इव। यथा शुकमुखनिर्गतं भागवतं पुराणं रसदायि जातमिति श्रूयते। मुक्ताफलं भागवतीपमं नासाग्रं शुकमुखोपमं तत्वार्थः।

99—कोकनदं रक्तकमलं तदुपमे मुखेन्तः तंबोल इति सकाथचूर्णपूमार्द्ध चर्बितानि नागवल्ली दलानीति व्याख्येयः स एव मकरंदरससदृशः तत्र दंतद्युति किञ्जल्कं परागः तदिव दीप्यते। अथ यद् वामा रुक्मिणी करे बीटिकां कृत्वा पुनः स्वमुखे सन्मुखे ऊद्र्ध्वं नयति तत् किमिव दृश्यते। उत्प्रेक्ष्यते। बीटकरूपः कीरः शुकः तस्य मुखकमलस्य मध्ये स्वजात्या नाशारूपया शुक्या सह क्रीडां कर्त्तुमुद्यतोऽस्ति। करकमलस्थः शुकः मुखे स्थितनाशा-शुक्या स्वेच्छया रंतुं प्रवृत्त इवेति चिंत्यं। तथा द्वितीयेऽर्थे। वामायाः करे बीटकं शुकरूपं तस्य मुखकमलस्य जात्या करकमलरूपया क्रीडते इत्यपि।

100—श्यामया शृंगारं कृत्वा देव्याः प्रासाददिशि गमनकृते मनः कृतं मनसि चिंतितं। तदो पादयोः **पनहीति** उपानहयुग्मं मौक्तिकखचिते परिधृतं। तत्किमिव। उत्प्रेक्षयते। स्वगतिगर्वं परिहृत्य हंसावेवाचरणयोर्लग्नाविव। अतस्वगतिसाम्यं लब्धुं हंसाः अशक्ताः इति नतिकृतिर्निरूपिता। अथ चोत्थिता सा गंतुमुद्यता तत्समयं निरूपयति।

101—आभरणानामुपरि अबलाया महर्घं स्वच्छं नीलांबर भातिस्म। बहिः प्रकटं उदितं पृथक्-पृथक् नगं इति अंगे अंगे जटितरत्नानां शोभा बहिः प्रत्यक्षं दृश्यमाना। किमिव दृश्यते। उत्प्रेक्ष्यते। मुदितेन मदनेन स्वगृहाभ्यंतरे आलके आलके दीपमालिका दीपसमूहः संयोजितेव मुक्तेवेति। रुक्मिणीशरीर मदनगृहमिव। आभरणद्युति दीपमालिकेति तात्पर्यम्।

102—अथ च सखीसमूहः सार्थे चलितस्तं वर्णयति। कस्याः सख्याः करे **कमकम** इति सुगंधकुसुमरस कुंपकं, कस्याश्चित्करे कुंकुमं तिलककृते रोलीति प्रसिद्धं अथवार्चनार्थं केशरं सचंदनमित्यपि, कस्याः करे कुसुमानि पुष्पाणि, कस्याः करे कर्पूरं, कस्याश्चित् करे पत्रभाजनं, कस्याः करे अरगज इति सुगंधवस्तुमिश्रितं भाजनस्थं विलेपनं, कस्याः करे धोति इति देवीपूजनयोग्यानि वस्त्राणि, ता एतानि धृत्वा सार्थे चलिताः। अत्र राजकुमार्याः समृद्धिमस्वं दर्शितम्।

103—सा तु कियंति पदानि पद्भ्यां चलिता इति पृष्टुः शङ्कानिराकरणे वक्ति। ततः सा चकडोलं नरवाह्ययानं यावद् एरितः सखी परिकरमनया पूर्वोक्तं

रीत्या सप्ताष्ट पदमात्र चलिता। तद्गति वर्णनार्थं मम मतिर्न स्फुरति यतः गतिर्नितरां मनोहरा मे मतितुच्छेति, परं, स्वमत्यनुसारेणाहमेवं जाने। अंतःस्थिता सैवं शोभते। उत्प्रेक्ष्यते। शीलः सदाचारता लज्जाभिरावृत्ता वेष्टितेव।

104—पृष्ठती विघ्नक्षाकृते तस्याः सार्थे ये केचिदागमिष्यंतीत्यादेशितास्ते शीघं चटित्वा समायाताः। किं कृत्वा स्वस्वयोग्यान् तुरगान् वेगवन्तोऽश्वान प्रथमं वितर्क्य ततो गृहीत्वा ते योधा उत्तेजित सन्नाहांतः तथा **गरकाब** इति प्रतिमग्रासंतः परस्परमेवं विध्या दृश्यन्ते। उत्प्रेक्ष्यते। मुकुरेषु दर्पणेषु प्रतिबिंबितरूपा इव।

105—अथ च। पद्मिन्याः रक्षितारः केचित् पदातिकसमूहा इतस्ततो भ्रमणशीला पदचारिणः, पुनः केचित् पादिकाः अग्रेसंचारकाः पद्माः **हिलविलीया** इति बहुसघनं विस्तृताः पुनः हस्तिनः छावकाः प्रचलिता **गमेगमे** वामदक्षिणमार्गे केचित् गर्ज्जारवं विदधतः मदोन्मत्ताः करिणः ये तु गात्रैः अत्युच्चत्वेन गिरिवरप्रायोः गत्यानागाः इव सर्पवत् घूर्णमनाः गंभीरवेदिनः मंदं मंदं गमनपराः चलिताः इति कन्यायाः सभयताविःकरणं दर्शितं। यदुक्तं। "श्रेयांसि वहु विघ्रानि।"

106—अथ च क्रमेणा ....अश्वाः वेगवत्तया वहंति रथाः सारथि भिरंतरे कृताः वहंति संकटे भङ्गभयत्वात्.....। एवं सर्वेऽपि चंद्राननायाः रुक्मिण्याः मार्गमनुलक्षीकृतय चटिताः। ते के इव। उत्प्रेक्ष्यते। अयोध्यावासिनो नराः सरयूनदीमध्ये मज्जनं कृत्वा वैकुंठवासमुद्दिश्य चलिताः इवेति ज्ञेयं।

107—सर्वे सैन्यसंघं परितः प्रासादं परिवेष्ट्य स्थितं। किमिव इति। अहमेवं जाने। उत्प्रेक्ष्यते। मृगांकश्चंद्रः **जलहरीति** परिवेषेण वेष्टित इव। अथवा मेरोः पार्श्वे प्रदक्षिणीभूता नक्षत्रमाला तारकमंडलमिव, पुनश्च शंकरेण धूमाला नर-कपालहारः धृतेवेत्युत्प्रेक्षा त्रयमपि कार्यम्।

108—अथ च। रुक्मिण्याः स्वमनो वांछितं फलं श्रीपतिसंयोगलक्षणं हस्तप्राप्यं स्वहस्ते समागतकल्पं कृतं। किं कृत्वा। देवालये देवीगृहे प्रविश्य अंबिकां दृष्ट्वा बहुभावेन बहुहितेन च पवित्ररीत्या बहुप्रीत्या एकचित्तवृत्तिव्यापारेण स्वहस्तेन तां पूजयित्वेति प्रसन्नकरणविधित्वे चिंत्यम्।

109—अधुना निर्गत्य प्रासादद्वारे समायाता। तदा किंजातमित्याह। चतुर्दिक्षु नयनप्रक्षेपणेन कामस्य पंचापि बाणा स्वांगेंऽगीकृताः। किमिति

पंचबाणनामानि। आकर्षणं 1, वशीकरणं 2, उन्मादनं 3, द्रावणं 4, शोषणं 5, एते पंचशराः कुत्र कुत्र परिठिताः। प्रथमं चिंतनतया मनोधारणया। हास्यकरणेन द्वितीयं। लसणि स्वांगमोटनेन तृतीयं। स्वतनुदर्शनेन चतुर्थं। सकुचणीति अथ स्वशरीराच्छादनेन पंचमं इति परिपाद्या। संचः प्रपंचः कृतः।

110—अथ च सर्वे सैन्यं मनसा पंगुरचैतन्यवत् मूर्च्छितं जातं, कथमिति रुक्मिणीवीक्षणेन तेषां शरीरे तह इति शक्तिर्न स्थिता शक्यत्वं गतमेव। उत्प्रेक्ष्यते। सर्वमपि सैन्यं प्रासादनिष्पत्तिसमये निकुटीए इति सूत्रधारिभिः कठपूतलीरूपं पाषाणमयं रचितमिवेति सैन्यस्तंभो निवेदितः।

111—तत्क्षणे किं जातमिति कथयति। अश्वान् खेटयित्वा अरिसैन्यमध्यं प्रविश्य हरिः समायातः। किमिति पृथवीगत्या किंवाकाशपथ्या गगनादुत्तीर्णः यतस्त्दवेलायां त्रिभुवननाथस्थ रथस्य रवः शब्दः श्रुतः किंवा रथ एव दृष्टः। इति न संदेहनिराकृतिः। अकस्माढागमनमेवेति रहस्यम्।

112—बलिबंधकः कृष्णः समर्थतया रुक्मिणीकरं स्वकरेण संगृह्यानंतरं ता रथें स्थापयित्वां एवमुक्तवानासीत्। यतः अजल्पनग्रहणं क्षत्रियाणमधर्मः। रे लोकाः यूयं श्रुणुत यः कश्चिद्वरः परिणयनार्थमागतोऽस्ति। स **वाहर वाहरिति** रुक्मिणीं प्रतिवालयितुमादंर कुर्यादिति निःशङ्कप्रेरणे वीप्सा। हरिः हरिणाक्षीं हृत्वा स्वाधीनां कृत्वा यातीति बाढमुक्त्या श्रावणं सर्वेषां कृतमिति।

113—अथ च तदा किमभूदित्याह। तत्र लोकैरपि पूत्कृतं (?) ये राजानो धवलानि मंगलगीतानि श्रुतवंतः आसन् ते साहुलिं कूकू रवं शृत्वा अलला इति वहवः **आलूदाः** सज्जीभूताः कैशरिकावस्त्रस्थाने पिंडे 2 स्वदेहे 2 गृहीत किंग्ला परिधृतसन्नाहा मूल वेषरूपं पिरत्यज्य बहुरूपाः योगींद्ररूपाः जाताः इवेति वेषपरावर्तनमुक्तम्।

114—सांप्रतं तत्समये अश्वाः **लारोबरि** इति श्रेणिबंधेन निसृताः भान्तीतिशेषः। उत्प्रेक्ष्यते। चित्रे लिखिता इव। तत्कारणमाह। नखैः खरतरैरुत्पत्यमानैरश्वैर्नराः नरं वृण्यते ते प्रेरयंति स्मेति स्वस्ववेगाधिक्यदर्शनं। तत्र मुखे योधाएवमवादन्। हे माधव इयं ग्वालिन्याः अग्रतः मांखणस्य नवनीतस्य चोरी स्तेयं नास्ति। इमां रुक्मिणी महीयारीं गूर्जरामिव हे **महर** इति हे गूर्जर त्वं मा मन्यथा। अस्याः ग्रहणं दुष्प्राप्यमस्मत्सकाशादिति स्वगर्वत्वम्।

115—उत्पतितरजोन्तरे अर्कः एवंविधो दृश्यते स्म। उत्प्रेक्ष्यते। वातचक्रे

वातूलिकमध्ये वसत् स्थितिमत्पत्रं शुष्कं तरुपर्णमिव। विच्छायतया ईषद्ध दर्शनं। तथा **वरिहासां** इति चाश्वनाशास्फुरणै नवतिसहस्त्रवादित्राणं स्वरो न श्रूयते स्मेति सैन्यबाहुल्यम्।

116–दूरं स्थितापि भूमिः सोत्सुकं बहस्त्रिझरश्ववारै नेडी रासन्ना समीपं कृता द्वयोरपि दलयोरन्योन्यं द्रेठालउ इति दृष्टि प्रसरत्वं परस्परप्रेक्षणं जातं। ततो वाहरिकेः पृष्ट संप्राप्त योधैः वागां इति वल्गुरज्जवः **ढेरवीयां** इति शिथिलं मुक्ता। मार्गिकैः स्तेयं विधायाग्रे गच्छस्त्रिझर्भटैः मुखानि प्रतिपक्षिभ्यः **फेरीया** इति सन्मुखं मंडितानीति। दृष्टो दृष्टे सामप्रतं गमनं क्षत्रियाणां लांछनमिति सैन्यद्वयस्य योजना।

117–द्वै अपि घटे सैन्यरूपे **कालाहणीति** कृष्णवर्णमेघाभ्युदयसामयिक्याविव सन्मुखं कठी इति उत्पतिते सज्जीभूमस्थिते। अथातो मेघसैन्ययोः सादृश्यं। तत्र च योगिन्यः आडङ्गमिति वर्षणसमयं रुधिरमयमिव विज्ञाय तत्र रक्तवर्षणं वर्षतिस्म कीदृशम्। स्थानद्वयेऽपि वहनशीलम्।

118–हथनालि हवाई कुहक बाणाः सर्वाण्यपि आतमबाजी लक्षणानि तेषां हुविरित्युच्छलनं जातं। वीराणां सुभटानां हक्का (इति) स्वस्वबलवत्तायाः बाढस्वरेण प्रकाशनमभूत गहणमिति रणभूमिः सूरैर्गृहीता। तत्र वहत्सु आयुधेषु सन्नाहलोहानामुपरि शस्त्रलोहानि वारं वारं पतंति दृशानि दृश्यंते। उत्प्रेक्ष्यते। माहीं महण इति समुद्र मध्ये मेघस्य बंदव इवेति परस्परं लोहमोचनं। तथा च प्रथमं मेघोऽपि उत्कलयित्वा वर्षति तथात्र किमिति।

119–कुंतानां भल्लानां किरणाः तेजांसि झात्काराः इदमेव कलकलन मुस्कलनं कलौ रणे वरजित विशख इति शरमोक्षणं तस्य पक्षवातः स एव वातः उत्तरदिग्जः इव। तथा **धड़े धड़े** पिंडे पिंडे योज्वलधाराः लोहधारा धारया मिलितां सैव जलधारेव। तासां लोहधाराणणामुद्योतः स्फुरणं तदेव **सहरे** 2 अभ्रे 2 पृथक् 2 **संभरवि** इति विद्युतं **सिलाउ** इति विस्फुरणमिवेति सान्यम्।

120–तद्वेलायां कातराणां निर्बलानां उदांसि हृदयानि कंपितानि सभयं चकितानि आसन् तैर्ज्ञातमयं समयो कालिकसमेत मेघवत् अशुभकारी उत्पातिकः कथं येन गर्जस्त्रिझर्वादित्रैः **गडडइ** इति सगर्जः **सन्नधिमधिं** वद्धते उज्वलाभि **उवडीउ** इति वर्षितुं लग्नः प्रणालेष्विवोच्च स्थानान्निम्नप्रदेशेषु जलं स्थानीयं रुधिरं पततीति कंपनिदानम्।

121—अतः चोउंडीआल्यु इति छुटितवेणिकाः विरलकेशाः चतुःषष्टियोगिन्यः चाचरे रणभूम्यंगणे कूदंति नृत्यंति स्वाशाधूरणत्वेनेति तत्र ध्रुवे शिरसि पतिते सति धड़ः कबंधः ऊकसति योद्धु प्रवर्त्तयति शूरताधिक्यमिदं। तत्रानंतः कृष्णः शिशुपालश्च तयोः परस्परं उझडां इति शस्त्रमोक्षविवादे झडमातउ इति वर्षाः।

122—ततः प्रवृद्धे संग्रामे रणांगणे रुधिराणि रलतलीया इति बहुतरं चलितानि अतो योगिनीनां हस्तेभ्यो बहुशः पतितानि पत्राणि पानभाजनानि प्रवाहे वेगवत्तयाधोमुखानि जातानि अतस्तरीत्वा तत्तरीत्वा गच्छंति। कीदृशानि दृश्यंते स्म। उत्प्रेक्ष्यते। जलप्रवाहे बुद्‌बुदाकाराः पंषोटकरूपाः इव तेऽपि संभूताः बहुवृष्टिं सूचयंति वर्णतोपि श्वेताः पत्राण्यपि नृकपालान्येवेति साम्यम्।

123—तदवसरे कृष्णेन किं कृतमित्याह स्वयं रुक्मिणीं गृहीत्वा निर्गंतुं प्रवृत्तः। तदा बलभद्रं भ्रातरं बेली इति आत्मनः द्वितीयं साम्येन धूर्धरं बलवंतं पौरषणं व्याख्याय स्वयं कृष्णेन बापकारितः सज्जीकृतः हे हलधर सांप्रतं भवत्समयोऽस्ति। अद्यापि यावत् शत्रुसार्थोरिसैन्यं अविनष्टं युद्‌धं कत्तुं तत्परः त्वयापि निःशङ्कं योद्धव्यं यतो बूठ **बाहवीइ** इति वृष्टे मेधे हलधराणां हलं वाहयितुं या वेला सा दुष्प्राप्या प्राप्तास्तीति। इ इति अधुना यो हस्तौ वाहयिष्यति स एव जेष्यतीति प्रतिबोधनम्।

124—अथ च द्विवारं खेटनं कृत्वा आत्मनः क्षेत्रे यशसां बीजानि विस्तारितानि वाप्यंते स्म बीजानां वपनं भविष्यतीति ज्ञेयं। कदा हलधरस्य हले वहत्सु सत्सु आयुधस्याक्षयत्वात् बहुवचने द्वितीये। शत्रूणां पक्षे तद्बीजं खलानां दुर्जनानां हालाहलावत् महाविषवत् कटुक्षयकारि स्वरूपं संभविष्यति। तत्रारिवर्गस्य स्कंधात् प्रहारेण त्यंति ते तु मूलात् निःशेषं जड़ाः इतस्ततः प्रसृताः अपि जटाः हलवहने त्रुट्यन्ति स्मेतिभावः।

125—तत्र बीजवपनानंतरं। नित्तिकृते नारस्थाने रक्तानि निःसंख्यं अतिप्रचुरं वहंति स्म ऊद्धर्वं अचनंच इति विप्रुवोत्यंतमुच्छलंति। उत्प्रेक्ष्यते। पिडीति रणभूम्यां प्रवालानां क्षेत्राणि निष्पन्नानीव ततः हंसाः जीवाः निःसरन्ति किमिति। तत्र शिरो नामानि फलानि इव तत्रापिधान्या विभवि शिराः निस्सरंति। कथं। सत्वेन सारवत्तया।

126—रणभूमिक्षेत्रे नवीनविधिना भुजाबलेन कृत्वा महाबले महारथोपमे बलदेवे प्रहारं कुर्वति द्वितीयेऽर्थे जागरूकत्व सतोत्यपि तानि तीणि **बेजड़ां मुहे**

करवालानां धाराभिः प्राक् बेडिता निकर्त्तितानि शिरपुंजाः शीर्षसमूहाः यै चर्या कृतैस्तु सवरीति एकत्रकृता धान्यशिरां राशिः नाम प्रापिताः।

127—रामे भुजाभ्यां रणं डोहमाने खला.....स्थाने रणे सपरीवारचरणाः स्थिराः कृदास्ते एव मेढीभूताः यतः क्षेत्रगाहटनस्थाने मर्यादार्थं स्तंभोऽपि तस्य नाम मेढीति प्रसिद्धं। पुनः पुनस्तत्र चटनेन संहारं फेरयति सति वृषभस्थानीय वाजिपादैः सुष्ठु गाहटं कृतं।

128—गाहटकरणानंतरं किंजातमिति। तत्र कणनिष्कासनसमये गृद्धिणी पक्षिणां विशेषरूपाः चटिकाः बलिभद्रस्य खले क्षेत्रधान्यराशौ खलानां वैरिणां शिरस्सुशीर्षेषु इव समागतास्ताभिः किं कृतम्। तत्र पल मांसमेव चारउ इति भक्ष्यं गृहीतं। पुनः के कणाः इत्यनेन सैन्यनायकाः भक्षिताः। केचित् कणकणकीआ इति पृथक्-पृथक् विरलीकृताः रणे भारं **खंचयित्वा भिड़** इति शत्रुसंघट्टरूपो धान्यसमूहो भंजितः शिथिलीकृतः अतः शत्रुसैन्ये विमनस्कत्वं दर्शितम्।

129—अधुना पुनर्बलभद्रं वर्णयति। तदा बलभद्रो युधि संग्रामे सधरैर्महारियोधैः सार्द्धं निःकासितेन खड्गे पुनः **वडफरि ऊछजीइ** इति हृदयाग्रन्यस्तखेटके गृहीतेषु परमुक्तलोहेषु सत्सु विरुद्धो यमो भूत्वा लग्नः यत एवं ज्ञायते। ननु सत्वेन वलेन **भलाभली पृथ्वी**त्याख्यानेन एकस्मादेकोन्योधिको भवतीति सत्यं चिंत्यं। तदेव बलिना। युधि संग्रामे जरासंघशिशुपालप्रभृतयो राजानो भंजिता जिता एव।

130—अथ च शिशुपाले सदले भग्ने सति अतितीक्ष्णत्वने रुक्मनाम्ना किं कृतमित्याह। रुक्मिणीवीरो रुक्मनामा एकाएकमित्यकस्मात् आडोअडीति तिर्यक् तिर्यक् भूत्वा हरि मापतित्वा कृष्णं समीपं प्राप्य बाढमेवमवादीत्। किमुवाचेत्याह। रे अहीर, रे गूर्जर, सोल्लुंठमामंत्रणं, त्वं अबला भाद्भगिनीं गृहीत्वा बहुभूम्यंतरमाऽगतोसि। परमधुना मा पलायथाः श्वरणौ मंडय, वीरत्वं धरेति यावत्। यतोहमागतोस्मि अतम्तव गमनं दुष्करमवेहीति श्रावितम्।

131—यदा तेनैवं वाकारितः सरोषप्रेरितः सदा कृष्णो वदनेन विलकुलितो रक्तत्वमाश्रितवान् सन्मुखं स्थित इति शेषः। किं कृत्वा। धनुराततज्यं करे सशर संगृह्य गृहीत्वा शरमोक्षणे तत्परो जातः। पुनः किं कृतवा। रुक्मणः आयुधवेधनकृते बेलकं पुंखस्थानं अणी शराग्रभागं मुष्टिं च दृढ़ं बंधयित्वा पाणिं षटिकामुखी कृत्वा तेन महाधनुर्धरत्वं दर्शितम्।

132—माधवेन तत्क्षणे स्थांनः शंडसीति उद्धारयोग्यं शस्त्र लोहकारन्य तत्सदृशं कृत्वा। किं कृत्वा। रुक्मकं लोहमिव रणरूपे आरखे लोकहकृन्महानसे तप्तमसूया ज्वलिमिव दृष्ट्वा। पुनः पार्श्वस्थां रुक्मिणीं प्रसन्नजलं विध्यापनार्थ जलभृतकुंडकामिव निरीक्ष्य आत्मना निजतनुना लोहकारसदृशेन वामकरेण तप्तं लोहं विध्यापयितुं शीतलीकर्त्तुं मनसा नीरोषो जात इति भावः।

133—सज्जनतायां संनसि लज्जया अयं श्यालको लगतीति लज्जया, अथ रुकिमण्याः सन्निधि इति पार्श्वस्थायाः मुखं सन्मुखं प्रेक्षणेन श्रीकृष्णेनैषा आख्यातिराश्चर्यं कृता स्तुतियोग्या वार्त्ता चेति यदायुधं रुक्मकः सज्जं करोति तदेव स्वेनायुधेन धनुःशरेण हरिः छिनत्ति खंडयतीति। किमिति। ममायं न वध्य इति वितर्षेण आलोचनाभिप्रायः उक्तः।

134—एवं कमेण सेनानामी रुक्माभिधो निरायुधो भग्नशस्त्रः कृतः कृष्णेनेति शेषः। ततो गृहीत्वा केशानुत्तार्य शिरो मुंडयित्वा विरूपः कृतः दुर्दर्शनकः कृतः परं क्षणिके जीविते स्वाधीने तत्जीविते यदयं जीवनमुक्तः तत् हरिणाक्ष्याः हृदयं शांतिवृर्त्ति वीक्ष्येति स्त्रियो दाक्षिण्यं कृतम्।

135—अग्रजो ज्येष्ठभ्राता बली अनुजं लघुभ्रातरं कृष्णं एवमभाषत। हे अनंत स्वयैतदुचितं कृतमिति सोपालंभवचनं वक्रोक्तया दुष्टस्य भव्यावासना महत्त्वं दत्तं, परं यस्य भगिनी पार्श्वे स्थापिताः तस्यैतत् कृतयं किं भव्यमित्यपि वक्रोक्तिः। हे भव्य भ्रातः भवतैतदयोग्यं कार्यं कृतमिति भावार्थः।

136—(138)—तदा हलिना स्वयं नोक्तं मया जितमिति। स्वकीर्त्तिकथनं नकार्यमिति दर्शयन्नाह। तत्क्षणे वहतः कटकस्य मध्ये वर्द्धापयितारो वर्द्धितुं लग्ना अहमहमिकया। उद्यातुकामा **आसइ** इत्यनेन जयोज्ञपितः किं कर्तुमनसः परदलं वैरिवर्ग जित्वा रुकिमणीं परिणीय शत्रुणां शिरस्सु अधिकं सार लोह धारां वाहयित्वा विजयिनः संतः समागच्छंतीति वक्तुं द्वारिकां प्रति गंतुमनसः अन्योन्यं स्पर्द्धित्वमकुर्वनित्याध्या हार्यं।

137—(136)—श्री पुडरीकाक्षः प्रसन्नोऽभूत् हास्यमिषेण सुस्मितं त्रपया सुनमितं सज्जनवत्तया सुप्रीतं वदनं कृत्वेतिशेषः रुक्मोपरीति। तत्कथमित्याह। प्रथमं तु अग्रजस्य ज्येष्ठभ्रातुः आदेशं पालयितुं कथनं सफलं कर्त्तुं। अन्यच्च मृगाक्ष्याः रुक्मिण्याः मनः रक्षितुं मनसि सुखं दातुमिति।

138—(137) तदा कृष्णेन किंकृतमित्याह। कर्तुमकर्तुमन्यथा कर्तुसमथः

प्रभुरिति सर्वेः प्रकारैः समर्थेन प्रभुणा परमेश्वरेण हा इतिखेदमाकल्प्य ये केशाः अलगाया हुंता दूरीकृताः आसन् ते तु शालकशिरसि स्वहस्तं फेरयित्वा स्वहस्तेन शिरः प्रस्पर्श्य आलीया इति धरित्रीभाषया पश्चाद्दत्ताः पुनर्नवीकृता इति भावार्थः अथवा हालीया इति देशविशेषभाषया प्रकटिताः इत्यपि।

139—अथ च बहुकालं विलम्बभवगत्य प्रजाभिः किं चितितमित्याह। लोकानां गृहकार्याणि विस्मृतानि। गृहे गृहे गणकान् ग्रहगतिं ग्रामस्वामिदशां प्रष्टुं परायणा यतश्चिंताः जाता किं भविष्यतीति वितर्क्यमानाः प्रजाः ओटे उच्चकैः स्थाने चटित्वा विलोकयितुं लग्नाः। किं कृत्वा। हरिमार्गे आगमदिशि मनः अर्पयित्वा चित्तेकाग्रयं कृत्वाऽपश्यन्निति।

140—तत्रावसरे किं जातमिति वक्ति। दूरात् पथि मार्गे पथिकं उल्ललंतमागच्छंतं इष्ट्वा जनाः झंखाणा इति विलक्षीभूताः उरसि कराला ज्वालोत्थिताः यतः किं वक्ष्यत्ययमागमिकः तत आसन्ने समायाते करे नीलां डालीं इति सुतरु शाखां गृहीतां वीक्ष्य लोकाः अपि नीलांणा इति सानदाः प्रोत्फुल्लचिता जातायतोऽनेनाभिज्ञानेन कुशलमस्तीति कुशस्थली द्वारिकापुरी कसुमैर्वासिता कमलोत्करैः सुगंधाकृता।

141—अथ च तन्मुखात् हरेरागमनं श्रुत्वा सर्वमपि नगरं सोद्यममभूत्। किमर्थं। रुक्मिणीं कृष्णं च वर्द्धापनस्यारशि इति वांछया वर्द्धापयितुकामाः सन् **लहरी** आनंदलीलाः गृहणते स्मेति। क इव। लहरीरवः समुद्र इव यथा समुद्रः राकायाः दिने चंद्रस्य दर्शनं दृष्ट्वा लहरीकल्लोलान् **प्रकट** (यति) इति।

142—वर्द्धापनदातणां गृहे गृहे पुरवासिभि.....तद्दलिद्राय अकिंचन पक्षं दरिद्रं विनाशोदत्तः। अतस्तेषां दरिद्रं दूरीकृतं। पुनर्लोकानां गृहे आनंदाः मंगलाः ......गीतगानादिप्रारब्धं। यत्र तत्र अक्षता उच्छलिताः **हरीदोष** आर्द्रदूर्वाकेशर हरिद्रादि यथाविधि स्थापितमिति।

143—अथ च प्रवेशसमयं वक्ति। नरा नार्यश्च एकैकमार्ग वामदखिणमुद्दिश्य **क्रमया** इति पृथक् चलिताः। किं कृत्वा। विशेषेणोत्साहं श्रृंगारं वेषपूर्वं जवारककुंभध्वजादि सज्जी कृत्येति। उत्प्रेक्ष्यते। हरिनगरेण स्वस्वाभिने अंकमालं आलिंगनं इति आलिंगितुमिच्छुना द्वे बाहू प्रसारिते इव।

144—तदा विविधवर्णेः छत्रैः गगनं आकाशं एवमाच्छादितं निरवकाशीकृतं। उत्प्रेक्ष्यते। नवीनान् बहून वर्णान कृत्वा मेघाः समागता इव। अतो

मेघलक्षणसाम्योक्तिः छत्राणां दंडद्युतिः रत्नखचिता। उत्प्रेक्ष्यते। विद्युदिव। तेषां झालरीतः मुक्ताफलच्यवनं वर्षाबिंदव इव।

145—अथ च हरिसेनापुर एवं प्रविष्टा। तत्कथं। प्रतोल्या मुकुरमया बद्धैः आदर्शैः शोभमानाः। मार्गाः **प्रोलिमयाः** यत्र तत्र स्तंभान् निवेश्य तोरणैः कांश्यमयैउस्त्र्झासिताः मार्गाः अवांतरसरणयः अबीरमया अतिरंगगुलालादिचूर्णैः प्रतिनिधीकृताः। उत्प्रेक्ष्यते। **नीरोअरि** इति समुद्रपर्यायः नद्यः समुद्रे प्रविशन्तीव नदीरूपाः सेनाः नगरं समुद्रसदृशं इत्युपमापि।

146—नागरिका स्त्रियः धवलगृहेषु उज्ज्वलं यशः समुद्धिश्य धवलानि मंगलगीतानि ददते गायंति स्म। किं कृत्वा। स्वामिनं सुधणं सुस्त्रीकं परिणीतं समीक्ष्य दृष्ट्वा। पुनः उपरिष्टात श्यामलस्य कृष्णास्येति वधूवरयोः सकिशलयं सदलं सुबलम संख्यं पुष्पवर्षणं समपतत्।

147—अधुना स्वकीयं गृहं प्राप्तौ वधूवरौ। सदा किमभूदित्याह। वसुदेवदेवक्यौ वारं वारं अपि पुनः वारि पानीयं अर्थाल्लूणपानीयं उवारि यतः शिरसः उपरि परिभ्राम्य दूरं क्षिपत इति दृष्टिनिवारणोपायः। किंकृत्वा। प्राक् वधूवरयोरुपरि आरार्तिकां समुत्तार्य। तत्किं कारणे नेत्याह। यतः युधि संग्रामे शिशपालं जित्वा तथा च जरासिंधुं निर्जित्याक्षमेण सर्वे गृहमागताः इति।

148—अथ चान्ये नराः राजानः राजराजश्च कृष्णस्य रुक्मिण्याश्च भोजनाच्छादनरूपां भक्तिमातन्वते स्म। किं कृत्वा। प्रथमं विधिवत् द्वे वर्द्धापयित्वा। पुनः वादित्राणि वादयित्वा भिन्नां भिन्नां वाणीं नवीनां नवीनां गुणस्तुतिं अभिन्नां मंगलरूपामेव मुखेन संजल्प्य तदनु स्वस्वगृहे निमंत्रणपूर्वकं रक्षयित्वेति महत्त्वप्रदानहेतुः।

149—वसुदेवदेवक्यौ सुसंगतौ दैवज्ञान् ज्योतिषिकानाहूय प्रथमं एतत् प्रश्नमकार्ष्टां। किमित्याह। हे गणकाः ज्योतिषग्रंथत् निरीक्ष्य सुदृष्टया विचारयित्वा लग्नं ददध्वं यूयं कथयतेति। रुक्मिणीं कृष्णः कदा परणाइ इति अनयोर्विवाहनं कदा क्रियते इति पृच्छा।

150—ते तु किं प्रस्तुतमाचक्षंते स्मेत्याह। वेदोक्तधर्मं विचार्य ते वेदविदो ब्राह्मणः कंपितचिताः सभयं एवं जल्पितवंतः आसन्। एकया स्त्रिया सार्धं पुनः पुनः पाणिग्रहणं कथं भवतीति प्रश्नोत्तर।

151—ते दैवज्ञास्त्रिकालदर्शिनः भूतभविष्यवर्तमानवार्त्ताज्ञाः तत्कालं रुक्मिणीहरणसामायिकं क्षणं निरीक्ष्य पुनः शास्त्रदृष्टया निर्णीय मनसा निर्णयं

विधाय कथयिंतुं लग्नाः हे पितरौ यदा रुक्मिण्याः कन्यायाः हरणं जातं तत्समये सवैः दोषैर्विवर्जितं लग्नमपि सत् आसीत् इति सत्यं।

152—अथ च ब्रह्मपुत्रै राजराज्ञोरग्रे एवं परस्परमालोच्योक्तं। तत्किमित्याह। हस्तमेलको हरणसमये एव जातः स एव प्रमाणं। अतः परं स्वसमृद्धितानुरूपं यथा स्यात्तया शेषाः संस्काराः आरिमकारिमाः लोकप्रसिद्धाः भवंतु। इति शिक्षावचः श्रुत्वा तावपि हृष्टौ।

153—अधुना नवीनरीत्या विवाहस्तस्य सामग्रीं निरूपयति। विप्रो मूर्त्तिमान् वेद इव मान्यः। **वेदी** सा तु रत्नैः पूरिताः। वंशाः आर्द्रा वेहीति। मंगलकलशा अर्जुनं स्वर्णं तन्मयाः। अग्निः अरणीतस्वरितमुत्पादितः, इंधनानि अंगारकाष्ठान्येव धृत.....घनसारः कर्पूरं **आहुतिः** होतद्रव्यं अछेहु यथेच्छं नतु स्तोकमिति भावार्थः।

154—पश्चिमायां दिशि पृष्टं, पूर्वसन्मुखं, स्त्रीवरं पट्टके आसने निवेश्य द्वयोरुपरि आतपत्रं छत्रं धृतं। ततो मधुपर्कादयः सर्वे विवाहसंस्काराः मंडिताः प्रकटीकृताः।

155—तस्मिन समये सर्वेऽपि नरनारीजनः हरेराननेे चक्षूंषि समारोपयंति स्म ददते। उत्प्रेक्ष्यते। समुद्रस्य गर्भे मध्ये स्थितः शशी मत्स्यैर्गृहीतो वेष्टितः इव। कृष्णशरीरं समुद्रमध्ये शशीमुखं। मत्स्यसदृशानि जनलोचनानि। तत्र प्रजासुखांगणेषु तथा **ओटेषु** उच्चवर्तिषु स्थानेषु स्थित्वा पश्यंति। पुनः मंगलानि कृत्वा मुखे गीतानि गायंति स्म।

156—त्रीन् वारान् चवरिका पार्श्वे स्त्रीमग्रेसरीं कृत्वां हतुं हुताशं प्रदक्षिणीकृत्य चतुर्थे आरंभे अग्रे पतिः पृष्टे स्त्रीति विधिवद्विधाय विवाहः प्रारब्धः। किं कृत्वा। स्त्रियः सांगुष्ठस्य करस्य ग्रहणं कृत्वा भ्रांतवान्। उत्प्रेक्ष्यते। **करी** हस्ती करेण शुंडदंडेन कमलं चंपयन् परामृशन् भ्रमतीवेतिशेषः। पुरुषस्त्रीकरयोः सुकुमारकाठिन्यकथनं।

157—अथ चतुर्थे मंगले पूर्णे किं जातमित्याह। स्त्री प्रत्युक्ता वामे पार्श्वे स्थापिता। तेन प्रायः स्त्रियो नामवामांगी। तत्र दम्पतीयुगलं निवेश्य परस्परं वाचं ग्राहिताः उभयोर्निविड़ा प्रीतिरस्तु इत्याशीर्वचः। तत्र लब्धायां प्राप्तायां वेलायां प्रस्तावात् याञ्चाकाले निगमपाठकैः परिणापितु प्रवृत्तैः शास्त्रज्ञैः नवापि निधयो लब्धाः इति निःसंख्यदानं प्राप्तमिति भावार्थः।

158—ततः समुत्थाय सांप्रतं वरः अग्रे भूत्वा कन्या पृष्ठे भूत्वा द्वाभ्यां क्रमाश्चरणाः शयनगृहदिशि दत्ताः। चवरिकां त्यक्त्वा हस्तमेलो मुक्तः परं परस्परमंचलबंधने अन्योऽन्यं मनोयुगलं बद्धमेवेतिप्रीतिप्रवृद्धिर्दर्शिताः।

159—अथ च सख्यश्चतुराः अग्रतो गत्वा केलिगृहांतरे शयनगृहांतः करैः अंगणमाजन कृत्वा शय्या सज्जिता उज्जवलवस्त्रावृता। उत्प्रेक्ष्यते। क्षीरसमुद्र इव उपरि पुष्पाणि विरलीकृतानि। उत्प्रेक्ष्यते। तस्य फेनानीव। अत्र व्याजशब्दः उत्प्रेक्षा वाचकः।

160—तत्र गृहे चित्रैः रचिता यादृशी आभा शोभा विविधवर्णा तैरेवरगैः विविधवर्णा मणिमया रत्नान्येवं दीपाः मुक्ता **उपरि** उज्ज्वलउल्लोच चंद्रोदयो बद्धः। कामुकानां सर्वमप्युज्ज्वलं प्रियं। अतः उत्प्रेक्ष्यते। सहस्त्रफणः शेषः सहस्त्रं फणानि शुद्धमनसा सुभक्तया मंडयित्वा प्रसार्य स्थित इव।

161—अथ च अन्यगृहांतरे विचित्राभिः सखीभिः क्षणांतरे मेलनार्थं समावृता परिवृता सा पुनस्ताभिः प्रथमं विवाहसंस्कारे कौरयमलकादि परिधापनरूपे कृते। अधुना पतिसंगाय रतिसंगाय रतियोग्याः संस्काराः शृंगारविधयः कार्या इति मत्वा सुतनुरिति रुकिमणीशृंगारितेसि भावार्थः।

162—अथ च रुक्मिणीरमणी रतिं सुरतं वांछति। स कः समयः यस्मिन् संध्यासमये एते पदार्थाः समसमा इति युगपत् संकुड़िताः अप्रसरणीशीलाः जाताः। के ते। पथिकवधूनां दृष्टयः चंक्षूषि किंचिन्मिलिताः। पुनः पक्षिणां पक्षाः पिच्छान्नि। अथ च कमलानां पत्राणि। सूर्यस्य किरणाः। अती दिवसास्तः रात्रिमुखं वर्णितं।

163—संसारे पतयो रसिका रमणी स्त्रीमुखं निरीक्षितुमुत्सुकास्तैस्तु निशामुखं **निठ** इति कथमपि दृष्टं। पुनश्चंद्रकिरणैः अथ च कुलटाभिः स्वेच्छाचारिणीभिः स्त्रीभि निशाचरैः रात्रिचरैः पशुपक्ष्यादिभिः द्रवड़िकैश्चौर्यघाटीकारकैः अभिसारिकादृष्टिनिः। यदुक्तं

या दूतिकागमनकालमपारयंती।
सोढुं स्मरज्वरभरार्त्ति पिपासितेव।।
निर्याति वल्लभजनाधरपानलोभात्।
सा कथ्यते कविवैररभिसारिकेति।।

एषां रात्रौ बलवत्त्वं।

164—अन्येषां पक्षिणां पक्षौ बद्धौ उड्डीतुमशक्यौ। चक्रवाकयुगले **असंधे** इति अमिलित रात्रौ वियोगित्वात्। अहोनिशमपि प्रदोषे दम्पतीव मिलितौ कालद्वयसंधित्वात्। कामिकामिनीनां मनसां कामाग्नयोऽनान्तर्भूता बहिः प्रकटिता इव केन दीपकोद्योतमिषेण। अयं न दीपोद्योतः परं दम्पतीमनोग्निः।

165—अथ च सकलसखीभिः प्रशंस्य प्रेरयित्वा। हे सखि, त्वं अतिकृतार्था संसारसुफलमनुभाविनी यस्याः पतिः श्रीकृष्णः। एवमुक्ता प्रियस्य मिलनकृते ऊर्द्धवीकृता। परं हरेःगृहं समीपमाश्रिता आसन्नं गतापि शय्याद्वारांतरे श्रुतिं दत्वा किंचित् कम्पमाकल्प्य आहुट्येति पश्चाद्वलित्वा पुनस्तत्र गंतुकामा भवतीति कुललज्जा निदानं।

166—अथ च वर्द्धापनदायकाविव वहित्वा शीघ्रं पुरतो गत्वा एकः सुगंधवासः द्वितीयो नूपुरशब्दः हंसगामिन्याः रुक्मिण्याः आगमं वक्तुं गताविवेत्यन्वयः। उत्प्रेक्ष्यते चेयं। केन सह वक्तुं। हरिणा सह। कथं भूतेन। आतुरीभूतेन विह्वलेन यत् कदा समागमिष्यतीति तन्मार्गान्वेषणं कुर्वता चिंतापरेणापि। वांछितवस्तुवर्द्धापनया मनसः संतोषावाप्तिः।

167—अथ च गजवत् गजगामिनी कथंचित् सखीभिः शयनगृहांतरे आनीता। तत्कथं। पदे पदे सखीकरमवलंब्य उद्धर्वस्थितिमती यथा मदं क्षरन् हस्ती पदे पदे करिणीकरमवलंब्य ऊद्‌र्ध्व स्थितो मंदं मंदं प्रयाति। हस्ती लोहलंगरैर्वेष्टितः इयं तु लज्जया वेष्टिता अतएव शनैः शनैः सर्पतीति साम्योपमा।

168—अथ चे **देहली** उंबरं तत्र स्थापिते चरणे हरिणा **जेहड़ीति** चरणाभरणविशेषं दृष्टं। तदा **ऊमाप** इति कोप्यनिर्वाच्यः आनंदः समुद्भूतः। तेनावंदेन स्वयं रुक्मिण्याः आदरः कारितः। किमिति। आत्मनिं रोमांचरोमोद्गमं समुत्पाद्य। अतः रोमणा आदरार्थं ऊर्द्धवीभूतं।

169—तदा कृष्णेनैवं चिंतिं। तदाह। मम सा घटिका वेला मिलिता या वेला मया बहुतरं वांछिता। बहुदिनानामंतरे स्वगृहे लब्धा वेलेति निःशंकं स्वेच्छया रमणं मनोवांछितं हेलायामेवाविलंबं अंकमालमित्यालिंगनं दत्त्वा सरणरणाकमुत्थाय स्वयमालिंग्य स्त्री शय्योपरि सुस्थापिता पार्श्व नीतेति।

170—तदवसरे यद्यपि मिलनेन माधवस्य मनस्तृप्तं जाते। परं तस्याः रूपेण अतिशयेन प्रेरिते नेत्रे न तृप्ते सक्षुधार्त्ते एवास्तां। अतः कृष्णो वारं वारं तथा स्त्रीमुखस्य विलोकनं कुरुते यथा रंको वारं वारं धनं विलोकयति।

171—घूंघटपटांतरे कटाक्षरूपा दूती आयाति च पुनर्याति गतागतं करोति दंपतिमन- सोरमिलितयोर्मेलनार्थं एकीभूतकरणार्थं। अथवा द्वयोर्मनसि सूत्रितं तांणवाणकरूपे कटाक्षमोक्षी नलिकाक्षेपणं इति वस्त्रगुंथनविधिः।

172—वरनार्योः निजनेत्राणां वदनयोश्च विलासैश्चेष्टितैः यदांतःकरणं चिह्नाभिप्रायेण ज्ञातं तदा सर्वाः अपि सहचर्यो भ्रूभिः भृकुटी संज्ञया परस्परं हसित्वा हसित्वा गुप्तमनस्कतया मौनमवलंब्य एकैका पृथक्-पृथक् निर्गत्य गृहाद्बहिर्गताः। यतः उक्तं च।

आकारैरिंगितैर्गत्या चेष्टया भाषणेन च।
नेत्रवक्त्रविकारेण लक्ष्यतेऽन्तर्गतं मनः।।

173—ततः किंजातमित्याह। एकांते जाते यः कश्चित् क्रीड़ाया आरंभः सुरतलक्षणः स तु केनापि देवेन अथवा द्विजेन तयोर्न दृष्टः यत् केन विधिना तत् कृतं। तदा मया अदृष्टमश्रुतं वस्तु किमिति कथयितुं शक्यते। ममाकथ्यमिति गोपनत्वाभिप्रायः। परं तत्सुखज्ञातारौ तावेव दंपती। अतः महत् सुखं संजातं भविष्यतीत्युक्तमपि। यदुक्तं।

अभिनव सुरतारंभे। जं सुस्कं होइ पोढ महिलाणं।
नवरस विलास हासं। जाणंत न जंपए जीहा।।

174—अथ सुरतांते स्त्रीशय्याया निर्णिश्वासमिव भूत्वा निपतिता। कीदृशी। पत्या पवनेन वातकरणेन प्रार्थिता दत्तसुखोपाया। तत्समये तस्याः श्रीः स्वरूपं कीदृशं भाति यथा नीराशये सरसि गजेन्द्रक्रीड़ितेन मर्द्दिता अधः पतिता कमलिनीव पद्मिनीव। अतिसुरतप्रसंगेन प्रथमसमागमे विचेतनत्वम्।

175—तत्र सुरतश्रमात् श्यामायाः ललाटे स्वर्णवर्णे स्वेदकणाः प्रस्वेदबिंदवः संजाताः तन्मध्ये कुंकुमबिंदुः टिक्किका भाति स्म। तत् सर्वमपि कीदृक् विराजते। उत्प्रेक्ष्यते। मिलितेन मदनसंज्ञेन स्वर्णकारेण कुंदनरूपस्वर्णे मध्ये माणिक्यं रक्तरत्नं कृत्वा विरच्य हीरकाः जटिता इवेति नवीननिष्पन्नांभरणविधिः।

176—पुनः रक्तांतस्वरूपं वर्णयति। स्त्रियो वदने पीतत्वं। चित्ते व्याकुलता विह्वलत्वं। हृदये धिगधिगीति अति विस्फुरणमुच्छलनमिति यावत्। खेदः श्रमेण श्रांतत्वमजनि चक्षुषोर्लज्जा धृता। अतो घुंघटादिकरणमिति। चरणयोर्नूपुरध्वनिनिवारणं। कण्ठे कुहुरवस्य निवृत्तिरिति निःस्वरत्वम्। सर्वाण्यपि लक्षणानि समुत्पन्नानि।

177—अतः सहसत्कारेण समुत्थाय बहिर्गता तत्र किं कृतमित्याह। तस्मिन् क्षणे सा श्यामा सखाकण्ठमालिंग्य बाढं विलग्ना सती शोभते स्म। उत्प्रेक्ष्यते। भरेण स्वतनुभारदानेन वारिजमाश्रित्यं भ्रमरो विलग्नः इव तथेयमपि विलीयस्थितेति। पुनः ऊर्द्धीभूत्वा प्रचुराण्यंगुलीवलकानि निविड़ं कण्ठे निक्षिप्य स्थिता। उत्प्रेक्ष्यते। कदल्याः अवलंबं समीपवर्त्त्वं प्राप्य लतेव यथा तदाधारं प्राप्य तंतुभिर्वल्ली विलगति न त्यक्तुमिच्छतीति तात्पर्यं।

178—सखीभिः पुनरपि समाश्वास्य शिक्षां दत्त्वा प्राणपतेः कृष्णस्य समीपे मुक्ताः। सा कीदृशी। लज्जया भयेन प्रीति भाव इति स्वादु पर्यायः स्वादुना संयुक्ता। लज्जया न यामीति चिंतनं। भयेन किं भविष्यतीति। प्रीति-स्वादुना अत्र यत् सुखं तत् कुत्रापि न प्राप्यते इति त्रयाणामपि भिन्नभावः। तदागतवत्याः तस्याः किं जातं। केशामुक्ताः विशेषं विरलीभूताः। मुक्तावली त्रुटिता। कंचुकबंधनानि छुटितानि। क्षुद्रघंटिका पृथक्-पृथक् पतिता इति निर्द्दयत्वेन निःशंकसुरतरमणम्।

179—श्यामया श्यामसंगेन क्रीडायाः सुखे लब्धे सति मनोरक्षकाभिः छन्दोवर्त्तिनीभिः सखीभिः संघटं गुप्तनिरीक्षणं कृतं। तत्र किं ज्ञातं। चित्रशाला उपरि चतुष्के 2 कहकहाहट इति प्रतिशब्दत्वं भूत्वा स्थितं निःशंकमेलो जातः इति तत्त्वार्थः।

180—अथ रात्रिजागरणं। महानिशे अर्धरात्रिसमये जगत् सर्वं निद्रावशं सनिद्रं जायते। परं तदापि यामिकैः यमोनियमः व्रतादिकं तत्पराः योगीश्वराः तैरिति पुनः कामिकैः कामरसवद्भिः रात्रिजागरणं निद्रानिवारणं प्रारब्धं। कथंभूतैर्घामिकैः। तत्त्वं ब्रह्मज्ञानं तदर्थं रक्तैस्तत्परैः। कथंभूतैः कामिकैः रतचिंतायै सुरत-क्रीडायै रक्तैः एकचित्तैः। तेषां स्थानान्याहुः गिरिकंदरासु कृतस्थानैः। गृहेषु अवस्थितैः। द्वयमपि गणयित्वा यथायोग्यं विचार्यं।

181—लक्ष्मीवरस्य हर्षगरभ इति निर्भरेण लग्ना इष्टा रात्रिः तस्याः त्रुटनमीदृक् यथायुस्तुटि आयुषः क्षये यावन्मात्रा दुष्कं तावद्दुष्कमस्याः त्रुटनेनेतिभावः पुनः क्रीडाप्रियस्य नरस्य किरीटी इति कुक्कुटस्य पूत्कार कूकू जल्पनं दुष्करं अथ च जीवितप्रियस्य बहुजीवितुमनसो जनस्य घटी पूर्त्तिसमोऽयं झल्लरीध्वनिः दुष्कहेतुः अतोऽखिला अपि प्रकाराः रात्रिनिर्गमनवेलायां प्रादुर्भवंतीत्यवधार्य।

182—अथ रात्रिं प्रान्तं वर्णयति। गलत्वां रात्रौ पार्श्वात्येसमये शशी पक्वपलाशवत् गत प्रभो जातः यथा वरे पतौ मंदे रोगिणि सति सइ इति सत्याः स्त्रियो मुखं विलक्षं भवतीत्युपमा। तस्मिन् समये दीपः प्रज्वलन्नपि न दीप्यति न शोभनो दृश्यते यथा नास-फरिम मूरतनि अदातृत्वेन महानपि सूरः तेजसा ज्वलन्नपि यशःकारणविहीनो न तादृशो विराजते याचकजनमनसामिच्छापूरणमंतरा शूरतरस्यापि नाम न प्रकटं भवतीति शोभाक्षतिः। इयमप्युपमा।

183—तस्मिन् समये विरहावध्यंतेन कोकस्य मनसि साधिरिति वांछा मिलिता प्रादुर्भूता। कामिकानां मनसि रमणानां चित्ते कोकेन चतुरशीत्यासनसूचकेन शास्त्रेण क्रीडायाः इच्छा निवृत्ता दूरीभूता। यतो दिवसोदयेऽधुनाभावीति कथं निःशंकं रंतुं शक्यते इति। अथ च फुल्लैः कुसुमैर्वासः सुगंधत्वं त्यक्तं म्लानित्वात्। ग्रहणैराभरणैर्मुक्ता- मयादिकैः शीतलता शैत्यं गृहीतेति।

184—अधुना योगमार्गमुद्दिश्य प्रातः काल्य-समयं वर्णति। अथ च अरुणोदये योगाभ्यासे इव जाते सति शंखपणवपटह झल्लरीभेरीयां ध्वनिरुत्थिता प्रकटिता। उत्प्रेक्ष्यते। अनाहत ध्वनिरिव सा तु देहस्था अंतरभूता स्वयमेव जायते अतः उद्योतं जातं। तत्किमिव। प्राणायामैः श्वासप्रश्वासरोधनैः निशामयं रात्रिसंबंधरूपं माया पटलं अज्ञानतिमिरमिव प्रमृष्ट्वा दूरीकृत्य ज्योतिः परमज्योतिः हृदयाभ्यंतरे प्रकटितमिति।

185—अथ सूर्योदयवर्णनं। सूर्ये उदयं प्राप्तवति सति। एतेषां मोक्षितानां निर्बन्धानां छुटितानामिति यावन् बंधोजातः निग्रहणमजनि। केषमिति। संयोगिनीनां चीराः परिधानवस्त्राणि रई इति मंथानः खजकाः कैरवाणां चन्द्रविकाशिनां श्रीर्विकाशः प्रफुल्लता, एषां पदार्थानां। तथा चैतेषां बद्धानां मोक्षो जातः। केषामिति। गृहहट्टानां रक्षाकृते तालकानि, कमलेषु भ्रमराः षट्पदाः, घोषे गोकुले गावः धेनवः, एतेषामिति।

186—पुनः सूरे प्रकटिते एषां मिलितानां विरहः अमेलो जातः। केषां केषामिति। वणिजां किराटानां बध्वा, गवां वत्सैः, तर्णकैः, असतीनां विटैः सार्द्धमिति सर्वत्र योज्यं तेषामिति। अथ चैतेषां विरहितानां पृथक्स्थितानां मेलः संयोगो जातः। केषामिति। चौराणां, चक्रवाकानां, विप्राणां तीर्थवेलया सह। अमिलितानां मेलः।

187—अथ ऋतुवर्णनं। तत्र ज्ञायते ज्येष्ठे मासि अनयोर्विवाहो जातस्तेन

तावत् ग्रीष्मऋतुवर्णनं। जेष्ठे मासि नदीनीराणि वर्द्धितानि हिमगलनात्। कानीव दिनानि न्यूना भवंति। धरा पृथ्वी कठिना जाता नीरसवत्तया। हिमगिरिर्द्रवीभूतः गलनशीतत्वात्। तस्मिन् समये जगति सिरि इति द्वारिकायाः उपरि सुतरूणां चूतादिवृक्षाणां छाया दत्ता ज्येष्ठमासेनेति अतः सुच्छायापुरी। पुनर्जगतो लोकानां शिरसि सूर्येण राहुरिव उत्पात इव कृतः महादुष्कावहो लगति। अन्यार्थे सूर्येण जगत्सिरसि राहोर्मार्गः कृतः सर्वांगान्मस्तके तपनं बहुलं भवतीत्यवगन्तव्यम्।

188—केचित् लोकाः धर्मेण व्याकुलीभूताः केचित् साश्चर्याः जाताः कीदृक् तपतीति वांछितछायायां विहिताः आश्चर्यं कृत्वा स्थिताः सूर्येणापि स्वकिरणोत्तापतया हिमवद्दिशः शरणं कृतं उत्तरायणवर्त्तित्वात्। सूर्योऽपि पुनर्तृषमाश्रितो वृषराशिं गतो यतोन्योऽपि आतपेन तप्तो वृक्षमाश्रयति छायालब्धौ लोक भाषायां वृषोपि वृक्षनामेति।

189—तत्र मासि जगत्पतिः श्रीकृष्णो जलक्रीड़ायामनया युक्त्या वक्ष्यमाणविधिना रमते स्म। तत्कथमित्याह। श्रीखंडचंदनं तस्य कर्दभं। कमकम रूपं जलं सरसि स्थापिते अतस्तस्य जलेनैव गृहदीर्धिका भृक्तेति, द्युतेः कांत्याः आहरणे आनयनार्थं पीठिकामध्ये मौक्तिकानि दलयित्वा संचूर्ण्य पिंडीकृतानि तत्पीठिका मर्द्दनेनागत्य तेजस्विता शैत्यमपि।

190—अधुना आषाढं वर्णयति। माघमासे यत् माहुटिः हिमगर्भो जातः षण्मासा-वधिः तस्य संभूतिः तेन गगने मषीवर्णं श्यामं भाविवर्षालक्षणं मिलितं आषाढस्य सूर्यो बहुतरं परितप्य-यत् मध्याह्नं कृतं तत् जनैर्निरंतरं मध्यरात्रिरर्धनिशेव वर्त्तते इति ज्ञातं कस्मात् त्रीजणपण इति निर्जनत्वात् तस्यां वेलायां सर्वे लोकाः गृहं प्रविश्य स्थिताः अतः कोऽपि वहिर्नायाति तवैवंविधिः प्रति मध्याह्नं महानिशातोप्यधिकं ज्ञातमिति भावः।

191—तत्र मासि निर्द्धनाः गिरिनिर्झरप्रसरे वहत्पानीये नेरंतीति सुखमनुभवंति। धनिनः सामृद्धिमंतः स्त्री पयोधरौ भजंते सेवंते सबाहुकण्ठं निर्भरं स्त्रियं परिरभ्य स्वपंति। वायुझोलैः पवनस्फुरणैः तरव झंखराः पत्रविहीनाः कृताः लूलहरीभिः संतप्तवायुचलनैः लवलीनां लतानां दहनं कृतं अग्निज्वालावदुष्णताः प्रज्वालिताः।

192—अथ च हरिः स रमणीकस्तस्मिन् धवलगृहे सुधाधवलिते मन्दिरे क्रीडते स्म। यत्र गारिरिति चुणनसमये लेपनं कस्तूर्या एव, इष्टिकाः

कर्पूरमय्यः, प्रतिदिनं नवे नवे निष्पादिने स्थाने पूर्वदिनभुक्तं परित्यज्य सद्यत्कमङ्गीचक्रे। कुसुमानि मालिती प्रभृतीनि कमलदलानि सरोजदलानि तेषां माला समूहस्तेनालंकृते गृहे अथवा पुष्पपत्रैर्ग्रथिता माला वनमालेत्युच्यते तयालंकृतः इति कृष्णस्य विशेषणमपि येन मालीत्यभिधानं।

193—अथो वर्षासमयवर्णनं। उत्पतिता धुडीरव इति वाउली रूपाः तस्याः रजः अबरे लग्नम्। क्षेत्रिकानां हालिकानामुद्यमो जातः हलसमुदायं सज्जीकुर्वंति। किंचित् किंचित् वर्षणे खाद्राः लघुसरांसि भृतानि। मृगसिरनाम्ना सूर्यभोग्यनक्षत्रेण वायुं मुक्त्वा मृगाः किंकराः कृताः दुर्बलीकृताः विह्वलतया इतस्ततो भ्रमणशीलाः। ततः आर्द्रया नक्षत्रेण वर्षयित्वा धरा पृथ्वी आर्द्रीकृता छंटितेति।

194—बकाः बलाकाः ऋषयो योगीश्वराः राजानः धरापतयस्तयोऽपि पावसवेठा इति चतुर्मासावधिस्थिताः नान्यत्र गमनपराः। सुराः सुप्ताः अतो हरिशयनं। मयूरेषु स्वरसम्भवः। चातकाः रटंते। जलप्राप्त्यै जल्पयन्ति। बक्यश्चपला स्वयं चुणकरणप्रवणाः। हरिरिंद्रो अर्थात् मेघांबरं गगनं शृंगारयति भिन्नभिन्नवर्णैः सुश्रीकं करोति। तदप्यग्रे वक्ष्यति।

195—एकतः श्यामां कण्ठलीं मेघघटां कृत्वा एकतः उज्ज्वलं कोरणं वातयुतमभ्रं कृत्वा धाराभिः श्रावणो धरहरीया इति भूमिसिंचनकरोऽभूत्। दिशोदिशीति सर्वासु दिक्षु गलितैर्गर्भैः जलानि चलतानि प्रवाही भूतानि न स्तंभयं यंतीति नित्यं वहनशीलानि कानीव तदृतौ। विरहिणी नयनानीव, यथा तान्यपि साश्रूणि न स्तंभयंति नित्यं वर्षत्येवं साम्यं।

196—प्रचुरधाराभिर्वर्षति मेघे अनड़ानां नड़ाः पर्वतानां निर्झरप्रवाहशब्दाः बाढ़ं प्रादुर्भूताः सघनो जलभृतो मेघः गंभीरशब्देन गर्जितं तदा समुद्रमध्येऽपि जलं न समाति न स्थिरीभवति बहिर्निर्गच्छति तदान्यजलाश्रयाणां का वार्त्तेति। पुनः जलबालाः विद्युतः जलदे मेघे न समांति सर्वथा विद्युन्मयं सञ्जात्कारं जगज्जातमिति बहुवर्षत्वं।

197—अतः स्त्रीपुरुषसम्बंध कल्पयित्वा वसंतावधि पुत्रजन्मसमयं वक्ष्यति। निहसे बूठउ इति अत्यंतं वृष्टो मेघः ततो वसुधायां नीलरंगत्वम् प्राप्तायां स्थले जलानि वसंति स्मेति। उत्प्रेक्ष्यते। पतिना सहे प्रथमसंगमे वस्त्रेषु खंचितेषु उद्घाटितशरीराः स्त्री ग्रहणैराभरणैः परिहिता मुक्ता सती यादृशी भाति तादृशी पूर्वोक्तलक्षणा वसुधापि विराजते स्मेत्युस्मयापि साम्यम्।

198—तदनंतरं समयं वर्णयति। तरवः वृक्षाः लताः वीरुधः पल्लविताः नवपत्रयुताः जाताः। तृणैः बालतृणैरंकुरितं अतः पृथ्वी नीलरंगा जाता केव नीलांबरा स्त्रीव। अथ च वहन्नदीमयो हारः परिधृतः। पादयोर्दादुररूपौ नूपुरौ परिधाय क्षिप्त्वा मोहिनीव जाता। शृंगाररहस्यं।

199—वर्षणेन अंगनाचलधाराश्यामत्वं तदेव मंजनं कज्जलीमिव कृतं। पयोधेः मेखलाः तटभूतैव कटिमेखलेव। मांमोलु इंद्रगोपः कुंकुमबिंदुरिव पृथिव्याः स्त्रिय इव ललाटपट्टे दत्तः। अत्र सर्वत्रोपमानं।

200—धरायाः स्त्रियः धाराधररूपे स्वामिनि मिलिते सति नदीनां तटा उत्पटिताः पानी यैर्बहिर्निर्गतं तत् केशाः विरलीभूताः इति स्वरूपं दर्शयति। केशाः लटप्रायाः यमुनैव कुसुमैर्मिश्रत्वं गंगेव अग्रेवेणी समुदायः। उत्प्रेक्ष्यते। त्रिवेणीसंगम इव प्रतिभासते।

201—धरा पृथ्वी श्यामा स्त्रीव वर्णेनापि श्यामा। जलधरः पतिः सोऽपि स्यामतरः द्वावपि निवड़ं गलकण्ठपरस्परं बाहूर्निक्षिप्य घेघुंचितौ एकीभूतौ नांतरं दृश्यते। तेन भ्रमेण दुर्द्दिनप्रसंगेन ऋषयोपि नित्यकर्मरता अपि संध्यावंदनकृते भूला इति भ्रांताः दिवा रात्रिसंधिं न लक्ष्यन्ते स्म।

202—दम्पतीभिः अतः परस्परं आलिंगनं दत्तं। किमिति। तव हेतुमाह। किंकृत्वा। धरामेघं परस्पर आलिंगितं दृष्ट्वा। मेघागमे विशेषेण कामत्वप्रसंगः। किं कृत्वा। परस्परं रुष्टान् पादौ लगित्वा मनावीति मानयित्वा कथं पुनारसान् कामोद्दीपकान् पदार्थान् अंगीकृत्य। लब्धस्य देहस्यायमेव लाभः यत् प्रीत्या परस्परं मिलनं गणयित्वा मनसा विचार्येति।

203—अधुना मेघाभ्रवर्णान् व्याख्याति। अथ च अर्धमार्गे गगनःमध्ये उत्पतिताः मेघाभ्राः शुशुभिरे। उत्प्रेक्ष्यते। महाराजस्य परमेश्वरस्य राजे महल इति क्रीड़ायोग्यानि मुख्यगृहाणीव तेषां वर्णना। कीदृशानि गृहाणि। जलजालैर्जलयंत्रैरिव जलानि स्रवंतीव इति द्वयोः पक्षे, कानिचित् कज्जलवत् श्यामानि कोरणान्युज्ज्वलानि तान्येव सुधाधवलत्वं। कानिचित् पीतान्यभ्राणि हरितालितानि गृहाणीव। कानिचित् रक्तानि हिंगलूकरं गितानीवेति गृहमेघाभ्रयोः सादृश्यं पहलपर्यायैः अंतरे अंतरे पृथक्-पृथक् स्थितान्यभ्राणीति ज्ञेयं।

204—तत्सदृशत्वेन श्रीकृष्णगृहाणामपि निरूपणं। नीलमणिमयाः इष्टिकाः कुंदनस्य रसीकृत स्वर्णस्य कर्द्दमं लेपयोग्यं स्तंभान् लालमयान् माणिक्यमयान्

पट्टान् पाचिरत्नरूपान् स्थिरान् सुबद्धान् कृत्वेति सर्वत्र योज्यते। मंदिरेषु गवाक्षास्ते तु पद्मरागरत्नमयाः उपरि स्थितानि शिखराणि गृहशीर्षकानि शिखरमयानि हीरकैः कृत्वा रचितानि। इति पूर्वद्दालकोक्ताः विविधवर्णाः। गृहेष्वपि अत्र राजर्द्धिरुदीरिता।

205—रुक्मिणीयुक्तेन वरेण श्रीकृष्णेन श्रावणभाद्रपदयोर्मासयोः भरो मध्यसमयः सुखेन योग्यतस्तुग्रहणेन एहवी रुखि इति अनया रीत्या वो भुज्यते स्म। तत्कथमित्याह। कमकमेन क्षालितानि धौतानि वस्त्राणि धृतानि सुगंधद्रव्यैः प्रबलितैः प्रकटवासनैः गृहे स्थित्वेति शेषः।

206—अतः वर्षानंतरं शरदं वर्णयति। वर्षार्तुर्व्यतीता शरत् समागता तस्याः वर्णनं वचनैः भूयो भूयोऽहं व्याख्यास्यामीन्यन्व्यः। तत्र जलानि निर्मलीभूत्वा निवाणे सरोनदीलक्षण जलाश्रये स्थितानि। उज्ज्वलत्वं दर्शितं। कानीव। निधुवने नाति सुरतेन लज्जितानि स्त्रीणां नयनानीव। यतः सुर तांते नेत्राणि श्वेतानि भवन्ति।

207—अथातो धरा पृथ्वी पीतवर्णा जाता येनौषध्यः धान्यानि पक्वाः तत्समये शरत्कालस्येदृशी श्री शोभा दृश्यते पुनः कोकिला निःस्वराः मौनधारिणीति ओषकणरूपाः प्रस्वेदबिंदवो जाताः। किमिव। सुरतांते स्त्रीमुखनिव। यथा रतांते स्त्रीमुखे वीतता कण्ठे निःस्वरत्वं अमात् स्वेदबिंदूद्रमः। साम्योपमा।

208—आश्विनमासेन संगम्य एतानि वस्तूनि वितए इति व्यतीतानि गतानि कानि कानि चेत्याह। नभसि आकाशे वर्द्धलानि अभ्राणि पृथिव्यां पंकश्च जले गुडलत्वं रजस्वत्वं। यथा सद्गुरोः संयोगे मिलिते एवं जायते जनानां कलिकल्मषानि कलियुगपापानि नश्यंति ज्ञानोद्दीपकत्वं परमज्योतिः प्रकटनं। अथ साम्यं श्यामाभ्राणिपापरूपाणि निष्पंकत्वं ज्ञानदीप्तिः जलोज्ज्वलता ज्योतिः प्रकाश इति।

209—आश्विने मासि गावः क्षीराणि स्रवंति। धरा पृथ्वी रसान् उद्गिरति प्रकटयति। पद्मिनीभिः सरांसि सुश्रीकानि जातानि। पुनरपि शरदि श्राद्ध काले स्वर्गलोकवासिनां पितॄणामपि मृत्युलोकः प्रियो वल्लभो लग्नः। तत्समये दत्तपिंडग्रहणाय पितरः समागच्छंतीति लोकोक्तिः।

210—शरदो रजनी तादृशी शुक्ला वर्त्तते एव पार्श्वे स्थितां हंसीं हंसो न पश्यति समीपस्थं हंसं हंसी न पश्यति। सर्वं जगदुज्ज्वलं प्रतिभातीति चिंत्यं

तदा तयोर्विरहोद्भूति-रितिशंका निराकर्त्तृमाह मुहुर्मुहुः वारं वारं जल्पंतौ शब्दं कुर्वाणौ दंपती परस्परं विरहं गमयतोन्योन्यं जानंतौ संयोगमेवमकल्पयतां।

211—तत्रापि पुनः कारणसाह। यतो महोज्ज्वलायां निशि उज्ज्वल वस्तूनामदर्शनमिति बहुतरं व्याख्यानं किं क्रियते। यदधिकं वर्णनीयं तथापि किंचित् विशेषं वक्ति। उत्प्रेक्ष्यते। शशी चंद्रः षोडशभिर्कलाभिः भिन्ने भिन्ने पृथक् उद्योते समातिस्म मिलितोस्तीति।

212—तरणिः सूर्यस्तुलायां राशौ अर्थात् तुलाकृते स्थितः काम्यां तुलितः तेजोतमोभ्यां। अतस्तत्र दिनरात्रिसमसमे भवतः यथा कश्चिद्राजा कनकेन तुलते। भू पृथिवी तस्यामिति रीत्येदमपि तुलनं तेन कारणेन सदृशं तुलामारोपितौ तौ द्वावपि कीदृशौ जातावित्याह दिनं सर्वकार्यकरणेक्षमं ततो दिने दिनेऽमर्षतया लघुत्वं यातीव। रात्रिः स्त्रीरूपा लक्षणैः तुच्छा ततो गर्विता सती रात्रौ रात्रौ गौरवभावं प्रोत्फुल्लमावेन वृद्धत्वं यातीवेति। यदुक्तं। "संपूर्णकुंभो न करोति शब्दं"।

213—समानाभिः सदृशवयोरूपावस्थामिः स्त्रीभिः मणिखचितेषु मंदिरेषु कार्त्तिकदीपाः दीपमालिकाः गृहांतः गृहमध्यं दत्ताः। किमर्थं। सुखाय स्वमनः प्रसन्त्यर्थमित्यन्वयः। तेषु मध्ये स्थिता गवाक्ष जालिकादिविवरेषु बहिरेवं प्रतिभासंते। कानीव। सुहागमुख इति सौभाग्यवती मुखानीव। यथा मनसा चित्तेन लज्जंतीनां स्वाधीनपतिकानां मुखानि घूंघटपटांतः स्थितानि बहिः प्रकटं प्रतिभांति तद्वदिमाः अपि।

214—नवीना नवीना छविः शोभा मंड्यते नवान् नवान् महोत्सवान् कुर्वंति अतस्तन्मासि आनंदवत्यो हर्षकुमारिकाः अपरिणीताः गृहगृहद्वारेषु स्थिराः निश्चलाः चित्राणि रचयन्ति। उत्प्रेक्ष्यते। बालिकाः चित्रलिखिता शालिभंजिकाः इवेति स्वप्नसौंदर्यं।

215—नवाः जनाः अर्थात् नररूपेण देवाः इव जगतां त्रिभुवनानां नवानि अभुक्तान्यपि सर्वाणि सुखानि सेवंते स्मेति। जगद्वासमिषेण। वयं द्वारिकावासिनः इति व्याजेन। यदुक्तं।

तंबूलमन्नं युवतीकटाक्षं गदां रसो बालकचेष्टितानि।
इक्षुर्विकाराः मतयः कदीनां सप्त प्रकार न भवन्ति स्वर्गे।।

पुनः सेवां दर्शयितुं रुक्मिणीरमणस्य शरदृतौ दीपालिकानंतरं भुक्तिराशिभिः

नवैर्नवैः पक्वान्नैः सुगंधद्रव्यादिभिर्वस्त्रैश्च निशिदिनं दिवारात्रौ भक्तिं कुर्वते स्मेत्यर्थः।

216—श्रीकृष्णस्यैषैव रीतिर्जाता यदा सुयोधनं दुर्योधनमुद्दिश्य आयोधनार्थं धनंजयस्यार्जुनस्य सहायत्वे समागतस्तदापि सुप्त एव जागरितः अनिद्रोऽभूत् तद्विधिना मासेषु मार्गशीर्षः भव्यं समायातो मिलितो यत्र जनार्दनो निद्राविहायोत्थितवान् तत्र "देवऊठणी" इति लोकोक्तिः।

217—अतो हेमंतः। पश्चिमजं वातं निवार्य दूरीकृत्योत्तरादिग्वातः प्रसृतः तत्समये शीतागम सहूए इति सर्वेषां नराणां स्वस्त्रियामुरांसि हृदयानि स्वर्गतुल्यानि जातानीति। कुचापीड़मालिंग्य स्त्रीनराः सुखं शेरते। ततोऽत्र भुजंगाः सर्पाः धनवंतो जनाश्च पृथ्वीपुटं भित्वा अधोधः स्थानं कृत्वा द्वयोर्वर्गः गणाः विवरेषु प्रविष्टाः। सर्पाः बिलेभ्यो बहिर्न निःसरंति। जनाः गृहाभ्यंतो भूमिगृहाणि सेवंते तत्रोषितुं लग्नाः।

218—हिमसमय हिमालयनद्यस्तुच्छजलाः समभूवन् विमलान्युज्ज्वलानि हेमानि शृङ्गाणि वर्द्धितुं लग्नानीत्यन्वयः। तत्रोपमा। यथा यौवनागमे स्त्रीकटयः कृशा भवंति नितंबाः स्तनाश्च स्थूला भवंतीति साम्यं।

219—हेमंते शीतमीत्या जनाः स्वगृहाणि भुंजंति न त्यजंतीति। स्वतनुना मलिना संतः केऽपि मार्गे वहंति। यतः आलस्येन स्तोकं स्तोकं स्तायद्भिर्जनैः तनौ मालिन्यमेवांगीक्रियते। जिणि इति येन कारणेन धनिनो जनाः सुकुमारैर्बहुमौल्यैर्वस्त्रैर्भारिताः आवृताः केचिदितरे निःस्वाः कंबलीभिरावृतास्तिष्ठंति। कुत्र सर्वस्मिन् जगति मृत्युलोके। इत्युक्ता। स्वर्गे पाताले न शीतमिति ज्ञातव्यम्।

220—अथ तत्र दिवसा क्रमेण क्रमेण प्रतिदिनं लघुत्वमाप्नुवंति के इव ऋणिन इव देयपरधना इव यथा तेऽपि स्वं धनदापिनं दृष्ट्वा क्षणे क्षणे संकुचिति दीनत्वमाप्तु वन्तीति यावत् तदा पौषी निशा कथंचिदम्बरमाकाशं त्यजति। रात्रीणां गौरवं दर्शितं केव, प्रौढांगनेव, यथा प्रगल्भा स्त्री पत्याकर्षण समये पंगुरणभ् वस्त्रं कथमपि मुंचति दूरं क्षिपति यथा। "अस्त्री एह सुभाउ। नाना करंति वद्धे ए नेहो"।

221—रुक्मिण्या वरेण च स्वं देहं मनश्च परस्परं अलुझाया इति एवं ग्रंथिरीत्या निवड़ं बद्धे यथाशीतं विहीतम् दूरीकृतं। कथं तनुमनसी

एके कृते इत्याह। अर्थेन संगता वागिव यथार्थेन वागूमिलितैव भवेत्। यदुक्तं–"वागर्थाविव संपृक्तो" यथा शक्तिमति शक्तिरवस्थिता यथा पुष्पेषु गंधः यथा गुणिनि गुणाः परस्परं मिलिताः वर्त्तते तथा तौ द्वावपि मिलितौ अत्र प्रमाणकल्पना।

222–अथ शिशिरः। कामस्य वाहनं मकरः तत्र राशौ अहिमकरः सूर्यश्चटितः उत्तरायणं जातं तत्रोत्तरदिशो वातो बाढं वातः तेन कमलानि प्रज्वाल्य विरहिणी वदनानीव कृतानि तव विरहिणीमुखानि विलक्षाणि भवंति। आम्राः मंजरिताः भव्यतया रक्षिताः कानीव संयोगिनीनामुरांसीव। तत्र प्रियतममिलनेन तासामुरांसि समुल्लसंति।

223–प्रार्थितस्य कृपणस्य किं वाक्यं। उत्तरमेव। नास्ति कथनं। ततः शब्दच्छलेन तन्नाम्ना दिक् उत्तरदिक् तस्याः पवनेन सहकारं बिना अन्यानि वनानि ज्वालितानि। नित्यं वहति वायौ हिमानां सम्भवः। अतो माघे लग्ने सति लोकान् प्रति नीरमध्यात् शीतलोऽग्निरुत्थितः ज्वलनवत् लग्न इति यदुक्तं।

दूहा :

ताढउ शीतल वन दहइ। जल पत्थर भेदंति।
अबल विरुद्धीतं करइ। जं देवो न करन्ति।।

224–निजनाम्नाः शीत परं नीलानि वलानि ज्वालयति। जलस्थिताः पद्मिनीः पुनः दहित्वां (दग्ध्वा) अतः पातकी जातः तेन शीतः स्वमनो मलं मंजयित्वा दूरीकरणं विना द्वारिकांतःमध्ये नो प्रविशति। पापिनां द्वारिकाप्रवेशो दुर्घटः तत्र धर्मिजनस्यैव- विवासित्वात्। द्वारिकामध्ये शीतः स्तोकइति लोक प्रसिद्धमेव।

225–उद्गच्छन्नेवार्कः अग्निरूपं कृत्वा दिवारात्रौ संध्याद्वये दंपत्योः श्रीकृष्णरुक्मिण्योः, उपरि प्रथमं धूपं विधायारात्रिकामिषेण निजं शरीरं वास्यति करद्वयेन भ्रामयित्वा तदधीनं करोति कथं दशसु दिक्षु आरात्रिक भ्रमणं। किं कृत्वा, स्वयं प्रतापं प्रतिहारीकृत्य शीतामसं निवार्य पश्चात् स्वयं सेवितुमनाः एवं विदधातीवेति एकोऽर्थः। द्वितीयार्थे लोकाः सूर्याय प्रत्युपकारकृते आरात्रिकामिषेण निजतनून् तदधीनान् कुर्वंतावेत्यपि।

226–अथ सूर्यः कुंभे स्थितः तदो ऋत्वंतरं जातं। कथमित्याह हिमं ठरितं इति किंचिदूनीभूतं द्रहाः ह्रदाः ठंठीकृताः अकंपनपराः कृताः यतः 'कुंभे शीतं च जर्जरं'। अलयो भ्रमराः पक्षान् सज्जीकृत्य उड्डीयनार्थमुद्यताः। कलकण्ठाः कोकिलाः सुस्वरवत्तया कण्ठं गलं सज्जीकृत्य लल्पितुं सोद्यमाः बभूवुः।

227—अथ होलिकागमः। तरुण्यस्तरुणाश्च फाल्गुने गृहे गृहे फागं गानविशेषं गायंति। किं कृत्वा। वीणा डफ महु अरिवंशकसंज्ञान् वाद्यविशेषान् वादयित्वा समुदीर्य। पुनः किं कृत्वा। मुखे रीरोति बाढंस्वरेण पंचमरागमालाप्य। तत्र कोकिलोक्तिसमये पंचमरागस्य प्राधान्यं। कथं भूते मासि। विरहिजनानां दुरुत्तरै दुरंते इति फाल्गुनविशेषणं।

228—इयत्कालं यावत् तरुषु पल्लवा नवपत्रागमास्तादृशा न संभूता पुष्पाण्यपि न जातानि तथा नवांकुरा अपि न प्रादुर्भूताः। स्तोकं स्तोकं शाखा गादरिताः मंजरिताः तथापि वनभूमी राजते इति शेषः। केव। यथा प्रियस्यागमे विलासिनी अकृतेपि शृंगारे मनसि कृतहर्षा सती मुखकांत्यैव शोभते तथेयमपीति भावः।

229—अथो वसंतः। प्राक्मासदशकं यावत्ऋतुसमयेनेव स्वपतिना गर्भो दत्तः वनस्पत्याः स्त्रीलक्षणायाः यन्मासे मासे भिन्नं भिन्नं चिह्नानि जायन्ते वनस्पत्यामिति गर्भवत्या लक्षणं। सांप्रतं वनस्पतीरूपा वधू वसंतं सुतं प्रसवंती जनयंती किं किं चेष्टितं कुरुते। तदाह। मनसि व्याकुला सती तुच्छपीडयेवेषत् मन्मनतां विलंब्य विलंब्य कूकूरभं भ्रमरझंकारमेव कृतवतीवेति तदनु कठिनवेदनया कोकिलाशब्दमिषेण कूजतीव पूत्करोतीव इति प्रसवसमयचेष्टा।

230—अथ दाई स्थाने प्रसूतिका प्रसवकारयित्री होलिकापर्वेतिज्ञेयमिति वक्ति तां प्रति सुखं प्रसवकारितत्वेन विशेषेण वनस्पत्या कष्टनिवर्त्तनसमयादनुपूज्यते। कैः कैः वस्तुभिः। पक्वान्नैः पुष्पैः फलैः पत्रैः तद्रपैरेव सुरंगैवस्त्रैः नवीननवीन वस्त्रपरिधापनैः दानैः सवैर्द्रव्यैः करणभूतैः होलिकामुद्दिश्य जनाः ईदृशाः सोत्साहाः पूर्वोक्तरीत्या कुर्वते तत् सूतिक निमित्तमिति कल्पना।

231—अथ च मधूकवृक्षमिषेण गलत्पुष्पतया वसंतपुत्रः शिशुरूपः रोदितीव कथं यतो दलेषु मलयानिले लग्ने सति कत इति रोगविशेषः समुत्पन्नः। कीदृशे मलयानिले। त्रिगुणे प्रसरति पानीयतृषेव लग्ना यथा तृषितो बालः कलितो भूत्वाश्रूणि सुंचति तथायमपि ततो मातेव वनस्पती दुग्धमिवं मकरंदं मधु श्रवति सप्रसवं क्षरति। रुदनरक्षणार्थ स्तनदानमिव। अन्यार्थे पाठांतरे मधुपो भ्रमरो रिषरिषाट खमंगीकृत्य रोदितीवेति, शेषा व्याख्या सैव।

232—अथ च। वासाः गंधाः पुरुषनारीणां नासिकापथमाश्रित्य पवनरथे चटित्वा रमंते स्म उद्यांतिस्मेवेति सर्वं जगद्वसंते सुवासितं जातमित्यभिप्रायः।

233—अथ वर्द्धापने। प्रवराः आम्राः अतिशयं तोरणानीव। याः अंबुजानां कमलानां कलिकाः ता एव मंगलार्थकलशाः कुंभा इव। एकस्माद् वृक्षादारभ्य समीपस्थमन्यं वृक्षं याः लताः चटिताः ता एव बद्धाः वन्नर मालिका इवेति पुत्रजन्मोत्सवे सर्वेऽपि प्रकाराः।

234—वानरैर्यानि स्फोटितान्यपक्वानालिकेरफलानि तेषां मज्जा मध्यस्थितोज्ज्वला। उत्प्रेक्ष्यते। मंगलार्थं दधानीय महोत्सवप्रारंभे दधिदर्शनं महाकार्यसिद्धिनिदानं। परागाः कुसुमरजांसि किंजल्काः मध्यस्थितकर्णिकाः तत्कुकुममिव अक्षताश्चेव। पिकाः कोकिलाः प्रमुदिताः उन्मत्ताः यद्वदंति ताः स्त्रियः इव गानं गायंतीव। सादृश्योपमा।

235—सरसि इति शेषः पद्मिनीनां पत्रेषु स्थितानि जलानि पृषतः एवं विभांति। उत्प्रेक्ष्यते। काचमये प्रांगणे भामिन्यः स्त्रियः स्थालेषु मौक्तिकानि क्षिप्त्वा सानंदं वसंतं पृथिव्यामागतं मत्वा वर्द्धापयितुमागता इव। कीदृश्यः। वणे इति कृत शृंगाराः। सरः कांचनमयमंगणं मौक्तिकानि जलबिंदवः पत्राणि स्थालानि पद्मिन्यः स्त्रियः कुसुमानि शृंगार इति रीत्या साम्यमनुभाव्यं।

236—अथ वनस्पती कामा कमनीया कामधेनुरिव वर्षती रसमुद्गिरती अहं पुत्रवतीति मनसि प्रसन्ना जाता। तदा शृङ्गारार्थ किंशुकपुष्पाणि पीतानि तदासन। उत्प्रेक्ष्यते। ते करणि करि वर्णक्रिययेति केसरिकानि वस्त्राणि कृत्वा परिधत्तानीव स्त्रीणां शृङ्गारविशेषे पीतवसनानां शोभास्तीति।

237—कणवीर पुष्पाणि रक्तानि करणपुष्पाणि श्वेतानि सेवंती पुष्पाणि घृतवर्णानि कूजा इति पुष्पजातिविशेषः सुवर्णनाम्नी जाती पीतपुष्पा गुलाला ईषत्पाटलवर्णा यत्र वसंते आसन्। उत्प्रेक्ष्यते। सर्वोऽपि परिकरः विविध-वर्णैर्वस्त्रेर्यथायोग्यं परिधापित इव।

238—अनेन विधिना विधिवद्धर्द्धापनैः कृत्वा वसंतो वर्धापितः। स तु भालिम इति भाषया भव्यतया दिने दिने भरणेन वलेन चटितः वर्द्धित। तत्र गहवरिया इति गर्वितैः पुष्पादिसमृद्धिमद्भिस्तरुभिः तरुणैरिव फागं दत्त्वा उल्लापितः यथा बालहाराः गानादि कृत्वा बालं ञ्जयन्ति।

239—अधुना राज्याभिषेकं वर्णयति। तत्र राज्ये मन्त्री प्रधानो मदनः कामः वसंतो महीपती राजा कृतः। किं कृत्वा। सधरां शिलामेव सिंहासनं धृत्वा। मस्तकोपरि आम्राः एव छत्राणि मंडितानि। वायुना चला मञ्जर्येव चामरढालनं। सर्वेऽपि राज्यसामग्री।

240—दाडिमीपक्वबीजानि बहुनिष्पत्तितया यत्र तत्र पतितानि दृश्यन्ते। उत्प्रेक्ष्यते। निउंछावरि कृते वर्द्धापनार्थे नगाः रत्नानि क्षिप्तान्युच्छालितानि इव। खगैः पक्षिभिः चरणैश्चंचुभिः कृत्वा फलानि लुंचितानि। ततो मधुक्षरणे रसनिर्गमस्तद्रूपं मार्गछंटनं यथा राज्ञाग्रे रजोविनष्टयै धरासिंचनं क्रियते।

241—तत्र एणाः हरिणाः पदातयः पादचारिण इव राजंतेतरां कुंजाः कुरंजाः रथा इव। हंसाना मालाबंधः श्रेणिः हयानामश्वानां लासिरिति मन्दुरा। गिरिवराः गजाः इव कीदृशाः खर्जूरीरूपा ढल्ली पृष्ठाभरणं पूठि ढल़कावे इति उपरि सज्जीकृत्य शृङ्गारिताः। पर्वतविशेणम्।

242—अथ च तडि इति तटे मूलादारभ्य तरलाः स्थलाः उच्चा उद्र्ध्वीभूता सरला इति मध्ये अवांतरशाखारहिताः एवं विधास्ताड़वृक्षा उपरि पत्रयुताः, किं बहु कथ्यते, स्वर्गं यावत् प्रसृताः भांति स्मेति। उत्प्रेक्ष्यते। वसंते पट्टे स्थिते राज्ञि जगतः उपरि जगहण इति जगद्हस्ता पत्रालंबनानीव वद्धा इव, अस्माकं यो जयतु तेनागंतव्यमिति स्वगर्वपूर्वकं रिपूणां भयोत्पादनं।

243—अथ राज्ञोऽग्रे नाट्यारंभः। ऋतुराज्ञः (ऋतुराजस्य) वसंतस्याग्रे अवसर इति नाटारम्भो मंड्यते। तत्कथमित्याह। तनमेवमंडपः, निर्झरशब्दः मृदंग इव, पंचबाणः कामः स एव नायको रंगाचार्य इव, कोकिला गानकर्त्री अथवा पुंस्कोकिलस्तदा गायकः गाइन इव, विविधवर्णा वसुधा रंगसमुदाय इव, विहंगाः पक्षिणः मेलगराः कौतुकप्रेक्षको जनसमुदाय इव।

244—कलहंसा जाणगराः भव्यभव्येति भाषकाः, अथ च यानं गतिः तत्कराः नानागतिकारिणः इत्यपि। मयूराः नृत्यकराः इव। पवनो वायुः तालधर इव। पत्राणि ताडवृक्षादिपर्णान्येव तालाः कांस्यमया इव। अथ आरिशब्देन काचित् चटिका जातिविशेषः तस्याः जल्पनं तन्त्रीस्वर इव वीणेव। भ्रमराः उपांगिनः शरीरचालनचेष्टाकारिण इव। तत्र चकोराः पक्षिणः तीवट उघट इति शब्देन तालविशेषः तस्योद्धाटकाः कर्त्तारः।

245—तत्र विधिपाठकः ईदृशं नृत्यनृत्येति शास्ता शुक एव। रसवांछकाः सारसाः इव। कोविदो विलक्षणः लीलया यानपरः खंसरीट खंजनपक्षो वेति। पारावतस्य दाटिः गुटकनं प्रगल्भणागिः भ्रमरीस्फुरणवृत्त्या मूर्च्छनाविषकरणं। चक्रवाकस्य विहारो गवागतं विदुरस्य शिक्षित्तस्यं वेषपरा वर्त्तनमिव।

246—अंगणे छंटनजलं स्थितं तत्र भ्रमराः पिबंति ते कीदृशाः तिरप

उरप तालस्वरभेदकारकाः इव। चक्राकारो मरुत् अर्थाद्वातूलकः तिमरू मूर्च्छनाविशेषः अथवा तालभेदः तं गृहणाति इति संभावना। रामसरी खुमरी द्वे अपि चटिकाविशेषः ते रटितुं जल्पितुं लग्ने। उत्प्रेक्ष्यते। धूआ मीठा चंद्रास्तालहस्तकभेदास्तान् धरत इवांगीकुर्वते इवेति।

247—तन् नृत्यं कदा भातीति कालं दर्शयति। निगरभर इति बाहुल्येन मिश्रीभूता तरूणां सधना निविडा छाया सैव निशेव रात्रिरूपा। पुष्पिताः पलाशाः दीपधराः इव। मंजरिताः आम्रा एव रंजनेन रोमांचिता इव। फुल्लानां विकाशः उत्फुल्लनं तन्मध्ये उज्ज्वलतराणां दर्शनं तत् हर्षेण हास्यकरणमिव।

248—अयो वसंते प्रकटिते कोकशास्त्रं संगीतशास्त्रमिव प्रकटितं तस्मिन्नवसरे रसिकानां कोकशास्त्रेष्वादर इति। रत्या क्रीडासुखरूपया पात्रेण नर्त्तक्येव शिशिरर्तुसम्बन्धिनी जवनिका परियष्टिः तां दूरं निक्षिप्य पश्चात्कृत्वा रहस्यालोचनमेव निजमंत्रं पठित्वा वनराज्याः देव्या इव उपरि पुष्पांजलिः क्षिप्तेवोच्छालितेव नृत्यावसरे देवदेवी प्रसत्त्यै समं आपुष्पांजलिः क्षिप्यते इति प्रवृत्तिः।

249—नृत्यारंभवर्णने यत्किंचिदप्यसंबद्धं तत् शास्त्रानभ्यासतः आगतं भविष्यति। तद्दोषः क्षम्यतां। यदुक्तं—“अनभ्यासे विषं शास्त्रमिति”। अथ नाटके पूर्णे अनंतरं सुराज्यभावं दर्शयति। पूर्वं शिशिरर्तुरूपो दुरीशः कुमारेन्द्रः अंबुजानि कमलानि तद्रूपा एव प्रजा इव पीडयन् दुखी कुर्वन् ज्ञात्वा उत्तरेणानंगीकारेण असत् दुर्जन इवोत्थापितो दूरीकृतः इवेत्युत्प्रेक्षा। तदा प्रसन्नोनुकूलः सुखदाता त्रिगुणमयो यो वायुः तत्प्रसरणमिषेण वने वने नगरे नगरे इव न्यायो ढंढरेकः प्रवर्त्तते इव वादयतीव। किमुक्त्वेति। सांप्रतं राजा वसंतोऽस्ति केनाप्यन्याये न प्रवर्त्तितव्यमिति कारणं।

250—अथ सुराष्ट्रे जाते किं जातमित्याह। एकैर्वृक्षैर्व्यावहारिकैरिव पुष्पाणां मिषेण, एकैः पत्राणां मिषेण, तत्र तेषां बाहुल्यमिति उत्प्रेक्ष्यते, धरामध्ये संचितानि द्रव्याणीव निष्कास्य मंडितानीव। यतः प्राक् तेषामदर्शनमभूत संप्रति दृश्यन्ते इति हेतोः। कैश्चित् चंपकवृक्षैरिव चम्पककुसुमान्येव राक्षधन सूचका दीपाः प्रदीपाः दत्ता इव। कदलीपत्रस्येतस्ततः स्फुरणमेव कोटीश्वरत्वसूचकाः ध्वजा इव। अतो निर्भयाः प्रजाः समजनिष्यतेति तात्पर्यम्।

251—अथ च वल्ल्यः स्त्रिय इव पुष्पाणां भारः समूहस्तद्रूपाण्याभरणानीव

परिहित्वा परिधाय इति कारणात् प्रकटं तरुवराणां स्वस्वामिनामिव वेष्टनरूपतया गले कण्ठे अंके भरि इति आलिंगनमिव कृत्वा विलग्ना इव बाढमाश्रिता इव। इति मलयानलरूपप- टहवाजनानंतरं मह्यां पृथिव्यां सुराज्ये जाते सति निःशंकिता इवाभवन्।

252—अथ च चिंतातुराणां दंपतीनां न तादृगपत्यसंभवो जायते इति दर्शयन्नाह—प्राक् राज्यद्वयं हेमंतशिशिरलक्षणं तरुलतारूपप्रजानां षोडकं उद्वेगकरमासीत्। अतो वसन्तराज्ञा हितं प्रदर्श्य प्रजानां दुरकं त्याजितं दूरीकृतं तदा वैशाखमासि वल्लीभिर्वोरुद्भिः स्त्रीभिरिव कुसुमावलिं पुष्प-संचयं अपत्यमिव व्याए इति प्रसूय तरवः शाखा प्रशाखाभिर्विस्तारिताः परिवारपरिवृताः कृता इव संततिपरिपाट्या गोत्र-समुदायो वर्धित इति युक्तम्।

253—ये तरवः पूर्वं पुष्पैर्भारिताः संघनं भृताः ते तु भारं वहित्वा साम्प्रतं छूटा इति अपहरितभारा इव जाताः यतः कामेन करे पुष्परूपाः बाणाः गृहीता इति चिन्त्यं। पुनः सुराज्ञः प्रसादेनादेशितः वैश्वानरोऽपराधकारीव जनैर् भरडीत इति निवार्यमाण इव जगति तिष्ठति यतस्तदा वायुबाहुल्याद् वैश्वानरो लोके स्तोकमंगीक्रियते तस्य न्यूनत्वमेव वरं इति तात्पर्यम्।

254—तत्र राज्ये तरुसमूहे मंजर्यादिषु ग्रहणे डंकनं स्तोकं स्वादुमात्रं दीयते, दंडः सर्वथा लुंटनरूपी न दीयते। कैरिति आह-गानगरैःकलूसंज्ञितैलिपिलेखकैरिति भ्रमरैरेव। पुनस्ते एव भ्रमरा गणनामाकलय्य करग्राहिणः सन्तः परिवृताः यत्र तत्रागताः राजदेयभागग्राहिणा इव समागताः तेषां तरवः कृषिकृत इव कुसुमानां गंधो मकरन्दो रसः तद्द्वयरूपं करं स्वामिदेयभागं ददते।

255—यथा वर्षाकालेन वर्षता दातुमुद्यतेन स्वामिनेव आशाकराः चातका एव वंचिताः तृषार्त्ता एव रक्षिताः यदुक्तं—

अदातरि समृद्धेऽपि किं कुर्युरुपजीविनः।
किंशुके किं शुकः कुर्यात्फलितेऽपि बुभुक्षितः।।

तथा वसन्तस्य राज्ये कोऽपि न वंचितः नो निराशः कृतः यत् पक्षिभिः लघुपक्षिभिः सेवया कृत्वा सुकुमाराणि फुल्लानि स्वयं भक्षितुं योग्यानि लब्धानि कोलाहलं कुर्वद्भिर्महद्भिः पक्षिभिः वंदिभिर्भट्टचारणादिभिरिव महन्ति फलरूपाणि दानानीव लब्धानि अतः स्वं स्वं योग्यं दानं सर्वैरपि प्राप्तं इति भावः।

256—नारीद्वयं एकां वृक्षपंक्तिं पुष्पितां समकालं दृष्ट्वा अन्यदन्यद्

वचनं नामग्राहं वक्ति स्म। किं तदित्याह—कान्त संयोगिन्या स्त्रिया नाम्ना किंशुकः कथितः किमिति वितर्के दृष्टमात्रोऽपि सुखं करोतीति किंशुकः, सुखकारी अयम्। अथ विरहिण्योक्तम्—इदं पलाशवनं, पलं मांसे अश्नातीति पलाशो राक्षसरूपः दृष्टोऽपि असुखं ददातीति द्वयोरपि भिन्नभिन्नवाक्यम्। अथाऽस्य पाठांतरे—

कुसुमित कुसुमायुध ओटि केलिकृत
तह देखे थीउ खीण तन

इत्यपि पाठः तत्र—कुसुमायुधस्य कामस्येवं ओटिः आश्रयविशेषो यतः कुसुमितं दृष्ट्वा सविशेषं कामक्रीडा समुत्पद्यते। अतोऽयं किंशुकः। तथा तं दृष्ट्वा वियोगिनीतनुः क्षीणा सेदुष्का (? स दुःखा) जायते अतः पलाशः।

257—अथ काचिन् मालिनी सुरूपा कमलकोमलकरा केसराणि केशरपुष्पाणि वने वने उपलक्षितस्थाने वीणयन्ती चिन्वन्ती स्वनखप्रतिबिम्बेन स्वनखानां प्रसृतच्छायया भ्रान्हा, ज्ञातमेतदपि केशररूपमेव यतः तस्य रंगः तत्सदृशः करनखा अपि रक्ताः केशराण्यपि रक्तानि तच्चुण्टनसमये नखानां वासो गंधोऽपि तत्सदृशः करपल्लवा अपि कोयलाः रक्ताश्च, कुसुमान्यपि कोमलानि रक्तानि च, अतः सादृश्येन भ्रान्तिः। तदा प्राप्तेषु केशरेषु तत्स्थाने शंकानिराकारः।

258—अथ वायुं वर्णयति—वायुर्मलयाचलाद् हिमालयं प्रति प्रस्थितः यतो वसन्ते दाक्षिणात्यो वायुरुत्तरां दिशं प्रयाति। तत्र कविना वायुस् त्रिविधो वर्ण्यते शीतो मन्दः सुरभिश्चेति त्रिगुणत्वे उत्प्रेक्ष्यते—हरस्य शंभोः प्रसन्नकरः मिलयितुमिच्छुः कामस्य दूत इव यतः शंभुना सार्धं मेलकृते प्रेष्यो मुक्तः कामेनेव इत्युत्प्रेक्ष्या। कीदृशो वायुः किं कृत्वेति सबलेन जलेन भिन्नो निर्झरादिमध्ये निर्यमाद् अतः शीतः स तु सुष्ठुवासः कुसुमानां परिमलः त्वा सज्जीकृत्वा स्ववशं प्राभृतमिव विधाय अतः सुगंधः। परं हरक्रोधमयेन डिगमिगित पदैः मन्दं मन्दं गच्छन् अग्रे गतस्य मम किं भविष्यतीति चिंतावान् शनैः शनैः गच्छति इति मन्दत्वम्।

259—दक्षिणातः उत्तरामागच्छतः पवनस्य चरणावुत्तालतया न वहतः शीघ्रं चलितुमुन्मनाः इति मन्दत्वं। तत्र कारणमाह—किं कुर्वतः वायोः नदीं नदीं तरतोऽवगाहनं विदधतः तरौ तरौ चटित्वा उत्तरतः वल्लीनां गले गले

मध्ये विलगतो निस्सरतः अतो जानातीदृशं स्थानं स्वेच्छया क्रीडनयोग्यं अत्रैव नाऽन्यत्रेति चरणावहनहेतुः।

260—केतकपुष्पाणि कुसुमानि विविधानि च कुन्दाः मुचुकुन्दाः केतक्यः रंगेण किंचित्पीताः सर्वेषां गंधभारं परिमलभरं गृहीत्वा स्कन्धोद्वहनेन श्रान्तः सन् श्रवतां वहनशीलानां निर्झराणां शीकरान् स्वाङ्गैः प्रस्पर्श्य पुनश्चलितस्तथापि बहुभारभारितो गंधवाहो वायुस्तेन कारणेन मन्दगतिरासीन् मन्दं मन्दं चलितुं प्रवृत्तः अन्योऽपि भारोद्वाहकः शीघ्रं गन्तुमशक्य एव स्यादिति गुणत्रयमुद्भाव्यम्।

261—दक्षिणायाः अनिलो वायुरुत्तरस्यां दिशि समागच्छन मंदं मंदं सरति चलतीति सपत्नीद्वयवैधवचनम्। क इव, सापराध पतिरिव यथा पतिः अन्यां स्त्रियं परिभुज्य अन्यायाः गृहगमने सभयं शनैः शनैर्याति इत्युपमा। तत्कारणमाह—तस्याः अंगवासना देहविलेपगंधः तस्याः लुब्धः मोक्तुमक्षमः तत्र चंदनपरिमलाधिक्यात् पुनस्तस्यां रसमपि मोक्तुमक्षमः यतो दक्षिणदिक् भोगिनां रसदायिनीति प्रसिद्धिः। रेवायाः जले रत्याः सुरतक्रीडायाः शौच्ये कृते अतः प्रक्षालिते कामलत एव ईषन्मज्जनं कृत्वा अतः शरीरे वासक्षयो न स्याद् इति चिन्तनं स्वयमपराधी कृतापराधः सन् गतिमन्दत्वमाश्रितः इति भावः।

262—पुष्पवतीनां लतानां परस्परमिति एकां मुक्तवा अन्यां प्रति अंगे अंगे आलिंगनं ददन् ताः प्रस्पर्श्य प्रस्पर्श्य निच्छन् (?) स्वयं मत्तः मद्यप इव असिद्धस्थावत्तया चरणौ न सिद्धौ वहन्मार्गे गण्डयति भ्रामं भ्रामं गतिं कुरुते। किं कुर्वन् पवनः, मधुपानं पूर्णकंठं कृत्वा आचमन्निव योन्योऽपि मद्यपानी बहुलं मन्दं पिबति सोऽपि वातिं करोत्येव। अथ वायुः नवं नवं सद्यस्कं मधुमकरन्दरसरूपं मद्यं पिबन् मन्दं मन्दं गच्छति।

263—अथाऽयं वायुरुत्प्रेक्ष्यते। कस्यचिन्महीपतेः राज्ञः मदोन्मत्तः मातंग इव गज इव। कीदृशो मातंगः। तत्र लक्षण-साम्यता। निर्झराणां तोयानि जलानि परिभुज्य मुक्त्वा मलयतरुं चंदनवृक्षं आश्रयन् देहं निर्घर्षयन् पुष्पपरागैः कमलरजोभिरतिधूसराङ्गः सन् पुनः मकरन्दरूपं मधुमदं स्रवन् सन् वातश्चलतीति सर्वचेष्टितः करीसाम्यम्।

264—वनमुद्दिश्य स्त्रीद्विकस्योभयपक्षाभ्यां सदसल्लक्षणाभ्यां वादः परस्परविरोधि- वाक्यकथनमजनि अर्थादभूत। एकयोक्तं—कीदृशोऽयं पवनः

गृहोतगंधगुणः चंदनादि- वासयुक्तः प्रधानतरः। अन्ययोक्तं—विषोपमः यतो भुजंगैर्पीत्वा पश्चादुद्गालितः अर्थात् वान्तः तेनायमपि गरलीभूत एव अत्र विरहिणीवाक्यं। संयोगिन्या एवमुक्तं श्रीखंडशैलसंयोगी मलयगिरिसंगी अतो भव्यः विरहिण्योक्तं अयं भुजंगभक्ष्यं इत्यभव्यः। इति द्वयोर्वादः।

265—कस्यांचिद् ऋतौ दिवसः सरसो लगति हिमशिशिरयोरे वेति। कस्यांचिदृतौ रात्रिः सरसा शरदि ग्रीष्मे च। कस्यांचिदृतौ संध्यावेला सरसा लगति विविधवर्णाभ्ररंगैः वर्षा एवेति कवयः कथयन्ति। परंतु वसन्तः पक्षद्वयेऽपि शुद्ध सदृशदिवसरात्रिभावेन द्वयोरपि पक्षयोः साम्यं मासद्वयेऽपि सरसवत्तया अहर्निशं सदृशो वहति दिवसेऽपि सुखकारी रात्रावपि सुखकारीति यथा सुपक्षोनरोऽपि सर्वकालं सुखदाता इति भावः।

266—निमिषैर्पलैश्च घटिकाभिश्चाहर्निशं दिवानक्तं वसंते सदृशे समाने ईषद् घटनं वृद्धिः परस्परं नरमादाभावादित्यपि किंचिद् वीनाधिकत्वं (?) लोकेपि प्रसिद्धं अतः एकस्य एकया परस्परं अन्तभिन्नत्वमसादृश्यं इति यावन्न दर्शयतः परस्परं स्नेहवृद्ध्या मिलिताविव उपलक्ष्येते परं प्रेमरीत्याधिकमनुभवतः यथा दम्पतीव। कान्तस्य गुणैर्वशीकृता कान्ता तथा कान्तायाः गुणैर्वशीकृतः कान्तः परस्परं स्नेहभेदलक्षणं अन्तं न दर्शयतः। सर्वदा सदृशरोत्यैव तयोर्निर्वाहः।

267—तस्मिन् वसन्ते गृहाण्यपि पुष्पैः कुसुमैः रचितान्येव। ग्रहणानि आभरणान्यपि पुष्पमयानि उपरितना पटी अपि पुष्पैर्ग्रथिता प्रस्तरणं तूणिकाः तदपि पुष्पमयमेव हीजति इति स्वेच्छया हिंडोलके हिंचनं। सापि दोला पुष्पवेष्टिता। सर्वासां पार्श्वस्थितानां सहीचरीणामपि पुष्पाणामेव शरणं। येन तेन विधिना पुष्पाणां बाहुल्यमेव कामिजनप्रिय-मिति। श्रीकृष्णकृते सर्वाऽपि रचना समीचीना इति भावः।

268—रुक्मिणीयुतः कान्तः श्रीकृष्णः माणग इति सुखभोक्ता वसन्तर्तुं अनेन विधिनां माणयति भुनक्ति। कथमित्याह—यस्य नादाः गीतगानरूपाः स्वापयन्ति निद्रायै प्रेरयन्ति अतश्चतुर्षु प्रहरेषु गीतगानमिति भोगिनां लक्षणम्। पुनः प्रातर्वेदा, वेदपाठकथकाः प्रबोधयन्ति जागरयन्ति। नित्यं प्रतिदिनं निशायां दिने च वनवाटिका-गृहोद्यानादिषु विहारः क्रीड़ाकरणं। अतो विस्मृता न्यकरणीयः श्रीपुरुषोत्तमः कामसुखमनुभवतीति भागवता-मन्येषामपि सर्वेषां अयमेव व्यवहारः। यदुक्तम्—

सुगंधं वनिता वस्त्रं गीतं ताम्बूलभोजने।
सुख शय्यामलस्नानमष्टौ भोगाः प्रकीर्त्तिताः।।

269–तस्मिन्नवसरे वसन्तसमये मनसोर्द्वयोरपि परस्परं प्रीतिप्रसरणेन स्नेहाधिक्येन अवसरेण लोकोक्त्या आश्चर्येण नादाद्युपायेन पुना रुक्मिण्याः हावैः मुखमोटनकटाक्ष भ्रूभंगरूपैः, भावैः आभरणरचनादिभिः सर्वैरपि कर्तृभूतैः हरिः कृष्णो मोहितो वशीकृतोऽतः ज्ञातं हरक्रोधज्वालावलीढानि निजान्यङ्गानि गतानि स्वयमअंगेन योजितान्येकी कृतानि तानि सर्वाणि पूर्वोक्तानि मोहनिमित्तानि कामाङ्गानि अवगम्यानि इति यतो मदनः प्रद्युम्नत्वमंगीकृत्य रुक्मिण्या उदरे उषित इति निवासं कृतवान् ततः श्रीनन्दन इति ख्यातः।

270–अथ परिवारं वर्णयति- पिता वसुदेवस्तस्य सुतो वासुदेवस्तस्य सुतः प्रद्युम्नः यतः पिता कृष्णो जगत्पतिः। स्वश्रू देवकी वधूराभ्य रुक्मिणी अथ च रामा स्वश्रू तत्र रतिः वधूः। सर्वोऽपि परिकरः श्रेष्ठः।

271–अथ च यदुवंशे भाग्याधिकं वक्ति-लीलाधनो वैकुंठवासी परमेश्वरो जगन्नासको जगन्निवासो मानुषीं मनुष्यसम्बन्धिनीं लीलां सुखानुभूतिं मनसि विधिन्त्य अवतारं कृत्वा जगति द्वारकायां वसुदेवगृहे देवक्या उदरे निवासं चक्रे। प्रद्युम्नस्य पिताऽयमेव अतो जगदीश्वरोऽनंगस्य पिता पितामहस्थाने जातः। कृष्णस्यानिरुद्धः पौत्रः पुत्रसुतः। कीदृशोऽनिरुद्धः, उषानामस्त्रियः पतिः। इति वंशस्य महद् भाग्यं प्रतिपादितम्।

272–तेषां सर्वेषां तस्यैव वा यशः अहं कविः किं कथयेयं, संभावना, यस्य यशः कथयितुं शेषनागोऽपि श्रान्तो निरुद्यमो जातो न पारं प्राप्तुं योग्योऽभवत्। अतो भक्तिमात्रं नारायण इति वारं वारं नामग्राहं वदेत्युपदेशः। कीदृक्। निर्गुणः सत्त्वरजस्तमोमयैर्गुणैः स्वयं रहितो निरंजनरूपत्वात्पुनर् निर्लेपः पापैरस्पृश्यामानः। पुनः रुक्मिणीं कथय प्रद्युम्नं कथय तथाऽनिरुद्धकं कथय अर्थाद् वर्णय सहचरीभिः स्वत्वपत्नीभिः सह नामसंक्षेपेण नाममात्रमेव प्रोच्चरेति गुणस्तुतावशक्यत्वं प्रकटितं। पूज्यानां परिवारोऽपि पूज्य इति सर्वेषां स्मरणं न्याय्यम्।

273–अथ लक्ष्मीनामानि–लोकमाता 1 सिंधुसुता 2 श्रीः 3 लक्ष्मीः 4 पद्मा 5 पद्मालया 6 प्रभा 7 अपराणां गृहे अस्थिरा इत्यपि 8 इंदिरा 9 रामा 10 हरिवल्लभा 11 रमा 12 इति नामानि।

274—अथ प्रद्युम्ननामानि : दर्पक 1, कंदर्प 2, काम 3, कुसुमायुध 4, शंबरारि 5, रतिपति 6, तनुसार 7, स्मर 8, मनोज 9, अनंग 10, पंचशर 11, मन्मथ 12, मदन 13, मकरध्वज 14, मार 15।

275—अथ ब्रह्मणो नामानि—चतुर्मुख 1, चतुर्वर्ण 2, चतुरात्मक 3, व्यक्त 4, चतुर्युग-विधाता 5, सर्वजीवकृत् 6, विश्वकृत् 7, ब्रह्मसू 8, नरवर 9, हंस 10, देहनायक 11।

276—ते सुष्ठु पदार्थाः— सुंदरता सौन्दर्यं 1, लज्जा 2, प्रीतिः 3, सरस्वती 4, माया 5, कांतिः 6, कृपा 7, मतिः 8, सिद्धिः 9, वृद्धिः 10, शुचिता 11, रुचिः 12, श्रद्धा 13, मर्यादा 14, कीर्त्तिः 15, महतिः महत्त्वं 16,—एते पदार्थाः द्वारकायामवस्थिताः।

277—संसारसुप्रभुणा परमेश्वरेण गृहसंग्रहं अर्थाद् द्वारकां कुर्वता रचितवता एताः पंचापि ज्ञानस्य विद्वत्तायाः चंडाल्य इव अस्पृश्या इव कृत्वा मुक्ताः दूरीकृताः अतो यत्र ज्ञानं तत्रैतासां दूरीभावः एव वरं। ता आह—मदिरापानं 1 रीस इत्यसूया 2 हिंसा जीववधः 3, निंदामतिः परापवादजल्पनं 4 एताश्चतस्रः पंचमी गालिः विरुद्धशंसनं 5। अतो द्वारकाया-मेतासां न स्थितिरित्यभिप्रायः। तत्र तु ज्ञानवत्त्वमेव प्रसिद्धम्।

278—अथ श्रीकृष्णस्तुतिरूपा वेलिसंज्ञा कीर्त्तिरतः सा पठनीयेति। तस्याः वल्लयाः वर्णने कवेर्गर्वो न चिन्त्यः इति तदाह। पुनः कविः परोपदेशमुद्दिश्य स्वात्मानं शिक्षयति—रे प्राणिया हे ममात्मन्, यदि त्वमेवं वाञ्छसि तदा त्वमिमां वल्लीं पठ इति मुखे कुरु। एवमिति किम्। प्राक् हरिस्मरणं 1, हरिणनयनायाः मृगाक्ष्याः क्रीड़ारसावगमनं 2, रणक्षेत्रमाश्रित्य, खड्गेण खलानां वैरिणां खंडनं निर्वापणं 3, पुनः परसभायां राजसंसदि तथा गुरुजनसमुदाये वा स्थित्वा जल्पितुं 4, वाञ्छसि इति तत्त्वार्थः।

279—पुनर्पुनर्वल्ल्याः स्मारणमिति दर्शयन्नाह—वल्लीं जपतः स्मरतो नरस्य अथवा यदा त्वं वल्लीं स्मरेः जपेस्तदा तुभ्यमेतेविधयः पदार्थाः संभवन्ति। तदाह। कण्ठे सरस्वती, गृहे लक्ष्मीः, मुखे शोभा लोकवशीकरणं, भाविन्याः भविष्यन्त्याः मुक्तेः त्वत्करे भुक्तिः परिभोगः, उवरि अभ्यन्तरे ज्ञाने, आत्मनि हरिभक्तिः इति तात्पर्य्यम्।

280—यः कश्चिज्जनः षण्मासावधि मह्यां पृथिव्यां सुप्त्वा भूमिशयनं

कृत्वा पुनः प्रातर्जले तीर्थस्थाने मज्जनं कृत्वा स्नानं विधाय स्पर्शे जितेन्द्रियों अतः आत्मना स्वयमेककः सन्नेकान्ते मौनावलम्बी इति यावत् अत्र जगति तत्कृत्यप्रभावतः स्त्रीवाञ्छकः पुरुषो यादृशीं स्त्रीमवाप्नोति स एव वल्लीं नित्यं बारं बारं पठन् तदेव फलमवाप्नोति इत्यलं प्रयासेन।

281—अहर्निशं दिवारात्रौ आत्मनि आत्मनि दंपत्योः परस्परं रुक्मिणीकृष्णयोः सदृशी रतिः सुखाप्तिः संपद्यते। तत्कथम्। वल्लीं जपन्ती स्मरन्ती कन्या कुमारी वाञ्छितं वरं लभते परिणीता स्त्री पतेः स्वामिनः सौभाग्यं मान्यतां पुनः पुत्रमपि लभते यतः स्त्री सद्भाग्या सौभाग्यवती पुत्रवती कथ्यते।

282—रुक्मिणीहरिस्तुतिरूपां वल्लीं नित्यं पठतां जपतां जनानामेव परिवारों गोत्रसमुदायोऽस्मिन् जगति वर्ण्यो वर्द्धते दिने दिने सर्वाङ्गैः। कैः कैरित्याह—पुत्रैः त्रैः प्रतिपौत्रैः पुनः साहणैः गजाश्वरथरूपैर्भाण्डागारैः कोशैः इयन्मात्रं तेषां शाखाः वर्द्धन्ते। का इव। वर्षासु वल्लय इव यथा वल्लयः दिनेदिने पंचांगैः अंकुरेभ्यः समारभ्य पत्रपुष्पफलादिभिर्नित्यं दिनेदिनेऽधिकं वृद्धिं यान्ति इति तत्त्वार्थः।

283—पुनः समयं प्रेक्ष्य एकः कश्चिद् एकमन्यं कंचित् कथयति। किमित्याहतत्रैकस्मिन् वगि इति पक्षे गृहे विमलानि मंगलानि कुर्विति प्रेरणेन एतानि आचरतां कुर्वतां जनानां किं शुभं कर्म भाग्यं भवेत्! तत्कर्म वल्लीं जपतां जनानां जगति एवं भवति इत्ययमेव पाठो मुख्यमंगलमेव इति चिन्त्यम्।

284—आयुर्वेदे प्रणीता उक्ता चिकित्सा दोषप्रतीकारश्चतुर्विधा वर्तते या चिकित्सा शस्त्राणि लौहकर्माणि औषधानि क्वाथचूर्णादीनि मंत्राणि तंत्राणि सुवइ इति सूते जनयति अर्थात् दोषदूरीकरणाय प्रकटयति। केषां-कायाकृते शरीरसज्जीकारे उपचारं कुर्वतां वैद्यानां इत्यन्वय-योजनं तैश्चतुर्विधप्रकारैः सुखमुत्पद्यते तत्सुखं वल्लीं जपतां त्वरितमुत्पद्यते।

285—आधिभूतिकं स्यादाधिर्मानसीव्यथा शोकादि ततो जातम् 1 आधिदैवं भूतोन्मादादिकं 2 अध्यात्मकं पूर्वकर्मार्जितं 3 तापत्रयं, तथा पिंडे शरीरे दोषत्रयं प्रभवति जायते कफवातपित्तलक्षणं सर्वे रोगा न भवन्ति ये पुरुषाः नित्यं वल्लीं स्मरन्ति तेषां शश्वन्नीरोगता इति भात्यं श्रीभगवत्कृपातः।

286—मनसः शुद्धभावेन रुक्मिणीमंगलं अर्थाद् वल्लीसंज्ञकां स्तुतिं जपतां जनानां निधयो नवनिधानानि, संपत् संपदा स्वर्णारौप्यरत्नवाहनादिलक्षणा, कुशलं कल्याणं च सदा संभवन्ति सम्पद्यन्ते तथा चैतानि नाशयन्ति तद्गृहं

मुक्तवा दूरं पलायन्ति। कानिकानीति आह—दुर्दिनं दुरक (? दुःख) दिवसं, दुर्ग्रहं ग्रहगणितगोचरे ग्रहाणां वैषम्यं, अथ च दुःसहा दुरन्ता दुर्दशा जन्मपत्र्यां रविराहुशनिभौमानां वर्षदशाः, तथा दुर्जनाः पैशुन्यकारकाः, पुनः पापकर्मणि मतिर्बुद्धिप्रसरः, एतानि वस्तूनि इति ज्ञेयम्।

287--मणिबलं, मंत्रबलं तंत्रबलम्, यंत्रबलं तत्कृतानि अमङ्गलानि अशुभकारीणि कर्म्माण्यादीनि न प्रभवन्ति न लगंति कृतान्यपि विफलीभवन्ति। जले स्थले नभसि अवकाशस्थाने किमपि छलं छद्म देवदेव्यादिकृतं न भवति अथवा डाकिनीशाकिनीभूतप्रेतानां भीतयोऽपि न प्रादुर्भवन्ति नाऽभव्यं कर्त्तुं शक्यन्ते। पुनरुपद्रवाः द्विपदचतुष्पदकृता विलायन्ते। किं कुर्वतां। वल्लीं भणतां नृणां इति सर्वत्र योग्यम्।

288—सान्यासिकैर्दशनामधारिभिः, योगिभिः पृथक्पृथगासन-धारिभिः तपस्विभि- र्यत्यादिभिः, तपसि तपोऽर्थं एतावन्तो हठाद्गृहस्थाश्रमं परित्यज्य देशान्तरभ्रमण- गिरिकन्दरादिवासरूपाः अथ न निग्रहाः स्वात्मनो दुष्दुःखोपाया अधोमुखतया अग्निसंयोगा- दिलक्षणाः किं कृतः यदा पारं स्थिताः आसन्नभवकाः सन्तः यतो दूरभविनां वल्लीपाठोऽपि न स्यादिति। वल्लीं पठन्त एवं संसारसागरस्य पारमुत्तरन्ति स्तोकायासेन वैकुंठं लभन्ते इति भावः।

289—अधुना स्वं मनः शिक्षयति—रे मम मनस्, त्वं कृपणान् वांछितवस्तुदातु- मसमर्थान् किं कलपिसि किं याचसे यतः कृष्णरुक्मिणी- स्तुतिरूपं मंगलं अर्थाद् इमां वल्लीं कंठे कुरु पठ इति शिक्षा। तेन योगेन आत्मध्यानरूपेण किम्, जपेन मौनवृत्त्या जपमालया स्मरणेन किम्, तपसा व्रतादिकरणेन किम्, तीर्थगमनेन किम्, दानतर्कणेन (?) इति बाढं त्यागेन किम्, वर्णानां आश्रमैः ब्रह्मचर्यदीक्षाद्युपायैरपि किम्। सर्वाण्यपि श्रमकारीणि अत्र सर्वत्र। किम् अव्ययः कुत्सिद्वाची। हरिचरणस्मरणमात्रमेव वरं अन्न कवेः स्वकृतिसंबंधिगर्वो नो गण्यः श्रीकृष्णनामस्तुत्यंगीकारशिक्षावचसो दोषाभावः।

290—वल्ल्याः सह सुरसरितो गंगायाः समसरि इति सादृश्यं अहं कथं आनयामि। अथ द्वयोर् लक्षणानि—द्वे अपि हरिहरौ भजतः वल्ली तु हरिभक्तिवाचका सुरसरित् शंभुमस्तकान्तः स्थिता तेन हरिभजनं मोक्षदायी इत्यतः इयमेवाधिका। गंगा तु सर्वेषां मान्यमपि पुनर् अतारकं तरीतुमशक्यं बुडयति, वल्ली तु अतारकं मुग्धमपि भक्तिमत्तया भवसागरं तारयति इति

इयमेवाधिका। पुनर्भागीरथी एकदेशवाहिनी पूर्वसागरगामिन्येव, वल्ली तु सर्वासु दिक्षु प्रसृता अतः मा इत्यव्ययो निषेधवाची अपि तु नानयामि इति तत्त्वार्थः।

291—अथाऽस्य ग्रंथस्य वल्लीस्वरूपमुद्दिश्य वर्णयति—इयं नाम्ना वल्लीति तत्र भागवतोक्तलक्षणं सुबीजं वापितं, मह्यां पृथिव्यां आलवालं पृथिवीराजमुखं, गानसमये तालो मूलरूपः, अर्थाः जटाः पृथग्भूताः, सुस्थिरकर्णरूपे मंडपे चटिता छायारूपं श्रुतिसुखम्।

292—लघुपत्राणि अक्षररूपाणि द्वालकरूपाणि दलानि वृद्धपर्णानि, ख्यातिर्यशः कृष्णसंबंधि तदेव परिमलं वासः, अस्यां नवरसपोषणं तंतुविधिः, अस्याः वृद्धिरहर्निशं दिवारात्रौ श्रवणेन पठनेन चेति, रसिकाः नराः मधुकराः इव, मंजरीरूपा हरिभक्तिः, फुल्लरूपं मुक्तिप्रापणं, फलं तु तत्र वैकुण्ठे अनंतसुखानुभवनं। इति सर्वमपि वल्लीसाम्यम्।

293—पुनराधिक्यं वर्णयति—कलौ युगे पृथ्वीराजकविमुखकमले अक्षरावली वर्णपंक्तिस्तस्याः मिषेण व्याजेन पृथिव्यां एकत्र स्थाने भूत्वा चत्वारः पदार्थाः प्रकटिताः। तत्सर्वमपि असंभावनीयं आश्चर्यवचनं विचार्यं। ते के। कल्पलता कल्पवृक्षः 1, कामधेनुः 2, चिन्तामणिः 3, सोमवल्ली वांछितप्रदा वल्लीविशेषा 4, चत्वारोऽपि पदार्थाः वाञ्छितप्रदाः सत्ययुगयोग्याः इत्यम्याः वल्लयाः सेवनस्य बहु माहात्म्यं प्रकाशितम्।

294—इयं वल्ली किमिति, पंचविधागमानां शास्त्राणां रसनिर्गमाय प्रसिद्धा प्रकटा अखिला अखंडा प्रणालीव। अथवा किमिति, मुक्तिं प्रति चटनाय आमिता दीर्घा पृथ्व्यां मंडिता निसरणीथ। अथो किमिति स्वर्गलोकारोहणकृते सोपानपंक्तिरिव 'पावडियालुं' लोकप्रसिद्धम्।

295—मौक्तिकानां व्यवसाये व्यापारे एकतः एकमनुषमं दृष्ट्वा को मोक्तुं किंचिदपि त्यक्तुं प्रभुः क्षमः स्यात्, सर्वाण्यपि गृह्णाति तथा मम वचनानां कणरूपाणां किल इति सत्ये तेषां शोधनं ममैव मुखं न्याय्यं परमन्यसुकवयः कुकवयश्च साधनकृते न चालिनीरूपा न शूर्प्परूपा तेनाऽत्र ग्राह्यांग्राह्यत्वं नास्ति सर्वाणि वचांसि शोधितान्येव इति सगर्ववाक्यम्।

296—पिंडे शरीरे नखात्प्रारभ्य शिखां यावत् तेन आद्यन्तं यावत् भूषणैराभरणैरथा-क्षररूपभूषणैः परिदधती सती मह्यां पृथिव्यां मम वाणी वाक् वेलिमयी वल्लीरूपा असइ असती इव कुलटेव जगतः संसारवासिजनस्य सर्वस्य

गले कंठे लग्ना सती नित्यमहर्निशं स्थितवत्यास्ते परं दूषणानि कलंकान् न महते आत्मनि दोषं नानयति। वेद। सतीव यथा सती स्त्री दोषं नानयति ततः सर्वत्र प्रीतिपरा परं नो व्यभिचारपरा इति तत्त्वार्थः।

297—क्वचित् प्राकृतभाषया भणतः क्वचित् संस्कृतभाषया पठतो जनस्य मम भारत्यां वाण्यां इदं मर्म ऐषा रीतिः अवधार्यम्। किमिति। रसदायिनीं सुंदरीं रमयतां जनानां शय्यान्तरे सुखशय्योपरि अथ भूम्यां वा स्रस्तरेऽपि सदृशं सुखं स्यात्। अतो मम वाणी प्राकृतभणतौ संस्कृतभणतौ सदृशं रसं ददाति परं तत्र सुखासुखत्ववितर्कणं न चिन्त्यमिति तत्त्वार्थः।

298—हे रसिकाः, यदि यूयं वल्लयाः आमूलमूलाद् अर्थं वाञ्छयथ तदा कर्णे ममोक्तां कथां वाचं कुरुत। पूर्णैः सुबुद्धिभिस्तमर्थं पूर्ण प्राप्स्यथ पुनः ओछैः तुच्छमतिकैस्तमर्थं न्यूनं किञ्चितत्सत्यं किंचिदसत्यं प्राप्स्यथ इति साशंकं शिक्षावचः।

299—तदास्याः अर्थलब्ध्यै के के पृष्टव्याः इति शंकानिराकरणाय वक्ति—एतान् सर्वान् एकत्र कृत्वा संभील्य विचारपूर्वकं त्वमर्थं कथय इति विधिः। ते के। ज्योतिषिकाः गणकाः, वैद्याः चिकित्सकाः, पौराणिकाः पुराणवाचका, योगिनो योगाभ्यासपराः, संगीतिनो नाट्यशास्त्रज्ञाः, तार्किकाः, प्रामाणिकः, चारणाः भट्टाः सुकवयः पृथक् जातीयाः, भाषाचतुरा नानादेशभाषाज्ञातारस्तानिति योज्यं। एतेषां शास्त्राणां किंचित् किंचिद् रहस्यं अस्यां समागतं। कुत्रचित्कुत्रचिन् निवेदितं। तेनैकशास्त्राभ्यासी अस्याः अर्थकथने मुह्यतीति रहस्यम्।

300—पुनर्ममायं ग्रंथो ग्राह्यः इति दर्शयन्नाह—ममाक्षराणां गुणस्य इति मर्म इदं रहस्यं यतोऽयं गुणः मुखमुखात् नवनवजनसुखात् श्रुतमात्रो गृहीतः मिलित्वा पुनर्ग्रंथग्रथनरीत्या उद्‌गालितः पश्चान् निष्कासितः। अतो महतां पूज्यानां प्रसादो भुक्तशेषः भक्तिपरायणानां ग्राह्य एव। परमात्मनो भुक्तशेषं समुच्छिष्टं मत्वा कोऽप्यधमो मूर्खः न ग्राह्यमिति कथयति तेनाऽत्र विषये शंका न कार्या इति बोद्धव्यम्।

301—अथ अंथस्यान्ते स्वगर्वं परिहृत्य पंडितेभ्यो विज्ञापयति-हे पंडिता, ममेषा विज्ञप्तिरेका तस्याः मोख इति भाषया विषिरिति तथा मोक्षः कथनमवधार्यं इत्यभ्याहारः। अस्माकं वचनानि सदोषानि लग्नदूषणानि विशुद्ध्

यर्थं भवतां श्रवणरूपेषु कर्णलक्षणतीर्थेषु समागतानि। तीर्थे गमनं दोषनिवृत्त्यर्थं इति प्रसिद्धम्। अतो भवद्भिर्मम वचनानि श्रुत्वा तेषां दोषो दूरीकार्य इति विज्ञप्तिः। तदा निर्भावनया तीर्थगमने का फलाप्तिरिति शंकां निवारयति। की दृशानि मम वचनानि। हरेः कृष्णस्य रसः तद्रूपं साहसं बलं अंगीकृत्वा चलितानि यदुक्तम्—हरि-भक्ति प्रसंगात् सपापा अपि निस्तरन्ति—

हरिर्हरति पापानि दुष्टचित्तैरपि स्मृतः।
अनिच्छयाऽपि लोकानां स्पृष्टो दहति पावकः।।

302—अथ ....यदुक्तमसमंजसं तदेदृशी कवेर्बहुतरं वक्तुं प्रवृत्तिरिति शंकितानां भ्रमं निवारयति—

रहसि एकांते रुक्मिण्या सह रममणिस्य जगदीश्वरस्य मयाऽयं रसो दृष्टमात्र इव निवेदितो जल्पितः। तन्मन्ये मिथ्यावचनेनाऽवगन्तव्यं सर्वं सत्यमेव चिन्त्यम्। तत्कथमित्याह—रुक्मिणीसहचरी पार्श्वस्थायिनी सरसइ इति सरस्वती तथा मह्यं निवेदितानि गुह्यप्रकटमिव प्रकाशितानि मां स्वकीयं जनं मत्वा मदुपरि कृपापरयेति। तन्मुखान्मया श्रुत्वा तथैव कथितानि ग्रंथे क्षिप्तानि इति निर्दोषता यदुक्तम्—

सरस्वत्याः प्रसादेन काव्यं कुर्वन्ति मानवाः।
तस्मात् निंश्चलभावेन पूजनीया सरस्वती।।

303— अथ च ग्रंथप्रान्ते विशेषेण स्वमशक्यत्वं प्रतिपादयति—हे केशव हे स्वामिन्, त्वदीयानि कर्माणि करणीयानि विविधानि इति, पुनस् तब स्त्रियोऽपि कर्माणि कथयितुं वर्णयितुं कः शक्नोति कः समर्थो न कोऽपीत्यर्थः। ततो युवयोर्गुणास्तुतौ यद् भव्यं स तु भारत्याः शारदायाः प्रसादः कृपा, यत् किंचिद् अभव्यं अयुक्ततयोक्तं स तु ममैव भ्रमो मतिभ्रान्तिर्मौर्ख्यं इति यावत्। परं च गुणेषु नाऽशुद्धता।

304—अथ ग्रंथानते मंगलार्थं स्वामिस्वामिन्योर्नामग्रहणम्—रुक्मिण्याः रूपं लक्षणानि गुणांश्च वक्तुं स्तोतुं कः समर्थ तरोऽस्ति न कोऽपि परं मया स्वमत्यनुसारतः यादृशाः ज्ञाताः गोविन्दस्य राज्ञी तस्याः गुणाः तादृशा अत्र ग्रंथे कथिताः निबद्धा जल्पिता इति यावत्। तेन मुग्धस्यापि ममोपरि कृपा कर्त्तव्या इति यदुक्तम्—

दूहा–वेंण विसम्मां केसवां के अमरम्म मरम्म।
घाट न जोवइ जग घडन जोवइ प्रेम परम्म।।
तदा हरेर् येन तेन प्रकारेण नामग्रहणमेव वरम्।

तथा हि–

जितं तेन जितं तेन जितं तेनेति निश्चितम्।
जिह्वाग्रे वसति यस्य हरिरित्यक्षरद्वयम्।।

इति श्रीकृष्णरुक्मिणीवेलिः पृथ्वीराजकृता समाप्ता।

305–तत्र कदाऽयं ग्रंथः संजातस्तत् कथयति, द्वालकः-वरसीति। इति सुगमम्।

इति संपूर्णेयमस्याः टीका सुबोधमंजरी नाम्नी।
श्रीरस्तु। कल्याणं भूयाल्लेखकपाठकयो।।

अथ च टीकायाः प्रशस्तिरवधार्या–

श्रीराठोड़-कुलावतंस-विलसन्कीर्त्तिर्महादानकृत् कल्या–
आभिधभूपतिः समभवत् श्रीविक्रमाख्ये पुरे
तत्सूनुर्गुणिनां वरो ननु पृथ्वीराजो महीमण्डले
विख्यातः सुरसद्गुरूपममतिर्नीत्यां कविः सत्कविः

लक्ष्मीनाथक-भक्तितत्परतया कृत्वा गुणोत्कीर्त्तनम्
वल्लीसंज्ञमिदं स्वपातक-चयं हत्त्वा फलं जन्मनः
प्राप्तं येन सुतीर्थवन्मधुपुरि प्रान्ते पदं मौक्तिकम्।
लब्धं तस्य कृते कृता च मयका टीका सुबोधाभिधा

श्रीमद्विक्रमराजतो वसुमुनि क्रौंचारितुंडावनी–
संख्ये संषतितुर्यमास्यधिकतां प्राप्ते सिते पक्षके
प्राक् तिथ्या मुशनोह्नि पाल्हणपुरे पेरोजनाम्ना नृपे
राज्यं शासति पद्मसुंदरगुरोः शिष्येण टीका कृता

सारंगामिधवाचकेन सुतरां शिखावचश्चातरी-
मंगीकृत्य सुशिष्यवर्गकथनं श्रुत्वा तयेतिकृतं (?)
अस्मिन्नयद्वितथं वचो विवरणे संशोध्य शुद्धाशयै-
स्तत्सत्यं क्रियतां ममाञ्जलिमिमां दृष्ट्वासुहृष्ट्वर्थितेः (?)
(इति चतुर्भिः संबंधः)

श्रुती न कर्त्तुर्मुखतो कदाचित्
लोकोक्तपाठेपि न भाति तादृक्
श्रुताक्षुतोऽयं रचितो मयार्थो
विशोधनीयो विबुधैर्वरेण्यैः

सुबोधमंजरी नाम्ना टीकोपकृतिकारणम्
गुणिनामर्थवत्येषां चिरं वन्द्यात्सुसौख्यदा

इति सुबोधमंजरी टीका संपूर्ण (संपूर्णा) कृता वांचक सारंगेण।

(संवत् 1683 श्रीवैशाखमासे कृष्णत्रयोदश्यां लिखितं सम्पूर्णम्)

(ग) प्रबोधिनी हिन्दी टीका

सद्-गुरु सरसुति ईसवर सुभ चरननि सिर नाइ।
मंगल-निधि माधव-गुननि गावत मंगल भाइ ॥1॥

जग-कर्त्ता के गुन करन मैं मन कीनो थापु।
जैसें पुतरी रंगत है कमनीगर कों आपु ॥2॥

लखमी-पति के गुन करन मैं हठु कीनो नेक।
गूंगो सरसुति सों लरत बिना संभारे वेक ॥3॥

मन-वनचननि को गमु नहीं, तूं वरनन चित देत।
मन जब हय दौरत, कहो, क्यों खोरो गहि लेत ॥4॥

सेस सहस फन रसन बि-बि, रसन-रसन जस और।
पार न पायो तिन, कितो मो बुधि मेंडुक दौर ॥5॥

प्रभु-गुन कहै सु को सु-मति परि जलधि को लेइ।
पंखो सुरगहि जात को, मेरु रंक कर देइ? ॥6॥

दे सु जनम दोधी रसन, सरन करत इक भाइ।
ताहीं के गुन गाइयै, मो मन इहै सुहाइ ॥7॥

द्वीपायन जयदेव सुक बड़ कवि रच्यो सिंगार।
प्रथम तहां कामिनि कही जानि सिंगार-अधार ॥8॥

जगत मांह सुत के अरथ पिता परम अति आहि।
गरभ धरन, पोखन करन इहि विधि मा सरसाहि ॥9॥

विद्रभ घर द्च्छिन दिसा कुंदनपुर सु विवेक।
नाग सु नर सुर असुर मधि सिरे भीम नृप एक ॥10॥

पाँच पुत्र, एकै सधू, ताको रुकमिनि नांउ।
लखत नेक जाकी छटा मोहि रहत सब गांउ ॥

प्रथम कुंवर रुकमो बड़ो, रुकमबाहु अवरेखि।
रथ, माली, अरु केस के आदि रुकम दे देखि ॥11॥

लछमी को अवतार, मानस-मेरु समान तन।
हंस चाल आचार, वनक बेल दु-पती चरन ॥12॥

और वरस वाधै जितौ, तितौ वधै वह मास।
ओर मास त्यों वह पहर, जा विधि, कामी-आस ॥

पूरे लछन बतीस, बालपनै लखियै सु अंग।
सब सखियन में ईस ह्वै गुड़ियां खेलन लगी ॥13॥

कलियन प्रफुलित पद्मिनी, ज्यों तारनि मधि चन्द।
राजांगन राजति कुअरि, तनु सु अ-तनु कछु मंद ॥14॥

सोवत सैसव जानि, जोबन जाग्यो तिय सु तन।
अबै अधिक है वानि प्रथम ग्यान ज्यों सुरस मैं ॥15॥

मुख परूब देखे अरुन अरुन-उद्य जिय जानि।
जोबन-साखी कुच सु रिखि उठे नियम-छति मानि ॥16॥

जोबन आवत जानि, चेत न पावत छिनक मन।
बाल-संघातिनि मानि बाल-दशा विछुरति झुरति ॥17॥

मात-पिता आगे तिया दुरवति काम-समाज।
आवति लाज किये हिये अति लजेरि कों लाज ॥18॥

बीने सैसब-सिसिर के जोबन आइ वसन्त।
रूप-चतुरई बहु विधिनि करी वस करन कंत ॥19॥

कोकिल कण्ठ सुहावनो, नेन कमल छबि देत।
बरुनी पांख संबारि नव भौंह भंवर तिहि हेत ॥20॥

मलयानिका लागे वधत काम-कली कुच दोइ।
तिनहि लखन तुरतहि त्रिविध स्वास समीरौ होइ ॥21॥

उदय अनन्द, सु-हास नित होत चाँदनी भाँति।
आनन चंद समीप ये रदन रिखन की पांति ॥

धूं घरवारे चाकने स्याम केस निसि-कांति।
नैन कमोदिनि ज्यों लसैं, नासा दीपक भांति ॥22॥

जोबन-जल के जोर कामिनि-तन सरबर भयो।
बांह वरुन की दोर, मैन-बान कर-आंगुरी ॥23॥

करी-कुंभ ज्यों कुच कठिन, मो पै बरनि न जाइ।
कछुक स्यामता यों लसत, जोबन-गज-मद भाइ ॥24॥

कुच गिरि तट, घर कटि बनी, नाभि प्राग अवरेखि।
त्रिवलि त्रिबेनी जानि जिय, स्रौनि करारे पेखि ॥25॥

जंघ नितंबिनि की सु-भर कदली विमुखें मानि।
पिंडुरी रंभा-गरभ ज्यों कवि-जन कहैं वखानि ॥26॥

नख राजत पद-पदुम पर ज्यों सतपत-छद नीर।
मनहुं रतन, रूपो, नखत, सूरज-सुत ससि हीर ॥27॥

आठ व्याकरण, दस-असट समृति, समान पुरान।
वेद चारि, खट अंग फुनि विद्या चतुरस आन ॥

चौसठि कला प्रवीन मीन-नैन रुकमिनि सुबुधि।
भयी अधिक आधीन करि विचार बहु विधि सु मन ॥28॥

गोरी गुन सुनि स्याम के चाह धरी वर काज।
पूजति राग भये हिये गोरी-हर वर काज ॥29॥

मात-पिता देखे सु अंग करि विवाह की चीत।
कृष्णचंद ठहराइ वर दीन-लोक को मीत ॥30॥

सुनि रुकमी बोल्यो सतरि, मो मन यहै सुहाति।
ग्वाल-राजवी सों, कहो, कहाँ सगाई-पांति? ॥31॥

छांड़ि राज-कुल ग्वाल सों करत व्याह की बात।
जरा भये भूलत सबै, कहा मात, कहा तात? ॥32॥

मत भूलहि रुकमी कुंवर! कहत मात अरु तात।
रुकमिनि लखमी जानि जिय, वासुदेव बल-भ्रात ॥33॥

मरजादा माँ-बाप की बोलत कुंवर मिटाइ।
सु जल कोप के बर वध्यो वरिखा-नारे भाइ ॥34॥

बड़ी चूक गुरु-जनन की जानि गयो गुरु-गेह।
बहिनि वरै सिसुपाल को प्रोहित! हित वर येह ॥35॥

बिना विचारे बात भली-बुरी हरबर चल्यौ।
लगन लिये परभात प्रोहित गयो चंदेरि पै ॥36॥

ग्रंथनि में ज्योंही कह्यो, त्योंही चलि सिसुपाल।
आयो, नर-वर अनगिने लिये बराती हाल ॥37॥

सिसुपालहि आवत समुझि उछब पटह बजाइ।
कियो कलस धरि कनक के पुर सु पटनि वर छाइ ॥38॥

गारो हींगरु, फटिक की ईंटैं, कुंभी नील।
थंभ प्रवाल, कपाट अरु सरदर चंदन छील ॥39॥

वाम पंचरंगी चीर जुत घटा, निसान सु गाज।
पौरि बंधे तोरण सवे करत मोर को काज ॥40॥

करि नैनन परि छांह, राजा बोलैं, करन की।
धौरे घर पुर मांह, मेघघटा मनु धवलगिरि ॥41॥

गोख चढ़ी गावैं सबै पद्‌मिनि पद्‌मिनि-भाइ।
सूरज लखि सिसुपाल-मुख रुकमिनि कुमुदिनि छाइ ॥42॥

काजर मसि, लेख! सु नख, मिलि अंसुवा-जल-पूर।
लिखि पाती, जाली-मगनि देखति पंथी दूर ॥43॥

करि प्रनाम, गर लखि तगा, देव जानि जिय मांह।
वीर वटाऊ विप्र! सुनि, तुरत द्वारिका जाह ॥44॥

ढील करे जिन, ले यहै पाती तन-मन साथ।
कहि प्रनाम दीजो तुरत जादव-पति के हाथ ॥45॥

निसा पड़ी, रवि आंथयो, गह निकसे गहराइ।
नगर छांड़ि बाहर रह्यो, बांभन चित बहराइ ॥46॥

द्वारावति है दूर अति लगन-दिननि की भीर।
सोचि पर्‌यो पुर सविधि में, जाग्यो गोमति-तीर ॥47॥

कहूं वेद, कहुँ संख-धुनि, कहुँ झालरि नीसान।
कहूं सु नर-रव एकठो, नगर सिंधु के मान ॥48॥

सीस घरा, हाथनि कमल, चंपक-रंग पनिहारि।
खेत-खेत जोगेसुवर सुजल गोमती पारि ॥49॥

सोयो अगनि जगाइ कै करत जगनि तप-जाप।
पंथ मांह मौरे सुरभि, तहां सु पिक-आलाप ॥50॥

सांच किधौं यह सपन है, आयो सुर-पुर मांह।
पूछैं एकनु यों कह्यो, देव! द्वारका ठांह ॥51॥

सुने स्रवन आनन्द भयो, करि प्रनाम बहु बार।
चलि पूछत-पूछत गयो, जहां कृष्ण को द्वार ॥52॥

देखि वदन गोविन्द को सोचि कहत मन मांहि।
रुकमिनि ह्वैहै भागिनी, भाग मोहि गहि बांहि ॥53॥

उठे जगत-पति तुरत ही दूरि वास द्विज जानि।
त्यों कोनी पहुनाइती ज्यों स्रुति कही बखानि ॥54॥

कहां वसत? जैहौ कहां? कौन काज? केहि पास?।
मो आगे पांड़े! कहो पाती दीनो जास ॥55॥

कुन्दनपुर में हौं बसौं, आयो हौ तुम पास।
समाचार या भांति हैं, पाती रुकमिनि आस ॥56॥

आनंद रोम बढ़ाय कै गद्गद गल, द्रिग नीर।
बिनु वांचे कागद दयो द्विज-कर करुनाधीर ॥57॥

आयसु लहि वांचन लग्यो बांभन पाती-गाथ।
सब विधि यह विनती करी, सरन तुम्हारे नाथ! ॥58॥

बलि के बंधनहार! सुन तो, तें और जु मोहि।
व्याहै, तो जानो यहै सिंघ स्यारि भख जोहि ॥

बिनु जाने जिय वधिक कों देइ गाइ द्विज जानि।
तुलसी ज्यों चंडाल-घरि तोहि वरें विनु मानि ॥59॥

तुमहिं छांड़ि औरहिं वरौं, ज्यों जूठे करि होय।
सिला-गल्लकी सूद के, वेद-मन्त्र बिय कोय ॥60॥

ह्वै बराह धर-यप मोहि हरिणकुस कों मारि।
तारी जब पाताल तें कौनै सीख मुरारि! ॥61॥

नेती करिकै नाग, मन्दिर-गिरि करिकै रई।
सुर-असुरनि में भाग हौं लीनी मथि जलधि कों ॥62॥

समुद बांधि रावन हन्यो पुरी लंक सब जारि।
हौं तारी पिय! राम ह्वै, किननु कही, सु विचारि ॥63॥

अंतरयामी सों कहा मुख सों कहौं बनाइ।
ले हथियारनि चतुरभुज! दौरि कुमक करि आइ ॥64॥

तउ बक बकति, न रहि सकति, त्रिया प्रेम-भरपूरि।
दिन नेरो आयो बुरो, तुम प्रीतम! अति दूर ॥65॥

लगन बीच हैं तीनि दिन, मेरी तुम तन आस।
देवी के पूजा मिसनु ऐहौं नगरी पास ॥66॥

धनुख-बान लै हाथ सारथि रथ बैसारि कै।
अरथ सुन्यो जदुनाथ द्विज-वर भेदू पंथ को ॥67॥

सेन वलाहक मेघ सुभ सुभ सुग्रीव हरि हेत।
दौरत साम्हे ये, मनो दौरत गिरि पुर खेत ॥68॥

रंथ थंभाइ बोले क्रिसन, यह कुंदनपुर पास।
देव! बधाई देहु तुम पूरहु रुकमिनि-आस ॥69॥

सोचु करत मन रुकमिनी, रहे, न आये ईस।
छींक भये धीरज थयो रही नवाये सीस ॥70॥

पूछि सके नहिं रहि सकै, चलदल मन द्विज पेखि।
ज्यों मेरो आयो, रही त्यों आनन तन देखि ॥71॥

सखि गुरु-जन लखि वाम संग द्विज-वर कही विचारि।
लोग कहत, हरि पुरिय तें आये कुंदर द्वारि ॥72॥

बंभन-मिसु हरि-पग लगी सुनि द्विज-मुख की बात।
लखमी रुकमिनि, वसु लह्यो कहा अचंभो घात? ॥73॥

क्रिसन चले सुनि बल चढ़े, फौज करी नहिं संग।
धोर-वीर तेई लये, जे रन में अनभंग ॥74॥

भाई द्वै आये जुदे, मिले नगर में आइ।
नर-नारी नागरिक सब निरखत हैं चित लाइ ॥75॥

काम, नराइन, काल, फुनि जोग, और वेदान्त।
कामिनि, निज जन, पर, जटी, वेद-जान जानंत ॥76॥

वासुदेव को वदन लखि कहत सबै पख खोइ।
रुकमिनि को वरु यह सही, होरु करो जिनि कोइ ॥77॥

उतरि अवासनि तें रहे जन आगे कर जोडि।
राम-क्रिसन जहुं पाहुने, कहा पहुनई-कोडि ॥78॥

सखि सिखाई माता-सविध पठयी आयसु-काज।
अंब! अंबिका-अरचना कहि करि आऊं आज ॥79॥

पूछि पूत-परिवार रानी आग्या दे चुकी।
सुंदरि किये सिंगार पूजा-मिसु प्रिय मिलन को ॥80॥

केसर-सुजलनि न्हाइ कै डंडिया पहिर्यी सेत।
चुवत नीर, मुकता मनो गुन मखतूल असेत ॥81॥

कच मुकराये दुहुं करनि धूप देति है वाम।
मन-मृग कों बांधन मनो वागुरि डारी काम ॥82॥

चौकी तें उतरी कुंवरि, गादी बैठी आइ।
आली ले दरपन रही, करति सिंगार हियाइ ॥83॥

मेरु मांझ जमुना किधो, किवौं परेवा, मार।
कंठ पोति, मनु हरि गह्यो संख अंगुरिन जोर ॥84॥

वेनी सित पुहपनि गुंथी जमुना गंगा, फेन।
मांग भरी मुकतनि मनो सरद चली पिय लेन ॥85॥

नैन बान तीखे सरस वीर सान परि लाइ।
सुरमा सिली लगाइ कै कज्जल जल औनाइ ॥86॥

वाम-भाल केसर-तिलक, कियो तनक कछु वंक।
नैऩ तिलक दोऊ किये मनु हर के निकलंक ॥87॥

गयो हुतो पाछे, लसत तिलक रतन-मय लाल।
आयो भाग मनो क्रिसन आये सुन्दर भाल ॥88॥

जुवा भौंह, चख-मृत जुते, नाग अलक धरि धीर।
रासि वांकुवारी बनी, चंद्र रथी, चक वीर ॥89॥

कुच ऊपर कंचुकि लसति अंधियारी गज-सीस।
काम-कलह मन में धरे कवच किये मनु ईस ॥

पाउ धारि हैं हरि, इहै जानि तिया निज हीय।
पट-मण्डप मांडे बहुत जानि सुघर पिय जीय ॥90॥

हरि-कीरति मोती-लरैं कंठ-सिरी तिहि तीर।
सरसुति गुपत सुनी जगत, प्रगट लखी तिय भीर ॥91॥

बाजूबंद बंधे भुजनि जड़े रतन वर लाख।
मनहुं नाग झूलत परे मनिधर चंदन-साख ॥92॥

गजरा मोती के लसत हसन नखत ज्यों चंद।
नव-अह पहुंची पाट सित अरध कंज अलि-वृंद ॥93॥

मांहि नांहि मोती तऊ बाहिर कुच सरसात।
मांहि रहत सोभत न, यों गज रज डारन जात ॥94॥

पूरब तजि नूतन धरे, कवि वरनत तन मात।
कुच फल, भूखन पुहप है, बेलि गात, पट पात ॥95॥

मुठी-मध्य नव-ग्रह-जटित छुद्र-घंटिका पेखि।
आगम जनवन सिंघ में भये एकठे देखि ॥96॥

चामीकर के चंद-मुखि सजे घूघरा पाइ।
पीरे अलि किय पाहरू कंजनि जर जनि छाइ ॥97॥

सुवत उद्‌धि तें ले मुकत कंचन-गुन अरुझाइ।
धर्‌यो नाक, सुक रिखि मनो रह्यो भागवत गाइ ॥98॥

वदन-कोकनद में लसत सुभ पराग-तंबोर।
अति सूछम दंतावली भयी किंजलक ठौर ॥

कदली-छद कमल मुख नाग-बेलि कर वाम।
नासा-सुक लखि तजि रहे, उपवन सुक अभिराम ॥99॥

करि सिंगार पूजन गवरि चली सखिन मिलि बाल।
गरब छांड़ि पनही लगे मोती मिसनि मराल ॥100॥

नीलबंर-अंतर लसत नग-दुति इहि छबि होइ।
मनहुं दीप-माला मदन निज गृह धरी संजोइ ॥101॥

केसर सुभ जल-पान सुभ अरगज और कपूर।
वसन-धूप लेकै चलीं सखी पेम के पूर ॥102॥

सखिन मांहि मिलि कै चली चढ़न सुग्वामन काज।
मो मति कहा वखानिहै, रूप धरे मनु लाज ॥103॥

दरपन लौ चमकत सिलह पहरि चले भट साथ।
चढ़ि तुरंग लागे करन मनुसाई की गाथा ॥104॥

पाइक-दल हरबर मिले पदमिनि-रच्छा हेत।
मद-माते गिरि से बड़े गज-गति की गति लेत ॥105॥

रथी चलत अति वेग सों चंद-वद्नि-मगु चाहि।
न्हाइ चले घर राम के नागर सरजू मांहि ॥106॥

इंदु पास ज्यों जलरही, नखव मेरु-गिरि तीर।
रुंड-माल ज्यों हर-गरे, त्यों प्रसाद भट-भीर ॥107॥

पैठि देहरा मांझि लखी अंबिका प्रेम-जुत।
पूजा के मिसि सांझि हाथ कियौ हर को मिलन ॥108॥

आकरखन अरु वसकरन उनमादन कों संच।
द्रावन सोखन जगत में कहे काम-सर पंच ॥

चितिवनि विहसनि लसनि फुनि तन निरखनि सकुचानि।
अंब-द्वार जे भट लखे, तेई मारे तानि ॥109॥

भयो पंगु मन, मूरछी सेना रुकमिनि देखि।
मनहुँ देहरै के सम करी पूतरी रेखि ॥110॥

धर-पथ कै आकास-पथ आयो मधि अरि-साथ।
स्रवननि रथ सुनि कै लख्यो सु-रथ त्रिलोकी-नाथ ॥111॥

कर करि कर-वर रुकमिनी बैठारी रथ मांह।
दौरौ रे दौरो-कह्यो-हरे जात हरि नाह ॥112॥

मंगल-गीतनु सुनत हे, तहां सुनी सु पुकारि।
करि सनाह उरझे कुंवर पट केसरी उतारि ॥113॥

चलत हयनि की वधि गयी लीक लिखी ज्यों चित्र।
अंग सबनि के यों धिसत, नहीं गिनत अरि-मित्र ॥

माधव! माखन नांहि, यह चोरी है तरुनि की।
रुकमिनि गूजरि नांहि, गूजर पायो है पकरि ॥114॥

उठी रजी में सूर यों, वात-चक्र मधि पात।
नवे सहस नीसान यों सुनैं न हय आघात ॥115॥

दूरि हुंते, आये निकट, भयो दीठ को लाग।
मुंह फेर्‌यों जादव, करी कुंवर स ढीली वाग ॥116॥

मेघ-घटा यों दोउ कटक भये सामुहे आइ।
रुधिर-नदी बहिहै, समुझि जोगिनि आयी धाइ ॥117॥

छुटे बान, हथिनालि बहु, वीर-हाक बहु होत।
सर बगतर पर लगत यों, मेह समुद के सोत ॥118॥

कुन्त-किरन झलमल करत, रजी दबी, थंभि वाउ।
मंडे जुध लोगनि लख्यो सरस मेघ को आउ ॥

धड़धड़ लगि धारा विमल, छुटी रुधिर की धार।
समर घटा यों देखियत खड़ग बीजुरी तार ॥119॥

कंप्पो काइर को हियो, वजे सु वर नोसानु।
रुहिर-धार यों बहि चली, प्रबल पनारे मानु ॥120॥

नाचै चौसठि जोगिनी, उठि-उठि लरत कबंध।
चेदि-कृष्ण दोउ मेघ ज्यों, मंडे झरनि सर बँध ॥121॥

बहुत करनि तें परि बहुत चल्यो रुधिर जल-भाइ।
बुदबुद् खप्पर जोगिनी ऊंधे दिये बहाइ ॥122॥

बबकार्‍यो बलभद्र जब सही देखि अरि-साथ।
बीज वपत रन में लरत जीति चलायें हाथ ॥123॥

बल के हल चलतहिं लख्यो तूटत अरि-सिर-मूल।
हल चलाइ जड़ तोड़ि कै कियौ जस वपन सूल ॥124॥

घाइल देहनि तें छुटी रुधिर-धार छबि देत।
हंस सगति दोउ जन तजे मनहु प्रवाली खेत ॥125॥

हाली मधि खेतहि गयो सरस भुजा-बल बाँटि।
खल-सिर को कीयो खलो खड़ग-दात करि काटि ॥126॥

निज पग मेढि विराम करि हय-चरननि खुंद बंहु।
कियो गाहटो राम बैरी-बल करिकै खलो ॥127॥

भार खैंचि तोर्‌यो सुभर कन-कन दयो बखेरि।
खल-खल सिर बैठी गिरध पल सु चोर बलि हेरि ॥128॥

बल विरच्या संग्राम मधि दे हथवांसे ढाल।
'भलाभली धरती' कही, जीति लियो सिसुपाल ॥129॥

आडो ह्वै गोविंद को रुकमी बोल्यो धीर।
तिय ले आयो बहुत धर, तूं पग मांड़ि अहीर! ॥130॥

भालि-मूठि द्रिग बांधि रुकमी-आयुध काटिबें।
धनुख-पणच सर सांधि हरि वाकारें रिस करी ॥131॥

रन तप रुकमिनि-वीर लखि वरि सिरात इक बार।
मन संड़सी कोयउ क्रिसन, जैसें करतु लुहार ॥132॥

एक सगाई-लाज, अरु रुकमिनि बैठी निकट।
अन-मारन के काज आयुध रथ काटे क्रिसन ॥133॥

काटि सबै हथियार रथ मूंड़ि सीस मुंह मूंछि।
करि विरूप रुकमी तज्यो जीवत प्यारी पूछि ॥134॥

हँसत क्रिसन सों बल कह्यो, बहिनि लयी गहि बाँहि।
दुष्ट कियो सोई लह्यो, तुम्हैं भलाई नांहि ॥135॥

सुनि अग्रज के वचन हंसि कछु लजाइ हरि जान।
बोल राखि बलभ्रद को राखि रुकमिनी-मान ॥136॥

अकरन-करन समाथ और-और विधि करन कों।
दे सालक-सिर हाथ कृपा करी हरि केस दे ॥137॥

पद्मिनि ब्याही जीति दल, आनन्द भयो अपार।
वदावदी चलतै कटक वधे बधाईहार ॥138॥

गृह-कारज भूले, सबै, ग्रह पूछत नर-वाम।
चिंतातुर मन, नैन दे निरखत पथ जित स्याम ॥139॥

पंथी देखि उतावलो मुरझाये सब लोग।
हरी डार हेरें हंसे, हरे भये तजि सोग ॥140॥

सुनि आगम हरिखत भये जन हरि-दरसन काज।
ज्यों पूनो के दिन समुद लेत लहर करि गाज ॥141॥

थापे केसर-हरद के दिये दूब सिर राखि।
दारिद को दारिद् दि्यो जन सुनि सूचक-भाखि ॥142॥

करि उछाह नर एकधा, चलौ एकधा नारि।
पुरी चली हरि-मिलन कों मानहुं बांह पसारि ॥143॥

रतन-दण्ड बिजुरी बनी, झालरि मोती-बूंदि।
घन अकास छत्रहि लिये हरिहि मिल्यो मुंह मूंदि ॥144॥

मग-द्वारनि बांधे मुकुर, अरु फैलाइ गुलाल।
ज्यो सरसुति पैठति समुद नगर सेन-गोपाल ॥145॥

गावति सब चढ़ि धौलहर प्रज-गीतारि सु-चंग।
पुहप-बूंद डारन लगीं रुकमिनि-स्यामल अंग ॥146॥

जरासिंधु सिसुपाल को जीति लयी वह नारि।
मात-पिता करि आरती बार-बार पय वारि ॥147॥

विधि सों लये बधाइ के बाजे बहुत वजाइ।
रानो रुकमिनि को हरिहि लीने नरनु जिमाइ ॥148॥

द्विज बुलाइ माता-पिता पूछ्यो न छ्यो अधिक उमाह।
लगन कहो, हम कब करैं हरि-रुकमिनि को व्याह ॥149॥

स्रुति-सुमरिति देखे कह्यो डरपत द्विजवर नेक।
व्याह दूसरो क्यों कहो रुकमिनि दुलहिनि एक ॥150॥

जनवैया तिहुं काल के सोचि कह्यो ततकाल।
विनु दोखनि वह काल हो हरन भयो जिहि काल ॥151॥

बांभन लखि वसुदेव कों, मातु-वदन कों देखि।
कर-ग्रह हरन-समै भयो, बाकी करहु विसेखि ॥152॥

विप्र वेद, वेदी रतन, वांस हरे, घट हेम।
अरनि आगि, इंधन अगर, घृत-कपुर हुति नेम ॥153॥

पीठि पछिम, पूरब सु मुख, करी छत्र को छांह।
वर-वधूनि मधुपरक दे बैठारे गहि बांह ॥154॥

हरि-आननि नैननि दिये निरखति त्रिया प्रवीन।
मनहुँ उद्धि मधि ससि गह्यो चहूं ओर तें मीन ॥155॥

भांवरि चौथी फिरि करी तिय आगे गहि बांहि।
मनहुँ करी प्रफुलित कमल लिये सु निज कर मांहि ॥156॥

व्याहि वाम अंग राखि तिय विप्रन देइ असीस।
मंगलनि की बेला लखे दीनो निधि नव ईस ॥157॥

वर आगे, पीछे चली वहू सुवन हरि साथ।
आंचर के मिस दुहुँनि को बांध्यौ ले मनु हाथ ॥158॥

सखी झाड़ि घर, पुहुप-जुत सेज बनायी ऐन।
चादरि सेत-समुद्र मनु फूल सु ता पर फेन ॥159॥

महल विचित्र सुचित्र-जुत, मनि-दीपक तिहि ठौर।
सेस चंदौवा मिसि करी छांह करन को दौर ॥160॥

पलिका को आचार करि रुकमिनि अनत लिवाइ।
गई सखी, रति करन के भूखन रही बनाइ ॥161॥

सकुचन ही सकुचे इते सांझ रुकमिनी सेज।
पथिक-वधू दृग, पंख दुज, कमल-पत्र, रवि-तेज ॥162॥

हरि होतहि आतुर भये सबै निसा के काज।
कुलटा, निसिचर, चोर, ससि, अभिसारिका-समाज ॥163॥

पंख बँधे अनि दुजनि के, चक्रवाक के नांह।
निसा-दिवस दोऊं मिले, हँसत देत गल-बांह ॥164॥

कामी की कामा-अगनि निकसी दीपक-जोत।
मन लागो दीपक-मिसनि, यह मेरे मन होत ॥

सखि सब रुकमिनि सों कहैं प्यारी! भयी निहाल।
देहरि तें अहुटति अटति वचन स्रौन धरि बाल ॥165॥

प्रिया-मिलन, आतुर हरिहि नूपुर और अवास।
कहत बधाई रवि मिसनि आगलि चलि स-उलास ॥166॥

पग-पग ढूकति कर दियें सखी करे ये बाल।
लंगर लाज कुल की चरन, मानहुं गज छंछाल ॥167॥

देहरि में जेहरि लखी हरि जाही छिन मांहि।
रोम-अंसु आनंद तब भयै नैन को चाह ॥168॥

चाहत हे त्योंही भयी अंतर हो बहु काल।
अँक लये परजंक पर बैठारी ढिग बाल ॥169॥

नैन भरे के चोर रुकमिनि लखि हरि के भये।
ज्यों निरधन मन और अगनित धन पाये बढ़ति ॥170॥

आवत जात कटाछनर ओढ़ि घुंघट की ओट।
दूती मन जोरन चली देखि दुहुँन को जोट ॥

पति को मन बानो भयो, तानो रुकमिनि-चेत।
नली फिरति दुहुँ ओर तें रति कटाछ पट हेत ॥171॥

नारि नैन निज तन निरखि विहसि मिली जब भौंह।
बांह गहत हिव लाइकै सखी गयी दे सौह ॥172॥

गुपत उचित आरंभ नहिं सुन्यो लह्यो द्विज-देव।
विनु देख्यो क्योंकरि कहै, जाननहारो देव ॥173॥

सुरत अंत तिय सेज लखि विहसि करत पिय पौन।
मनहु कमलिनी मसलि गज धरी सरोधर-कोन ॥174॥

कूंकूं की बेंदीं लसत मधि प्रसेद तिय-भाल।
मनहु काम कुंदन जड़्यो हीर-कननि में लाल ॥175॥

वदन पीत, चित विलकुलित, हिय धरधर, अंग खेद।
लाज दृगनि, मंजीर धुनि, रह्यो कंठ पिक भेद ॥176॥

काल तिहीं सु उताल ह्वै बाल सखी-गल लागि।
मनहु वेलि वेली चढ़ी भंवर-भार अनुरागि ॥

आली-गल लपटाइ तन मरोरि ठाढ़ी भयी।
लता केलि पर छाइ रहति लिपटि ज्यों कनक को ॥177॥

छुटी बेनि, छूटी कसैं, टूटी मुकता-माल।
नीवी-ग्रंथि वेगी छुटी बैठारत ढिग लाल ॥178॥

सुख पायो अति स्याम स्यामा संग, आली लखति।
कुहकुहाट करि वाम मिलति प्रसाद प्रसाद जा ॥179॥

ब्रह्म रचे, रत में रचे, गिरि-महलनि के वास।
सोवत जन, जोगी जगत कामि निसा-परकास ॥180॥

हरि हरखे, निसि यों छिही, कामी की ज्यों आउ।
घटिवे की घड़ियाल ज्यों तमचुर-बैन न भाउ ॥181॥

घटी रैनि ससि, तेज ग्यो, पिय-गद तिया-गरूर।
दीप-जोति फोकी लगत, ज्यों रन भाग्यो सूर ॥182॥

दंपति बिछुरत, कोक-जुग मिलत रैन के गन।
पुहप-गंध फैल्यो, लयी सीतलता गहनैन ॥183॥

अनहद नाद उठ्यौ तबै जब प्रगट्यो इत सूर।
माया-तिमिर मिटे, भयो प्रगट स्वास-तप पूर ॥184॥

संयोगिनि को चीर, रई, कुमुदिनी-छद सकल।
प्रगटे सूरज धीर गुनहगार ज्यों ये बंधे ॥

ताले अरु घर हाट भमर कमल के कोस में।
गो-सालन की वाट खुले सूर प्रगटे तुरत ॥185॥

वनिक वधू गो वच्छ सों असती लोदर थंग।
अरु चोरन कों रवि-उदै भयो मेल में भंग ॥

द्विजवर तीरथ समुद जल तरल तरंगनि मांह।
रवि ऊगे बिरही इते मिलि बैठे इक ठांह ॥186॥

घटे सरोवर-जल निसा, बंधे नदी अरु द्यौसु।
धरा भयी कछुयक कठिन, हिमगिरि द्रव्यो कह्यौसु ॥

सु-तरु छांह द्वारावती दीनी है जगदीस।
सूर-चंद सिर राहु ज्यों त्यों सूरज जग सीस ॥187॥

कहा अचरिज जेठहि तपे लोग चहत गृह छांह।
वृख बैठो रवि हू चल्यो उत्तर दिसि के मांह ॥188॥

चंदन केसरि लाइ अंग, भूखन मुगता-पांति।
जेठ मास सर विमल जल हरि खेलत इहि भांति ॥189॥

माह निसा माहोठि मिलि ह्वै कज्जल उनिहारि।
ताही विधि औरौ कहत, साऊ लेहु विचारि ॥

तपन तपे आसाढ़ की दुपहर ऐसी होइ।
जन निरजन यों लखत ज्यों माह निसा मधि होइ ॥190॥

निरधन-कंदर निरझरनि, धनी पयोहर वाम।
ढाख सु तरु झांखर किये लू लगि लता-विराम ॥191॥

गारो भ्रिगमद, ईंट सब सुभ कपूर मय मेलि।
पुहप कमल दल माल सजि ता पर हरि को खेल ॥192॥

रजी चली अंबर उड़त, जगि किसान, भरि खाद्र।
मृगसिर मृग-बैरी भयो, धरा आद्र की आद्र ॥193॥

बग रिखि पावस सुर सकल सोवत, बोलत मोर।
सरस पपीहा सरसने करत बलाकी जोर ॥

मेघ सिंगार् यो नभ किधौं इन्द्र सिंगार्यो आहि।
आगम यह बरखानि को वरनत हौं अब ताहि ॥194॥

कछुक घटा भइ स्याम, कछुक भयी इत ऊजरी।
धार चुवै अठ जाम, हरी चिहूं दिस धर भयी ॥

दररि मेघ दूनौ भये, फहरि चल्यो जल-फेन।
थंभे न सु दिन एक छिन, ज्यों विरहिनि के नैन ॥195॥

गिरिन मेह गहि महिपर्यो, गाजत सघन गंभीर।
मात नांहि जल जलधि में, दामिनि घन विनु धीर ॥196॥

वरसे घन वन नील अति, धरा सरनि भयो पानि।
वसन लये ज्यों नव-वधू सोहत है गहनानि ॥197॥

त्रिन, वेली, तरु हरितई वहै नील पट न्याइ।
धरा हार नदि-मय धरे दादुर नूपुर पाइ ॥198॥

स्याम गिरि सु काजर नयन, कटि-मेखला पयोधि।
इन्द्र वधू बेंदी अरुन धरा नवल तिय ओधि ॥199॥

घन-धर दंपति के मिले नदी केस गये छूटि।
वेनी मिसि तीन्यों लरैं लखे ताहि पहलूटि ॥200॥

धर धन, घन पिय म्याम अति, ग्हे मनो लपटाइ।
ताहि लखे भूले सवै संध्यावंदनु चाइ ॥201॥

रूठे पिय प्यारी, प्रिया रूठे पीतम, देखि।
पाइ लागि छिड़वत गरब धर-घन मिले संपेखि ॥202॥

नोर चुबत धोरे कछू कारे पीरे लाल।
मेघ महल उघसत चलत, तिहि पौढ़त नंदलाल ॥203॥

कुंदन गारो, ईंट-सब नीला, थांभे लाल।
पंचरंग छाये अरुन अटा वज्र के जाल ॥204॥

वसन कुसुंभी केसरी सावन-भादो मांह।
पहिरि, लाइ सोंधे रहत सुखी रुकमिनी-नाह ॥205॥

भयी सरद, वरिखा गयी, रह्यो नीर ठहराइ।
जैसें रति में तियन के लाज रहति दृग आइ ॥206॥

पीरी धर, ओखद पकी, पिक-सुर गो, परि ओसु।
सुरत-अंत ज्यों तिय-वदन तैसें सरद उघ्यो सु ॥

नभ बादल, घर जल उजल, आये आसू मास।
सदगुरु तें दीपति सु-बुधि होत कलुख कलि नास ॥208॥

गाइनि दूध, धरा सु-रस, सरवर पद्मिनि-पांति।
पितरन हू की सरद् में घर में इच्छा जाति ॥209॥

सुच्छ सरद की चांदनी बोलत है बहु बार।
हस हंसनी विनु लखे सहैं विरह की मार ॥210॥

सरद-चांदनी, कहि, किती कलि मैं कहौं बखानि।
चंदा रह्यो समाइ कै निसि सौरहौं कलानि ॥211॥

तरनि तुला बैठो, तुले अंधकार अरु तेज।
दिन-दिन प्रति बढ़ते चल्यो निसा बढ़ी उहि देज ॥

भूप कनक की ज्यों करै तुला, तिही विधि चाहि।
रवि बैठो तुल-रासि में सरद् मास निरबाहि ॥212॥

सुख कारन मनिमय घरनि कामिनि धरे सँजोइ।
कातिक अंतर ते दिया बाहिर परगट होइ ॥

राखी लाज समोइ तिय सुहाग अति ही भरी।
ज्यों वाकों सुख होइ, त्यों दीपक परगट भये ॥213॥

जन नित नव उच्छव करै नव आनन्द उनहार।
चित्रलिखी सी लिखति है बारी कातिक-बार ॥214॥

तीनि-लोक-पति सरब-सुख ग्याता हरि तन पेखि।
भुगति द्वारिका में वसति सरद सेइ वं देखि ॥215॥

अरजुन-दुरजोधन लखे ज्यों जागे बल हेत।
अगहन में त्यों हो जगे हरि कलोल के हेत ॥216॥

पच्छिम गो, उत्तर चल्यो, पैठे भुवंग पताल।
निसि-द्योसनि सोवत सवै ले छतिया मधि बाल ॥217॥

नदी हिमालय की घटी, स्रिंग वधे मनु साधि।
जोबन-आगम कांटे छटी, कुच नितंब भे वाधि ॥218॥

धनी, आलसू अरु पथिक पोस मास मधि होत।
घर-वासी मेलो चलै मारगु चितहि उदोत ॥

कोमल वसननि में धनी, पंथी कांबरि मांहि।
दबे रहत सीतहि डरपि मृगनैनी परि छांहि ॥219॥

लहनाइत देखे रिनी घटत जात त्यों द्यौसु।
प्रौढ़ा-पट ज्यों नहिं तजत अंबर की निसि पौसु ॥220॥

सकति पुरुख, वानी अरथ, गुनी पहुप, गुन गंध।
त्यों तन-मन हरि-रुकमिनी दुहुंनि पर्यो रस-बंध ॥221॥

मकर माह जब रवि भये उत्तर के अति हेत।
कमल विरहिनी-मुख भये, अंब संजोगिनि-चेत ॥222॥

विना आंब बारी सबै उत्तर चलि वनराइ।
माह अनल सीरो लग्यो, जनन नीर सु बलाइ ॥223॥

नांउ सीत, बारत वननि, पदमिनि जल मधि जारि।
विनु मंजन मन पातकी भजत न हरि को बारि ॥224॥

निज प्रताप करि पौरिया हरि-रुकमिनि दोउ गेह।
अरक धूप की आरती वारत तिय दिसि नेह ॥225॥

कुंभ अरक बैठो जबै, हिम तें निकस्यी सीत।
पाँख उड़न कों अलि सजे, कोइल कलकल गीत ॥226॥

मुख पंचम रो-रो करत तरुन-तरुनि को वागु।
फागुन में घर-घर फिरैं निसदिन खेलत फागु ॥

डफ, महुवरि अरु वीन, वंस बजावैं, सब हंसैं।
विरही को तन छीन, संजोगी हुलसैं लसैं ॥227॥

अंकुर पल्लव, पहुप नव, पेड़-डार गदराति।
पिय-आगम ज्यों होति है बिनु भूखन तिय-कांति ॥228॥

गरभ घर्‌यो दस मास को, सुत बसंत, वन-राइ।
जायो, व्याकुल मधुप-रव, कोकिल मिस करिहाइ ॥229॥

पान मिठाई पुहुप फल वसन धरे बहुरंग।
पूजी होरी सी मनो वनसपती दुख-भंग ॥230॥

मलयानिल लागे लग्यो पतझर के मिस रोग।
महुवा-फूलनि मिसि कियो सुत वसंत दुख जोग ॥

मात वनसपति स्रवति है मधु सु दूध सुत हेत।
रोवत सुनि मधुकर मिसनि हित करि पय मुख देत ॥231॥

घर-पुर वन तरु सरनि के लहि दंपति पथ नास।
देन बधाई वसंत की परिमल चढ़्‌यौ अकास ॥232॥

आंब-मौंर तोरन, वली अंबुज कलस विचारि।
बेली बंद्‌रमाल यों बंधी विरख की डारि ॥233॥

बांदर फारे नारियर वहै मज्ज दधि भाइ।
प्रमुदित कोकिल तियनि ज्यों उठी मधुर सुर गाइ ॥

रोरी कमल-पराग है, चंपक केसर रूप।
आखत करि हरखत भये कर्‌यो उछाह अनूप ॥234॥

दयी बधाई अलिन सुनि चलि पदमिनी उताल।
पद्‌म-पात जल-मुगत भरि लिये काच को थाल ॥235॥

कामधेनु ज्यों वनसपति पूत जने मन फूलि।
पहिर्‌यो केसू-फूल मिस केसरि चीर अमूल ॥236॥

कणयर करणों सेवती कूजा और गुलाब।
सोनजुही फूले सबै अपनी-अपनी फाब ॥

वनसपती जायो वसंत करे पुहुप-आचार।
न्हाइ उठें कुसराति मिसि पहिरायो परिवार ॥237॥

विधि सों तरुवर तरुनि मिलि दिन-दिन चढ़ती देह।
हुलरायो सु वसंत सुत फागुन में करि नेह ॥238॥

मंत्री मैन, वसंत नृप, सिला सिंघासन ठौर।
छत्र अंब डंबर भयो, चल मंजरी सु चौंर ॥239॥

न्यौछावरि करि लाल करि अनार हो के मिसनि।
चरन चोंच के साल किये, धरा छिरकी रसनि ॥240॥

हरिन पयादे, कुंज रथ, हय हंसनि की पांति।
झूलि खजूरनि की बनी, बने सु गिरि-वर कांति ॥241॥

ऊंचे सरले ताल द्रुम पात अधिक छबि देत।
मनु वसंत त्रिप ह्वैं कर्‌यो जगहथ जय के हेत ॥242॥

मंडप वन, झरना मुरज, नायक मैन, विहंग।
देखनहारे, गाइ पिक, राज स विधि किय रग ॥243॥

मोर निरत-कारी, पवन ताल धरे छद हाथ।
उद्‌घट तिवट चकोर सुभ, भौंर उपंगो गाथ ॥

आरि वीन वाजति सरस, जाननहार मराल।
ये सब सिमिटि तहीं-तहीं रंग मच्यो ततकाल ॥244॥

सुक पंडित, सारस सु-कवि, खंजन चतुरां-राइ।
लाग-दाट कलरव करै, कोक सुरंगा भाइ ॥245॥

उरप लेत अलि तिरप जल, मारुत-चक्र बयारि।
धूआ माठा चंद रट, खुमरी पंडुक विचारि ॥246॥

सघन छांह सोइ निसि भयी, दीपग भये पलास।
मौर्‌यो सुरभि रोमंच मिस, कुंद-कली मनु हास ॥247॥

परदा डार्‌यो सिसिर को पढ़ि रति-मंत्र विचारि।
संगीती ह्वै कोक-वर पुहपंजलि द्‌इ डारि ॥248॥

सिसिर राज अंबुज प्रजा ऊतर द्‌यी बहाइ।
दखिनी राज वसंत के बहुर्‌यो लिये रहाइ ॥249॥

गाड़े धन जो तरुवरनि फूल-पान लिय काढ़ि।
चंप कली लख दोप ज्यों केलि कोड़ि धुज बाढ़ि ॥250॥

दखिनाधी कोतवार तें निसंक प्रजा गिहि भागि।
वेलि पुहुप'गहनो पहिरि रही रूंख-गलि लागि ॥251॥

हेम-सिसिर के राज में पाये दुक्ख अनेक।
टारे सबै वसंत ने राखि आपनो वेक ॥

ज्यों सु-राज दंपति मिलैं होत प्रजा निरधार।
त्यों वसंत वेलील-तरुनि कर्‌यो साख-विसतार ॥252॥

डंक-दंड द्‌ीजै नहीं, सहज करन तहसील।
मधुकर सहना लखि द्‌यो माल सु मधु विनु ढील ॥253॥

फोजद्‌ार लखि काम पुहुप-भार छोड़्यो तरुनि।
राज वसन्त अराम, वैरी अगनि द्‌ब्यो रहत ॥254॥

वरखा में चातक वच्यो, तज्यो नांहि रितु-राज।
कुसुम अलि ही भाट ज्यों दुज बोलैं जस काज ॥255॥

लखि पलास-राखस दुखी होति विरहिनी नारि।
संजोगिनि कों सुख भयो भरे मैन-रस पूरि ॥256॥

वास वरन एकै लखे मालनि वीनति फूल।
अपने नख-प्रतिबिंब तें केसरि-कुसुम अतूल ॥257॥

झरना-जल न्हायो, सुगंध भेंट हाथ ले, वात।
मलय छांड़ि हिम कों चल्यो हरि हरि-अनल-अघात ॥

वसत हिमाचल मांह हर काम-नृपति के दूत।
पठयो डरि करि भेंट दे खुसी करन अवधूत ॥258॥

नदी पैरि, वेलीनि मिलि, रूखानि सांभलि बात।
दखिनाधी उत्तर दिसा नीठ-पीठ चलि जात ॥259॥

कुंद केवरो केतकी गंध-भार ले धीर।
झरना स्रम जल के छुटें हरुवो चलत समीर ॥260॥

रस-लोभी ले वास रेवा-जल न्हायो तुरत।
ऊतर-तिय की आस दूखिनाधी अपराध-जुत ॥261॥

पुहपवती परसे तजे दे आलिंगन-दान।
दखिनाधी छाक्यो डिगत वमन करत मधु-पान ॥262॥

लेतो बहु झरनानि में चंदन सों घसि अंग।
कुसुम-परागनि रज-भर्‌यो दखिनाधी मातंग ॥

मधु-मद मेले गंड मल्हकत गज-गति ले चलत।
दखिनाधी वेतंड मातो जन जातो लखै ॥263॥

संजोगिनि सीतल, बुरो विरहिनि विख-मय नीर।
मलय-भुजंग संजोग तें द्वै विधि कह्यो समीर ॥264॥

हेम-सिसिर के दिन भले, ग्रीखम-सरदनि राति।
वरिखा में संध्या भली, कविन कही इहि भांति ॥

मान वधै पख सुद्ध ज्यों, दुहुं विधि भलो वसंत।
पोह मास प्यारो लगै निसा मांझ हू कंत ॥265॥

निसि-दिन सम सु वसंत में मोहि लगैं इहि भाइ।
विनु विरोध दंपति सरस रहत बराबर चाइ ॥266॥

गहने पुहुप, विछावने पुहुप, ओढ़ना फूल।
पुहुप-हिंडोरे हरखि कै चढ़ी तिया अनुकूल ॥267॥

भोर जगावत वेद, निसि पोढ़ावइ सुर-साज।
द्यौस बाग विहरत रहैं हरि-रुकमिनि रितु-राज ॥268॥

हाव-भाव करि मोह हरि, हर जारे अंग काम।
उपराजें या तें लह्यो रुकमिनि-उदर विराम ॥269॥

पिता प्रद्युमन को हरी, क्रिसन-पिता वसुदेव।
रति की सासु रमा भयी, रमा देवकी सेव ॥270॥

लीला-रूपी हरि वस्यो नगर द्वारिका मांह।
उषा-कान्त अनिरुद्ध है हरि पोतो धर नाह ॥271॥

निरगुन के गुन क्यों कहौं, अति आदर को ठांउ।
सवे कुटुंब वह पूजनो, ता सैं कहिहौ नांउ ॥272॥

लोक-मात, अरु सिंधु-जा, श्री लछमी प्रिय आहि।
और घरनि चंचल कहो, पद्मालया निवाहि ॥

पद्मा, रामा, इन्दिरा, रमा, हरि-प्रिया देखि।
रुकमिनिजू के नाम हैं बारह जगत विसेखि ॥273॥

कुसुमायुध, अरु काम, संबरारि, रति-पति, कहो।
दरपक, स्मर, अभिराम मनसिज, कंदरपै, लहो ॥

अनंग, और तन-सार, मनमथ, मदन, सु पंच-सर।
मकरध्वज, अरु मार, लहो नाम प्रद्युम्न के ॥274॥

चतु-बरन, चतुरातमा, विग्य, विश्वकृत, हंस।
कनहार चहुँ जुगनि को, सरब जीव, अज बस ॥

देह-मुख्य, नर-वर कहो, चतुर-वदन सुनि लेहु।
नाम सबै अनिरुद्ध के कवि-जन कों गनि देहु ॥275॥

सुंदरता, लज्जा, क्रिपा, प्रीति, सरसती, कांति।
माया, मति, सिधि, रिधि, सुबुधि, रुचि, सुचि याही भांति ॥

श्रद्धा, मरजादा कहो, कीरति, महति वखानि।
रति के येई नांउ हैं काम-तिया वह मानि ॥276॥

दारू, अर मच्छर समुझि, हिंसा, निंदा; गारि।
हरि पाँचे चंडाल ज्यों दयो नगर तें वारि ॥277॥

हरि सु मिलन, तिय-रस सरस, खल जीतन की चाह।
बैठि सभा बोल्यो चहै, वेलि पढ़ें निरवाह ॥278॥

कंठ सरसुती, आथ घर, मुख सोभा, उर ग्यानु।
भगति, भुगति अरु मुगति हू होइ वेलि तें, मानु ॥279॥

प्रात न्हाइ खट मास लौं घर नर वेलि पढंत।
पुन्य होइ, नर तिय लहैं, तिया लहै सुभ कंत ॥280॥

कृष्ण-रुकमिनी ज्यों लहैं दंपित परम अनंद।
कन्या सुन्दर वर लहै, तिय सुहाग के छंद ॥281॥

बेटा, नाती, तिनहि सुत, हय, गय, अरथ-भंडार।
बधै वेलि ज्यों इहि धरा पढ़े वेलि-विसतार ॥282॥

बड़भागी सोई जगत, वेलि पढ़ै जो कोइ।
पुण्य-कर्म बहुतै करौ, वा सम नेकु न होइ ॥283॥

च्यार भांति की वैदगी, सास्त्र, ओखदी, मंत्र।
देही को जो ये करै, केलि पढ़ें सो तंत्र ॥284॥

आधिभूत अधि-आतमा, आधिदेव, कफ होइ।
पित्त, बात तिहुँ दोस के, वेलि समावै सोइ ॥285॥

होइ जपत जो वेलि कों, निधि, संपति, कुसराति।
दुरचित, दुरग्रह, दुरद्सा, सुपनइं दुरमटि जात ॥286॥

मंत्र-तंत्र-बल जंत्र मनि-बल जल डाकिनि-भूत।
प्रेत अमंगल साकिनी, वेलि पढ़ैं तें पूत ॥287॥

संन्यासी, जोगी, तपी, हठ करि लहैं अपार।
वेलि पढ़ें तें सो लहै परम लोक को बार ॥288॥

जोग-जाग, जप-तप कहा, तीरथ-व्रत कहा दान?
वर्न-आसरम एक कहा, मन ! चाहै जनि आन ॥289॥

अन-पैरां बोड़ै, भजै हरि-हर, पूरब जाइ।
गंगा सम या वेलि कों मो पै कहा कहाइ? ॥290॥

बीज भागवत है वयो पृथ्वीराज-मुख-थान।
मूल अरथ, छाया सु सुख, वेलि मांडहौ कान ॥291॥

कोंपर आखर, पात हैं दोहा, हरि-जस वास।
नव रस तंतु, रसीक अलि, भगति मंजरी तास ॥

मुगति फूल, बैकुंठ को वास यहै फल देखि।
और वेलि तें याहि जग इनही विधिनि विसेखि ॥292॥

चिंतामनि कलि कलपद्रुम कामधेनु इक ठांह।
पृथीराज-मुख ह्वै भयी वेलि प्रगट जग मांह ॥293॥

करी पांच विधि वेलि आगम वेद् विचारि कै।
मुगति-निसेनी झैलि सुरग-सिढ़ी मानो धरी ॥294॥

एक-एक लै को तजै? मुगता परम अनूप।
मो कविता-कन कों कु-कवि सु-कवि चालनी सूप ॥295॥

रहै सबनि के गर लगी भूखन-वरन बनाइ।
पृथीराज-बानी सती सहै न दूखन भाइ ॥296॥

सरस वेलि के वैन भाखा प्राकृत संसकृत।
नि मि लें कामिनि चैन सेज साथरे में वि गति ॥297॥

इनि वातनि पूरो लहै वेलि भाव को भेद्।
कछुक घाटि घाट्यै लहै नर अजान कों खेद ॥298॥

न्यायी जोगी जोतिखी सुकवि पुरानिक वेद्।
रागी चारण भाट मिलि लहैं वेलि को भेद ॥299॥

झूठि चड़े कवि-जनन की गिलि उगली हरि तूठि।
वह प्रसाद हरि को सबै, अधम-लोक-मत जूठि ॥300॥

सुजन-कान तीरथ परसि ह्वै हैं निरमल ऐन।
हरि-जस सुनि ही के स्रवन पृथीराज के वैन ॥301॥

गुपत बात हरि की कही, या में नाहिंन आन।
रुकमिनि-सखि सरसति कही, मैं वह कर्‌यो वखान ॥302॥

केसौ-रुकमिनि-गुनन कों हीं क्यों कहौं वखानि।
भलो सारदा्-भाइ से बुरो सु बुधि की हानि ॥303॥

रुकमिनि लच्छन रूप गुन को कवि कहै निबाहि।
मैं जाने तेही कहे गोविन्द-रानी आहि ॥304॥

संवत सोरह सइं बरस बीते चौतालीस।
सोम तीज वैसाख को किय कमधज-कुल-ईंस ॥305॥

□□